1 MONTH OF
FREE
READING

at

www.ForgottenBooks.com

By purchasing this book you are eligible for one month membership to ForgottenBooks.com, giving you unlimited access to our entire collection of over 1,000,000 titles via our web site and mobile apps.

To claim your free month visit:

www.forgottenbooks.com/free1004754

ISBN 978-0-331-02739-6
PIBN 11004754

This book is a reproduction of an important historical work. Forgotten Books uses state-of-the-art technology to digitally reconstruct the work, preserving the original format whilst repairing imperfections present in the aged copy. In rare cases, an imperfection in the original, such as a blemish or missing page, may be replicated in our edition. We do, however, repair the vast majority of imperfections successfully; any imperfections that remain are intentionally left to preserve the state of such historical works.

Monatschrift

für das

Forst- und Jagdwesen.

Herausgegeben von

Dr. Franz Baur,

Professor an der land- und forstwirthschaftlichen Akademie Hohenheim
und Vorstand der Königl. Württ. forstlichen Versuchsanstalt.

Zwanzigster Jahrgang.

———❦———

Stuttgart.

E. Schweizerbart'sche Verlagshandlung (E. Koch).

1876.

Inhalt.

Holzmeßkunde.

Forststatistik.

Jagdwesen.

Mancherlei.

Literarische Berichte.

Forstverwaltung und Forstdienst.

Bestimmungen über Einführung gleicher Holzsortimente und einer gemeinschaftlichen Rechnungs-Einheit für Holz im deutschen Reich.

(Mitgetheilt von Professor Dr. Baur.)

Gelegentlich der II. Versammlung deutscher Forstmänner zu Mühlhausen in Thüringen im Septbr. 1873 hatten wir folgendes der Versammlung vorgelegte Thema einzuleiten: „Die Reduc= tion der Brennholz=Sortimente auf den festen Inhalt erfolgt in den verschiedenen Ländern Deutschlands leider nach verschiedenen Sätzen, wodurch eine Ver= gleichung der Forsterträge erschwert wird. Wäre es daher nicht angezeigt, eine Gleichheit dieser Sätze an= zustreben und auf welche Weise könnte dies am zweck= mäßigsten ermöglicht werden." Von der großen Bedeutung dieser Frage für Forstwirthe und Waldbesitzer des deutschen Reiches durchdrungen, sahen wir uns schon damals zu der Erklärung ge= nöthigt, daß es zum Zwecke der Vergleichbarkeit der Erträge durch= aus nothwendig sei, nicht beim Brennholze stehen zu bleiben, son= dern eine Verständigung bezüglich der Sortimentsgrenzen beim Brenn= wie beim Nutzholze hervorzurufen und eine gleiche Rechnungseinheit für Holz im deutschen Reiche einzuführen. Letz= teres schien um so dringender geboten, als z. B. Preußen und Bayern den Raummeter, die übrigen deutschen Staaten aber den Festmeter als Rechnungseinheit eingeführt hatten.

Wir überschritten daher damals die enger gesteckten Ziele des Thema's und machten der Versammlung umfassende Vorschläge über die Einführung gleicher Holzsortimente und einer gemein= schaftlichen Rechnungs=Einheit für Holz im deutschen Reiche. Selbst= verständlich war es ein Ding der Unmöglichkeit, alle einzelnen Punkte einer so ungemein wichtigen und ausgedehnten Frage in einer so verschieden zusammengesetzten Versammlung gründlich zu besprechen und zu formuliren. In Würdigung dieses Umstandes vereinigte sich deshalb auf Antrag des Präsidenten und mit un=

serem eigenen Einverständnisse die II. Versammlung deutscher Forst=
männer in folgenden Beschlüssen:

1) eine Vereinbarung der deutschen Forstverwaltungen über
   eine gleichmäßige Begrenzung und Benennung der Haupt=
   holz=Sortimente, sowie über·eine gemeinschaftliche Rechnungs=
   einheit für den Holzertrag ist als ein dringendes Bedürfniß
   anzuerkennen;

2) als Rechnungseinheit ist der Festcubikmeter zu wählen und

3) die Versammlung ersucht den Verein deutscher Versuchs=
   anstalten, einen Entwurf über gleiche Sortiments=Bildung
   und Rechnungs=Einheit zu vereinbaren und die Annahme
   desselben Seitens der deutschen Forst=Verwaltungen zu be=
   antragen.

Mit diesen fast einstimmig angenommenen Beschlüssen war
ein bedeutender Schritt vorwärts geschehen. Der Verein deutscher
forstlicher Versuchsanstalten arbeitete den fraglichen Entwurf aus,
nahm ihn gelegentlich seiner Versammlung in Eisenach schon im
März 1874 in eingehende Berathung, redigirte denselben hiernach
auf's Neue und legte ihn schließlich den einzelnen Staatsforstver=
waltungen zur Annahme resp. gutachtlichen Aeußerung vor. Nur
in wenigen Punkten gingen die Ansichten der einzelnen Staats=
forstverwaltungen auseinander. So wollte z. B. Sachsen von der
Cubirung seines Klotzholzes aus Länge und Oberstärke nicht ab=
gehen. Württemberg und Bayern verlangten einen entsprechenden
Rindenzuschlag für den Fall, als Stammholz entrindet gemessen
und abgegeben würde, während Preußen hierauf nicht glaubte ein=
gehen zu können u. s. w. Ein großer Gewinn war übrigens schon
der, daß alle Staaten sich für den Festmeter als Rechnungseinheit
erklärten und auch Uebereinstimmung hinsichtlich der Bildung der
Brennholzsortimente bestand. Trotzdem blieben noch einzelne Diffe=
renzpunkte, welche ein nochmaliges Zusammentreten des Vereins
deutscher forstlicher Versuchsanstalten, in Verbindung mit Delegirten
der einzelnen deutschen Forstverwaltungen, nothwendig machte.
Dieser Zusammentritt fand im Anschluß an die IV. Versammlung
deutscher Forstmänner in Greifswalde am 23. August zu Stubben=
kammer auf Rügen statt und erklärten die Herren

Oberforstrath Dr. Judeich für die K. Sächsische Staatsregierung
Forstrath Ganghofer „ „ „ Bayerische „
„ Dorrer „ „ „ Württemb. „
„ Krutina „ „ Gr. Badische „
Oberforstrath Deißing „ „ Herzogl. Gothaische „
bindende Erklärungen abgeben zu dürfen.

Auf Grundlage dieser Erklärungen und weiter gepflogenen Verhandlungen einigte man sich schließlich über nachstehende Bestimmungen, welche in den genannten Staaten nunmehr durchgeführt werden sollen und durch Verfügung K. Württ. Forstbirection vom 27. Septbr. 1875 (Amtsblatt Nr. 12) in Württemberg bereits eingeführt sind:

Bestimmungen
über Einführung gleicher Holzsortimente und einer gemeinschaftlichen Rechnungs-Einheit für Holz im deutschen Reiche

nach den am 23. August 1875 von den Bevollmächtigten der Regierungen von Preußen, Bayern, Württemberg, Sachsen, Baden und Sachsen-Gotha gefaßten Beschlüssen.

I. Sortimentsbildung.
   a. In Bezug auf die Baumtheile.
      §. 1. 1. Derbholz ist die oberirdische Holzmasse über 7 Cm. Durchmesser, einschließlich der Rinde gemessen, mit Ausschluß des bei der Fällung am Stocke bleibenden Schaftholzes.

           2. Nicht-Derbholz ist die übrige Holzmasse, welche zerfällt in
           α. Reisig: die oberirdische Holzmasse bis einschließlich 7 Cm. Durchmesser aufwärts;
           β. Stockholz: die unterirdische Holzmasse und der bei der Fällung daran bleibende Theil des Schaftes.

   b. In Bezug auf die Gebrauchsart.
1. Bau- und Nutzholz.
      A. Langnutzholz. Das sind Nutzholzabschnitte, welche nicht in Schichtmaßen aufgearbeitet, sondern cubisch vermessen und berechnet werden.

§. 2. **Stämme** sind diejenigen Langnutzhölzer, welche über 14 Cm. Durchmesser haben, bei 1 Meter oberhalb des unteren Endes gemessen.

§. 3. **Stangen** sind solche entgipfelte oder unentgipfelte Langnutzhölzer, welche bis mit 14 Cm. Durchmesser haben, bei 1 Meter oberhalb des unteren Endes gemessen.

Sie werden unterschieden, als:

a. **Derbstangen**: über 7 bis mit 14 Cm. } bei 1 Meter
b. **Reisstangen** (Gerten): bis mit 7 Cm. } oberhalb des unteren Endes gemessen.

B. **Schichtnutzholz**: d. i. in Schichtmaßen eingelegtes oder eingebundenes Nutzholz.

§. 4. **Nutz-Scheitholz** ist in Schichtmaßen eingelegtes Nutzholz von über 14 Cm. Durchmesser am oberen Ende der Rundstücke.

§. 5. **Nutz-Knüppelholz** (Prügelholz): in Schichtmaßen eingelegtes Nutzholz von über 7 bis mit 14 Cm. Durchmesser am oberen Ende der Rundstücke.

§. 6. **Nutz-Reisig**: in Schichtmaßen eingelegtes (Raummmeter) oder eingebundenes (Wellen u. s. w.) Nutzholz bis mit 7 Cm. Durchmesser am stärkeren unteren Ende der Stücke.

C. **Nutzrinde**:

§. 7. **Nutzrinden** sind die vom Stamme getrennten Rinden, soweit sie zur Gerberei oder zu sonstigen technischen Zwecken benutzt werden.

Die Eichenrinde ist in Alt- und Jung-Rinde zu trennen. Für die übrigen Holzarten findet ein solche Trennung nicht statt.

2. **Brennholz.**

§. 8. Folgende Brennholz-Sortimente sind zu unterscheiden:

1. **Scheite**, ausgespalten aus Rundstücken von über 14 Cm. Durchmesser am oberen Ende.

2. **Knüppel** (Prügel) über 7 bis 14 Cm. Durchmesser am oberen Ende.

3. Reisig bis mit 7 Cm. Durchmesser am unteren Ende.

4. Brennrinde.

5. Stöcke.

II. **Messungsverfahren und cubische Berechnung beim Bau- und Nutzholze.**

    A. **Langnutzholz.**

§. 9. Die cubische Berechnung der Stämme erfolgt für jeden Stamm auf Grund

    a. der Mittenmessung in ganzen Centimetern, wobei Bruchtheile von Centimetern unberücksichtigt bleiben;

    b. der Längenmessung nach Metern und geraden Decimetern.

        Es bleibt jedoch nachgelassen, bei kürzeren Stücken bis mit 5 Meter Länge (Blöcke, Klötze) den oberen Durchmesser messen und die Cubirung nach lokalen Erfahrungssätzen ausführen zu dürfen. Die Längen dieses Sortiments können nach einzelnen Decimetern abgestuft werden.

§. 10. Die cubische Berechnung der Stangen ist nach den Bestimmungen des §. 9 zu bewirken. Es genügt aber auch die Inhaltsberechnung nach Probestangen, die nach Vorschrift des §. 9 gemessen und cubirt werden, und nach Durchschnittssätzen oder Erfahrungssätzen für die üblichen einzelnen Stangen- oder Gerten-Classen.

§. 11. Die Messung hat mit der Rinde zu erfolgen. Ist aber das Holz vor der Messung entrindet, so erfolgt die Messung am entrindeten Holze und zwar in der Regel, ohne daß ein Zuschlag für die unbenutzt bleibende Rindenmasse gemacht zu werden braucht. Ein solcher Zuschlag kann nach lokalen Erfahrungssätzen gemacht werden, wo in Nadelholzbeständen die Entrindung ohne Verwerthung der Rinde nothwendig wird.

§. 12. Der Cubikinhalt ist stets in Festmetern und Hunderttheilen derselben anzugeben.

    B. **Schichtnutzholz.**

§. 13. Nutzscheite und Nutzknüppel sind in Raummetern zu schichten.

Nutzreisig ist in Raummeter einzulegen oder in Wellen zu binden und in letzterem Falle nach Wellenhunderten zu berechnen.

Die cubische Berechnung erfolgt wie beim Brennholz (§. 17).

§. 14. Nutzrinde. Die Aufarbeitung erfolgt nach Gewicht oder nach Raummaß. In beiden Fällen findet eine Reduction auf Festmeter wie beim Brennholze (§. 17) statt.

III. Schichtung und cubische Berechnung beim Brennholze.

a. Schichtung.

§. 15. Brennscheite, Brennknüppel, Brennrinde und Stöcke werden in Raummetern geschichtet.

Brennreisig wird in Raummeter eingelegt oder in Wellen gebunden, in letzterem Falle nach Wellenhunderten berechnet.

Wo nach örtlicher Uebung oder wegen zeitlichen Arbeitermangels das Reisig zerstreut auf dem Platze umherliegend oder auf unregelmäßige Haufen zusammengeschafft zur Abgabe kommt, ist dasselbe auf Grund lokaler Erfahrungssätze nach Raummetern oder Wellenhunderten abzuschätzen.

§. 16. Bei der Schichtung in Raummetern ist vor Allem die Gewährung eines richtigen Maßes — wenn möglich ohne Uebermaß — festzuhalten. Wo aber längeres Belassen des Holzes im Walde es erforderlich macht, und insbesondere an Orten, wo Herkommen oder Rechtsverhältnisse die Beibehaltung eines bestimmten Uebermaßes bedingen, kann dieses Uebermaß gewährt werden und ist dann auch bei Feststellung der Reductionsziffern zu beachten.

b. Cubische Berechnung.

§. 17. Neben dem Raumgehalte, welchen die Brennhölzer einnehmen, ist der Festgehalt der Schichtmaße oder Wellenhunderte in Festmetern zu bestimmen.

Die Ermittelung der Reductionsfactoren zur Umwandlung von Raummaß oder Gewicht in Festmaß bei Brennholz, sowie bei Nutzrinde und Schichtnutzholz (§. 13 und 14) bleibt einem besonderen Verfahren vorbehalten.

IV. **Rechnungseinheit.**

§. 18. Die Rechnungseinheit für Holz bei Abschätzung und Abschätzungs-Controle bildet das Cubikmeter fester Holzmasse (Festmeter).

Es wäre sehr zu wünschen, wenn auch die kleinen deutschen Staaten, sowie die Privatwaldbesitzer sich den vereinbarten Bestimmungen anschließen würden, denn wir werden uns, trotz des eingeführten Metermaßes, auch künftig hinsichtlich unserer Forsterträge nur dann ohne umständliche Umrechnungen verstehen, wenn wir uns gleicher Holzsortimente und gleicher Rechnungseinheiten bedienen.

Es ist selbstverständlich, daß die vorstehenden Bestimmungen wahrscheinlich keine Regierung und keinen Waldbesitzer vollständig befriedigen werden, weil eben die Holz-Sortimente im deutschen Reiche seither sehr verschieden waren und die Ansichten über die Bildung derselben noch sehr von einander abweichen; aber wenn es sich einmal darum handelt, im Interesse der Gesammtheit verschiedene Anschauungen zu vereinigen, dann müssen von Seiten der Betheiligten stets kleinere oder größere Opfer gebracht werden und diese sind in der That auch, was dankbar anzuerkennen ist, im vorliegenden Falle gebracht worden.

Nachdem die vorliegenden Bestimmungen in den einzelnen deutschen Staaten eingeführt sein werden, handelt es sich noch darum, für alle vorgesehenen Holzsortimente die geeigneten Reductionsfactoren festzustellen, um dieselben auf die gemeinsame Rechnungseinheit den „Festmeter" bringen zu können. In dieser Beziehung liegen von verschiedenen forstlichen Versuchsanstalten (Baden, Preußen, Württemberg, Sachsen) bereits umfassende neue Derbholzuntersuchungen vor, welche im Laufe des Jahres zum Abschluß kommen und den einzelnen Regierungen zur Annahme empfohlen werden sollen.

Waldbau.

Worin bestehen die allgemeinen Grundsätze, welche zur Heranziehung von Eichenstarkholz im Hochwaldbetriebe erfolgver-
sprechend sind? Die Ansicht, daß die heutigen Vorräthe bei
den gegenwärtigen Abnutzungssätzen nicht lange mehr vorhalten können, scheint gerechtfertigt; welche Mittheilungen
können in dieser Beziehung gemacht werden?

Vom k. b. Forstmeister Heiß zu Winnweiler.

Das obige Thema sollte dem Programme gemäß bei der
vierten Versammlung deutscher Forstmänner zu Greifswalde zur
Verhandlung kommen, was jedoch aus Mangel an Zeit nicht geschah. — Da es nun auch für die nächste Versammlung nicht gewählt ist*, so dürfte es sehr zweckmäßig in den forstlichen Zeitschriften behandelt werden. — Bevor ich jedoch in das Thema
selbst eingehe, soll noch die Bemerkung vorausgeschickt werden, daß
die Fragestellung nach meiner Ansicht dahin hätte ausgedehnt werden
sollen: wie die Heranziehung von Eichenstarkholz in möglichst
kürzester Zeit, also mit dem geringst möglichen Betriebscapital
zu bewerkstelligen sei, denn der Fehler unserer dermaligen Eichenstarkholzzucht im Hochwalde scheint mir gerade darin zu liegen,
daß die im engen Hochwaldschlusse erzogenen Eichen viel zu lange
Zeiträume bedürfen, bevor sie starkes Holz liefern. — Es dürfte
kaum zu viel gesagt sein, wenn man die Behauptung aufstellt, daß
die Eigenthümlichkeiten einer Holzart, ihr Verhalten in der Jugend,
im Alter, im Schluß, bei der Lichtstellung, in der Untermischung
u. s. w. weniger bei der Heranzucht beachtet wurden, als gerade bei
der Eiche. An dem Verschwinden der Eiche, an dem Mangel dieser
Holzart, in den meisten jüngeren und mittelwüchsigen Buchen-
abtheilungen, trägt wesentlich die Schablone des Buchenholzwaldes
die Schuld; der Schatten hat die Eiche vertrieben, und wo sich

---

* Die zur Feststellung der Themata gewählte Commission, zu der ich
die Ehre hatte zu gehören, ging nämlich von der Ansicht aus, in erster
Linie nur solche vorzuschlagen, welche in das legislatorische oder organisatorische Gebiet eingreifen.

noch Eichen finden, schlank und kronenlos zwischen den Buchen hin-
aufgeschossen, können sie nur mit großer Mühe und Sorgfalt erhalten werden; starkes Eichenholz geben sie nur, wenn sie in den
folgenden Umtrieb übergehen. — Je nach Boden, Lage und Klima
kann nun allerdings bei der Eichenstarkholzzucht etwas verschieden
verfahren werden, jedoch gibt es allgemeine Grundsätze, welche
überall anwendbar sein müssen, weil sie einestheils auf dem Verhalten der Holzart, anderntheils auf dem Zwecke beruhen, welchen
die Erziehung verfolgen muß. — Das eigenthümliche Verhalten
der Eiche läßt sich gewiß am besten beobachten, wenn man die
Eichen des Mittelwaldes mit denen des Hochwaldes vergleicht und
wenn man untersucht, welchen Wirthschaftsmanipulationen die alten
starken Eichen sowohl in reinen Beständen als in Buchenmischung
ihr Dasein verdanken und wie die Eichen des Mittelwaldes sich
ausgebildet haben. Die Eichen des Mittelwaldes sind stets, je
nach dem vereinzelten oder horstweisen Stande und der Tiefgrün-
bigkeit des Bodens mehr oder minder kurz; schaftiger als die gleichalterigen des Hochwaldes auf demselben Boden; dafür haben sie
aber auch einen bedeutend stärkeren Stamm und eine größere
Kronenkreisfläche; sie nähern sich in der Stammform mehr den
Eichen des Hochwaldes, wenn eine horst- oder gruppenweise Erziehung stattgefunden hat; niemals aber erreichen sie die Langschaftigkeit der Eichen im strengen Buchenhochwaldschluß bei ver-
einzelter Mischung. Wieder eine etwas andere Form zeigen die
Eichen, wenn sie rein erzogen, frühzeitig stark durchforstet oder im
weitständigen Pflanzverbande — Heister — herangezogen wurden;
auch sie stehen in Beziehung auf Langschaftigkeit gegen die vorigen
Eichen zurück, sind aber doch schaftreiner und haben kleinere Kronen als diejenigen des Mittelwaldes. Diese verschiedenen Formen
verdanken ihr Dasein hauptsächlich den Wirthschaftsmanipulationen,
welche auf sie eingewirkt haben. — Die Eichen des Mittelwaldes
hatten zwar stets und schon von der Stärke der Laßreidel an
freien Kronenraum, auch war der Boden mit nur kurzen Unter-
brechungen beinahe vollständig bedeckt und beschattet, dagegen standen sie im Stammraum zu frei, weil das Unterholz nicht bis zum
Kronenansatz reichte und den Stamm vollständig umgab; die Folge

davon war einerseits starkes Dicken=, anderseits schwaches Längen=
wachsthum und unreiner Schaft.

Die ganz entgegengesetzte Form der Eichen im Buchenhoch=
walde beruht auf dem dichten Schluß dieser Betriebsart, welcher
nur hochangesetzte, schwache Kronen auf schlanken, säulenartigen
Schäften aufkommen ließ; es ist dieses die Form, welche man bei=
nahe immer in den jungen und alten Buchenstangenhölzern findet,
denn hier konnten sich die Eichen nicht normal, b. h. mit breiter
Krone im lichten Raume entwickeln, sondern mußten den treiben=
den Buchen folgen oder — eingehen. — Wieder eine etwas ver=
schiedene Form bieten die reinen alten Eichenbestände; denn wenn
sie auch freien Raum genug hatten, ihre Kronen zu entwickeln, so
hat ihnen doch das treibende, bodenerhaltende Unterholz gefehlt
und sie sind in Folge dessen nicht blos in der Stärke, sondern
auch Höheentwicklung gegen die Eichen des Mittel= und des Buchen=
hochwaldes zurückgeblieben und die dürren Spitzen im Kronenraum
zeigen deutlich, daß am Stammcapital kein Zuwachs, am Boden=
capital aber ein sicherer, empfindlicher Verlust zu erwarten steht.
Der in der Neuzeit nicht selten versuchte Unterbau von solchen
Beständen hat vielfach schlechte Resultate ergeben, da sich dergleichen
ältere Bestände mit verschlossenem Boden und verflüchtigtem Humus
nicht leicht mehr erholen.

Wieder verschieden sind die alten Eichen des früher plänterwald=
artig behandelten Buchenhochwaldes, denn sie haben einerseits ihre
Kronen noch ziemlich normal entwickeln können, anderseits hat die
Buchenmischung den Stamm reiner und höher erwachsen lassen;
sodann hat das allmälige Auspläntern einzelner Buchen und Eichen
den Boden und Stammraum nie entblößt, denn entweder schlugen
die jüngern Buchen wieder vom Stocke aus, oder es bildete sich
unter dem Schutz der stehengebliebenen Bäume neuer Kernwuchs;
prächtige Typen solcher Bestände finden wir noch im Spessart und
Pfälzerwalde.

Die allgemeinen Grundsätze nun, welche sich aus diesem Ver=
halten der Eiche und dem Zwecke, in möglichst kürzester Zeit Eichen=
starkholz zu erziehen, ergeben, sind:

1) Die Eiche soll nur in der Jugend und zwar entweder in

ganzen Abtheilungen — Wirthschaftsganzen — oder in größeren Gruppen und Horsten rein erzogen werden.

2) Um den Höhewuchs in dieser Periode möglichst zu beför= dern und um den Boden in voller Thätigkeit und voller Frische zu erhalten, muß der Schluß solange möglichst ge= drängt erhalten werden, bis die herrschenden Stangen so stammfest geworden sind, daß sie sich beim Aushieb der unterdrückten nicht mehr umbiegen.

3) Nach dieser Periode muß die erste Durchlichtung und mit ihr der Unterbau eintreten, jedoch darf dieselbe nicht stärker ausgeführt werden, als daß sich die untergebauten Holz= arten gesund entwickeln können; die Stellung muß sich durchaus nach dem Bedürfniß derselben richten.

4) Sobald das Unterholz sich so weit entwickelt hat, daß es den Boden vollständig deckt, sobald sein Gedeihen eine wei= tere Lichtung verlangt oder sein Bestand vollkommen ge= sichert ist, muß eine stärkere Durchhauung eintreten, so daß die eingebauten Holzarten sich allmälig zum Neben= und Füllbestande entwickeln können und die Eichenkronen nach und nach, jede für sich, gänzlich freistehen; je älter der Bestand, desto stärker die Lichtung. — Mit dem ge= sicherten Wachsthum des Unterholzes richtet sich der Hieb im Oberholze nur mehr nach diesem.

ad 1) Die Erziehung der Eiche im reinen Stande hat den Zweck, sie vor der Gefahr des Ueberwachsens durch die beigemisch= ten Holzarten zu bewahren und ihr einen bedeutenden Vorsprung im Alter vor den später unterzubauenden zu geben. Diese über= nehmen nach dem Einbau die Stelle der bei der Begründung von gemischten Beständen sogleich eingemischten Holzarten; sie sichern der Eiche die Vortheile der Bodenbeschattung und der Vermehrung der Bodenkraft durch Laub oder Nadelabfall 2c. — Diese Methode nähert sich in den späteren Perioden ganz dem Mittelwaldbetriebe und entspricht den naturgemäßen Anforderungen der Eiche am meisten. Ob ganze Abtheilungen oder nur Theile derselben auf solche Art behandelt werden sollen, hängt in erster Linie vom Boden ab; übrigens wird man gewiß nur selten — in der Ebene vielleicht — in einer Abtheilung gleichmäßig gute, für die Zucht der Eiche geeignete Bodenverhältnisse finden; in diesem Falle ist es ganz nothwendig, die geringeren Bodenclassen mit andern Holz= arten zu bestocken und die horstweise Eichenzucht zu wählen. Aber selbst wenn man durch eine solche Bodenverschiedenheit nicht ge= zwungen sein sollte, horstweise gemischte Bestände zu erziehen, ist eine solche horstweise Mischung beinahe immer räthlich.

ad 2) Wenn auch langschaftiges Eichenholz kein begehrter Ar= tikel ist, so muß der Höhenwuchs doch wenigstens in der ersten Lebensperiode befördert werden; auch erhält ein gedrängter Schluß die so nothwendige Bodenfrische. Dieser Schluß darf nicht früher unterbrochen werden, als bis die einzelnen herrschenden Stangen so erstarkt sind, daß sie sich bei eintretender Lichtung nicht mehr umlegen. Wann diese Periode eintritt, ist sehr verschieden und hängt hauptsächlich von der Nährkraft des Bodens ab; unter allen Bedingungen aber haben die Eichen vor den nunmehr einzubringen= den Holzarten einen bedeutenden Vorsprung, denn der Zeitpunkt dieser ersten Lichtung wird zwischen dem 35.—50. Jahre liegen.

ad 3) Mit diesem Unterbau beginnt die zweite Entwicklungs= periode und der Bestand nähert sich mehr und mehr im Stande des Oberholzes der Mittelwaldform, im Unterholze dagegen mit dem großen Unterschiede, daß dasselbe aus Samen herangezogen wurde, nur am Schlusse des Umtriebes zum Abtriebe gelangt und daher auch sehr werthvolles Nutz= und Brennholz liefern kann. Die erste Lichtung soll nicht weiter ausgedehnt werden, als daß das eingebaute Unterholz sich vollständig entwickeln kann, denn der Boden muß stets gedeckt erhalten bleiben, da jede starke Begrasung oder gar Verunkrautung Verlust an Bodenfrische und Nährkraft nach sich zieht. Um jedoch das Unterholz zur gedeihlichsten Entwicklung und rasch in die Höhe zu bringen, muß der ersten Lichtung schon in 3—5 Jahren eine zweite, je nach dem Bedürfniß desselben bald schwächere, bald stärkere folgen. — Die Wahl der einzubauenden Holzarten ist natürlich sehr wichtig, denn wenn das Unterholz auch in erster Linie nur der Eichen wegen da ist, so kann und soll es doch auch sehr wesentliche Erträge liefern. Wenn Boden, Klima und Lage die Wahl unter mehreren zulassen, so muß diejenige ge=

nommen werden, welche dem Zwecke der Eichenstarkholzzucht am
meisten entspricht, d. h. welche den Boden intensiv beschattet und
deren Blattabfall ihm die Stoffe in größter Menge zurückgibt,
welche die Eiche zum gedeihlichen Wachsthum am nothwendigsten
hat und welche im Boden am wenigsten vorhanden sind. Diese
Holzart wird in den meisten Fällen die Buche sein, welche noch
außerdem den Vorzug besitzt, daß sie das werthvollste Brennholz
liefert. Die Schattenseite der Buche ist, daß sie beinahe kein Nutzholz liefert; jedoch darf nicht vergessen werden, daß im Unterholze
nur so weit Nutzholz gezogen werden soll, als es ohne Benachtheiligung des Zweckes der Eichenstarkholzzucht geschehen kann.
Diese Möglichkeit besteht, wenn sich schon bei der Unterpflanzung
im Oberholz größere Lücken ergeben und wenn zu erwarten ist,
daß in diesen die Weißtanne ihr Gedeihen findet, sobald sie bei
den allmäligen Lichtungen so viel Raum und Licht erhält, um noch
zum Nutzholzstamm erwachsen zu können. — Eine vollständige
Unterpflanzung nur mit Weißtanne wird dem Zwecke der Eichenstarkholzzucht stets weniger entsprechen, denn der Nadelabfall und
der Moosüberzug dieser Holzart ist für das Gedeihen der Eiche
nicht so förderlich wie der Buchenblattabfall und die Laubdecke;
mehr schon dürfte — immer die entsprechenden klimatischen u. s. w.
Verhältnisse vorausgesetzt — eine Mischung von Buchen und Weißtannen entsprechen, wobei die erstere Holzart mehr in die Nähe
der Eichen, letztere entfernter von ihnen einzubringen wäre. Der
Buche und Tanne zunächst, in Beziehung auf die Zweckmäßigkeit
zum Unterbau, steht die Hainbuche, welche namentlich für feuchtere
Lagen und Bodenverhältnisse zu wählen wäre; ob bei Hainbuchen-
unterbau für die größern Lücken Fichten zu wählen sind, hängt in
erster Linie von den Bodenverhältnissen ab, jedoch sollte die Fichte
nur dann gewählt werden, wenn Buche und Tanne nicht mehr gedeihen, da sie offenbar den Zwecken dieser Betriebsweise am wenigsten entspricht, auch schon die klimatischen Verhältnisse selten der
Art sind, daß sie der Eiche und Fichte gleichmäßig gut zusagen. —
Von den Lichthölzern, wie Lärche und Kiefer, kann natürlich zum
Zwecke der Unterpflanzung keine Rede sein. Man mag nun aber

eine Holzart wählen, welche man will, vergeſſen darf man nie=
mals, daß ſie nur Mittel zum Zweck iſt.

ad 4) Die dritte Entwicklungsperiode des Beſtandes beginnt,
wenn das Unterholz ſich ſo weit entwickelt hat, daß es ohne Schutz
des Oberholzes gedeihen kann, wenn es ſich vollſtändig geſchloſſen
hat und ſein Wachsthum vollkommen geſichert iſt. — Die nun
folgenden weiteren Lichtungen richten ſich ganz allein nach dem
Bedürfniß der Eichen, d. h. nach dem Zweck des Beſtandes. Die
Lichtungen müſſen alſo nach und nach immer ſtärker werden und
ſollen in immer größeren Zwiſchenräumen eintreten, da ja jeder
Aushieb im höheren Alter, und wenn er Stämme trifft, die nicht
mehr unterbrückt ſind, größere Lücken verurſacht und die Schluß=
bildung entweder gar nicht mehr oder wenigſtens ſehr langſam ein=
tritt. Zu dieſer Schlußbildung darf es aber überhaupt nicht mehr
kommen, denn jede Eichenkrone ſoll vollſtändig freiſtehen und durch
keine nachbarliche im Wachsthum beeinträchtigt werden. Mit dieſer
Periode beginnt der Zeitpunkt der Eichenſtarkholzzucht und nur
dieſe iſt mehr Zweck der weitern wirthſchaftlichen Hiebsmanipula=
tionen; es tritt nunmehr die Baumwirthſchaft ein, bei der jede
einzelne Eiche mit vollſtändig freier, dicht belaubter Krone im ge=
ſchloſſenen, den Boden und den Stamm beſchattenden Unterholze
ſtehend, einen bedeutend geſteigerten Stärkezuwachs entwickeln muß.

Wie hoch man den Umtrieb bemeſſen ſoll, hängt von den
Verhältniſſen ab und dürfte bei genauer Beachtung aller einwirken=
den Factoren und ſcharfer Berechnung nicht ſchwer zu beſtimmen
ſein. Sicherlich iſt, daß bei einem ſolchen Verfahren in bedeutend
kürzerer Zeit ſtarkes Eichenholz erzogen werden kann als bei den
jetzt üblichen Methoden.

Eine dieſer Methoden beſteht darin, die Eiche entweder einzeln,
oder in kleinen Gruppen, Streifen u. ſ. w. mit andern Holzarten,
namentlich der Buche zu miſchen. Sie hat ſelbſt auf thonreichen,
tiefgründigen Böden, wo die Eiche mit der Buche gleichen Schritt
im Wachsthum hält, den Nachtheil, daß die im dichten Schluſſe
erwachſenen Eichen ihre Kronen nicht normal ausbreiten können
und daß ſie beim Abtrieb des 120= oder auch 140jährigen Be=
ſtandes zwar langſchaftige, aber immer noch ſehr ſchwache Stämme

liefert; Starkholzzucht ist hier nur möglich, wenn man die Eichen — wenigstens theilweise — in den nächsten Umtrieb übergehen läßt.

Die andere, seltenere Methode ist die weitständige Eichen- heisterpflanzung und Auspflanzung der Zwischenräume mit andern Holzarten. Bei dieser Methode muß das Füllholz die Stelle des engen Schlusses der Eiche in der ersten Jugendperiode vertreten und sowohl die Bodendeckung als das Treiben der Eichen in die Höhe übernehmen; sie erfordert sehr guten Boden, sehr gutes Pflanzmaterial und sehr sorgfältige Auswahl der einzubauenden Holzarten, sodann häufig wiederkehrende und sehr vorsichtige Läuter- ungen. Die Schwierigkeit dieser Methode liegt nun aber gerade darin, immer das rechte Maß der Auslichtung zu treffen, denn einerseits muß im Interesse der raschen Entwicklung der Eichen daran festgehalten werden, daß dieselben immer die ganze Krone frei haben; andererseits soll vermieden werden, daß die Umgebung der Eichen, der Fuß, entblößt wird. Diese Art der Eichenzucht hat kein Unterholz, sondern Beiholz und sie wird um so schwieriger entsprechend durchzuführen sein, je weniger der Boden für die Eiche und je mehr er für die beigemischten Holzarten geeignet ist; schwere, tiefgründige Böden eignen sich am besten für sie. Aber selbst unter den günstigsten Bedingungen kann diese Methode nicht das erreichen, was die Unterpflanzung erzielt, denn man kann den Heistern doch höchstens einen Vorsprung von 10—15 Jahren geben und ist niemals im Stande, den Eichen durch Aushieb des Bei- holzes eine so vollständig freie Krone bei ganz bedecktem Fuße zu geben wie bei der Unterpflanzung. Bei einem Umtrieb von 120 bis 140 Jahren — der auch für die beigemischte Buche oder gar Hainbuche schon viel zu hoch ist — werden sich auch bei dieser Betriebsweise nur mittelstarke Eichen erzielen lassen und wieder einzelne Eichen für ganz starkes Holz in den nächsten Umtrieb übergehen müssen.

Was nun den zweiten Theil der Frage betrifft, so ist die Ansicht, daß die heutigen Eichenholzvorräthe bei den gegenwärtigen Abnutzungssätzen nicht lange mehr vorhalten, für die Rheinpfalz wenigstens nur zu sehr gerechtfertigt.

Nach den mir von den verschiedenen Forstämtern gütigst zugegangen Mittheilungen wird das Procent-Verhältniß der Eichenholzvorräthe in den einzelnen Altersclassen circa noch betragen:

Haubar	Angehend haubar	Mittelholz	Jungholz
15	7	6	16

Wenn man nun bedenkt, daß die Pfalz zu den ausgesprochen-
sten Laubholzgebieten gehört — Fichten und Tannen waren ur-
sprünglich beinahe gar nicht vorhanden und das dermalige massenhafte Auftreten der Kiefer ist nur eine Folge der Bodenverarmung
durch Streunutzung, manchmal vielleicht auch von wirthschaftlichen
Fehlern —, so ist dieses Verhältniß ein sehr ungünstiges. —
Unser Hauptvorrath besteht in älteren Hölzern, welche nur mit
großen und bedeutenden Werth- und Zuwachsverlusten vom Hiebe
verschont bleiben können; denn so manche Erfahrung hat uns gelehrt, daß ein Unterbau von alten verlichteten, oft schon mehr oder
minder gipfeldürren Eichen in der Regel erfolglos ist, obwohl wir
auch sehr gelungene Unterpflanzungen von mittelalterigen Eichen
aufweisen können. — Von diesem Mangel an Eichen in den Stangenhölzern ist theilweise die Schablone des Buchenhochwaldes mit ihren
dunklen Samen- und Lichtschlägen die Ursache, theilweise das Krebs-
übel des Waldes, die Streunutzung; denn gerade diese schädliche
Nutzung hat nach und nach die sonst für die Eichenzucht so geeigneten wärmeren Lagen, d. h. den Boden derselben so entkräftet,
daß an dieselbe nicht mehr zu denken ist. Kiefern, nichts als
Kiefern, nehmen jetzt den früheren Eichenboden ein! — Wir mögen
nun auf Kosten der Rentabilität unserer Waldungen noch so spar-
sam mit unsern Eichenholzvorräthen umgehen, es kommt doch in
25—30 Jahren eine Zeit, wo wir nur noch sehr wenig Eichenholz auf den Markt bringen können; ein wahrhaftiges: „non pos-
sumus".

Forstbenutzung.

Die Torfwirthschaft auf der internationalen landwirthschaftlichen Ausstellung zu Bremen im Juni 1874.

Von Forstmeister Probst in Zwiefalten (Württbg.).

Schon Plinius erzählt uns, daß die Kauker, ein deutscher Volksstamm an der untern Weser, „ihre Speisen und die vom Nordwind erstarrten Leiber mit Erde wärmen, indem sie bei dem weitum herrschenden Mangel alles Holzes Koth. mit den Händen zusammenraffen und mehr durch den Wind als durch die Sonne trocknen lassen", und heutigen Tags enthält das Großherzogthum Oldenburg bei einer Gesammtfläche von 112 Quadratmeilen 19²/₃ Quadratmeilen Torfmoor und das Gebiet von Schleswig-Holstein, Hannover und Oldenburg zusammen 62 Quadratmeilen Torfmoor. Daneben fehlen in den mit Moorboden reichlich versehenen Tiefebenen dieser Länder geschlossene Waldungen fast gänzlich und sieht sich die Bevölkerung beinahe ausschließlich auf den Torf als Heizmaterial angewiesen.

Es ist daher die Annahme gerechtfertigt, daß in diesen Ländern die Gewinnung, Zurichtung und Ausnutzung des Torfes auf's Rationellste eingerichtet sei, sowie daß bei der inmitten dieser Länder in Bremen veranstalteten internationalen landwirthschaftlichen, im weitern Sinn auch die Forstwirthschaft, Gärtnerei u. f. w. umfassenden Ausstellung auch die Torfwirthschaft mit den neuesten zweckmäßigsten Verfahrungsarten und Maschinen zur Darstellung gekommen sein werde.

Einsender erwartete auf der Bremer Ausstellung ein Verfahren vertreten zu finden, welches dem Torf bei hohem Trockenheitsgrad nicht nur ein hohes specifisches Gewicht, Gleichartigkeit der Masse, Festigkeit für den Transport und im Feuer verschaffe, sondern auch durch Unabhängigkeit von der Witterung: Massenproduction und die Ausnutzung der Torffelder bis auf den Grund ermögliche und dabei so wohlfeil producire, daß der Preis des veredelten Torfes neben den Productionskosten und angemessener Vergütung des Rohmaterials noch einen Unternehmungsgewinn gewähre. Ein solches Veredlungs=Verfahren müßte den Torf zum Concurrenten der Steinkohle machen und die bisher so gering geachteten ungeheuren Brennstoffvorräthe der Torfmoore endlich zu ihrem wahren Werthe bringen.

Der Torfwirthschaft war denn auch auf der Bremer Ausstellung eine besondere Aufmerksamkeit geschenkt. Nicht nur waren im Ausstellungslocal eine große Zahl Torfsorten und Torffabrikate nebst den hiebei angewandten Maschinen und Geräthschaften gebührend vertreten, sondern es waren auch 3 Preise mit 2000, 1000 und 500 Mark für das zweckmäßigste Verfahren ausgesetzt und wurden die concurrirenden Maschinen 8 Tage vor Beginn der Ausstellung in dem 2 Stunden von Oldenburg entfernten Hundsmühlmoor von der Preiscommission im Beisein mehrerer Hunderte von Interessenten practisch erprobt.

Die dort in Bewegung gesetzten 9 Maschinen — und von Maschinenbetrieb kann es sich allein handeln wenn obige Anforderungen erfüllt werden sollen — waren sämmtlich nach dem Princip der Thonbearbeitungsmaschinen für Ziegeleien construirt und verarbeiteten die in unregelmäßigen groben Stücken ausgestochene Torfmasse mittelst rotirender Messer und archimedischer Schrauben in theils conischen, theils cylindrischen Behältern mit der Bestimmung, die Structur und ursprüngliche Cohäsion des Torfes möglichst gründlich zu zerstören und hieburch die eigenthümliche Schwindung des Torfes unter dem Einfluß von trockener Luft und Wärme zu steigern.

Eigentliche Torfpressen für nasse oder trockene Pressung waren nicht vertreten, ebensowenig Kugeltorfmaschinen oder irgend welche, eine neue Bahn betretende Torfveredlungsmaschinen, nur ein seinen Zweck aber kaum erfüllender neuer Torf=Form und Auslegeapparat. Mit Ausnahme zweier für Göppelbetrieb eingerichteter, ganz einfacher Maschinen, waren die übrigen mittelst Locomobilen von 4 bis 10 Pferdekräften in Bewegung gesetzt und unterschieden sich von einander theils durch die Größe an sich, theils durch die Anordnung der Messerwelle und durch die Länge und Zahl der den Torfbrei knetenden Schrauben, theils wieder darin, daß der verarbeitete Torfbrei in cylindrischer oder prismatischer Form, oder ungeformt die Maschine verließ. Daß die Formung des Torfes durch die Condensationsmaschine beim Betrieb im Großen, wie ihn die Verwendung von Dampfmotoren stets voraussetzt, äußerst kostspielige Handarbeit und lästige Trocknungsvorrichtungen erfordern, davon hat sich die Ueberzeugung schon seit längerer Zeit festgestellt; gleichwohl war eine große englische Maschine und 5 weitere auf die Formung eingerichtet, erstere mit den von Gyser (Baden) construirten Trockenhurden, letztere mit Rollbrettern u. s. w. und bewiesen denn auch durch die Hast, mit welcher das Arbeitspersonal seinen Dienst kaum nothdürftig erfüllte, wie umständlich und bei stetigem Dampfbetrieb im Großen unhaltbar die Behandlung und Trocknung des geformten Maschinentorfes ist.

Als die ihrer Leistung nach besten und durch mehrere Jahre erprobten Maschinen waren diejenigen der Canalisations-Gesellschaft in Oldenburg, welche 4 Maschinen mit Locomobilen, à 9 Mann Bedienung, im Gang hat und die übrigens nicht um den Preis concurrirende Maschine der Großherzoglich Oldenburg'schen Staatsfinanzverwaltung anzusehen, wenn auch die englische Maschine in der Zerreibung des Torfs den Vorzug verdienen mochte, da sie sowohl den Zerschneidapparat als die knetenden Schrauben an horizontalen Axen führte und bei dem weiteren Widerstand einer unter rechtem Winkel vorspringenden Mundöffnung die Verarbeitung des Torfes gründlicher besorgte. Leider war die Concurrenz holländischer, schwedischer, bayrischer und böhmischer Maschinen zu vermissen, welch letztere die den Vorzug verdienende horizontale Anordnung aller Schneid- und Knetapparate gleichfalls besitzen.

Bei den ohne Formung des Torfs arbeitenden Maschinen folgt ein für Norddeutschland eigenthümliches Verfahren zum Zweck der Formung und Trocknung des Torfbreies, das sogenannte Backverfahren, welches nicht nur für den amorphen Maschinentorf, sondern auch für den weichsten und darum nicht stechbaren Rohtorf (Baggertorf) vielfache Anwendung findet und insbesondere für Massenproduction sich empfiehlt.

An einer im Hundsmühlmoor arbeitenden Torfcondensations-Maschine möge der Maschinenbetrieb mit Backverfahren des Nähern erläutert werden:

Die Maschine, 1864 um 5400 Mark angeschafft, wird durch ein mit Torfabfällen geheiztes Locomobil von 7 Pferdekräften bewegt, welches 1200 Mark kostete. Die Maschine nebst Locomobil kommt auf die von der lockeren, ca. 2 m. hohen Moordecke (Bunkerde) befreite feste Torflage zu stehen und wird dem Gang der Arbeit entsprechend durchschnittlich täglich 10 m. weit auf einer Rollbahn von Hand (1 Stunde Zeitaufwand) rückwärts geschoben.

Ihre Bedienung besorgt ein Maschinist, zugleich Aufseher, und 1 Heizer, außerdem gehören zur Maschine 12 Mann, wovon 5 den Torf auf die Breite von 5 m. in unförmlichen Massen bis auf 2 m. unter das Niveau der Maschine mit platten Schaufeln abstechen und mit Gabeln auf den Elevator aufladen, welcher die Torfklumpen in den Trichter der Maschine stürzt, um sie dort unter Zugabe von Wasser dem Zerschneiden und Zerkneten zu überliefern; weitere 5 Mann haben mit 1 Auflader den verarbeiteten Torf vom Mundstück der Maschine in die Schubkarren zu füllen und letztere auf einer Bretterbahn bis 57 m. weit zu schieben und auszuleeren. Endlich besorgt 1 Streicher die gleichmäßige, 20 cm. hohe Ausbreitung des Torfbreies auf dem hiezu eingeebneten, in gleicher Höhe neben der Maschine befindlichen Trocknungsfeld. Hiefür bezieht der Maschinist 3,5. M., der Heizer 3,15. M., alle 12 Uebrigen den ortsüblichen Mannstaglohn von 2,75. M. bei 11stündiger strenger Arbeit, zusammen somit täglich 39 M. 65 Pfg., womit durchschnittlich — 80 bis 90 kbm. feste nasse Torfmasse gestochen, verarbeitet und in der Form eines großen Kuchens zur Trocknung ausgebreitet werden. Die Maschine nach einem Gang von 465 m. durch die Länge des Torffeldes wieder an den Anfangspunkt eines neuen Ausbeutungsstreifens zurückzuschaffen, erfordert 1½ Tage Arbeit seitens der 14 Mann Bedienung. Außerdem werden die Productionskosten durch den Aufwand für das Abräumen des obersten Torfes und die Einebnung des Trocknungsfeldes, endlich durch die Zinse des Maschinenanschaffungscapitals vermehrt.

Die Arbeit des Formens und Trocknens geschieht im Accord und zwar nach der Backmethode in der Weise, daß nach Verfluß von 2—3 Tagen, wenn eben die Kruste des Torfkuchens einen

Mann trägt, der Kuchen durch 2 Männer mit unter die Füße ge=
bundenen Erlenholzbrettchen von ca. 30 cm. im Quadrat fest und
ebengetreten, d. h. geknetet (gebacken) wird, worauf 27 cm. breite
parallele Streifen, die sogenannten Bänke, nach einer ausgespann=
ten Schnur mit scharfen Schaufeln abgestochen und nach einigen
weiteren Tagen, wenn nämlich die Backschnitte in Folge der Trock=
nung einen Finger breit klaffen, Quadrate von ca. 25 cm. Seiten=
länge mittelst rechtwinkliger Schnitte quer durch die Bänke stets
mit untergebundenen Fußbrettchen abgeschnitten werden. Sogleich
nachdem diese Quadrate geschnitten sind, können sobann die qua=
bratischen Torfstücke durch 2 Parallelschnitte in Torfziegel (Soben)
von je 8 cm. Breite zerlegt werden, worauf sobann durch Weibs=
leute oder Knaben das „Aufbrechen" folgt, darin bestehend, daß
die Ziegel von je 2 Bänken auf die dritte Bank aufgelegt werden.
Ist sobann der Boden der 2 ausgehobenen Bänke gehörig abge=
trocknet und sind die obersten Ziegel allmählich trocken und fest ge=
worden, so wird „geringt", d. h. es werden 21 Torfziegel in der
Weise zu einem Thurm aufeinandergelegt, daß je 3 in gleicher
Höhe befindliche ein gleichseitiges Dreieck andeuten, unten etwas
weiter, gegen oben etwas enger gelegt, die zuvor oben gelegenen
Ziegel untenhin, die unten gelegenen nasseren oben auf. Nach 2,
3, auch 4 Wochen, je nach der Witterung, sind sobann die Ringe
reif und werden mit Einem Griff (wobei nur 4 Ziegel auf dem
Boden liegen bleiben, die dann später, d. h. nach weiterer Trock=
nung aufgenommen werden) aufgehoben und in Tragbahren ge=
stürzt, um in diesen auf Haufen von 2 kbm., später auf größere
von 20 kbm. zusammengetragen zu werden.

Für das Aufbrechen und Ringen werden 0,2 M. pro 1000
Torfziegel, für das Treten, Bänke=, Quadrat= und Ziegelstechen
0,375. M., für das Zusammentragen in Haufen (ober in die nahen
Kanalschiffe) 0,25. M. pro 2 kbm. Trockentorf bezahlt. Da täg=
lich mindens 75 kbm. (3000 C.') Naßtorf ausgestochen werden
müssen in Folge der Gratification von 9 M. für jede weiteren
25 kbm., welche durch Abmessung alle 14 Tage ermittelt werden,
aber gegen 90 kbm. täglich verarbeitet werden, so ist die Tages=
production auf ca. 25 kbm. gleich 200 Ctr. Trockentorf und

der Selbstkostenpreis auf 0,3. M. pro Ctr. Trockenmaschinentorf zu veranschlagen; die Jahresproduction stellt sich bei 100 Arbeitstagen auf 20,000 Ctr.

Der so erzeugte Maschinentorf hat gegenüber dem gewöhnlichen Stichtorf — 150 bis 175 % Mehrgewicht, es ist jedoch hiebei zu beachten, daß bei der Hundsmühlenhöhe der 1,5 m. bis 2 m. hohe leichte Torf und Abraum bei Seite geworfen und zur Einebnung des leztausgebeuteten 5,5 m. breiten Grabens verwendet wird und daß nur der bessere Torf (jedoch nicht tiefer als 2 m.) in die Maschine kommt. Leichten porösen Torf mit der Condensationsmaschine zu bearbeiten, würde sich nicht lohnen, weil schlechter Torf troz der beschriebenen Bearbeitung schlechtes, guter, speckiger Torf aber gutes Fabrikat gibt. Hieraus geht schon hervor, daß mittelst dieser Art von Maschinenbetrieb weder eine starke genügende Condensation, noch der Vortheil eines ganz gleichartigen Fabrikats, noch die Ausbeutung des Torfmoors bis auf den Grund erzielt wird, auch daß die Trocknung des Fabrikats, da sie ganz im Freien vor sich gehen muß, stark von der Witterung abhängt. Es genügt somit dieser Maschinenbetrieb, welcher im Großherzogthum Oldenburg, außer im Hundsmühlmoor, noch in Varel am Jahrebusen und bei Campe, zusammen etwa 10 Maschinen beschäftigt, den Eingangs gestellten Anforderungen nur unvollkommen und noch weniger haben die übrigen um die Bremer Ausstellungspreise concurrirenden Torfveredlungsmaschinen entsprochen, was zur Folge hatte, daß die ausgesezten Preise überhaupt nicht zuerkannt wurden.

Die ungenügende Beschaffenheit des Fabrikats erhellt auch daraus, daß es weder für Locomotiven-Heizung, noch für andere technische Zwecke, sondern fast ausschließlich für Zimmer- und Herdfeuerung in größeren städtischen Haushaltungen begehrt ist.

Die Oldenburg'sche Eisenbahn-Verwaltung verwendet ausschließlich gewöhnlichen Stichtorf, am liebsten den von 5—6 Ctr. Gewicht pro kbm., da er nicht nur wohlfeiler, d. h. für 0,25. M. pro Ctr. (gegenüber 0,35. M. Kosten des Maschinentorfs) zu haben ist, sondern auch eine schnellere Anheizung der Locomotiven und damit eine Ersparniß an der Zahl der Locomotiven ermöglicht.

Dies ist noch vielmehr der Fall gegenüber der Steinkohlenfeuerung, weil 3,8 Ctr. Stichtorf 2 Ctr. Steinkohle ersetzen und um ⅕tel schnellere Heizung und raschere Leistung ermöglichen. Andererseits begehren auch kleinere Haushaltungen, bei welchen die Feuerung kürzer und rascher sein soll, nur Stichtorf, und in gleicher Weise werden alle Feuerungen in Ziegeleien und Brauereien, überhaupt Kesselfeuerungen, dort ausschließlich mit gewöhnlichem Stichtorf versorgt.

Der Maschinentorf gilt in Oldenburg mehr als Luxusartikel, dessen Herstellung nur der Deckung des Brennmaterialbedarfs der Residenzstadt dient und mehr durch den Mangel an Arbeitskräften für die Canalbauten, als durch Rentabilität hervorgerufen und gehalten ist. Derselbe deckt auch nur etwa 1 % des Brennmaterialbedarfs, der von Privaten ohne Maschinen hergestellte Backtorf etwa 2 %, den ganzen übrigen Bedarf hat der Stichtorf zu decken, der pro Ctr. zu 0,25. Mark überall zu haben ist.

So sehen wir denn, daß selbst in den fast ausschließlich auf Torfheizung angewiesenen, an Torf überreichen Landstrichen in der Umgebung von Bremen bis zur Stunde kein Torfveredlungsverfahren sich geltend gemacht hat, welches zu rentablem Betrieb im Großen geeignet wäre, oder auch nur ein zu weitem Transport geeignetes Product lieferte. Von der Einführung eines Maschinenbetriebs wird man daher bis auf weitere Erfindungen, welche vielleicht auf dem Gebiete des Torfstechens oder der Pressung von halbtrockenem Torf liegen, um so mehr Abstand nehmen müssen, als in den letzten Jahren mehrere große Etablissements für Torfveredlung im Norden und Süden Deutschlands zu Grunde gegangen sind. — Nur der eine Fall wird ausgenommen werden dürfen, daß hohe Brennmaterialien-Preise' mit großem Mangel an Handarbeitern örtlich zusammenträfen.

Bei dem gewöhnlichen Torfstich- und Trocknungsverfahren in der norddeutschen Tiefebene darf als bemerkenswerth bezeichnet werden die große Wohlfeilheit, welche hauptsächlich darin begründet ist, daß für jede Sorte Torf und für jede locale Besonderheit ein eigenthümliches Verfahren sich herausgebildet hat. Zur Trocknung der beinahe ausschließlich horizontal gestochenen, in der Regel

40 cm. langen, 12 cm. breiten und 12 cm. dicken Torfziegel wer=
den dieselben aufrecht aneinandergestellt, angelehnt an eine durch
3 liegende Ziegel gebildete Wand. Ist der obere Theil nach 8
bis 14 Tagen einigermaßen abgetrocknet, so wird er in der Weise
umgebeugt, daß der auf dem Boden gestandene Theil obenhin
kommt, und ist so die Trocknung nur halbwegs geschehen, so wird
der Torf in Haufen von etwa 2 kbm. locker zusammengebeugt
und bis gegen den Herbst sitzen gelassen, wo er entweder in große,
dichtgesetzte Haufen zur Ueberwinterung oder in Schiffe verbracht
und verkauft wird.

Bemerkenswerth ist auch, daß der Stichtorfbetrieb häufig schon
im März begonnen und Ende Juni abgeschlossen wird, so daß von
da an bis zum Spätherbst nur noch Trocknungsarbeiten vor sich
gehen, sowie das Zusammenschaffen in große freistehende Haufen
von 20 kbm., in welchen wohl die Hälfte alles Stichtorfes über=
wintert wird. Das Torfstechen wird in der Regel an Gesellschaf=
ten von 8 Personen vergeben, deren Tagwerk zwölftausend Torf=
ziegel (Soden) liefert und mit 21,5. Mark bezahlt wird. Ein
Mann sticht 4 bis 5000 Ziegel pro Tag. Daneben kostet aber
noch das Trocknen und Zusammentragen auf kleine conische Haufen
pro 12000 Stück 6 Mark.

Zum Transport des Torfs in die größern Haufen und in
die Canalschiffe werden überall Rollbahnen (1 m. kostet 6,75 M.),
zum Theil mittelst stahlbeschlagener Holzschienen hergestellt. Hiebei
erhalten die rollkarrenschiebenden Arbeiter für je 300 m. Roll=
bahnfahrt 0,05. Mark pro Ctr. Trockentorf. Auf Hauptwegen
werden auch Pferde verwandt, deren jedes 10 Rollkarren auf einem
neben den Schienen hergerichteten Leinpfad zieht.

Einen höchst interessanten Anblick gewährte auch das bei
Kampe stationirte „Moorschiff" der Oldenburger Canalisations=
gesellschaft*. Dasselbe ist dazu bestimmt, durch ein mehrere Qua=
dratmeilen umfassendes Torfmoor einen Canal herzustellen, indem
es, im selbstgegrabenen Wasserbett schwimmend, durch zwei an

---

* In „Ueber Land und Meer" 1873 näher beschrieben.

seinem Vordertheil angebrachte Schraubenräder den Torf abschnei=
bet, sodann zerreißt und knetet und den verarbeiteten Torfbrei auf
einer bis 20 m. langen Rinne seitwärts auf den Trockenplatz ab=
fließen läßt zu nachfolgender Formung und Trocknung.

Durch die glücklichen Vorgänge im benachbarten Holland be=
wogen, hat nämlich die Oldenburgische Regierung beschlossen, die
vielen Quadratmeilen Torfmoor des Großherzogthums der Cultur
zuzuführen. Hiezu sind vor Allem Communicationswege durch die
Moorgründe herzustellen, und da Straßen zu bauen kaum möglich
ist, dagegen Canäle in jenen nur wenige Meter über dem Meer
liegenden Gegenden leichter anzulegen sind, so wurden ausgedehnte
Canalbauten in Angriff genommen. Ist dann die Möglichkeit ge=
geben, Lebensmittel und Dungstoffe herbei= und Trockentorf abzu=
führen, so wird das Land in der Nähe des Canals in Loosen von
etwa 10 Ha an arme Leute gegen äußerst geringen Jahreszins
als Eigenthum abgegeben; die Leute bauen sich zunächst Hütten,
stechen Torf, verschiffen ihn in die nächsten Städte, bauen allmäh=
lich die ausgebeuteten Torffelder an und kommen endlich zu Wohl=
stand, der ihnen die Anschaffung von Vieh, das Bauen solider
Wohnungen und endlich die Anlegung eines Laubholzwäldchens
rings um das Haus gestattet. So werden die schauerlichsten Oed=
ungen in blühende Ansiedlungen umgewandelt.

Die ausgedehnten Torfmoore, welche sich in Norddeutschland
vorfinden, haben dort, was ebenfalls die Bremer Ausstellung vor
Augen führte, nicht nur eine eigenthümliche, höchst rationelle Land=
wirthschaft geweckt, welche als „Moorcultur" unter Zunutzmachung
der günstigen physikalischen und chemischen Eigenschaften des Moor=
bodens und Verwendung von künstlichen Dungmitteln die reichsten
Erndten erzielt, sondern auch durch ihre ungeheuren und uner=
chöpflichen Massen von Torf die Gründung von großen, auf Torf=
euerung eingerichteter Fabriken hervorgerufen.

So erhebt sich inmitten des Hundsmühlmoors eine großartige
Ziegelei, ausschließlich mit Torf bedient, und an der Eisenbahn=
station Augustven, zwischen Oldenburg und Emden, steht in einem
meilenbreiten Moor ein 1858 auf Actien gegründetes, im besten

Gedeihen befindliches Eisenwerk, sowie ein Stahlwerk. Diese beiden Werke beziehen ihr Rohmaterial von fernher und sind nur des billigen Feuerungsmaterials wegen, das dort mittelst des sogenannten Feuerungsregenerativsystems auf den höchsten Effect gebracht wird, mitten in das Torfmoor gebaut worden.

Die rationelle landwirthschaftliche Benützung abgebauter oder flachgründiger Torfgründe besteht in Kürze darin, daß der Moorboden entweder mit dem aus tiefgeführten Gräben ausgehobenen mineralischen Untergrund gemischt wird (holländisches Verfahren), oder mit dem aus breiten Gräben ausgestochenen Sand auf 11 cm. Höhe überdeckt wird (Dammcultur). Letztere Culturmethode, durch den rühmlichst bekannten Rittergutsbesitzer Hermann Rimpau auf Kunrau in der Altmark — er studirte 1844 in Hohenheim — ersonnen und durch Jahrzehnte erprobt, verdient entschieden den Vorzug, wenn der Moorgrund nicht mächtiger als 1,5 M. ist, der dort in der Regel den Untergrund bildende Sand also mit mäßigen Kosten (300 M. per Ha) heraufgeschafft werden kann.

Der meist große Stickstoffgehalt des Torfs und dessen unversieglicher Humus kommen unter der gegen Hitze und Kälte schützenden, mit dem Ackergeräthe so leicht zu bearbeitenden 11 cm. hohen Sanddecke zur höchsten Geltung und die hauptsächlich in phosphorsaurem Kalk und Kalisalzen bestehende, oben auf den Sand aufgebrachte Düngung bleibt zwischen Sand und Torf den dort sich verbreitenden Wurzeln der Culturpflanzen bis zur vollkommenen Ausnutzung dienstbar. Die Verbreitung dieses höchst rentablen Betriebs an der Stelle des bisher allgemein üblichen Moorbrennens hat sich der in Bremen ansäßige Verein gegen das Moorbrennen zur besondern Aufgabe gestellt und gewährt dessen Organ, die „Zeitschrift für Cultur des Moor- und Haidebodens von W. Peters, Kisling's Verlag in Osnabrück", insbesondere im Jahrgang 1873 nähere Anleitung.

Schließlich erlaubt sich Einsender darauf aufmerksam zu machen, daß von dem auf dem Gebiete der Torfwirthschaft wohlbewanderten, namhaften Agricultur-Chemiker, Dr. Breitenlohner in Wien, Privatdocenten an der dortigen Hochschule für Landwirthschaft, eine Zeitschrift für Torfwirthschaft und Moorcultur demnächst gegründet

werden wird, welche von allen hiefür sich Interessirenden um so
freudiger begrüßt werden dürfte, als die auf diesem weiten Gebiete gemachten Erfahrungen bisher aus den verschiedensten Zeitschriften für Landwirthe, Chemiker, Ingenieure und Forstwirthe
zusammengesucht werden mußten.

Forst-Versammlungen und forstliche Ausstellungen.

Constituirung des hessischen Forstvereins.

(Mitgetheilt vom Forstaccessisten Brill in Darmstadt.)

Eine „Einladung zur Theilnahme an der Gründung eines
hessischen Forstvereins" vom Monat September des Jahres 1875,
unterzeichnet von dem Darmstädter Localcomité, dem Herrn Geh.
Oberforstrath Bose, Oberförster Faustmann und Oberförster
Muhl, wurde in Hessens Gauen mit lebhaftem Beifall begrüßt.

Konnte doch kein Zweifel darüber bestehen, daß kein Beruf
mehr der Hülfe der Vereinsthätigkeit zu seiner gedeihlichen Entwicklung bedarf, als gerade der Beruf des Forstmanns. Denn
wer bezweifelte heute noch, daß ein segensreicher Fortschritt des
Forstbetriebs nur dann stattfinden kann, wenn Praxis und Wissenschaft sich gegenseitig unterstützen, da nicht nur Dasjenige zur Förderung der Wahrheit nützlich ist, was uns direct wirthschaften
hilft — wenn wir auch diese Erfahrungen noch nicht wissenschaftlich begründen können —, sondern auch alles Das, was die Erkenntniß der Wahrheit fördert, — wenn wir auch nicht sogleich
eine practische Verwendung dafür haben?

Der Verein ist es nun, der uns die beste Gelegenheit bietet
zum Austausch divergirender Meinungen in Bezug auf diese oder
jene forstliche Controverse. Hier können in mündlichem, lebendigem
Contact neu eingeführte Cultur- und Nutzungs-Methoden und Werkzeuge, neue Verfahren der Bestandes-Erziehung und neue Betriebsarten besprochen und die verschiedenen Erfahrungen darüber publi-
cirt werden. Durch den Verein ist ferner dem meist isolirt und
von Berufsgenossen entfernt wohnenden Wirthschafter die beste Ge-

legenheit geboten, unter den mannigfaltigsten Localverhältnissen ver=
schiedene entsprechende Wirthschaftsverfahren u. s. w. sehen und
kennen zu lernen und das für sein eignes Revier Nützliche herauszu=
finden, wodurch er von der Neigung, nur das anzuerkennen und
für richtig zu halten, was auf seinem beschränkten Wirthschafts=
gebiete vorgeht — mit andern Worten von der Einseitigkeit und
dem Generalifiren —, abgehalten wird.

Am dringendsten trat das Bedürfniß nach einem Forstvereine
in Hessen neuerdings zu Tage, seitdem durch die neuere Gesetz=
gebung der Local=Forstbeamten=Anwohnung bei den Forstgerichten
und dadurch eine mehrmals im Jahre wiederkehrende Gelegenheit
zum Meinungsaustausche über Fragen der Wissenschaft und des
Dienstes benommen war.

Kein Wunder daher, daß das hessische Forstpersonal fast ohne
Ausnahme mit Freuden dem neu zu bildenden Vereine ihren Bei=
tritt zusagte und daß 82 Theilnehmer persönlich zu der auf den
30. September anberaumten Versammlung erschienen.

Der Vorstand des Localcomité's, Herr Geh. Oberforstrath
Bose, begrüßte die in den oberen Räumen der hiesigen „Ver=
einigten Gesellschaft" versammelten Anwesenden, worunter sich auch
Forstbeamte benachbarter Staaten befanden, worauf Se. Excellenz
der Großh. Oberstjägermeister von Bibra das Alterspräsidium
und Herr Oberförster Muhl das Schriftführeramt übernahm.
Letzterer erstattete zunächst über die Zahl der stattgefundenen, resp.
eingelaufenen Anmeldungen und Beitrittserklärungen (in Summe
136) Bericht.

Sodann erfolgte die Berathung der Statuten, wobei der, oben=
erwähnter Einladung angefügte Entwurf als Grundlage diente.
Die Berathung nahm mehrere Stunden in Anspruch und schloß
sich ihr alsbald ein heiteres Mittagsmahl an, in dessen Verlaufe
Toaste auf Se. Königl. Hoheit den Großherzog, das Gedeihen des
Vereins u. s. w. ausgebracht wurden.

Der vorerwähnte Statuten=Entwurf wurde im Wesentlichen
unverändert als „Satzungen des hessischen Forstvereins" beibehalten.
Besondere Erwähnung verdienen der Zusatz zu §. 1, welcher vom
Zwecke des Vereins handelt, daß „bestehende dienstliche Vorschriften

nicht Gegenstand der Discussion werden können" und die verän=
derte Fassung des §. 2, wonach jeder Forstmann und Freund des
Forstwesens (auch außerhalb Hessens) ordentliches Mitglied des
Vereins werden kann. Ferner wurde §. 3 dahin abgeändert, daß
die Ernennung von Ehrenmitgliedern nur durch einstimmige
Wahl erfolgen könne. Als Versammlungszeit des Vereins (§. 4)
wurde statt des vorgeschlagenen Juli oder August mit Rücksicht auf
die Universität und die Functionen der Forstmeister der Monat
September bestimmt. In §. 5 wurde geändert, daß der Vorstand,
aus einem Vorsitzenden und 5 Ausschußmitgliedern bestehend, nach
einfacher Majorität und in der Regel durch Stimmzettel gewählt
werden und daß er selbst dann den Rechner bestimmen solle.

Als jährlicher Vereinsbeitrag wurde vorläufig der Betrag von
3 Mark festgesetzt und der Rechner nach Verlauf des I. Quartals
des Vereinsjahrs ermächtigt, die Erhebung durch Postvorschuß zu
erwirken. Ein dem Entwurf noch angefügter §. 13 bestimmt, daß
Abänderung der Statuten nur in einer Jahresversammlung durch
mindestens ⅔ der Anwesenden erfolgen könne.

Nach dem Antrage des Großh. Oberförsters Faustmann
wurde zuletzt die Bildung von Vereins=Local=Sectionen in
Aussicht genommen und der Vorstand beauftragt, hierüber später
in Berathung zu treten und der nächsten Versammlung geeignete
Vorschläge zu unterbreiten.

Die folgenden Vorstandswahlen ergaben: als Präsident der
Geh. Oberforstrath Bose zu Darmstadt; als Schriftführer der
Gr. Oberförster Muhl daselbst; als Ausschußmitglieder: Herpel,
Gr. Forstmeister zu Friedberg, Dr. Heß, Professor an der Uni=
versität Gießen, Ihrig, Gräfl. Forstmeister zu Erbach, und die
Großh. Oberförster Preuschen zu Ernsthofen und Faustmann
zu Babenhausen.

Während des Mittagsmahls liefen theils schriftliche, theils
telegraphische Begrüßungen von Sr. Durchlaucht dem Fürsten
Bruno zu Isenburg=Büdingen, von Professor Baur in Hohen=
heim und dem Präsidenten des badischen Forstvereins ein, die
großen Applaus hervorriefen. Im weiteren Verlauf wurde vom
Vorstande als Rechner der Großh. Oberforstrevisor Wimmen=

auer, hierauf als nächster Versammlungsort des jährlich einmal tagenden Vereins Büdingen bestimmt.

Wir glauben zu der Annahme berechtigt zu sein, daß wohl jeder der Anwesenden mit Befriedigung und den besten Hoffnungen und Wünschen für das Gedeihen des jungen Vereins und sein segensreiches Wirken in Bezug auf Wissenschaft, Praxis und Dienst die constituirende Versammlung verließ.

Nachstehend theilen wir noch den Wortlaut der Satzungen des Vereins wie folgt mit:

Satzungen des hessischen Forstvereins.

§. 1.

Zweck.

Der Zweck des Hessischen Forstvereins ist: zur Ausbildung der Forstwissenschaft und des hessischen Forstwesens, zur Hebung und gegenseitigen Belehrung des Forstbeamtenstandes beizutragen, somit also auch dienstliche Interessen zu fördern. Dieser Zweck soll durch persönliche Bekanntschaften, durch Vorträge, durch mündlichen Austausch von Ansichten und Erfahrungen, vor Allem aber durch Besichtigung von Waldungen unter entsprechender Führung und Aufklärung der betr. Localverwalter erreicht werden.

Bestehende dienstliche Vorschriften können nicht Gegenstand der Discussion sein.

§. 2.

Ordentliche Mitglieder.

Jeder Forstmann oder Freund des Forstwesens kann ordentliches Mitglied des Vereins werden. Die Aufnahme geschieht bei den Jahres-Versammlungen auf Anmeldung der Betreffenden durch den Vorsitzenden nach Stimmen-Mehrheit der Anwesenden. Der Austritt aus dem Vereine ist dem Vorsitzenden anzuzeigen.

§. 3.

Ehren-Mitglieder.

Der Verein kann Ehren-Mitglieder innerhalb und außerhalb des Großherzogthums ernennen. Die Ernennung erfolgt auf Vorschlag des Vorsitzenden bei der Jahresversammlung, wenn der Vorgeschlagene alle Stimmen für sich hat.

§. 4.
Versammlung.

Der Verein versammelt sich jährlich einmal 2 Tage lang, in der Regel im Monat September. Jede Versammlung bestimmt den Ort, an welchem die nächste stattfinden soll. Die Versammlung ist jedoch in den Jahren, in welcher die Versammlung der deutschen Forstmänner im Großherzogthum Hessen tagt, auszusetzen.

§. 5.
Vorstand.

Der Vorstand des Vereins besteht aus einem Vorsitzenden, einem Schriftführer und fünf Ausschußmitgliedern, welche nach einfacher Majorität und in der Regel durch Stimmzettel gewählt werden. Nach je drei Versammlungen, und zwar am Schlusse der dritten, werden neue Wahlen vorgenommen. Die Abtretenden können wieder gewählt werden.

§. 6.
Vorsitzender.

Er ist der Vertreter des Vereins und wahrt dessen Interessen; er unterzeichnet die Schriftstücke und bewahrt etwaiges Eigenthum des Vereins. Er trifft unter Zuziehung des Ausschusses und unter Beihülfe der betreffenden Local-Forstbeamten die Vorbereitungen für die 4 Wochen vorher auszuschreibenden Jahres-Versammlungen, bestimmt etwaige Themata und setzt die Tagesordnung fest. Er eröffnet, leitet und schließt die Verhandlungen.

Im Verhinderungsfalle wird der Vorsitzende durch das älteste Ausschußmitglied vertreten.

§. 7.
Schriftführer.

Er hat unter Leitung des Vorsitzenden die laufenden Geschäfte zu besorgen, bei den Versammlungen das Protokoll zu führen und daßelbe für allenfallsigen Druck auszuarbeiten.

Werden die Verhandlungen nicht auf Kosten des Vereins gedruckt, so hat der Schriftführer das Recht zu ihrer literarischen
Verwerthung.

§. 8.
Ausschuß.

Er hat den Vorsitzenden und den Schriftführer in ihren Ver-
richtungen zu unterstützen, beziehungsweise im Verhinderungsfalle
zu vertreten.

§. 9.
Rechner.

Er wird von dem Vorstande gewählt. Er hat die Einnahmen
und Ausgaben des Vereins zu besorgen, Rechnung darüber zu
führen und solche bei den Versammlungen vorzulegen.

§. 10.
Rechte der Mitglieder.

Alle Mitglieder haben das Recht, in Angelegenheiten des Vereins Anträge zu stellen und an den Wahlen und Abstimmungen
Theil zu nehmen.

Sie können bei den Versammlungen Vorträge halten und sich
an den Verhandlungen betheiligen.

§. 11.
Verhandlungen.

Sie sind öffentlich.

Ob und inwieweit sie als selbstständiges Druckwerk zu ver-
öffentlichen sind, beschließt jedesmal die Versammlung nach Stim-
menmehrheit, ebenso im anderen Falle. Längere Aufsätze sollen in
der Regel nicht vorgelesen, sondern nach dem Ermessen des Vorstands, wenn das Protokoll gedruckt wird, als Beilage des letzteren
abgedruckt werden.

§. 12.
Kosten.

Als jährlicher Vereinsbeitrag wird vorläufig der Betrag von
3 Mark festgesetzt. Von Mitgliedern, welche den Beitrag im ersten

Kalenderquartal nicht leiſten, erhebt ihn der Rechner mittelſt Poſt=
vorlage.

Weigerung der Zahlung zieht den Ausſchluß aus dem Verein
nach ſich.

Das freiwillig austretende Mitglied bleibt zur Zahlung des
jährlichen Vereins=Beitrags für das laufende Kalenderjahr ver=
pflichtet.

§. 13.

Abänderung der Statuten.

Sie kann nur in einer Jahresverſammlung, auf deren Tages=
ordnung ſie zu ſetzen iſt, durch mindeſtens ²/₃ der anweſenden
Mitglieder beſchloſſen werden.

Forſtlehranſtalten.

1. Die Schluß-Prüfungen pro 1874/75 an der mähriſch-ſchleſi-ſchen Forſtſchule in Eulenburg.

(Eingeſendet.)

Gleichzeitig mit den Abgangsprüfungen des II. Jahrganges
fand die Semeſtral=Prüfung des I. Jahrganges nach einem neu
entworfenen Schema in der Zeit vom 9. bis incl. 12. Auguſt
1875 ſtatt und zwar auf mündliche ſowohl als ſchriftliche Weiſe.

Die Betheiligung war eine ganz ungewöhnlich zahlreiche und
muß den ſämmtlichen P. T. Prüfungs=Commiſſären der tiefgefühlte
Dank gezollt werden für alle mit dem Beſuche Eulenbergs ver=
knüpften, ebenſo zahlreichen als großen Opfer.

Die Prüfungs=Commiſſion beſtand aus den Herren: Egbert
Graf Belcredi, Präſident des m.=ſch. Forſtſchulvereins; Alois
Graf Serenyi, Präſident des m.=ſch. Forſtvereins; Ferdinand
Graf Spiegel; Karl Freiherr von Dalberg; Geſchäftsführer
Forſtrath F. Richter; k. k. Forſtmeiſter Hollan; Domcapitular-
Forſtmeiſter C. Mollinek; Forſtmeiſter Benier; Oberförſter
Riedel; Oberförſter Drechsler; Oberförſter Merker; Pfarrer
Gottfr. Moubrál und Oberförſter Schuberth.

Bei der Prüfung lagen die im Laufe zweier Jahre aus=
gearbeiteten Tentamina ebenso auf, wie die unter den Augen der
Commission beantworteten schriftlichen Fragen aus jeder Disciplin.

Es wurden ferner die im Laufe des letzten Semesters zu
Stande gebrachten Elaborate aus der Insectenkunde, dem Wald=
bau, der Forsteinrichtung, Geodäsie und Baukunde, dann die In=
secten= und Samen=Sammlungen sowohl, als die Herbarien vor=
gelegt.

Unter den verschiedenen Unterrichtsmitteln seien die Plani=
meter, das Arithmometer und die autographische Presse erwähnt,
welche letzteren in ihrer Thätigkeit vorgeführt wurden.

Bei Gelegenheit der Zeugniß=Vertheilung hielt der Hochgeborene
Präsident Egbert Graf Belcredi eine ergreifende Ansprache,
worin er der Prüfungs=Commission für ihre Opferwilligkeit dankte,
den Bemühungen des Lehrkörpers überhaupt, jenen der Herren
Professoren Lischka und Vesely — die erst in der Letztzeit an=
gestellt wurden — aber insbesondere die wohlverdiente Anerkennung
ausdrückte, die Abiturienten zur rastlosen Fortbildung und Be=
scheidenheit mahnte, gleichzeitig aber die Nothwendigkeit der Reli=
giosität betonte, welche die einzig sichere Gewähr ist für aufopfernde
Dienstestreue.

In dem Momente, als der Hochgeborene Herr Graf die ab=
gehenden jungen Männer — sichtlich gerührt — in Gottes Schutz
befahl, blieb kein Auge trocken und es betrat der Abiturient, Herr
Gupert Richter, den Katheder mit folgenden Worten:

„Hochgeborener Herr Graf und Präsident!

„Meine lieben Collegen haben mich mit dem Vertrauen be=
„ehrt, Euer Hochgeboren als Oberhaupt des hohen mähr.=schles.
„Forstschul=Vereins unsern allseitigen schuldigen Dank für die an
„der m.=sch. Forstschule erlangte höhere fachliche Ausbildung aus=
„zusprechen."

„Die Maßnahmen des hohen Vereins, welche in erster Reihe
„uns zu Gute kamen, — bezweckten stets das Beste; die Behand=
„lung, welche uns an dieser Bildungsstätte zu Theil wurde, kann
„sich mit jener an jeder Hochschule messen und unser Unterricht

„stand fortan auf der Höhe der Zeit. Der hochverehrte Lehr-
„körper, der uns nicht minder zum innigsten Danke verpflichtet,
„hat mit uns vereint stets an der Hebung des Rufes dieser vater-
„ländischen Anstalt getreulich mitgewirkt und uns in jeder Richtung
„vertreten und in uns den Grund zur weitern Ausbildung als
„Fachmänner und Staatsbürger gelegt; denn überall lernt
„man nur von dem, den man liebt."

„Die Wohlthaten des hohen Vereins und die Auf-
„opferung der Lehrer können auf gar keine Weise mate-
„riell gelohnt werden. Den Versuch eines Entgeltes aber ver-
„sprechen wir feierlich dadurch zu machen, indem wir stets mit
„aufopfernder Pflichttreue das Interesse unserer künftigen Brod-
„herren fördern wollen, getreu dem Wahlspruche: „Facta loquuntur!"

Hierauf wurde der junge Sprecher vom Director vorgestellt
und Letzterer ergriff nun das Wort in nachstehender Weise:

„Hohe Prüfungs-Commission!

„Die heuer so überaus zahlreiche Betheiligung an unsern
„Prüfungen ist ein so freudiges Ereigniß, daß ich vom Gefühle
„ehrfurchtsvoller Dankbarkeit überwältigt, demselben durch Worte
„nur schwachen Ausdruck zu leihen vermag und deshalb um huld-
„volle Nachsicht bitten muß."

„So wie der Soldat kämpft für den eigenen Herd, für das
„Vaterland und für die Dynastie, so sind auch für uns diese drei
„die höchsten irdischen Kleinode."

„Den eigenen Herd verdanken wir Diener jedoch — die wir
„sonst heimathslos wären — nur unsern Brodherren, welche in
„unserem Vaterlande mit diesem vereint für die wissenschaft-
„liche Forstbeamten-Bildung mit Aufopferung geistiger und mate-
„rieller Mittel selbst huldvollst sorgen, während ein Mitglied unseres
„allgeliebten Herrscherhauses Se. kaiserliche Hoheit Erzherzog Wil-
„helm, Hoch- und Deutschmeister, unserer Anstalt ein Asyl in seiner
„Burg gewährte."

„Ich erlaube mir daher ein ehrfurchtsvolles Hoch!!! auszu-
„bringen:

„Auf den hohen mähr.-schlef. Forstschul-Verein!

3*

„Auf unfer theueres Vaterland!

„Auf unfer allerhöchstes Kaiferhaus!"

Kaum war das stürmische Hoch aller Anwesenden verklungen, so erscholl die von den Studirenden mit wahrer Begeisterung gesungene österreichische Volkshymne und von der Burgbastion erdröhnten die Schüsse der alten Eisenkanonen aus der Schwedenzeit, mittelst deren sich die Schule einige Stunden später auf weite Ferne hin vom abreisenden Hochgebornen Präsidenten verabschiedete. — Abends veranstalteten die Abiturienten ein Abschiedskränzchen in Langendorf, welchem der Vereinsgeschäftsführer Forstrath Richter sammt dem Lehrkörper beiwohnte, um zu beweisen, die m.-sch. Forstschule sei keine Zwangs-Anstalt!

2. Die k. k. Hochschule für Bodencultur in Wien.

Bekanntlich wurde die k. k. Forstakademie Mariabrunn bei Wien im vorigen Jahre aufgehoben und mit der Hochschule für Bodencultur in Wien vereinigt. Diese neue Lehranstalt ist daher keineswegs mit dem Organismus der Universität Wien innig verschmolzen, sondern nur eine erweiterte Fachschule, ähnlich wie Hohenheim, nur daß die Hörer Gelegenheit haben einzelne Vorlesungen an der Universität Wien zu hören. Die Stimmen über die Zweckmäßigkeit der getroffenen Maßregel waren und sind daher auch in Oesterreich selbst sehr getheilt und jedenfalls war es ein guter Griff der Regierung dem jetzigen Oberlandforstmeister R. Micklitz in Wien wichtige forstliche Lehraufträge zu ertheilen, obgleich nach der Auffassung des Einsenders, beide Berufszweige für die Dauer nicht wohl werden neben einander gut bestehen können. Auch erscheint es auffallend, daß Regierungsrath v. Seckendorff neben seinem Lehrberuf noch die ganze Leitung des österr. Versuchswesens übernehmen konnte, da dieser selbst doch am lebhaftesten früher gegen eine derartige Vereinigung geeifert hat.

Personalverhältnisse.

Nekrolog des gr. bad. Forstinspectors Fr. Jul. Gerwig, gest. 9. April 1875.

Wer die forstlichen Verhältnisse des badischen Schwarzwaldes kennen lernen will, begegnet dem Namen Gerwig's in bemerkens= werthen technischen Leistungen des Waldweg= und Waldbaues in mehreren nördlichen und südlichen Gebirgstheilen, wo jeder Ein= geborne ihn wohl kennt, — aber auch in der forstlichen Literatur in der bekannten Schrift: „Die Weißtanne im Schwarzwalde"* und in trefflichen Aufsätzen der Baur'schen Monatschrift („Bilder aus dem Walde", „Wo gehört die Fichte hin?" u. Anb.). Es er= scheint daher nur gerecht gegen den Hingeschiedenen, wie gegen die Leser, den Lebensgang Gerwig's in kurzen Zügen hier zu schildern.

Geb. d. 11. Oct. 1812 zu Sulzburg „im Markgräflerlande", Sohn des dortigen Stadtpfarrers, erhielt G. den ersten Unterricht in der heimischen Volksschule unter Leitung seines Vaters, eines tüchtigen Schulmannes, und trat dann in das Gymnasium zu Freiburg ein, um zu dem forstlichen Berufe, zu welchem die herr= lichen Tannenwälder seiner Heimath ihn frühe hinzogen, sich vor= zubereiten. Nach herber, damals geforderter Lehrzeit (mit Dengler) bei Oberförster Hubbauer in Baden besuchte er 1833 und 1834 die eben errichtete Forstschule am Polytechnikum zu Carlsruhe und 1835 nach der Staatsprüfung noch ein Wintersemester hindurch kameralistische Vorlesungen an der Universität Heidelberg. Zur dienstlichen Ausbildung folgte eine kurze Verwendung bei Bezirks= forsteien und dem Forstamte Bruchsal, dann eine längere bei der Forsteinrichtung unter Leitung Arnspergers, bis die definitive Anstellung im J. 1841 durch Uebertragung der Bezirksforstei Ober= ried (Wohnsitz Kirchzarten) eintrat.

Hier im beschwerlichen Hochgebirgsforste am Feldberg war sein Hauptaugenmerk auf Erschließung durch ein solides sachgemäßes Wegnetz, auf Entwicklung des Culturwesens, Erweiterung und Abrundung des Domänenwaldbesitzes gerichtet. Zu Allebem trugen

---

* Erschienen im Verlag von Jul. Springer in Berlin, 1868.

seine Erwerbungen größerer, zum Theil waldreicher Hofgüter für
den Staat nicht wenig bei. Die meiste Anerkennung der Behörden
und der Bevölkerung erntete aber seine Betreibung und Ausfüh=
rung des s. g. Steppwegs, einer längeren Verbindungsstraße zwi=
schen dem Dreisam= und oberem Wiesenthal.

Auf die Bezirksforstei Ottenhöfen (bei Achern) im J. 1848 ver=
setzt, nahm Gerwig sofort seine Lieblingsarbeiten wieder energisch
auf, baute die schöne Lierbachthalstraße und wendete durch sie und
anschließende Anlagen dem ganzen Thale bis nach Allerheiligen
mit seinen berühmten Wasserfällen einen jährlich steigenden Ver=
kehr zu.

Auch außerhalb des eigenen Bezirks erhielt er auszeichnende
Gelegenheit, seine Kenntnisse und Erfahrungen in diesem speciellen
Gebiete zu bethätigen, als im Jahre 1851 die Hochwasser auf
großen Strecken die durch Dengler gebaute Wehrathalstraße be=
schädigt hatten. Er wurde mit der Wiederherstellung beauftragt
und unterzog sich der Aufgabe mit Geschick.

Im eigenen Bezirke aber richtete er seine Thätigkeit bald auch
auf die Privatwaldwirthschaft, theils erst durch das anregende Bei=
spiel erfolgreicher Culturen auf Oedungen und wirthschaftlich ver=
kommenen Ankaufsflächen, auf deren geeigneten Theilen er schönen
Eichenschälwald begründete, theils durch volksfaßliche Belehrung,
Aufmunterung und Vertheilung billigen Culturmaterials. Noch
wirkt diese erste Anregung, unterstützt durch seine Nachfolger, fort
und manches Stück schlechten Reutbergs und Waidfeldes wird so
wieder einer besseren Waldwirthschaft gewonnen.

Im J. 1859 wurde Gerwig zum Vorstand der Forstinspection
Säckingen (Wohnsitz Waldshut) befördert; im J. 1861 in gleicher
Eigenschaft nach Freiburg versetzt. Diese neue Thätigkeit hatte
indessen, obgleich bis zum Jahre 1868 dauernd und anstrengender
als die frühere, nicht die gleichen greifbaren Erfolge aufzuweisen.
Manche Anregung mochte ihr zu danken sein, aber es mangelte
der Stellung die eigene Initiative und das Wirken begegnete bei
den diesem Institut abholden Bezirksförstern einem erklärlichen
lähmenden Widerstand. Ihm persönlich gewährte sie reichliche Ge=
legenheit, die eigenen Erfahrungen zu mehren, die Anschauungen

zu erweitern, sein Urtheil zu klären und zu schärfen. Eine Frucht dieser Controlthätigkeit waren die gern gelesenen Aufsätze in dieser Monatschrift, nachdem er früher schon als Correspondent derselben in Aufsätzen und als eifriges Mitglied des badischen Forstvereins in Vorträgen sich versucht hatte. Ein Hauptergebniß seines Beobachtens und Sammelns aber war seine Eingangs erwähnte Schrift über seinen Lieblingsbaum, welcher nur eine sorglichere Ueberarbeitung zum vollkommenen Erfolg fehlte.

Auch seine umfänglichen Erfahrungen im Waldwegbau stellte er noch zusammen, aber die begonnene Schrift gelangte nicht mehr zur Vollendung.

Im Jahre 1868 wurden die Forstinspectionen aufgehoben. Gerwig verstand sich dazu, wieder eine ihm zusagende Bezirksforstei zu übernehmen und erhielt in Gernsbach im Murgthale einen der schönsten Tannenbezirke des Landes. Der hier seiner wartende beschwerliche Gebirgsdienst überstieg jedoch seine durch Krankheit schon geschwächten Kräfte. Er vermochte nicht sich davon zu trennen und doch beseitigten die wiederholten Badekuren nicht mehr die Keime seines Leidens, welche fortwährend zunahmen und keine schaffende Thätigkeit mehr aufkommen ließen.

An mehreren Landes- und Ortsvereinen hatte Gerwig sich activ, auch als Vorstand betheiligt, am meisten beim Forstverein, dessen langjähriger Kassier er war. Sein Charakter war ein offener, streng rechtlicher, sein Urtheil ruhig, von Uebertreibungen fern, die Behandlung der Untergebenen gerecht, ohne jede Härte und trotz mancher kleiner Rauhheiten theilnehmend. Sein reges Interesse an vaterländischen Angelegenheiten und sein guter Wille, nützliche Unternehmungen zu fördern, sowie seine gut deutsche Gesinnung erwarben ihm in allen Lebenskreisen Freunde.

Im Jahre 1874 noch gewährte ihm die Verleihung des Ritterkr. I. Kl. des Zähr. L. Ordens auch eine äußerliche Anerkennung langjährigen ersprießlichen Wirkens.

Gerwig's Familienleben war ein ungetrübtes bis zu seinem Ende. In dem kleinen Familienkreise seines einzigen Kindes, der Frau des Gr. bab. Bezirksförsters Biehler in Ziegelhausen, suchte und fand er mit seiner Gattin vielfach Tage der Erholung. In den

Oftertagen dieſes Jahres verſagte ſie jedoch ein Lungenleiden, wel=
chem er am 9. April erlag. Eine Weißtanne beſchattet ſeinen
Grabhügel auf dem reizend gelegenen Friedhofe zu Heidelberg,
wohin ihn die Seinigen verbringen ließen.　　　　　S.

Jagdweſen.

Trichinen in wilden Schweinen.

Die Trichine, Trichina spiralis, bekanntlich eines der verderb=
lichſten, vorzugsweiſe im Hausſchweine vorkommenden Schmarotzer=
Gewürms, welches durch den Genuß rohen oder nicht gehörig durch=
kochten Fleiſches auf Menſchen übertragen, ſchon ſo manches Opfer
gefordert hat und auch jetzt noch leider häufig genug Leben und
Geſundheit der Menſchheit gefährdet, da die mikroſkopiſche Fleiſch=
ſchau als einziges wirkſames Sicherungsmittel noch viel zu wenig
in Anwendung kommt, zumal da, wo ſie noch nicht obligatoriſch ge=
worden, wie z. B. im Herzogthume Braunſchweig, iſt nun auch
ſchon einige Male in wilden Schweinen beobachtet. In der Ver=
ſammlung des Harzer Forſtvereins im Jahre 1871 berichtete Forſt=
meiſter Denicke aus Stolberg, daß die in den Gräflich Stol=
berg=Stolberg'ſchen Forſten erlegten wilden Schweine ſämmt=
lich auf Trichinen unterſucht wurden, wobei ein zweijähriger Keiler
voll Trichinen gefunden wäre, und nach einer Mittheilung im
„Nordhäuſer Courier“ wurde am 16. Februar 1875 im Sachſaer
Forſt — am ſüdweſtlichen Harzrande — ein 3 bis 4 Jahre alter
Keiler geſchoſſen, deſſen Wildbret von Fleiſchbeſchauern zu Sachſa
mikroſkopiſch unterſucht und ſtark mit Trichinen durchſetzt gefunden
wurde, was durch anderenorts von competenter Seite angeſtellte
Unterſuchungen volle Beſtätigung fand.

Es iſt hiernach auch rückſichtlich des Genuſſes des Wildſchwein=
Wildbrets große Vorſicht und insbeſondere vorherige ſorgfältige
mikroſkopiſche Unterſuchung ſehr anräthlich, wenn man ſich nicht
der Gefahr ausſetzen will, von der ſo äußerſt ſchmerzhaften und
gefährlichen Trichinoſis befallen zu werden, obſchon die Gefahr der
Inficirung hier deshalb weniger groß iſt, als bei dem Genuſſe
von Hausſchweinen, weil das Fleiſch der letzteren weit mehr roh

ober in so wenig durchlochtem Zustande gegessen wird, daß sich
darin Trichinen lebend hatten erhalten können.　　**Seling.**

Mancherlei.

(Aus der Pfalz.)

Der Pfälzische Forstverein hielt 1875 seine fünfte Versamm=
lung ab, und zwar wurde am 18. Septbr. ein sehr interessanter
Waldbegang in das Revier Alteglashütte gemacht und am 19. in
Neustadt a. H. getagt. Die Versammlung war von circa 70 Mit=
gliedern und einigen Gästen besucht und die zahlreichste seit dem
Bestehen des Vereins.

Der Schriftführer des Vereins, der k. Forstmeister Heiß,
warf bei einem Toaste einige Rückblicke auf die Entstehung des
Vereins und konnte mit Recht constatiren, daß derselbe sich kräftig
entwickelt habe und den Impuls zu so manchen Verbesserungen im
pfälzischen Forstbetriebe gegeben habe. Möge der Verein auch in
Zukunft blühen und gedeihen und auf der betretenen Bahn fort=
fahren.

Die nächste Versammlung findet im September 1876 in
Kaiserslautern statt.

Unsere Kammern sind — wie Sie natürlich schon wissen —
in Folge der ominösen Adresse und Dank unserm edlen, scharf=
blickenden Monarchen vertagt und damit auch das Forstgesetz und
die Forstschulangelegenheit. Bezüglich der Forstschule soll die Al=
ternative gestellt sein, entweder Verlegung des Unterrichts an eine
Universität oder Reorganisation im größten Maßstabe mit
einem jährlichen Mehraufwande von circa 30,000 fl. für 10
Docenten, so daß in Zukunft Volkswirthschaft, Finanzwissenschaft,
Staatsrecht u. s. w. an der neuen Academie gelesen werden sollen.
Für Erweiterung der Gebäulichkeiten und des botanischen Gartens,
Erbauung eines chemischen Laboratoriums mit 3 Hörsälen u. s. w.
sollen noch 140,000 fl. verlangt sein. Wir wollen nun sehen,
was unsere Abgeordneten dazu sprechen, wenn diese Angelegenheit
überhaupt in dieser Kammer noch zur Sprache kommt, da eine
Auflösung erfolgen muß, wenn die schwarzdenkenden Herren, im

Bunde mit circa 24 kath. Pfarrern, große Striche durch's Budget
machen oder gar die Steuern verweigern; ich sage Ihnen, es wird
immer schöner bei uns.

Literarische Berichte.

Nr. 1.

Anleitung zur rationellen und einträglichen Kaninchen=
zucht mit Anweisung zur Behandlung erkrankter Ka=
ninchen, sowie zur schmackhaften Zubereitung des
Fleisches von J. Eckardt. München. Theodor Ackermann.

Beregtes Werkchen darf füglich dem Besten zur Seite gestellt
werden, was die bezügliche Literatur bis jetzt aufzuweisen hat.
Anspruchslos weiß der Verfasser die Kaninchenzucht in wohlgezoge=
nen Grenzen wissenschaftlich zu behandeln. Das Nöthigste aus der
Naturgeschichte des Kaninchens mit einem gedrängten Ueberblick
der bis jetzt anerkannten Racen ist eingehend und anziehend ge=
geben. Sehr anerkennenswerth ist die Aufnahme der Zucht im
Freien neben dem Kasten= und Heerdensystem in dem Abschnitt
über Kaninchenwohnungen. Gelegentlich der Zucht im Freien wird
auch der Kaninchenjagd mit dem Frettchen erwähnt und zugleich
die Zucht dieses Thierchens mit einigen Worten beleuchtet, was
manchem der Leser wohl erwünscht sein wird. Ganz sachgemäß
sind die Abschnitte über Futter, Fütterungszeit, Ordnung und Rein=
lichkeit behandelt. In dem Abschnitt über Mast wäre es wünschens=
werth gewesen, wenn „die kräftigsten kohlenstoffhaltigen Nahrungs=
mittel" eingehender besprochen oder dieser Ausdruck präciser gegeben
worden wäre. Zweckmäßig ist die Einschaltung der verschiedenen
Tödtungsweisen der Kaninchen, weniger glücklich gewählt aber die
Aufnahme der verschiedenen Kochrecepte, welche füglich der Ver=
fasserin eines Kochbuchs von jetzt ab überlassen bleiben dürften,
zumal v. Proepper in ihrem practischen Kaninchenkochbuch dem
allenfalls noch vorliegenden Mangel abgeholfen. Capitel VIII.
hätte nach dem Dafürhalten des Schreibers dieser Zeilen besser die
Ueberschrift „Nutzung der Kaninchen" als „Nutzen der Kaninchen=

zucht" erhalten mit einer entsprechenden Behandlung; ebenso kann dem Rentabilitätsrechenexempel am Schluß nur ein zweifelhafter Werth beigemessen werden, nicht daß der Richtigkeit der gegebenen Zahlen zu nahe getreten werden sollte, als vielmehr dadurch aus gewissen Gründen der Verbreitung der Kaninchenzucht mehr ge= schadet als genützt werden dürfte.   St.

№ 2.

Bericht über die III. Versammlung deutscher Forstmän= ner zu Freiburg i/B. vom 1. bis 5. Septbr. 1874. Berlin 1875. Verlag von Julius Springer. Preis 3,60 Mark.

Der Bericht über die III. Versammlung deutscher Forstmänner in Freiburg i/B. ist erschienen. Wir machen diejenigen unserer Fachgenossen, welche die Versammlung nicht besuchten, auf diese neue literarische Erscheinung mit dem Bemerken aufmerksam, daß der Bericht besonderes Interesse durch die ausführlichen Verhand= lungen über die Frage „Forstakademie oder allgemeine Hochschule" und über die geeignetste Organisation der Gemeindeforstverwaltungen bietet.   ℨ.

№ 3.

Der praktische Holzrechner nach Metermaß und Mark= währung. Zweite Auflage. Größere Ausgabe zugleich versehen mit den Tabellen für das forstliche Versuchswesen und mit einer Umrechnung der bayr. Massentafeln in's Metermaß. Von August Ganghofer, Forstmeister im k. b. Finanzministerium in München. Augsburg. B. Schmid'sche Verlagshandlung (A. Manz). 1875. Preis 4 Mark.

Ueber die I. Auflage dieses praktischen Tabellenwerkes für technisch gebildete Forstmänner, Waldbesitzer, Holzhändler u. s. w. findet sich bereits im Jahrgang 1873, Seite 383, dieser Blätter eine günstige Beurtheilung, auf welche wir hiermit den geehrten Leser verweisen. Es kann sich daher in diesem Referate nur noch um Mittheilung derjenigen Aenderungen handeln, welche der ge= ehrte Verfasser in der vorliegenden 2. Auflage anzubringen für gut fand. Zunächst hat derselbe diejenigen Tabellen und Erörterun=

gen, welche ben Uebergang vom alten in bas neue Maß vermitteln
follten, aus ber 2. Auflage weggelaffen, biefer bafür aber einige
neue, fehr werthvolle Tabellen beigefügt. Zu ber werthvollften Zugabe rechnen wir bie in Metermaß umgerechneten bayerifchen
Maffentafeln. Allerbings hat auch ber Regierungsrath H. Behm
in Berlin fchon Maffentafeln zur Beftimmung bes Gehalts ftehenber
Bäume in Kubikmetern fefter Holzmaffe herausgegeben, es ift aber
aus bem Titel biefes Tabellenwerkes nicht zu erfehen, baß Behm
bas Material zu feinen Tafeln ben bayer. Maffentafeln entlehnt hat
unb fo könnten viele Lefer zu bem Glauben kommen, bie Behm'fchen
Maffentafeln feien etwas anberes als bie auf Metermaß umgerechneten bayerifchen Maffentafeln. Wir müffen baher Herrn Ganghofer recht bankbar fein, baß er bie bayr. Maffentafeln, zu welchen
bie k. bayr. Forftverwaltung mit fo großer Mühe bas Material
gefammelt, in Metermaß übertragen feinem Buche unter bem richtigen Titel einverleibt hat. Die Ganghofer'fche Umrechnung ift
ohnehin noch in zweifacher Beziehung brauchbarer als bie Behm'fche.
In ben Ganghofer'fchen Tafeln find nämlich bie Inhalte für von
halben zu halben Metern fteigenden Scheitelhöhen, unb bis auf
brei Decimalftellen berechnet, in ben Behm'fchen nur für von
Meter zu Meter anfteigenden Scheitelhöhen unb bis auf zwei Decimalftellen genau, fo baß ben Ganghofer'fchen ber Vorzug einzuräumen ift. So lange burch bie gemeinfame Arbeit ber forftlichen
Verfuchsanftalten Deutfchlands, wie folches in ber Abficht liegt, noch
keine befferen Maffentafeln veröffentlicht fein werben, müffen bie
vorliegenden als ein fehr willkommenes Hilfsmittel für rafche Holz-
maffenermittelungen in Beftänden betrachtet werben.

Das vorliegende Werk enthält nun folgende Tabellen:

I. Tabelle zur Beftimmung bes Kubikinhalts runber Hölzer.

II. Tabelle für fpecififches Gewicht.

III. Preisbeftimmungs- zugleich Multiplicationstabelle.

IV. Preisvergleichungstabelle.

V. Tabelle über Werth ber Hölzer nach ihrer Brennkraft.

VI. Tabelle über Dauer unb Elafticität ber Hölzer.

VII. Tabelle über Kubikinhalt befchnittener unb befchlagener
Hölzer.

Der Verfasser hat noch eine kleinere Ausgabe veranstaltet.
Dieselbe ist für Förster, Holzhändler, Holzarbeiter und Waldbesitzer
bestimmt, kostet statt 4 nur 2,50 Mark und enthält nur die Tabelle
I.—XII. ausschließlich Tabelle X., für welche eine Kreisflächentabelle
eingefügt ist. Da die kleine Ausgabe die auf Metermaß umgerechneten bayr. Massentafeln nicht enthält, so wird sich für wirkliche Fachleute die größere Ausgabe zur alleinigen Anschaffung empfehlen.

Zu Tafel V. hätte noch beigefügt werden können, daß sich die
Brennkraft nicht auf gleiche Gewichte, sondern auf gleiche Volumina
Holz bezieht. Daß 10jähriges Akazienholz nur die Brennkraft 35,
(Rothbuchenholz 100) also weniger wie Linde und Pappelholz
haben soll, während die Brennkraft des 40jährigen Akazienholzes
wohl richtig auf 80 angegeben ist, dürfte ein Druckfehler sein. Ebenso
wäre erwünscht gewesen, wenn der Verfasser die Quellen angegeben hätte, welch ihm das Material zu seinen Tabellen IV. und

V. geliefert haben, denn die Zahlen stimmen theilweise nicht mit den Anschauungen und Untersuchungen Anderer überein. S.

№ 4.

Massentafeln zur Bestimmung des Gehalts stehender Bäume in Cubikmetern fester Holzmasse, berechnet und zusammengestellt v. H. Behm, Regierungsrath. Zweite Auflage. Berlin 1875. Verlag von Julius Springer. Preis 2,20. Mark.

Die zweite Auflage dieses Tabellenwerkchens ist ein unveränderter Abdruck der 1872 erschienenen ersten Auflage, über welche sich bereits im Jahrgang 1873, Seite 45 dieser Blätter ein günstiges Referat findet. Dem Verfasser gebührt jedenfalls das Verdienst, Derjenige gewesen zu sein, welcher die in der forstlichen Welt so sehr beliebten bayr. Massentafeln zuerst in brauchbarer Weise in Metermaß umrechnete. Wir haben dem Verfasser der I. Auflage in unserem Referat damals schon den Vorwurf gemacht, daß er, um den Verdiensten der K. bayr. Forstverwaltung um die vorliegenden Massentafeln gerecht zu werden, richtiger den Titel gewählt hätte: „Die **bayerischen Massentafeln zur Bestimmung des Gehalts stehender Bäume für das Metermaß umgearbeitet von H. Behm.**" Da der Verfasser auch in der zweiten Auflage den früheren Titel des Buches, ohne denselben in der Vorrede zu rechtfertigen, beibehalten hat, so müssen wir diesen unseren Vorwurf wiederholen. Ueberdies scheint uns die Behm'sche Umrechnung der bayerischen Massentafeln durch die Ganghofersche (siehe dessen practischen Holzrechner, zweite Aufl., Augsburg 1875), welche sich durch größere Vollständigkeit und Genauigkeit auszeichnet, überflügelt zu sein. S.

№ 5.

Kreisflächentafeln für Metermaß, zum Gebrauch für Holzmasse-Ermittlungen. Von Prof. Dr. Arthur von Seckendorff, k. k. Regierungsrath und Leiter des forstl. Versuchswesens in Oestreich. Zweite revidirte Auflage. Leipzig, Druck und Verlag von B. G. Teubner. 1875. Preis 1,20 Mark.

Die erste Auflage dieser Schrift wurde bereits im Jahrgang 1871, Seite 434 dieser Blätter empfehlend besprochen. Die vorliegende zweite Auflage wurde durch eine kleine, für die Durchmesser von 1—10 Cm. und für die Stammzahlen von 1—10 mit Zugrundlegung eines größeren Genauigkeitsgrades berechnete Tabelle erweitert, im Uebrigen blieb dieselbe unverändert. Die Tafeln dienen namentlich bei Bestandesaufnahmen, weil sie die Summe der Schaftkreisflächen einer Mehrzahl von Stämmen gleicher Durchmesser (von Centimeter zu Centimeter steigend) in Quadratmetern bis auf drei Decimalstellen angeben. Hat man z. B. von 41 Cm. Brusthöhendurchmesser in einem Bestande 76 Stämme gefunden, so ist die Kreisflächensumme mit 10,034 Quadratmeter direct aus der Tabelle abzulesen, wodurch die mühsame Multiplication der Stammzahl mit der Kreisfläche eines Stammes erspart wird. Aehnliche Tafeln sind inzwischen von Eberts, Ganghofer u. s. w. bis auf vier Decimalstellen genau berechnet, erschienen. Bekanntlich können derartige Tafeln auch als genaue Cubiktafeln verwendet werden, wenn man sich nur statt der Stammzahl die Höhe des Baumes in Metern und unter dem Durchmesser den mittleren Durchmesser denkt. ♦.

№ 6.

Kreisflächentafeln nach Metermaß, berechnet bei der K. Preuß. Hauptstation des forstl. Versuchswesens zu Neustadt-Eberswalde von A. Eberts, Oberförster-Candidat. Berlin 1874. Verlag von Julius Springer. Preis 1,60 Mark.

Dieselben dienen, wie die von Seckendorff'schen Tafeln, bei Bestandesaufnahmen, unterscheiden sich von den letzteren, welche nur auf drei Decimalstellen berechnet sind, aber vortheilhaft dadurch, daß sie sich über vier Decimalstellen erstrecken und darum etwas genauer sind. Die erste größere und wichtigste Tafel enthält die den Durchmessern von 1 bis 100 Centimeter entsprechenden Kreisflächensummen für die Stammzahlen von 1 bis 100; die zweite Tabelle dagegen liefert die Kreisfläche des Einzelstammes mit einem Durchmesser von 0,00 bis 1,59 Meter, auf 6 Decimalstellen genau berechnet. Für alle Berufsgenossen, welche sich viel

mit der Maſſenaufnahme von Beſtänden zu beſchäftigen hal
ſind derartige Tabellen unentbehrlich. Wer jedoch im Beſitz
„Ganghofer'ſchen Holzrechners, große Ausgabe", iſt, kann
v. Seckendorff'ſchen und Eberts'ſchen Tafeln entbehren, n
in erſterem ebenfalls eine genaue Kreisflächenmultiplicationst
enthalten iſt. Die Eberts'ſchen Tafeln ſind jedoch nicht frei n
Druckfehlern; wir ſelbſt haben Kenntniß von 24 Fehlern erhal
Wie wir hören, ſoll aber der Verfaſſer bei der Verlagshandl
ein Druckfehlerverzeichniß eingereicht haben, welches auf Verlan
an die Beſitzer der Tafeln abgegeben werden ſoll. Es wäre jed
erwünſcht, wenn dieſes Verzeichniß auch in den geleſenſten fo
lichen Zeitſchriften zum Abdruck gelangte, denn über den groß
Werth, welchen derartige Tabellenwerke, im Falle ſie fehlerf
ſind, für Wiſſenſchaft und Praxis haben, kann kein Zweifel
ſtehen.   ð.

№ 7.

Hülfstafeln für forſtliche Taxwerth= und Preisbere
    nungen bei gegebenen Einheits = Sätzen, nach d
    Reichsmarkwährung. Von H. Behm, Regierungsra
    Berlin 1875. Verlag von Julius Springer. Preis 2,20 Ma

Durch die Einführung der Markwährung im deutſchen Rei
ſind alle ſich auf Gulden, Thaler, Silbergroſchen und Pfenni
ſtützenden derartigen Hülfsmittel unbrauchbar geworden. Die v
liegenden Tafeln ſollen nun die früheren, welche namentlich z
Berechnung des Preiſes von Bau= und Nutzholz dienten, nicht n
erſetzen, ſondern überhaupt zur Ermittlung von Werths= und Lo
berechnungen nach gegebenen Einheitsſätzen dienen. Sie geſtatt
die unmittelbare Entnahme der Reſultate für 1 bis 499 Einheit
(beziehungsweiſe 0,01 bis 4,99 Cubikmeter) nach Preisſätzen v
2 bis 99 Pfennigen pro Einheit, können aber auch nach den b
gefügten Erläuterungen und Beiſpielen zu Berechnungen für ei
größere Zahl von Einheiten und höhere Preisſätze mit Vorth
und Zeiterſparniß benutzt werden.

Die Tafeln, eigentliche Multiplicationstafeln, zeichnen ſi
durch zweckmäßige Einrichtung und deutlichen Druck aus und b
gute Ruf, welchen der Verfaſſer in ähnlichen Tabellenwerken b
reits genießt, bürgt auch für deren Fehlerloſigkeit.   ð.

Verantwortlicher Redacteur: Dr. Fr. Baur, Profeſſor an der Akademie Hohenheim.
Druck der E. Schweizerbart'ſchen Buchdruckerei (E. Koch) in Stuttgart.

tigen habe,
m Besitz des
ist, kann die
ehren, wel
icationstaf
cht frei von
rn erhalten
gshandlung
Verlangen
wäre jedoch
nsten forh
den großen
fehlenni
zweifel te
.

zberech
ach der
ngsrath
0 Mark.
Reiche
Pfennige
ie vor=
ich zur
t nur
Lohn=
latten
heiten
von
bei=
eine
rtheil

sich
der
be=

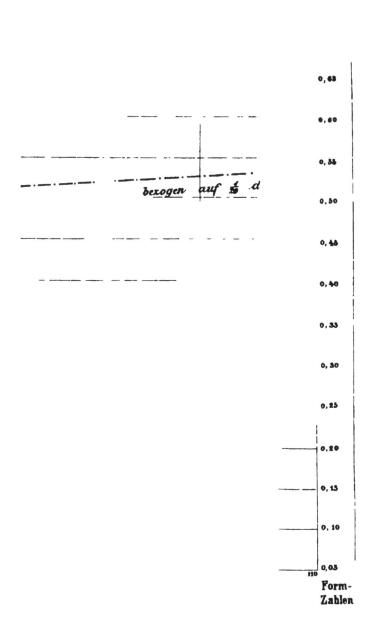

bezogen auf $\tfrac{1}{20}$ d

0, 65

0, 60

0, 55

0, 50

0, 45

0, 40

0, 35

0, 30

0, 25

0, 20

0, 15

0, 10

0, 05

Form-
Zahlen

Forſtliches Verſuchsweſen.

Mittheilungen der K. Württemb. forſtlichen Verſuchsanſtalt Hohenheim. *

VII. Unterſuchungen über die Normalformzahlen der Fichte.

(Ein neues Ergebniß für Wiſſenſchaft und Praxis.)

Von Profeſſor Dr. Baur.

(Mit Tafel I.)

Gelegentlich der IV. Verſammlung deutſcher Forſtwirthe im
Auguſt 1875 in Greifswald hatte ich die Ehre über verſchiedene in
Hohenheim ausgeführte forſtliche Verſuche referiren, insbeſondere auch
die hieſigen Unterſuchungen über die Formzahlen der Fichte mit=
theilen zu dürfen. Die für Behandlung des ſogenannten „allge=
meinen Thema's" zur Verfügung geſtellte Zeit war jedoch ſo kurz
zugemeſſen, daß ich mich auf Mittheilungen der nackten Reſultate
beſchränken mußte. Der Gegenſtand nahm die Aufmerkſamkeit
der Verſammlung damals ſchon deßhalb in Anſpruch, weil es ſich
um Ergebniſſe handelte, welche das Gegentheil von dem ſind, was
von vielen Fachgenoſſen, insbeſondere durch die Lehren Preßlers,
ſeither angenommen und von Letzterem lebhaft verfochten wurde.
Es dürfte daher die Leſer dieſer Blätter um ſo mehr intereſſiren
über dieſe Formzahlunterſuchungen Näheres zu erfahren, als nur
ein verhältnißmäßig kleiner Theil der Fachgenoſſen die Verſamm=
lung in Greifswald beſuchen konnte.

Für diejenigen geneigten Leſer aber, welche nicht in der Lage
waren, den Verhandlungen der letzten zwanzig Jahre über die
Formzahlen näher folgen zu können, dürften zunächſt nachſtehende
einleitende Bemerkungen nicht unwillkommen ſein:

Die Formzahlen, zu deren Berechnung und Gebrauch meines
Wiſſens Paulſen ſchon 1800 die erſten Gedanken und Anhalte
gab, fanden ſpäter eine weitere Ausbildung durch Hoßfeld, Hein=

---

* Vergleiche Seite 19, 193, 289 und 481 vom Jahrgang 1874, ſowie
Seite 241 und 337 von 1875 dieſer Blätter.

rich Cotta, König, Hundeshagen, Smalian und Andere. Sieht man von der in neuester Zeit von Riniker in Vorschlag gebrachten Berechnungsweise der Formzahlen ab, so wurden sämmtliche bis jetzt veröffentlichten Formzahlen nach zwei prinzipiell verschiedenen Methoden berechnet.

Bei den älteren Formzahlen wurde die Grundstärke des Baumes, aus welcher man mit Hilfe der Scheitelhöhe die Idealwalze berechnet, in einer konstanten Höhe vom Boden, etwa in 1,3 Meter (oder Brusthöhe), gemessen. Diese Art Formzahlen bezeichnet man vielfach mit dem Namen unechte oder „Brusthöhenformzahlen“ und sie besitzen bekanntlich die Eigenschaft, daß sie mit wachsender Scheitelhöhe des Baumes kleiner werden. Brusthöhenformzahlen sind die von Hoßfeld, H. Cotta, König, Hundeshagen, so wie die von der Großh. bad. Forstverwaltung veröffentlichten und endlich auch diejenigen, welche die K. Bay. Forstverwaltung an 40220 Stämmen mit großem Aufwand an Zeit und Kosten in dankenswerther Weise berechnen ließ und auf welche sich auch die in Wissenschaft und Praxis so vortheilhaft bekannten „bayerischen Massentafeln“ gründen.

Die zweite Art der Berechnung der Formzahlen gründet sich auf den Satz, daß ähnlichen Baumkörpern nur dann gleiche Formzahlen entsprechen können, wenn man die Grundstärke in einem der Gesammthöhe (Scheitelhöhe) proportionalen Abstande vom Boden abgreift. Diese Formzahlen hat Preßler echte oder Normalformzahlen genannt. Sie sind aber weit älteren Ursprungs, denn schon Smalian machte 1837 in seinen „Beiträgen zur Holzmeßkunst“ und 1840 in seiner „Anleitung zur Untersuchung und Feststellung des Waldzustandes u. s. w.“ darauf aufmerksam, daß man die Grundstärke allgemein in $\frac{1}{n}$ (sei es in $\frac{1}{15}$, $\frac{1}{20}$, $\frac{1}{25}$, $\mathrm{2c.}$) der Scheitelhöhe messen müsse. Er schlug daher auch damals vor, allgemein die Bäume, seien diese hoch oder niedrig, in $\frac{1}{20}$ der Scheitelhöhe zu messen. Der wesentliche Unterschied zwischen Brusthöhen- und Normalformzahlen liegt hiernach darin, daß bei ersteren der Meßpunkt stets in einer konstanten Höhe vom Boden (nach neuesten Vereinbarungen 1,3 Meter über denselben) liegt, während er bei letzteren je nach der Scheitelhöhe des Baumes bald höher, bald tiefer fällt. So ist z. B. bei einem 10 Meter hohen Baum der Meßpunkt $\frac{10}{20} = 0,5$ Meter vom Boden, bei einem 40 Meter hohen aber $\frac{40}{20} = 2$ Meter von demselben entfernt. Die Brusthöhenformzahlen bieten daher die Annehmlichkeit, daß man die Grundstärke des Baumes stets 1,3 Meter vom Boden abgreifen kann, dagegen sind dieselben neben der Baumform auch noch von der Scheitelhöhe abhängig, mit welcher sie, wie bemerkt, abnehmen. Die Normalformzahlen dagegen haben die Unbequemlichkeit, daß die Grundstärke des Baumes bald höher bald tiefer am Baume abgegriffen werden muß, dagegen sollen sie, so wurde wenigstens behauptet, nur von der Baumform, nicht auch von der Scheitelhöhe, abhängig sein.

Welcher Berechnungsart der Formzahlen man den Vorzug für Wissenschaft und Praxis einräumen solle, darüber wurde lange Zeit gestritten, gegenwärtig dürften sich die Praktiker und wohl auch die meisten Theoretiker auf die Seite der Brusthöhenformzahlen geschlagen haben, mit welcher Bemerkung jedoch der wissenschaftliche Werth der Normalformzahlen zunächst wenigstens noch nicht in Abrede gestellt werden soll.

Schon König sah sich daher auch hinsichtlich der Normalformzahlen in seiner Forstmathematik zu folgender Bemerkung mit Recht verpflichtet: „Die Stärkenmessung in $\frac{1}{20}$ der Scheitelhöhe ist unthunlich, beschwerlich und unrichtig, denn man müßte vor jeder Messung erst die Scheitelhöhe schätzen, in niedrigen Beständen knieend messen und zuweilen die Wurzelrücken umspannen, zuweilen nicht".

Daß auch Forstrath Dr. Klauprecht die Stärkenmessung in $\frac{1}{20}$ der Scheitelhöhe nicht für angemessen hielt, dürfte daraus folgen, daß er auf den Gegenstand Seite 45 bis 47 seiner „Holzmeßkunst" vom Jahre 1846 zurückkam und in der That für mittelhohe Bestände Formzahlen für $\frac{1}{10}$ und für höhere Bestände solche für $\frac{1}{20}$ der Scheitelhöhe berechnete.

Endlich hat Dr. G. Heyer in seiner Schrift über Ermittelung der Masse, des Alters und des Zuwachses der Bestände, Dessau 1852, denselben Gegenstand einer streng wissenschaftlichen Unter-

4*

suchung unterzogen, und es ebenfalls für unpraktisch gefunden, die Grundstärke stets in $\frac{H}{20}$, statt je nach Bedürfniß allgemein in $\frac{H}{n}$ abzunehmen. Er äußerte damals ganz ähnliche Bedenken wie König und andere, welche sich den Gegenstand ernstlich überlegten. Er sprach sich z. B. auf Seite 61 seiner Schrift wie folgt aus: „Praktisch ist die Messung in $\frac{H}{n}$ kaum ausführbar, zum Wenigsten bei größeren Taxationen. Welche Umständlichkeit würde es in der That verursachen, wenn man die Höhe jedes Baumes erst messen, dann dieselbe durch n dividiren und nun den Abstand $\frac{H}{n}$ vom Boden abgreifen wollte. Mit dem bloßen Schätzen von H und $\frac{H}{n}$ reicht man aber hier nicht aus, denn dieses ist nicht zuverlässig genug, und es können sich dabei größere Fehler einstellen, als wenn man alle Bäume in einer konstanten Entfernung vom Boden, d. h. in Brusthöhe mißt . . . . . ."

Auf diese und ähnliche Aeußerungen namhafter Autoritäten hin und gestützt auf die weitere Wahrnehmung, daß auch verschiedene Forstverwaltungen Brusthöhenformzahlen veröffentlichten, insbesondere die 1847 erschienenen bay. Massentafeln sich auf Brusthöhenformzahlen gründen, hätte man annehmen sollen, die auf $\frac{H}{20}$ berechneten Formzahlen würden wenigstens für Zwecke der Bestandesschätzung nicht weiter verfolgt und empfohlen. Diese Vermuthung ging aber nicht in Erfüllung.

Es war Hofrath Preßler in Tharand, welcher namentlich in den 1850er Jahren die einseitig auf $\frac{H}{20}$ berechneten Formzahlen wieder aufgriff und sie lebhafter denn je zuvor vertheidigte. Die Brusthöhenformzahlen wurden für einseitig, pedantisch, unsystematisch und unpraktisch, die Normalformzahlen dagegen für vielseitig, praktisch, systematisch, mit erheblichen wissenschaftlichen Kunstgriffen (!) (ohne umständliche mechanische Knaupelei) und mit der rechten technischen Kunst ausgerüstet erklärt, insbesondere glaubte sie

Preßler bei etwas mathematischem Bewußtsein und geometrisch gebildeter Phantasie (!) bis auf eine Einheit genau ansprechen zu können.

Ueber die auf Brusthöhenformzahlen sich gründenden bay. Massentafeln wurde unter Anderm von Preßler z. B. Seite 23 des Tharander Jahrbuchs von 1853 wörtlich bemerkt: „Die baye= rischen Massentafeln können zu einer eigentlichen Kunst der Baum= und Massenschätzung ebenso wenig führen, weil auch sie eine kon= stante Höhe bei der Stärkenmessung gewählt und auch ihre erlang= ten und gebrauchten Formzahlen die in der Taxationspraxis un= zulässige Eigenthümlichkeit haben, daß sie nicht allein von der Form, sondern bei gleicher Form auch noch von der Höhe des Baumes abhängen." Preßler hatte bei diesem irrigen Ausspruche offenbar nicht bedacht, daß man die Grundstärke der Bäume nicht einseitig in $\frac{H}{20}$, sondern ganz allgemein in $\frac{H}{n}$ abzugreifen noth= wendig habe. Da aber bei den bayerischen Massentafeln Höhen= klassen ausgeschieden werden, so genügen sie auch vollständig der Theorie, indem bei konstantem Meßpunkt über dem Boden dieser sich je nach der Höhe der Bäume bald auf $\frac{H}{10}$, $\frac{H}{11}$, $\frac{H}{12}$ .... $\frac{H}{20}$, $\frac{H}{21}$ u. s. w. bezieht. Preßler sah sich auch auf ihm wieder= holt gemachte Einwürfe bald genöthigt, für Zwecke der Bestandes= schätzung die Messung der Grundstärke in $\frac{H}{20}$ aufzugeben und zur Messung in Brusthöhe (1,3 Meter über dem Boden) überzugehen. Da er aber seine echten Formzahlen trotzdem nicht aufgeben wollte, so mußte er auch die Scheitelhöhen wieder einführen und an seinen Formzahlen eine den verschiedenen Scheitelhöhen entsprechende Korrektion anbringen, wodurch er nothwendig — wenn auch auf Umwegen — zu den Resultaten der Brusthöhenformzahlen gelangen mußte, wie ich an verschiedenen Orten nachgewiesen zu haben glaube. *

* Mehr über diese wissenschaftliche Streitfrage findet der geneigte Leser in meiner Abhandlung über die Formzahlen, Seite 451 u. f. des Jahrgangs 1860 der Allg. Forst= und Jagdzeitung.

Damit fiel auch selbstverständlich der den bayerischen Massentafeln
gemachte Vorwurf, dieselben könnten die Scheitelhöhen nicht ent=
behren, in sich zusammen. Und wenn mir auch damals, als ich
mit voller Kraft für die bayerischen Massentafeln und namentlich
für ihr Prinzip eintrat, (die Schwächen derselben nahm ich nie in
Schutz) ein neuer Titel, nämlich der eines blau weiß angestrichenen
bayerischen Fanatikers, wurde, so kann ich jetzt mit Befriedigung
von demselben sprechen. Meine Ansichten, welche ich nämlich 1864
in der Allg. Forst= und Jagdzeitung Seite 109 u. f., über die
bayerischen Massentafeln niederlegte, fanden schon damals Ver=
ständniß und vielfache Billigung und sind jetzt fast allgemein als
richtig anerkannt.

Auf die Tage heftiger literarischer Kämpfe folgte nämlich eine
10—15jährige Periode ernster Ueberlegung und gründlicher Prü=
fung, deren Endergebniß man wohl ziemlich zutreffend in folgenden
wenigen Sätzen zusammenfassen kann: die Preßler'schen Formzahlen
haben hinsichtlich ihrer Anwendung für Fragen der Bestandesschätzung keine Fortschritte gemacht, dagegen ist die Ansicht, daß
für Bestandesaufnahmen die Brusthöhenmessung unerläßlich sei,
zur herrschenden geworden und damit wären auch die so stark mit=
genommenen Brusthöhenformzahlen wieder in ihre alten Rechte
eingesetzt. Das gute Prinzip der bay. Massentafeln ist fast allge=
mein anerkannt und die Massentafeln gelten noch so lange als ein
treffliches Mittel für die Bestandesaufnahme, als sie nicht durch
bessere ersetzt werden, was in der Absicht des Vereins forstlicher
Versuchsanstalten liegt. Für die Richtigkeit dieser Bemerkung mag
die Thatsache genügen, daß genannte Tafeln in alle mögliche
Landesmaße und seit Einführung des Metermaßes in Deutschland
von Regierungsrath Behm in Berlin und von Forstrath Gang=
hofer in München auch in dieses umgerechnet wurden. Selbst
vor Preßler fanden die bayerischen Massentafeln inzwischen Gnade
und er sah sich veranlaßt, die denselben zu Grunde liegenden Form=
zahlen in seine neuesten taxatorischen Schriften aufzunehmen. End=
lich hat der Verein forstlicher Versuchsanstalten, welcher aus höhe=
ren Forstbeamten und Forstgelehrten der verschiedensten Schulen
zusammengesetzt ist, beschlossen, neue Uebersichten von Brusthöhen=

formzahlen auf Grund massenhafter Stammkubirungen zu schaffen und mit Hilfe derselben neue Massentafeln zu konstruiren, und scheinen solche hiernach doch nicht den Namen „unwissenschaftlich und unpraktisch" zu verdienen.

Da jedoch Preßler seine Normalformzahlen für Zwecke der Holzmassenschätzung immer noch empfiehlt und dieselben auch in seiner Holzmeßkunst, I. Band, Berlin 1873, in dieser Richtung und nicht etwa behufs Anstellung allgemein wissenschaftlicher Betrachtungen wieder aufgenommen hat, so lag mir daran, die Preßler'schen Formzahlübersichten zunächst nach zwei Richtungen zu prüfen. Ich legte mir nämlich die Frage vor, sind die Preßler'schen Formzahlen überhaupt richtig und sind die Bäume, welche Preßler einer Formklasse zutheilt, überhaupt gleichformig oder doch nahezu gleichformig, was man doch erwarten müßte, wenn man die Formzahlen, wie behauptet wurde, bei mathematischem Bewußtsein und geometrisch gebildeter Phantasie (!), bis auf eine Einheit genau soll einschätzen können.

Zu einer solchen Prüfung gaben mir die in den letzten drei Jahren durch die hiesige forstliche Versuchsanstalt vorgenommenen Formuntersuchungen der Waldbäume Gelegenheit. Weil nämlich aller Grund zu der Annahme vorhanden war, die bis jetzt veröffentlichten Formzahlen seien noch unvollständig und mit vielen willkürlichen Interpolationen behaftet, so beschloß der Verein forstlicher Versuchsanstalten die Anfertigung neuer Formzahlübersichten und auf Grund dieser neue Massentafeln in theilweise veränderter Form. Die bis jetzt veröffentlichten Baum- und Schaftformzahlen entsprechen nämlich den Bedürfnissen forstlicher Praxis nicht vollständig, denn die ersteren liefern nur die Gesammtholzmasse (excl. Stockholz) also nicht getrennt nach Derbholz (Grobholz) und Reisig. Die letzteren enthalten zwar das Derbholz aber in dem Gipfelstück auch noch einen geringen Theil des Reisigs. Ebenso enthalten die bayerischen Massentafeln bei einzelnen Holzarten die Astholzmasse, bei anderen nicht oder nur theilweise, sie geben also auch nicht Derbholz und Reisholz getrennt an. Da aber in verschiedenen Staaten der Fällungsetat nur nach „Derbholz" aufgestellt wird, die getrennte Angabe des Reisigs überhaupt wünschenswerth erscheint, so nahm der Verein forstlicher Versuchsanstalten meine in diesem Sinne gestellten Anträge einstimmig an. Hiernach sollen künftig aufgestellt werden:

1. Derbholzformzahlen: sie beziehen sich auf den ganzen Schaftinhalt, vom Stockabschnitt an, ausschließlich alles Ast= und Gipfelholzes von 7 Centim. Stärke und weniger am dicken Ende.

2. Baumformzahlen: sie beziehen sich auf die ganze ober= irdische Holzmasse des Baumes vom Stockabschnitt an und schließen daher alles Reis= und Gipfelholz ein.

Durch Abzug der Derbholzformzahl von der Baumformzahl ergibt sich die Reisholzformzahl, mit deren Hilfe die Reis= holzmasse des Baumes berechnet werden kann. Hiernach werden die künftigen Massentafeln die Derbholzmasse und die Ge= sammtholzmasse des Baumes (excl. Stockholz) enthalten, was für taxatorische Arbeiten um so willkommener sein wird, als auch Vereinbarungen über gleiche Holzsortimente im deutschen Reiche bereits getroffen wurden, welche sich an obige Bestimmungen vollständig anschließen.* Der Meßpunkt, auf welchen sich die neuen Formzahlen und Massentafeln beziehen sollen, wird 1,3 Meter über dem Boden, also nicht in $\frac{H}{20}$, abgegriffen. Da die Vermuthung nahe lag, die Formverhältnisse der Bäume könnten vielleicht für rein wissenschaft= liche Fragen übersichtlicher durch Formzahlen, welche sich auf $\frac{H}{20}$ beziehen, studirt werden, so wurde beschlossen nebenher auch die echten Formzahlen noch zu berechnen, wie denn auch für andere wissenschaftliche Fragen noch Schaftformzahlen im alten Sinne berechnet werden sollen.

Die K. Württemb. forstliche Versuchsanstalt hat sich nun in den Jahren 1872—1874 ausschließlich mit der Form der Fichte, im Jahre 1875 mit derjenigen der Rothbuche beschäftigt. Es wurden bis jetzt in 99 normalen Fichtenbeständen, einem Alter zwischen 24 und 111 Jahren und vier verschiedenen Bonitäten angehörend, bereits an 1536 Stämmen die echten wie unechten

---

* Vergleiche diese Blätter Jahrgang 1876, Seite 1 u. f.

Derb=, Baum= und Stammformzahlen mit einer wahrscheinlich früher noch nicht dagewesenen Genauigkeit ermittelt. Die Gesammt= höhe (Scheitelhöhe) der Bäume wurde bis auf Decimeter genau, die Durchmesser im Meßpunkt und der 1—2 Meter langen Sek= tionen bis auf Millimeter genau über's Kreuz gemessen, der Inhalt des Reisholzes xylometrisch und, nachdem das Verhältniß zwischen Volum und Gewicht festgestellt war, mittelst genauester Wägung bestimmt. Die Arbeiten wurden alle durch eine Person, durch den Assistenten Dr. Bühler ausgeführt, worauf besonderer Werth zu legen sein dürfte. Es steht daher bereits ein Material zur Verfügung, welches zwar zur Aufstellung ganz befriedigender Massen= tafeln für Fichten noch nicht ganz genügt (die anderen Staaten werden ihre Materialien noch beizufügen haben), welches aber doch voll= ständig ausreicht, um zunächst einmal die Preßler'schen Normal= formzahlen in dem bereits angedeuteten Sinne auf ihre Richtigkeit zu prüfen.

Preßler theilt im I. Band seiner Holzmeßkunst, 3. Abthl. Tafel 16. A, Berlin 1873, folgende sich auf $\frac{1}{20}$ der Scheitelhöhe beziehende Formzahlen mit (siehe folgende Seite). In dieser Uebersicht bedeuten die großen Zahlen Stammformzahlen, die diesen als Exponenten beigesetzten kleineren Zahlen sind die Ast= formzahlen, die Summe beider drücken natürlich die Baum= formzahlen aus. Aus diesen Formzahlen folgt, daß Preßler, ähnlich wie König, fünf Formklassen unterscheidet und es handelt sich daher nur darum, den Baum in die richtige Klasse einzu= schätzen, was allerdings so einfach nicht ist. Einen Hauptanhalt soll nach Preßler das Alter des Baumes gewähren. Nennt man nämlich das Alter, in welchem der Bestand den höchsten gemein= jährigen Durchschnittszuwachs liefert, normales Forstalter A, so bezeichnet Preßler Hölzer vom Alter $\frac{1}{4}$ A als Junghölzer, von $\frac{1}{2}$ A als Mittelhölzer, von A als Althölzer und von $1\frac{1}{2}$ A als Hochalthölzer.

Normales Hölzer vom Alter	Jung- $\frac{1}{4}$ A	Mittel- $\frac{3}{4}$ A	Alt- A	Hochalt-Holz $1\frac{1}{4}$ A	
Formklasse: oder	I. abholzig	II. ziemlich abholzig	III. mittelholzig	IV. vollholzig	V. sehr vollholzig
Tanne	42^{10} bis	45^{9} bis	48^{8} bis	52^{7} bis	56^{6}
Fichte	41^{9} „	43^{9} „	46^{8} „	49^{8} „	53^{7}
Kiefer	40^{12} „	43^{10} „	46^{6} „	50^{7} „	55^{6}
Lärche	40^{9} „	42^{9} „	44^{8} „	47^{7} „	50^{6}
Buche	40^{15} bis	44^{14} bis	47^{13} bis	51^{12} bis	55^{11}
Eiche	40^{15} „	43^{15} „	46^{14} „	50^{14} „	53^{13}
Erle	42^{11} „	45^{10} „	48^{10} „	52^{9} „	55^{8}
Birke	40^{9} „	42^{8} „	44^{8} „	46^{7} „	49^{7}

Ulme, Ahorn, Esche, Aspe, Weide: wahrscheinlich zwischen Erle und Birke.

Hiernach sind nach vorstehender Tabelle die Bäume zwischen der I. und II. Formklasse Junghölzer, diejenigen zwischen der II. und III. Klasse Mittelhölzer, der III. und IV. Klasse Althölzer und der IV. und V. Klasse Hochalthölzer.

Das normale Forstalter soll nach den vorliegenden Standorts=verhältnissen schwanken

bei der Eiche . . . . zwischen 80—160 Jahren
„ „ Buche und Tanne „ 70—130 „
„ „ Fichte . . . . „ 60—120 „
„ „ Kiefer . . . „ 50—100 „
„ „ Lärche und Erle . „ 40—80 „
„ „ Birke . . . . „ 30—60 „

Preßler fügt seinen Formzahlen u. A. nachfolgende Bemer=kungen bei: „1. bei lichterem bis ganz lichtem Erwuchse wird die Stammformzahl kleiner, in der Regel bis um ihr Zehntel, und die Astformzahl größer bis um ihre Hälfte. 2. Bei dichtem bis ge=brängtem und bis gedrücktem Erwuchse wird die Stammformzahl größer im Jungholz bis um 1 Fünftel, im Mittel= und Altholz bis um 1 Zehntel und die Astformzahl kleiner bis um ihr Drittel und sogar bis um ihr Halbes."

Bekanntlich nehmen die Brusthöhenformzahlen mit dem wach=senden Baumalter ab, während die Preßler'schen Normalform=zahlen mit demselben zunehmen sollen. Denn wirft man einen Blick auf die Preßler'schen Formzahlen, so sind z. B. für die Fichte die

Normalformzahlen, bezogen auf $\tfrac{1}{20}$ der Scheitelhöhe.

I. Fichten 21—40jährig.

Revier und Abtheilung	Alter Jahre	Zahl der untersuchten Stämme	I. Bonität			II. Bonität			III. Bonität			IV. Bonität			Bemerkungen
			Derbformzahl	Schaftformzahl	Baumformzahl	Derbformzahl	Schaftformzahl	Baumformzahl	Derbformzahl	Schaftformzahl	Baumformzahl	Derbformzahl	Schaftformzahl	Baumformzahl	
Forstämter Ellwangen und Crailsheim.															
Revier Dettenrode.															
Eichenrein	25	6				0,160	0,418	0,673							Pflanzung, eben.
Gehralbe	24	15	0,259	0,466	0,677										besgl. WB-Hang.
besgl.	24	15	0,222	0,455	0,705										besgl.
besgl.	24	11	0,283	0,465	0,693										besgl.
Hornsberg	24	15							0,173	0,409	0,737				Pflanzung SB-Hang.
besgl.	24	11	0,310	0,442	0,635										besgl. N-Hang.
Schwenninger Halde	30	14				0,309	0,431	0,727							Pflanzung, eben.
besgl.	30	12				0,284	0,434	0,695							besgl.
Revier Weippertshofen.															
Steinhaupt	38	28				0,307	0,501	0,689							Kat. Berj. SB-Hang.
Durchschnitt I. Bonität		52	0,266	0,458	0,679										
„ II. „		60				0,287	0,463	0,698							
„ III. „		15							0,173	0,409	0,737				
Forstamt Weingarten.															
Revier Baindt.															
Stellplatz	37	27	0,411	0,452	0,526										Kat. Berj. eben.
besgl.															Kat. Berj. W-Hang.
Revier Dettenreute.															
Grasbühl	31	87				0,300	0,469	0,768							Kat. Berj. WB-Hang.
Gesammtdurchschnitt I. Bonität															
„ II. „															

Normalformzahlen, bezogen auf $\frac{1}{20}$ der Scheitelhöhe.

II. Fichten 41—60jährig.

Forstamt Ellwangen und Crailsheim.

Revier und Abtheilung	Alter Jahre	Zahl der untersuchten Stämme	I. Bonität Durchschnittliche Derb-Schaft-Baum-formzahl	II. Bonität Durchschnittliche Derb-Schaft-Baum-formzahl	III. Bonität Durchschnittliche Derb-Schaft-Baum-formzahl	IV. Bonität Durchschnittliche Derb-Schaft-Baum-formzahl	Bemerkungen
Revier Dettenrode.							
Ofalin	44	18				0,231 0,486 0,751	dichte Saat, eben.
esgl.	44	16				0,287 0,490 0,724	desgl.
Behou	44	16				0,256 0,468 0,683	desgl.
Alter Hau	46	15				0,227 0,497 0,686	-Hang.
desgl.	46	18				0,297 0,469 0,643	dichte Saat, -Hang.
Hang	46	20			0,304 0,492 0,650		Saat R-Hang.
Ruthtal	56	10			0,327 0,529 0,739		Saat, fast eben.
Revier Ellenberg.							
Stahlhalde	43	16	0,490 0,500 0,573				Kat. Berj. -Hang.
rothe Wald	45	14	0,403 0,472 0,580				Pflanzung, eben.
Revier Hohenberg.							
Bogelbud	57	14	0,447 0,489 0,576				Pflanz. R- u. NW-Hang.
Revier Schreßheim.							
Griesholz	42	27	0,510 0,529 0,618				Kat. Berj. fast eben.
Bergholz	48	24		0,373 0,512 0,622			Kat. Berj. eben u. R-Hang.
Rothenbach	53	13	0,469 0,528 0,613				Kat. Berj. SW-Hang.
Revier Mariatappel.							
Hohenberger Schlag	41	19		0,440 0,527 0,630			Kat. Berj. eben.
desgl.	55	11		0,447 0,528 0,641			Kat. Berj. fast eben.
Sichelholz	57	21			0,281 0,613 0,801		Kat. Berj. R-Hang. desgl.

Forstamt Weingarten.

Durchschnitt I. Bonität		67	0,460	0,502	0,592	
„ II. „		56	0,418	0,521	0,631	
„ III. „		57	0,308	0,545	0,731	
„ IV. „		92	0,257	0,480	0,680	

0,312 0,515 0,659

0,337 0,586 0,751

Revier Baindt.

Hartnagelswies	44	68	0,461	0,482	0,598	Nat. Verj. fast eben.
desgl.	44	110				desgl.
Schinderbacher Haag	47	25	0,493	0,524	0,600	Büschelpflanzung, eben.
Reißhausen	49	28				Nat. Verj. fast eben.
Wolfmies 2	51	24	0,462	0,478	0,628	desgl.
desgl.	51	14	0,461	0,474	0,615	desgl.
Reumies	53	21	0,485	0,509	0,591	Nat. Verj. fast eben.
Wolfmies 1	56	16	0,468	0,483	0,616	desgl.
desgl.	56	20	0,474	0,486	0,628	desgl.
Härtnagelswies	60	15	0,479	0,486	0,588	
Durchschnitt I. Bonität		163	0,473	0,492	0,606	
„ II. „		68	0,312	0,515	0,659	
„ IV. „		110	0,337	0,586	0,751	

Gesammtdurchschnitt

I. Bonität		230	0,469	0,495	0,602
II. „		124	0,868	0,518	0,646
III. „		57	0,308	0,545	0,731
IV. „		202	0,290	0,511	0,723
Durchschnitt aller Bonitäten		613	0,359	0,517	0,675

Normalformzahlen, bezogen auf $\frac{1}{20}$ der Scheitelhöhe.

III. Fichten 61—80jährig.

Forstamt Ellwangen und Crailsheim.

Revier und Abtheilung	Alter Jahre	Zahl der untersuchten Stämme	I. Bonität			II. Bonität			III. Bonität			IV. Bonität			Bemerkungen
			Durchschn. Derb-Schaft-Raum formzahl	Durchschn. Derb-Schaft-Baum formzahl	Durchschn. Derb-Raum-Baum formzahl	Durchschn. Derb-Schaft-Raum formzahl	Durchschn. Derb-Schaft-Baum formzahl	Durchschn. Derb-Raum-Baum formzahl	Durchschn. Derb-Schaft-Raum formzahl	Durchschn. Derb-Schaft-Baum formzahl	Durchschn. Derb-Raum-Baum formzahl	Durchschn. Derb-Schaft-Raum formzahl	Durchschn. Derb-Schaft-Baum formzahl	Durchschn. Derb-Raum-Baum formzahl	
Revier Ellenberg.															
Anhalde	62	16							0,394	0,507	0,613				Nat. Berj. N. u. S-Hang.
Höhe	63	14							0,418	0,501	0,585				Nat. Berj. eben.
Berg	67	18				0,460	0,507	0,582							Nat. Berj. N-Hang.
desgl.	71	13				0,450	0,531	0,607							desgl.
Revier Hohenberg.															
Vogelbud . . .	62	17				0,460	0,496	0,576							Nat. Berj. eben u. S-Hang.
Dürrwald . . .	68	14				0,479	0,508	0,581							Nat. Berj. eben.
Vogelbud . . .	70	13							0,453	0,498	0,571				Nat. Berj. desgl.
Dürrwald . . .	76	16				0,503	0,524	0,581							Nat. Berj. N-Hang.
Dürrwald . . .	76	11	0,510	0,520	0,580										" eben.
Revier Rapfenburg.															
Sohl hu 1 . . .	74	10	0,416	0,420	0,497										eben, nat. Berj.; vom Rothwild früher geschält
Sohl hu 2 . . .	77	3	0,469	0,472	0,576										"
		7	0,477	0,479	0,534										nicht geschält
Revier Mariakappel.															
Gäng	61	22										0,372	0,511	0,646	Nat. Berj. S- u. SW-Hang.
Wint halbe 1 . .	68	17				0,500	0,541	0,643							fast ed.
Wint halbe 8 . .	69	17				0,467	0,502	0,601							desgl.
Winterhalbe 2 . .	77	7	0,495	0,501	0,586										desgl.
Wnt halbe 7 . .	78	7	0,492	0,497	0,568										desgl.

Revier Weippertshofen.

						Lage
Stimpfacherwald . . .	70	15	0,500	0,507	0,583	Lat. Berg. R-Hang.
Haupt	78	10	0,488	0,493	0,555	" " eben.
desgl.	78	8	0,488	0,510	0,584	" " "
Parbt 8 . . .	79	12	0,496			" " "
			0,472	0,497	0,573	
Durchschnitt I. Bonität		75	0,484	0,491	0,562	
" II. "		127	0,475	0,613	0,593	
" III. "		43	0,421	0,502	0,591	
" IV. "		22	0,372	0,511	0,646	

Forstamt Weingarten.

									Lage
Revier Baindt.									
Tannenweg 4 . . .	63	16	0,495	0,509	0,595	0,502	0,522	0,624	Lat. Berg. S u. SW geneigt.
Tannenweg 5 . . .	63	11	0,486	0,495	0,574	0,470	0,481	0,558	desgl.
Hute	63	17				0,486	0,476	0,555	Lat. Berg. eben.
Tannenweg 2 . . .	65	18				0,455	0,462	0,547	desgl.
Tannenweg 3 . . .	65	14				0,466	0,469	0,558	desgl.
Weiershausen	65	25				0, 19	0,501	0,580	Lat. Berg. W-Hang.
desgl.	65	26							desgl.
Tannenberg . . .	69	11							desgl.
...	73	19	0,475	0,477	0,568				Lat. Berg. R-Hang.
desgl.	73	17	0,472	0,475	0,561				desgl.
Eigenweiherbühl . . .	76	11	0,481	0,485	0,558				desgl.
Durchschnitt I. Bonität		74	0,482	0,488	0,571				
" II. "		111	0,475	0,485	0,570				

Gesammtdurchschnitt

I. Bonität . . .		149	0,483	0,489	0,566
II. " . . .		288	0,475	0,499	0,581
III. " . . .		43	0,421	0,502	0,591
IV. " . . .		22	0,372	0,511	0,646
Durchschnitt aller Bonitäten		432	0,438	0,500	0,596

Normalformzahlen, bezogen auf $\frac{1}{26}$ der Scheitelhöhe.
IV. Fichten 81—111jährig.

Forstamt Ellwangen und Crailsheim.

Revier und Abtheilung	Alter Jahre	I. Bonität			II. Bonität			III. Bonität			IV. Bonität			Bemerkungen
		rechschnittliche Derb-Baum-Schaft-formzahl	Durchschnittliche Derb-Baum-Schaft-formzahl	Durchschnittliche Baum-Schaft-formzahl	rechschn.	Durchschn.	Durchschn.	rechschn.	Durchschn.	Durchschn.	rechschn.	Durchschn.	Durchschn.	
Revier Ellenberg.														
Grünewald	84	0,504	0,507	0,556										Nat. Berj. eben.
Rieeberg	94	0,515	0,521	0,565										desgl.
Revier Hohenberg.														
Dürrwald	81				0,489	0,505	0,574							desgl.
„	89				0,489	0,496	0,564							desgl.
„	90	0,503	0,507	0,566										desgl.
Ohrholz	101	0,537	0,540	0,571										Saat, eben.
Dürrwald	103	0,476	0,479	0,538										Nat. Berj. R-Hang.
„	105							0,461	0,472	0,561				eben.
„	111	0,479	0,482	0,524										Saat, R-Hang.
Revier Kapfenburg.														
Branded 1	83	0,483	0,482	0,532										Eben, nat. Berj.
desgl. 2	83	0,483	0,482	0,527										desgl.
Waidschlag 2	83	0,489	0,492	0,550										desgl.
Waidschlag 1	87	0,491	0,493	0,544										desgl.
Revier Weippertshofen.														
Steinhaupt 3a	86	0,508	0,511	0,554										R-Hang, nat. Berj.
Neßhecke	98	0,507	0,514	0,563										S-Hang, nat. Berj.

					Lage
Durchschnitt I. Bonität . . .		95	0,498	0,501	0,549	
„ II. „ . .		22	0,489	0,500	0,569	
„ III. „ . .		12	0,461	0,471	0,561	
Revier Baindt . . .						
Schwefelbronnen 1	82	8	0,470	0,471	0,542	Nat. Berj. faft eben.
„ „	82	6	0,468	0,469	0,540	desgl.
„ „	94	11	0,475	0,476	0,561	Nat. Berj. N.-Hang.
„ „	94	14	0,479	0,479	0,567	desgl.
„ „	96	9	0,466	466	0,549	Nat. Berj. S.-Hang.
„ „	96	9	0,485	0,485	0,572	desgl.
„ „	98	6	0,481	0,483	0,557	desgl.
Reuwies . . .	98	12	0,486	0,487	0,563	
„ „	103	11	0,471	0,479	0,599	Nat. Berj. W.-Hang.
„ „	103	15	0,501	0,503	0,628	
Durchschnitt I. Bonität .		101	0,478	0,480	0,566	
Gesammtdurchschnitt						
I. Bonität . . .		196	0,488	0,490	0,557	
II. „ . . .		22	0,489	0,500	0,569	
III. „ . . .		12	0,461	0,471	0,561	
Durchschnitt aller Bonitäten		230	0,479	0,487	0,562	

	Jungholz,	Mittelholz,	Altholz,	Hochaltholz,
Schaftformzahlen bei	0,420	0,445	0,475	0,510
Baumformzahlen bei	0,510	0,530	0,555	0,585

Die durch die hiesige Versuchsanstalt in 99 dem Alter und der Bonität nach verschiedenen Fichtenbeständen an 1536 Stämmen angestellten Untersuchungen haben das entgegengesetzte Resultat geliefert.

Um nämlich die Preßler'schen Zahlen auf ihre Richtigkeit zu prüfen, habe ich zunächst alle untersuchten Stämme in vier Altersklassen gebracht und innerhalb derselben wieder verschiedene Bonitäten ausgeschieden.

Es wurden nämlich untersucht aus der

Altersklasse	21—40	Jahren	241	Stämme
„	41—60	„	613	„
„	61—80	„	452	„
„	81—111	„	239	„
		zusammen	1536	Stämme.

Die Resultate der untersuchten Stämme finden sich in vorstehenden 4 Tabellen nach Altersklassen und Bonitäten getrennt übersichtlich dargestellt. Ebenso liefert die beigefügte Tafel I eine bildliche Darstellung über den Verlauf der Formzahlen nach Preßler's Angaben und meinen Untersuchungen.

(Siehe Tabellen Seite 59—65.)

Die Altersklassen, in welche ich die Stämme brachte, mögen nahezu dem Preßler'schen Jung-, Mittel-, Alt- und Hochaltholz entsprechen, denn das Maximum des Durchschnittzuwachses fällt in allen Beständen etwa in das 60.—80. Jahr.

Um meine Resultate besser mit den Preßler'schen vergleichen zu können, habe ich erstere in einer gedrängten Uebersicht wie folgt zusammengestellt:

a. Schaftformzahlen.

	21—40 jähr.	41—60 jähr.	61—80 jähr.	81—111 jähr.
I. Bonität	0,456	0,495	0,489	0,490
II. „	0,451	0,518	0,499	0,500
III. „	0,409	0,545	0,502	0,471
IV. „	—	0,511	0,511	—
Durchschnitt aller Bonitäten	0,439	0,517	0,500	0,487

b. Baumformzahlen.

	21—40 jähr.	41—60 jähr.	61—80 jähr.	81—111 jähr.
I. Bonität	0,647	0,602	0,566	0,557
II. „	0,710	0,646	0,581	0,569
III. „	0,737	0,731	0,591	0,561
IV. „	—	0,723	0,646	—
Durchschnitt aller Bonitäten . .	0,698	0,675	0,596	0,562

Obgleich Preßler keine Derbformzahlen veröffentlichte, so will ich hier meine erzielten Resultate der Vollständigkeit halber doch auch folgen lassen:

c. Derbformzahlen.

	21—40	41—60	61—80	81—111
I. Bonität	0,322	0,469	0,483	0,488
II. „	0,295	0,368	0,475	0,489
III. „	0,173	0,308	0,421	0,461
IV. „	—	0,290	0,372	—
Durchschnitt aller Bonitäten . .	0,298	0,359	0,438	0,479

Die Vergleichung der Resultate meiner Untersuchungen mit ben Preßler'schen dürfte zunächst, b. h. bis noch vollständigeres Material vorhanden sein wird, zu folgenden Sätzen berechtigen:

1. Die Ansicht Preßler's, wonach die echten Schaft- unb Baumformzahlen der Fichte* mit wachsendem Alter zunehmen sollen, ist irrig.

2. Dagegen nehmen die Baumformzahlen sowohl innerhalb ber einzelnen Bonitäten, als auch bes gezogenen Durchschnitts aus allen Bonitäten, mit dem wachsenden Bestandesalter entschieden ab, wenn auch nicht in gleich raschem Verhältniß wie die Brusthöhen= formzahlen.

3. Innerhalb gleicher Altersklassen wachsen die Baumform= zahlen mit abnehmender Bonität.

4. Die Schaftformzahlen scheinen zwar zwischen der Alters= klasse 21—40 unb 41—60 (vielleicht weil eine Anzahl dieser Bestände früher noch nicht ordnungsmäßig durchforstet wurden)

---

* Wahrscheinlich werden sich die Formzahlen anderer Holzarten ähnlich verhalten, Resultate über die Rothbuche hoffe ich bald folgen lassen zu können.

zuzunehmen, doch tritt auch hier von der Altersklasse 41—60 Jahren an und durch alle höheren Altersklassen hindurch eine Abnahme der Formzahl, sowohl innerhalb der einzelnen Bonitäten, als auch bei dem Durchschnitt aus allen Bonitäten deutlich hervor. Bei der I. Bonität scheinen sich die Schaftformzahlen zwischen 50—111 Jahren gleich zu bleiben.

5. Die Derbformzahlen (Preßler hat keine veröffentlicht) nehmen selbstverständlich sowohl innerhalb der einzelnen Bonitäten, als auch bei dem Durchschnitt aller Bonitäten, mit dem wachsenden Bestandesalter zu und, gleiche Altersklassen vorausgesetzt, mit dem Abnehmen der Bonitäten ebenfalls ab.

Was nun die zweite Frage anlangt, deren nähere Untersuchung ich mir noch zur Aufgabe gestellt habe, ob nämlich wirklich, wie Preßler glaubt, Jung-, Mittel-, Alt- und Hochalthölzer je unter sich so nahe zusammenfallende Formzahlen haben, daß man dieselben im einzelnen Falle bei mathematischem Bewußtsein und etwas mathematisch gebildeter Phantasie bis auf die Einheit ansprechen könne, so muß ich gestehen, daß ich auch in diesem Punkt zu ganz andern Anschauungen gelangt bin. Ich habe die volle Ueberzeugung gewonnen, die ich übrigens auch früher schon wiederholt anderwärts ausgesprochen habe, daß bei der Anwendung von Formzahlen nur das Gesetz der großen Durchschnittszahl herrschen darf, d. h. daß Formzahlen nur bei Bestandesschätzungen zuverlässige Resultate liefern, daß aber eine Klassifikation nur in Jung-, Mittel-, Alt- und Hochalthölzer lange nicht zuverlässig genug ist.

Die Meinung, man könne die Formzahl des einzelnen Baumes bis auf eine Einheit genau einschätzen, ist, selbst bei Unterstellung einer auf's Feinste ausgebildeten mathematischen Phantasie, eine ganz irrige. Zwei neben einander stehende Bäume scheinen vielleicht ganz gleiche Formzahlen zu besitzen, während dieselben bei näherer Untersuchung sehr von einander abweichen und umgekehrt. Nur die durchschnittlichen Formzahlen, aus Beständen hervorgegangen und wieder zur Schätzung ganzer Bestände angewendet, liefern zuverlässige Resultate; dagegen ist man bei der Massenermittlung einzelner Bäume vor großen Fehlern nicht sicher.

Es können z. B. selbst in normalen Fichtenbeständen, in welchen man doch keine großen Extreme bezüglich der Baumformen vermuthen sollte, die Formzahlen bei verschiedenen Bonitäten und Altern liegen zwischen:

a. Schaftformzahlen.

	I. Bonität	II. Bonität	III. Bonität
21—40jährig	0,30—0,66	0,27—0,70	—
41—60 „	0,34—0,60	0,37—0,79	0,31—0,88
61—80 „	0,40—0,59	0,35—0,67	0,36—0,61
81—111 „	0,41—0,58	0,42—0,58	—

b. Baumformzahlen.

	I. Bonität	II. Bonität	III. Bonität
21—40jährig	0,45—0,93	0,51—1,25	—
41—60 „	0,43—0,78	0,40—1,114	0,46—1,33
61—80 „	0,46—0,68	0,41—0,76	0,42—0,79
81—111 „	0,44—0,60	0,46—0,73	—

Dagegen betragen die durchschnittlichen Formzahl=Differenzen normaler Fichtenbestände innerhalb der einzelnen Altersklassen und Bonitäten bei

a. Schaftformzahlen.

	I. Bonität	II. Bonität	III. Bonität
21—40jährig	0,26	0,23	—
41—60 „	0,16	0,27	0,30
61—80 „	0,10	0,14	0,19
81—111 „	0,09	0,12	0,14

b. Baumformzahlen.

	I. Bonität	II. Bonität	III. Bonität
21—40jährig	0,31	0,43	—
41—60 „	0,30	0,38	0,55
61—80 „	0,14	0,19	0,27
81—111 „	0,12	0,15	0,19

Wer wird den vorstehenden Zahlen gegenüber nun noch behaupten wollen, man könne mit echten Formzahlen die Baumform bis auf eine Einheit genau einschätzen? Ich glaube vielmehr einstweilen und so lange die Formuntersuchungen noch nicht ganz abgeschlossen sind, folgende Sätze als zutreffender hinstellen zu dürfen:

1. Die Formzahlen auch normaler Bestände, selbst gleiche Alter und Bonitäten vorausgesetzt, weichen sehr stark von einander ab, die Baumformzahlen lagen z. B. in einem 31jährigen Fichten-

beſtande II. Bonität zwiſchen 0,52 und 1,25. Wenn nun auch Formzahlextreme in einem Beſtande nur an verhältnißmäßig wenigen Stämmen vorkommen, ſo iſt es doch unmöglich, die Formzahlen einzelner Bäume mit ·großer Genauigkeit anzuſprechen, noch viel weniger kann von einer Einſchätzung derſelben bis auf eine oder wenige Einheiten die Rede ſein, wenn man, wie Preßler lehrt, die Menge abweichender Formzahlen nur in die Claſſen Jung=, Mittel=, Alt= und Hochalthölzer bringt.

2. Die Differenzen zwiſchen den Formzahlen eines Beſtandes ſind bei Baumformzahlen größer als wie bei Schaftformzahlen.

3. Innerhalb ein und derſelben Altersklaſſe nehmen die Differenzen zwiſchen den Baumformzahlen ſowohl als zwiſchen den Schaftformzahlen mit abnehmender Bonität zu.

4. Innerhalb ein und derſelben Bonität nehmen die Differenzen zwiſchen den Baumformzahlen ſowohl als zwiſchen den Schaftformzahlen mit wachſendem Alter der Beſtände ab.

5. Aus Ziffer 3 folgt, daß, die Anwendung gleicher Hilfsmittel vorausgeſetzt, die Genauigkeit in der Aufnahme gleich alter Beſtände mit dem Sinken der Bonität abnimmt.

6. Aus Ziffer 4 folgt, daß die Sicherheit in der Maſſenaufnahme der Beſtände gleicher Bonität mit dem wachſenden Beſtandesalter zunimmt.

7. Wenn man überhaupt die Schätzung mittelſt Normalformzahlen beibehalten will, ſo darf man ſich nicht auf eine Klaſſifikation allein nach Altersklaſſen beſchränken, ſondern man muß neben dieſen auch noch die Bonitäten berückſichtigen. Letztere werden aber, in Beſtänden mittlerer Schlußverhältniſſe, am beſten durch die Beſtandeshöhe ausgedrückt und deßhalb können auch Normalformzahlen die Scheitelhöhen, durch welche die Formen der Bäume in engere Grenzen geſchloſſen werden, nicht entbehren, im Falle man zuverläſſigere Reſultate wünſcht.

Auf Grund der vorſtehend mitgetheilten zahlreichen Formzahluntersuchungen, ſowie der ebenfalls an 1536 Stämmen ermittelten mittleren Beſtandeshöhen für verſchiedene Bonitäten und Altersklaſſen, füge ich zum Schluſſe für ſolche, welche nach Normalformzahlen, bezogen auf $\frac{1}{10}$ der Scheitelhöhe, ſtehende Bäume kubiren wollen, nachſtehende Formzahlüberſicht bei.

Fichten-Normalformzahlen.

I. Derbholzformzahlen.

Bonität	30-jährig Höhe Meter	30-jährig Formzahl	40-jährig Höhe Meter	40-jährig Formzahl	50-jährig Höhe Meter	50-jährig Formzahl	60-jährig Höhe Meter	60-jährig Formzahl	70-jährig Höhe Meter	70-jährig Formzahl	80-jährig Höhe Meter	80-jährig Formzahl	90-jährig Höhe Meter	90-jährig Formzahl	100- u. mehrjährig Höhe Meter	100- u. mehrjährig Formzahl
I. Bonität	11,9	0,336	16,0	0,415	19,6	0,455	22,9	0,473	25,7	0,483	28,2	0,488	30,3	0,490	32,0	0,488
II. "	9,0	0,268	13,2	0,352	16,4	0,410	19,0	0,441	21,1	0,462	22,7	0,468	24,2	0,478	25,2	0,483
III. "	5,8	0,190	9,5	0,275	12,4	0,345	14,5	0,390	16,3	0,420	17,0	0,443	18,4	0,460	19,0	0,478
IV. "	4,5	0,110	7,0	0,202	9,2	0,284	10,8	0,338	12,0	0,382	13,0	0,418	13,8	0,440	14,6	0,470

II. Baumformzahlen.

Bonität	30-jährig Höhe Meter	30-jährig Formzahl	40-jährig Höhe Meter	40-jährig Formzahl	50-jährig Höhe Meter	50-jährig Formzahl	60-jährig Höhe Meter	60-jährig Formzahl	70-jährig Höhe Meter	70-jährig Formzahl	80-jährig Höhe Meter	80-jährig Formzahl	90-jährig Höhe Meter	90-jährig Formzahl	100- u. mehrjährig Höhe Meter	100- u. mehrjährig Formzahl
I. Bonität	11,9	0,660	16,0	0,621	19,6	0,600	22,9	0,580	25,7	0,570	28,2	0,561	30,3	0,554	32,0	0,547
II. "	9,0	0,711	13,2	0,672	16,4	0,640	19,0	0,610	21,1	0,588	22,7	0,583	24,2	0,562	25,2	0,552
III. "	5,8	0,762	9,5	0,720	12,4	0,688	14,5	0,650	16,3	0,616	17,0	0,593	18,4	0,572	19,0	0,556
IV. "	4,5	0,816	7,0	0,770	9,2	0,723	10,8	0,682	12,0	0,643	13,0	0,611	13,8	0,586	14,6	0,560

Die in vorstehender Tabelle erwähnten Höhen sind Scheitel=
höhen und beziehen sich vom Stockabschnitt bis zum äußersten Gipfel
des Baumes. Die Stockhöhe beträgt nach getroffener Ueberein=
kunft $\frac{1}{3}$ des Stockdurchmessers. Sollte, was häufig vorkommen .
wird, die wirklich gemessene Baumhöhe mit keiner der vorstehenden
Höhen genau übereinstimmen, sondern zwischen zwei Höhen hinein=
fallen, so muß natürlich auch die zwischen liegende Formzahl ge=
nommen resp. durch eine einfache Interpolation ermittelt werden.
Die Baumformzahlen schließen auch die Nadelmasse mit ein.
Die Uebersicht ist am genauesten für 50= und mehrjährige Bestände
I., II. und III. Bonität, während für 30—50 jährige Bestände und
IV. Bonitäten das zur Verfügung gestandene Material noch nicht
vollständig zu ganz zuverlässigen Durchschnittszahlen genügt.

Ich persönlich, und die meisten meiner Fachgenossen werden
mit mir übereinstimmen, ziehe jedoch Brusthöhenformzahlen den
sogenannten Normalformzahlen vor, und werde daher auch nicht
ermangeln, im nächsten oder einem der nächsten Hefte dieser Blät=
ter die hiesigen in gleichem Umfange vorgenommenen Untersuchun=
gen über Brusthöhenformzahlen der Fichte meinen Fachgenossen
mitzutheilen.

Da meine Normalformzahlen für Fichte so wesentlich von den
Preßler'schen abweichen, so wäre es sehr wünschenswerth, wenn
letzterer gefälligst bekannt geben wollte, aus wie viel Stämmen
seine Formzahlen abgeleitet und wie viel Beständen und welchen
Altern und Bonitäten dieselben entnommen wurden, welche Methode
der Aufnahme und Berechnung den Untersuchungen zu Grunde lag
und ob das Material noch jetzt vorhanden ist und einer näheren
Prüfung unterzogen werden kann.

Forstwissenschaft im Allgemeinen.
Ein Ausflug nach Schweden.
Von Professor Dr. Albert.

Die großartigen Eindrücke meiner norwegischen Reise, über
welche ich im I. Supplementhefte dieser Monatschrift Bericht erstattet

habe, erregten in mir den Wunsch nach einem Besuche Schwedens, welcher endlich im August 1875 seine Erfüllung fand.

Meine Reise ging von Stralsund mit dem Dampfschiffe nach Malmö, einer in neuerer Zeit sehr aufblühenden schwedischen Handelsstadt, und von da mit der Eisenbahn nach Jönköping, einer über 12,000 Einwohner zählenden Stadt am Südende des Wettersees, welche durch ihre großartige Fabrik der sog. schwedischen Zündhölzchen eine gewisse Berühmtheit erlangt hat. Von Jönköping, dessen Umgebung ich besuchte, fuhr ich in zwei Tagen auf einem Dampfschiffe über den Wettersee und den Göthacanal in die Ostsee und von dieser durch den Söderteljecanal in den Mälarsee und nach Stockholm. Neben mehreren kleinen Ausflügen machte ich von Stockholm einen solchen auf dem Mälarsee nach Upsala, der alten Universitätsstadt, die über 1500 Studenten zählt. Die Rückreise von Stockholm erfolgte per Eisenbahn nach Wenersborg am südlichen Ende des Wenersees und von da mit dem Dampfschiffe auf dem Trollhättacanal und der Götha=Elf nach Gothenburg und über das Kattegat nach Frederickshaven, von wo ich auf der Eisenbahn durch Jütland und Schleswig=Holstein nach Hamburg fuhr.

Das Kjölengebirge, welches Schweden und Norwegen trennt, fällt in Norwegen schroff gegen das Meer ab, während es sich in Schweden allmälig in eine große Ebene verliert, die von wellenförmigen Landrücken durchzogen und mit zahlreichen, zum Theil sehr großen (der Wenersee z. B. enthält 53 geograph. Quadratmeilen) Seen bedeckt ist. In Schweden kann man kaum 0,1 des Areales als Bergland mit einer mittleren Meereshöhe von 600 Meter und reichlich 0,9 als Ebene und Hügelland annehmen, während in Norwegen ein umgekehrtes Verhältniß besteht. Von dem schwedischen Flachlande hat ein Drittel, das Küstenland und die Seen, eine mittlere Meereshöhe von noch nicht 100 Meter, und auch in den zwei anderen Dritteln beträgt dieselbe kaum über 200 Meter. In Folge dieser geringen Erhebung über dem Meere gehören in Schweden beiläufig nur $\frac{1}{3}$ Procent, in Norwegen dagegen $2\frac{1}{2}$ Procent des Landes der Region des ewigen Schnees an.

Norwegen ist ein Alpenland, reich an Naturschönheiten der verschiedensten Art, die sich in Schweden in verjüngtem Maße wohl

auch an den Abhängen des Kjölengebirges, nicht mehr aber im
Flachlande finden. Einen überwältigenden Eindruck machen dagegen
die ungeheueren Waldmassen des Flachlandes, welche z. B. die
Eisenbahn von Stockholm nach Malmö und nach Wenersborg durch=
schneidet. Bei der Fahrt mit dem Schnellzuge sieht man oft stun=
benlang, so weit das Auge reicht, nichts als Wald, hie und da
unterbrochen durch kleine Oasen von Gras=, oder Ackerland, auf
welchen sich einzelne kleine Hütten befinden. Auch die Eisenbahn=
stationen sind hier häufig nur einsame Blockhäuser im Walde, die
jedoch, namentlich an den Knotenpunkten, als Krystallisationskerne
für weitere menschliche Ansiedlungen dienen, wie z. B. Näßjö zeigt,
welches auf diese Weise in kurzer Zeit ein Marktflecken geworden
ist. Eine solche Waldeseinsamkeit ist mir selbst auf meiner Reise
durch das Innere von Norwegen nicht vorgekommen, da hier der
stete Wechsel der Terraingestaltung eine derartige Einförmigkeit der
Bodenbedeckung nicht gestattet. Abwechslung in diese Monotonie
bringen die bereits erwähnten Seen, deren Ufer in der Regel mehr
angebaut und bevölkert sind. An der Kattegat= und Ostküste fin=
den sich ganz so, wie an der norwegischen Küste, zahlreiche Felsen=
inseln (Scheeren), als deren Fortsetzung die Inseln des Mälarsees
erscheinen. Großartig sind die Canalanlagen und namentlich der
von mir zum größten Theil befahrene Göthacanal, welcher die
Nord= und Ostsee und so Gothenburg und Stockholm mit einander
verbindet und ein unvergängliches Denkmal seines Erbauers, des
genialen Nils Ericson, bildet. Aeußerst interessant war bei der
Canalfahrt die durch Schleußensysteme bewirkte Hebung, beziehungs=
weise Senkung des Dampfschiffes, welche z. B. zwischen dem Roxen=
see und der Canalstation Berg 40 Meter beträgt. — Den Glanz=
punkt der Naturschönheiten Schwedens bildet der Trollhättafall,
welcher von den Schiffen durch den sog. Trollhättacanal umgangen
wird. Es stürzt hier die Götha=Elf, der einzige Abfluß des We=
nersees, in drei Absätzen unter donnerartigem Brausen über einen
34 Meter hohen Felsen. Wassermasse und Totalhöhe sind größer,
als beim Rheinfalle bei Schaffhausen, aber trotzdem kann man,
eben weil das Wasser nur über kleinere Absätze fällt, nicht von
einem eigentlichen Wasserfalle, sondern nur von einer Stromschnelle

sprechen. Unten, wo man den ganzen Fall übersieht, erscheint derselbe als ein Fluß, der pfeilschnell über eine schiefe Ebene herabgleitet. Die Industrie hat sich den Wasserfall durch Anlage von Papier=, Mehl= und Sägemühlen dienstbar gemacht. Von hier erweitert sich das Thal der Götha=Elf, welches von schroffen Gneisfelsen eingefaßt ist, allmälig gegen Gothenburg zu. Wie die Norweger- den Lougen, so setzen die Schweden die Götha=Elf dem Rhein bezüglich der landschaftlichen Schönheit gleich; allein ich muß auch hier bemerken, daß der Götha=Elf zu einer solchen Gleichstellung vor Allem Dörfer, Städte und Burgen, sowie die Bobencultur und der rege Verkehr der Rheinlande fehlen. — Sehr sehenswerth sind Stockholm, welches bezüglich seiner Lage auf 7 von den 1300 Inseln des Mälarsees mit Benedig Aehnlichkeit hat, sowie Gothenburg, eine moderne, schöne Stadt mit lebhaftem Hafen.

Da Upsala mit Christiania unter demselben Breitegrade liegt, so entspricht die von mir bereiste Gegend ihrer Lage nach dem südlichen Norwegen; allein das Klima ist bei gleicher Breite und Meereshöhe wegen der östlicheren Lage und des fehlenden Golfstromes in Schweden kälter und trockener, als in Norwegen. Dieß zeigt uns Stockholm, welches eine mittlere Jahrestemperatur von 4,6° R. und eine jährliche Regenmenge von 19 Par. Zoll hat, während für das um einen Breitegrad nördlicher gelegene Bergen an der Westküste Norwegens die Jahresmitteltemperatur 6,6° und die Regenmenge 83 Zoll beträgt. In Stockholm ist die Differenz der Temperatur des kältesten und heißesten Monats 17,4°, in Bergen nur 11,3°. Dagegen zeigt das gegen Stockholm nur um 35 Minuten nördlicher, aber um 12° 14' östlicher gelegene Petersburg eine mittlere Jahrestemperatur von 3,0°, eine Differenz der Temperatur des heißesten und kältesten Monats von 20,9° und eine jährliche Regenmenge von 17". Die Sommer sind in Scandinavien wegen der größeren Tageslänge in dieser Jahreszeit (am 16. August konnte ich z. B. in Stockholm Abends 9 Uhr noch ganz gut kleinen Druck im Freien lesen) verhältnißmäßig warm, indem z. B. nach Lorenz (Lehrbuch der Klimatologie. Wien, 1874) die Mitteltemperatur des Sommers für Stockholm 12,6° R., für Berlin 14,5° (Jahresmittel 7,7°) und in München 14,1° (Jahresmittel 7,3°) be=

trägt. Daß Stockholm trotz seiner Lage am Ausflusse des Mälar=
sees in die Ostsee mit Würzburg gleiche jährliche Regenmenge hat,
ist eine Folge der steten Abnahme des absoluten Feuchtigkeitsgehal=
tes der Luft und der Regenmenge gegen die Pole hin; daß aber
auch das Gesetz der Zunahme der relativen Luftfeuchtigkeit und
der Bodenfeuchtigkeit unter den höheren Breitegraden richtig ist,
dieß zeigten mir die häufigen Versumpfungen des Bodens. Wach=
sen doch aus demselben Grunde in Norwegen nicht selten Torf=
pflanzen auf den Rasendächern der menschlichen Wohnungen.

Wie in Norwegen, so bildet auch in Schweden das Urgebirge
und namentlich der Gneis den weitaus größten Theil der Boden=
oberfläche, indem silurische Ablagerungen, sowie Jura= und Kreide=
bildungen (vorzüglich in Schonen) nur ausnahmsweise vorkommen.
Dagegen finden sich in allen Provinzen des Landes in mehr, oder
minder großer Ausdehnung diluviale Gebilde, d. h. lose Ablage=
rungen von erratischen Blöcken, Rollsteinen, Kies, Sand, Lehm
u. s. w. aus der Eiszeit, in der bekanntlich auch die Findlings=
blöcke der norddeutschen Ebene aus den scandinavischen Gebirgen
kamen.

Der Sandboden ist in Schweden (wie in Norwegen) überwie=
gend und oft von einer Feinheit und Armuth, wie in der nord=
deutschen Ebene, so daß größere Heideflächen nicht selten sind. Die
namentlich im Inneren des Landes vorkommenden erratischen Steine
hindern die Bodenbearbeitung, und die geringe Dammerdeschichte,
zumeist eine Folge der langsamen Verwitterung des Gneises, bildet
wohl die Hauptursache des häufigen Zurückbleibens des Baumhöhen=
wuchses.

Von der Bodenoberfläche treffen auf das Acker= und Garten=
land 6 % (in dem mehr gebirgigen Norwegen kaum 1 %), auf die
natürlichen Wiesen 5 % und auf die Wälder beiläufig 82 % (in
Norwegen wegen der großen Entwaldung nur 66 %), worunter
aber gewiß noch verschiedenes, von denselben kaum ausscheidbares
Weide= und Unland begriffen ist, nach dessen Abzug vielleicht kaum
50 % wirklich bestockte Waldfläche übrig bleiben. Das Ackerland
kommt vorzugsweise im Küstenlande und namentlich im Süden vor
und bildet in den großen Waldungen des Inneren nach Maßgabe

der Bodenbeschaffenheit und der Verkehrsverhältnisse nur mehr oder minder große Inseln. Von den Grundbesitzern haben 80—90% nicht über 20 Hectaren Ackerland. Die Waldungen gehören meist den nördlichen Provinzen an, und es befinden sich von denselben beiläufig 93½% im Privatbesitze und nur 6½% im Besitze des Staates (hievon über die Hälfte zu den Besoldungsgütern der Geistlichen, Civil- und Militärbeamten, und ein kleiner Theil der Kirche und den Universitäten gehörig). Nicht unerwähnt dürfen die in allen Landestheilen vorkommenden Torflager bleiben, welche in Folge des Steigens der Holzpreise in den Landschaften Småland und Schonen bereits mit Gewinn ausgebeutet werden. Man schätzt (Jonas, Illustrirtes Reise- und Skizzenbuch für Schweden, Berlin, 1875) den Werth derselben nur allein in den bis jetzt geologisch untersuchten Theilen des Landes (207 Quadratmeilen) auf mehr als 2430 Millionen Kronen (gegen 2800 Millionen Mark).

Die klimatischen Verhältnisse sind im mittleren und südlichen Schweden im Ganzen dem Getreidebaue günstig, und werden hier und insbesondere an der Küste Weizen, Roggen, Gerste und Hafer gebaut. Die Ernte tritt hier wegen des mehr continentalen Klimas sogar um 10 Tage früher ein, als in England. Als ich in Schweden war, wurde Hafer geschnitten, und bei meiner Rückkunft nach Deutschland war man hier auch noch mit der Haferernte beschäftigt. Es wird Weizen und Roggen eingeführt, und Gerste und namentlich Hafer ausgeführt. Die Getreide-Ausfuhr übersteigt häufig die Einfuhr. Kartoffeln kommen überall vor und bilden in den Lappmarken mit der Gerste fast bis zur Baumgrenze die einzigen Agriculturgewächse. — Dem Obstbaue ist im Inneren des Landes das Klima weniger günstig, als an der Küste. Ich fand zwar bis über Stockholm hinauf Aepfel-, Birn- und Kirschbäume, aber immer nur vereinzelt. Mitte August wurden auf den Eisenbahnstationen kleine Sträußchen kaum reifer Kirschen zum Kaufe angeboten. Es vermag eben hier die größere Sommerwärme die verspätete Entwicklung im Frühjahre nicht recht auszugleichen.

Die Viehzucht, obwohl nicht unbedeutend, deckt doch (wie in Norwegen) nicht den Bedarf, und die Einfuhr übersteigt trotz der

Bemühungen der Regierung zur Hebung dieses Culturzweiges noch immer die Ausfuhr.

Der Fischfang im Meere, sowie in den zahlreichen Landseen und Flüssen hat zwar gegen früher abgenommen, bildet aber immer noch eine erhebliche Erwerbsquelle. Fische und namentlich Lachs fehlen deßhalb auch in den Hotels bei keiner Mahlzeit.

Die Jagd gewährt nur in den nördlichen Provinzen eine reichliche Ausbeute, namentlich an Hasel-, Birk- und Auerwild, sowie an Schneehühnern und Wachteln. Der Hase findet sich überall; sehr selten sind dagegen das Elen-, Roth- und Rehwild. Bären, Wölfe, Luchse, Adler und Falken mindern sich in Folge der für deren Erlegung ausgesetzten Prämien (z. B. 50 Kronen für einen Bären, 25 für einen Wolf) mehr und mehr. So wurden z. B. in den Jahren 1861—65 durchschnittlich jährlich Belohnungen gezahlt für je 106 Bären, 111 Wölfe, 136 Luchse, 2000 Adler und 17,000 Falken; im Jahre 1870 dagegen wurden nur eingeliefert 90 Bären, 47 Wölfe, 107 Luchse, 384 Adler und 1795 Falken (Jonas a. a. O.).

Der schwedische Bergbau und namentlich der auf Eisen ist bedeutend, und wurde blos der Werth der Eisenausfuhr im Jahre 1873 auf 52 Millionen Kronen (beiläufig $59\frac{1}{2}$ Mill. Mark) geschätzt. In Schonen finden sich große Steinkohlenlager, welche, obwohl erst seit 1865 an einigen Stellen aufgeschlossen, bereits im Jahre 1873 einen Ertrag von 65,000 Cubikmeter lieferten und mit der Erweiterung des Eisenbahnnetzes eine immer steigende Bedeutung erlangen werden. Die Einfuhr von englischen Steinkohlen betrug im Jahre 1873 700,000 Cubikmeter.

Der Verkehr wird durch die reich gegliederte Küste, die zahlreichen Landseen, Canäle und Flüsse, sowie durch das sehr entwickelte Eisenbahnnetz im Süden und in der Mitte des Landes sehr gefördert. Man zählte im Jahre 1873 beiläufig 4000 Segel- und 600 Dampfschiffe mit 20,000 Seeleuten. Die Länge der Canäle und regulirten Wasserläufe kann man zu 750 Kilometer annehmen. Die Länge der bereits eröffneten und noch im Baue begriffenen Eisenbahnen beträgt 5600 Kilometer. Betrachtet man nur die Landestheile, welche Eisenbahnen besitzen, d. h. läßt man Norrland,

welches (mit Ausnahme der 77 Kilometer langen Strecke Fahlun=
Gefle) Eisenbahnen nicht hat und kaum in größerer Ausdehnung.
je haben wird, außer Acht, so treffen auf die geograph. Quadrat=
meile 1,7 Kilometer Eisenbahn, während in Belgien 6,9, in Groß=
britannien und Irland 4,2, in Deutschland 3,2, in Frankreich 2,5
und in Oesterreich 1,5 Kilometer beiläufig auf die Quadratmeile
kommen, wenn man ebenfalls die noch im Baue befindlichen Bahnen
mitrechnet. Zieht man dagegen das ganze Areal von Schweden in
Rechnung, so entspricht der Quadratmeile nur eine Eisenbahnlänge
von 0,7 Kilometer (in Norwegen 0,07 Kilometer). Die Landwege,
welche auf Kosten der Landbesitzer unterhalten werden, hatten im
Jahre 1871 eine Gesammtlänge von 57,000 Kilometer, was für
die Quadratmeile nahezu 7,0 (in Norwegen nur 3,5) Kilometer
macht.

Im Jahre 1873 betrug nach Jonas (a. a. O.) der Werth
der gesammten Einfuhr 271 Millionen Kronen (beiläufig 309½
Mill. Mark), der Werth der Ausfuhr dagegen 222 Mill. Kronen
(253¾ Mill. Mark).

Die Holzausfuhr betrug im Jahre 1873 2,832,000 Cubik=
meter, im Werthe von 103,1 Mill. Kronen (117,8 Mill. Mark),
oder 46,4 Procent der Gesammtausfuhr, nämlich

<table>
<tr><td></td><td>Mill.
Kronen</td></tr>
<tr><td>geschnittenes, oder behauenes Holz (hievon für Bretter 75,
Bohlen 12, Balken ⅓, Grubenhölzer 3½ und Zimmer=
holz 2½ Millionen) . . . .</td><td>96,2,</td></tr>
<tr><td>bearbeitete Holzwaaren (hierunter für Zündhölzer 3½
Millionen und für Möbeln und Drechslerwaaren 1 Mill.)</td><td>6,9,</td></tr>
<tr><td></td><td>103,1.</td></tr>
</table>

Von dem unverarbeiteten Holze wurden 83½ Procent oder
2,500,000 Cubikmeter (fast 80 Procent der gesammten Holzans=
fuhr) aus den norrländischen Häfen und hievon allein mehr als
⅕ aus Sundsvall ausgeführt. Zur Herrichtung des Holzes dienen
über 3000 Sägemühlen.

Die Holzausfuhr aus Norwegen betrug im Jahre 1865
820,000 Cubikmeter mit einem Werthe von 36½ Millionen Mark,

so daß sich für Scandinavien wohl eine Gesammtholzausfuhr in runder Zahl von 3½ Mill. Cubikmeter und einem Werthe von 154 Mill. Mark annehmen läßt. Als Abnehmer erscheinen vor Allem Großbritannien, mit welchem überhaupt der meiste Handels= verkehr besteht, und Dänemark, dann folgen Holland, Frankreich, Deutschland u. s. w.

Rechnet man für Schweden den Verbrauch

an Brennholz zu	23 Mill.	Cubikmeter,
an Bau= und Nutzholz zu	3	„ „
die Ausfuhr zu	3	„ „
	29	„ „

und die bestockte Waldfläche nur zu 20 Mill. Hectaren, so muß zur Befriedigung dieses Bedarfs die Hectare einen jährlichen Durch= schnittsertrag von 1,45 Cubikmeter liefern, was bei normalem Schlusse und Wuchse der Bestände gewiß auch unter den hier meist bestehenden Standortsverhältnissen (armer Sandboden und rauhes Klima, namentlich in Norrland) keine Unmöglichkeit ist. Anders ist dieß jedoch, wenn die fraglichen 29 Mill. Cubikmeter sofort nachhaltig in stärkerem Holze gewonnen werden sollen, worauf wir später zurückkommen werden.

Fichte, Kiefer und Birke bilden den Hauptbestand der Wälder im südlichen und mittleren Schweden, je nach der Bodenbeschaffen= heit verschieden gemischt, oder auch reine Bestände bildend. Im Großen und Ganzen herrscht jedoch in Folge der Bodenarmuth die Kiefer vor. Gegen Norden verliert sich zuerst die Fichte, dann die Kiefer, so daß die Birke, welche in drei Monaten ihre Vegetation zu beendigen vermag, zuletzt allein die Baumgrenze bildet. Aspen und Weißerlen finden sich überall. Wenn die Stieleiche, Esche, Ulme und der Spitzahorn im Innern des Landes nur vereinzelt vorkommen und auch auf den Inseln des Mälarsees, wo sie zum Theil in Folge künstlicher Anzucht häufiger sind, keine kräftige Ent= wicklung zeigen, so ist dieß wohl nicht durch die klimatischen Ver= hältnisse, sondern durch die Armuth und Flachgründigkeit des Bo= dens bedingt. Daß die Buche nur im südlichsten Theile von Nor= wegen und in Schweden nur bei Gothenburg und an der Ostsee=

küste bis Kalmar (57° nördl. Breite) vorkommt, hat nach Griese=
bach (Die Vegetation der Erde. Leipzig, 1872) seinen Grund darin,
daß dieselbe eine Vegetationsperiode von mindestens fünf Monaten
hat, welche ihr die Wärmeverhältnisse des Nordens nicht gestatten.
So belaubt sich z. B. die Buche in Kopenhagen, nicht fern von
ihrer Polargrenze, zu Anfang Mai bei einer Temperatur von 8° R.
und verliert das Laub wieder im September, wenn die Tempera=
tur auf 6—7° fällt. Die Vegetationsgrenze der Eiche, welche mit
der Isotherme von 2—3° R. und der Polargrenze der Weizencul=
tur nahezu zusammenfällt, geht viel nördlicher, als jene der
Buche, weil die Eiche, welche ihre Vegetation erst bei 9—10° R.
beginnt, ihr Laub bei niedrigeren Temperaturen, als die Buche, in
Petersburg z. B. bei 2° R., verliert. Wenn sich deßhalb auch die
Eiche in Stockholm erst gegen Ende Mai entwickelt, so bleiben ihr,
da die Mitteltemperatur des Oktobers noch 5,4° beträgt, bis in den
November hinein zur Entwicklung reichlich fünf Monate, welche,
wie bereits erwähnt, für die Buche nicht herauskommen. Beschä=
digungen durch Spätfröste kommen wegen des raschen Eintritts des
nordischen Sommers kaum vor. Von den Weidenarten finden sich
außer der Sahle noch an den Flußufern Salix viminalis, alba,
fragilis u. s. w. Meist als Gesträppe, nur selten baumartig, zeigt
sich allenthalben der Wachholder.

Rasenbildende Wiesengräser, auf nassen Stellen durch die
Cyperaceen, auf trockenen durch die Vaccinien und die Heide er=
setzt, stellen mit wenigen Kräutern im Allgemeinen den Boden=
überzug dar. Der Rasen ist hier, wie Griesebach ausführt,
höher, als bei uns, aber der Ertrag wegen der kürzeren Vege=
tationszeit geringer, weil hier Gattungen (namentlich Calamagro=
stis) vorwalten, die, um noch zur Samenreife zu gelangen, wohl
viel rascher ihre Halme treiben, aber auch um so weniger Blatt=
büschel am Boden erzeugen. So sind auch die Gräser in unseren
feuchten Wäldern, indem sie weniger Licht empfangen, höher, als
auf den offenen Wiesen, wo das Wachsthum der Blätter durch die
Sonne und die Verdunstung rascher gefördert wird.

Wie Norwegen, war gewiß auch Schweden früher bis an die
Baumgrenze bewaldet, und hier, wie dort, begann die Entwaldung

in den zuerst bevölkerten Landestheilen, d. i. an der Küste und vorzugsweise von den Handelsmittelpunkten aus, wofür die Umgebungen
von Gothenburg und Stockholm zeugen. Die Wegnahme des Waldes an steilen Berghängen hatte das Abschwemmen des Bodens zur
Folge, und es starren uns daher an der Küste des Kattegats und
namentlich bei Gothenburg, in dem unteren Thale der Götha-Elf
und auf den Scheeren der Ostsee und des Mälarsees gerade so
kahle Felsen entgegen, wie an der Küste Norwegens. Anders gestaltete sich die Entwaldung im Flachlande, welche, mit Ausnahme
der gut angebauten Küstenstriche, meist erst in neuerer Zeit mit der
Zunahme der Holzausfuhr statt fand. Hier folgte dem Bestands-
abtriebe in ebener, oder schwach geneigter Lage kein Abschwemmen
des Bodens, welcher sich vielmehr, wenn auch nur allmälig und
unvollkommen, immer wieder mit Holz bestockte. Da nur zu Bau-
und Nutzholz geeignete Kiefern und Fichten in den Handel kommen,
so ist die Nutzung vorzugsweise nur auf diese gerichtet, und dieselben verschwinden mehr und mehr. Ich bemerkte deßhalb, gerade
wie in Norwegen, auf meiner ganzen Reise keinen über 70—80
Jahre alten, zu Bau- und Nutzholz tauglichen Nadelholzstamm, da
ich die wenigen alten, verkrüppelten Kiefern im Thiergarten bei
Stockholm nicht hierher rechnen kann. Für die Richtigkeit meiner
Beobachtung spricht, daß, wie oben bemerkt, die zur Ausfuhr kommende geschnittene Holzwaare zu $83\frac{1}{2}$% aus Norrland und nur
zu $16\frac{1}{2}$% aus dem mit Verkehrswegen früh und reich versehenen
mittleren und südlichen Schweden kommt.

Die schwedische Privatforstwirthschaft ist daher, wie die nor-
wegische, im Ganzen ein regelloser Plenterbetrieb, vorzugsweise auf
die alsbaldige Zugutmachung eines jeden Nutzholzstammes gerichtet
und ohne jede Sorge für den Wiedernachwuchs. Dazwischen treibt
man auch, wie ich öfter zu sehen Gelegenheit hatte, einzelne Bestände kahl ab, bearbeitet den Boden nach Abbrennen seines Ueber-
zuges mit der Hacke, verwendet ihn ein Jahr zum Getreidebaue
und überläßt die Wiederbewaldung desselben der Natur. Die Waldungen sind meist in holzverschwenderischer Weise eingefriedigt
und dienen dem Viehe als ständige Weide. Um bessere Weide zu
erhalten, verursachen die Gutsinsassen der Großgrundbesitzer nicht

selten Waldbrände. Daß unter solchen Verhältnissen der Holz=
bestand jung, ungleichalterig und unvollkommen ist, bedarf keiner
weiteren Ausführung. Der Holzwuchs dagegen ist, sofern nicht
Armuth und Flachgründigkeit des Bodens ein besonderes Hinderniß
der Entwicklung bilden, im Ganzen nicht schlecht, da sich die manch=
fachen Beschädigungen der jungen Pflanzen durch das Weidevieh
später wieder verwachsen. Auch hier fand ich, wie in Norwegen,
auf kräftigem und tiefgründigem Boden bei freistehenden Fichten
und Kiefern jene leichte, volle Beastung, welche der Krone eine
paraboloibische Gestalt und dem ganzen Baume ein graciles Aus=
sehen gibt. Im Uebrigen aber ist der Höhenwuchs meist geringer,
die Beastung stärker, als in Deutschland.

Die Staatswaldungen sind, wie bereits erwähnt, von verhält=
nißmäßig geringer Ausdehnung, gehören meist den entlegeneren
Gegenden mit ungünstigeren Absatzverhältnissen an und sind mit
Servituten belastet, so daß, wie in Norwegen, auch hier vorerst
vielfach den Forstwirth die Ordnung dieser Rechtsverhältnisse mehr,
als jene des Betriebs beschäftigen wird. Nach v. Berg (Krit.
Blätter 51. Band, 1. Heft) waren von denselben im Jahre 1866
kaum 4 Procent vermessen und eingerichtet.

Zur Heranbildung von Forstbeamten dient die Forstschule im
Thiergarten bei Stockholm. Das bescheidene zweistöckige Gebäude,
welches von einem kleinen Forstgarten umgeben ist, schaut gar
freundlich in die Fluthen des Mälarsees. Zur Ausbildung von
Forstschutzbediensteten dienen 5 niedere Forstschulen. Außerdem be=
stehen noch mit Staatsunterstützung 4 Privatforstschulen für Heran=
ziehung von Privatforstbediensteten.

Daß bei dem niedrigen Umtriebe, auf den man in Scandina=
vien bereits herabgekommen ist, ein Bau= und Nutzholzanfall von
über 20 Procent nicht nachhaltig sein kann, ist selbstverständlich,
und es muß deßhalb auch, wie bereits durch die Erfahrung be=
stätigt wird, die Holzausfuhr quantitativ und qualitativ stetig ab=
nehmen. Dieß ist natürlich für das Land, die Waldbesitzer und
Holzconsumenten, nicht aber für die deutschen Waldbesitzer von
Nachtheil, da die Steigerung der Bau= und Nutzholzpreise in Folge
der Verminderung der scandinavischen Holzausfuhr in Deutschland

6*

die Waldrente erhöht und die Erhaltung der höheren Umtriebe ermöglicht.

Trotz dem unvermeidlichen Ausfalle am Volkseinkommen kann
man vom Standpunkte der sog. Reinertragstheorie die Herabsetzung
des Umtriebes in den scandinavischen Wäldern nicht als Wald-
devastation bezeichnen, da der erst kürzlich gemachte Vorschlag, in
den bayerischen Staatswaldungen auf den Buschholzumtrieb herab-
zugehen und das hiedurch disponibel werdende Capital, welches sich
durch den jährlichen Holzzuwachs bisher nur zu $1\frac{1}{2}$ Procent ver-
zinste, im Eisenbahnbaue zu $4\frac{1}{2}$ Procent rentirlich anzulegen,
nichts anderes, als eine potenzirte scandinavische Privatforstwirthschaft bedeutet. Es würde auch hier, wie in Scandinavien, eine
solche Aenderung des Betriebssystemes, welche übrigens nach den
bestehenden Bestands- und Standortsverhältnissen gar nicht allgemein möglich wäre, eine Minderung des jährlichen Holzertrags nach
Quantität und Qualität zur Folge haben, und die in Zahlen nicht
bestimmbare Ausgleichung derselben durch den Ertrag der mit dem
Gelde aus dem Holzverkaufe erbauten Eisenbahnen dürfte jedenfalls
eine sehr illusorische sein, da die Veräußerung der disponiblen
Materialvorräthe zur Vermeidung der Ueberfüllung des Marktes
auf mindestens 50 Jahre ausgedehnt werden müßte, und selbst bei
möglicher sofortiger Versilberung derselben die gewonnenen Capitalien mit der vorausgesetzten Rentirlichkeit kaum alsbald vollständig
angelegt werden würden, wofür namentlich auch die mit dem bekannten Milliardensegen gemachten Erfahrungen sprechen.

Obgleich nun die scandinavische Privatforstwirthschaft alle
volkswirthschaftlichen Nachtheile einer rücksichtslosen Finanzwirthschaft bringt, so gibt dieß der Regierung doch noch kein Recht zu
einer polizeilichen Beschränkung der Waldbesitzer bezüglich der Bewirthschaftung ihrer Waldungen, da ein solches nur für den Fall
eines Nothstandes, d. h. nur dann besteht, wenn eine Mißwirthschaft die Existenz des Staates bedroht, oder ein wesentliches Hinderniß seiner Entwicklung bildet. Einen solchen Nothstand begründet aber die stete Minderung der Holzausfuhr nicht, da ja sonst
dem Staate auch das Recht eingeräumt werden müßte, bei ungün-
stiger Handelsbilanz den Betrieb der Industrie und Landwirthschaft

zu regeln und insbesondere der letzteren das volkswirthschaftlich vortheilhafteste Betriebssystem aufzudrängen. Ebenso wird man dem Waldbesitzer das Entstehenlassen von Waldblößen insolange nicht verbieten können, als man dem Landwirthe gestattet, seine Felder gar nicht, oder nur unvollkommen zu bebauen.

Eine andere Frage ist, ob nicht die Gefährdung der Befriedigung des Holzbedarfs des Landes selbst einen Nothstand begründet; eine Frage, welche nach den bestehenden Verhältnissen verneint werden muß. Es treffen nämlich, wenn man die wirkliche Waldfläche in Schweden auch nur zu 20 Millionen Hectaren annimmt, auf den Kopf der Bevölkerung 4,88 Hectaren, also (Norwegen mit 12,34 Hectaren ausgenommen) weitaus am meisten in Europa, da die fragliche Fläche im europäischen Rußland nur 2,25 und in Deutschland gar nur 0,35 Hectaren beträgt. Den jetzigen jährlichen Holzertrag pro Hectare haben wir oben blos zu 1,45 Cubikmeter angenommen, was für den Kopf 7,08 Cubikmeter (5,60 Brennholz, 0,74 im Inlande verbrauchtes Bau- und Nutzholz, 0,74 Cubikmeter Holzausfuhr) macht, während in Norwegen, welches mit Schweden ziemlich gleiche Holzbestandsverhältnisse hat, wohl 17,90, dagegen nur in Preußen 0,74, in Bayern 1,83, in Oesterreich 2,57, in der Schweiz 0,96, in Frankreich 0,59 und in Italien 0,71 Cubikmeter pro Kopf als Holzertrag angenommen werden können. Uebrigens bedeuten die 5,60 Cubikmeter Brennholz nur den jetzigen Verbrauch pro Kopf, und der wirkliche Brennholzertrag (und somit auch der Gesammtholzertrag) ist größer, da das Stockholz gar nicht, und das Abfallholz (namentlich im Norden) gewiß nur sehr unvollkommen zugutgemacht wird, und selbst mancher Stamm noch im Walde verfault. Es wird deßhalb mit Rücksicht auf den jetzigen Brennholzüberfluß, der in den holzverschwenderischen Feuerungsanstalten seinen Ausdruck findet und das Hinderniß der besseren Ausbeutung der vorhandenen reichen Steinkohlen- und Torflager bildet, eine Sorge wegen der Befriedigung des künftigen Holzbedarfs um so weniger gerechtfertigt sein, als im Innern des Landes, wo die Standortsverhältnisse die ständige Verwendung des Bodens zur Agricultur sehr beschränken, immer Wald in mehr als hinreichender Menge, wenn auch unvollkommen bestockt, vorhanden sein wird, und auch der holzarmen Küste durch die vielen Eisenbahnen, die Canäle und die leichte Zufuhr zur See das nöthige Brennmaterial für die Folge nicht fehlen wird. Der gegenwärtige Verbrauch von Bau= und Nutzholz im Lande mit 0,74 Cubikmeter ist ebenfalls nur Folge der Holzverschwendung, welche bei der Einfriedigung der Waldungen und besonders durch die Aufführung hölzerner Gebäude geübt wird, indem, mit Ausnahme von Stockholm und Gothenburg, die Herstellung von Blockhäusern noch immer in den Städten die vorherrschende, auf dem Lande aber die ausschließliche Art der Gebäudeconstruction bildet. Durch entsprechende Ersparungen, die in den Städten durch die Steigerung der Holzpreise bereits angebahnt sind, ließe sich der Bedarf pro Kopf gewiß leicht auf 0,50 Cubikmeter (beiläufig 7 Proc. des Materialanfalls) mindern und die Befriedigung desselben dürfte bei der großen Waldfläche pro Kopf und der leichten Zufuhr aus den entlegeneren, mit älterem Holze mehr versehenen und auf dessen Erziehung vorzugsweise angewiesenen Waldungen um so mehr gesichert sein, als auch in den verkehrsreicheren Landestheilen die Waldbesitzer durch ihr eigenes Interesse zur Nachzucht des nöthigen Bau= und Nutzholzes bestimmt werden. Es ist deßhalb zur nachhaltigen Befriedigung des Holzbedarfs des Landes in Schweden, wie auch in Norwegen, eine Beschränkung der Privatforstwirthschaft gewiß nicht nöthig.

Dagegen sollten alle Waldungen, deren rücksichtsloser Abtrieb Abschwemmen des Bodens, Versandung, Lawinenbildung, Uferbeschädigungen, sowie nachtheilige Aenderungen des Wasserstandes der Flüsse zur Folge haben würde, als Schutzwaldungen erklärt und den durch das öffentliche Interesse gebotenen wirthschaftlichen Beschränkungen unterstellt werden (man vergl. J. Albert, Lehrbuch der Staatsforstwissenschaft. Wien, 1875). Als eine weitere Nothwendigkeit erscheint dann die Regelung der Forstservituten und der polizeiliche Schutz des Waldes gegen devastirende Uebergriffe der Berechtigten.

Ob und inwieweit der devastirlichen Behandlung der Privatwaldungen mit Rücksicht auf zu befürchtende nachtheilige klimatische Aenderungen Einhalt zu gebieten ist, erscheint als eine Frage, für deren wissenschaftliche Lösung jeder sichere Anhalt fehlt, da die durch unsere forstlich-meteorologischen Stationen gewonnenen Resultate, so groß auch ihr Werth ist, doch die Aufstellung eines Gesetzes für die Einwirkung des Waldes auf seine Umgebung nicht gestatten, und, wie an einem anderen Orte (man vergl. Centralblatt für das gesammte Forstwesen, S. 162 u. 163. Wien, 1875) näher ausgeführt wurde, auch nie gestatten können. Aber selbst dann, wenn ein solches Gesetz für Deutschland festgestellt wäre, könnte dasselbe auf Scandinavien nicht ohne Weiteres angewendet werden, da hier wegen der mehr polaren und oceanischen Lage und der hieburch bedingten höheren relativen Luftfeuchtigkeit die klimatische Bedeutung des Waldes eine andere und jedenfalls eine geringere ist.

Es dürfte deßhalb, gesetzliche Bestimmungen wegen Behandlung der Schutzwaldungen ausgenommen, von einer staatlichen Bevormundung der Privatwaldbesitzer umsomehr Umgang zu nehmen sein, als die bezüglichen Maßregeln in den großen Waldmassen dieses wenig bevölkerten Landes doch nicht durchgeführt werden könnten. Belehrung und Unterstützung der Waldbesitzer bei Aufforstung der Waldblößen, wie sie von Seite verschiedener landwirthschaftlicher Vereine bereits erfolgt, werden in Verbindung mit der Steigerung der Holzpreise wohl bald eine Besserung der forstlichen Zustände Scandinaviens zur Folge haben. Die Wiederbewaldung der kahlen Felsenküsten kann wohl nur Aufgabe des Staates sein.

Schließlich bitte ich, vorstehende Skizze als eine Ergänzung zu meinem „Ausfluge nach Norwegen" (I. Supplementheft der Monatschrift) betrachten und die dort gemachten allgemeinen Bemerkungen auch auf Schweden beziehen zu wollen, da Norwegen und Schweden in Hinsicht auf Land und Leute und insbesondere forstliche Verhältnisse so viel Gemeinsames haben, daß sie recht gut unter einen Gesichtspunkt gebracht werden können.

Literarische Berichte.

Nᵣ. 8.

Die Jagd und ihr Betrieb in Deutschland. Von August
Goedde, Oberförster. Mit 13 in den Text gedruckten Holzschnitten. Berlin, Verlag von Wiegandt, Hempel u. Parey.
1874. Preis 5 Mark.

Neben einer recht gut geschriebenen Einleitung, meist jagd-
historischen Inhalts, behandelt der Verfasser in vier Kapiteln den
gegenwärtigen Zustand der Jagd, die Ursachen des jetzigen Zustandes des deutschen Jagdwesens, die Mittel zur Verbesserung des
deutschen Jagdwesens und die technische Einrichtung von Jagd-
betriebsanstalten. Es liegt nicht in der Absicht des Verfassers ein
Lehrbuch der Jagdwissenschaft, eine Anleitung zum Jagdbetrieb zu
schreiben, er stellt sich vielmehr die Aufgabe, die Wichtigkeit eines
guten Wildstandes für den Staat nachzuweisen, und aus dem fast
überall bemerklichen auffallenden Rückgang der Jagd die Nothwendigkeit abzuleiten, für die Hebung und Besserung derselben mit
allen Kräften einzutreten. Der Verfasser, ein unterrichteter Mann
von allgemeiner Bildung, ein tüchtiger und passionirter Jäger,
schlägt, — nachdem er die schlechten Jagdverhältnisse scharf gegeißelt
und die Ursachen des Verfalls der Jagd meist zutreffend hervorgehoben hat, — folgende Mittel zur Erhaltung der Jagd und des
Wildstandes vor:

1. Daß sämmtliche Forsten, wenn hinsichtlich des Umfanges
derselben und der lokalen Umstände und Verhältnisse nicht absolute
Hindernisse bestehen, umzäunt werden;

2. daß möglichst alle Gemeindejagden von den größeren Grundbesitzern und denjenigen Personen auf einen möglichst langen Zeitraum gepachtet werden, welche in allen Beziehungen im Stande
sind, dieselben echt waidmännisch zu behandeln und zu benutzen;

3. daß für die Verbesserung und Erhaltung der niederen Jagd
durch Anlage von Feld-Remisen und Winterfütterung genügend gesorgt wird;

4. daß hinsichtlich des Rothwildes, sowohl in geschlossenen

Wildbahnen, als auch in sogenannten freien und offenen Forsten, ein Gleiches geschieht;

5. daß der forst- und landwirthschaftliche Betrieb mit etwas mehr Rücksicht auf die Wildzucht eingerichtet wird;

6. daß die jetzt bestehenden Jagdgesetze zu Gunsten des Jagdwesens und Jagdbetriebs geändert werden;

7. daß die dem Verschwinden nahen deutschen Wildarten besonders gepflegt und überall da, wo die lokalen Verhältnisse es gestatten, wenn nicht anders, künstlich erzogen werden;

8. daß die dienstliche Stellung der Forst- und Jagdbeamten so beschaffen ist, daß dieselben nicht mit Nahrungssorgen zu kämpfen haben;

9. daß nur vollständig qualificirte, in allen Beziehungen zuverlässige Forstbeamte angestellt und berufsmäßig beschäftigt werden und

10. daß auch in Betreff des Wildabschusses zweckmäßiger verfahren wird.

Obgleich wir den für die Jagd begeisterten Schilderungen des Verfassers, abgesehen von einzelnen Unrichtigkeiten, Uebertreibungen und formellen Verstößen, gerne alle Gerechtigkeit widerfahren lassen und obgleich wir selbst eine Aenderung der erbärmlichen Jagdzustände von Herzen wünschen, so können wir doch an eine wesentliche Verbesserung dieser Verhältnisse nur dann glauben, wenn die Jagd wieder — wie früher — mehr in die Hände des Forstpersonals oder technisch gebildeter Jäger zurückgegeben wird, was aber bei der Ungunst der Zeitlage kaum zu erwarten sein dürfte.

Es ist zu rügen, daß der Verfasser weder auf dem Titel noch in der Vorrede seinen Wohnort angibt; dadurch ist es dem Leser nur durch die Verlagshandlung möglich, sich mit demselben in Verbindung zu setzen.

Die Behauptung, daß in Süddeutschland im Großen und Ganzen die Jagdzustände schlechter wie in Norddeutschland sein sollen (Seite 30), scheint uns so wenig genügend bewiesen zu sein, als die Bemerkung Seite 32 u. 33, daß nach statistischen Mittheilungen die wildarmen Staatsforste keine höheren Holzerträge lieferten als die wildreichen Privatforste! Auch die hin und wieder

ausgetheilten Hiebe auf einzelne Staaten, hinsichtlich ihrer Jagdzustände, haben so lange keine Beweiskraft, als der Verfasser diese
Staaten nicht nennt, was er jedenfalls hätte thun sollen.

Seite 53 wird die Behauptung ausgesprochen, die Wildkatze
sei in Deutschland verschwunden und die wenigen Exemplare, welche
jetzt noch erlegt würden, seien wohl nichts als wild gewordene
graue Hauskatzen. Diese Ansicht ist irrig, denn es werden in
Deutschland, namentlich in Süddeutschland, noch fortwährend sehr
starke Exemplare echter Wildkatzen erlegt.

Seite 53 u. 54 meint der Verfasser, man lasse in manchen
Gegenden den Fuchs nur deßhalb im Sommer laufen, um den Winter einen werthvolleren Balg zu erhalten. Wenn man nun bedenkt,
daß das Schießen eines Fuchses mehr Spaß macht, als dasjenige
von ein Dutzend Hasen, so sieht man nicht ein, warum man in
Gegenden, in welchen es aus anderen Gründen rein unmöglich ist, einen Reh- und Hasenstand aufzubringen,
nicht auch einen Sommerfuchs soll laufen lassen.

Ebenso wird Seite 70 bemerkt, das Damwild liebe es nicht,
wie Roth- und Schwarzwild, sich weit von seinem Standorte zu
entfernen, sich in Getreidefeldern und Wiesen herumzutreiben und
gebe deßhalb keine Veranlassung zu Beschwerden über Wildschaden.
Nun aber führt keine Wildart ein größeres „Zigeunerleben" bei
Tag und Nacht als gerade das Damwild, und die üble Eigenschaft
dieser Wildart gerade in Feldern großen Schaden zu thun, hat
z. B. in der Gegend von Darmstadt dessen starken Abschuß leider
nöthig gemacht.

Nach Seite 91 soll das Auerwild dem Forste nicht den geringsten Schaden verursachen und dennoch hatten wir in Böhmen
Gelegenheit zu beobachten, wie das Auerwild die Knospen an jungen Kiefernpflanzen derartig beschädigte, daß ganze Bestände einen
krüppelhaften Wuchs zeigten. Trotzdem ist aber Referent für mög-
lichste Erhaltung des Auerwildes, da es in der That namentlich in
Hochlagen keinen beträchtlichen Schaden verursacht.

Seite 184 wird die Lärche als das nützlichste deutsche Nadelholz hingestellt und Seite 183 irrig bemerkt, viel seltener und stets

nur in geringerem Umfange werde die Pflanzung, zum Zwecke des Anbaues der Kahlflächen, ausgeführt.

Aehnliche kleinere Ausstellungen könnten an dem Buche noch in Menge gemacht werden; wir wollen dieselben hier nicht weiter aufführen, benn das Werkchen kann trotzdem allen benjenigen empfohlen werden, welche sich für die Verbesserung der Jagd interessiren und auf die Abstellung von Nothständen im Jagdbetrieb einen Einfluß haben. **s.**

№ 9.

Bericht über die Thätigkeit des k. k. Ackerbau=Ministeriums in der Zeit vom 1. Jänner 1869 bis 30. Juni 1874. Erster und zweiter Theil. Wien 1874. Verlag von Faesy u. Frick.

Das k. k. Ackerbau=Ministerium wurde bekanntlich im Jahre 1868 geschaffen und erschien bereits 1869 ein Bericht über die erstjährige Thätigkeit desselben. Inzwischen wurde der Wirkungskreis dieses Ministeriums wesentlich erweitert, insbesondere wurde ihm auch mittelst allerhöchsten Handschreibens vom 20. März 1872 die oberste Verwaltung der Staatsforste, der Staatsdomänen und Montanwerke (mit Ausschluß der Salinen), dann der Religions= und Stubien=Fondsgüter überwiesen, welche vorher unter dem Ministerium der Finanzen standen. Der Wirkungskreis des Ackerbau=Ministeriums erstreckt sich daher gegenwärtig auf:

1. Die oberste Leitung aller Angelegenheiten der Landescultur in ihren verschiedenen Zweigen, als: Ackerbau, Forstwirthschaft, Wein= und Bergbau, Obst= und Seibencultur, Vieh= und Bienenzucht.

2. Die oberste Leitung des land= und forstwirthschaftlichen und des montanistischen Unterrichts und zwar, wenn es sich um Errichtung neuer und Abänderung alter Lehranstalten handelt, im Einvernehmen mit dem Ministerium des Kirchen= und Schulwesens.

3. Die oberste Leitung des landwirthschaftlichen Credit=, Assecuranz= und Vereinswesens, theils im Einvernehmen mit dem Ministerium der Finanzen und des Innern.

4. Die Leitung des Bergwesens 2c.

5. Die oberste Verwaltung der Staatsforste, der Staats=
domänen und Montanwerke (mit Ausschluß der Salinen), dann der
Religions= und Studienfondsgüter, sowie der Güter der Bukowi=
naer griechisch=orientalischen Religionsfonds.

Das ganze Ackerbau=Ministerium zerfällt in zwei Sectionen
und diese wieder zusammen in zehn Departements. Die zweite
Section zerfällt in vier Departements, welche sich in die oberste
Verwaltung der Staatsforste, Domänen und Montanwerke theilen,
die erste Section dagegen zerfällt in sechs Departements, sie besor=
gen die Arbeiten des übrigen Theiles der Obliegenheiten des Acker=
bau=Ministeriums.

Der uns vorliegende erste Theil des genannten Werkes er=
stattet nun Bericht über die Thätigkeit der I. Section, der zweite
Band über die Thätigkeit der II. Section des Ackerbau=Ministeriums,
beide über die Periode vom 1. Jänner 1869 bis 30. Juni 1874.
Jeder Band ist für sich käuflich.

Wenn man die beiden umfangreichen Bände überblickt, so muß
man alle Achtung vor der großen Thätigkeit haben, welche das
Ackerbau=Ministerium in den letzten Jahren, namentlich auch auf
dem Gebiete des Unterrichtswesens, entfaltet hat. Die Früchte
einer derartigen Thätigkeit, die dem österreichischen Staate so sehr
zu gönnen sind, werden auch sicher nicht ausbleiben, wenn künftig
nicht, wie seither, alle Augenblicke Wechselfälle in der Leitung des
Ministeriums vorkommen, die Beamten pecuniär günstiger gestellt,
dann aber auch rücksichtslos und empfindlich bestraft werden, im
Falle sie sich Ungehörigkeiten erlauben, wie solche leider seither
nicht selten vorgekommen sein sollen. Einen üblen Eindruck
von der seitherigen Zerfahrenheit Oesterreichs erhält man aller=
dings, wenn man aus dem Berichte selbst erfährt, daß innerhalb
vier Jahren ein siebenfacher Wechsel in der Leitung des Ackerbau=
Ministeriums stattfand (Potocky, Banhans, nochmals Potocky, Pe=
trino, Schäffle, Possinger, Chlumecky). Es ist keine Kleinigkeit
von den Beamten unter solchen Verhältnissen zu verlangen, daß sie
den Muth nicht verlieren, treu, thätig und charakterfest bleiben
sollen. Und wenn es in neuerer Zeit dem Ministerium schwer

fällt tüchtige Kräfte aus Deutschland zu gewinnen und zu erhal=
ten, so erklärt sich dieses nicht zum geringsten Theil aus dem fort=
während Ministerwechsel.

Der Raum dieser Blätter gestattet es nicht hier näher auf
den reichen Inhalt des vorliegenden Werkes einzugehen, wir müs=
sen uns vielmehr auf eine Anzeige desselben beschränken. Das
Buch wird allen willkommen sein, welche Veranlassung haben, sich
über österreichische Zustände, insbesondere im Departement des
Ackerbau=Ministeriums, zu unterrichten.

Traurig ist es zu lesen, daß in manchen Kronländern die
Staatswaldfläche nahezu auf Null herabgesunken ist, z. B. in Krain,
Dalmatien, Böhmen, Bukowina; auffallend weiter, daß die Aus=
gaben immer noch reichlich dreiviertel der Einnahmen aus den
Waldungen absorbiren, dafür ist aber auch das Heer der Rechnungs=
beamten und sonstiger Schreiber groß genug!   **s.**

№ 10.

Allgemeine Forstwirthschaftslehre als Einleitung in
die forstwissenschaftliche Bibliothek von Ernst Wiese,
Universitätsforstmeister in Greifswald. Berlin, Verlag von
E. Schotte u. Voigt, 1874. Preis 1,20 Mark.

In genanntem Verlag erscheint unter dem Titel „Forstwissen=
schaftliche Bibliothek" eine Sammlung kurzgefaßter, von Fachmän=
nern geschriebenen Schriften über alle Zweige der Forst= und Jagd=
wissenschaft, welche sich vorzüglich für Privatforstverwalter, Wald=
und Gutsbesitzer eignen sollen. Für das Unternehmen haben ihre
Theilnahme zugesagt: Forstmeister Wiese, die Professoren Borg=
greve, Zeman, Heß, Hempel, Langenbacher, Leo und Er=
ner, sowie Oberförster Ritzsche und Assistent Weber in Aschaffen=
burg. Es sollen 20—24 Hefte à 6—10 Bogen erscheinen und
jedes Heft besonders käuflich sein.

Offenbar handelt es sich hier um eine Buchhändlerspeculation
und nicht um Befriedigung eines „tiefgefühlten" wissenschaftlichen
Bedürfnisses, denn es fehlt in der Forstliteratur weder an kurz
gefaßten forstlichen Werken, noch an Büchern, welche die Wissen=
schaft zu popularisiren suchen. Ohnehin leiden derartige Unter=

nehmungen alle an der so sehr erwünschten Abrundung der einzel=
nen Materien in Bezug auf Form und Inhalt und da die einzel=
nen Gebiete von den verschiedensten Leuten bearbeitet werden, so
können in der „Bibliothek" auch alle möglichen Standpunkte ihre
Vertretung finden, welche zu sehr unangenehmen und gerade den
Wald= und Gutsbesitzer verwirrenden Widersprüchen führen müssen.
Wir glauben daher, daß die Herren Verleger bei dem begonnenen
Unternehmen ihre Rechnung nicht finden werden, denn daß es bei
den Fachgenossen keinen großen Anklang finden wird, scheint mir
schon daraus indirekt zu folgen, daß sich gerade unsere erfahrensten
und hervorragendsten Schriftsteller an dem Unternehmen nicht be=
theiligen. Ein tüchtiger Mann, der was Tüchtiges zu publiciren
hat, bedarf hierzu nicht des Umwegs durch die „forstwissenschaftliche
Bibliothek", er findet ohne dieselbe seine Leser und vielleicht seine
dankbarsten Leser.

Die vorliegende „Allgemeine Forstwirthschaftslehre" von
E. Wiese bildet als erstes Heft die Einleitung in die forstwissen=
schaftliche Bibliothek. Wir haben das nur 4½ Druckbogen starke
Heft durchgelesen und gelangten dabei zur Ueberzeugung, daß, wenn
auch der Verfasser ein recht tüchtiger und kenntnißreicher Forstmann
sein mag, das vorliegende Produkt seiner literarischen Thätigkeit
weder den gesteckten Zielen, noch den Wünschen und Bedürfnissen
des Laien und Forstmanns entsprechen wird.

In der Einleitung hätte der Verfasser z. B. in einem Ab=
schnitte auf die Bedeutung des Waldes im Haushalte der Natur und
der Völker hinweisen können, wie dieß in sehr ansprechender Weise
von R. Weber im 2. Hefte (s. S. 96) geschehen ist, und in einem
zweiten Abschnitte etwa das System der Forstwissenschaft entwickeln
sollen. Beides ist jedoch nicht oder nur in unvollständiger Weise
geschehen. Der Verfasser handelt allerdings im ersten Abschnitt (A)
seiner Schrift von den Aufgaben der Forstwirthschaft und von deren
Eintheilung, aber seine Definitionen sind nicht scharf und sein forst=
wirthschaftliches System leidet an Schwächen, Unklarheiten und Un=
richtigkeiten. So ist z. B. die Definition: „die Forstwirthschaft ist
diejenige Benutzungsart des Bodens, welche durch Holzgewächse —
durch Pflanzen von langer Lebensdauer — demselben einen Ertrag

abgewinnen will" (Seite 1), jedenfalls nicht bezeichnend genug, wie auch die Waldfeldwirthschaft (Seite 2) nicht zur Holzzucht „außerhalb des Waldes" gerechnet werden darf. Seite 5 bringt der Verfasser die gesammte Forstwirthschaftslehre nur in 6 Fächer; Waldbau, Forstschutz, Forstbenutzung, forstliche Betriebs- und Gewerbslehre, Forstabschätzung und Forstverwaltungskunde, ebenso könnte man auf derselben Seite zum Glauben kommen, der Forstschutz habe' es nur mit der Hege und Pflege der Holzbestände, die Forstbenutzung nur mit der Ernte zu thun. Endlich wird kein Systematiker die Forstgeschichte und Forststatistik (Seite 9) zu den Hülfswissenschaften der Forstwirthschaft rechnen.

Die Eintheilung der Mathematik in Zahlengrößenlehre (Arithmetik) und Raumgrößenlehre (Geometrie und Stereometrie) ist ungenau (Seite 10), sowie es unrichtig ist, daß die Pflanze nur aus dem Mineralreiche lebt.

Der zweite Theil der Schrift, „die Stellung der Forstwirthschaft zu den verschiedenen Gewerbsthätigkeiten", bildet ein eigenthümliches Durcheinander ohne logischen Zusammenhang. Nach Seite 30 soll der Landwirth nur Sommergewächse anbauen, als wenn die Rebe, der Hopfen, der Obstbaum, die Luzerne u. s. w. Sommergewächse wären! Ebenso nütze er von den Culturpflanzen vorzugsweise die Körner und weniger den Körper. Kommt es etwa bei dem Rüben-, Futter- und Hopfenbau auf die Körner an, und gibt es nicht landwirthschaftliche Wirthschaftssysteme, welche gar keine Körner bauen? Der Jahreszuwachs soll niemals meßbar sein, weil er als eine abgesonderte Masse nicht darstellbar sei (Seite 30). Nach Seite 41 soll die Krähe sich und ihre Brut von Insekten ernähren, welche Feld und Wald verheeren. So unschuldig ist sie jedoch nicht, denn sie ist auch ein emsiger Körnerfresser, zerstört die Bruten vieler nützlicher Vögel, richtet an Obst Schaden an und untersucht überhaupt nicht, ob ein Insekt nützlich oder schädlich ist. Seite 48 muß die Formel nicht $\frac{(n \times n + 1)}{2}$, sondern $\frac{n\,(n+1)}{2}$ heißen. Seite 52 wird behauptet, die Forste könnten nie so intensiv bewirthschaftet werden und so hohe Erträge liefern, wie

Landgüter, was keineswegs so allgemein richtig ist; auch ist dem Forstmann nicht überall der „entferntere" Boden geblieben, wie Seite 53 zu lesen, es gibt recht große Waldungen in der Nähe vieler Städte.

Diesen Ausstellungen könnten wir noch viele beifügen, wir wollen es aber bei diesen wenigen bewenden lassen. Der zweite Theil besteht überhaupt nur aus einem Gemenge abgerissener forstlicher und volkswirthschaftlicher Sätze, aus denen man nicht recht klug wird, was der Verfasser durch Niederschreibung derselben in der gewählten Form erreichen wollte. Wenn wir auch mit vielen Grundanschauungen des Verfassers einverstanden sind, so können wir doch nicht glauben, daß durch das vorliegende erste Heft der forstwissenschaftlichen Bibliothek ein wesentlicher Nutzen gestiftet wurde. **S.**

№ 11.

Der Wald im Haushalte der Natur und des Menschen. Von Rudolf Weber, Assistent an der Forstlehranstalt Aschaffenburg. Berlin, Verlag von E. Schotte u. Voigt. 1874. Preis 1,20 Mark.

Dieses 83 Seiten umfassende Schriftchen bildet das zweite Heft, der bei Schotte u. Voigt herauskommenden „forstwissenschaftlichen Bibliothek" (vergl. diese Blätter Jahrgang 1876, Seite 93) und behandelt die Materie in folgenden Abschnitten:

I. Die Rolle des Waldes im Kreislauf des Kohlenstoffes.
II. Die Rolle des Kohlenstoffs im Kreislauf des Wassers.
III. Einfluß des Waldes auf das Klima, die Bewohnbarkeit und Gesundheitsverhältnisse der Länder.
IV. Die wirthschaftliche Bedeutung des Waldes.
    A. Produktionsverhältnisse des Waldgewerbes.
    B. Consumtion der Waldprodukte.
Schluß.

Wenn auch das vorliegende Thema, welches sich ganz besonders zu einer populären Darstellung für die große Masse eignet, in der letzten Zeit eine vielfache Bearbeitung gefunden hat, so verstand es der Verfasser doch vortrefflich, dem Gegenstande wieder andere Seiten abzugewinnen, und ihn in klarer, gedrängter Gestalt zur Darstellung zu bringen. Insbesondere hat der Verfasser die einschlagenden neueren wissenschaftlichen Untersuchungen, namentlich von Ebermayer, in recht anschaulicher und überzeugender Weise mit seinem Stoffe verbunden, so daß wir das vorliegende Büchlein dem Laien und Manne vom Fache bestens empfehlen können. **S.**

Verantwortlicher Redacteur: Dr. Fr. Baur, Professor an der Akademie Hohenheim.
Druck der E. Schweizerbart'schen Buchdruckerei (E. Koch) in Stuttgart.

dem
wie
Näge

wir
zeite
orft=
recht
in
len
ien
er
et

⁙
⁝
l.

e
⁝
e

d

l=
t,
⁝
r
l=
r
⁝
e
t
⸱

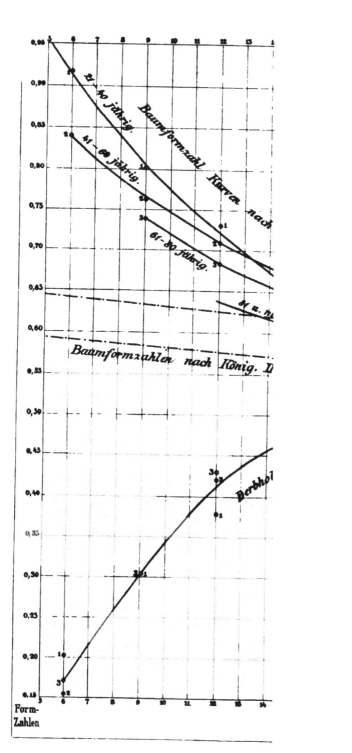

Forſtliches Verſuchsweſen.

Mittheilungen der K. Württemb. forſtlichen Verſuchsanſtalt Hohenheim. *

VIII. Unterſuchungen über die Brusthöhenformzahlen der Fichte.

Von Profeſſor Dr. Baur.

(Mit Tafel II.)

In meinem letzten Artikel, S. 49 u. f., dieſer Blätter, habe ich meine Unterſuchungen über die Normalformzahlen der Fichte mitgetheilt und den Nachweis geliefert, daß dieſelben nicht, wie ſeither angenommen wurde, mit wachſendem Alter zunehmen, ſondern kleiner werden. Auch habe ich darauf hingewieſen, · daß die herrſchende Meinung jetzt dahin gehe, daß nicht Normalformzahlen, ſondern Brusthöhenformzahlen, für Zwecke der Beſtandesſchätzung, unbedingt der Vorzug einzuräumen ſei, indem man erſteren wohl nur einen theoretiſchen Werth beilegen könne. Ich glaube daher meinen geehrten Fachgenoſſen um ſo mehr einen Dienſt zu erweiſen, wenn ich nachſtehend meine allerdings noch nicht ganz abge=ſchloſſenen und für ſchlechte Bonitäten noch fortzuſetzenden Unter=ſuchungen über Brusthöhenformzahlen der Fichte einſtweilen mittheile, als die „Derbholzformzahlen" die erſten ſind, welche bis jetzt ver=öffentlicht wurden, und als gerade dieſe in allen möglichen Fällen taxatoriſcher Praxis beſonders verwendungsfähig ſind.

Bekanntlich unterſchied man ſeither nur zwiſchen Baum= und Schaftformzahlen. Mittelſt erſteren konnte man den ganzen Baum=inhalt, mittelſt letzteren den Schaftinhalt vom Stockabſchnitt bis in die äußerſte Spitze ohne alles Aſtholz berechnen. Die Schaft=formzahlen haben für taxatoriſche Zwecke nur geringen Werth, weil ſie eines Theils in dem Gipfelſtück Reisholz enthalten, andern Theils das ſtärkere Aſtholz, welches ſie ausſchließen, oft Prügel= und Scheitholz, d. h. Grob= oder Derbholz, liefert, welches beſſer mit dem Derbholz des Schaftes vereinigt angegeben würde.

---

* Vergleiche Seite 19, 193, 289 und 481 vom Jahrgang 1874, ſowie Seite 241 und 337 von 1875, endlich Seite 49 von 1876 dieſer Blätter.

Diesem Uebelstand ist nun durch die nachfolgenden Form=
zahlen abgeholfen, welche sich ganz an die in neuester Zeit auf
Veranlassung der forstlichen Versuchsanstalten getroffenen Verein=
barungen bezüglich der Bildung gleicher Holzsortimente im deutschen
Reiche anschließen. Hiernach ist „Derbholz" (in Württemberg seit=
her Grobholz) die oberirdische Holzmasse über 7 Cm. Durchmesser,
einschließlich der Rinde gemessen, mit Ausschluß des bei der Fällung
am Stocke bleibenden Schaftholzes, während man unter „Reisholz"
die übrige oberirdische Holzmasse von mit 7 Cm. Durchmesser und
weniger versteht. Da in manchen deutschen Staaten der jährliche
Fällungsetat nur nach Derbholz festgestellt wird, so ist es von
hohem praktischem Werth Formzahlen zu besitzen, mittelst welchen
man die Derbholzmasse sowohl als auch das Reisholz und zwar
jedes Sortiment getrennt und für sich berechnen kann. In den
nachfolgenden Formzahlübersichten ist eine solche Trennung für die
Fichte durchgeführt. Dieselben enthalten nämlich:

1. **Baumformzahlen.** Diese beziehen sich auf den ganzen
oberirdischen Bauminhalt vom Stockabschnitt an gerechnet, sie ent=
halten daher sämmtliches Derb= und Reisholz in einer Summe.

2. **Derbholzformzahlen.** Sie beziehen sich nur auf das
Derbholz, schließen also alles Reisholz, sei es vom Schafte oder
von Aesten, bis mit 7 Cm. Durchmesser aus.

3. **Reisholzformzahlen.** Durch Abzug der Formzahl des
Derbholzes von derjenigen des Baumes, erhält man die Reisholz=
formzahl, mit deren Hilfe man die gesammte Reisholzmenge des
Baumes findet. Die Reisholzformzahlen sind nicht besonders zu=
sammengestellt worden, weil sich das Reisholz eines Baumes ge=
rade so einfach in der Differenz zwischen dessen Baummasse und
Derbholzmasse ergibt.

4. **Schaftformzahlen.** Diese beziehen sich auf die ganze
Schaftmasse vom Stockabschnitt bis zur äußersten Spitze des Bau=
mes, enthalten also gar kein Astholz. Sie haben für taxatorische
Zwecke wenig praktischen Werth, wurden aber dennoch berechnet,
weil sie immerhin theoretisches Interesse bieten und in Zukunft
vielleicht noch einmal nützlich werden können.

Die Stock= und Wurzelholzmasse blieb bei allen Formzahl=

ermittelungen ausgeschlossen. Die Stockhöhe beträgt nach den Ver=
einbarungen zwischen den deutschen Versuchsanstalten ⅕ des Stock=
durchmessers an der Abschnittsfläche. Das Reisholz schließt die an
den Zweigen befindlichen Nadeln mit ein. Die Brusthöhenform=
zahlen wurden, wie die bereits veröffentlichten Normalformzahlen,
in 99 verschiedenen Probeflächen in Fichtenbeständen vier verschie=
dener Bonitäten der verschiedensten Alter unter Voraussetzung mitt=
lerer Schlußverhältnisse und normaler Bestockung an 1563 Stämmen
der Forstämter Weingarten, Crailsheim und Ellwangen ermittelt.
Es wurden nämlich untersucht:

im Alter von 21—40 Jahren = 301 Stämme
   „   „   „ 41—60 „   = 585   „
   „   „   „ 61—80 „   = 447   ..
   „   „   „ 81—110 „   = 230   „

Zusammen = 1563 Stämme.

Sämmtliche Aufnahmen besorgte der Assistent an der hiesigen
forstlichen Versuchsanstalt Dr. Bühler nach einem sorgfältig durch=
berathenen gemeinschaftlichen Arbeitsplane. Die Scheitelhöhen wur=
den bis auf Decimeter genau gemessen, die Kubirung des Derb=
holzes erfolgte nach dem Sektionsverfahren aus Länge und Mitten=
durchmesser. Die Sektionslängen betrugen 1—2 Meter, die Durch=
messer wurden übers Kreuz bis auf Millimeter genau gemessen.
Die Kubirung des Reisholzes erfolgte anfänglich mittelst des Xylo=
meters, und später, nachdem die Verhältnißzahlen zwischen Volumen
und Gewicht hinreichend festgestellt waren, nur noch mittelst Wä=
gung des Reisholzes jedes Baumes.

Nachdem die Formzahlen berechnet waren, handelte es sich
zunächst darum, dieselben so zu gruppiren, daß sie am besten taxa=
torischen Zwecken dienen, und auch in einfacher Weise zu Studien
der die Form der Bäume vorzugsweise bestimmenden Verhältnisse
verwendet werden können. Ich legte mir daher die Frage vor, ob
es wohl zweckmäßig sei, die neuen Formzahlen nach den alten
König'schen Formklassen zu gruppiren, welche noch immer in An=
sehen stehn, gelangte aber bald zur Ueberzeugung, daß die Charak=
terisirung derselben viel zu unbestimmt und zu wenig handgreiflich

7*

fei, als daß man darauf eine für die forstliche Praxis so bedeu=
tungsvolle Lehre bauen könne.

König hat bekanntlich bei seinen Formzahlen für jede Holz=
art folgende fünf Klassen angenommen:

I. Klasse. Stämme mehr gebrängt in die· Höhe getrieben,
mit dem wenigsten und schwächsten Astholze, der spitzigsten Krone
und einem abfälligen Schaft. Auch solche, die räumlicher stehen,
zwischen schnellwachsenden Holzarten oder zwischen Oberbäumen;
zumal auf dürftigem Boden, von Stockausschlag oder aus früherem
zu lichten Stande.

II. Klasse. Stämme in mäßigem Schluß erwachsen, gehörig
beastet, stumpfer in der Krone, hoch und vollschaftig, besonders auf
kräftigem Boden und mehr vom Samenanwuchse. Auch solche in
räumlichem Stande, theils auf dürftigem Boden, theils von Aus=
schlag.

III. Klasse. Stämme, die längere Zeit ganz räumlich gestanden haben, mit stärkerer Astverbreitung, gewölbter Krone und
vollem Schafte, besonders auf kräftigem Boden. Auch dürftig im
freien Stande erwachsen.

IV. Klasse. Frei erwachsen, mit vielem starkem Astholze,
breiten Krone und kürzerem Schafte, besonders auf nicht zu ge·
ringem Standorte.

V. Klasse. Im einzelnen Stande, mit der stärksten Astver=
breitung, der breitesten Krone und dem kürzesten Schafte.

Unter keiner Klasse sind nach König die Nadelholzzweige (bis
zu welcher Stärke?) mitbegriffen. Die vollformigsten Nadelhölzer
gehören der IV. Klasse an, es besteht daher für dieselben gar keine
V. Klasse mit Astholz.

Ferner sind nach König die Formzahlen noch abhängig von
der Scheitelhöhe, mit deren Wachsen naturgemäß Erstere abnehmen
müssen. König schätzt daher zunächst den Bestand in eine seiner
Formklassen ein und wendet dann die der letzteren und der mitt=
leren Scheitelhöhe entsprechende Formzahl an. Da die richtige
Bestimmung der Scheitelhöhe eines Bestandes mittelst des Höhen=
messers keinen Schwierigkeiten unterliegt, so ist das Resultat der
Schätzung nach König vorzugsweise von der richtigen Wahl der

Formklasse abhängig. Nun aber sind die König'schen Formklassen
sehr dehnbar und einer sehr individuellen Beurtheilung fähig, so
daß es gefährlich erscheint, auf solch schwankende Unterlagen bessere
Taxationsarbeiten zu stützen, ganz abgesehen davon, daß die Form=
zahlen König's selbst die deutlichsten Zeichen nicht nur ganz will=
kürlicher, sondern auch sehr umfassender Interpolationen an sich
tragen, wie sich solches durch einen Blick auf meine beigefügten
Formzahlkurven, im Gegensatz zu den geraden Linien sofort
ergibt, welche nach König den Verlauf der Formzahlen darstellen
sollen. (Siehe Tafel II).

Nach den hiesigen Untersuchungen bieten die Vorschriften,
welche König zur Beurtheilung der Formklasse, in welche ein
Baum oder Bestand einzureihen ist, nur sehr unvollkommene An=
halte. Wo beginnt z. B. die spitzigste, die spitzige, die stumpfe,
die gewölbte, die breite und breiteste Krone? Was ist die Grenze
zwischen schwacher, stärkerer und stärkster Astverbreitung und wel=
cher Unterschied besteht zwischen gehöriger Beastung, stärkerer Ast=
verbreitung und vielem und breitem Astholze? Auch ist es nach
meinen vielfachen Beobachtungen ganz unmöglich, einem Baume
nach dem bloßen Augenmaße anzusehen, ob er einen abfälligen,
vollen oder sehr vollen Schaft hat. Zum Beweise wie sehr die
Brusthöhenformzahlen von auf 0,25 Hektar zusammengedrängten
Bäumen selbst in Normalbeständen von einander abweichen können,
will ich nur wenige Fälle anführen. Es lagen die Baumformzahlen
der einzelnen Bäume

einer 24 Jahre alten Probefläche zwischen 0,61 bis 1,03
„ 44 „ „ „ „ 0,62 „ 1,06
„ 56 „ „ „ „ 0,52 „ 0,64
„ 63 „ „ „ „ 0,53 „ 0,97
„ 71 „ „ „ „ 0,52 „ 0,85
„ 84 „ „ „ „ 0,48 „ 0,61
„ 94 „ „ „ „ 0,44 „ 0,66
„ 111 „ „ „ „ 0,39 „ 0,57

Die Formzahlen eines einzigen kleinen Bestandes bewegen sich
daher in allen König'schen Formklassen, in welche soll nun der
Bestand von dem Taxator eingeschätzt werden?

Ebenso weichen die Astholzmengen der einzelnen Bäume selbst normaler Bestände oft sehr beträchtlich von einander ab, und zieht man bei der Bestimmung der Formklaffen endlich mit König noch den Grad des Lichtstandes, die Bodenverhältniffe, die Entstehungs= art ꝛc. des Bestandes herein, so stößt man auf Verwicklungen jeg= licher Art und in kaum zu löfende Widersprüche.

Dies auch die Gründe, warum ich die hier ermittelten Form= zahlen in anderer Weise zusammenstellte. Ich gruppirte diefelben nämlich nach Alters= und Höhenklaffen, indem ich hierbei von der Wahrnehmung geleitet wurde, daß in mittleren Schlußverhältniffen erwachfene gleich hohe und nahezu gleich alte Bäume, auch nahe zufammenliegende Formzahlen haben. Diefe Gruppirung schließt nämlich in gewiffem Sinne auch die Standortsgüte ein, indem die Bestandeshöhe, namentlich in von Jugend auf ordnungsmäßig durch= forsteten Beständen der sicherste Maßstab für die Beurtheilung der Standortsgüte zu sein scheint. Denkt man sich nämlich z. B. ver= schiedene ungleichalterige, aber gleichhohe Bestände, so wird, mittlere Schlußverhältniffe vorausgefetzt (und unfere meisten Be= stände wachfen ja jetzt in solchen) jedenfalls der jüngere Bestand unter den günstigsten Standortsverhältniffen erwachfen sein und einen noch länger andauernden Zuwachs erwarten laffen und um= gekehrt.

Was die Frage betrifft, ob bei gleich hohen und gleich alten Bäumen die Stärke derfelben in Brusthöhe einen Einfluß auf die Formzahl ausübt, so will ich diefelbe zwar noch nicht mit voller Bestimmtheit·entscheiden, doch scheint mir solches nach den von mir angestellten Unterfuchungen nicht der Fall zu sein. Die Formzahlen wuchfen bald mit zunehmender Stärke des Baumes, bald nahmen sie wieder ab. Trotz aller Mühe, die ich mir gab, eine Gefetzmäßigkeit in diefer Richtung zu finden, war ich es doch nicht im Stande, und so nehme ich zunächst an, daß bei in mittleren Schlußverhältniffen erwachfenen gleich hohen und gleich alten Bäumen die Stärke derfelben bedeutungslos für die Formzahl ist. Zur ent= gültigen Entscheidung diefer Frage gehört jedoch die Unterfuchung einer weit größeren Anzahl von Stämmen als diejenige ist, welche mir bis jetzt noch zur Verfügung steht.

In den nachstehenden Uebersichten habe ich nun die an 1563 Stämmen ermittelten Derb-, Schaft- und Baumformzahlen in die Altersklassen 21—40 jährig

„   41—60   „

„   61—80   „ und

„   81—110   „ gebracht.

Um jedoch zu ersehen, ob eine Altersdifferenz von nur 10 Jahren einen beachtenswerthen Einfluß auf die Formzahl ausübt, sind die Altersklassen auch von 10 zu 10 Jahren ausgeschieden und dann erst die Durchschnitte von 20 zu 20 Jahren gezogen worden. Die Höhen steigen in den Uebersichten von 3 zu 3 Meter an, ich erhielt so genauere Durchschnitte aus einer größeren Stammzahl.

Die den einzelnen Höhen, in Abstufungen von Meter zu Meter, entsprechenden Formzahlen ergeben sich dann richtiger durch graphische Interpolation, wie solches aus der beigefügten lithographirten Tafel II ersichtlich ist.

Ich lasse nun die einzelnen Uebersichten mit dem Bemerken folgen, daß die beigefügten Formzahlen die Durchschnitte aus der überall angegebenen Anzahl der untersuchten Stämme sind.

Altersklasse 21—40 Jahre.

Scheitelhöhe in Metern	Alter Jahre	Anzahl der untersuchten Stämme	Durchschnittliche		
			Derb-	Schaft-	Baum-
			formzahl		
5—6—7	21—30	36	0,163	0,564	0,911
desgl.	31—40	26	0,256	0,596	0,929
durchschnittlich		62	0,208	0,580	0,919
8—9—10	21—30	46	0,299	0,515	0,799
desgl.	31—40	73	0,304	0,578	0,805
durchschnittlich		119	0,302	0,546	0,802
11—12—13	21—30	15	0,422	0,500	0,731
desgl.	31—40	79	0,364	0,579	0,734
durchschnittlich		94	0,379	0,589	0,732
14—15—16	21—30	—	—		
desgl.	31—40	18	0,478	0,556	0,656
durchschnittlich		18	0,478	0,556	0,656
17—18—19	21—30	—	—		
desgl.	31—40	18	0,470	0,500	0,580
durchschnittlich		18	0,470	0,500	0,580

Anmerkung. Ueber 19 Meter hohe erst 20—40 Jahre alte Bäume kommen wohl nirgends vor, weßhalb die Uebersicht mit 17—19 Meter Scheitelhöhe abbricht.

Altersklasse 41—60 Jahre.

Scheitelhöhe in Metern	Alter Jahre	Anzahl der untersuchten Stämme	Durchschnittliche Derb- formzahl	Schaft- formzahl	Baum- formzahl
5—6—7	41—50	126	0,152	0,645	0,840
desgl.	51—60	—	—	—	—
durchschnittlich		126	0,152	0,645	0,840
8—9—10	41—50	125	0,236	0,575	0,756
desgl.	51—60	5	0,338	0,676	0,852
durchschnittlich		130	0,240	0,579	0,760
11—12—13	41—50	64	0,414	0,586	0,708
desgl.	51—60	11	0,479	0,618	0,783
durchschnittlich		75	0,424	0,528	0,712
14—15—16	41—50	40	0,473	0,515	0,633
desgl.	51—60	18	0,488	0,546	0,676
durchschnittlich		58	0,478	0,524	0,647
17—18—19	41—50	39	0,497	0,520	0,621
desgl.	51—60	52	0,488	0,511	0,631
durchschnittlich		91	0,492	0,515	0,627
20—21—22	41—50	23	0,491	0,500	0,618
desgl.	51—60	53	0,501	0,511	0,627
durchschnittlich		76	0,498	0,505	0,624
23—24—25	41—50	1	0,503	0,506	0,583
desgl.	51—60	25	0,480	0,484	0,606
durchschnittlich		26	0,479	0,485	0,605
26—27—28	41—50	—	—	—	—
desgl.	51—60	3	0,491	0,493	0,559
durchschnittlich		3	0,491	0,493	0,559

Anmerkung. Ueber 28 Meter hohe und erst 60 Jahre alte Bäume kommen nicht oder nur selten vor.

Altersklasse 61—80 Jahre.

Scheitelhöhe in Metern.	Alter Jahre	Anzahl der untersuchten Stämme	Durchschnittliche		
			Derb-	Schaft-	Baum-
			formzahl		
5—6—7	61—70	2	0,171	0,691	0,856
desgl.	71—80	—	—	—	—
durchschnittlich		2	0,171	0,691	0,856
8—9—10	61—70	17	0,302	0,592	0,735
desgl.	71—80	—	—	—	—
durchschnittlich		17	0,302	0,592	0,735
11—12—13	61—70	24	0,450	0,561	0,681
desgl.	71—80	2	0,242	0,638	0,759
durchschnittlich		26	0,434	0,567	0,687
14—15—16	61—70	43	0,486	0,544	0,635
desgl.	71—80	5	0,448	0,514	0,596
durchschnittlich		48	0,482	0,540	0,631
17—18—19	61—70	57	0,508	0,542	0,615
desgl.	71—80	12	0,512	0,542	0,618
durchschnittlich		69	0,505	0,542	0,615
20—21—22	61—70	86	0,491	0,499	0,587
desgl.	71—80	21	0,506	0,519	0,587
durchschnittlich		107	0,494	0,503	0,587
23—24—25	61—70	52	0,480	0,484	0,566
desgl.	71—80	33	0,477	0,482	0,535
durchschnittlich		85	0,479	0,488	0,554
26—27—28	61—70	15	0,474	0,476	0,557
desgl.	71—80	44	0,462	0,465	0,547
durchschnittlich		59	0,465	0,470	0,549
29—30—31	61—70	1	0,425	0,426	0,472
desgl.	71—80	27	0,483	0,466	0,541
durchschnittlich		28	0,481	0,464	0,539
32—33—34	61—70	—	—	—	—
desgl.	71—80	6	0,436	0,448	0,507
durchschnittlich		6	0,436	0,443	0,507

Altersklasse 81—110 und mehr Jahre.

Scheitelhöhe in Metern	Alter Jahre	Anzahl der untersuchten Stämme	Durchschnittliche		
			Derb-	Schaft-	Baum-
			formzahl		
14—15—16	81—90	2	0,498	0,559	0,632
desgl.	91—100	—	—	—	—
desgl.	101—110	3	0,437	0,467	0,557
durchschnittlich		5	0,461	0,503	0,587
17—18—19	81 - 90	2	0,511	0,519	0,640
desgl.	91 - 100	—	—	—	—
desgl.	101—110	4	0,483	0,491	0,588
durchschnittlich		6	0,492	0,500	0,605
20 - 21—22	81—90	5	0,475	0,488	0,553
desgl.	91 - 100	2	0,531	0,563	0,597
desgl.	101 - 110	5	0,441	0,442	0,535
durchschnittlich		12	0,470	0,481	0,553
23—24—25	81—90	13	0,506	0,512	0,574
desgl.	91—100	—	—	—	—
desgl.	101—110	2	0,442	0,446	0,488
desgl.	111—120	1	0,486	0,494	0,573
durchschnittlich		16	0,498	0,503	0,564
26 - 27 - 28	81—90	29	0,467	0,467	0,518
desgl.	91—100	5	0,486	0,497	0,547
desgl.	101—110	9	0,498	0,500	0,610
durchschnittlich		43	0,475	0,478	0,540
29 - 30—31	81—90	28	0,450	0,443	0,498
desgl.	91—100	28	0,467	0,468	0,538
desgl.	101—110	11	0,477	0,468	0,579
desgl.	111—120	4	0,412	0,415	0,444
durchschnittlich		71	0,459	0,455	0,521
32—33—34	81 - 90	14	0,442	0,443	0,498
desgl.	91—100	30	0,445	0,445	0,520
desgl.	101—110	9	0,449	0,452	0,554
desgl.	111—120	3	0,431	0,432	0,469
durchschnittlich		56	0,445	0,445	0,516
35—36—37	81—90	2	0,459	0,460	0,518
desgl.	91—100	12	0,411	0,414	0,476
desgl.	101—110	7	0,457	0,423	0,528
durchschnittlich		21	0,424	0,421	0,489

Aus vorstehenden Formzahlübersichten wurden nun die in der beigefügten lithographirten Tafel II enthaltenen Formzahlkurven konstruirt. Trägt man nämlich auf eine horizontale Linie die Scheitelhöhen in beliebigen gleichen Abständen von Meter zu Meter auf, errichtet ferner in den einzelnen Punkten senkrechte Linien und überträgt auf dieselben nach irgend einem Maßstabe die den einzelnen Scheitelhöhen und Altersklassen entsprechenden durchschnittlichen Formzahlen, so geben die so erhaltenen Punkte einen klaren Einblick darüber, wie sich die Formzahlen in den verschiedenen Lebensaltern und bei verschiedenen Scheitelhöhen verändern. Die mit den Ziffern 1 versehenen Punkte bezeichnen die zu der Altersklasse 21—40 Jahre gehörigen durchschnittlichen Formzahlen. Ebenso drücken die Ziffern 2 die Altersklasse 41—60, die Ziffern 3 diejenige von 61—80 und die Ziffern 4 die von 81 und mehr Jahren aus. Würde man nun die mit gleichen Ziffern bezeichneten Punkte durch gerade Linien mit einander verbinden, so erhielte man die den wirklichen Aufnahmen entsprechenden Formzahllinien. Da aber nicht allen Scheitelhöhen eine gleiche Anzahl Stämme zu Grunde gelegt werden konnte, in einzelnen Fällen vielmehr die Durchschnitte aus einer noch zu geringen Stammzahl berechnet werden mußten, so stellen auch nicht alle aufgetragenen Formzahlen die ganz richtigen Durchschnitte dar, und beßhalb wurden, wie dies bei allen aus großen Zahlen hervorgehenden ähnlichen Untersuchungen üblich und bis zu einer gewissen Grenze statthaft ist, hie und da kleine Verrückungen, resp. Korrektionen vorgenommen, um der Wahrheit möglichst nahe zu kommen. Es wurde mit andern Worten die goldne Mittelstraße gewählt. Auf diese Art entstanden die verschiedenen Formzahlkurven, welche zwar in den meisten Fällen mit den wirklich gefundenen Größen zusammenfallen, hin und wieder aber auch bald etwas unter, bald etwas über den aufgetragenen Punkten sich hindurch winden.

Damit aber der geehrte Leser selbst zu beurtheilen im Stande ist, wie viel nach dieser Ausgleichungsmethode die wirklich gefundenen Werthe theilweise verrückt werden mußten, um den gesetzmäßigen durchschnittlichen Gang der Formveränderung der Fichte zur klaren Anschauung zu bringen, beließen wir auf der

Zeichnung, neben den Kurvenlinien, auch noch die aufgetragenen Punkte. Ein Blick auf die Tafel genügt, um sich von der That=sache zu überzeugen, daß die Verschiebungen jetzt schon keineswegs beträchtlich sind, diese werden aber um so mehr zum Verschwin=ben kommen müssen, aus einer je größeren Anzahl Stämmen und Beständen die Durchschnitte gezogen werden. Deßhalb betrachte ich auch die gegenwärtige Arbeit noch keineswegs als vollkommen; bessere Resultate werden aller Wahrscheinlichkeit nach erzielt wer=den, nachdem die einzelnen forstlichen Versuchsanstalten Deutsch=lands ihr Material zusammengestellt und gemeinschaftlich bearbeitet werden haben.

Jedenfalls dürfte aber das mir vorliegende Material jetzt schon genügen, die Formveränderungen der Fichte im Allgemeinen nachzuweisen, wie ich auch der lebhaften Ueberzeugung bin, daß der Praktiker mit den nachfolgenden Formzahlübersichten bessere Resultate erzielen wird, als mit den bis jetzt veröffentlichten Brust=höhenformzahlen der Fichte. Wenigstens gelangte ich bei den König'schen Formzahlen, welche bis jetzt noch in großem Ansehen standen, zur Ueberzeugung, daß dieselben weit mehr künstlich ge=macht, als der Wirklichkeit des Waldes entnommen wurden.

Um nämlich dem geehrten Leser einen Einblick zu gestatten, wie nach König die Formzahlen der Fichten sich ändern sollen, habe ich dessen Baumformzahlen ebenfalls in die Tafel eingezeichnet. Die oberen gekrümmten und von links nach rechts absteigenden Linien drücken nämlich meine Baumformzahlen aus, dann fol=gen die König'schen strichpunktirten geraden Formzahllinien. Die untere erst von rechts nach links steigende und dann wieder fallende krumme Linie drückt endlich meine durchschnittlichen Derbformzahlen der Fichte aus. Die Schaftformzahlen habe ich, um die Zeichnung nicht mit Linien zu überladen und weil sie auch zu taxatorischen Zwecken für den Praktiker durch die Derbformzahlen entbehrlich geworden sind, nicht bildlich dargestellt. Fasse ich die Ergebnisse der vorstehenden Formzahlübersichten, in Verbindung mit den zur Darstellung gebrachten Formzahlkurven, zusammen, so gelange ich vorläufig zu folgenden Resultaten:

I. Bezüglich der Baumformzahlen.

1. Die Brusthöhen-Baumformzahlen nehmen, wie solches auch seither schon angenommen wurde, mit wachsender Scheitelhöhe ab.

2. Diese Abnahme ist aber keineswegs eine gleichmäßige, der wachsenden Scheitelhöhe umgekehrt proportionale, sondern sie ist zur Zeit des größten Längezuwachses der Bäume am größten und nimmt von da mit wachsendem Bestandesalter immer langsamer ab (vergleiche die einzelnen Formzahlkurven).

Es lassen sich für diese Erscheinung wohl zwei Gründe auf= führen. Einmal rückt mit wachsender Scheitelhöhe der Meßpunkt verhältnißmäßig tiefer, der Inhalt der Idealwalze wird dadurch größer und die Formzahl kleiner, weil der Bauminhalt nicht in gleichem Verhältnisse zunimmt. Sodann scheint mir aber auch seither der Umstand übersehen worden zu sein, daß gerade in der Zeit des größten Längezuwachses die Baumhöhe oft in einem Hun= dertmal größeren Verhältniß als der Brusthöhendurchmesser zunimmt. Denkt man sich nämlich von den beiden Enden des Brustdurch= messers nach der äußersten Spitze des stark verlängerten Gipfel= triebs zwei gerade Linien gezogen, so muß nach oben nothwendig schon eine Verbreiterung des Jahrrings stattfinden, ohne daß die Schaftform die des gemeinen Kegels zu überschreiten braucht. Ein Baum scheint für das Auge oft sehr vollformig, weil er viel höher als ein anderer ist, der denselben Grunddurchmesser mit ihm hat und doch kann er vielleicht die Formzahl des gemeinen Kegels kaum übersteigen. Man denke sich zwei Stämme von der stereometrischen Form des gemeinen Kegels, beide mit dem Grunddurchmesser n, der eine besitze die Scheitelhöhe h, der andere 2 h, so wird der Baum von der halben Höhe bei h schon in eine Spitze auslaufen, während der doppelt so hohe hier noch einen Ablaß von $\frac{n}{2}$ besitzt, der hohe Baum hat also als Nutzholz einen weit höheren Werth, obgleich er auch nur die Form des gemeinen Kegels besitzt. Man darf deßhalb daraus, daß niedrige Bäume eine höhere Brusthöhen= formzahl besitzen, nicht den Schluß ziehen, dieselben seien deßhalb als Nutzholz technisch verwerthbarer, im Gegentheil, längere Bäume haben einen höheren Werth, weil sie in einer gewissen Höhe über

dem Boden bei gleicher Grundstärke noch einen größeren Durch=
messer (Ablaß) haben, trotzdem sie eine kleinere Formzahl besitzen.

3. Die König'schen Baumformzahlen sind mit großer Vorsicht
aufzunehmen, sie tragen das Gepräge willkürlicher und ausgedehn=
ter Interpolationen sehr deutlich an sich. Es ist unmöglich, daß,
wie König lehrt, die Formzahlen, sogar aller Formklassen, mit
wachsender Scheitelhöhe ganz gleichmäßig abnehmen sollen. Es ist
ferner ganz undenkbar, daß z. B. eine 5 Meter hohe Fichte der
ersten König'schen Formklasse nur die mittlere Baumformzahl
0,557 besitzen soll. Nach den hiesigen Untersuchungen besitzt eine
6 Meter hohe Fichte bei einem Alter von 21—40 Jahren die
durchschnittliche Formzahl 0,92, bei einer solchen von 41—60 Jah=
ren die Baumformzahl 0,84.

Offenbar hat König nur haubare und nahe haubare Be=
stände mittlerer Höhe in Bezug auf ihre Form näher untersucht
und aus den hier gefundenen Formzahlen auf diejenigen niedriger
(jüngerer) und höherer (älterer) Bestände geschlossen, sonst könnte
er unmöglich auf eine Abnahme der Formzahlen nach den Gesetzen
einer arithmetischen Reihe erster Ordnung, d. h. auf eine gerade
Linie gekommen sein. Wenn man trotzdem mit den König'schen
Formzahlen befriedigende Resultate erhalten haben mag, so erklärt
sich dies wohl daraus, daß dieselben meist nur auf haubare und
nahe haubare Bestände mittlerer Höhe angewendet wurden, welche
in der Praxis am meisten vorkommen. Für solche Fälle stimmen auch
meine Formzahlen am besten mit den König'schen überein.

4. Unter Voraussetzung mittlerer Schlußverhältnisse nehmen
die Formzahlen gleich hoher Bestände mit wachsendem Alter ab.
Bei 12 Meter Scheitelhöhe haben z. B.

21—40 jährige Bestände die Formzahl = 0,73
41—60   „   „   „   „ = 0,71
61—80   „   „   „   „ = 0,69

Bei verhältnißmäßig sehr hohen 21—40jährigen Beständen
scheinen allerdings die Formzahlen auch unter diejenigen älterer
Bestände herabsinken zu können, jedoch mußten die Durchschnitte
15 bis 18 Meter hoher Bestände aus einer zu geringen Stamm=

zahl (13) gerechnet werden, so daß ich diese Frage noch als eine offene betrachten will.

5. Die Formzahlen jüngerer Bestände nehmen in einem viel rascheren Verhältnisse als bei älteren ab.

6. Nachdem das Hauptlängewachsthum der Bäume abgeschlossen ist, scheinen überhaupt die Formzahlen nicht mehr von dem Alter, sondern nur noch von der Höhe abzuhängen. Bei Bestandeshöhen von 25 und mehr Metern fallen nämlich die mittleren Formzahlen verschiedener Altersklassen schon so nahe zusammen, daß es fraglich erscheint, ob sich von da an überhaupt noch die Ausscheidung besonderer Altersklassen empfiehlt (vergleiche die beigefügte Tafel II).

7. Die obern und untern Grenzen der Baumformzahlen liegen in jüngeren Beständen viel weiter aus einander und rücken mit wachsendem Bestandesalter näher zusammen; es wird daher auch bei Anwendung gleicher Hilfsmittel die Genauigkeit der Massenaufnahme der Bestände mit wachsendem Alter zunehmen und umgekehrt.

II. Bezüglich der Derbholzformzahlen:

1. Die Derbholzformzahlen sind bei allen Bäumen, welche 1,3 Meter vom Boden weniger als 7 Centim. haben, gleich Null, schon bei Bestandeshöhen von 5—6 Meter beginnen sie aber rasch zu steigen, sie erreichen ihr Maximum bei Scheitelhöhen zwischen 20 und 24 Meter und nehmen von da an wieder ganz langsam ab, ohne jemals wieder auf Null herabsinken zu können, weil die höchsten Fichten in Deutschland nur eine Länge von 40—45 Meter erreichen und die ausgeglichene mittlere Derbformzahl bei 40 Meter Höhe immer noch 0,42 beträgt.

2. Die Derbformzahlen scheinen bei Beständen mittleren Schlusses nur eine Funktion der Höhe zu sein, weßhalb ich auch nur eine Formzahlkurve aufgestellt habe, welche die Mittelwerthe aller Altersklassen enthält.

Der Versuch, für jede der anfänglich ausgeschiedenen Altersklassen eine besondere Kurve zu konstruiren, ist nicht geglückt. Die durchschnittlichen Derbformzahlen der einzelnen Altersklassen wichen innerhalb gleicher Scheitelhöhen nicht nur sehr wenig von einander ab, sondern es waren auch die Ersteren in den jüngeren Beständen balb kleiner, balb wieder größer als in älteren Beständen, in einzelnen Fällen fielen sie ganz zusammen.

Damit der geehrte Leser den Zusammenhang der Derbformzahlen bei gleichen Höhen aber verschiedenen Altern der Bestände auch in bildlicher Darstellung zu beurtheilen im Stande ist, habe ich die durchschnittlichen Formzahlen in gleicher Weise wie bei den Baumformzahlen aufgetragen und bezeichnet. Die mit 1 bezeichneten Punkte gehören der Altersklasse 21—40, die mit 2, 3 und 4 bezeichneten je den Altersklassen 41—60, 61—80 und 81 und mehr Jahren an. Die eine Kurve lauft in der Mitte zwischen den einzelnen Punkten durch und gestalten sich daher die Derbformzahlen sehr einfach.

3. Schon bei Scheitelhöhen von ca. 27 Meter an laufen die Derb- und Baumformzahlen fast parallel, Beweis, daß sich die Reisholzformzahlen, welche sich aus der Differenz zwischen Baum- und Derbformzahlen ergeben, von da an konstant bleiben, was auch mit den wirklichen Reisholzaufnahmen übereinstimmt, welche einen nahezu gleichen Procentsatz lieferten.

Ob die vorstehenden Sätze nicht noch einige Modifikationen erleiden werden, wenn man die Durchschnitte später aus einer größeren Stammzahl berechnet, will ich dahin gestellt sein lassen. Uebrigens ist die Zahl von 1563 Stämmen deßhalb schon eine verhältnißmäßig große, weil dieselben aus allen möglichen Altersklassen entnommen wurden und deßhalb keine weit auseinander liegenden Zwischenglieder eingeschaltet zu werden brauchten. Es hat z. B. wenig Werth in einem einzigen gleichalterigen Bestande an Tausenden von Stämmen die Formzahlen zu ermitteln. Man erhält so zwar eine gute durchschnittliche Formzahl für den einzelnen Bestand, kann aber aus solchem Material nicht die Gesetze der Formveränderung der Bestände in den verschiedenen Lebensaltern ableiten. So hätte man auch in Bayern gelegentlich der Sammlung des Materials für die Aufstellung von Massentafeln noch besseres geleistet, wenn dasselbe gleichmäßiger durch alle Bestandesalter und Bonitäten vertheilt aufgenommen worden wäre. Man würde mit weniger Stämmen bessere Resultate erzielt haben.

Gerade deßhalb glaube ich auch, daß die an hiesiger Versuchsanstalt ermittelten Formzahlen für Fichten, obgleich ich sie noch nicht als abgeschlossen betrachte, besseres leisten, als alle bis jetzt veröffentlichten ähnlichen Formzahlenübersichten, ganz abgesehen davon, daß Derbholzformzahlen im erwähnten Sinne noch ganz fehlten. Dieser Umstand veranlaßt mich denn auch nachstehend meine durchschnittlichen Formzahlen noch in einer Weise zusammenzustellen, wie sie von Seiten der Taxatoren für Zwecke der Bestandesschätzung am leichtesten angewendet werden können. Daß man bei der Schätzung einzelner Bäume mit durchschnittlichen Formzahlen nicht immer richtige, sondern bald etwas zu hohe, bald etwas zu niedrige Resultate erhalten muß, liegt eben im Begriff der Durchschnittszahl.

I. Durchschnittliche Derbholzformzahlen für Fichten.
(Meßpunkt 1,8 Meter vom Boden.)

Scheitel-höhe Meter	Form-zahl	Scheitel-höhe Meter	Form-zahl	Scheitel-höhe Meter	Form-zahl	Scheitel-höhe Meter	Form-zahl
6	0,172	15	0,468	24	0,485	33	0,458
7	0,220	16	0,478	25	0,484	34	0,452
8	0,264	17	0,480	26	0,482	35	0,448
9	0,305	18	0,481	27	0,480	36	0,442
10	0,341	19	0,483	28	0,477	37	0,440
11	0,376	20	0,487	29	0,473	38	0,436
12	0,418	21	0,487	30	0,470	39	0,429
13	0,438	22	0,487	31	0,466	40	0,420
14	0,454	23	0,486	32	0,461	41	0,414

Anleitung zum Gebrauch vorstehender Tafeln. Wie erwähnt, sind die Derbformzahlen der Fichte nur abhängig von der Scheitelhöhe. Vorstehende Tafel kann daher für Bestände der verschiedensten Alter angewendet werden. Wollte man nun die Derbholzmasse eines Fichtenbestandes (oberirdische Holzmasse excl. Reisholz bis mit 7 Centim. und weniger Durchmesser) ermitteln, so wäre derselbe zunächst bei 1,3 Meter über dem Boden in Abstufungen der Durchmesser von 2 zu 2 Centim. zu kluppiren. Hierauf wäre die mittlere Höhe des Bestandes in der Art zu ermitteln, daß man etwa an 5—10 oder noch mehr mittelhohen Stämmen die Scheitelhöhe mittelst des Faustmann'schen Höhenmessers bestimmte und aus den Messungen die Mittelhöhe berechnete (Scheitelhöhe =

Höhe von Stockabschnitt bis zur äußersten Spitze). Durch Multiplikation der Kreisflächensumme des Bestandes G mit der mittleren Bestandeshöhe H und der dieser entsprechenden und aus der Tabelle zu entnehmenden Formzahl f ergibt sich dann die Derbholzmasse

$$M = G. H. f.$$

Die Kreisflächensumme des Bestandes 1,3 Meter über dem Boden wird am schnellsten und sichersten mittelst der Kreisflächentafeln für Metermaß von Seckendorff, Eberts, oder mittelst des „Holzrechners" von Ganghofer ermittelt.

Beispiel: Angenommen, in einem Bestande (oder auf einer Probefläche) wären mittelst stammweiser Aufnahme gefunden worden:

67 Stämme von 26 Centim. Durchm.
98 „ „ 28 „ „
150 „ „ 30 „
280 „ „ 32 „
330 „ „ 34 „
210 „ „ 36 „
160 „ „ 38 „ „
89 „ „ 40 „ „ „

so haben diese sämmtlichen Stämme nach den v. Seckendorff'schen Tafeln, welche die Kreisflächensumme fertig berechnet für 1 bis 100 Stämme enthalten, folgende Kreisflächensummen ausgedrückt in Quadratmetern:

67 Stämme von 26 Centim. = 3,557 Quadratmeter
98 „ „ 28 „ = 6,034 „
150 „ „ 30 „ = 10,600 „
280 „ „ 32 „ = 22,520 „
330 „ „ 34 „ = 29,960 „
210 „ „ 36 „ = 21,380 „
160 „ „ 38 „ = 18,150 „
89 „ „ 40 „ = 11,184 „
Summe = 123,385 Quadratmeter.

Wurde nun die mittlere Bestandeshöhe 30 Meter gefunden, so entspricht dieser nach vorstehender Uebersicht die Formzahl 0,47 und die Holzmasse M des Bestandes wäre

$$M = 123,385 \times 30 \times 0,47 = 1739,7 \text{ Feſtmeter.}$$

Es ist Werth darauf zu legen, die mittlere Beſtandeshöhe vorzugsweiſe durch Meſſung mittelhoher Bäume abzuleiten, weil dieſe in allen gleichalterigen und ſchon früher ordnungsmäßig durchforſteten Beſtänden ſtets in überwiegender Mehrheit vertreten ſind.

Kommen in einem Beſtande ſehr abweichende Höhen vor, dann müſſen unter Umſtänden in demſelben 2 oder 3 Höhenklaſſen ausgeſchieden werden. Die Holzmaſſe M ergibt ſich dann in ganz ähnlicher Weiſe, nur muß die Kreisflächenſumme der Stämme jeder Höhenklaſſe K, K^1, K^2 ..., ſowie die mittlere Höhe H, H^1, H^2 ..., jeder Klaſſe ermittelt und die jeder der letzteren entſprechende Formzahl f, f^1, f^2 ... angewendet werden, und es wäre dann

$$M = K. H. f. + K^1. H^1. f^1. + K^2. H^2. f^2.$$

(Vergleiche hierüber des Verfaſſers Lehrbuch der Holzmeßkunſt. Zweite Auflage. Wien 1875).

II. Durchſchnittliche Baumformzahlen für Fichten.
(Meßpunkt 1,3 Meter vom Boden.)

Scheitel-höhe Meter	Formzahlen				Scheitel-höhe Meter	Formzahlen			
	21—40 jährig	41—60 jährig	61—80 jährig	81 u. mehr-jährig		21—40 jährig	41—60 jährig	61—80 jährig	81 u. mehr-jährig
5	0,950	„	„	„	23	„	0,592	0,572	0,557
6	0,915	0,840	„	„	24	„	0,581	0,565	0,550
7	0,877	0,813	„	„	25	„	0,572	0,560	0,545
8	0,840	0,790	„	„	26	„	0,563	0,553	0,541
9	0,805	0,765	0,740	„	27	„	0,558	0,546	0,535
10	0,776	0,746	0,720	„	28	„	0,547	0,540	0,528
11	0,750	0,728	0,703	„	29	„	0,542	0,536	0,525
12	0,722	0,712	0,686	0,641	30	„	0,536	0,528	0,518
13	0,700	0,695	0,672	0,630	31	„	„	0,525	0,515
14	0,675	0,682	0,660	0,620	32	„	„	0,520	0,510
15	0,658	0,671	0,647	0,611	33	„	„	0,515	0,508
16	0,631	0,660	0,636	0,603	34	„	„	0,510	0,500
17	0,613	0,647	0,624	0,594	35	„	„	0,504	0,494
18	0,594	0,636	0,614	0,587	36	„	„	0,497	0,492
19	„	0,626	0,605	0,580	37	„	„	0,493	0,490
20	„	0,616	0,595	0,573	38	„	„	0,490	0,488
21	„	0,608	0,586	0,567	39	„	„	0,486	0,483
22	„	0,598	0,579	0,561	40	„	„	0,478	0,475

Einer besonderen Gebrauchsanweisung zur vorstehenden Form-
zahlübersicht bedarf es nicht. Man braucht zur Ermittlung der gesammten oberirdischen Holzmasse eines Bestandes dieselben Faktoren
wie bei der Bestimmung der Derbholzmasse, nur muß auch noch
das Alter des Bestandes in den Grenzen von 20 zu 20 Jahren
angegeben werden, weil die Formzahl des Baumes neben der
Scheitelhöhe auch noch von dem Alter abhängig ist. Wäre z. B.
der Bestand zwischen 61 und 80 Jahre alt und im Mittel 28
Meter hoch, so würde er die Formzahl 0,54 besitzen.

Ich empfehle vorstehende Derbholz- und Baumformzahlen meinen Fachgenossen vorzugsweise zu Holzmassenbestimmungen der Bestände, statt der seither in Anwendung gekommenen Formzahlen und
Massentafeln, und zwar so lange, als durch den Verein deutscher
forstlicher Versuchsanstalten noch nicht genauere und vervollständigte
Formzahlübersichten veröffentlicht sein werden.

Innerhalb eines Jahres hoffe ich in der Lage zu sein, meinen
Fachgenossen ähnliche Formzahlen für die Rothbuche mittheilen zu
können.

Forstverwaltung und Forstdienst.

Beginn der Landtags-Session. Ueberschüsse der Forstverwaltung pro 1875. Forstetat für 1876. Gemeindewaldgesetz. Gesetz-liche Regelung der Rechtsverhältnisse der land- und forstwirthschaftlichen Arbeiter.

(Aus Preußen.)

Unser Landtag ist am 16. Januar zusammengetreten und der
Staatshaushaltsetat für 1876 ist durch den Finanzminister Camphausen
am 18. dess. M. dem Abgeordnetenhause übergeben worden. Bei
dieser Gelegenheit gab Herr Camphausen in längerem Vortrage
eine Uebersicht über den Gesammtstand der preußischen Finanzverwaltung bis zum Schlusse des Jahres 1875, über die Verhältnisse
des letzteren Jahres natürlich nur so weit, als dieselben schon jetzt
mit Sicherheit festgestellt werden konnten.

Nach diesem Finanz-Exposé haben die Staatsforsten 1875 einen
Ueberschuß über das etatsmäßige Soll von 6 Mill. Mark gewährt

und es ist in erster Linie diesem günstigen Ergebnisse zuzuschreiben, daß die theilweise bedeutenden Einnahme=Ausfälle anderer Verwaltungszweige (namentlich der Staatseisenbahn=Verwaltung) ausgeglichen werden.

Der Etat der Forstverwaltung pro 1876 weist folgende Summen nach:

I.   1. Fläche der Staatsforsten . . . . 2,600,636 h.
     2. Fläche der im Miteigenthum des Staates stehenden gemeinschaftlichen Waldungen . 22,518 h.
     3. Zusammen . . . . 2,623,154 h.
     4. Davon zur Holzzucht bestimmter Waldboden . . . . 2,351,208 h.
     5. Nicht zur Holzzucht bestimmt . . . . 271,946 h.
        (unnutzbar an Wegen, Gestellen, Sümpfen, Wasserstücken . . . . 111,292 h.)

II. Material=Abnutzung in den Staatsforsten (I. 1)
     Derbholz . . . . 4,710,721 Festm.
     Nichtderbholz . . . . 1,627,571 „
                                       6,338,292 „
     pro Hektar Gesammtfläche . . . { Derbh. . 1,8 Festm. }
                                    { Nichtderbh. 0,6 „ }
     „   „   zur Holzzucht bestimm=
     ter Fläche . . . . { Derbh. . 2,0 „ }
                              { Nichtderbh. 0,7 „ }

III. Einnahme.
     1. Für Holz . . . . 47,900,000 Mk.
        (2,150,000 M. mehr als 1875.)
     2. Für Nebennutzungen . . . . . . 3,630,000 „
        (225,000 M. mehr.)
     3. Aus der Jagd . . . . . . 341,714 „
        (28,664 M. mehr.)
     4. Von Torfgräbereien . . . . . . 326,624 „
        (31,386 M. mehr.)

                    Uebertrag . . . 52,198,338 Mk.

	Uebertrag . . .	52,198,338 Mk.
5.	Von Flößereien	36,882 „
6.	Von Wiesenanlagen . . . . . . (4,170 M. mehr.)	72,840 „
7.	Von Brennholz=Niederlagen . . . (111,385 M. weniger.)	71,525 „
8.	Vom Sägemühlenbetriebe	588,000 „
9.	Von größeren Baumschulen . . . . (280 M. mehr.)	28,030 „
10.	Vom Thiergarten bei Cleve	14,394 „
11.	Verschiedene andere Einnahmen . . . (7,335 M. weniger.)	377,691 „
12.	Von der Forstakademie zu Neustadt Ebw. (600 M. weniger.)	9,900 „
13.	Von der Forstakademie in Münden . (3,820 M. mehr.)	12,400 „
		53,410,000 Mk.

(2,324,000 M. mehr als 1875.)

IV. Dauernde Ausgaben.

1.	Besoldung für 30 Oberforstmeister und 94 Forstmeister	624,900 Mk.
2.	Desgl. für 861 Oberförster (davon 2 künftig wegfallend) . . . . : . .	1,736,550 „
3.	Desgl. für 3321 Förster, einschl. Revier= förster= und Hegemeister=Zulagen ꝛc. .	3,409,477 „
4.	Desgl. für 2 forsttechnische Beamte beim Forsteinrichtungs=Bureau in Hannover, für 3 verwaltende und 55 untere Be= amte der Nebenbetriebsanstalten . .	51,636 „
4a.	Wohnungsgeldzuschüsse für die Beamten	93,400 „
5.	Remunerationen für Hülfsarbeiter bei den Regierungen ꝛc. ꝛc.	72,000 „
6.	Für Forsthülfsaufseher und zur Ver= stärkung des Forstschutzes	1,160,000 „
7.	Kosten der Gelderhebung	970,000 „
	Uebertrag . . .	8,117,963 Mk.

Uebertrag . . .	8,117,963 Mk.

8. Außerordentliche Remunerationen und Unterstützungen . . . . 168,000 „

9. Dienstaufwands = Entschädigungen für Oberforstmeister und Forstmeister (bis 2,900 M. für jeben) . . . . . 295,200 „

10. Desgleichen für Oberförster (bis 2,100 M. für jeben.) . . . . 1,089,450 „

11. Zu Stellenzulagen für Förster und Wald= wärter (à 50—300 M.) 2c. . . . 279,588 „

12. Dienstaufwands=Entschädigungen für die Beamten der Nebenbetriebsanstalten . 14,376 „

13. Zu Miethsentschädigungen wegen feh= lender Dienstwohnungen an Oberförster (bis 900 M.) und Förster (bis 225 M.) 101,010 „

Persönliche Ausgaben für die Verwaltung 10,065,587 Mk.

14. Für Werbung und Transport der Forst= produkte . . . . 7,095,000 Mk.

15. Zur Unterhaltung und zum Neubau der Forstdienstgebäude . . . . . . 2,024,000 „

16. Zur Unterhaltung und zum Neubau der öffentlichen Wege in den Forsten . . 1,200,000 „

17. Zu Wasserbauten . . . . . . 37,440 „

18. Zu Forstkulturen, zum Bau und zu der Unterhaltung der Holzabfuhrwege und zu Forstvermessungen und Betriebs= Regelungen . . . . 3,670,200 „

19. Jagdverwaltungskosten. . . . . . 81,250 „

20—26. Betriebskosten für Torfgräbereien, Flößereien, Wiesenanlagen, Brennholz= Niederlagen, Sägemühlen, Baumschulen und den Thiergarten bei Cleve . . . 805,331 „

27. Zu Grenzregulirungen, Separationen, Prozeßkosten . . . . 188,500 „

28. Holzverkaufs= und Verpachtungskosten 2c. 160,000 „

Uebertrag . . . 15,261,721 Mk.

Uebertrag . . .	15,261,721	Mk.
29. Druckkosten	60,000	„
30. Stellvertretungs= und Umzugskosten .	213,000	„
31. Insektenvertilgungs=, Vorfluth=Kosten, Unterstützungen an Waldarbeiter und vermischte Ausgaben	347,852	„
Materielle Verwaltungs= u. Betriebskosten	15,882,573	Mk.

Zu forstwissenschaftlichen und Lehrzwecken:

1. Besoldungen (Forstakademie Neustadt=Ebw.)	35,550	Mk.
2. Desgl. (Münden)	30,900	„
2a. Wohnungsgeldzuschüsse.	4,740	„
3. Zur Remunerirung von Hülfslehrern und Assistenten, zu Remunerationen für Leistungen beim forstlichen Versuchs= wesen	20,600	„
4. Zu Remunerationen u. Unterstützungen	2,400	„
5. Zu sachlichen Ausgaben bei den Forst= akademieen und dem forstlichen Versuchs= wesen	66,510	„
Zusammen:	160,700	Mk.

Allgemeine Ausgaben.

1. Kommunal= und Reallasten	410,000	Mk.
2. Ablösungsrenten 2c.	210,140	„
3. Unterstützungen für ausgeschiedene Be= amte, zu Pensionen und Unterstützungen von Wittwen und Waisen	210,000	„
4. Zum Ankauf von Grundstücken zu den Forsten	1,050,000	„
Zusammen:	1,880,140	„
für forstwissenschaftliche und Lehrzwecke	160,700	„
materielle Verwaltungs= und Betriebs= kosten	15,882,573	„
Persönliche Ausgaben für die Verwal= tung	10,063,587	„
Uebertrag . . .	27,989,000	Mk.

(137,000 M. mehr als 1875.)

Uebertrag . . . . 27,989,000 Mk.

V. Einmalige und außerordentliche Ausgaben zur
Ablösung von Forstservituten (1,200,000 M.),
Chaussee-Bauprämien (150,000 M.), zur Beschaffung fehlender Försterdienstwohnungen
500,000 M.), zu Chaussee-Anlagen im Gru-
newald bei Berlin (50,000 M.) . . . .   1,900,000 Mk.

Gesammtausgabe: 29,889,000 Mk.

Einnahme . . . 53,410,000 „

Ueberschuß . . 23,521,000 Mk.

pro Hektar Gesammtfläche . . . . . . 9,04 Mk.

Bedeutende Mehrausgaben gegen 1875 sind besonders bei
Tit. 11 in Ansatz gebracht worden. Hier ist zur Gewährung von
Stellenzulagen für solche Förster und Waldwärter, welchen durch
isolirte Lage des Dienstwohnsitzes oder andere ungünstige Ortsver-
hältnisse besondere Nachtheile und Unkosten erwachsen, der erhebliche Betrag von 265,530 Mark pro 1876 mehr vorgeschlagen, als
1875. Die Staatsregierung hat hierdurch — in Uebereinstimmung
mit einem Beschlusse des Abgeordnetenhauses vom 1. Juni 1875 —
dem vorhandenen sehr bringenden Bedürfnisse Rechnung getragen.

Auch der Baufonds für Forstdienstgebäude (Tit. 15) ist um
110,000 M. verstärkt worden. Vorhanden sind zur Zeit 574 Ober-
förster- und 2642 Förster-Dienstwohnungen. —

Die Thronrede vom 16. Januar 1876 verheißt die Vorlage
von zwei für das preußische Forstwesen hochwichtigen Gesetzent-
würfen, eines Gemeindewald-Gesetzes und eines Gesetzes über
die Rechtsverhältnisse der land- und forstwirthschaftlichen Arbeiter.

Ueber den Inhalt dieser Entwürfe werde ich Ihnen binnen
Kurzem berichten. Für heute muß ich mich darauf beschränken,
namentlich den ersteren Gesetzentwurf, der einer nachgerade ganz
unhaltbar gewordenen Rechtsungleichheit innerhalb unseres Staats-
gebietes ein Ende machen soll, als einen bedeutsamen Fortschritt
unserer Forstgesetzgebung, freundlich zu begrüßen. Daß derselbe
noch in dieser Legislatur-Periode zur Vorlage gelangt (das Man-
dat der jetzigen Landtags-Abgeordneten erlöscht im Herbste 1876),

kann im Hinblick auf die Gesammtlage unseres parlamentarischen Lebens nur mit Genugthuung konstatirt werden. Der Landtag der Monarchie in seiner jetzigen Zusammensetzung steht in Bezug auf die Walbungen auf dem Boden einer sehr gesunden wirthschafts= politischen Anschauung und ist mit der Staatsregierung in dem Bestreben vollkommen einig, eine Gesetzgebung über den Schutz und die Pflege des Waldes zu schaffen, welche sich von unfruchtbarem Doktrinärismus ferne hält und sich den thatsächlichen Bedürfnissen und Verhältnissen streng anschließt. Bei einer solchen Grund= anschauung der legislatorischen Faktoren darf man von der bevor= stehenden Session reiche Früchte auch auf dem Gebiete der Forst= wirthschaftspolitik hoffen und das Vorhandensein einer großen libe= ralen, mit der Regierung arbeitenden und ihr vertrauenden Partei gibt die Gewähr, daß das Wogen des Parteikampfes nicht den ruhigen Ausbau der Gesetzgebung unterbrechen wird.   Gr.

Forstwissenschaft im Allgemeinen.

Forstliche Mittheilungen aus dem Europäischen Rußland.

Von Ferdinand Gaßmann.

(Fortsetzung.)

8. Gesetzliche Bestimmungen über die Erhaltung und Beschützung der Privat= und Corporationswaldungen, welche auf Vorschlag des russischen Staatsraths durch kaiserlichen Ukas vom 15. Mai 1867 Gesetzeskraft erhalten haben.

a) Anstellung der Förster und Waldwächter.

§. 1. Die Waldbesitzer können zur Wirthschaftsführung, sowie auch zur selbstständigen Verwaltung ihrer Walbungen, nach freiem Uebereinkommen und mit Genehmigung der Staatsforstbehörde Staatsforstbeamte anstellen.

§. 2. Die in den Privatforstdienst übergetretenen Staatsforst= beamten behalten dieselben Rechte, welche die Forstbeamten im Staatsdienste haben. Ihre Dienstzeit wird eben so gerechnet, wie sie im Staatsforstdienste gerechnet werden würde; sie können Uni= form tragen, erhalten Rang und andere Auszeichnungen überein=

---

* Vergleiche Jahrgang 1871, 1873 und 1875 dieser Blätter.

stimmend nach dem im Gesetz vom Jahre 1857 enthaltenen gesetz=
lichen Dienstbestimmungen, Theil III. §§. 241 und 244. Sie er=
halten jedoch dadurch kein Recht auf Pension von Seiten des Staates
für die Zeit, in welcher sie sich im Privatforstdienst befunden haben.

§. 3. Die Privatwaldbesitzer dürfen in ihren Waldungen nur
solche Personen als Waldwächter anstellen, welche zuverläſſig und
nicht unter 21 Jahre alt sind.

§. 4. Der dienstliche Stand der Waldwächter ist überein=
stimmend mit dem der Feldwächter. Die Feldwächter können zu=
gleich auch Waldwächter sein.

§. 5. Die Waldwächter müssen zur Legitimation ihres Dien=
stes ein Dienstabzeichen tragen, welches aus einem Blech mit der
Inschrift „Waldwache" besteht; übereinstimmend mit der die Feld=
wächter betreffenden Verordnung in den §§. 20, 21 und 24 der
Beilage zum Artikel 31, Theil IX des Gesetzes über die Gouver=
nements= und Kreisbauernangelegenheiten vom Jahr 1863.

§. 6. Die Waldwächter sind während ihrer Dienstzeit frei von
jeder körperlichen Bestrafung.

§. 7. In Betreff der Verfolgung der Beschädiger der Staats=,
Privat= und Corporationswaldungen, sowie der Beschützung dersel=
ben, haben die Privatwaldwächter dieselben Rechte, welche durch
das Gesetz vom Jahre 1857, Theil VIII, Artikel 193 bis 199 der
Forstverordnungen für die Waldwächter der Staatsforsten erlassen
sind. Dieselben lauten:

Art. 193. Jeder ist verpflichtet, sich den Forstverordnungen
zu unterwerfen, nicht allein, wenn die Forstbeamten eine Auffor=
derung an Jemanden ergehen lassen, sondern auch dann, wenn die
Aufforderung vom Schutzpersonale oder Feuerlöschvorsteher ausgeht;
wenn diese Personen im Dienste mit dem Dienstabzeichen erschei=
nen, oder wenn die Aufforderung von im Forstpolizeiwesen ange=
stellten Personen erfolgt.

Art. 194. Wenn der Forstbeamte oder ein im Walde ange=
stellter Unterbeamter einen Uebertreter der gesetzlichen Bestimmungen
antrifft, so müssen sie letzteren auffordern, ihnen bis zum nächsten
Ortsvorsteher zu folgen. Im Fall der Betroffene dieser Auffor=
derung nicht Folge leistet und eine genügende Anzahl des Forst=

personals zur Stelle ist, so wird der Schuldige ergriffen und einem Ortsvorsteher oder direkt dem Bezirksamte überliefert, woselbst er im Arrest verbleibt. Hierauf wird der Landpolizei davon Mittheilung gemacht.

Anmerkung: Selbstverständlich ist es nicht nöthig, einen Schuldigen zu fangen, wenn derselbe mehr haut, als er nach dem erhaltenen Billet hauen dürfte, oder wenn er nicht das bestimmte Sortiment, sondern ein anderes nimmt; so wie aber auch bei jedem Vergehen, welches der Schuldige überwiesen werden kann. In allen diesen Fällen genügt schon eine Anzeige an den Vorgesetzten.

Art. 195. Wenn sich der Betroffene ungehorsam zeigt, oder sich widersetzt, oder auch andere Mittel anwendet und zu entkommen sucht, wie z. B. durch angestrengtes Laufen, Ringen, Schlägerei 2c., so ist davon Anzeige bei der Obrigkeit zu machen. Wurde der Betroffene nicht erkannt, so haben sich die Forstschutzbeamten Mühe zu geben, um seinen Namen und Wohnort in Erfahrung zu bringen, indem ihm einer von den Verfolgern auf der Spur folgen muß. Hat der Entsprungene sich in ein Dorf geflüchtet, so muß der Verfolger die Bauern zur Hülfe auffordern, oder er muß das Pferd oder einen andern Gegenstand des Entsprungenen als Pfand zur Beweisführung wegzunehmen suchen.

Art. 196. Bei solchen, oder überhaupt dergleichen, Vorfällen darf die Waldschutzwache das Schießgewehr oder eine blanke Waffe nur auf Befehl des Forstverwaltungsbeamten gebrauchen, es sei denn, daß dieses zum eigenen Schutze nothwendig ist.

Art. 197. Die Offiziere des Forstbezirks, d. h. die verwaltenden Förster, können den Gebrauch der Waffen in folgenden nothgedrungenen Fällen gestatten:

a) Beim Fangen von Räubern, wenn die Waldschutzwachen für diesen Fall ihre Gewehre auf Verlangen der Landpolizei geladen haben.

b) Bei gewaltsamen Holzentwendungen, wenn die Entwender sich zur Gegenwehr anschicken, darf vom Schießgewehr Gebrauch gemacht werden.

c) Zur Gegenwehr, wenn bei eigenmächtiger Holzentwendung die Entwender Vorbereitungen treffen, den Waldwächter mit Uebermacht anzugreifen.

d) Zur eigenen Vertheidigung bei Nachforschung oder Verfol=
gung gewaltsamer und eigenmächtiger Holzentwendungen,
wenn sich die Entwender gewaltsam widersetzen und dadurch
bezwecken wollen, daß das begangene Vergehen unentdeckt
bleibe.

Art. 198. Die Forstbeamten, Bereiter oder Schützen, sowie
diejenigen, welche beim Forstschutze mitwirken, dürfen von dem
Schießgewehr oder andern Waffen zu ihrem eigenen Schutze nur
unter Beobachtung folgender Vorschriften Gebrauch machen:

a) Wenn betroffene Holzentwender nicht gutwillig zum Orts=
vorsteher folgen, sondern mit Drohung über den Forstschutz=
diener herfallen wollen, so muß ihnen dieser zurufen, daß
sie zurückbleiben sollen, weil er nur seine Pflicht erfülle.
Wenn sie dessen ungeachtet auf ihn einbringen, oder ihn
verfolgen, so kann er, wenn er sich in Lebensgefahr befin=
det, oder in Gefahr verstümmelt zu werden, im äußersten
Falle, wenn ihm keine anderen Mittel zu Gebote stehen,
sich durch das Feuergewehr, oder durch die kalte Waffe
schützen.

b) Wenn der Forstbeamte die Holzentwender verfolgt, um zu
erfahren, wer sie sind, und sie fallen über ihn her, so darf
er in derselben Weise wie bei a verfahren.

c) Wenn ein Forstschutzbeamter unvermuthet überfallen wird,
so hat er, wenn es sich um Leben oder Verstümmelung,
Schlägerei ꝛc. handelt, das Recht sich zu schützen, wie er
kann.

Art. 199. Wenn bei Festnahme der Holzdiebe die Forstschutz=
beamten ohne die äußerste Nothwendigkeit ihre Waffen gebrauchen
und damit einen Menschen verstümmeln, verwunden, oder gar
tödten, so unterliegen sie dieserhalb der gesetzlichen Bestrafung.

§. 8. Die nach §§. 1 und 3 engagirten Förster und Wald=
wächter unterliegen für Beschädigung, Vernichtung, Zueignung oder
Verschwendung von Material aus dem ihnen anvertrauten oder
zur Erhaltung übergebenen Waldvermögen, sowie für Uebertretungen
und Excesse bei der Verwaltung von Privatwaldungen den allge=
meinen Strafbedingungen für Uebertretungen und Vergehen laut

dem Strafverordnungsreglement. Das Urtheil fällt in dieser Sache der Friedensrichter.

b) Schutz der Privatwaldungen gegen Feuer.

§. 9. Der Waldwächter, sowie jede andere Person, ist verpflichtet, wenn ein Waldbrand bemerkt wird, den Bewohnern der nächstliegenden Ortschaft Nachricht davon zu geben und sie zur schleunigen Hülfeleistung beim Löschen des Feuers aufzufordern; gleichzeitig aber auch den Waldbesitzer, oder dessen Verwalter, oder der im Kreise befindlichen Polizeibehörde, kurz denjenigen von dem Waldbrande in Kenntniß zu setzen, welcher am nächsten von dem Brandplatze wohnt.

§. 10. Zur Löschung des Feuers sind zuerst die Bewohner der nächstliegenden Ortschaften bis auf einschließlich 10 Werst (1³/₇ Meile)*, Entfernung herbeizurufen. Ist jedoch die Zahl der aus diesen Ortschaften herbeigerufenen Menschen zur Tilgung dieses Waldbrandes ungenügend, so sind die Bewohner aus den weiter liegenden Ortschaften bis auf 15 Werst (2¹/₇ Meile) Entfernung zum Löschen aufzufordern.

§. 11. Der erste Vorgesetzte (der Waldeigenthümer oder dessen Verwalter, Waldwächter oder Polizeidiener), welcher auf dem Brandplatze ankömmt, leitet das Löschen bis zum Eintreffen des ersten Polizeibeamten.

§. 12. Bei der ersten Kunde von einem Brande müssen die Bewohner der nächsten Ortschaften auf der Brandstelle mit Spaten, Beilen und anderen ihnen zu Gebote stehenden Werkzeugen, welche zur Löschung des Feuers dienen können, eintreffen und so lange bei dem Löschen Hülfe leisten, bis daß das Feuer getilgt ist.

§. 13. Ist der Brandplatz so groß, daß man das Feuer nicht in einem Tage löschen kann, und findet der Brand in einer Zeit statt, welche durch Feldarbeiten sehr in Anspruch genommen wird, so müssen Löscharbeiter aus anderen Orten bis auf 25 Werst (3⁴/₇ Meilen) Entfernung herbeigerufen und die ersten Arbeiter entlassen werden. Dieser Wechsel muß so lange stattfinden, bis daß

---

* Russisches Wegmaß: 1 Wersta ist gleich 500 Faden = 1,0667 Kilometer. Auf 1 Grad gehen 104 Werste 83¹/₃ Faden. Die geographische Meile hat also nahe an 7 Werste.

das Feuer gelöscht ist. — Die Einwohner in den bis auf 25 Werst entfernten Orten können auch gleich anfangs zum Löschen heran=gezogen werden, wenn der Polizeibeamte dies für nothwendig er=achtet.

§. 14. Die Landpolizei ist verpflichtet, sich, sobald sie Nach=richt von einem Brande erhält, an dem Orte des Brandes einzu=finden, und das Löschen persönlich zu leiten. Der Polizeibeamte darf nur dann die Brandstelle verlassen, wenn er sicher ist, daß das Feuer nicht weiter um sich greifen kann und bald gänzlich ge=löscht wird. Zur völligen Sicherheit können deßhalb aus den Orts=bewohnern Brandwachen angestellt werden.

§. 15. Personen, welche zum Löschen des Feuers weiter als 15 Werst (2¼ Meile) Entfernung herbeigezogen worden sind, er=halten vom Waldbesitzer für die Zeit ihrer Abwesenheit von ihrem Wohnorte eine tägliche Entschädigung. Die Höhe der täglich zu zahlenden Vergütung wird in jedem Jahre von den Gouvernements=Landständen bestimmt. In denjenigen Gouvernements, wo zur Zeit noch keine Landständeversammlungen sind, wird der Preis der Entschädigung durch die Gouvernements=Behörde bestimmt, welche in Bauern=Angelegenheiten zu entscheiden hat.

§. 16. Zur Abwehr der Ursachen, welche sehr häufig Wald=brände veranlassen, werden hier die Artikel 585 bis 595 der Forst=verordnungen in Erinnerung gebracht, welche in dieser Hinsicht ge=geben worden sind:

Art. 585. Die Kronsbauern müssen beim Abbrennen des Gra=ses, Stoppeln oder Wurzeln die Entfernung vom Walde abmessen und bei einem Abstande von einer halben Werst und weniger, müssen sie vor dem Abbrennen dem Brandlöschvorsteher Anzeige machen. Derselbe hat darauf zu sehen, daß im Umkreise des ab=zubrennenden Ortes ein Graben gezogen, oder daß das Gras ab=gemäht und die Erde aufgepflügt, oder endlich, daß der Rasen ab=geschält und mit der Erbseite nach oben gekehrt wieder hingelegt werde.

Das Abmähen, Umpflügen oder Abschälen hat auf 2 Faden (= 4,267 Meter), * Breite zu geschehen.

---

* 1 Faden (russ. Saschén) = 3 Arschin = 7 Fuß = 84 Zoll =

Art. 586. Bei dem Abbrennen muß sich der betreffende Bauer an dem Orte mit Spaten, Besen, Eimern und anderen zum Löschen fähigen Werkzeugen befinden, um das Feuer nicht über das ihm gehörende Land weiter brennen zu lassen.

Art. 587. Bei starkem nach der Seite des Waldes zu wehendem Winde muß das Abbrennen ausgesetzt und das Feuer ausgelöscht werden.

Art. 588. Dieselbe Vorsicht muß beobachtet werden:

1. Bei Abbrennung öder Orte zur Verbesserung des Getreidebaues, oder des Weidebaues für das Vieh.

2. Bei der Gestattung, einzelne Waldflächen zum Getreidebau, oder zur Heugewinnung zc. zu reinigen.

3. In Hinsicht der Verbesserung der Felder durch Verbrennen der Stoppel, Geisklees, Knorren — Sukoff — zc.

Art. 589. Es ist nicht gestattet, Blößen im Walde abzubrennen.

Art. 590. Da das Feuer in den Staatsforsten nicht selten durch die Unvorsichtigkeit der Privatbauern, bei der Reinigung der zum Fruchtbau von den in Staatswaldungen eingeschlossenen Ackerflächen veranlaßt wird, so haben die Privatbesitzer die Verpflichtung, ihren Verwaltern, Aufsehern, Ortsvorstehern zc. streng einzuschärfen, daß sie bei dem stattfindenden Abbrennen des Grases, der Stoppeln, Aeste, Wurzeln zc. die Vorschriften genau beobachten, welche in den vorhergehenden Artikeln für die Kronsbauern gegeben worden sind.

Art. 591. Die Gutsbesitzer, deren Verwalter und Aufseher, sowie in den Staatswaldungen die Feuerlöschvorsteher, müssen den Hirten oft einschärfen, daß sie im Walde in der Zeit von Anfang des Frühjahrs bis zum 15. Oktober in den südlichen und bis zum 15. September in den übrigen Gouvernements niemals Feuer anmachen dürfen. Für den Fall, daß im Walde selbst nicht geweidet wird, aber in der Nähe desselben, so ist zwar hier das Feuermachen nicht verboten, die Hirten müssen aber vorher dafür sorgen, daß das Gras auf zwei Faden Breite rings herum, wo man

---

2,133561 Meter. Nach dem Ukas vom 11. Oktober 1835 ist in Rußland das Grundmaß die Faden.

das Feuer anzumachen beabsichtigt, abgemäht wird, und daß beim Weggehen die Hirten das Feuer jedesmal auslöschen müssen.

Art. 592.. Holz- und Viehhändlern ist zwar erlaubt, in den Staatswaldungen Feuer anzumachen, jedoch in der Zeit vom 15. April bis 15. September aber nur zur Tageszeit und, besonders in den Nadelwaldungen, nie des Nachts.

Art. 593. Den Flößern ist es, wenn sie mit ihren Flößen an den Ufern bei den Staatswaldungen anhalten, erlaubt, auch in der Nacht Feuer anzumachen, jedoch mit der Einschränkung, daß das Feuer nicht näher als auf zwei Faden Entfernung vom stehenden oder liegenden Holze angemacht wird, und daß der dazu gewählte Platz nicht weit vom Wege liegt, außerdem aber auch vorher von Laub, Gras und anderen leicht Feuer fangenden Gegenständen gereinigt werden muß. Beim Weggehen muß jedoch das Feuer ganz ausgelöscht werden.

Art. 594. Außerdem dienen zur Vorsicht gegen Waldbrände folgende Vorschriften:

1. Niemals Feuer unter liegenden oder an stehenden Bäumen anzumachen; im erlaubten Falle aber nicht näher als zwei Faden von denselben.

2. Angemachte Feuer aber sowohl in den Waldungen als auch auf der Oede — Steppe — beim Weggehen nicht unausgelöscht zurückzulassen.

3. Pilz- und Beerensammler dürfen niemals im Walde Feuer anmachen.

4. Die Ortsbehörde ist verpflichtet, sobald sie im Walde oder auf Blößen und Oedungen ein unausgelöscht zurückgelassenes Feuer wahrnimmt, dafür zu sorgen, daß dasselbe sofort ausgelöscht wird.

Art. 595. Die in den vorhergehenden Artikeln enthaltenen Verordnungen müssen abgeschrieben und zur Kenntnißnahme des Publikums an die Wände der an den Straßen befindlichen Ausspannlocale, Gastwirthschaften und dergleichen öffentlichen Häusern angeheftet werden.

§. 17. Die Waldwächter haben die Verpflichtung, den Waldbesitzer oder dessen Verwalter von jedem Zuwiderhandeln gegen die vorstehenden Verordnungen, selbst auch dann, wenn dadurch kein Waldbrand entstanden ist, in Kenntniß zu setzen; damit Letztere der Polizeibehörde von dem Vorgefallenen Anzeige machen können. Die Polizeibehörde hat dann sofort mit dem Ortsvorstande Maßregeln zu ergreifen, um solche Mißstände zu beseitigen.

c) Ueber die Erhaltung der Privatwaldungen gegen Holzdiebstahl, Waldfrevel und andere Vergehen.

§. 18. Für eigenmächtiges Holzfällen, Entwenden und dergleichen Vergehen in den Privatwaldungen, sowie gegen Widersetzlichkeit gegen die Förster und Waldwächter unterliegt der Schuldige der gesetzlichen Strafe je nach der Art des Vergehens. Das Strafmaß wird vom Friedensrichter bestimmt.

Bemerkung: Unabhängig von der erkannten Strafe ist der Schuldige außerdem noch verpflichtet, dem Waldbesitzer auf Verlangen den entwendeten Gegenstand wieder an den Ort zurück zu bringen, von welchem die Entwendung geschehen ist.

§. 19. In Verbindung mit dem Vergehen wirkt im Sinne des gegebenen Gesetzes für andere (besonders Criminal-)Verbrechen der §. 1126 des Criminal-Verfahrens vom 20. November 1864.

§. 20. Für den Fall, daß der Waldwächter bei dem Betreffen der Holzdiebe, Brandleger oder anderer in forstlicher Hinsicht begangenen Vergehen, denselben Vieh, Werkzeuge oder andere Gegenstände abpfändet, so muß der Waldwächter diese Pfänder mitsammt dem Eigenthümer derselben noch an demselben Tage, oder im Verlaufe des nächstfolgenden Tages dem Waldeigenthümer, oder dessen Comptoir, oder Verwalter übergeben. Der Empfänger ist verpflichtet im Laufe der nächsten 24 Stunden den Polizeidiener oder Ortsvorsteher nebst zwei Zwangszeugen — Panaeti — herbeizurufen, in deren Gegenwart der Angeschuldigte befragt wird, ob er sich des ihm zur Last gelegten Waldvergehens schuldig bekennt. Hierauf wird er ohne Verzug entlassen. Ist der Waldeigenthümer abwesend, und befindet sich auf dem Gute kein Comptoir und kein Verwalter, so hat die erwähnte Anfrage vom Waldwächter in Gegenwart des Polizeidieners, oder des Ortsvorstehers und zweier Zwangszeugen zu geschehen.

§. 21. Für den Schuldigen, der bei einem Waldvergehen betroffen wurde, welches nach dem Gesetz mit einer Geldbuße bestraft wird, besteht das Recht, im Einverständnisse mit dem Waldeigenthümer oder dessen Bevollmächtigten die gerichtliche Untersuchung nicht eintreten zu lassen. Die Zahlung der Geldstrafe muß der Schuldige, wenn sie ihm vom Waldbesitzer oder dessen Bevollmächtigten nicht erlassen wird, eben so leisten, als wäre dieselbe durch ein richterliches Urtheil bestimmt worden.

§. 22. Wenn die Sache durch Bezahlung der Strafe nach dem vorhergehenden §. 21 nicht beigelegt oder der Angeschuldigte bei dem Vergehen nicht betroffen worden ist, so wird auf Verlangen des Waldbesitzers oder dessen Bevollmächtigten oder Waldwächters das Vergehen untersucht und bestraft. Das Urtheil wird gefällt: wenn der angerichtete Schaden nicht mehr als hundert Rubel beträgt, vom Friedensrichter, wenn der Schaden aber hundert Rubel übersteigt, vom Kriminalrichter.

§. 23. Wird der entwendete Gegenstand verborgen gehalten, so hat der Waldwächter das Recht, die Polizeibehörde zur Mitwirkung der Entdeckung aufzufordern.

§. 24. In der Anklage, §. 22, muß angegeben sein:

1. Zeit und Ort, wo die Anklage erhoben ist.
2. Durch wen, wann und wo das Verbrechen entdeckt worden ist.
3. Der Werth des angerichteten Schadens und die genaue Berechnung der Quantität.
4. Der Vor= und Zunahme und, wenn es möglich ist, auch der Wohnort des Betroffenen.
5. Die Menge und Qualität des einbehaltenen, oder dem Schuldigen abgenommenen Materials; sowie auch die Zeugen, wenn solche genannt werden können.

§. 25. Die Anklage muß in Gegenwart des Polizeibieners oder eines Ortsvorstehers und nicht weniger als zwei Zwangszeugen, sowie des Angeschuldigten, geschehen und niedergeschrieben werden. Die Anklageschrift wird unterschrieben vom Waldeigenthümer oder dessen Bevollmächtigten (wenn er sich auf dem Gute befindet), oder dem Waldwächter; ferner vom Entdecker des Ver-

9*

gehens, dem Ortsvorsteher oder Polizeidiener; von den Zeugen, wenn solche vorhanden sind, und von den zwei Zwangszeugen.

Für diejenigen, welche nicht schreiben können, unterschreibt, auf mündliches Ersuchen, derjenige, welcher dazu aufgefordert wird. (Die Unterschrift für 'einen andern erfolgt in der stereotypen Weise. Auf persönliches Bitten des N. N., der nicht schreiben kann, unterschreibt P. P.)

§. 26. Zur Aufstellung der Anklage und zur Beweisführung über das Vergehen hat der Waldbesitzer, sein Verwalter oder Waldwächter das Recht zur raschen Entdeckung des Thäters den Ortsvorsteher oder Polizeidiener und zwei Zwangszeugen aus dem nächstliegenden Orte aufzufordern.

§. 27. Die in Beziehung auf die erhobene Anklage von dem Angeschuldigten, den Zwangszeugen und den Zeugen, welche bei den Waldvergehen gegenwärtig waren, gemachten Bemerkungen und Einwendungen müssen in der Anklageschrift angemerkt werden.

§. 28. Den Preis des Schadens bestimmt eine besondere Taxe über das Waldmaterial. Diese Taxe wird für je drei Jahre von der Gouvernements-Landschaftsverwaltung proponirt, von dem Gouvernements-Landtage geprüft und, wenn für genügend befunden, festgesetzt.

————

Zur Vervollständigung dieses Gesetzes über die Bestrafung wegen Holzdiebstahls und Beschädigung fremder Waldungen wird ferner noch verordnet:

§. 1. Derjenige, welcher im Innern eines fremden Waldes, außerhalb der gewöhnlichen Fahrwege, mit Werkzeugen zum Fällen des Holzes betroffen wird, unterliegt einer Geldstrafe bis zu fünf Rubeln. Dieses Geld fließt in die Gouvernementskasse und soll zur Verwendung kommen, wenn für Gefangene Arrestlocalbauten vorgenommen werden, welche vom Friedensrichter zu Gefängnißstrafe verurtheilt worden sind.

§. 2. Bei der Untersuchung der nach §. 1 Beschuldigten ist zu erwägen, ob der im fremden Walde Betroffene, nach den Bestimmungen Theil X der Forstverordnungen, Artikel 448 und 449, ein Recht hatte zu gehen oder zu fahren; ob der Wald vom Felde abgetheilt liegt, oder der Weg durch Gräben und Zäune bestimmt bezeichnet war; ob der Angeschuldigte bei Tage oder zur Nachtzeit angehalten worden ist, ob sich bei dem Betroffenen Werkzeuge zum Abhauen oder Absägen des Holzes befanden; ob er mit einem zum Wegfahren von Waldmaterial besonders zugerichteten Fuhrwerke betroffen wurde. Ueberhaupt sollen alle zur Aufklärung der Sache dienenden Merkmale berücksichtigt werden.

Die in diesem Paragraphen angezogenen Artikel der Forstverordnungen lauten:

Art. 448. Derjenige Besitzer, welcher Land in Staats= und Privatwaldungen nutzt, hat das Recht, in den Wald zu gehen und zu fahren, um zu seinem Lande zu kommen und die Produkte von demselben wegzunehmen.

Art. 449. Kleine Wege über fremdes Grundeigenthum, welche die anwohnenden Landleute benutzen, um nach den eigenen Grundstücken zu gelangen, oder um ihr Vieh zur Tränke an einen Fluß zu treiben, müssen zwei Faden breit sein.

§. 3. Dem nach §. 1 Angeschuldigten wird die Strafe erlassen, wenn er beweisen kann, daß er sich verirrt habe oder vom Wege abgekommen sei und nicht die Absicht gehabt, Holz zu entwenden, zu freveln, oder überhaupt Schaden zu verursachen.

Forstschutz.

Ueber das Schützen der Saatschulpflanzen gegen Verbeißen durch Auerwild.

Vom Großh. Weimar'schen Revierförster C. F. Franz.

In dem Protokolle über die Verhandlungen auf der im Monat Juni v. J. zu Georgenthal abgehaltenen 15. Versammlung der thüringenschen Forstwirthe wird auf Seite 10 bemerkt:

„Nächstdem theilt Revierförster Franz noch ein Verfahren „mit, die Saatschulpflanzen gegen das Verbeißen durch Auerwild „zu schützen. Bei einjährigen Pflanzen wird dies durch Reißig= „einlage erreicht, bei älteren durch winkliges Ueberziehen der Beete

„mit Topfdraht. Die Kosten des letzteren Verfahrens betragen
„jedoch 7 Thlr. 20 Sgr. pro ¼ Hektar."

Es sei mir gestattet, bezüglich des Schlußsatzes Nachstehendes
erläuternd zu bemerken:

Der Großh. Schwallunger Forst, zum Forstinspectionsbezirke
Zillbach gehörig, hält an Fläche 1756 Hektar und besteht aus zwei
Abtheilungen. Auf jeder dieser Abtheilungen befindet sich eine
ständige Saat- und Pflanzschule, in welcher das nöthige Pflanz-
material, außer etwas Eichen, Buchen und Weißtannen, meist aus
Kiefern und Fichten bestehend, gewonnen wird. Die Saat- und
Pflanzschule auf der größeren, 1023 Hektar haltenden, sog. Wa-
sunger Revierabtheilung, ist 0,22 Hektar, diejenige auf der klei-
neren, 733 Hektar haltenden, sog. Schwallunger Abtheilung, 0,23
Hektar groß.

Der Nadelholz-Anbau erfolgt zum größten Theile auf dem
Verwitterungsboden des bunten Sandsteins durch Pflanzung mit
einjährigen Kiefern und zwei-, auch dreijährigen, meist verschulten
Fichten.

Der Bedarf bezifferte sich während der letzten 8 Jahre durchschnittlich jährlich auf 2340 Hundert dergleichen Pflänzlinge.

Bei diesem nicht unbedeutenden Verbrauch wurde der sich in
den Jahren 1868 bis 1871 alljährlich wiederholende Schaden von
Auerwild, durch Verbeißen der Spitzen und Knospen der jungen
Kiefern- und Fichten-Saatschulpflanzen, um so mehr empfunden,
als wir genöthigt waren, fast ohne Ausnahme, von dieser
Wildgattung beschädigte Pflänzlinge in's Freie zu versetzen. Alle
in Anwendung gebrachten Vorbeugungsmittel, als Ziehen von Feder-
lappen, Aufstellung von Windklappern u. dgl. m., blieben erfolglos,
besonders bei den verschulten Fichten. Von einigem, aber unge-
nügendem Erfolg war allerdings bei den einjährigen Saaten das
Belegen der Beete, insbesondere der Pfäde, denen das Auerwild
am liebsten zu folgen schien, mit sperrigem Reißig.

Da entschloßen wir uns im Herbste 1871 die Saatschule auf
der Wasunger Abtheilung, welche in letzter Zeit durch Auerwild
am meisten zu leiden hatte, mit Topfdraht zu überziehen. Es geschah dies in der Weise, daß von der einen Seite des die Saat-

schule umgebenden Spriegelzauns nach der entgegengesetzten, und von da wieder zurück, und so fort, Drahtzüge gelegt wurden, so daß gleichsam zwei dergleichen Drähte die Schenkel eines spitzen Winkels bildeten, deren Oeffnung am Zaune 70 bis 80 Zm. betrug. Der Draht wurde an der oberhalb der Spriegel, an den Pfosten angebrachten freien Stange, sog. Springstange, befestigt. Um aber eine ziemlich gleichmäßige Lage der Drahtzüge zu erhalten, namentlich aber, um alle Arbeiten in der Saatschule zu jeder Zeit ungehindert vornehmen zu können, unterzog man die Drahtlagen, bei einer Breite der Saatschule von 41 Metern, den Hauptquerpfäden entlang, 3fach mit stärkerem Draht und stützte diese Querzüge (Träger) mit an der Seite dieser Pfäde aufgestellten, etwa 2,5 Meter hohen, gleichweit entfernten Gabelstangen.

Der ganze Ueberzug erforderte 75¹/₂ Pfund Draht. Der Preis des letzteren betrug 19 Mark, der Arbeitslohn für Herstellung des ganzen Ueberzugs 4 Mark, daher die ganze Ausgabe für denselben 23 Mark. Der Zweck ist vollständig erreicht worden. Nur ein einziges Mal bis jetzt, und zwar im Winter 1871—72, kurze Zeit nach Fertigstellung des Drahtüberzugs, hat ein Auerhahn sein Zerstörungswerk in der fraglichen Saatschule fortzusetzen versucht. Die in derselben vorgefundenen Federn ließen erkennen, welche Schwierigkeiten jener zu überwinden gehabt, bevor er seine volle Freiheit wieder erlangen konnte. Irgend welche Beschädigung der Saatschulpflanzen war nicht zu bemerken.

Im Herbste v. J., also nach Verlauf von 3 Jahren, hat eine Reparatur des fraglichen Drahtüberzugs mit einem Aufwaßde von 4 Mk. 30 Pf. stattgefunden. Auch vor Eintritt des nächsten Winters wird eine kleine Reparatur nöthig werden, welche höchstens einen gleich hohen Aufwand erfordert. Nun glaubt Einsender die Dauer des Drahtüberzugs mit Sicherheit auf mindestens 6 Jahre annehmen zu dürfen. Berechnet man vom 4. Jahre ab die alljährlichen Ausbesserungskosten mit 4 Mk. 30 Pf., so stellt sich die Anlage, nebst der Unterhaltung, auf 23 + (4,30 × 3) = 35,90 M., also jährlich auf etwa 6 Mark. Es ist dies ein Betrag, welcher, den erreichten Vortheilen gegenüber, ohne Zweifel als ein sehr mäßiger bezeichnet werden darf. Dabei ist nicht ausgeschlossen, daß die Dauer dieses Ueberzugs eine noch längere sein kann, und der alljährliche Kostenaufwand sich noch mindert, selbst bei erhöhtem Reparaturkostenaufwande nach dem 6. Jahre.

Im Herbste 1873 ist nun auch wegen des in den letzten Jahren hier zahlreicher vorkommenden Auerwildes die auf der sog. Schwallunger Abtheilung vorhandene, nur mit einem Stangenzaune umgebene Saatschule mit einem Drahtüberzuge versehen worden. Hier kamen aber die Drahtzüge parallel und in 80 Zm. Entfernung zu liegen. Sonst wurde ebenso verfahren, wie bei der ersteren Saatschule.

Der Kostenaufwand für 42 Pfund hierzu nöthigen Draht mit Arbeitslohn betrug 16 Mk. 40 Pf. Auch hier ist der Erfolg ein vollständiger. Nur einmal, und zwar im Nachwinter von 1873—74, war ein Stück Auerwild auf der Stelle, an welcher ein an dem einen Ende nicht genug befestigter Drahtzug sich abgelöst hatte, in der Saatschule gewesen und hatte etwas Schaden verübt. Außerdem ist auch hier niemals wieder Auerwildschaden bemerkt worden.

Wegen des geringeren Verbrauchs an Draht stellen sich hier die Kosten nicht unwesentlich niedriger. Einsender hält deßhalb die parallele Legung der Drahtzüge in einer gleichmäßigen Entfernung von 70 bis 80 Zm. für angemessen und gegen Auerwildschaden in Saatschulen vollständig sichernd. — In der benachbarten Wasunger Stadtwaldung hat man neuerdings ebenfalls zu diesem Vorbeugungsmittel seine Zuflucht genommen, und zwar mit dem gewünschten Erfolg.

Die Befürchtung, daß das Auerwild bei Stangenzäunen durchkriechen würde, um, ohne den Drahtüberzug zu berühren, in die Saatschule zu gelangen, scheint ungegründet zu sein. Wenigstens ist hier eine solche Wahrnehmung bis jetzt noch nicht gemacht worden.

Schließlich mag noch angeführt werden, daß die Pfosten der Saatschulumzäunungen tief eingegraben, überhaupt fest stehen und nöthigenfalls durch Streben gestützt werden müssen, sollen dieselben in Folge der Schwere des Drahtüberzugs, namentlich wenn derselbe durch die mit Gabeln gestützten Querzüge etwas stark angespannt wird, sich nicht ziehen.

Schwallungen, im September 1875.

Literarische Berichte.

№ 12.

Die gesammte Lehre der Waldstreu mit Rücksicht auf
die chem. Statik des Waldbaues. Unter Zugrundlegung
der in den Königl. Staatsforsten Bayerns angestellten Unter=
suchungen, bearbeitet von Dr. E. Ebermayer, Professor der
Agriculturchemie, Geognosie und Bodenkunde an der K. bayr.
Central=Forstlehranstalt zu Aschaffenburg. Resultate der forstl.
Versuchsstationen Bayerns. Berlin, 1876. Verlag v. Julius
Springer. Preis 11 Mark.

Wie kann man über einen so einfachen Gegenstand wie die
Waldstreu ein so dickes Buch schreiben, so mag vielleicht mancher
Leser denken, wenn er das vorliegende, 412 Seiten umfassende
Werk zur Hand nimmt. Derselbe möge sich aber deßhalb von
einer Vertiefung in das voluminöse Werk nicht abhalten lassen,
denn dasselbe ist ganz geeignet, helle Strahlen exakter wissenschaft=
licher Forschung in die Belehrung suchenden Köpfe zu senden und
den alten forstlichen Satz aufs neue zu bekräftigen: „Licht in
den Köpfen und Dunkel im Walde.“

Man erhalte dem Walde nur seine unentbehrliche Bodendecke,
man erziehe denselben so dicht, daß die Sonne zwar die Köpfe der
Bäume, nicht aber deren Füße bescheinen kann, und man wird die
Produktionskraft des Waldes nicht nur ungeschmälert erhalten,
sondern häufig sogar noch zu steigern vermögen. Das ist etwa
das Endresultat der in dem Buche niedergelegten reichlichen Unter=
suchungen und streng wissenschaftlichen Forschungen, welche im
vollen Einklang mit der seitherigen Praxis stehen.

Das E. Ebermayer'sche Werk gehört zu den hervorragend=
sten Leistungen der neueren und neuesten Forstliteratur. Es ist
gewiß für Jedermann, welcher viel liest oder zum fleißigen Lesen
verurtheilt ist, ein großer Genuß, auch wieder einmal ein Buch in
die Hand zu bekommen, in welchem Dinge besprochen werden, die
man nicht schon in Dutzenden von andern Büchern umständlich be=
handelt fand. Wie häufig sucht der emsige Leser in dünnen und
dicken Büchern nach einem einzigen guten Korn, ohne es zu

finden, und wie bedauert er dann, auf solche werthlose Geistes=
produkte kostbare Zeit nutzlos verbraucht zu haben.

Ganz anders verhält es sich mit dem E. Ebermayer'schen
Werke, dasselbe bietet eine Menge neuer Resultate und enthält
einen reichlichen Born belehrenden Stoffs, aus dem sowohl Theo=
retiker wie Praktiker, junge und im Dienste des Waldes ergraute
Fachmänner mit Nutzen schöpfen können. Das Buch wird nach
verschiedenen Seiten hin fortschrittlich wirken. Einmal wird das
noch in der Entwicklung begriffene junge forstliche Versuchswesen
da wesentlich befestigt werden, wo es noch einer Stütze bedarf.
Leider gibt es noch immer Fachgenossen, welche sich von dem Werthe
des forstlichen Versuchswesens für Wissenschaft und Praxis noch
nicht überzeugen können, welche die aufopfernden Bestrebungen
ernster Männer glauben begeifern und belächeln zu dürfen, die in
Ausführung begriffenen Versuche für „gelehrte Späße" halten, bei
denen für die Praxis nichts herauskomme, da der Wald doch nach
wie vor in gleicher Weise wachsen würde u. s. w.!

Zur Heilung solcher kranken Ansichten ist nun das vorliegende
Buch besonders geeignet, denn es liefert nicht nur einen Baustein,
sondern das Fundament zu einer wissenschaftlichen Begründung der
Waldbaulehre, an welchem es seither noch so sehr gefehlt hat; es
zeigt, wie in der That der Wald auf den sicheren Pfeilern der
Resultate exakter Forschung anders wachsen, mehr und nachhaltiger
produciren kann, als man seither anzunehmen gewohnt war.

Die Chemie des Waldbaues lag seither noch in den Windeln,
während die Agriculturchemie in ihrer Entwicklung sehr viel wei=
ter vorgeschritten ist. Während die landwirthschaftlichen Produkte,
die Dungstoffe, der Boden u. s. w. nach allen Richtungen chemisch
untersucht sind, so daß man genau weiß, was in den verschiedenen
Ernten dem Boden entzogen und was ihm durch die Düngung
wieder zurückgegeben wird und wieder ersetzt werden muß, wenn
die Erträge nicht abnehmen sollen, sind in der Forstwirthschaft in
dieser Richtung kaum die ersten Schritte geschehen. Es fehlt bei
uns noch an derartigen Untersuchungen. Wir wußten lange nicht,
welche Nährstoffe und in welchen Quantitäten wir in den einzelnen
Holzsortimenten, in andern Forstprodukten und insbesondere auch

in den Streumaterialien dem Boden entziehen. Wir waren uns daher auch ganz unklar darüber, ob wir im Stande sein würden, den Waldboden in gleicher Produktionskraft für die Dauer zu erhalten. Wenn wir eine Abnahme der Holzproduktion beobachteten, phantasirten wir über die Ursachen, unter Zuhilfenahme unserer Erfahrungen, ohne jedoch klar über den Gegenstand werden zu können. Wir sprachen, auf Grundlage gemachter Erfahrungen, hinsichtlich der Ansprüche, welche die Waldbäume an den Boden machen, von anspruchslosen und anspruchsvollen Holzarten, wir wandelten Laubhölzer in Nadelhölzer, namentlich in die Kiefer, um, wenn der Boden durch anhaltende Streunutzung oder durch sonstige wirthschaftliche Fehler erschöpft schien. Der Eine betrachtete die Fichte, der Andere die Weißtanne als die anspruchsvollere Holzart, aber wir waren nicht im Stande, den ziffermäßigen Nachweis zu liefern, welche Holzart den Boden mehr angreife, bei welcher Art Streumaterialien und bei welcher Form der Streunutzung der Wald am meisten geschädigt werde. Kurz, die Waldbaulehre stützte sich seither mehr auf Erfahrungen und konnte eine exakte Wissenschaft nicht genannt werden, es fehlte ihr fast aller wissenschaftliche Boden, der Ausbau der chemischen Statik des Waldbaues.

Allerdings könnte man einwenden, der Aufbau einer besonderen Chemie des Waldbaues sei überflüssig, es genüge an der seitherigen Agriculturchemie, seien ja doch die Gesetze der Pflanzenernährung dieselben für die landwirthschaftlichen Gewächse, wie für die Bäume des Waldes. Ein derartiger Einwand kann aber vor der heutigen Wissenschaft nicht mehr bestehen. Qualitativ sind allerdings die Nährstoffe der Acker-, Wiesen- und Wald-Gewächse dieselben, quantitativ aber weichen sie sehr beträchtlich von einander ab, und gerade hierauf kommt es in der vorliegenden Frage ganz besonders an. Es ist deßhalb auch die noch vielfach bestehende Ansicht ganz irrig, eine Chemie des Waldbaues sei schon deßhalb von geringerer Bedeutung, weil durch die Wegfuhr der Produkte des Waldes dem Boden weit weniger wichtige Nährstoffe entzogen würden, als dies bei landwirthschaftlichen Gewächsen der Fall sei. Dieser Satz hat nur unter der Voraussetzung einige Berechtigung für sich, als dem Walde nur Holz, nicht aber auch Streu,

Gras u. s. w. entführt wird. In letzterem Falle hat Eber=
mayer den Nachweis geliefert, daß der Buchenhochwald zu seiner
jährlichen Gesammtproduktion größere Mineralstoffmengen bedarf,
als ein gleich großes Getreide= oder Erbsenfeld.

Hierzu gesellen sich aber noch einige sehr wesentliche Unter=
schiede zwischen dem land= und forstwirthschaftlichen Betriebe. Der
Landwirth pflügt seinen Acker, er lockert den Boden und schließt
dadurch neue Pflanzennährstoffe in größerer Menge auf; eine Be=
arbeitung des Waldbodens war aber seither nicht üblich und wird
voraussichtlich auch künftig nicht möglich werden. Der Landwirth
bringt die dem Boden in den Ernten entzogenen Nährstoffe in
Form von Mist wenigstens theilweise wieder auf sein Gelände zu=
rück, er bereichert seinen Boden weiter durch Ankauf künstlicher
Dungstoffe. Was aus dem Walde seither in Form von Holz,
Rinde, Streumaterialien u. s. w. abgeführt wurde, kommt nie mehr
in denselben zurück, ebenso war eine künstliche Düngung des Wal=
des, abgesehen von Saat= und Pflanzschulen, seither nicht möglich.
Bedenkt man endlich noch, daß der Wald im Laufe der Jahrhun=
derte immer mehr auf die schlechtesten Gründe in rauher Gebirgs=
lage zurückgedrängt wurde, während die Landwirthschaft unter weit
günstigeren Standortsverhältnissen betrieben wird, so kann man
über die Nothwendigkeit des Ausbaues der chemischen Statik des
Waldbaues nicht mehr im geringsten Zweifel sein.

Der Verfasser hat sich nun in dem vorliegenden Werke die
verdienstvolle Aufgabe gestellt, einmal „durch zahlreiche exakte Un=
tersuchungen Material zu liefern zur wissenschaftlichen Lösung der
so wichtigen und vielverhandelten Waldstreufrage," sodann aber
auch ein Fundament zu schaffen, auf welchem die chemische Statik
des Waldbaues weiter aufgebaut werden kann. Er legte dabei
die seit einer Reihe von Jahren in den Königl. Staatsforsten
Bayerns durch die dortigen forstlichen Versuchsstationen reichlich
angestellten Untersuchungen über Streuerträge verschiedener Holz=
arten und Standortsverhältnisse zu Grunde, zog ferner die von
andern deutschen Versuchsanstalten in neuester Zeit in Ausführung
gebrachten einschlagenden Arbeiten mit herein, sowie auch ältere
Analysen über Produkte der Forstwirthschaft ihre gebührende Be=

rückſichtigung fanden. Auf dieſe Art konnte der Verfaſſer über ein zunächſt hinreichendes Material zur Löſung der von ihm geſtellten Aufgaben verfügen und derſelbe gelangte bei der umſichtigen Bearbeitung deſſelben nicht nur zu ſehr intereſſanten, ſondern auch theilweiſe zu überraſchenden Reſultaten, welche die Aufmerkſamkeit des Forſt= und Landwirths im höchſten Grad in Anſpruch nehmen müſſen.

Allerdings finden ſich in dem Materiale, welches dem Verfaſſer zur Verfügung ſtand, noch bedeutende Lücken, viele als Unterlage bienenden Durchſchnittswerthe müſſen aus einer noch weit größeren Anzahl von Unterſuchungen und Analyſen berechnet werden, wenn die Reſultate volles Vertrauen erwecken ſollen, aber dieſe Arbeiten werden jetzt mit viel größerer Luſt und Liebe wie ſeither vorgenommen werden, nachdem der Verfaſſer ſchon an dem wenigen Materiale die große Bedeutung derſelben für Wiſſenſchaft und Praxis nachgewieſen hat.

Was das Buch noch beſonders belehrend macht, iſt der Umſtand, daß der Leſer beim Studium deſſelben nebenbei noch ſpielend auf den gegenwärtigen Standpunkt der Pflanzenphyſiologie und Agriculturchemie geſtellt wird, und daß der Verfaſſer den gewonnenen und auf den forſtlichen Betrieb bezüglichen Reſultaten immer auch in überſichtlicher Weiſe die Ergebniſſe der Landwirthſchaft gegenüber ſtellt, ſo daß dadurch eine eben ſo leichte als intereſſante Vergleichbarkeit möglich wird. So iſt, um von den vielen nur ein Beiſpiel zu geben, Seite 100 nachgewieſen, daß in Summa

ein Kleefeld	alljährlich	pro	Hektar	319	Kilo	Mineralſtoffe
„ Wieſenfeld	„	„	„	299	„	„
„ Kartoffelfeld	„	„	„	265	„	„
„ Buchenhochwald	„	„	„	215	„	
„ Weizenfeld	„	„	„	174	„	
„ Erbſenfeld	„	„	„	196	„	
„ Fichtenwald	„	„	„	· 158	„	
„ Kiefernwald	„	„	„	63	„	„

beiläufig bedarf.

Zum Schluſſe wollen wir dem Leſer noch einen gedrängten

Ueberblick über den reichen Inhalt des Buches geben. Dasselbe zerfällt in fünf Hauptabschnitte und einen Anhang.

1. Die Bildung des Waldhumus.
2. Die Bestandtheile des Humus.
3. Die Eigenschaften des Humus, seine Einwirkung auf den Boden und die Bedeutung desselben für die Pflanzen.

V. Die Folgen der Streuentnahme aus dem Walde.

1. Die schädlichen Wirkungen der Streuentnahme auf den Boden.
2. Die schädlichen Folgen der Streuentnahme für die Holzgewächse.
3. Werth der Waldstreu für die Landwirthschaft.

Der Anhang bringt auf 116 Seiten noch sieben Tabellen, welche die Grundlagen enthalten, auf welchen der Inhalt des Buches aufgebaut wurde. Es sind in diesen Tabellen namentlich sämmtliche in den Staatswaldungen gewonnenen Materialien, sowie die im chemischen Laboratorium in Aschaffenburg gefundenen Resultate übersichtlich zusammengestellt.

Wir empfehlen das neue Werk, welches von dem Verfasser unter Aufwand von viel Mühe und Fleiß, klar und logisch geordnet, in sehr verdienstvoller Weise dem strebsamen Leser dargeboten wird, unsern Fachgenossen auf das wärmste und sind der festen Ueberzeugung, daß dasselbe vielleicht schon nach Jahresfrist vergriffen sein wird. **Saur.**

Forstinstitut der Universität Gießen.

Forstliche Vorlesungen im Sommersemester 1876.

1. Waldbau; 5-stündig, mit Uebungen und Excursionen } Der Unterzeichnete.
2. Forsthaushaltungskunde; 2-stündig.
3. Forstvermessung und Waldtheilung; 4-stündig, mit Uebungen und Excursionen. } a. o. Professor Dr. Lorey.
4. Uebungen aus der Holzmeßkunde.
5. Situationszeichnen für Forstleute und Cameralisten; 4-stündig . . . . . . o. Prof. Dr. von Ritgen.
6. Forstrecht; 4-stündig . . . . . . Dr. Braun.

Beginn: 27. April.

Die Immatrikulation beginnt am 24. April.

Ueber die Vorlesungen aus den Gebieten der einschlagenden Grund- und Hülfswissenschaften ertheilt der allgemeine Vorlesungskatalog nähere Auskunft, welcher gratis zu Diensten steht.

Hinsichtlich der Aufnahmebedingungen, Prüfungsordnung, Unterrichtsmittel, Promotion ꝛc. ꝛc. verweisen wir auf unsern Prospekt, welchen wir gegen frankirte Einsendung von 40 Pf. versenden.

Gießen, den 19. Februar 1876.

Die Direktion des akad. Forstinstituts:
Dr. Heß.

Ankündigung der Vorlesungen an der Kgl. Württemb. land- und forstwirthschaftl. Akademie Hohenheim im Sommersemester 1876.

I. Fachwissenschaften. 1) Landwirthschaftliche: Direktor Dr. v. Rau: Landwirthschaftspflege; Prof. von Siemens: landwirthschaftliche Technologie; Prof. Dr. Funke: Geschichte und Literatur der Landwirthschaft vom Beginn des 18. Jahrhunderts an, landwirthschaftliche Taxationslehre nebst Uebungen im Entwerfen von Gutswirthschaftsplänen, Rindviehzucht einschließlich des Molkereiwesens; Professor Voßler: Pflanzenproduktionslehre, specieller Theil, mit Einschluß des Hopfen- und Tabakbaues und des Wiesenbaues: Professor Zipperlen: Pferdezucht (Exterieur, Pferdezüchtung, Pferdehaltung); Professor Dr. Jäger: Seidenzucht; Oekonomierath Hochstetter: Weinbau; Repetent Stimmel: Kleinviehzucht; Garteninspektor Schüle: Demonstrationen im Obst- und Gemüsebau; Lehrer Mayer: Demonstrationen in der Bienenzucht; Wirthschaftsinspektor Strebel: praktische landwirthschaftliche Uebungen. 2. Forstwirthschaftliche: Forstrath Professor Dr. v. Nördlinger: Forsteinrichtung, Forstschutz, Forstpraktikum, Forstbotanik; Professor Dr. Baur: Waldbau, Baum- und Bestandesschätzung; Professor Voßler: landwirthschaftliche Encyklopädie für Forstwirthe; Repetent Hoffmann: Forstgesetze.

II. Grund- und Hilfswissenschaften. Professor Dr. v. Fleischer: Einleitung in die Botanik; Professor Dr. v. Wolff: Agriculturchemie, landwirthschaftliche Fütterungslehre, praktische Uebungen im chemischen Laboratorium; Professor Dr. Baur: praktische Geometrie mit regelmäßigen Uebungen in der Vermessungskunde; Professor Zipperlen: Thierheilkunde (spezielle Pathologie und Therapie, Seuchenlehre); Professor Dr. Ries: Geognosie; Professor Dr. Röntgen: Experimentalphysik, Trigonometrie; Professor Dr. v. Miaskowski: Rationalökonomie; Professor Dr. Jäger: spezielle Zoologie, Anleitung zu mikroskopischen Untersuchungen; Professor Bareiß: landwirthschaftliche Baukunde; Regierungsassessor Schmidlin: Rechtskunde für württembergische Forstwirthe; Repetent Hoffmann: Planzeichnen.

Ueber die Verhältnisse der Akademie, namentlich über die Lehrmittel, die Eintrittsbedingungen u. s. w. gibt der gedruckte Prospekt Auskunft, der auf Verlangen mitgetheilt wird. Die Vorlesungen beginnen am 4. April.

Hohenheim, im Juli 1875.

Direktion
der land- und forstwirthschaftlichen Akademie:
Rau.

Verantwortlicher Redacteur: Dr. Fr. Baur, Professor an der Akademie Hohenheim. Druck der E. Schweizerbart'schen Buchdruckerei (E. Koch) in Stuttgart.

Forſtſtatik.

Die Rechnung mit dem Bodenerwartungswerth der Flächen-einheit.

Von Carl Fiſchbach, Oberforſtrath in Sigmaringen.

Die ſogenannte Reinertragstheorie gewinnt in der forſtlichen Literatur immer größere Bedeutung und troß der von verſchiedenen Seiten dagegen erhobenen Bedenken liegt die Gefahr nahe, daß die Beharrlichkeit und Ausdauer, womit dieſe Lehre in Wort und Schrift zu verbreiten geſucht wird, von Erfolg gekrönt werde, denn es hat in der That etwas Beſtechendes, wenn man ſich zu ihren Gunſten auf die abſolute Richtigkeit der mathematiſchen Baſis dieſer Theorie berufen zu können meint und iſt es deßhalb auch nicht zu verwundern, wenn ſelbſt ein Theil der Gegner in dieſem Punkte wenigſtens zuſtimmen.

Der Fehler liegt aber nicht in der Berechnung, ſondern in den unrichtigen Vorausſetzungen, in der Unterſtellung einer ganz unmöglichen Nutzungsweiſe indem man mit der Flächen-einheit rechnet und die gegenſeitigen nothwendigen Wechſelbe-ziehungen der verſchiedenen Altersſtufen unbeachtet läßt.

Gleich beim Beginn der Controverſe in meiner zweiten Kritik des rationellen Waldwirths (Allg. Forſt- und Jagdzeitung 1860 S. 431) habe ich darauf hingewieſen, daß in der Wirklichkeit die Culturflächen bei verſchiedenen Umtriebszeiten wechſeln d. h. bei den höheren kleiner werden, während die Formel für den Boden-erwartungswerth jeweils gleiche Flächen für die verſchiedenſten Umtriebszeiten unterſtellt. In einem ſpäteren Artikel (Grunert und Leo, forſtliche Blätter 1872 Oktbr.) habe ich ſodann den Be-weis geliefert, daß innerhalb gleicher Zeiträume die Abtriebsflächen bei verſchiedenen Umtriebszeiten in umgekehrtem quadratiſchen Ver-hältniß zu dieſen ſtehen, wie aus folgendem Beiſpiel erſichtlich wird: die Geſammtfläche wird in allen Fällen = 480 Ha geſetzt, der Zeitabſchnitt für welchen die Rechnung gilt = 240 Jahre, hienach werden abgetrieben bei einem Umtriebe von

$$40 \text{ Jahren } 12 \text{ Ha } 6 \text{mal} = 72 \text{ Ha} \times \tfrac{1}{8} = 9$$
$$60 \quad \text{\textquotedbl} \quad 8 \text{ \textquotedbl } 4 \quad \text{\textquotedbl} \quad 32 \quad \text{\textquotedbl} \quad = 4$$
$$80 \quad \text{\textquotedbl} \quad 6 \text{ \textquotedbl } 3 \quad \text{\textquotedbl} \quad 18 \quad \text{\textquotedbl} \quad = 2{,}25$$
$$120 \quad \text{\textquotedbl} \quad 4 \text{ \textquotedbl } 2 \quad \text{\textquotedbl} \quad 8 \quad \text{\textquotedbl} \quad = 1$$

Während also auf den 120jährigen Umtrieb nur 8 H treffen, zeigt der 60jährige das 4fache, der 40jährige das 9fache an Abtriebsfläche, genau in dem Verhältniß wie $40^2 : 60^2 : 120^2$ denn der 3fach niedrigere Umtrieb hat die 9fach größere Fläche und der doppelt so niedrige die 4fache.

Wenn trotz solcher Einwürfe und Bedenken die ersten Vertreter dieser Schule noch fortwährend an der Richtigkeit ihrer Lehre festhalten, so bleibt den Gegnern nichts Anderes übrig, als fortwährend neues Beweismaterial beizubringen, was ich in Nachfolgendem versuchen will.

Ein Hauptirrthum liegt darin, daß bei jeder Anwendung der Formel für den Bodenerwartungswerth die verschiedenen Umtriebszeiten ohne einen vermittelnden Ueberführungszeitraum einander gegenüber gestellt werden, während in der Wirklichkeit die Ueberführung vom niedereren zum höheren Umtrieb ohne die vermittelnde Thätigkeit des Forstmannes gar nicht möglich ist. Beim aussetzenden Betrieb unterstellt man allerdings die Möglichkeit den 60jährigen Bestand der Flächeneinheit 30 weitere Jahre lang noch stehen lassen zu können und glaubt damit sei die Ueberführung zum 90jährigen Umtrieb fix und fertig. Es werden jedoch dabei diejenigen wirthschaftlichen Maßregeln, welche zur Herstellung der richtigen Altersabstufung unbedingt nothwendig sind, ganz außer Acht gelassen.

Zur Klarstellung dieses Verhältnisses nehmen wir an, es sei die Frage zu beantworten, ob auf einem 180 Ha großen, seither nachhaltig bewirthschafteten Complex mit 30jähriger regelmäßiger Altersabstufung nicht etwa der 60 oder 90 oder 120jährige Umtrieb rentabler wäre, falls die ans Ende des ersten Umtriebs prolongirten Nettoeinnahmen seither = h, künftig beim 60jähr. Umtrieb = 7 h, im 90jähr. = 16 h, im 120jähr. = 24 h pr. Flächeneinheit ergeben würden; (für die ersten 3 Stufen annähernd das Verhältniß der Burkhardt'schen Normalertragstafel für Kiefernhochwald).

Dieſer Complex erträgt bei 30jährigem Umtrieb ſeither nach=
haltig jedes Jahr $\frac{180}{30}$ h = 6 h hat alſo mit 3 ⅟ kapitaliſirt

einen Werth von $\frac{6 h}{0,03}$ = 200 h, welcher jedoch erſt 30 Jahre
nach Beginn der Gründung der Altersreihe rentabel wird, deſſen
Jetztwerth alſo durch Discontirung auf 30 Jahre zurück ſich auf
200 h $\times$ 0,412 = 82,4 h reduzirt.

Mit der Formel des Bodenerwartungswerthes ergeben ſich
folgende Größen: ein Jahresſchlag hat einen Jetztwerth von
$\frac{6 h}{1,03^{30} - 1}$ = 6 h $\times$ 0,701 = 4,206 h und es tritt, nach 30

Jahren beginnend, während der nächſten 30 Jahre je ein ſolcher
Schlag in die Nutzung, deren Jetztwerth mit dem Summirungs=
faktor des Rentenanfangswerths gefunden wird = 4,206 h $\times$ 19,60
= 82,4376 h wie oben bei der Kapitaliſirung. In dieſem Fall
findet der Satz „das Ganze iſt gleich allen ſeinen einzelnen Theilen"
ſeine richtige Anwendung.

Ganz anders aber geſtaltet ſich die Rechnung beim Uebergang
zu 60jährigem Umtrieb; es iſt, wie ſchon oben geſagt, nicht zu=
läſſig, daß man bloß die vorhandenen 30 Altersklaſſen noch wei=
tere 30 Jahre fortwachſen läßt; denn ſonſt würde man ſtatt des

benöthigten 1—60jährigen Holzes auf je $\frac{180}{60}$ = 3 H nur 30

Jahresſchläge aber von doppeltem Umfang bekommen. Dieß
nöthigt alſo dazu, die vorhandenen 30 Altersſtufen ſämmtlich in
der Mitte zu durchſchneiden und zwei Hiebszüge zu bilden, wovon
der eine in den nächſten 30 Jahren je auf der Hälfte des ſeit=
herigen Jahresſchlages 30jähr. Holz liefert, dieſe Nutzung hat einen

Anfangswerth von $\frac{180}{60}$ h $\times$ 19,60 =   58,8 h

Hierauf beginnt die nachhaltige Nutzung in 60jähr. Holze
mit 3 $\times$ 7 h, welche auf den gleichen Zeitpunkt wie obige bis=
contirt werden muß, nachdem ſie zuvor kapitaliſirt iſt, nämlich

$\frac{3.7 h}{0,03 . 103^{30}}$ = 700 h $\times$ 0,412 = $\underline{288,4 h}$

                                            Summe $\overline{347,2 h}$

Zur Gleichstellung mit dem Bodenerwartungswerthe ist eine weitere Discontirung auf 30 Jahre nothwendig, wodurch sich der Jetztwerth aller wirklich erfolgenden Nutzungen auf 143,05 h stellt.

Mit der Formel des Bodenerwartungswerthes rechnen die Vertreter des Reinertragswaldbaues wie folgt: der Wiederholungs=werth des ersten nach 60 Jahren hiebsreif werdenden Bestandes wird gefunden $= \dfrac{7\,h\,.\,3}{0{,}03^{60}\underline{\cdots}\,1} = 21\,h \times 0{,}204 = 4{,}284\,h$, dieses Capital ist während der folgenden 60 Jahre jährlich anzulegen, was einem Jetztwerth entspricht von 4,284 h × 27,67 = 118,54 h b. i. 17 Prozent niederer, als der eben gefundene Werth der wirklichen Nutzungen.

Geht man nun noch weiter und vergleicht den 90jährigen Umtrieb mit dem 30jährigen, so hat man für die erste Hälfte der 60jährigen Ueberführungsperiode den jährlichen Ertrag $h\,\dfrac{180}{90}$, in der zweiten Hälfte dieser Uebergangsperioden kann bereits 60jähr. Holz geschlagen werden $7\,h \times \dfrac{180}{90}$; hierauf beginnt dann die nachhaltige Nutzung in den 90jährigen Beständen $= 2 \times 16\,h$ in jedem Jahr.

Der Werth aller dieser Nutzungen zur Zeit wo im 30jährigen Complex die nachhaltige Benutzung beginnen könnte, ist folgender:

in den ersten 30 Jahren 2 h × 19,60 =   39,20 h
in den zweiten 30 Jahren 2 × 7 h × 19,60 × 0,412 = 113,05 h
sodann nachhaltig 2 × 16 h

$$\frac{2 \times 16\,h}{0{,}03 \times 1{,}03^{60}} = 1066{,}7 \times 0{,}17 \qquad \frac{181{,}34\,h}{333{,}59\,h}$$

Dieser Werth muß noch um weitere 30 Jahre zurückdiscontirt werden, wobei sich ergiebt 333,59 × 0,412   137,44 h

Die Anhänger des sogenannten Reinertragswaldbaues rechnen dagegen $\dfrac{16\,h \times 2}{130\underline{\cdots}1} = 32\,h \times 0{,}075 = 2{,}4$ Jetztwerth des ersten Jahresschlages, welche Capitalanlage 90 Jahre lang zu machen ist und deren Jetztwerth sich berechnet auf 2,4 h × 31,00 = 74,4 h.

Der Uebergang vom 30jährigen zu 120jährigem Umtrieb würde folgende wirkliche Werthe ergeben:

in den 1. 30 Jahren 1,5h × 19,6   29,4h

„ „ 2. „ „ 1,5 . 7h × 19,6 × 0,412   84,8h

„ „ 3. „ „ 1,5 . 16h × 19,6 × 0,17   79,9h

sodann nachhaltig $\dfrac{1,5 \times 24\,h}{0,03 \,.\, 1,03^{90}} = 1200\,h \times 0,07$ $\dfrac{84,0}{278,1\,h}$

auf 30 Jahre zurückdiscontirt 278,1 × 0,412 = 114,58h

Der Bodenerwartungswerth ist für den ersten Jahresschlag

$= \dfrac{1,5 \times 24\,h}{103^{120}1} = 36\,h \times 0,03 = 1,08\,h$, für sämmtliche 120 Altersstufen 1,08h. 32,373 = 34,96h.

Vergleicht man nun die Ergebnisse zunächst die der letztgenannten, seither für absolut richtig gehaltenen Methode, so erhält man folgende Verhältnißzahlen für die einzelnen Umtriebszeiten und zwar

für 30jähr.	60jähr.	90jähr.	120jähr.
82,44 :	118,54 :	74,4 :	34,96
1 :	1,44 :	0,903 :	0,42
	1 :	0,62 :	0,29
		1 :	0,47

Dagegen stellt sich der Jetztwerth der wirklich zu erhebenden Nutzungen, wenn man vom 30jähr. Umtrieb ausgeht auf

82,44 :	143,05 :	137,44 :	114,58
1 - :	1,73 :	1,67 :	1,39
	1	0,96 :	0,80
		1 :	0,84

woraus ersichtlich wird, wie groß die Fehler des erstgenannten Verfahrens sind. Die Unrichtigkeiten desselben liegen darin, daß einerseits die mit den Umtriebszeiten wechselnde Größe der Schlagflächen und deren Einwirkung auf die Erträge und andererseits ebensowenig der vom Normalvorrath des niedereren Umtriebs verfügbar werdende Theil in die Berechnung einbezogen werden; das erstere Verhältniß muß zum Nachtheil des höheren Umtriebs ausschlagen, was aber durch das letztere wieder reichlich ausgeglichen wird, wie aus obigen Beispielen hervorgeht. Eingehender habe ich bieß bereits in der Allgem. Forst= und Jagdzeitung von 1868 S. 411 erörtert.

In Anbetracht solch großer Mängel ist es fernerhin gewiß nicht mehr zuläßig die Formel des Bodenerwartungswerthes bei Vergleichung des ökonomischen Effektes verschiedener Umtriebszeiten zur Anwendung zu bringen.

Anmerkung der Redaktion: Wir sind in den letzten Jahren immer mehr zur Überzeugung gekommen, daß die Faustmann'sche Formel für die Berechnung des Bodenerwartungswerths zur Bestimmung der vortheilhaf= testen Umtriebszeit wenig geeignet erscheint. Die Theorie der sogenannten „Reinertragslehre des Waldbaues" bietet überhaupt noch viele Angriffs= punkte, ganz abgesehen davon, daß ihr noch so sehr die forststatischen, forst= statistischen und volkswirthschaftlichen Unterlagen fehlen, als daß es sich empfehlen könnte, dieselbe in der großen forstlichen Praxis schon jetzt zu verwerthen. Die deutschen Staatsforstverwaltungen sind daher auch gewiß nicht zu tadeln, wenn sie sich bis jetzt — mit Ausnahme von Sachsen — gegen die neue Lehre passiv verhielten, deren Richtigkeit von Tag zu Tag mehr bezweifelt wird. Leider wirken auch in den Waldungen die Natur= kräfte mächtiger als die Formeln, dafür haben die gräßlichen Waldbeschä= digungen der jüngsten Zeit und der letzten Jahre durch Insekten, Stürme, Schnee= und Luftbruch genügende Beweise geliefert.

Jagdwesen.

Die Doppelgehörn-Bildung bei Damhirschen.

Vom Gr. Heff. Oberförster C. A. Joseph.

(Mit Tafel III.)

Gehörn=Mißbildungen sind dem Jäger stets sehr willkommene Erscheinungen und mit besonderem Wohlgefallen ruht sein Auge auf solchem Wandschmucke, wenn ein eigener glücklicher Schuß ihm denselben verschafft hat. Dieselben entstehen theils auf mechanische Weise von außen in der Kolbenzeit durch einen Schuß oder Sturz, durch Anrennen, durch Zerren in Wilddiebschlingen, beim Durch= schlupfen durch Gatter, aber auch und häufig von innen heraus in Folge von Kranksein (Kümmern), von Beschädigung und gar Entfernung des Kurzwilbprets.

Es ist dieses interessante Thema bereits mehrmalig in der Jagdliteratur besprochen worden. — Ob ein weit häufigeres Vorkommen ungewöhnlicher Beschaffenheit beim Gehörne des Rehbockes dieser Wildart eigen oder ob die beßfallsige Behauptung nicht vielmehr auf Täuschung beruht, weil das Rehwild in weit größerer Anzahl in Deutschland verbreitet ist, als das Edel- und Damwild, so daß alljährlich eine weit größere Anzahl Rehböcke erlegt wird, also auch eine absolut größere Zahl von Rehgehörn-Monstrositäten dadurch gerechtfertigt erscheint — mag dahingestellt bleiben. Die Gefahren wenigstens, welche dem Wilde in dieser Hinsicht drohen, dürften kaum bei einer oder der andern der genannten Arten vorwalten.

Aber einer gewissen Sippe von Mißbildungen, die bei Damhirschen in hiesiger Gegend öfter und immer in ähnlicher Weise vorkommt, ist bis jetzt, meines Wissens, in unserer und zwar in der periodischen Literatur nur ganz nebenbei Erwähnung geschehen und doch bietet dieselbe dem Jäger wie dem Physiologen Interesse genug darum, weil die erste innere Ursache dazu sich in Dunkel hüllt und ferner weil diese Gehörn-Exemplare vorzugsweise geeignet sein dürften, instructive Belegstücke für die Theorie der Geweihbildung abzugeben. Daher habe ich es unternommen, jene, die ich Doppelrosen- und Doppelstangenbildung, oder der Kürze wegen Doppelgehörn-Bildung nennen will, in Folgendem näher vorzuführen.

Nach dem Inhalte eines Referates über die in 1861 abgehaltene Versammlung des Hils-Sollings-Vereins (Mai-Heft der Allg. Forst- und Jagdzeitung von 1862) hatte dort Herr Forstrath Hartig den Schädel mit dem Geweih eines eingegangenen geringen Damschauflers vorgezeigt, an welchem das Wachsthum einer neuen Stange begonnen hatte, bevor die alte naturgemäß abgeworfen war. „Der Absatz der neuen Stange hatte etwa das Ansehen, als ob sie dem Rosenstocke von der Seite ab angeschroben worden sei. Die Continuität dieses Ansatzes mit dem Rosenstocke wurde jedoch von dem Herrn Vorzeigenden verbürgt."

Im Mai-Hefte der Allg. Forst- und Jagd-Zeitung von 1872 beschreibt ein Herr Präsident Oppermann aus Berlin den Schädel eines Damhirsches: „Der Schädel trug die Geweihbildung eines Spießers, aber mit einer auffälligen Bildung der Rosen und des unteren Theiles der Stangen, welche der .... dahin erklärte, daß der Hirsch die ersten Spieße nicht abgeworfen, im nächsten Jahre über dieselben neue Spieße aufgesetzt hätte." Ferner berichtet derselbe Herr dort von einem im August 1871 selbst in Niedersachsen erlegten „Damspießer, der unaufgebrochen 140 Pfd. wog, kurze, aber kräftige, gedrungene, blank gefegte Spieße trug mit einer Rosenbildung, die nahezu den Eindruck machte, als befänden sich zwei Rosen über einander".

Zweifelsohne gehören diese 3 hier beschriebenen Gehörne, die man wohl auch sämmtlich als in Norddeutschland erbeutet annehmen darf, zu derselben eigenthümlichen Kategorie, aus der ich auf der beigegebenen Tafel welche abgebildet habe. Dergleichen werden, wie vorbemerkt, in der großherzoglich hessischen Provinz Starkenburg, insbesondere in freier Wildbahn, sowie in einem Wildparke des Forstes Groß-Gerau nicht gerade sehr selten beobachtet, denn ich habe deren gegen 40 Stück bis jetzt constatirt, wovon ich 11 zu eigen besitze, während sie anderwärts, wie z. B. in dem gräflich Erbach-Erbach'schen und dem fürstlich Leiningen'schen Wildparke des Odenwaldes, in dem fürstlich Ysenburg-Büdingen'schen Wildparke bei Büdingen in Oberhessen, in der königlich preußischen Oberförsterei Zehdenick (Provinz Brandenburg) und Umgebung gänzlich unbekannt sein sollen.

Noch muß ich zunächst hervorheben, daß ich, die von Herrn Professor Dr. Altum neuerbings gebildeten verschiedenen Altersfolgen „Knopfspießer" und „Schmalspießer" nicht anerkennend, zur alten Lehre, deren Richtigkeit ich im Juni-Juli-Hefte dieser Monatsschrift von 1875 pag. 333—336* hinlänglich bewiesen zu haben glaube, und zur alten Terminologie halte, wonach Schmal-

---

* Bei der Gelegenheit bitten wir im genannten Hefte um Verbesserung folgender Druckfehler:

Seite 306 Z. 14 v. unten lese: neu erschienener Jagdbücher.
„ 307 „ 9 „   „   „ Wildes statt Waldes.
„ 309 „ 17 „   „   „ Forstzoologie statt Forstgeologie.
„ 310 „ 3 „ oben setze nach 2,7 noch Cm.

spießer der junge Hirsch heißt, „von Martinitag bis ihm die Spieße auf der Stirne hervorkommen," nachher Spießer schlechtweg bis zur Vollendung des 2. Altersjahres, ferner daß ich, nach hiesigem Gebrauche, Zweiköpfer, Dreiköpfer, Vierköpfer oder angehenden Schaufler, Schaufler, guten Schaufler, Capital-Schaufler resp. die Hirsche im 3., 4., 5., 6., 7., 8. Altersjahre nenne. Bei dieser Bezeichnung dürften am wenigsten Mißverständnisse vorkommen. Hartig legt z. B. schon dem Dreiköpfer den Namen geringen Schaufler bei, Bechstein dem Zweiköpfer denjenigen angehenden Schaufler. — Und nun zur Beschreibung: Die fragliche Mißbildung tritt meist in der Art auf, daß Spießer mit kurzen oder Knoten-Spießen, also Hirsche am Ende des 2. Altersjahres n i c h t abwerfen und dennoch zu Anfang des 3. Altersjahres neue Gehörntheile produciren in Form von Rosen, welche sich dicht unterhalb des alten Spießwulstes rings um den Rosenstock herum anlegen, doch sind Langspießer nicht ausgeschlossen (Fig. 1 und 2), o d e r in Form von Rosen nebst weiteren Stangentheilen als Augsprossen und mehr oder minder langen Fortsätzen (Fig. 3). Durch diese 3 Stücke wird deutlich der Zweiköpfer-Hirsch repräsentirt. Der Maßstab der Abbildungen ist ⅓ der Natur. Die Untersätze sind von den anfänglichen Spießen tief am Rande hinein räumlich sichtbar getrennt, so daß die Möglichkeit, die Rosen-Untersätze z. B. seien nichts anderes als gleichzeitig mit den letzteren entstandenene Perlenwucherungen, gänzlich schwinden muß. Jene stehen nur im Zusammenhange mit den Rosenstöcken und durch diese erst mit den Spießen. Ja bei Gehörn Fig. 3 sind sogar die mehr als Rosen darstellenden Untersätze ganz anders gefärbt als die Spieße: letztere hellgelblich, glänzend gefegt, jene wohl durchweg von Bast befreit, aber grauweißlich, der linke, nach unten gerichtete Stummel trägt das Zeichen der Unreife an sich und scheint von Menschenhand der Borsthaut entkleidet worden zu sein. Wenn der vorgenannte Herr Correspondent der Allg. Forst- und Jagd-Zeitung von 1872 weiter sagt: „Die ihm vorliegende Rosenbildung könnte beinahe zu der Vermuthung führen, die untersten Rosen seien beim Abwerfen der Stangen auf den Rosenstöcken geblieben und die Neubildung habe durch sie hiedurch stattgefunden," so wird diese allen-

fallsige Meinung, angewendet auf mein Exemplar Fig. 3, in schla=
gender Weise widerlegt, indem hier die Spieße positiv älter sich
erweisen als die Untersätze, abgesehen davon, daß Dam=Erstlings=
bildungen eigentliche, geschlossene Rosen nicht haben.

Außerdem besitze ich ein der Fig. 3 ähnliches Exemplar auf
vollständigem Kopfskelett vom 23. September 1866 aus dem Groß=
Gerauer Wildparke, dessen Zahnbildung mir unwiderleglich den
Zweiköpfer nachweiset, alt 2 Jahre 2¾ Monate. Unbedeutende
Spieße von nur 3,7 Ctm. Höhe sitzen oben auf; wären diese,
nach der von Herrn Oppermann angedeuteten Annahme, die jüngste
Bildung, so wäre eine Anomalie in zweifacher Hinsicht vorhanden:
der Hirsch hätte im 2. Altersjahre dann anstatt Spießen eine
Gabel mit Rosen gebildet gehabt, die Stangen wären oberhalb
der Augsprossen abgeworfen worden und die Rosenstöcke hätten
nun durch die sitzengebliebenen Rosen der Erstlingsbildung hieburch
als 2. Gehörn erst die regelmäßigen Spieße producirt mit gerin=
gerer Basis als die angenommene Erstlingsbildung. Wohl ist es
in einem einzigen Falle bis jetzt constatirt, daß die Erstlingsbildung
bei einem Damspießer eine reine Gabelstange sein kann: ich selbst
besitze ein solches Gehörn, (am 25. September 1862 im Groß=
Gerauer Wildparke erbeutet, der Spießer wog 18 Kilogramm),
das einerseits eine 17,8 Ctm. lange Stange mit hoch und in einem
Winkel von etwa 40° nach oben abgehendem Augsprossen von
6,5 Ctm. Länge doch ohne Rose, andererseits einen 3,2 Ctm. hohen
normalen Spieß hat, während die Rosenstöcke beiderseits vollstän=
dig gleich stark und hoch sind. Aber nicht ist meines Wissens
beobachtet, daß die 2. Bildung regelmäßige Spieße beim Damwilde
sein können. Ferner, was sehr wesentlich, „ist bis jetzt nicht fest=
gestellt, ob auch durch die Knochensubstanz des Rosenstockes Arterien
zum Geweih gelangen;" und der Augenschein an meinen sämmt=
lichen Exemplaren zeigt wohl Jedem zur Genüge, daß die von
Herrn Oppermann vertretene Hypothese des theilweisen Ab=
werfens einer Jahresbildung darauf nicht anwendbar sei.

Diese Doppelbildungen nun, veranlaßt durch das Nichtab=
werfen gegen Ende des 2. Altersjahres, da die Spießer abzu=
werfen pflegen, können aber doch das nächste Mal rechtzeitig ab=

fallen. Ich habe in Fig. 6 einen solchen Abwurf zum Ueberfluſſe abgebildet, den ich am 31. Mai 1866 ſelbſt an einer Salzlacke im Groß-Gerauer Wildparke aufgenommen, wo er jedenfalls noch nicht lange gelegen, von dem ich alſo mit Sicherheit weiß, daß er nicht gewaltſam von Menſchenhand an einem Gehörne abge=brochen worden. Aber das Unvermögen abzuwerfen kann auch bei den betreffenden Individuen über die nächſte Periode hinaus fortdauern. In Fig. 4 iſt ein Geweih dargeſtellt, eine Rarität, das auf der rechten Seite 3 verſchiedene Jahrgänge unter einander trägt, indem der Hirſch da beim Uebergange zum Dreiköpfer unter=halb der Doppelroſe eine förmliche Stange mit Roſe, Enden und ſchwacher Andeutung der Schaufel entwickelt hatte, links findet ſich nur der 3. Jahrgang, eine eben ſo ſtark beroſete, endloſe Stange, doch zeigt die an deren Baſis vorhandene Vertiefung genau die=ſelbe Weite, von 4,5 Ctm., wie diejenige, worin die Doppelroſe rechts ſitzt, und iſt hiernach höchſt wahrſcheinlich, daß der 2. Jahr=gang ebenfalls ein Unterſatz geweſen, der dann, wohl ſammt ſeinem Vorgänger, dem Spieße, beim Fegen des 3. Jahrgangs oder bei ſpäterem Schlagen oder Kämpfen ausgebrochen. Die Abbruchſtelle des Roſenſtockes iſt auf der Grundfläche deutlich zu erkennen und da auch die röthlichgelbe Färbung hier iſt, wie an den Stangen, ſo muß man annehmen, daß das Abbrechen frühzeitig geſchehen.

In den Fällen Fig. 1—3 und wohl auch Fig. 4 war bei den betreffenden Thieren auf b e i d e n Seiten das Unvermögen zum Abwerfen von vornherein vorhanden; in dem nun vorzuführenden, den Fig. 5 darſtellt, hatte der Spießer rechts, d. i. auf ſeiner rech=ten Seite, abgeworfen, es hatte ſich aber nur ein Stangenſtumpf neu auf dem Roſenſtocke entwickelt mit verkümmerter Augſproſſe; links war unter dem ſitzen gebliebenen Spieße, wie in vorherbe=ſchriebenen Fällen, eine 2. Roſe entſtanden, jener aber in der Folge doch abgebrochen: die Grenze, wie weit derſelbe während der Bil=dung der Doppelroſe noch mit dem Roſenſtocke innig zuſammen=gehängt, iſt auch hier deutlich zu ſehen und in der Fig. angedeutet. Beim Uebergang in das 4. Altersjahr hatte der nun Dreiköpfer werdende Hirſch von dem letzten Jahrgange ſeines Gehörns auf b e i d e n Seiten nichts abgeworfen und es hat ſich merkwürdiger=

weise nunmehr rechts, wo im Jahre vorher das Vermögen zum Abwerfen vorhanden gewesen, nur ein Rosenuntersatz gebildet, dagegen links unter der Doppelrose und um dieselbe außen nach oben hin eine beinahe regelmäßige Stange von 43 Ctm. Länge (ohne Mittelsprosse freilich und mit hoch abgehendem, in einem Winkel von 50° nach oben stehendem Augsprossen), die den Dreiköpfer deutlich bekannt giebt an der schwachen Verbreiterung oben. Auch hier sind also links 3 Jahrgänge als vorhanden gewesen angezeigt. Weitere Fälle der Tripelbildung oder gar ein Quadruplum kenne ich nicht.

Wenn auch, nach Ausweis der beobachteten Fälle, die bezeichnete Unfähigkeit zum Abwerfen meist beim Spießer beginnt und bei dem Zweiköpfer endigt, wobei zu beachten, daß die unscheinbaren Spieße mit Doppelrosen als Abwürfe nicht so leicht aufgefunden werden mögen, daher selten in die Hand eines Sachkundigen gelangen, so kommt jene aber doch auch, — erstmals oder wiederholt? das läßt sich nicht entscheiden, — in späterem Alter vor. Die Fig. 7 stellt das Geweih eines Vierköpfers dar. Als vollendeter Dreiköpfer hatte er rechts die Stange nicht gewechselt, sondern darunter nur einen schwachen Zuwachs in einer 2. Rose gehabt, während er links abgeworfen und eine neue, am äußersten Ende etwas verkümmerte, der vorjährigen rechts ganz ähnliche, doch 4 Mm. stärkere Stange mit höher abgehender Augsprosse producirte.

Das beiderseits regelmäßigste und zugleich stärkste Geweih in fraglicher Hinsicht besitzt Herr Präsident Baur zu Darmstadt aus dem Groß-Gerauer Wildparke: angehende Schaufeln des Vierköpfers von 45 Ctm. Länge und 58 Ctm. Spannweite mit Rosenuntersätzen, deren letzteren gelblichweiße Farbe andeutet, daß sie am 17. September, dem Abschußtage, noch nicht lange gefegt waren, daß sie überhaupt jünger sind, als die lichtbraunen Stangen, also daß die letzteren nicht durch jene hindurch sich später gebildet. Hier war bei einem Hirsche im 6. Altersjahre, da er Fünfköpfer oder Schaufler werden sollte, das eigenthümliche Unvermögen vorhanden.

Wie in den Fällen Fig. 4 und 5 je einerseits von den älteren

Bildungen welche ausgebrochen waren zur Zeit der Erlegung der Hirsche, sind mir 2 Fälle bekannt geworden, in denen beiderseits nur noch die Rosenuntersätze stehen geblieben. Fig. 8 ist ein solches Gehörn, dessen Träger ich am 17. Februar 1867 erlegt, dem Gewichte nach ein Dreiköpfer. Wie gewaltsam es bei dem Abbrechen zugegangen, beweiset der Umstand, daß rechts noch ein Theil des Untersatzes sammt einer äußeren Knochenlage des Rosenstockes mit weggerissen worden.

Aus diesem nachträglichen Abbrechen älterer Bildungen geht hervor, daß der Zusammenhang der alten Gehörne mit dem Rosenstocke ein minder fester ist, als derjenige des letzteren mit den jüngeren Anwüchsen, woraus zu entnehmen, daß die Lösung der Knochenmasse zwischen Rosenstock und älterem Gehörn an der Demarcationslinie zur gewöhnlichen Zeit des Abwerfens wohl eingeleitet gewesen, aber nicht vollständig bewerkstelligt werden konnte, denn sonst bricht beim Fegen, Kämpfen eher ein beliebiger Theil der Stange ab, als diese gänzlich, unten an der natürlichen Scheidelinie.

Ein Fall, daß ein Damhirsch, der nicht abgeworfen, auch nicht die mindeste Neubildung producirt, hat von mir bis jetzt mit Bestimmtheit nicht constatirt werden können, obwohl einige Andeutung dahin an dem Spießgehörn Fig. 9 gefunden werden kann. Der Träger wurde am 4. August 1861 im Groß-Getauer Wildparke erlegt, 24,5 Kilogramm schwer und erwies sich hiernach, sowie unzweifelhaft an den Rinnen a a, die ich als Demarcationslinie bis zu 1 Mm. tief mit einer Nadel rings um die Rosenstöcke herum leicht herstellen konnte, indem ich eine lockere faserige Gewebesubstanz herausarbeitete — als ein Hirsch im 3. Altersjahre, Zweiköpfer, gesetzt in 1859. Gewöhnlich erkennt man die Stelle, wo das Gehörn vom Rosenstocke sich demnächst trennt, deutlich an einer flach verlaufenden Vertiefung und findet unterhalb derselben eine Anschwellung des Rosenstockes statt; hier fehlt die letztere, die Scheidelinie gewahrte ich erst mit Hülfe der Lupe an der Verschiedenheit der hier lagernden Substanz im Vergleiche zur Umgebung und die Rinne ergab sich mir mit senkrechten Wänden. Darauf hin neige ich zu der Ansicht, daß eine Neubildung nicht erfolgt sein würde, gegenüber der Möglichkeit, daß der Spießer

in Folge eines früheren Laufbruches, der aber völlig wieder ver=
heilet war, sich im Abwerfen nur um einige Monate verspätet
habe oder aber in 1859 sehr spät gesetzt worden sei.

Auf ein Minimum reducirt sich die Neubildung übrigens bei
dem Stücke Fig. 10 und ist dasselbe beßhalb merkwürdig. Der
Hirsch wurde am 12. Juli 1868 im Groß=Gerauer Wildparke
erlegt, 36 Kilogramm schwer, wornach er als Vierköpfer ange=
sprochen worden. Er hatte auf den Rosenstöcken an den 3 dunkel
gehaltenen Stellen a a a nur mehr schorfähnliche alte Gehörntheile
von in maximo 6 Mm. Höhe, rings ganz deutlich zum Abwerfen
abgegrenzt, die sich aber mit einiger Kraftanstrengung nicht ab=
heben lassen, während sich anderwärts nur wieder unbedeutende
Erhöhungen wie vorher, vorzugsweise Perlen des Rosenkranzes,
erzeugt, doch noch nicht ganz fertig gebildet hatten. —

Als nächste und zwar äußere Veranlassung dieser eigenthümlichen
Doppel= und Dreifach=Bildungen erscheint also, wie in dem Vorher=
gehenden oft genug erwähnt, das Sitzenbleiben der alten Gehörne auf
dem Rosenstocke in der Zeitperiode des Geweihwechsels für diese Wild=
art im Allgemeinen, woburch der bennoch, wenn auch oft in minderer
Menge vorhandene, neue Bildungsstoff gehindert wird, den ihm
von der Natur angewiesenen Platz oben auf dem Rosenstocke ein=
zunehmen und sich zu der typischen Gestalt voll zu entwickeln,
letzteres in den meisten Fällen wenigstens. Was ist aber die
Ursache des Nichtabwerfens bei den betreffenden Individuen? Herr
Dr. M. Schmitt, Director des zoologischen Gartens zu Frank=
furt a. M., meint in Nr. 2 der Zeitschrift Zoologischer Garten
von 1866, nachdem sich dort auch 2 dergleichen Fälle ereignet
hatten, dieselbe möchte in dem geringen Gewichte der Spieße zu
suchen sein, welche überbieß bei ihrer Kürze nicht leicht zufälligem
äußeren Anstoßen ausgesetzt seien. Ich kann dem nicht beipflichten.
In dem Groß=Gerauer Wildparke werden alljährlich eine Menge
der kleinsten Spieße, bis zu 2,5 Ctm. Länge herab, wirklich abge=
worfen. Aber es werden dagegen auch welche von 12 Ctm. Länge,
Fig. 1, und Stangen von 35 bis 47 Ctm. Länge nicht abge=
worfen, welche letztere $\frac{1}{4}$ bis $\frac{1}{2}$ Kilogramm wiegen.

Auf Seite 60 des Zoologischen Gartens von 1864 ist unter

der Ueberschrift: „Wechsel des Geweihes beim Axis" zu lesen:
„Die südamerikanische Hirsche .... sollen ihre Geweihe zu sehr
unregelmäßigen Zeiten und selbst nicht alle Jahre (manchmal nur
eine Stange) abwerfen. Dieß kann in einem Lande, wo Sommer
und Winter sich weniger unterscheiden, nicht Wunder nehmen und
es scheint daher, daß solche individuelle Abweichungen sich mehren
und steigern, je weniger kategorisch das Klima durch schroffe Wechsel
der Jahreszeiten sich einmischt." Sollte wirklich der klimatische
Unterschied zwischen der Gegend in der Rheinebene, wo die meisten
dieser Mißbildungen vorkommen, und den rauhen Höhen des Oden=
waldes oder der norddeutschen Ebene die Schuld tragen, daß jene
in den letzteren Oertlichkeiten nicht resp. vereinzelt vorkommen oder
sollte nicht vielleicht das bewußte Unvermögen abzuwerfen indivi=
duell von geschlechtlicher Impotenz herrühren trotz äußerlich ge=
funden Kurzwildprets? Bei in oder bald nach der Brunstzeit er=
legt werdenden Hirschen · mit dergleichen Mißbildungen möchte nach
dem Brunstbrande deßhalb Nachforschung anzustellen sein.

Jedenfalls mangelt diesen Individuen die innere Disposition
zu dem Geweihwechsel, was schon durch die Thatsache angezeigt
wird, daß in den Fällen Fig. 1, 2, 4, 5, 6 und 7, theilweise
freilich nur einerseits, geringere Mengen Bildungsstoff in den
Rosen=Untersätzen zur Verwendung gekommen, als bei den Erst=
lingsbildungen, während bei regelmäßigem Verlaufe mit jedem
Jahre eine größere zur Formirung gelangt, bis der Culminations=
punkt der körperlichen Ausbildung überhaupt erreicht ist. In hohem·
Grade auffallend ist es aber, daß in den Fällen Fig. 5 und 7
einerseits gleichzeitig eine weit größere Quantität den betreffen=
den Jahrgang repräsentirt als andererseits, im ersteren Falle bei
gestörter Entwickelung durch das Vorhandensein des vorherigen
Jahrgangs, in Fig. 7 bei ungestörter. Bei Körperverletzung, ins=
besondere Laufbrüchen, hat man dergleichen wohl auch bereits
beobachtet.

Es hat bis jetzt noch nichts darüber festgestellt werden können,
unerachtet der Mühe, die sich der Verwalter des Groß=Gerauer
Damwildparkes, der mir befreundete großherzogliche Oberförster
Frey, dessen Güte und Eifer für die Wissenschaft ich viel verdanke,

darum gegeben. Die in letzter Zeit erlegten dergleichen Stücke will derselbe nur besonders gut bei Leibe erfunden haben.

Bei Edelhirschen im Harze hat man eben wohl beobachtet (siehe Allg. Forst= und Jagd=Zeitung 1862 pag. 186), daß solche alte und neue Stangen zugleich getragen haben. Daselbst nehme man an, daß der Einfluß des Rauchs der Silberhütten (Verflüch= tigung des Arseniks) die Disposition zu dieser Abnormität im Gefolge habe. Leider ist nicht näher angegeben, in welcher Weise neben den neuen noch beide alte Stangen fest mit dem Rosenstocke verwachsen waren.

Beim Rehbocke habe ich einen Fall der Doppelbildung neuer= lich ausfindig gemacht in der Sammlung monströser Gehörne des jüngst verstorbenen Oberforstmeisters v. Cotta in Tharand: „Die linke Stange umfaßt die des vorhergehenden Jahres, welche aus irgend welchem Grunde nicht abgeworfen worden ist. Später ward sie locker und klappert in ihrer Umhüllung." (Illustrirte Jagd= zeitung, Jahrgang II pag. 43). Nach der dort beigefügten Zeich= nung ist die jüngere, äußere Stange nur ein Stummel, halb so lang als die innere, ältere, welcher übrigens auch der obere Theil fehlt.

Diese Analogien bei andern Cervinen schienen mir doch er= wähnenswerth. Endlich sei es mir noch gestattet, auf das in phy= siologischer Hinsicht Interessante der von mir besprochenen Miß= bildungen beim Damhirsche ausdrücklich aufmerksam zu machen. Es liegt dem Jäger so nahe, anzunehmen, daß nach dem Abfallen der Geweihe der neue Bildungsstoff durch die Gefäßkanäle des Rosenstockes auf dessen Querfläche geleitet werde und da unter der Basthülle zum Geweih emporwachse. Schon beim Rehbocke erscheinen in der Kolbenzeit jene Kanäle über die ganze Querfläche hin so erweitert, daß man sie mit gutem Auge wahrnimmt. Pro= fessor Dr. Altum sagt in seiner Forstzoologie Band I pag. 191: „Die Frage, ob dieselben (die Stirnbeinzapfen oder Rosenstöcke) sich auch an der Geweihbildung betheiligen, oder ob es lediglich die peripherischen Gefäße sind, von denen der Bildungsstoff abge= lagert wird, ist meines Erachtens noch eine offene." Ich meiner= seits bin nun natürlich weit entfernt davon, dieses Dunkel lichten

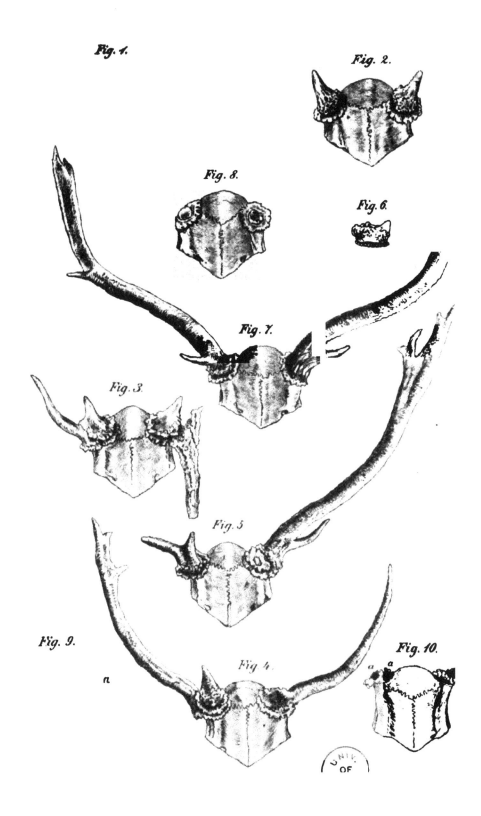

Fig. 1.

Fig. 2.

Fig. 8.

Fig. 6.

Fig. 7.

Fig. 3.

Fig. 5.

Fig. 9.

Fig. 4.

Fig. 10.

zu wollen; das kann nur auf dem Wege exacter Forschung durch Physiologen von Fach unter Zuhülfenahme des Mikroskops geschehen. Doch darf ich darauf hinweisen, daß, da das Charakteristische dieser Art Mißbildung in dem Sitzenbleiben des alten Gehörns auf dem Rosenstocke, also in einer Verdeckung der Ausgangsöffnungen der Gefäßkanäle an der Demarcationslinie (Resorptionssinus, wie Kölliker die Stelle nennt, wo durch Zerstörung der Knochenmasse das Abwerfen ermöglicht wird) besteht, daß eine directe Abgabe des Bildungsstoffes aus den Oeffnungen der Kanäle, falls sie wirklich solchen führen, ja ausgeschlossen ist, daß derselbe dann nur auf dem Wege der Diffusion durch die Wandungen der Kanäle nach der Manteloberfläche, wo sich die Neubildungen dicht am unteren Rande des alten Gehörns anlagern, gelangen könnte. Professor Dr. Lieberkühn hat in einer Abhandlung über Knochenwachsthum (1864) die Annahme einer Diffusion des Farbstoffes bei Krappfütterung der Thiere zur Beobachtung der Wachsthum-Erscheinungen verworfen. Ob es bei dem Geweih-Bildungsstoff anders sich verhält oder nicht, darüber kann ich mir als Laie wiederum kein Urtheil erlauben; es will sich mir nur gerade aus diesen Gehörn-Mißbildungen umsomehr als wahrscheinlich darstellen, daß die von jedem Jäger gewiß schon beobachtete Aufschwellung des Rosenstockes vor dem Abwerfen nicht bloß eine Erweiterung der die Knochenmasse durchziehenden Kanäle sei, sondern, ähnlich der Jahresringbildung der Bäume, vorzugsweise ein Dickewachsthum in dieser Periode andeute, als dessen Fortsetzung nach oben die neue Kolbenmasse erscheint, die aber des Hindernisses auf der Querfläche des Rosenstockes wegen, nicht diesen von der Seite überlagern und darauf sich fortbilden könne, sondern je nach Vorrath von Stoff, jenen nur als Rosenuntersatz oder mit weiteren kurzen Stangentheilen umgeben oder in seltenen Fällen als förmliche Stangen um denselben herum empor wachsen müsse, daß also neu gebildete „pripherische" Gefäße des Rosenstockes einschließlich dessen Periosteums vorzugsweise die Bildner des neuen Geweihes seien. Bei regelmäßigem Vorgange der Geweih-Neubildung nach vorherigem Abwerfen dürfte vielleicht die Erweiterung der Kanäle im Innern des Rosenstockes, die allerdings stattfindet, und in Folge dessen der stärkere Zudrang von Blut (salva venia als Jäger) dazu dienen, zunächst um die Lösung (Resorption) der Knochenmasse an dem Resorptionssinus zu bewirken, damit das alte Gehörn abfalle und dann um die innigste Verbindung der von dem Umfange her aus den peripherischen Gefäßen sich dem Rosenstocke auflagern= den Bildungsmasse auf der ganzen Querfläche hin mit dem Rosen= stocke zu bewerkstelligen; auf einer trockenen Unterlage würde ja das neugebildete Gehörn keinen Halt haben. Bezüglich der Auf= lagerung des Bildungsstoffes auf dem Rosenstocke von dem Umfange gegen innen siehe die Abbildungen zu dem Schriftchen: Beobach= tungen über Wechsel und Wachsthum des Geweihes des Edelhirsches von Dr. Sömmering 1866.

Das Spießgehörn eines Rehbockes, das ich besitze, will mir außerdem zur Evidenz darthun, daß neue Lagen des Rosenstockes, die sich an demselben, wie bei der Kernschäle des Holzes, durch irgend welchen Einfluß von der älteren Knochenmasse losgetrennt haben und nur bis zur deutlich angezeigten Demarcationslinie heranziehen, hauptsächlich es seien, welche die beobachtete Stärke= zunahme des Rosenstockes kurz vor dem Abwerfen bewirken.

Die genaueste Beschreibung übrigens und selbst Abbildungen, wenn sie nicht in vergrößertem Maßstabe gegeben sind, werden in solchen difficilen Fällen das Sehen mit den eigenen Augen nicht ersetzen können.

Mit Waidmannsheil!

Eberstadt bei Darmstadt im December 1875.

Forstwissenschaft im Allgemeinen.

Reiseeindrücke in der Schweiz.

Im Anschluß an die Freiburger Versammlung im Herbste 1874 machte ich in Gemeinschaft mit mehreren andern Fachge= nossen eine Exkursion in die Hochgebirgswaldungen des Kantons Bern. Muß in solcher Lage die Sorge des Forstmanns in erster Linie auch auf die Erhaltung des Waldes gerichtet sein und tritt daher die Rücksicht auf den augenblicklichen finanziellen Vortheil des Besitzers gegenüber derjenigen auf das künftige Wohl eines ganzen Volkes in den Hintergrund, so mußte man sich um so mehr überrascht fühlen, wenn man plötzlich vor einem Transportmittel sich befand, das zwar einen alten, und vielerorts vergessenen Namen sich beilegt, daneben aber den Stempel moderner Technik und kühnen Unternehmungsgeistes trägt. Ich meine die Drahtseilriese. Da in deutschen Zeitschriften meines Wissens dieser originellen Einrichtung bis jetzt nicht gedacht worden ist, so dürften einige wenige Notizen hierüber nicht unwillkommen sein. Abgesehen von dem allgemeinen Werthe, den die Bekanntschaft mit dieser modernen Art von Riese jedem Forstmann gewährt, hat die kurze Erwähnung derselben vielleicht den Nutzen, in andern Gegenden, in denen die Drahtseilriese Anwendung finden kann — und dieß müssen nicht eben Hochgebirge sein — die Aufmerksamkeit auf dieselbe zu lenken. Das Folgende ist zum größten Theile der schweizerischen Zeitschrift für das Forstwesen entnommen.

Ihre Anwendung findet die Drahtseilriese an sehr steilen, beinahe senkrecht abfallenden Felswänden, von denen das Holz nur durch Herunterstürzen ins Thal verbracht werden kann, womit der Verlust von Nutzholz und eine erhebliche Einbuße an Brennholz verbunden ist. Die Anlage von Holzabfuhrwegen käme bei dem schwierigen Terrain und dem parzellirten Waldbestande viel zu hoch, während die Beweglichkeit und leichte Transportfähigkeit der Drahtseilriese die Aufstellung an jedem beliebigen Orte gestattet. Die Einrichtung der Riese bei Interlaken ist ungefähr folgende:

„In einer einzigen Spannung von ca. 1000 M. Länge und ohne irgendwelche Unterstützung senkt sich das Drahtseil ins Thal hinunter, wo das untere Ende befestigt ist (das obere ist an den umstehenden Fichten befestigt). Der Höhenunterschied beträgt bei 390 M., die horizontale Entfernung ca. 780 M. und das durchschnittliche Gefäll ca. 50%.

„Das große Drahtseil, an dem das Holz heruntergelassen wird, besteht aus 6 Bündeln von je 10 Drähten à 2,5 Mm. Durchmesser. Im Innern, sowohl der einzelnen Bündel, als des ganzen Seiles befinden sich (zur Erhöhung der Biegsamkeit und

11*

Dauerhaftigkeit) getheerte Hanfschnüre. Die Dicke des ganzen Seiles ist 3 Cm., das Gewicht per laufenden Meter 2,25 Kgr. und sein Preis per Kgr. Frc. 1. Die Länge des ganzen Seiles beträgt, die aufgerollte und zur Befestigung des Seiles verwendete Länge mitgerechnet, 1200 M. Da wegen der einzigen Spannweite und des Fehlens jeglicher Unterstützungspunkte es nicht möglich war, den beladenen und den leeren Wagen auf demselben hinunter- und hinauffahren zu lassen und solche in der Mitte auszuwechseln, so wurde ein zweites, dünnes Seil von derselben Länge und ca. 2 Cm. Durchm. bestehend aus 6 Bündeln von je 8 Drähten angewendet, um darauf den leeren Wagen hinaufzubefördern. Dasselbe hat per laufenden Meter ein Gewicht von ca. 1 Kgr. und kostet Frcs. 1. 25.

„Das Hemmseil zum Reguliren der Geschwindigkeit, mit der die Last über das große Seil hinuntergeleitet, hat 9 Mm. Dicke und besteht aus 6 Bündeln von je 6 Drähten. Es hat per laufenden Meter ein Gewicht von 0,27 Kilogr. und kostet Frcs. 0,38.

„Die Arbeiten auf dem Terrain begann man damit, daß durch den unterhalb der Fluh gelegenen schmalen Waldstreifen eine Schneiße in der Richtung von einer Station zur andern geöffnet wurde. Durch diese Schneiße trug man zunächst das kleinere und dann das größere Kabel hinauf, bis an den Fuß des Felsens und zog dann mit Hilfe des Hemmseiles, das auf dem nach oben führenden Fußweg bis zur obern Station transportirt worden war, eines nach dem andern hinauf. Die beiden großen Drahtseile wurden alsdann durch Umschlingen um Baumstämme gehörig befestigt und hierauf mit dem Spannen der Seile begonnen. Die dazu benützte Vorrichtung besteht in einer, zwischen zwei auf dem Boden befestigten Balken liegenden drehbaren Walze, auf welche sich das untere Ende des Seiles mit Anwendung von starken Hebebäumen und Flaschenzügen aufrollt. Zur Regulirung der Geschwindigkeit mittelst des Hemmseils dient eine Bremse, zu deren Bedienung ein Mann genügt, der die Last selbst im raschesten Lauf durch den Druck einer Hand sofort anzuhalten vermag.

„Die Stärke der Seile muß sich nach dem eigenen Gewicht des Seiles, der Spannung und der anzuhängenden Last richten;

die Tragkraft des vorgenannten Seiles beträgt, wenn man zur Sicherheit von der theoretisch berechneten nur ¼ nimmt, ca. 80 Centner. Die Dauer der Seile wird 6 Jahre jedenfalls übersteigen.

„Die Drahtseilriese bedarf zu ihrer Bedienung in der Regel fünf Mann, wovon einer zur Führung der Bremsvorrichtung, zwei zum Anhängen, zwei zum Abnehmen der Last. Auf eine Entfernung von 1000 M. können täglich im Durchschnitt 25 Ladungen mit ca. 25 Festmeter befördert worden. (Stammholz, Beigholz und Wellen.)

„Die Kosten der Anschaffung und namentlich die der ersten Aufstellung einer Drahtseilriese kommen gewöhnlich ziemlich hoch zu stehen, weil für Arbeiter, denen diese Transportvorrichtung ziemlich fremd ist, die verschiedenen Erstellungsarbeiten etwelche Schwierigkeiten bieten. Der Preis eines großen, zweifach gedrehten Kabels von ca. 3 Cm. Durchm. beträgt je nach Quantität des Drahtes und der Anzahl der einzelnen Drahtfäden ca. 50—65 Cts. per 0,3 M. laufend, das Hemmseil ebenfalls doppelt gedreht, aus 36 Drähten ca. 12—15 Cts. Benutzt man zum Hinauffahren des leeren Wagens ein ferneres Seil, so kosten 0,3 laufende M. ca. 30—40 Cts. Zwei Wagen zu Frcs. 520 und eine Bremsvorrichtung zu ca. Frcs. 630, eine eiserne Achse für die Spannvorrichtung, Ketten, Beschläge, zwei Flaschenzüge ca. Frcs. 350, für das nöthige Holz und die Bearbeitung desselben ca. Frcs. 800.“

Was wir in den folgenden Tagen noch an Waldbildern zu Gesicht bekamen, war uns Kindern der Ebene und des Mittelgebirges größtentheils neu. Schilderungen von solchen haben aber berufenere Federn als die meinige vor kurzer oder längerer Zeit geliefert. (Kasthofer, Landolt, Greyerz u. a.).

Dankbaren aber schweren Herzens trennte sich auf der Höhe des Brünigpasses unsere Gesellschaft von den überaus freundlichen und liebenswürdigen Führern, dem Herrn Kantonsforstmeister Fankhauser von Bern und dem Herrn Oberförster Kern von Interlaken mit dem Versprechen, zur Forstversammlung in Zürich im Jahre 1875 zu kommen. Unter den 16 Theilnehmern sollte es nur einem glücken; dieser aber hat es nicht bereut.

Am 15. Aug. 1875 konnten die frühzeitig genug eintreffenden Mitglieder die sehr reichhaltig und zweckmäßig eingerichteten Sammlungen im Polytechnikum besichtigen.

Die Vereinsverhandlungen beschränkten sich nur auf einen Tag, den 16. Aug. Schon der Nachmittag des 16., ebenso der 17. und 18. Aug. waren zu Exkursionen bestimmt.

Eine solche Zeiteintheilung bei der den ermüdenden, oft fruchtlosen Debatten eine kurze Frist, den Besprechungen im Walde, dem persönlichen Verkehr und lebhaften Gedankenaustausche der Theilnehmer der größte Theil der Dauer der Versammlung zugewiesen ist, wird man nur billigen können.

Aus den Mittheilungen über „Vereinsangelegenheiten" sei hier nur angeführt, daß der schweizerische Forstverein 350 Mitglieder zählt, von denen sich über 100 bei der Versammlung eingefunden hatten. Das 2. Thema „Berichterstattung über die zur Vollziehung des Art. 24 der Bundesverfassung getroffenen Maßnahmen" wurde nach einigen kurzen Ausführungen des Herrn Ständeraths Weber von Luzern für eine außerordentliche Versammlung zurückgestellt. Es handelt sich um ein eidgenössisches Forstgesetz, dessen Entwurf zuvor mit dem eidgenössischen Forstinspektor berathen werden soll. (Von befreundeter Seite ist mir inzwischen der Entwurf, eines sehr umfassenden eidgenössischen Forstgesetzes zugegangen. Da er in seinen einzelnen Bestimmungen erst zum Gesetze erhoben werden soll, so wäre es voreilig, wenn ich auf die einzelnen Punkte eingehen wollte. Der definitive Wortlaut des Gesetzes dürfte ohne Zweifel seiner Zeit den Lesern dieser Blätter mitgetheilt werden.)

3) „Über Einführung des metrischen Maßes in der Forstwirthschaft" sprach der Referent Herr Forstmeister Vogler in Schaffhausen in eingehendem und sorgfältig ausgearbeitetem Vortrage. Da bei uns das metrische Maßsystem schon seit mehr als 2 Jahren eingeführt ist, gieng dem Thema für mich der Reiz der Neuheit ab. Tröstlich konnte es sein zu sehen, wie man ganz wie bei uns, auch in der Schweiz mit manchem Bedenken den tiefen Schnitt in die bisherigen Gewohnheiten machte. Allein nach kurzer Zeit wird auch dort die ungefährliche Wunde vernarbt sein. Dem in der Versammlung von Herrn Oberförster Riniker in Aarau gestellten

Antrage, man möchte mit den deutschen (und österreichischen, fügte Herr v. Seckendorf passend hinzu) Forstbehörden in Verhandlung zur Herbeiführung gemeinsamer Grundsätze treten, konnte leider deßhalb nicht Folge gegeben werden, weil zu gleicher Zeit die Deputirten der deutschen Regierungen anläßlich der Versammlung in Greifswalde zur definitiven Vereinbarung über die noch wenigen strittigen Punkte zusammengetreten waren. Um so erfreulicher ist es, daß die zur Abfassung eines Gutachtens ernannte Kommission ihre Vorschläge an den Bundesrath, soweit es die eigenartigen Verhältnisse der Schweizer gestatten, so ziemlich konform mit den Satzungen in Deutschland gemacht hat.

Das 4. Thema: „Was kann für Hebung der Bewirthschaftung stark parzellirter Privatwaldungen gethan werden" besprach Herr Forstmeister Meister von Zürich in einem längeren, weitere, als als bloß lokale Gesichtspunkte hervorhebenden Vortrage, indem er sich auf eine kürzlich von ihm über diesen Gegenstand erschienene kleine Schrift stützte. Ich entnahm mir daraus die Lehre, daß es bezüglich der Privatwaldungen diesseits und jenseits des Bodensees gleich — gut bestellt ist.

Die genannten Themate waren derart, daß eine längere oder lebhafte Debatte vermöge der Natur des Gegenstandes nicht zu erwarten war. Sichtlich hemmte der Gedanke, daß über die beregten Punkte demnächst gesetzliche Beschlüsse von den Behörden gefaßt werden müßten, den sonst, soviel ich hörte, nicht eben seichten Redefluß. Man einigte sich meist darüber, im Hinblick auf die Wichtigkeit der Materie zunächst noch besondere Kommissionen zu wählen, die in einer außerordentlichen Versammlung berichten sollten. Ich glaubte daher, eher in einer gesetzgebenden Versammlung, als in den Sitzungen eines freien Vereines mich zu befinden. Es ist aber sicherlich der richtigste Weg, wenn aus solchen Verhandlungen nicht bloß Stoff für die Feder des Stenographen, sondern praktische Erfolge erwachsen sollen. Für das Land selbst ist es andererseits gewiß von unberechenbarem Vortheil, wenn gesetzgeberischen Akten die frei und uneigennützig ausgesprochene Ueberzeugung des größten Theils der betreffenden Techniker zu Grunde gelegt werden kann. So werden denn auch die großartigen Erfolge, die der schweizerische

Forstverein seit seinem Bestehen erzielt, erklärlich — Erfolge, wie sie unseren deutschen Versammlungen wenigstens früher nicht immer nachgerühmt werden konnten.

Dem Berichte über die Exkursionen mögen einige dem von Herrn Oberforstmeister Landolt verfaßten Führer meist wörtlich entnommene allgemeine Bemerkungen über die forstlichen Verhältnisse des Kantons Zürich vorausgehen.

Der Kanton gehört zum schweizerischen Hügelland. Die Meeres-höhe bewegt sich zwischen 333 und 1232 Meter. Das Klima ist im Allgemeinen mild. Weinbau wird bis zu 550 M. Höhe be-trieben, die Buche erhebt sich bis zu 1200 M.

Der größte Theil des Kantons gehört in das Gebiet der Mo-lasse; Sandstein, wechselnd mit Thonmergeln bilden die Hauptmasse der Berge; meist jedoch lagern auf diesen Nagelfluh und namentlich Gletscherschutt, in den Niederungen Alluvium. Die letztern beiden liefern meist einen trockenen, kiesigen, die Verwitterungen der Grund-gesteine dagegen frischen bis feuchten Boden; kalkhaltig ist derselbe fast überall und, wenn er humusreich ist, von großem Ertragsver-mögen, dagegen aber auch sehr zur Verunkrautung geneigt.

Die Waldungen, die sehr parzellirt sind, sind mit Laub- und Nadelholz zu ziemlich gleichen Theilen bestanden. Die Buche bildet selten reine Bestände, sondern ist theils mit andern Laub-, theils mit Nadelhölzern gemischt. Unter den Nadelhölzern ist die Fichte vorherrschend, theils rein, theils in Mischung mit Kiefern, Weiß-tannen und Lärchen.

Die Waldfläche nimmt 28% der Gesammtfläche ein und ver-theilt sich an die einzelnen Besitzer in der Weise, daß

dem Staat . . . . 5,841 Jucharte* = 4,30%
den Gemeinden und Genossenschaften 54,348 „ = 40,05%
den Privaten . . . . 75,500 „ = 55,65%
gehören.

Die Bevölkerung ist eine sehr dichte und der Holzbedarf, bei der blühenden und ausgedehnten Industrie ein sehr bedeutender, der Holzabsatz bei einem guten Wegnetze ein sehr reger, daher die

---

* 1 Juchart = 0,34073 Hektar.

Wirthschaft in den Staats= und Korporationswaldungen von einer Intensität, wie sie wohl in nur wenigen deutschen Gegenden erreicht sein dürfte.

Von besonderem Interesse für manchen Leser in Deutschland, wo man republikanisch für gleichbedeutend mit ungeordnet zu halten nicht selten geneigt ist, dürfte die Mittheilung der für die Bewirthschaftung und Benutzung der Waldungen „durch Gesetz und Übung bestätigten" Grundsätze sein. Der staatlichen Oberaufsicht (der Direktion des Innern beim Regierungsrathe und den ihr unterstellten Forstbeamten) sind unterworfen: die Staats=, Gemeinde= und Genossenschaftswaldungen; die Privatwaldungen nur insoweit, als es die Sicherung der übrigen Waldungen oder das Gemeinwohl nothwendig machen. Demgemäß haben sich die Privatwaldbesitzer den Anordnungen zur Verhütung von Insektenschaden, Feuersgefahr ꝛc. gleichfalls zu unterziehen. Die Besitzer der erstgenannten Waldungen müssen das erforderliche Schutzpersonal anstellen; die Bestätigung der Wahlen steht der Direktion des Innern zu. Gemeinden und Genossenschaften können besondere Wirthschafter anstellen; wo diese fehlen, führen die Ortsvorsteherschaften die wirthschaftlichen Anordnungen der Forstbeamten aus. Zu Rodung, Verkauf, Vertheilung oder Vertauschung der Gemeinde= und Genossenschaftswaldungen ist Regierungsbewilligung nöthig. Nachhaltige Nutzung, fleißiger Kultur= und Durchforstungsbetrieb, möglichst unschädliche Ausübung der Nebennutzungen, Einhaltung der allgemein (auch für die Privatwälder) festgesetzten Fällungszeit (von Anfang September bis Ende März) sind durchweg üblich. In die Vertheilung und Verwerthung der Erzeugnisse der Korporationswaldungen mischt sich die Forstbeamtung nicht. Frevel und Diebstähle werden, wenn der Werth 2 Franken nicht übersteigt, von den Polizeibehörden, bei größerer Schädigung vom Gericht bestraft.

In Durchführung vorgenannter Grundsätze ist der Zustand der Waldungen ein sehr befriedigender. Dieselbe sind vermarkt, und von Servituten befreit, von Waldweide ganz und von Streunutzung fast überall verschont. Der Waldfeldbau wird mehr als Kulturmaßregel, denn als unentbehrliche Zwischennutzung betrachtet; Grasnutzung findet unschädlich, Harznutzung ꝛc. gar nicht mehr statt. Die Frevel sind unbedeutend. Mit geringen Ausnahmen gilt dies auch von den Privatwaldungen

Die Umtriebszeit in Hochwaldungen schwankt zwischen 60 und 100, in Mittelwaldungen zwischen 20 und 30 Jahren und beträgt im Durchschnitt etwa 90 bez. 27 Jahre. Kahlhieb mit nachfolgender Pflanzung bildet im Hochwald die Regel. Die Pflanzen sind des Unkräuterwuchses wegen 4—5jährig, im Saat= und Pflanzbeet erzogen. Landwirthschaftliche Zwischennutzung findet nur ausnahmsweise, dann in der Regel drei Jahre statt, ein Jahr ausschließlich und dann zwei Jahre zwischen den Pflanzreihen. Säuberung der Jungwüchse von Unkraut und Weichhölzern, überhaupt sorgfältige Bestandespflege wird immer allgemeiner angenommen. Daß diese Schilderung den wirklichen Waldzuständen ganz entspricht, davon konnte man sich bei den einzelnen Exkursionen hinreichend überzeugen.

Das Wetter begünstigte dieselben in ausnehmender Weise und wenn bei der brennenden Sonnenhitze die Kräfte zu sinken begannen, wußten die gastfreundlichen Führer immer wieder den Zug nach einem schönen Aussichtspunkte zu lenken, wo außer der ersehnten Rast stets ein guter Labetrunk die müden Glieder wieder erfrischte.

Den mehr als hundert Theilnehmern der Versammlung schlossen sich aus den Zürich benachbarten Dörfern eine nicht geringe Zahl von Bürgern an, die theils fremdes Urtheil über ihre Waldungen hören, theils fremden Wald mit dem ihrigen vergleichen und manchen Nutzen daraus ziehen wollten.

In bunter Reihenfolge gieng es am 16. August durch Privat=, Gemeinde= und Staatswaldungen, ohne daß, wenigstens in jüngeren Beständen und Kulturen, eine auffallender Unterschied zu bemerken gewesen wäre.

Hochwald, Mittelwald und in Ueberführung zu ersterem begriffener Mittelwald, bis 35jährige Fichtenkulturen, Buchenverjüngungen mit Fichtennachbesserungen, reine Lärchen mit unterpflanzten Buchen und Weißtannen boten dem Auge reiche Abwechselung und gaben dem Gespräche immer neue Wendung. Nur einige wenige Waldbilder seien besonders hier erwähnt. Die Lär=

chen sind dem Blitzschlage sehr ausgesetzt, haben sich dagegen bei Waldbränden wiederholt erhalten. Aufästung findet überall statt; trotzdem erschien der reine mit Buchen und Weißtannen unterbaute Lärchenbestand noch ziemlich dunkel. Allgemeine Anerkennung erfuhr ein 20—30jähr. Buchenbestand der Gemeinde Hottingen. Aus einem ehemaligen Mittelwald hervorgegangen, nach dessen Abtrieb die Waldeigenthümer denselben anfänglich beibehalten wollten, war durch Aushieb der Oberständer und Begünstigung der Samenpflanzen unvermerkt dieser schöne Hochwald entstanden. Die regelmäßige Stammvertheilung konnte auf den ersten Anblick den Gedanken an eine Pflanzung nahelegen. Mir wenigstens ist bei uns ein ähnlicher Bestand solchen Alters noch nicht zu Gesicht gekommen. Die Herstellung ist übrigens auch nur möglich durch den dort üblichen Durchforstungsbetrieb, über den hier einige Worte Platz finden mögen.

Da dort das geringwerthigste Material, wenigstens als Arbeitslohn, absetzbar ist, so wird die erste Durchforstung (im eigentlichen Sinne; es wird nicht blos etwaiges Weichholz ausgehauen, sondern um die dominirenden Stämme das unterdrückte Holz entfernt) schon 5 Jahre nach dem Abtrieb eingelegt und alle 5 Jahre wiederholt. Dadurch ist der Wirthschafter im Stand, dem Ueberwachsen ausgesetzte Stämmchen freizuhauen und so eine gleichmäßige Stammvertheilung herzustellen, während er, wenn die erste Durchforstung erst im 30. und 40. Jahre erfolgt, die entstandenen Platten nicht mehr beseitigen kann.

Am 17. August führte ein Extradampfboot die Versammlung bis Thalweil, wo sie wiederum bedeutenden Zuwachs durch Ortsangehörige erhielt. Der Weg führte zumeist durch Waldungen der Dörfer Thalweil, Horgen und der Stadt Zürich. Nachdem 23—35-jährige Ballenpflanzungen von Fichten, die je nach der wechselnden Bodenbeschaffenheit mit Kiefern und Schwarzerlen horstweise gemischt waren, auf den ausgedehnten Aufästungsbetrieb hingewiesen hatten (es waren die dürren Astquirle überall genutzt), zog ein 80—100jähriger Fichten- und Weißtannenbestand mit Kiefern die Aufmerksamkeit auf sich. An diesen reihten sich die neuesten Schläge mit den Pflanzschulen, welch' letztere einige Eigenthümlichkeiten

bieten. Der Boden derselben wird gerodet, ein Jahr landwirth=
schaftlich benutzt, dann regelmäßig (ca. 1 M. im Quadrat) be=
pflanzt, worauf zwischen den Pflanzreihen des zukünftigen Bestan=
des die Saatrinnen und Pflanzreihen zur Pflanzenerziehung ange=
legt werden. Da, wie oben erwähnt, nur starke Setzlinge ver=
wendet werden, so haben die jungen Saaten und verschulten Pflänz=
chen ganz das Aussehen von beschatteten Pflanzen. Daß durch
die landwirthschaftliche 1jährige Benützung die Bodenkraft nicht
leidet, zeigten die nebenan stockenden Kulturen von 5—25 Jahren,
die durchaus nichts zu wünschen ließen. Um nochmals kurz an
die Aufästung zurückzukommen, so wird dieselbe von den Ortsan=
gehörigen unter Anleitung der Vorsteherschaft und nach Besprechung
mit dem Techniker mit einer Säge ausgeführt, die jeder Einwohner
besitzt und sich aus alten, abgenutzten Sensen mittelst Einfeilen
von Zähnen herstellen läßt.

Der weiterhin berührte Distrikt Landforst besteht aus über=
wiegend älteren Beständen von Fichten, Weißtannen, Kiefern, Lär=
chen; das Holz ist durchweg sehr langschäftig, insbesondere erreichen
die eingesprengten Lärchen eine ungewöhnliche Höhe und Stärke
(„Regina"; „die drei Eidgenossen"). Mischung der Fichte mit der
Weißtanne wird namentlich der längeren Ausdauer der letzteren
wegen angestrebt; die Fichte beginnt auf dem Gletscherschutte mit
dem 80. Jahre zu kümmern. Diese Bestände sowie ein anstoßen=
der 90—95jähriger Kiefernwald sind aus Saaten hervorgegangen.

Durch ausgedehnte Nadelholzpflanzungen der Gemeinde Horgen
und den der Stadt Zürich gehörigen Fraumünsterforst |zog sich
der Weg an der steilen, mit Plänterwald bestandenen Sihlhalde
abwärts nach dem Sihlthal. Böllerschüsse dröhnten durch das
Thal, als man über die Sihl der Dienstwohnung des Forstmeisters
der Stadt Zürich zuschritt. Fleißige Damenhände hatten die Ge=
bäude reich mit Kränzen und Guirlanden geschmückt, sinnige In=
schriften aller Art begrüßten den Pfleger des Waldes und luden
zu kurzer Rast ein. Diese wurde auch genommen, nachdem zuvor
die dortige Säge, Holzspalterei (Knaben fügen das sehr klein ge=
spaltene Holz in Eisenreifen dicht zusammen, in welcher Form es
in Zürich zu Markt gebracht wird), Dreherei (aus Buchenholz wer=

ben Artikel für Spinnereien und Webereien gefertigt) und Im=
prägniranstalt (nach Boucherie) besichtigt worden. Wenn ich mich
nicht täusche, befinden sich mehrere dieser Etablissements im Be=
sitze der Stadt Zürich. Erst nach wiederholtem Signal zum Auf=
bruch erhob man sich von dem reichhaltigen Frühstück, das der Ver=
sammlung in schattiger Lage bereitet war. Mit gemischtem Ge=
fühle schied ich von dem traulichen Försterhause, gibt es doch nur
noch wenige seiner Art! Statt Waldesgrün Häuserweiß, statt
Waldeslüften Kohlenrauch, statt Waldestönen Wagenrollen, statt
Waldesspeisen Lapinfleisch — doch was soll dies all? Tempora
mutantur.

Vom Sihlthale stieg man durch einen sehr schönen, mit Eschen,
Ahorn, Ulmen, Eichen, Fichten und Weißtannen gemischten Buchen=
bestand, später durch Nadelholzkulturen zu der 880 M. hohen Hoch=
wacht hinan, einem Punkt mit herrlicher Aussicht auf den Züricher=
und Zugersee, die Alpen und den Jura. Dann gieng es berg=
abwärts nach dem Langenberg, einem von dem früheren Stadt=
forstmeister, Herrn von Orelli, angelegten Wildpark, in dem unter
einem prachtvollen Nadelholzhochwald mit einem Mittagsmahle die
Exkursion geschlossen wurde.

Die Stadtwaldungen von Winterthur, zu deren Besuch sich
am 18. August eine immer noch ansehnliche Zahl von Theilneh=
mern gefunden, boten eine ganze Reihe von Beständen, die aus
Pflanzungen hervorgiengen. Die Fichte herrscht vor, ist aber fast
durchweg mit Weißtannen, Kiefern, Lärchen und Buchen vermischt.
40—45jährige Hügelpflanzungen auf schlechtem, ehemaligem Acker=
boden oder auf nassem Grunde ließen die Pflanzweise noch deut=
lich erkennen. Einer eigenthümlichen Mischung ist vielleicht noch
zu gedenken, die in einer Pflanzschule sich fand: wo zwischen Ver=
schulungen Kohl, Bohnen und Salat als Zeichen einer gewiß inten=
siven Wirthschaft erzogen wurden. Die alten Bestände, meist
Mischungen von Fichten und Weißtannen, die man berührte, zeich=
neten sich durch Glattschäftigkeit und Länge (bis 45 M.) aus. Auch
hier fiel die regelmäßige Bestandesstellung sofort in die Augen,
wie sie das Ergebniß des intensiven Durchforstungsbetriebes ist.
Fichtensaaten werden im 15. Jahre erstmals und dann regelmäßig

alle 5 Jahre durchforstet. Auf dem Bruderhause, der Wohnung
eines Försters, bewirthete die Stadt Winterthur ihre Gäste in
reichem Maße. Der bevorstehende Abschied ließ nun nicht mehr
alles in der Brust bergen. In drei Zungen feierte man die Führer während der Versammlung, die gastfreundlichen Städte, den
Kanton Zürich, den gastlichen Boden der Schweiz, man freute sich
des Besuchs der Fachgenossen von fremden Ländern und trank auf
die fernere Freundschaft zwischen schweizerischen und deutschen Forst-
männern*. Eilenden Schrittes strebte man endlich Winterthur zu
und bald entführte das Dampfroß die Theilnehmer nach allen
Richtungen. Darin waren jedoch wohl alle einig, daß es lehr-
und genußreiche Tage waren, an denen die Sorge für das Wohl
des Waldes und des Volkes so zahlreiche Fachgenossen zusammen-
führte. Darum frohes Wiedersehen in Luzern!

Gern folgte ich der freundlichen Einladung des Herrn Kantons-
Forstmeisters Fankhauser in Bern zu einer Reise in den Berner
Jura. Von St. Imier stiegen wir 1 Stunde bergan und befanden uns mit einem Schlag auf dem Boden, wo der Wald und das
Weideland um die Herrschaft ringen. Ein paar Eichen hatten es
gewagt, bis zu dieser Höhe vorzubringen, zeigten aber schon von
ferne, daß sie sich nicht besonders heimisch fühlten. Nun gieng es
Stunden lang über sog. Witweiden, d. h. Weideplätze mit Waldbäumen. Diese, zumeist aus Fichten und nur selten aus Weißtannen bestehend, boten einen Anblick eigener Art. Einzeln stehende
Bäume wechselten mit kleineren oder größeren Gesellschaften, dann
mit kleineren oder größeren Horsten und endlich mit kleinen regelmäßig bestockten Flächen in der denkbar buntesten Reihenfolge.
100—120 Jahre alte Einzelstämme mit ihrer bis zur Erde reichen-
den Beastung dienten dem zahlreichen Weidevieh als Schutzdach.
Daneben standen junge Fichten kegelförmig durch den Zahn des
Weideviehs vielleicht zum hundertstenmale zugestutzt, die schon mehr-

---

* Es ist vielleicht der Wunsch hier gestattet, Zeit und Ort unserer
Forstversammlungen möge etwas bälder bekannt gegeben werden, als bisher, damit nicht die deutsche und schweizerische Versammlung zusammenfallen, da ja die deutschen vielfach, zumal wenn sie in Süd- und Mittel-
Deutschland stattfinden, auch von schweizerischen Fachgenossen besucht werden.

fach den Verſuch gemacht, durch einen kräftigen Gipfelſchoß dem
jährlich wiederkehrenden Feinde zu entwachſen. Dort erſcheint von
Ferne, wie in einen Topf geſetzt, eine etwa 20jährige Fichte, die
von Wachholderſträuchern geſchützt und jetzt rings von ihnen um=
geben ſich üppig entwickeln konnte. Ohne Regel und in planloſer
Willkür reihen ſich Stämme aller Altersſtufen an einander, ſoweit
der Zahn des Weideviehes eben den Nachwuchs ſich anſiedeln und
erhalten ließ. Unter ſolchen Verhältniſſen iſt die Erhaltung des
Waldes keine leichte Aufgabe; von Regelmäßigkeit des Betriebes
kann keine Rede ſein. Die Verjüngung erfolgt durch Anflug, deſſen
Emporwachſen im Schutze der Samenbäume geſchieht. Letztere wer=
den fehmelweiſe weggenommen, aber erſt wenn der Nachwuchs an
ihrer Stelle geſichert iſt. Gleichwohl ſind dieſelben ſelten mehr
als 120 Jahre alt; dabei erreichen ſie eine Höhe bis zu 40 M.
und eine Stärke von 1,5⁰) M. in Bruſthöhe. Rothfaule Stöcke
trifft man äußerſt ſelten und die Jahrringbreiten bei 100 Jahren
übertreffen die günſtigſten unſerer (württemb.) Fichten noch um
ein namhaftes. Bemerkt mag noch ſein, daß ſelbſt nach ſtarken
Stürmen Windfälle ſehr ſpärlich ſind. Dagegen hat der Borkenkäfer
auch dorthin den Weg gefunden.

Das ſchon viel tiefer (450 M. ü. d. M.) gelegene Revier
Pruntrut erinnerte mich in ſeinen jungen Beſtänden lebhaft an
unſere Reviere auf dem ſchwäbiſchen Jura. Fichtenkulturen, theils
rein, theils mit Weißtannen und Buchen, Buchenverjüngungen mit
Weißtannen und nachgebeſſerten Fichten, auf ſchlechterem Boden
auch einmal Kiefern — dies die hauptſächlichſten Waldbilder jün=
geren Alters. Ein Horſt reiner Weymouthskiefern, kaum 25 Jahre
alt, ſtellte ſich ſo licht, daß dort die Anzucht der Weymouthskiefer
in unvermiſchtem Verbande nicht empfehlenswerth zu ſein ſcheint.
Die älteren, theils reinen, theils mit Weißtannen, theils Eichen
gemiſchten Buchenbeſtände ſind ſehr hoch und glattſchaftig. Die
Eiche iſt meiſt gleichalterig mit der Buche und kommt ihr in der
Höhe ganz gleich. In den Beſtänden der erſtgenannten Art ſtellt
ſich auch bei vollſtändigem Schluſſe ein reicher Weißtannenunter=
wuchs ein; bei kleineren Lücken erſcheint erſt die Buche; im ſpä=
teren Alter muß jedoch die erſtere gegen die Buche in Schutz ge=

nommen werden. Das Fortkommen der Weißtanne in ganz ge=
schlossenen Buchenbeständen mußte überraschen, da man bei uns
mehrfach andere Erfahrungen gelegentlich vorgenommener Unter=
bauungen gemacht hat. Vielleicht trägt der bessere Boden, der aus
der Verwitterung des mittleren weißen Jura dort hervorgeht, etwas
zu der Differenz bei. Schließlich versäumte ich nicht, eine nahe
gelegene meteorologische Station zu besichtigen, umsomehr, als die
3 Stationen des Kantons Bern zu den ältesten gehören und so
viel ich mich erinnere, etwa ein Jahr nach den bairischen einge=
richtet wurden. (In der Schweiz sind seit einem Jahre 11 neue
meteorologische Stationen theils errichtet, theils in der Einrichtung
begriffen.)

Erst in Basel schied ich von meinem ebenso unterrichteten als
angenehmen Begleiter.

Deutschen Landsleuten kann ich nur rathen, gelegentlich auch
schweizerische Wälder zu besuchen. Einer überaus freundlichen Auf=
nahme dürfen sie versichert sein. Manches wird der Deutsche an=
ders als in der Heimat finden. Jagdabenteuer zu hören, darauf
darf er sich keine Hoffnung machen, dagegen wird er bald erkennen,
daß unser College in der Schweiz auf dem Gebiete außerhalb des
Waldes, in Gemeinde, Staat, Kirche und Schule sich gleichfalls
umgesehen hat; manchem wird es vielleicht auch mißfallen, wenn
der Brigadier in der französischen, der Bannwart in der deutschen
Schweiz nicht in militärischer Haltung den Befehlen seines Vor=
gesetzten entgegenharrt, mit um so größerer Befriedigung wird er
dagegen wahrnehmen, daß in den Debatten der Versammlung nicht
zunächst darnach gefragt wird, wie viel Sterne Redner wohl auf
seiner Achselklappe trage, sondern er wird gefaßt sein müssen, von
seinem Nebensitzer, etwa dem Herrn Alt=Präsidenten Bleuler, einen
rein forstlichen Vortrag entgegenzunehmen. Doch dies nur neben=
bei; eines schickt sich nicht für Alle. Ohne vielfache Belehrung und
mannigfaltige Anregung wird, gleich mir, sicherlich kein Forstmann
den schweizerischen Boden verlassen.

Hohenheim.   Dr. Bühler.

Forststatistik.

Handelsverkehr mit forstlichen Rohproducten zwischen Oesterreich und Deutschland im Jahre 1874.

Von Professor Dr. Albert.

Nach dem Statistischen Jahrbuche des k. k. Ackerbauministeriums für 1874 (I. Heft. Wien, 1875) ergibt sich in fraglicher Beziehung für das allgemeine österreichische Zollgebiet, d. h. für die Monarchie ohne Dalmatien und die Freihäfen Folgendes:

	Menge	Geldwerth Mark	Hievon treffen auf Deutschland		
			Menge	Geldwerth Mark	Procent.
Einfuhr:	Stück		Stück		
Wildpret (großes) . .	384	13.056	291	9.894	76
	Cubikmtr.		Cubikmtr.		
Brennholz	165.742	734.800	103.845	457.818	62
Werkholz (gemeines, europäisches, roh) . . .	212.187	7.386.280	166.903	5.808.224	79
	Centner		Centner.		
Holzkohlen	24.516	78.452	22.191	71.011	91
Harz	146.108	1.461.030	26.812	268.120	18
Eicheln	214.375	5.573.750	3.632	94.432	2
Knoppern	84.012	884.312	44	1.144	.
Galläpfel	1.472	103.040	172	12.040	12
Summa Einfuhr		16.234.220		6.722.683	40
Ausfuhr:	Stück		Stück		
Wildpret	2.197	61.516	1.797	50.316	82
	Cubikmtr.		Cubikmtr.		
Brennholz	194.288	860.748	91.485	405.278	47
Werkholz	1.880.531	69.513.840	999.587	37.954.318	55
	Centner.		Centner		
Holzkohlen	205.158	656.490	80.086	256.115	39
Harz	88.455	884.550	17.279	172.790	45
Waldbaumsamen . . .	1.103	110.300	1.103	110.300	100
Eicheln	9.179	257.012	3.295	92.260	36
Knoppern	11.751	829.028	7.590	212.520	65
Galläpfel	48	2.400	.	.	.
Summa Ausfuhr		72.175.884		39.253.897	54
„ Einfuhr		16.234.220		6.722.683	46
Mehrausfuhr		55.941.664		32.531.214	58

Für Deutschland ergab sich im Handelsverkehre mit Öster=
reich pro 1874:

	Mehreinfuhr		Mehrausfuhr	
	Menge	Geldwerth Mark	Menge	Geldwerth Mark
Wildpret	Stück 1,506	40.422	Stück .	.
Brennholz	Cubikmtr. .	.	Cubikmtr. 11.860	52.540
Werkholz	832.684	32.146.094	.	.
Holzkohlen	Centner 57.845	185.104	Centner .	.
Harz	.	.	9.533	95.330
Waldbaumsamen	1.103	110.300	.	.
Eicheln	.	.	337	2.172
Knoppern	7.546	211.376	.	.
Galläpfel	.	.	172	12.040
	.	32.693.296	.	162.082

folglich Mehreinfuhr 32.531.214 Mark.

Literarische Berichte.

№. 13.

Deutsche Forstbotanik, oder forstlich=botanische Be=
schreibung aller deutschen Waldhölzer u. s. w., von
Forstrath Dr. Nördlinger, Stuttgart, 1874 bis 1876.
Preis Mk. 33. —

Ein forstbotanisches Handbuch, welches einerseits die praktischen
Bedürfnisse Derjenigen berücksichtigt, welche durch ihren Beruf auf
derartige Studien hingewiesen sind, andererseits billigen vom Stand=
punkt der jetzigen Entwicklung der wissenschaftlichen Pflanzenkunde
aus zu stellenden Forderungen entspräche, existirte zu der Zeit nicht,
als der sowohl als Lehrer der Forstwissenschaft, wie als Arbeiter

auf mehrfachen Einzelgebieten, namentlich dem der physikalischen
und technischen Eigenschaften der Hölzer bekannte Verfasser des
obigen Werkes an die Ausführung seines dankenswerthen Unter=
nehmens ging. Eine Reihe für ihre Zeit verdienstlicher älterer
Lehrbücher darf jetzt als veraltet betrachtet werden; das bekannte
größere Werk Th. Hartig's wird vermöge des darin niederge=
legten Materials fleißiger Untersuchungen und Beobachtungen,
mögen auch nicht alle der jetzigen Kritik Stand halten, seinen blei=
benden Werth behalten, verfolgt aber seiner ganzen Anlage nach
einen anderen Zweck als das gegenwärtige; was endlich im Lauf
der letzten anderthalb Decennien an einschlägiger umfassender Lite=
ratur erschienen ist — von Detailuntersuchungen und Monographien
sehen wir hier natürlich ab —, kann, wie wir aussprechen zu
dürfen glauben, nicht auf das Zeugniß wissenschaftlichen Characters
oder auch nur praktischer Brauchbarkeit Anspruch machen. Der
Autor des vorliegenden Buches hat die unter solchen Verhältnissen
sich darbietende Aufgabe eines neuen Lehrbuchs in einer Weise ge=
faßt, welcher wir alle Anerkennung widerfahren lassen müssen. Die
botanischen Hand= und Lehrbücher sind bei dem großen Umfang,
welchen die verschiedenen Zweige der Botanik, eines Complexes von
mehreren, bis zu einem gewissen Grad von einander unabhängigen
Wissenschaften, allmählich erlangt haben, nicht in der Lage, eine An=
zahl von Capiteln und einzelnen Fragen, welche in dem Bereich der
Anatomie, Morphologie und Physiologie der Pflanzen liegen, welche
aber in besonderer Beziehung zu dem Interessenkreis des praktischen
Holzzüchters stehen, in Erörterung zu ziehen. Dazu kommt, daß die
heutige Physiologie manche speciell auf das Leben der Bäume be=
zügliche Fragen, welche älteren Experimentatoren vielfachen Anlaß
zu Beobachtung und Erörterung gegeben haben, mehr vernachläßigt
oder ignorirt. Kann man ihr hierin von ihrem Standpunkt aus
nicht Unrecht geben, — denn sie hat ihre guten Gründe dazu —,
so kann sich doch Derjenige, welchem es obliegt, die Lebens= und
Gestaltungsvorgänge mit dem gleichzeitigen Interesse des Praktikers
zu betrachten, unmöglich der Nöthigung entziehen, einzelnen Fragen
dieser Art, wie z. B. der des sogenannten absteigenden Saftstroms,
und den sich daran knüpfenden Untersuchungen näher zu treten

12*

und sich mit den von der Erfahrung an die Hand gegebenen ein=
schlägigen Thatsachen auseinanderzusetzen, so gut es eben möglich ist.
War nun der Verfasser mit Recht entschlossen, einen allgemeinen
Theil der speciellen Besprechung der einzelnen Holzgewächse voraus=
zuschicken, so konnte er entweder, der gewöhnlichen Praxis folgend,
diesem Theil die Form eines zusammenhängenden, systematisch ge=
ordneten Abrisses der Zweige der sogenannten allgemeinen Botanik,
etwa mit specieller Rücksichtnahme auf eine Anzahl von einzelnen
Punkten geben; oder aber er konnte eine Anzahl von speciellen
Capiteln, welche in näherer Beziehung zu dem forstlichen Interesse
stehen, herausgreifen und in einer Reihe von in loserem Zusammen=
hang unter einander stehenden Abschnitten behandeln. Das letztere
Verfahren, welches der Verfasser gewählt hat, bietet zwar den Nach=
theil, daß es dem Benützer den Gebrauch von anderweitigen lite=
rarischen Hilfsmitteln, welche das botanische Gebiet mehr vollstän=
dig und zusammenhängend behandeln, nicht erspart, wie es ja dem
Verfasser auch sicherlich nicht in den Sinn gekommen ist, solche
für den Leser überflüssig machen zu wollen, aber andererseits den
Vortheil, daß es ihm so möglich wurde, mit Aufwand eines mäßi=
gen Raumes auf diejenigen Punkte ausführlicher und unter fleißiger
Benützung der neueren Literatur einzugehen, für welche ihm dies
im forstbotanischen Interesse geboten schien. Daß der Verfasser
in der Auswahl dieser Objekte, wenn sich vielleicht auch der eine
oder andere Punkt nennen ließe, der noch in den Kreis der Be=
trachtung hätte gezogen werden mögen, doch im Allgemeinen glück=
lich gewesen, und es ihm so gelungen ist, eine Arbeit zu liefern,
in welcher vor Allem seine speciellen Fachgenossen vielfache Beleh=
rung und Anregung zu denkender Betrachtung der sie umgebenden
Baumwelt finden werden, glauben wir in aufrichtiger Ueberzeugung
aussprechen zu dürfen.

Wir können selbstverständlich hier auf eine Aufzählung des
Inhalts der 19 Abschnitte dieses allgemeinen Theils verzichten, um
so mehr, als in der vorausgeschickten Uebersicht für jeden einzelnen
dieser Abschnitte die in demselben zur Sprache gebrachten Punkte
und Einzelfragen aufgezählt sind. Dagegen sei es uns gestattet,
an die Ausführungen des Verfassers einige Bemerkungen zu knüpfen,

und möge es uns hiebei nicht mißbeutet werden, wenn wir hiebei auch diejenigen Punkte nicht übergehen, in welchen wir mit dem Inhalte des Buches oder der Behandlungsweise der Gegenstände nicht ganz einverstanden sind. Daß wir solche Punkte aufzufinden vermögen, können wir dem Buch schon aus dem Grund nicht als schweren Vorwurf anrechnen, weil wir die bedeutenden Schwierig= keiten nicht verkennen, welche der Verfasser eines Werkes der vor= liegenden Art zu überwinden hat. Ein solches verlangt ein Zu= sammentreffen von Eigenschaften und Kenntnissen, welche sich nicht häufig gleichmäßig vereinigt finden. Weder ein wissenschaftlich ge= bildeter Forstmann, noch ein Botaniker, selbst wenn dieser in allen Zweigen seines Faches zu Hause sein sollte, wäre einer derartigen Aufgabe gewachsen, zu deren Lösung vielmehr eine genügende Ver= trautheit mit beiden Gebieten erforderlich ist.

In den Abschnitten II, IX, X, großentheils auch VIII werden die Strukturverhältnisse und Entwicklungsvorgänge der Axentheile der Holzpflanzen abgehandelt, und haben wir hier vor Allem, was die Darstellung der gröberen Zusammensetzung des Holzcylinders und seiner Schichten in verschiedenen Höhenregionen und unter verschiedenen Verhältnissen betrifft, das hier benützte, vom Verfasser angehäufte und übersichtlich gruppirte Material vielfacher eigener Untersuchungen, wie sie mit schwach bewaffnetem Auge — etwa an Holzdurchschnitten von der Art der bekannten vom Verfasser in Centurien herausgegebenen Präparate — zu machen sind, aner= kennend hervorzuheben. Wir treffen ausführliche und werthvolle Erörterungen über die mannigfaltigen Umstände, welche auf die Breite der Holzschichten, als den Faktor des Dickenwachsthums der Stämme, Einfluß üben, Umstände, welche, in mannigfaltiger Com= bination zusammentreffend oder auch antagonistisch wirkend, theils in klimatischen Verhältnissen, Witterung der Jahrgänge, Verschieden= heiten des Standes, theils in Beeinträchtigungen der Vegetation durch positive Schädlichkeiten verschiedener Art liegen und, da sie auf einen und denselben Stamm in verschiedenen Höhen verschie= ben einwirken können, auch verschiedenen Dickenwuchs in diesen verschiedenen Höhen bedingen und dadurch seine Gesammtgestalt beeinflussen. Die Wirkung der ungünstigen Momente kann sich zu

faſt vollſtändigem Fehlen der Jahresringe ſteigern, wogegen die
Frage nach der Möglichkeit doppelter Jahresringbildung zwar nicht
als endgültig entſchieden betrachtet, aber doch in einem Sinn be-
ſprochen wird, welcher in dem Leſer gegründete Zweifel an dem —
z. B. auch von Hartig völlig geläugneten — Vorkommen wirk-
licher Doppelringe .erweden muß, da ausdrüdlich die mehrfachen
Umſtände hervorgehoben werden, welche in dieſer Hinſicht zu
Täuſchungen Veranlaſſung geben können. Gegen die Allgemein-
gültigkeit der von Sachs und be Vries gegebenen Erklärung der
Entſtehung des Sommerholzes durch Druck der einſchnürenden Rinde
wird eine Reihe von, wie uns ſcheint, wohlbegründeten Bedenken
vorgebracht. Ob und mit welchen Ergebniſſen die zur Demonſtra-
tion der Abhängigkeit der Holzbildung von der Thätigkeit der
Blätter berichteten inſtructiven Entlaubungsverſuche (p. 152) ſchon
von Andern angeſtellt worden ſind, iſt uns unbekannt. Hier ſchließen
ſich ferner die Beſprechung der Urſachen der Excentricität der Ringe,
ſoweit ſolche verfolgbar, und des Verhältniſſes des Höhen- zum
Dickenwuchs, welcher erſtere ſich ebenfalls nach verſchiedenen äußeren, zum Theil experimentell analyſirbaren Einflüſſen regelt, ſowie
endlich des ſich aus allen dieſen verſchiedenen Faktoren zuſammen-
ſetzenden Maſſenwuchſes an, deſſen Verhältniß zu der Maſſe der
vegetirenden Blätter keine feſte Proportionalität zeigt, wenn auch
die Vorſtellung, daß gar keine Beziehung zwiſchen beiden Produk-
tionen ſtattfinde und ſogar die Lauberzeugung ein Maß ſchädlichen
Ueberfluſſes erreichen könne, vernünftigerweiſe zurückzuweiſen iſt.
Ebenſo wird die Exiſtenz eines natürlichen Kulminationspunktes
des Maſſenzuwachſes bei geſunden, unter ganz normalen Bedingungen vegetirenden Bäumen als durchaus zweifelhaft bezeichnet.

In Beziehung auf das Verhältniß zwiſchen Splint, reifem
Holz und Kern ſchließt ſich der Verfaſſer ben von ihm durch eine
Anzahl von neuen Gründen geſtützten neueren Unterſuchungen an,
welche dargethan haben, daß die bekannten Eigenſchaften des Kernholzes gegenüber den jüngeren Holzlagen nicht auf größerer Zellen-
wanddicke beruhen, ſondern auf dem Beginn des im älteren Holz
ſtattfindenden, mit Fäulniß endigenden Umſetzungs- und Humifi-
cirungsprozeſſes. Die Härte und Schwere des Kernholzes insbeſon-

dere wird in Einzelfällen, wie beim Eichenholz, auf weitere spezielle
Umstände zurückgeführt, ferner gezeigt, daß das Massenverhältniß
des Kernholzes zum Splint kein festes, sondern von manchen Um=
ständen abhängig ist, selbst in gewisser Beziehung zu der Ueppig=
keit der Vegetation des Baumes steht. Die Harzinfiltration des
Kerns gewisser Holzarten ist ohnehin, wie insbesondere aus Mohl's
Untersuchungen bekannt, eine dem Aufhören der Lebensthätigkeit
vorausgehende oder es begleitende Veränderung, ohne daß gerade
die Intensität derselben in geradem Verhältniß zu dem Reichthum
einer bestimmten Holzart an Harzbehältern stehen würde. Es
scheinen sogar Verschiedenheiten in diesem Punkt nach der geographi=
schen Lage vorzukommen; nach dem Verfasser bildet nämlich die
Lärche bei uns stets einen harzlosen Kern, während sie bekanntlich
in den Alpen, jedenfalls in gewissen Gegenden derselben, sich in
dieser Beziehung ganz anders verhält.

Nicht in gleichem Maß hat uns die Darstellung der feineren
Histiologie des Holzes befriedigt, indem es, auch zugegeben, daß
der Praktiker auf die Kenntniß der mikroskopischen Strukturverhält=
nisse der Hölzer geringeren Werth legt, scheinen will, als ob, gerade
in Anbetracht des Umstandes, daß von der Mehrzahl der in diese
Categorie fallenden Leser keine eigenen anatomischen Untersuchungen
verlangt werden können, für dieses Capitel eine etwas ergiebigere
Behandlung, als die ihm zu Theil gewordene, wünschenswerth ge=
wesen wäre. Auch unter Verzichtleistung auf selbstständige Unter=
suchungen auf diesem Gebiet hätte sich eine solche Behandlung unter
Benützung der älteren Arbeiten Mohl's, Hartig's, Schacht's
u. A., namentlich aber der dieselben theils ergänzenden, theils be=
richtigenden histiologischen Untersuchungen Sanio's in hinreichen=
der Ausführlichkeit geben lassen. Daß die Harzbehälter des Coni=
ferenholzes mit den Gefäßen der Laubhölzer in eine Linie gestellt
werden (p. 6), daß gewissen Holzzellenlagen ein Gehalt an Chloro=
phyll zugeschrieben wird, vermögen wir nicht zu billigen; auch hal=
ten wir es nicht für zweckmäßig, weil leicht zu Verwirrung führend,
als Gefäßbündel, entgegen dem gewöhnlichen Sprachgebrauch, nicht
die durch die primären Markstrahlen getrennten Theile des Fibro=
vasalcylinders, sondern die bei gewissen Holzarten sich innerhalb

der Holzschichten auszeichnenden, von dünnwandigen Elementen be=
gleiteten Gefäßgruppen zu bezeichnen (p. 8).

In ähnlicher Weise möchten wir wohl glauben, daß in einem
Buch von der Stellung, wie sie das vorliegende einnehmen wird, die
anatomischen Verhältnisse der Rinde eine etwas eingehendere Darstel=
lung mit schärferer Auseinanderhaltung und Definirung der verschie=
denen histiologischen Elemente sowohl der primären als der sekundären
Rinde verdient haben würden. Es dürfte wohl möglich gewesen
sein, die Begriffe von Epidermis, Lenticellen, Periderm und Kork,
die des primären Rindenparenchyms und des Collenchyms, der Sieb=
röhren und Bastfaserzellen, der Baststrahlen und Bastbündel, des
Bast= und Siebparenchyms in manchen Beziehungen richtiger und
klarer zu entwickeln und im Anschluß an die Arbeiten Mohl's
Hartig's, Schacht's, Hanstein's, Sanio's darzustellen. Es
würde auf diese Weise auch das die Wandlungen der Rinde be=
treffende Capitel, welches diese Prozesse in anschaulicher Weise und
unter hervorhebender Betonung der merkwürdigen, in dieser Hin=
sicht vorkommenden Verschiedenheiten zwischen nahe verwandten
Arten oder selbst Formen derselben Art, aber doch im Ganzen
mehr nach ihrer makroskopischen Erscheinung als nach den zu Grunde
liegenden feineren Entwicklungsvorgängen schildert, an wissenschaft=
lichem Werth gewonnen haben.

Unter den morphologische Gegenstände behandelnden Abschnitten
sei es gestattet, vor Allem die Betrachtungen (VIII) über die bei
verschiedenen Holzarten verschiedenen Character zeigende Tracht der
Stämme und Kronen, nach ihrer Abhängigkeit nicht blos von inne=
ren Eigenthümlichkeiten der Species (wohin auch die ihren Ursachen
nach noch nicht aufgeklärte Neigung mancher solchen zu Absprüngen
gehört), sondern auch von verschiedenen, bis zu einem gewissen
Grad analysirbaren physikalischen Einflüssen, rühmend hervorzu=
heben. Ferner die ebendaselbst und in Abschnitt XI behandelte,
zum Theil mehr auf rein physiologischem Gebiet liegende Knospen=
lehre mit der daran sich anschließenden Besprechung der verschie=
benen Vorgänge der Verjüngung durch Wiederausschlag der Stöcke
nach dem Abhieb. Die gegen die Erklärung des Sichaufrichtens
von Seitensprossen nach dem Verlorengehen des Gipfeltriebs aus

ben burch bie Schwerkraft mobificirten Spannungsverhältniffen ber
Sproffe vorgebrachten Erfahrungen find ficherlich in hohem Grabe
beachtenswerth. Daß Erörterungen über die in der Baumzucht
gebräuchlichen Proceduren und barán fich knüpfenden Vorgänge,
bei welchen die Heilungs= und Reprobuktionsfähigkeit der Gewebe
der Holzpflanzen in Anspruch genommen wird, nicht fehlen, ver=
fteht fich bei einem Buch von der Tendenz des vorliegenden von
felbft. Die feineren Vorgänge bei der Verbindung zwischen Reis
und Unterlage find nicht in den Kreis der Betrachtung gezogen
und daher auch etliche neuere Arbeiten über diefen Punkt nicht
berücfichtigt, wie uns fcheint, nicht mit Unrecht, indem die etwaigen
pofitiven Refultate aus den bezüglichen Unterfuchungen fich noch
nicht hinreichend überfehen laffen. Die bekannte Frage wegen der
Möglichkeit der Entftehung von Pfropfhybriden ift in der Schwebe
gelaffen. Gewünfcht hätten wir den auf das regelmäßige Angelegt=
werden von Achfelknofpen hervortretenden Unterfchied zwischen angio=
und gymnofpermen Holzarten betont zu fehen. Ob die für Celtis
und Morus erwähnten, als collaterale Beiknofpen betrachteten Knofpen
wirklich die Bedeutung folcher haben oder in anderer Beziehung
zu den Hauptknofpen ftehen, dürfte erft durch genaue Unterfuchung
feftzuftellen fein. Das Verhältniß zwischen Abventiv= und fchlafen=
den Normalknofpen, beziehungsweise die Frage, welche Ausschläge
auf erftere oder letztere zurückgeführt werden dürfen, fcheint uns
noch genauer Unterfuchungen, die freilich mit beträchtlichen Schwie=
rigkeiten verbunden find, bedürftig und muß wohl für jetzt minde=
ftens in vielen Fällen dahingeftellt bleiben.

Eine Reihe von Abfchnitten (III—VII; XII ff.) ift ganz phy=
fiologifchen Inhalts. Wir übergehen diejenigen derfelben, welche
ihren Gegenftand wesentlich an der Hand der vorhandenen Quellen
behandeln, fo die Lehre von der Transpiration der Blätter, von
der Herkunft der Nahrungsftoffe (hier werden bankenswerthe Ver=
fuche mit verfchiedenen Düngungsmitteln bei Waldbäumen, mit
theils günftigen, theils ungünftigen Refultaten berichtet), von den
das Blühen und Fruchten beeinfluffenden Bebingungen, von der
Variabilität und Vererbung, Keimung und Hybridifation, in wel=
chen letzteren Abfchnitten zweckmäßiger Weise die Beifpiele aus der

Reihe der Holzgewächse gesucht werden. Die wichtigen Erscheinungen der Gewebespannung in Sprossen und Internodien finden sich, wie dies auch dem Zweck des Buches nahe genug liegt, erörtert, zwar wesentlich im Anschluß an die neueren Arbeiten, namentlich die wichtige von Kraus, doch nicht ohne selbstständige Kritik, z. B. bezüglich der Frage nach dem Verhältniß der Quer- zur Längsspannung. Das schwierige Capitel der Saftbewegung bedarf ja sicherlich noch vielfacher Bearbeitung nach verschiedenen Richtungen. Daß hier die mannigfaltig variirten Ringelexperimente mit ihren bekannten Folgen sich erörtert finden, ist selbstverständlich; mit Recht sind hier außer den älteren Versuchen auch die neueren von Hanstein mit solchen Pflanzen, welche außer den Bündeln bastartiger Elemente in der sekundären Rinde auch solche in weiter einwärts gelegenen Stammschichten besitzen, verwerthet. Die verwickelten, einander theilweise widersprechenden oder wenigstens schwer in Einklang zu setzenden Folgerungen, welche sich an die Erfahrungen auf diesem Gebiet knüpfen, sucht der Verfasser so gut es geht in Zusammenhang zu bringen, wobei er aber nirgends versäumt, auf die Schwierigkeiten selbst hinzuweisen, welche der sicheren Deutung der Beobachtungen im Wege stehen. Werthvoll sind hiebei die früher schon anderwärts von dem Verfasser veröffentlichten Notizen über die Schwankungen des Saftgehalts der Hölzer nach den Jahreszeiten. Daß die Wurzel außer Kohlensäure noch stärkere Säuren, selbst Salzsäure nach Aufnahme von Salmiak, ausscheide, wäre unseres Erachtens erst sicherer nachzuweisen, als bis jetzt geschehen. Daß Harz ein unmittelbares Bildungsprodukt des Chlorophylls sei, halten wir keineswegs für wahrscheinlich; schon die anatomischen Thatsachen sprechen gegen eine derartige Annahme. Verhältnißmäßig ausführlich behandelt sind verschiedene das Leben der Blätter betreffende Verhältnisse; so die Beziehung zwischen Thätigkeit von Minirraupen und theilweisem Absterben der Blattspreite oder aber längerer Grünerhaltung der abgegrenzten Spreitenstücke; die hier bestehenden Widersprüche sind schwierig zu lösen, vielleicht durch genauere Analyse der Einzelfälle, Berücksichtigung der Entwicklungs- und Altersstufe der betreffenden Blätter oder der Blattgewebsschichten, in welchen die Minengänge angelegt werden. Die herbst-

liche Verfärbung der Blätter bietet ebenfalls eine mannigfache
Reihe von Einzelerscheinungen dar, welche der Verfasser zu sichten
und so gut als möglich auf das Wirken ursächlicher Momente
zurückzuführen gesucht hat; wünschenswerth wäre hier u. A. noch
die Berücksichtigung der wichtigen Beobachtungen von Kraus (bot.
Ztg. 1872, Nr. 7) über Zerstörung und Verfärbung der Chlorophyll=
körner bei winterlicher Verfärbung immergrüner Gewächse gewesen.

Teratologie und Pathologie finden in den Abschnitten XVI
und XVII die gebührende Besprechung. Unter den Mißbildungen
(deren Begriff hier, p. 270, etwas anders als früher, p. 252,
bestimmt wird) werden abgehandelt die Erscheinungen der Fasciation,
des Maserwuchses, der Hexenbesenbildung, des Drehwuchses, lauter
ihren Ursachen nach theils nicht, theils nur zum kleinen Theil auf=
geklärte Vorkommnisse; endlich die merkwürdigen, zum Theil füg=
lich schon der Varietätenbildung zuzuzählenden Erscheinungen des
Zickzackwuchses. Die p. 270 erwähnten Wurzelknoten der Erlen
sind, wie übrigens nachher, p. 286, auch ausdrücklich bemerkt wird,
bekanntlich das Produkt eines pflanzlichen Parasiten (Schinzia Alni
Wor.), und es dürfte sich daher fragen, ob die bei Leguminosen=
bäumen vorkommenden ähnlichen Bildungen nicht auch diesen Ur=
sprung haben, um so mehr, als Woronin auch die Anschwellun=
gen der Wurzeln der Leguminosengattung Lupinus auf eine ver=
wandte Ursache zurückführen konnte.

Das Capitel der Krankheiten involvirt für den Verfasser eines
Lehrbuchs ganz besondere Schwierigkeiten bei dem jetzigen Zustand
unserer Kenntnisse über die Ursachen vieler Krankheiten der Bäume,
da dieser ein höchst mangelhafter, und außer unsern Kenntnissen
von der Naturgeschichte einer Anzahl schmarotzerischer Organismen
in dieser Richtung fast nichts sicher gestellt ist. Die Pathologie der
Bäume ist, abgesehen von dem ebengenannten Punkt, kaum mehr
als eine Symptomatologie von Zuständen, über deren eigentliches
Wesen wir nichts wissen und welche offenbar noch sehr wenig wissen=
schaftlich gesichtet sind, so daß die Wahrscheinlichkeit nicht gering
ist, daß nicht selten unter demselben Namen von forstlichen Schrift=
stellern ziemlich heterogene Prozesse zusammengeworfen sein möchten.
Der Verfasser hat unter diesen Umständen sicherlich recht gethan,

daß er der vorhandenen Versuchung zu allzu weitläufigen referiren=
den Ausführungen, wofür die Literatur Material im Ueberfluß ge=
liefert haben würde, widerstanden und nur der Parasitologie einen
etwas größeren Raum gewidmet hat. Unter den schmarotzenden
Hymenomyceten finden wir zwei, den Agaricus melleus, dessen
verderbliche Bedeutung für verschiedene Bäume, insbesondere die
Kiefern, nach den bekannten Angaben R. Hartig's geschildert
wird, und Trametes pini speziell besprochen; doch hätte sich wohl
noch eine Reihe baumbewohnender anderer Agaricinen und Poly=
poreen aufzählen lassen, an deren Vegetation als ächte Parasiten
zum Verderben der von ihnen bewohnten Stämme nicht der ge=
ringste Zweifel sein kann. Das Capitel der Fichtenrothfäule er=
achten wir von einer definitiven Klärung noch sehr weit entfernt,
trotz der großen Literatur derselben, aus welcher hervorgeht, daß
Zerstörungen der Stämme, welche unter den so bezeichneten Er=
scheinungen verlaufen, unter den allerverschiedensten denkbaren
äußeren Bedingungen in mehr oder weniger weiter Verbreitung
vorkommen. Der Verfasser selbst bringt verschiedene werthvolle
Beobachtungen dafür bei, welche den Unbefangenen in der aus der
Vergleichung der sonstigen Angaben sich aufdrängenden Vermuthung
nur bestärken mögen, daß obiger Name wohl nichts als ein augen=
fälliges Symptom bezeichnet, welches ihrem Wesen nach verschieden=
artige Prozesse begleiten dürfte, Prozesse, welche wenigstens in
einem Theil der Fälle allerdings durch die Vegetation parasitischer
Organismen bedingt sein werden. Ueber diese Organismen selbst
wissen wir bis jetzt trotz weitläufiger einschlägiger Arbeiten so gut
wie nichts Positives und werden so lange nichts wissen, bis von
Seiten geübter und methodisch arbeitender Mycetologen neue, wissen=
schaftlichen Anforderungen entsprechende Aufklärungen geschafft sein
werden, eine Bedingung, welcher wir bis jetzt nicht entsprochen
sehen. Einen erfreulichen Gegensatz gegen das dunkle Gebiet der
Holz= und Stammkrankheiten bietet, wenigstens zum Theil, das Ca=
pitel der durch Parasiten meist aus der Gruppe der Aecidiaceen
verursachten Blatt= und Zweigkrankheiten, ein Gebiet, auf welchem
nicht blos wissenschaftlich botanische Forschungen mehrfaches Licht
verbreitet haben, sondern auf welchem auch dem Bearbeiter eines

Lehrbuchs schon brauchbare Vorarbeiten speziell zu Statten kommen. Wenn wir rücksichtlich dieses Abschnittes einen Wunsch zu äußern hätten, so wäre es der, daß der Verfasser das Wichtige und durch genaue Beobachter Verbürgte noch mehr, als es geschehen ist, von dem weniger exact Beobachteten geschieden hätte, und daß er etwa durch einige vorausgeschickte allgemein mycetologische Begriffsbestimmungen dem Verständniß des lesenden Anfängers zu Hilfe gekommen sein möchte; dies aus dem Grund, weil der Anfänger sich von dem Characteristischen der Vorgänge der Entwicklung einiger besprochenen Parasiten schwerlich einen adäquaten Begriff zu machen vermöchte, ohne sich erst in einem allgemein botanischen Werk über diesen und jenen Punkt Raths erholt zu haben. Doch wollen wir auch in dieser Hinsicht mit dem Verfasser nicht rechten; wäre ja doch allzu leicht die Grenze, die sich das Buch gesteckt hat, überschritten worden, und ist ja doch seine ganze Anlage der Art, daß dem Lernenden die nebenher gehende Benützung allgemeinerer Hilfsmittel nicht erspart werden soll. Neben der Besprechung der mehrfachen den Coniferen eigenthümlichen, theils vollständiger, theils stückweise aufgeklärten Schmarozern aus den Formgattungen Aecidium, Roestelia, Peridermium, Chrysomyxa, ferner der Melampsora der Weiden wird mit möglichster Vollständigkeit aus der Literatur noch zusammengetragen, was sich an Angaben über sonstige, in mehr oder weniger deutlichen Zusammenhang mit bestimmten pathologischen Prozessen gebrachte Schmarozerformen hat auffinden lassen; doch ist dabei Taphrina nicht berücksichtigt.

Den bei aller nothwendigen Kürze sorgfältig ausgearbeiteten dendrogeographischen Abschnitt (XVIII) halten wir für einen der besten des Werkes, da für denselben nicht blos die pflanzengeographische Literatur umsichtig benützt wurde, sondern auch dem Verfasser hier seine mehrfachen auf Reisen, z. B. in verschiedenen Gegenden Frankreichs, gesammelten eigenen Beobachtungen ganz besonders zu Statten gekommen sind. Von den allgemeinen klimatischen Bedingungen des Gedeihens der Baum- und Strauchvegetation ausgehend wird für die verschiedenen Zonen geographischer Breite und absoluter Höhe, in welche herkömmlicher Weise das europäische Vegetationsgebiet — fremde werden, wie billig, nur in

geringem Umfang in den Kreis der Betrachtung gezogen — untersucht, in welcher Weise und wie weit jene Bedingungen sich realisirt finden, und in wie weit sich hieraus die Verbreitung der Holzgewächse überhaupt nach wagrechter und senkrechter Gliederung der
Erdoberfläche, sowie Lage und Verlauf der Polar- und Höhen-
grenzen einzelner characteristischer Holzarten ungezwungen erklären
lassen. Wenn hiebei der Verfasser nie unterläßt, auf schwierige
Punkte, die sich der Deutung der Thatsachen entgegenstellen, ausdrücklich hinzuweisen und gegenüber den für manche Erscheinungen
vorliegenden Erklärungsversuchen, z. B. in dem durch Fülle der
zusammengetragenen Daten und gedankenreiche Durcharbeitung des
Stoffs so ausgezeichneten Werke Grisebach's, eine kritische Stellung einnimmt, dagegen, wo es thunlich erscheint, wie z. B. bei
der Erörterung der etwaigen Ursachen der auffallend niedrigen
Baumgrenze in dem Hochland von Central-Frankreich und analoger
Erscheinungen in andern Gebirgen des wärmeren Europas, auf
Grund eigener Erfahrungen neue Deutungen versucht, können wir
ihm nur zum Lob anrechnen. Es ist selbstverständlich, daß hier
der Character der Holzvegetation der einzelnen Breitenzonen und
der Höhenregionen der pflanzengeographisch näher untersuchten
europäischen Bergsysteme, wie er sich in dem Vorkommen bestimmter Holzarten theils als herrschender, theils als begleitender Bestandtheile dieser Vegetationen ausspricht, ebenfalls seine kurze Besprechung findet.

Ueber den zweiten, speziellen und descriptiven Haupttheil des
Werkes, obwohl er dessen größere Hälfte darstellt, müssen wir uns
schon aus dem Grunde kurz fassen, weil sich dessen Inhalt seiner
Natur nach überhaupt nicht zum Auszug eignet. Daß die Be-
schreibungen der Holzarten durchgängig eine Form einhalten, welche
nicht den botanisch-morphologischen oder systematischen, sondern
den forstlichen Gesichtspunkt in den Vordergrund treten läßt, bildet
einen characteristischen Zug, welcher das Buch von manchen andern,
selbst forstbotanischen Werken unterscheidet und nach unserer Ansicht
durch seine Tendenz vollständig gerechtfertigt wird; wäre es doch
unstreitig leichter gewesen, in der Art der gewöhnlichen Erzeugnisse
der descriptiven Literatur Gattungs- und Artdiagnosen, wie sie schon

unzählige Male mit wenig Abänderungen abgedruckt worden sind,
noch einmal zu geben, als so, wie es geschehen ist, die Bilder
gleichsam vom Centrum gegen die Peripherie fortschreitend zu entwerfen und mit den Characteren von Stamm und Holz beginnend
durch die Betrachtung von Verzweigung und Beblätterung hindurch
zu den die Geschlechtsorgane tragenden Sproßendigungen und der
schließlichen Frucht= und Samenentwicklung fortzuführen. Daß die
Geographie der Holzarten und ihre praktischen Eigenthümlichkeiten
in ausgedehnter Weise zu erörtern gewesen sind, bedarf nicht erst
der Erwähnung. In Beziehung auf den Umfang, in welchem die
Forstpflanzen genommen sind, wornach nicht wenige kleine und
manche selten angepflanzte exotische Holzgewächse Mitberücksichtigung
gefunden haben, mag wohl des Guten eher zu viel als zu wenig
geschehen sein. Die eingedruckten Holzschnitte leisten bei sehr gefälliger Ausführung Alles, was auf kleinem Raum in Beziehung
auf characteristische Darstellung der Habitusverhältnisse irgend verlangt werden kann, geben jedoch keine Analysen, deren Mitaufnahme
sich vielleicht ohne allzu große Steigerung des Raumaufwandes
innerhalb bestimmter Grenzen noch hätte bewerkstelligen lassen.
Die eingehaltene Reihenfolge der nach natürlichen Familien zu-
sammengestellten Formen ist die, daß auf die Gamopetalen die poly-
petalen und apetalen Gruppen und schließlich die Gymnospermen
folgen. Nicht zum Nachtheil hätte es wohl in dieser Hinsicht dem
Buche gereicht, wenn dem systematischen Bedürfniß wenigstens in
soweit Rechnung getragen worden wäre, daß — ob nun der Verfasser sich auf eine Erörterung der Gymnospermenfrage einlassen
wollte oder nicht, und wie immer er sich zu dieser Frage zu stellen
gesonnen sein mochte — die unter allen Umständen bedeutende
Differenz zwischen Dikotyledonen und gymnospermen Holzgewächsen
ihren Ausdruck gefunden haben würde. Von einzelnen Punkten,
mit denen wir nicht ganz einverstanden sind, mag noch Erwähnung
finden die dem sonstigen botanischen Sprachgebrauch nicht adäquate
Bezeichnung der Leguminosenfrüchte als Schoten, die der Früchte
von Sambucus, der Syncarpien von Rubus als Beeren; die Definition der Coniferen als allgemein monöcisch, entgegen dem für
verschiedene Gattungen derselben nachher richtig Angegebenen; die

Auffassung der männlichen Blüthen dieser Gruppe als Kätzchen. Dem Nutzen des Werkes für den Forstmann, welcher sich auf allgemein botanischem Gebiet umgesehen hat, werden diese oder andere kleine Ungenauigkeiten keinen Eintrag thun.

№ 14.

Lehrbuch der Agrikulturchemie in vierzig Vorlesungen. Zum Gebrauch an Universitäten und höheren landwirthschaftlichen Lehranstalten sowie zum Selbststudium von Dr. Adolf Mayer, a. o. Professor an der Universität Heidelberg. In zwei Theilen. Mit Holzschnitten und zwei lithographischen Tafeln. Zweite verbesserte Auflage. Heidelberg. Karl Winter's Universitätsbuchhandlung. 1875. Preis 16 Mark.

Von diesem vortrefflichen Werke erschien die erste Auflage 1871 und wurde dasselbe im gleichen Jahrgang dieser Blätter sehr günstig beurtheilt. Auf jene Kritik glauben wir den Leser mit um so größerem Rechte hier verweisen zu dürfen, als sie von einem der hervorragendsten jetzt lebenden Agrikulturchemiker herrührt. Für den Werth des Buches spricht übrigens auch der Umstand, daß dasselbe schon nach wenigen Jahren in zweiter Auflage vorliegt. Da alle Anzeigen vorhanden sind, daß durch die Chemie schon in Bälde, ähnlich wie in der Landwirthschaft, auch dem Waldbau eine wissenschaftliche Grundlage gegeben werden wird, so verdient das vorliegende Buch auch von Forstwirthen fleißig studirt zu werden, denen es hiermit wiederholt bestens empfohlen sein soll.

Verantwortlicher Redacteur: Dr. Fr. Baur, Professor an der Akademie Hohenheim.
Druck der E. Schweizerbart'schen Buchdruckerei (E. Koch) in Stuttgart.

Forstliche Statik.
Zur forstlichen Reinertragstheorie.
Von Professor Dr. Albert.

Nach A. Wagner (Rau, Lehrbuch der politischen Oekonomie. 9. Auflage. Leipzig, 1876) kommen bei Bestimmung des volks= wirthschaftlichen Reinertrags vom Rohertrage blos die na= türlichen oder volkswirthschaftlichen, d. h. jene Kosten in Abzug, welche, wie z. B. die Verwandlungs= und Hilfsstoffe und die Abnutzung von Geräthen, Maschinen und Gebäuden, für Nie= mand ein Einkommen bilden. Es ist demnach der volkswirthschaft= liche Reinertrag der Forstwirthschaft die Summe der Boden=, Ma= terialcapital= und Arbeitsrente und des Unternehmungsgewinnes, und eine jede Steigerung des Rohertrages durch Erhöhung des Arbeitsaufwandes und Materialvorrathes wird in so lange volks= wirthschaftlich nützlich sein, als nicht die betreffenden Arbeitskräfte und Capitalien eine andere volkswirthschaftlich werthvollere Ver= wendung finden können.

Der volkswirthschaftliche Reinertrag bildet auch das Volks= einkommen, welches wieder die Summe der Einzeleinkommen des Volkes darstellt.

Zur Bestimmung der Waldbodenrente, welche man als den privatwirthschaftlichen Reinertrag des forstlichen Betriebs betrachtet, müssen von dem Rohertrage nebst den oben erwähnten volkswirthschaftlichen Productionskosten noch die einzel= oder pri= vatwirthschaftlichen Kosten, d. h. der Aufwand für Arbeit und Verzinsung des Materialcapitales, sowie der Gewinn des Un= ternehmers in Abzug kommen, und es ist deßhalb die Summe der Bodenrenten oder sog. Reinerträge der Waldungen eines Landes nichts weniger, als der volkswirthschaftliche Reinertrag derselben.

Besorgt der Besitzer eines mit Schulden nicht belasteten Waldes alle in demselben vorkommenden Arbeiten selbst, so bildet für ihn der volkswirthschaftliche Reinertrag des Waldes auch das Einkom= men aus demselben; beschäftigt er dagegen fremde Kapitalien und Arbeitskräfte in seinem Forsthaushalte, so hat er mit diesen den volkswirthschaftlichen Reinertrag zu theilen. In jedem Falle aber bildet die Summe der aus den Waldungen bezogenen Einkommen das Volkseinkommen und den volkswirthschaftlichen Reinertrag derselben.

Der bei Herabsetzung des Umtriebes sich ergebende Ausfall an Menge und Güte des Ertrages kann nur privatwirthschaftlich durch die Zinsen aus dem Gelderlöse für den veräußerten Theil des Materialvorrathes, volkswirthschaftlich durch den Mehrwerth der mit dem disponibel gewordenen Materialcapitale erzeugten Güter ausgeglichen werden.

Ist eine solche Spekulation auf die theilweise Verwerthung des Materialvorrathes nicht möglich, oder nicht beabsichtigt, dann zeigt die Kulmination der sog. Waldrente (Boden= und Material=kapitalzinsen), welche sich aus dem Rohertrage durch Abzug der volkswirthschaftlichen Produktionskosten und des gesammten Arbeits=aufwandes ergibt, die privat= und volkswirthschaftlich vortheilhafteste Umtriebszeit an, da hier wegen der Unbedeutendheit des volkswirth=schaftlichen Produktionsaufwandes und des verhältnißmäßigen Stei=gens der Gewinnungskosten mit dem Rohertrage für die verschiedenen Umtriebe eines Waldes, der Verlauf der Waldrente mit dem des volkswirthschaftlichen Reinertrages und selbst des Rohertrages ohne besonderen Fehler als parallel angenommen werden kann.

Forstversammlungen und forstliche Ausstellungen.

Die 26. Versammlung des badischen Forstvereins zu Donau-eschingen am 6. und 7. September 1875.*

Referent: Oberforstrath Roth in Donaueschingen.

Der im Jahre 1839 gegründete badische Forstverein, nach Judeich der älteste Forstverein Deutschlands, hielt seine 26. Ver=sammlung am 6. und 7. September 1875 in Donaueschingen. Dieselbe wurde von 109 Theilnehmern besucht, meistens Mitglieder des Vereins, sodann werthe Fachgenossen aus den Reichslanden,

---

* Die Verhandlungen des badischen Forstvereins zu Donaueschingen sind inzwischen in Karlsruhe bei Friedrich Gutsch, 100 Seiten in 8. 1876, im Druck erschienen.

Württemberg, der Schweiz, selbst 2 Preußen und 1 Oesterreicher. Erfreulicher Weise betheiligte sich ein bisher kaum vertretenes Element, die Vorstände der waldbesitzenden Gemeinden der Nachbarschaft und andere Freunde der Forstwissenschaft, von welchen jedoch manche nicht zu bestimmen waren, sich einzuschreiben; eine solche Theilnahme ist noch nie dagewesen, hat aber allgemein wohlthuend angeregt. Die Mitgliederzahl beträgt 217, derzeitiger Präsident ist Herr Professor Schuberg in Karlsruhe.

Nach den üblichen Begrüßungen und Eröffnungen, zu welchen herkömmlich nicht viel Zeit gebraucht wird, ging man sofort an die Verhandlung der Themata. Das erste Thema lautet:

„Erfüllen die forstlichen Lesevereine Badens in ihrer dermaligen Gestaltung ihre Aufgabe oder zu welchen Anderungen drängen die seitherigen Erfahrungen?" Eingeleitet von dem Vereinspräsidenten.

Die Darstellung des dermaligen Zustandes ist gerade nicht erquicklich, es wird namentlich über den Mangel an reger Theilnahme geklagt und eine andere Organisation der Vereine vorgeschlagen, welche belebend und fruchtbringend wirken soll. Es handelt sich hier um die Beseitigung eines wunden Fleckes, der thatsächlich vorhanden ist, und sich, wie man hört, auch anderwärts vorfinden soll. Es wurde ein Ausschuß bestellt, welcher bei der nächsten Versammlung (in Heidelberg) Bericht erstatten soll.

Das zweite Thema lautet in seinem ersten Theile:

„Wie sind reine oder vorherrschend Fichtenwaldungen in den Hochlagen des südlichen Schwarzwaldes, insbesondere auf Sandsteinboden, zu verjüngen?"

und wurde von Herrn Forstrath Krutina eingeleitet. Derselbe ist der Ansicht, daß man das forstgesetzliche Verbot der Kahlschlagwirthschaft irrthümlich und wahrscheinlich wegen des damaligen niederen Standes des Kulturwesens auch in die ungünstigen Verhältnisse der Schwarzwaldhöhen übertragen und viel zu lange darin beharrt habe. Er vertritt für diese Hochlagen die Nachverjüngung, beschränkt sie aber auf reine oder mit Kiefern gemischte Fichtenbestände und nimmt mit Weißtannen untermischte ausdrücklich aus. Die Mißerfolge der Vorverjüngung in den Fichtenbeständen, un-

13*

vollkommene Jungwüchse, langsamer Gang, Anhieb größerer Wald=
theile, endlose Lichtungen, Verwilderung des Bodens, Windschäden,
Borkenkäfer, die Beschädigung des Unterwuchses durch die Holz=
ausbringung, Bildung von Lücken und Frostlöchern werden lebhaft
geschildert und es wird der Gewinn, der durch den Lichtungszu=
wachs bei der Vorverjüngung erfolgt, gegen die vielen Nachtheile
und Mißerfolge derselben als zu geringe geschildert. Er gibt da=
her auf die gestellte Frage die Antwort, daß sich in der Regel die
Nachverjüngung durch kahlen Abtrieb des alten Holzes und Be=
gründung eines neuen Bestandes mittelst eines rationellen Pflanz=
verfahrens empfiehlt.

Oberforstrath Roth tritt dem Berichterstatter in vielen Stücken
bei, warnt aber vor Generalisirung und Extremen, will gute und
namentlich gruppenweise Vorwüchse benutzen und die alten Hölzer
abtreiben, statt eine Kahlschlagwirthschaft mit ihrem ganz entschie=
denen Begriffe führen, im Übrigen aber bei der Kultur nur die
Pflanzung anwenden und der Saat gute Nacht sagen. Es kann
nicht schaden, wenn ich hier anfüge, daß das Thema für unsere
Versammlung ganz besonders aufgestellt wurde und wörtlich zu
nehmen ist.

Bezirksförster Schmitt folgert aus 3 Beispielen, zu welchen
die Forsteinrichtungswerke über Gemeindewaldungen das Material
lieferten, daß bei der Kahlschlagwirthschaft mit darauf folgender
normaler Bestockung durch Pflanzung voraussichtlich ca. 20 Proc.
Mehrnutzung in Aussicht stehen und sogar weniger Kulturaufwand
nothwendig wird, als bisher bei der auf den Hochlagen des Schwarz=
waldes üblichen natürlichen Verjüngung. — Forstrath Wagner ist
für die beschränkte Einführung der Kahlschlagwirthschaft in den
Hochlagen auf Sandstein. Als einen Nachtheil derselben betont er
den Schaden durch Schnee. — Bezirksförster v. Teuffel beanstandet
die von Herrn Schmitt mitgetheilten Zahlen und glaubt, daß die
Zahlen der Forsteinrichtungswerke nicht mit derjenigen Genauigkeit
erhoben seien, um sie bei so wichtigen Vergleichungen zu gebrau=
chen. — Bezirksförster Schmitt unterstellt, daß die natürliche Ver=
jüngung unvollkommene Bestände liefere, die Kultur aber vollkom=
mene. — Der Präsident will sich durch die Mißerfolge einer ver=

schleppten natürlichen Verjüngung in einer gewissen Örtlichkeit nicht bestimmen lassen, mit fliegender Fahne zu einem andern System überzugehen, und ist eher mit einer combinirten Verjüngung einverstanden, welche auch die Möglichkeit gewährt, der Weißtanne Rechnung zu tragen.

Nach einigem Hin= und Herreden zur Erläuterung der verschiedenen Ansichten faßt der Präsident das Ergebniß der Verhandlung dahin zusammen, daß der Kahlschlagbetrieb nur auf beschränkten Örtlichkeiten des südlichen Schwarzwaldes zur grundsätzlichen Annahme gelangen dürfe, namentlich in jenen Hochlagen auf Sandstein, wo die Fichte in ganzen Waldkomplexen rein oder mit der Forle gemischt auftritt und von der natürlichen Verjüngung nach bisherigen Erfahrungen nur ungenügende oder geradezu schlechte Ergebnisse vorliegen, während dagegen in jenen Waldungen, wo Mischungen mit der Tanne streckenweise thunlich erscheinen, eine kombinirte Verjüngung zu empfehlen ist.

Diese Fassung dürfte die Ansichten Aller, welche die Verjüngungsfrage in den im Thema angegebenen Örtlichkeiten studirt haben, vereinigen. Kann auch die gepflogene Verhandlung nicht als eine erschöpfende angesehen werden, so ist sie doch eine bahnbrechende gewesen und es hat sich herausgestellt, daß die Freunde der Vor- und Nachverjüngung, wenn sie im gegebenen Falle sachkundig ab- und zuzugeben wissen, sich in ihren Ansichten nicht so ferne stehen, als es den Anschein haben möchte, daß sie vielmehr in wesentlichen Punkten gleicher Meinung sind.

Der zweite Theil des zweiten Themas, welcher mit dem ersten im Zusammenhange steht, lautet:

> „Wie ist bei der Kultur der schlagweise abgetriebenen oder noch unvollkommenen natürlichen Verjüngung geräumter Flächen und bei der Erziehung der Pflanzen zu verfahren?"

und wurde von Herrn Bezirksförster Schmitt (früher in Neustadt und Donaueschingen, jetzt in Weinheim) eingeleitet. Er gab eine Anleitung zur Erziehung der Pflanzen in der Saat= und Pflanzschule, die Bodenvorbereitung, das Pflanzverfahren selbst und die Kosten. Gleichzeitig mit der Versammlung in Donaueschingen erschien eine besondere Schrift des Herrn Schmitt über Anlage und

Pflege der Fichten-Pflanzschulen, Weinheim bei Ackermann 1875, in welcher das bei der Versammlung Vorgetragene sehr ausführlich behandelt ist. Aus diesem Grunde wird hier nicht weiter auf die Sache eingegangen, die Gerechtigkeit erfordert aber, die Behauptung auszusprechen, daß die in dem Januarhefte der forstlichen Blätter von Grunert und Leo enthaltene Kritik dieser Schrift in wesentlichen Theilen ganz anders hätte ausfallen müssen, wenn ihr Herr Verfasser die in dem benachbarten Schwarzwalde ausgeführten großartigen Pflanzungen und die Saat- und Pflanzschulen besichtigt und sich über die großen Schwierigkeiten, mit welchen unser Kulturbetrieb zu kämpfen hat, unterrichtet hätte.

Oberforstrath Roth und Forstrath Wagner danken Herrn Schmitt für seine Mittheilungen. Der erstere wiederholt eine bei der letzten Versammlung in Schopfheim gemachte Mittheilung über die Kulturkosten in den fürstlich fürstenbergischen Forsten aus den Jahren 1870, 71 und 72; sie betrugen für die Erziehung von 1000 Fichtenpflanzen auf 21½ Hektar Pflanzschulfläche 8½ Mark, für das Setzen von 3,332,000 Pflanzen — 10 Mark 3 Pf. von 1000 Stück — und für die Bodenvorbereitung bei nahezu 2,000,000 Löchern, Platten und Hügeln für das Tausend 17 Mark, und werden jetzt, wo die Löhne gestiegen sind, um 10—20% höher stehen. Diese Durchschnittskosten sind unter günstigen Verhältnissen weit niedriger und unter schwierigen weit höher, sie dienen übrigens mit dazu, die Irrthümer zu beseitigen, welche bezüglich der Kulturkosten leider noch immer bestehen; sie werden sehr häufig zu nieder veranschlagt.

Das wesentliche Ergebniß der Diskussion, an welcher außer den genannten Mitgliedern noch die Herren Kißling und Schuberg theilnahmen, ist in Folgendem zusammengefaßt:

Die Erziehung der Pflanzen geschieht in Pflanzschulen. Stehende Pflanzschulen haben vor den wandernden entschieden den Vorzug. Düngung und Bodenbearbeitung sind in den Pflanzschulen unerläßlich. Die Flächengröße derselben steht in einem fixirten Verhältniß zur Kulturfläche. Die Verschulungen geschehen in 1-, 2- und zuweilen 3jährigem, die Pflanzungen in 5- und 6jährigem Alter. Trefflich bewährt haben sich die Saatgitter, welche auch als

Hochdeckung über Pflanzbeeten nützlich sind. Letztere erhalten pro Are 500 bis 1,500 Pflanzen. Vollständig zu verwerfen ist die Freisaat. Als zweckmäßigstes Pflanzverfahren empfiehlt sich die sogenannte Lochhügelpflanzung, als engster Pflanzverband 1,2 m, als weitester Verband 1,8 m, welcher letztere jedoch mehrfach als zu weit erklärt worden ist.

Das dritte Thema lautet:

„Welche Vortheile gewährt das Beibringen der Stamm= hölzer an gute Abfuhrwege und auf Lagerplätze, und wie ist bei der Auswahl der letztern und bei der Lagerung selbst zu verfahren? — Landtransport ist zu unterstellen."

Herr Forstverwalter Eschborn, welcher die Einleitung über= nommen, gab auf Grundlage der Erfahrungen in den fürstlich fürstenbergischen Forsten, in welchen das Beibringen der Stamm= hölzer seit vielen Jahren eingeführt ist, eine klare Darstellung des finanziellen Nutzens, welchen das Beibringen gewährt und bezeich= net eine gute Sortirung und Lagerung als ein entschiedenes Han= delsbedürfniß; von Bedeutung ist auch die Sicherung der werth= vollen Jungwüchse in Waldungen mit natürlicher Verjüngung. So= dann wurden über die Auswahl der Lagerplätze, die Lagerungs= arbeiten selbst, die Löhne, die Sortirung und die nothwendigen Werkzeuge umständliche Mittheilungen gemacht. Die Löhne betra= gen für die Gegend von Donaueschingen durchschnittlich 80 Pf. für 1 Kubikmeter, für Stämme von 4 Kubikmetern und darüber zahlt man 70 Pf. weiter für den ganzen Stamm. Dieser Vortrag sprach allgemein an und hat in unserer Gegend in Verbindung mit der bei der Excursion vorgezeigten Lagerung einer größern Zahl von Stämmen jedenfalls den eifrigen Bestrebungen der Bezirksforsteien, das Beibringen auch in den Gemeindewaldungen einzuführen oder zu vervollkommnen, nicht geschadet, soferne man nämlich annehmen darf, daß gute Beispiele mehr nützen als lange Reden. Die De= batte, an welcher sich mehrere Mitglieder kurz betheiligten, brachte nichts Wesentliches.

Das vierte und letzte Thema, das sogenannte ständige „Mit= theilungen über beachtenswerthe Vorkommnisse" gab Anlaß zu ver= einzelten Notizen über das durchschnittliche gute Gedeihen der Kul=

turen im laufenden Jahre, über einen in Forlenkulturen beobachte=
ten Pilz, über die Föhrenrindenwanze, die Bewegung in den Holz=
preisen, sowie über Staarenkästen, von welchen die hölzernen sich
besser bewährt haben, als die thönernen. Überdies kam eine Ab=
handlung des Herrn Bezirksförsters Bajer in Schopfheim unter
dem Titel „die Frühjahre 1874 und 1875 und unsere Kulturzeit"
ein, welche eine Beilage der Verhandlungen bildet. Herr Bajer
hat 2 meteorologische Stationen — Schopfheim und Schweigmatt
— unter sich und ist ein sehr sorgsamer Beobachter.

Die nächste Versammlung soll in Heidelberg stattfinden. Zur
Verhandlung kommen: Die Verjüngung der Kiefernwaldungen in
der Rheinthalebene, der Engerlingsschaden, die Umwandlung der
Nieder= und Mittelwälder der Neckarberge in Hochwald, Gewinnung
und Verwerthung der Eichenschälrinde, das ständige Thema, und
die Reorganisation der forstlichen Lesevereine. Bei der günstigen
Lage von Heidelberg hoffen wir auf eine zahlreiche Betheiligung
nicht blos der Vereinsglieder, sondern auch unserer werthen Freunde
und Fachgenossen aus den Nachbarländern.

Am 7. September bei wunderschöner Witterung, wie man sie
sich nicht herrlicher hätte wünschen können, fand eine größere Ex=
cursion in den benachbarten Schwarzwald statt. Die Theilnahme
an derselben war bedeutender als gewöhnlich und es muß insbe=
sondere hervorgehoben werden, daß eine größere Zahl von Gemeinde=
vorständen und anderen Nichtforstmännern, welche man insgesammt
durch Übersendung von Programmen und die Lokalpresse einge=
laden und auf das Beachtenswerthe aufmerksam gemacht hatte, sich
einstellte und ganz vergnügt mitzog. Jeder Theilnehmer erhielt
einen gedruckten Führer nebst einem Plan, auch war für Fußpfade,
wo die Straßen und Wege verlassen wurden, sowie für andere
Äußerlichkeiten gesorgt. Es wird auch kaum gesagt werden müssen,
daß die Excursion mit dem Verjüngungs= und Kulturthema II
in genauen Zusammenhang gebracht war, so daß sich Jeder im
Walde ansehen konnte, was in der Sitzung Tags zuvor besprochen
worden war. Die Excursion umfaßte die fürstlich fürstenbergischen
Waldungen Weißwald und Habseck mit 404 und 256 Hektar,
und den untern Theil des zwischen denselben gelegenen Bräun=

linger Stadtwaldes mit 1423 Hektar. Besonders beachtenswerth waren:

im Weißwald und in der Habseck:

1) die Verjüngung alter, von den Stürmen durchrissenen Fichten= und Tannenbestände mit Benutzung der Anflüge und guter Vorwüchse; Abtrieb der alten Hölzer, wo die natürliche Verjüngung nicht anschlug, Stockrodung und Pflanzung;

2) ältere und neuere Lochhügelpflanzungen in großem Maß= stabe, darunter eine 41 Hektar große 4—7jährige Pflanzung, welche durchschritten und überschaut wurde; in der Aufforstung begriffen 90 Hektar;

3) die Lagerung und Sortirung der Stammhölzer;

4) die 0,94 Hektar große Saat= und Pflanzschule auf dem ehemaligen Kirnberger Hof in vorzüglichem Stande; sehenswerth waren auch Werkzeuge und Schutzanstalten, welche manchem Theil= nehmer neu waren;

5) die kunstmäßig angelegten, chaussirten Hauptwege.

Im Bräunlinger Stadtwalde:

6) Die Erfolglosigkeit früherer Untersaaten in alten, früher mißhandelten rückgängigen Fichtenbeständen, Abtrieb dieser Fichten= bestände und verbutteter Vorwüchse, neue Bestandesgründung durch sehr schöne Pflanzungen;

7) die musterhaft angelegte und gepflegte Saat= und Pflanz= schule von 0,5 Hektar Fläche im Allmendwalde, d. h. in einem Theile des Waldes, der früher der Viehweide eingeräumt war, und zur Zeit nicht unter der Bezirksforstei steht;

8) die kunstmäßig angelegten, chaussirten Hauptwege.

Bei der unter Ziffer 7 genannten Pflanzschule erwartete uns eine von Seiner Durchlaucht dem Fürsten zu Fürstenberg gespen= dete Erfrischung, welche durch ihren Reichthum und die Art, wie sie geboten wurde, allgemeine Freude hervorrief und die Gesell= schaft in die froheste Stimmung versetzte. So gestaltete sich der Aufenthalt bei der Pflanzschule unter dem Eindrucke des herrlichen Herbsttages, unter dem Schatten astiger Fichten und bei reicher Bewirthung zu einem wahren Waldfeste, welches die freudigsten

Erinnerungen zurückgelaſſen hat. Daß es bei dieſem Waldfeſte und bei dem geſelligen Zuſammenſein in Donaueſchingen, ſowie bei dem gemeinſamen Mittageſſen am 6. Sept. an allgemeiner Heiterkeit und an ſinnigen Trinkſprüchen nicht fehlte, wird gerne geglaubt werden. Alles zuſammen genommen iſt unſere Verſammlung ſehr gelungen, befriedigt ſchieden unſere lieben Gäſte und uns Einheimi⸗ ſchen verblieb die Erinnerung an einige verlebte frohe Tage.

Donaueſchingen, März 1876.

Forſtverwaltung und Forſtdienſt.

1. Mittheilungen aus der preußiſchen Forſtverwaltung im Jahr 1875.

Die Geſammtentwicklung des preußiſchen Staatsweſens bringt es mit ſich, daß faſt alle einzelnen Zweige der Verwaltung mehr oder minder tief einſchneidende Veränderungen erfahren. Kein einzi⸗ ger Theil derſelben bleibt ganz unberührt und auch die Forſtver⸗ waltung vermag ſich der Einwirkung unſerer großen Staats⸗Reorga⸗ niſation nicht zu entziehen. Ob dieſe Einwirkung für die Erreichung der ſpezifiſchen Zwecke der Forſtverwaltung günſtig oder ungünſtig ſei, darüber ſind zur Zeit die Anſichten der Sachverſtändigen noch ſehr getheilt. Man wird aber jedes vorſchnelle Urtheil ſo lange zurückhalten müſſen, bis Kreis⸗ und Provinzial⸗Ordnung, die Verwaltungsgerichte und die ganze noch ſo neue Selbſtverwal⸗ tung ſich eingelebt und befeſtigt haben. Erſt dann wird es ſich zeigen, ob wir ſchlechter geſtellt ſind als früher, oder beſſer.

Auf den erſten Blick erſcheint es allerdings verwunderlich, daß der preußiſche Oberförſter nun neben ſeinem Hauptamte als Ver⸗ walter des ihm anvertrauten Staatsforſtrevieres noch Amtsverwal⸗ ter, Standesbeamter, Polizei⸗Anwalt, unter Umſtänden auch Kom⸗ miſſarius des Waldſchutzgerichtes ſein muß und mehr als einmal hat man die verdrießliche Äußerung gehört: der preußiſche Ober⸗ förſter iſt jetzt Alles in der Welt, nur nicht Oberförſter! Solche Äußerungen haben jedoch nur ſehr bedingte Berechtigung. Es iſt wahr: die mannigfachen Anforderungen, welche heute an unſere

Oberförster gestellt werden, belasten ihn mit Arbeiten ganz außerordentlich und spannen das Maß dessen, was man von einem
einzelstehenden Beamten fordern darf, sehr hoch; auch sind die ihm
auferlegten Geschäfte durchaus nicht alle technischer Natur, sondern
gehören zum nicht geringen Theile in das Gebiet der allgemeinen
Landesverwaltung. Aber es war unerläßlich, diese Geschäfte den
Oberförstern zu übertragen, nachdem einmal die Selbstverwaltung
organisirt worden war. Nur mit großer Schädigung eigener wohl-
verstandener Interessen hätte sich die Forstverwaltung der Mitarbeit
an dem großen Werke der Neuformung unseres Staatswesens entziehen können. Fast alle praktischen Berufsstände sind zu dieser
Mitarbeit an irgend einem Punkte berufen und das Werk kann
nur gelingen, wenn Jeder an seiner Stelle vollauf seine Pflicht
thut, ja dem großen politischen Gedanken, welcher der Selbstverwaltung zu Grunde liegt, zu Liebe persönliche Unbequemlichkeit und
gesteigerte Müheverwaltung gern in den Kauf nimmt. —

Die Bildung der Amtsbezirke erfolgte auf Grund der Kreisordnung für die Provinzen Preußen, Pommern, Schlesien, Bran-
benburg und Sachsen vom 13. Dezember 1872, deren §. 47 bestimmt: „Behufs Verwaltung der Polizei und Wahrnehmung an-
berer öffentlicher Angelegenheiten wird jeder Kreis, mit Ausschluß
der Städte, in Amtsbezirke getheilt." Wollte hiernach der Staat
als Großgrundbesitzer (Waldbesitzer) nicht in die Gefahr kommen,
seinen ganzen Einfluß auf den Gang und die Entwickelung der
öffentlichen Angelegenheiten im Kreise gänzlich einzubüßen, was nur
unter schwerster Benachtheiligung seiner Interessen hätte geschehen
können, so mußte er darauf Bedacht nehmen, aus seinen größeren
Waldkomplexen unter Hinzuziehung derjenigen Ortschaften, welche
räumlich zu demselben gehörten, eigene Amtsbezirke zu bilden.
Amtsvorsteher konnte nur der Oberförster werden, da man sonst
besondere Beamte, deren Besoldung bei dem Überwiegen des fiskalischen Grundbesitzes fast ausschließlich vom Fiskus zu tragen
gewesen wäre, hätte anstellen müssen, was nicht allein finanziell
unverhältnißmäßig kostspielig, sondern auch in anderer Beziehung
wenig entsprechend gewesen wäre; denn in solchen Fällen würde
der Amtsvorsteher als Träger der öffentlichen Gewalt am Orte

eine unangenehme Superiorität über den Oberförster erlangt haben.

Pekuniäre Opfer erwachsen den Oberförstern durch Übernahme der Amtsvorsteher-Geschäfte nicht; denn sie erhalten eine Amts-Unkosten-Entschädigung, welche nach Anhörung der Betheiligten vom Kreisausschusse als ein Pauschquantum festgesetzt wird (§. 69 der Kreisordnung). Diese Vermehrung ihrer Einnahme setzt die Ober-förster vielmehr meist in den Stand, sich einen tüchtigen Sekretär zu halten, der nicht nur für die Amtsvorsteher-Geschäfte, sondern auch für die Revierverwaltung verwendet werden kann. Eine wei-tere Konsequenz der Übernahme der Geschäfte als Amtsvorsteher war dann die Übertragung der Standesamts-Funktion auf die Ober-förster, welche hier und da schon zu der allerdings pikanten That-sache geführt hat, daß der Oberförster (wir Waldmänner sind doch meist als schlechte Christen verschrieen) seinen eigenen Pastor bürger-lich getraut hat. —

Das Jahr 1875 hat das Gebäude der Selbstverwaltung ge-krönt. Die Provinzialordnung vom 29. Juni 1875 und das Ge-setz über die Verwaltungsgerichte und das Verwaltungs-Streitver-fahren vom 3. Juli 1875 bilden den vorläufigen Abschluß dessel-ben nach oben. Nach unten fehlen noch eine Städteordnung und Landgemeinde-Ordnung. Die Verhältnisse der Staatsforstverwal-tung werden durch diese ganze Legislatur nur mittelbar berührt und zwar in doppelter Richtung: Einmal dadurch, daß die seither bestandenen Bezirksregierungen nach Begründung der provinziellen Selbstverwaltung in ihrer seitherigen kollegialischen Organisation und bisherigen Kompetenz aufhören müssen zu bestehen und die Loslösung der Staatsforstverwaltung von der allgemeinen Landes-verwaltung zur Nothwendigkeit wird; sodann dadurch, daß in Waldschutz-Angelegenheiten das Kreis-Verwaltungsgericht (der Kreis-ausschuß, bestehend aus dem Landrath als Vorsitzenden und 6 vom Kreistage gewählten Mitgliedern, nach §. 131 der Kreisordnung) Spruchbehörde ist.

Die den Staatsbehörden verbleibenden Geschäfte werden zu-künftig durch Oberpräsidenten (für die Provinzen) und Regierungs-präsidenten (für die Bezirke) wahrgenommen. Die technischen Ver-

waltungszweige sind, soweit dies nicht schon geschehen, selbständig
zu organisiren. Für die Forstverwaltung werden Forstdirektionen
gebildet werden.

Es dürfte wohl in Preußen wenige Forstbeamte geben, welche
die auf diesem Wege zu erlangende größere Selbständigkeit der
Staatsforstverwaltung nicht mit Genugthuung begrüßten. Ob man
bei dieser Gelegenheit auch die Frage neuerdings in Erwägung
ziehen wird, welchem Ministerium die Staatsforstverwaltung zu
unterstellen ist, wird die Zukunft lehren. So viel steht fest, daß die
weitaus überwiegende Zahl der preußischen oberen Forstbeamten
(Oberförster, Forstmeister 2c.) eine Abänderung der heutigen Ressort=
verhältnisse wünscht. Viele wünschen den Übergang der Staats=
forstverwaltung an das landwirthschaftliche Ministerium. Da die
ganze nicht einfache Frage jedoch der Zukunft angehört, so gehe
ich hier auf dieselbe nicht näher ein.

Bisher habe ich nur über neue Pflichten berichtet, welche un=
seren Forstbeamten, namentlich den Oberförstern, auferlegt worden
sind. Leider ist zunächst von neuen Rechten derselben, von Befriedi=
gung ihrer gerechten, auf Verbesserung ihrer sozialen Lage und finan=
ziellen Verhältnisse gerichteten Wünsche wenig zu melden.

Die Oberförster in Preußen haben es bisher zu einem be=
stimmten Range in der Staatsverwaltung noch nicht bringen können.
Die Rangordnung von 1817 gedenkt ihrer gar nicht. Nach sonsti=
gen amtlichen Erlassen, Diäten=Reglements 2c. stehen sie den Asseffo=
ren (V. Rathsklasse) nach und sind den höheren Subalternbeamten
gleichgestellt. Die Unzuträglichkeit dieses Verhältnisses, ja die offene
Unbilligkeit einer solchen Rangstellung wird von keiner Seite ver=
kannt; bis jetzt hat es aber noch nicht gelingen wollen, eine Ab=
änderung herbeizuführen, trotzdem auch neuester Zeit im Abgeord=
netenhause eine solche in Anregung gebracht wurde (in der Sitzung
vom 6. Februar 1875). Zu einem günstigeren Ergebnisse führte
eine Anregung, welche betreffs der Tagegelder und Reisekosten der
Förster in derselben Sitzung des Abgeordnetenhauses gegeben wurde.
Durch Gesetz vom 28. Juni 1875 ist nämlich den Hegemeistern
und Förstern ein Diätensatz von 4.50 Mark (statt 3 M.) und an
Reisekosten 75 Pfennige pro Meile Eisenbahn, 2 Mark für jeden

Ab= und Zugang, 2 Mark pro Meile Landweg (statt 50 Pfennige
bezw. 1 M. und 2 M.) bewilligt worden. — Die wichtigste legis=
latorische Veränderung, welche im Jahre 1875 in Bezug auf das
preußische Forstwesen zu verzeichnen ist, ist der Erlaß des Gesetzes
„betreffend Schutzwaldungen und Waldgenossenschaften" vom
6. Juli 1875.

Das Gesetz wurde nur nach mühevoller, 21 Kommissions=
Sitzungen ausfüllender Vorberathung und nach einem lebhaften
Kampfe im Plenum des Abgeordnetenhauses zu Stande gebracht.
Dasselbe bestimmt, daß in genau bezeichneten Fällen (bei eigent=
lichen Schutzwäldern) die Waldbesitzer in der willkürlichen Benutzung
ihrer Waldungen soweit beschränkt werden können, als die Abwen=
dung der durch freie Benutzung entstehenden gemeinen Gefahren
fordert. Ebenso können da, wo die forstmäßige Benutzung neben
einander oder vermengt gelegener Waldstücke, öder Flächen oder
Heideländereien nur durch das Zusammenwirken aller Betheiligten
zu erreichen ist, Waldgenossenschaften (Wirthschafts= oder bloße
Schutzgenossenschaften) mit Zwang gegen die Minorität gebildet
werden, wenn mindestens ein Drittel der Betheiligten, deren be=
theiligte Grundstücke mehr als die Hälfte des Kataftral=Reinertrags
aller betheiligten Grundstücke haben (bei Wirthschaftsgenossenschaften)
bezw. die Mehrheit der Betheiligten, ebenfalls nach dem Kataftral=
Reinertrag berechnet (bei Schutzgenossenschaften), dem Antrage zu=
stimmt. Spruchbehörde ist in Schutzwald= und Waldgenossenschafts=
Sachen der Kreisausschuß, welcher dann die Bezeichnung „Wald=
schutzgericht" führt. Die technische Begutachtung der faktischen
Grundlagen der Entscheidung erfolgt durch einen Kommissar des
Waldschutzgerichtes (in der Regel ein Oberförster), der auch die
Vorverhandlungen zu führen hat. Näher auf das Gesetz einzu=
gehen, verbietet mir an dieser Stelle der einem solchen Berichte
zugemessene Raum. Übrigens beginnt das Gesetz bereits in prak=
tischen Vollzug zu treten. Einer Anordnung des mit der Ausfüh=
rung desselben betrauten Ministers für die landwirthschaftlichen An=
gelegenheiten entsprechend haben die meisten Bezirksregierungen über
diejenigen Fälle berichtet, welche die Begründung von Schutzwal=
dungen bezw. Bildung von Waldgenossenschaften bringend erfordern.

Es sind nach einer jüngst dem Abgeordnetenhause vorgelegten Zu=
sammenstellung schon jetzt 26 Fälle konstatirt, in welchen die Pro=
vokation auf Begründung von Schutzwaldungen und 22 Fälle, in
welchen die Provokation auf Bildung von Waldgenossenschaften ge=
boten ist. Bei Bearbeitung dieser Fälle wird sich jedenfalls das
Bedürfniß herausstellen, für Waldschutz= und Forst=Aufsichts=Sachen
im Ministerium für die landwirthschaftlichen Angelegenheiten einen
besonderen forstlichen Referenten anzustellen, was seither noch nicht
geschehen ist.

Wichtige Abänderungen bestehender Verwaltungs=Verfügungen
sind 1875 namentlich in Bezug auf das Studium der Forsteleven,
die Prüfung derselben im forstwissenschaftlichen Tentamen, ferner
betreffs der Einführung gesonderter Abnutzungssätze für die Haupt=
nutzung und Vornutzung und der Einführung gleicher Holzsortimente
und einer gemeinschaftlichen Rechnungseinheit für Holz im deut=
schen Reiche getroffen worden und Sie gestatten mir, auf diese
einzelnen Punkte kurz einzugehen.

Durch die „Bestimmungen über die Ausbildung und Prüfung
für den Königlichen Forstverwaltungsdienst" vom 30. Juni 1874
ist bestimmt worden, daß zur Erlangung der Befähigung zur An=
stellung als Oberförster das Bestehen der Feldmesser=Prüfung, des
forstwissenschaftlichen Tentamens und forstlichen Staatsexamens er=
forderlich ist, daß dem 2¼jährigen forstakademischen Studium eine
mindestens 7monatliche praktische Vorbereitung, welche die Monate
Oktober bis April umfassen muß, vorhergehen und ein 2jähriges
Praktikum dem das Studium abschließenden forstwissenschaftlichen
und der hierauf abzulegenden Feldmesser=Prüfung folgen soll. Hier=
nach ist mindestens der folgende Zeitaufwand bis zum forstlichen
Staatsexamen nothwendig:

Lehrzeit . . . . 7 Monate,
Studium . . . . 2¼ Jahr,
forstwissenschaftl. Tentamen . . . . 1 Monat,
Vorbereitung zur Feldmesser=Prüfung unter An=
    rechnung der Lehrzeit und Studienzeit mit
    zus. 19 Monaten . . . . 5 Monate,
                                    3 J. 7 Mon.

Uebertrag   3 J. 7 Mon.

Ablegung der Feldmesser-Prüfung . . . . . 3 Monate,

Praktisches Bienniun. . . . . 2 Jahre,

Militär-Dienstzeit . . . . 1 Jahr,

Vorbereitung zum Staatsexamen und Ablegung

desselben . . . . 4 Monate,

zusammen   7 J. 2 Mon.

In §. 35 jener Bestimmungen wird außerdem festgesetzt, daß Oberförsterkandidaten, welche außer der vorgeschriebenen forstlichen Studienzeit noch mindestens 2 Semester auf einer Universität dem Studium der Rechts- und Staatswissenschaften obgelegen haben nach mindestens einjähriger Beschäftigung bei einer Regierung (Finanzdirektion), oder mit von der Central-Forstbehörde direkt übertragenen Arbeiten, ihre Zulassung zu einer besonderen (Forst-Assessoren) staats- und rechtswissenschaftlichen Prüfung beantragen können, durch deren Bestehen sie zwar kein ausschließendes Anrecht auf die Beförderung zum Forstmeister, aber doch eine besondere Qualifikation für die höheren Stellen in der Verwaltung erlangen.

Dem auf diese Weise neu geordneten Bildungsgange für die Anwärter des K. Forstverwaltungsdienstes, entsprechen die seither geltenden Prüfung-Reglements nicht mehr ganz. Für die wesentlich veränderten Verhältnisse der Forstakademieen paßten auch die Statuten derselben nicht mehr ganz.

Es wurden demgemäß die letzteren, sowie das Regulativ für die Forstakademieen und das Regulativ zur Benutzung der Lehrmittel derselben neu redigirt und am 5. April 1875 durch den Herrn Finanzminister publizirt, auch ein neues Prüfungs-Reglement zunächst für das forstwissenschaftliche Tentamen erlassen.

Letzteres ändert den Prüfungsmodus der Art ab, daß nunmehr der Schwerpunkt der Prüfung im Zimmer nicht im mündlichen Examen, wie bisher, sondern in einem schriftlichen, durch mündliche Prüfung ergänzten Examen liegt, eine Einrichtung, welche sicherlich zu einer gerechteren Würdigung aller Individualitäten unter den Prüflingen befähigt, als ein fast nur mündliches Examen, in dem diejenigen jedesmal zu ungünstigen Ergebnissen gelangen, welchen die Gabe fehlt, sich rasch, bestimmt und klar über den betreffenden Gegenstand auszusprechen.

Die Einführung gesonderter Abnutzungssätze für Haupt= und Vornutzung muß als ein wesentlicher Fortschritt unseres Forstein= richtungswesens und der Materialkontrole angesehen werden. Die Hauptnutzung ist in erster Linie durch die Betriebsregelung ge= boten; die Vornutzungen sind wesentlich abhängig von den wirth= schaftlichen Verhältnissen des Revieres; ihre quantitative Gestaltung hängt von dem wirklichen Vorrathe nicht in demselben Maaße ab, wie die der ersteren. Werden beide Nutzungen in einen Hiebssatz zusammengefaßt, so ergiebt sich bei starken Mehrerträgen aus der Hauptnutzung (bei zu niedriger Schätzung) die Unmöglichkeit, mit dem Durchforstungs= und Läuterungsbetriebe in der wirthschaftlich gebotenen Weise fortzufahren; ergeben die Durchforstungen bei wirthschaftlicher Durchführung erheblich geringere Erträge, als an= genommen war, so wird der Wirthschafter gezwungen, die Altholz= bestände stärker anzugreifen oder den Hiebsatz unerfüllt zu lassen; erfolgen endlich bei den Vornutzungen, bei wirthschaftlicher Durch= führung, erhebliche Mehrerträge, so wird es oft unmöglich, in den Lichtungsschlägen mit dem Aushieb rasch genug vorzuschreiten, ein= getretene Samenjahre entsprechend auszunutzen u. s. w., ohne den Hiebsatz zu überschreiten.

Diese Verhältnisse haben zum Erlaß einer Ministerial=Ver= fügung vom 15. Mai 1875 Anlaß gegeben, welche die Aufstellung gesonderter Haupt= und Vornutzungs=Sätze anordnet und die hier= nach erforderlichen Feststellungen betreffs des Begriffs beider, der Buchführung und Materialkontrole trifft. Die Anweisung zur Führung des Kontrolbuches vom 18. Januar 1870 ist dem ent= sprechend und mit Rücksicht auf die Einführung des Festmeter als Rechnungseinheit neu redigirt und am 6. Juni 1875 in der neuen Fassung publizirt worden.

Die von dem Vereine deutscher forstlicher Versuchsanstalten vereinbarten, demnächst von Bevollmächtigten der Centralforstbe= hörden von Preußen, Bayern, Sachsen, Württemberg, Baden und Sachsen-Gotha endgültig formulirten „Bestimmungen über Ein= führung gleicher Holzsortimente und einer gemeinschaftlichen Rech=

nungseinheit für Holz im deutschen Reiche" sind durch Verfügung des Finanz-Ministers vom 1. Oktober 1875 für die preußische Staatsforstverwaltung eingeführt worden; zugleich sind die erforderlichen deklarativen Bestimmungen in Bezug auf die Forsteinrichtungswerke, Revier-Chroniken (Taxations-Notizenbuch), Instruktionen und General-Verfügungen über das Rechnungswesen getroffen worden.

In wirthschaftlicher Beziehung ist das Jahr 1875 bemerkenswerth durch das langersehnte Wiedereintreten eines Eichen- und Buchen-Mastjahres. Zwar hat die Samenerzeugung dieser beiden Holzarten den gehegten Erwartungen nicht ganz entsprochen und die Mast ist vielerorts von sehr geringer Qualität, welche wohl der Sommerdürre und vielfachen Insektenbeschädigungen zuzuschreiben ist; aber in unserem großen westlichen Laubholzgebiete ist doch in den meisten Revieren eine das wirthschaftliche Bedürfniß vollkommen deckende Eichen- und Buchen-Mast vorhanden gewesen, welche sowohl dem Kampbetriebe, als dem Verjüngungsbetriebe neue Bewegung verliehen hat.

Der Pflanzenverkauf an Gemeinden und Private zum Selbstkostenpreis, welcher allen Oberförstern in Preußen zur Pflicht gemacht ist, wurde auch 1875 in bedeutendem Umfange fortgesetzt. Spezielle Angaben über die Zahl der 1875 verkauften Pflanzen lassen sich zur Zeit jedoch noch nicht machen. 1874 wurden 6,045,000 Laubholz- und 74,458,500 Stück Nadelholzpflanzen, im Ganzen 80½ Mill. Pflanzen zum Selbstkostenpreise verkauft. 1873 betrug diese Summe sogar 98,593,600 Stück.

Größere Waldbeschädigungen durch Sturm oder Insekten sind glücklicherweise im vergangenen Jahre nicht vorgekommen. Schon im Spätherbste jedoch ergab sich bei den Probesammlungen in der Mark und Lausitz eine bedrohliche Vermehrung des großen Kiefernspinners. Wenn nicht alle Anzeichen trügen, stehen wir wiederum einer beginnenden Raupenkalamität in den Kiefernforsten der Ostprovinzen gegenüber. Die nächsten Jahre werden uns darüber Belehrung geben, ob die Anwendung von Theer-Ringen bei rechtzeitiger und energischer Durchführung ein wirkliches Abwehrmittel gegen das schädliche Insekt bildet.

2. Mittheilungen aus der bayerischen Forstverwaltung während des Jahres 1875.

Am Schlusse meiner vorjährigen Mittheilung über die bayer. Forstverwaltung während 1874 wurde die Hoffnung ausgesprochen, daß uns das neue Jahr die so sehnlich erwartete Lösung von wenigstens einem Theile der Fragen und Aufgaben bringen werde, welche die bayer. Forstwelt schon seit Jahren beschäftigen.

Wenn diese Hoffnung nur bezüglich der kräftigen, frischen Inangriffnahme des Versuchswesens in Erfüllung gegangen ist, so darf und kann den leitenden forstlichen Kreisen und dem K. Finanzministerium daraus kein Vorwurf gemacht werden, denn die Fragen der Forstgesetzgebung und des forstlichen Unterrichts hängen mit unsern leider immer noch gleich traurigen allgemeinen, politischen Verhältnissen zusammen. Mit der Lösung dieser Aufgaben war es schon dem früh verstorbenen Ministerialrath von Schulze sehr Ernst und soll der Entwurf der Reform der Forstgesetzgebung zur Vorlage an die Landesvertretung bereit liegen. — Bezüglich der forstlichen Unterrichtsfrage beabsichtigt man, wie es scheint, die Volksvertretung vor ein „hic Rhodus hic salta" zu stellen, denn in dem Budget für die 2 Jahre der Finanzperiode 1876 und 1877 sind bedeutende Mittel für eine durchgreifende, großartige Reorganisation der Forstschule verlangt; also entweder kostspielige Reorganisation oder Verlegung an eine Universität. — Was die Kammern dieser Forderung gegenüber thun werden, läßt sich kaum vorausbestimmen; wahrscheinlich aber ist, daß die rechte Seite des Hauses der Abgeordneten diese so wichtige Angelegenheit als Parteisache betrachten und behandeln wird; aber der Forderung einer durchgreifenden Reorganisation der Forstschule, Vermehrung der Lehrkräfte, Erbauung von Laboratorien, Hörsälen 2c. kann sich keine Partei entziehen, weßwegen auch die gute Stadt Aschaffenburg alle Aussicht hat nicht blos die Forstschule zu behalten, sondern sogar noch zu einer Akademiestadt erhoben zu werden.

Schlimmer als dieser Forderung, welche höchstens etwas beschnitten werden kann, wird es einer Gesetzesvorlage über Ablösung sämmtlicher Forstrechte, über Schutzwaldungen 2c. ergehen; sie wird

14*

vor den Bauern und noch mehr den Bauernführern in der Kammer keine Gnade finden, da man mit einem solchen Gesetze nicht nach Hause kommen darf ohne seine Popularität zu verlieren; die Herren haben ganze 2 Stimmen mehr als die liberale Partei, und werden den möglichst ausgiebigsten Gebrauch von dieser Majorität machen. — Wenn sich also die klerikale Mehrheit von ihren Heißspornen beim Wiederzusammentritt der Kammer der Abgeordneten nicht zu unüberlegten Streichen — z. B. Beschneidung des Budget auf eine Art, daß sich nicht mehr regieren läßt, oder gar Steuerverweigerung — hinreißen läßt, und in Folge dessen Auflösung und für die Regierung günstigere Wahlen erfolgen, so ist das Schicksal eines solchen Gesetzes auf einige Jahre besiegelt.

Kehren wir nach dieser zum Verständniß unserer Zustände, zwar nothwendigen, aber dennoch sehr unerquicklichen Abschweifung auf das Gebiet der hohen Politik zu unsern internen forstlichen Angelegenheiten zurück; sie gewähren wenigstens das trostreiche Bild der Frische und des Fortschrittes.

Am 8. April erschien die Ministerialentschließung das forstliche Versuchswesen und die forstliche Statistik betreffend, und am 27. April wurde zum Vorstande dieser Abtheilung im Forsteinrichtungs-Bureau der Forstmeister A. Ganghofer daselbst ernannt. — Diese Entschließung regelt das forstliche Versuchswesen in jeder Beziehung, und gibt demselben eine feste Grundlage auf welcher im Falle des Bedürfnisses weiter gebaut werden kann. Weiter auf diese Entschließung einzugehen wäre Zeitverschwendung, da sie theils schon ihrem Wortlaute nach veröffentlicht, theils vom Vorstande des forstlichen Versuchswesen erläutert und begründet wurde. — 1874 Oktober-Heft der Monatschrift. — Es genüge also noch beizufügen, daß diese Entschließung und die Ernennung Ganghofers in allen vorwärts strebenden forstlichen Kreisen mit Freuden begrüßt wurde; der Name Ganghofer ist uns Bürge, daß die Sache energisch und tüchtig betrieben werden wird.

Das bald nach dieser Entschließung erfolgte, rasche Hinscheiden des k. Ministerialrathes von Schultze erledigte die so wichtige Stelle des Vorstandes der bayer. Forstverwaltung in überraschend kurzer Zeit wieder. Über die Wirksamkeit des verstorbenen von Schultze, sowie über seinen so ehrenwerthen Charakter haben die forstlichen Zeitschriften bereits berichtet, und es bleibt also hier nur noch zu erwähnen, daß derselbe allgemein hoch geachtet war und sein Tod bedauert wurde.

Den Platz von Schultze's einzunehmen, wurde der im Staatsministerium der Finanzen verwendete Regierungs- und Forstrath von Balbinger berufen, und der Forstmeister Ganghofer an seiner Stelle zum Forstrath befördert. Diese Ernennungen fanden allgemeinen Beifall, denn einerseits wurde die bewährte Arbeitskraft von Balbingers, — der schon unter den Ministerialräthen Waldmann und Mantel und Schultze gearbeitet hatte — beibehalten, anderseits ein junges Talent gewonnen; der Herr Finanzminister von Berr hat sich mit diesen Besetzungen den Dank der bayer. Forstwelt verdient, und bewiesen, daß er sich in kurzer Zeit Personen-Kenntniß in derselben erworben hat.

Von sonstigen Personalveränderungen in den Stellen über dem Oberförster wäre noch zu erwähnen: An die Stelle des in Ruhestand getretenen Kreisforstmeisters Wanderer zu Augsburg wurde der Oberförster Eb. Mantel zu Neuhemsbach befördert; an die Stelle des verstorbenen Forstmeisters Düll in Eichstädt der Oberförster E. Schnitzlein von Neustadt a. H.; an die Stelle des verstorbenen Forstmeisters Klein von Schongau der Oberförster A. von Brandt in St. Zeno; an die Stelle des quieszirten Forstmeisters A. Martin zu Kelheim wurde der Forstmeister Sixhold in Zwiesel versetzt, und zum Forstmeister daselbst der Oberförster M. Denk von Schwarzach befördert; an die Stelle des verstorbenen Forstmeisters P. Pauli in Marquartstein wurde der Oberförster J. Leimbach von Rottach befördert.

Da von weitern wichtigen Entschließungen, welche auch außerhalb Bayerns interessiren, nichts zu beobachten ist, so will ich noch einigen Wünschen, welche in forstlichen Kreisen da und dort schon ausgesprochen wurden, Ausdruck geben.

Unserm Waldwegbau, obwohl in manchen Waldgebieten z. B. im Spessart schon sehr viel für ihn geschehen ist, fehlt beinahe noch überall die Grundlage jeder systematischen Weganlage; das Wegnetz. Ein solches Wegnetz sollte wo möglich in der nächsten

Zeit über alle größere Waldgebiete gelegt, auf dem Terrain firirt, und in die Steuerblätter eingetragen werden, denn wie die Sache jetzt liegt, ist es namentlich für den Neuling, der oft erst seit kurzer Zeit die Oberförsterei verwaltet, manchmal sehr schwierig zu entscheiden, wie dieser oder jener Weg gebaut werden soll 2c. — Der Entwurf eines solchen Wegnetzes unter Anleitung der betreffenden Wirthschaftsbeamten würde eine sehr lehrreiche Beschäftigung für unsere Verwaltungsdienstabspiranten abgeben.

Die Bestimmungen in Bayern bezüglich der Ausscheidung und Hinzurechnung der Vor- und Zwischennutzungen — sog. zufällige Ergebnisse, Durchforstungen und Läuterungen — zur Haupt- oder Zwischennutzung sind nach der Ansicht vieler bayer. Forstwirthe nicht scharf genug, d. h. es wird zu viel Material zur Zwischennutzung gerechnet, namentlich im Hinblick auf die so wichtige und zweckmäßige Entschließung vom 9. Juli 1869, welche bestimmt, daß etwaige Mehrergebnisse der Zwischennutzungen an der Hauptnutzung nicht mehr wie früher in Abzug zu bringen seien, sondern daß jeder Etat für sich abzugleichen ist. Diese Entschließung hat allerdings auch sehr lobenswerthe Bestimmungen in Bezug auf den Eintritt von außerordentlichen Ereignissen getroffen, welche eine Alterirung des Wirthschaftsplanes durch einen Eingriff in den dominirenden Bestand einer oder mehrerer Abtheilungen zur Folge haben; allein diese Bestimmungen dürften nicht genügen, und eine klare Bestimmung über den Begriff von Haupt- und Zwischennutzung wäre sehr zu wünschen.

3. Mittheilungen aus der Staatsforstverwaltung des Königreichs Sachsen.

Man hat der sächsischen Staatsforstverwaltung häufig den Vorwurf gemacht, daß sie Bestehendes, aber als unzweckmäßig Erkanntes, allzu lange bewahre und den Fortschritt scheue. Und nicht ganz mit Unrecht. Wie lange hat es z. B. nicht gedauert, um nur ein Beispiel von vielen anzuführen, ehe man sich entschlossen hat, die allzu kleinen Reviere einzuziehen und mit benach-

barten größeren zu vereinigen und. es bleibt selbst in dieser Beziehung noch gar Manches zu thun übrig. Die ebenso nothwendige Verringerung der Forstinspektionsbezirke hat sich auf die Einziehung der Forstbezirke Cunnersdorf, Crottendorf und Rossen
beschränkt. Man scheint vor der damit bewiesenen Kühnheit er-
schrocken zu sein, denn die Forstbezirke Moritzburg und Grillenburg,
obgleich zur Einziehung sehr passend gelegen, sind beide wieder
besetzt worden, der erste durch den früheren Forstinspektor von Beust
in Cunnersdorf, der zweite, eine wahre Zwerggeburt, durch den
Forstinspektor von Berlepsch in Würschnitz. Letzterer Herr hat
sich als Revierverwalter durch waldbauliche Spielereien, welche an
das Komische streiften, in Sachsen einen Namen gemacht. Glücklicher Weise ist wenigstens nun auch der letzte jener „geborenen
Oberforstmeister" aus dem Amte geschieden, welche so wenig befähigt
waren, die von ihnen bekleidete Stelle auszufüllen.

Mit dem 31. Januar dieses Jahres ist der seitherige Referent für Forstsachen im Finanzministerium, Oberlandforstmeister
von Kirchbach, in Pension getreten. Derselbe wurde 1861 der
Nachfolger des um die sächsischen Staatsforste hochverdienten Oberlandforstmeisters von Berlepsch. Es folgt ihm bei seinem Rück-
tritte der Ruf eines peinlich gewissenhaften Beamten und eines
überaus fleißigen Arbeiters. Alle Geschäfte sind während seiner
Amtsführung mit der größten Schnelle erledigt worden. Zu tadeln
war an ihm der sehr engherzige fiscalische Standpunkt, welchen er
auch bei Fragen von allgemeiner Bedeutung einnahm, und daß er
es durchaus nicht verstanden hat, in das Beamtenthum Frische
und Leben zu bringen. An seine Stelle tritt, mit dem Titel
Landforstmeister, der seitherige Direktor der Forsteinrichtungsanstalt
und als solcher in weiten Kreisen wohlbekannt, Oberforstmeister
Roch, dessen Nachfolger wiederum der Oberforstmeister Rudorf in
Bärenfels wird. Letzterer ist zum Direktor der Forsteinrichtungsanstalt durch seine Lebendigkeit gewiß sehr geeignet.

Im März tritt der Landtag wieder zusammen. Demselben
wird dem Vernehmen nach ein Gesetzentwurf vorgelegt werden,
welcher den Organen der Regierung die Möglichkeit gewährt, beim
gefahrdrohenden Auftreten schädlicher Forstinsekten in den Privat-

walbungen eingreifen zu können. Veranlaßt ist derselbe durch das vielfache Auftreten einiger Borkenkäferarten. Der Entwurf soll vom Geheimen Forstrath Judeich herrühren; es läßt sich daher erwarten, daß derselbe zweckentsprechend gearbeitet ist.

Das Staats=Budget für die Finanzperiode 18⁷⁶/₇₇, welches dem Landtage durch Decret vom 12. Oktober 1875 vorgelegt worden ist und von den Deputationen jetzt durchberathen wird, liefert in den Positionen 1, 14, 33ᵃ und 34ᵃ einige nicht uninteressante Angaben und Zahlen. Ich lasse diese Positionen am Schlusse mit einigen Kürzungen folgen, da dieselben auch in anderen als sächsischen Kreisen Interesse erregen werden. Die Einnahme aus dem Holzverkauf ist gegen die vorige Finanzperiode um 1,560,000 Mark höher angenommen worden. Man hat nämlich geglaubt, einen Materialbetrag von 700,000 Festmeter zum Durchschnittspreise von 15 Mark für den Festmeter voraussetzen zu dürfen.

Die Holzflößereien würden wohl zweckmäßiger Weise ganz eingestellt, da der Reingewinn derselben ein verschwindend kleiner ist. Die Versorgung von Dresden, Leipzig ꝛc. mit Holz, könnte ruhig der Privatindustrie allein überlassen werden. Denn die Unterbringung sonst nicht zu verwendender Beamten als Holzhofs=verwalter, kann wohl kein Grund zur Aufrechterhaltung dieser Einrichtung sein.

An der Akademie Tharand gedenkt man, wie Position 34ᵃ dies ausspricht, zwei neue Professuren zu errichten: eine für Zoologie und eine für Forsttechnologie und forstliche Baukunde. Die Vereinigung des Unterrichtes in Zoologie und Botanik ist sicher an einer höheren Lehranstalt nicht mehr haltbar und es ist nur zu bewundern, daß sich für solche Professuren immer noch Bewerber gefunden haben. Weniger nothwendig scheint uns die Errichtung einer besonderen Professur für Forsttechnologie und forstliche Baukunde. Wir zweifeln aber überhaupt, daß es den Lehrern in Tharand gelingen wird, trotz dieser zu erwartenden Vermehrung der Lehrkräfte die Akademie als solche zu erhalten. Der Strom der Zeit wird Tharand sowohl wie die übrigen Forstschulen in kürzerer oder längerer Zeit wegschwemmen.

Auszug aus dem Staats-Budget des Königreichs Sachsen für jedes der beiden Jahre 1876 und 1877.

1. Forst- und Jagdnutzungen (Position 1).

1. Einnahmen.

1. Geldwerth der zu verschlagenden Hölzer:

   a) Nutzhölzer (Stämme, Klötzer, Stangen, Nutzscheite)

                M. 7,350,000

   b) Brennhölzer:

     1. Derbholz (Scheite, Klöppel und Zacken, Rinden ꝛc.) „ 1,890,000

     2. Abraumhölzer (Stöcke und Reisig) . . . . . . „ 1,260,000

2. Forstnebennutzungen: 10,500,000 M.

   a) in den Forstregistern zur Berechnung kommenden Waldnebennutzungen (Gras, Leseholz, Samen, Pflanzen ꝛc.) M.   60,000

   b) Pachtgelder für Nichtholzboden an Wiesen, Feldern und Steinbrüchen, sowie Wasserlauf- und dergleichen Zinsen „ 140,000

   c) Torfgräberei-Nutzung . . „   12,000

   d) Harznutzung . . . . . „   23,000

                               235,000 „

3. Zufällige und extraordinaire Einnahmen der Forstverwaltung . . . . 4,000 „

4. Jagdeinkünfte . . . . 16,000 „

                     Summa 10,755,000 M.

2. Ausgaben.

1. Reallasten   16,000 „

2. Für Forstverbesserungen, nämlich:

   a) für Kulturen . . . . . M. 180,000

   b) „ Entwässerungen . . . „ 30,000

   c) „ Wegebaue . . . . . „ 265,000

   d) „ Wiesenbaue . . . . „ 20,000

                           495,000 „

3. Holzschlägerlöhne   1,400,000 M.

4. Übrige Forstbetriebskosten (Löhne für Hülfeleistung bei der Abmessung, Numerirung, Abpostung, Versteigerung und Ueberweisung der Hölzer, bei der Absteckung von Grasplätzen und bei den Forstrevisionen, Kosten für Berainungen, für Beseitigung von Grenzmängeln, für Instandhaltung von Grenz- und Sicherheitssteinen, sowie Abtheilungsbezeichnungen, für Räumung von Schneißen, Flügeln und Wirthschaftsstreifen, für Vertilgung forstschädlicher Insekten, Botenlöhne, Insertions- u. Druckkosten, Gerichtskosten einschließlich von Kaufsabgaben, ortsgerichtliche Gebühren, Kosten für Löschung von Waldbränden und für Schneeauswerfen, Wegebaubeiträge an Gemeinden, Kaufgelderzinsen ꝛc.)   160,000 „

5. Kosten für Erhaltung der Forstgebäude und zwar:
   a) zu Baureparaturen   . . . M. 75,000
   b) zu Erneuerungs- und Umbauten „ 105,000
                                      180,000 „

6. Besoldungen und Remunerationen:
   a) für 11 Oberforstmeister (4 à 6000, 4 à 5700, 3 à 5400 M.) M. 63,000
   b) für 15 Forstrentbeamte (3 à 3750, 1 à 3600, 2 à 3450, 3 à 3300, 4 à 3150, 1 à 2550 und 1 à 2100 M.)   „ 48,900
   c) für 104 Oberförster und den Verwalter des Tharander Re-

viers (25 à 3600, 50 à 3300,
29 à 3000 und 1 à 1500 M.,
außerdem wegen der früheren
Forstinspektorfunktionen
           5700 M.)   M. 349,200

d) für 5 Revierförster (à 2340 M.)   „   11,700

e) für 33 wissenschaftlich gebildete
Forsthilfsbeamte (10 à 2160,
10 à 1800 u. 13 à 1650 M.)   „   61,050

f) für 83 nicht wissenschaftlich
gebildete Forsthilfsbeamte
(54 à 1500, 20 à 1350 und
9 à 1200 M.)   „   118,800

g) Remuneration für 105 Revier-
gehilfen (50 à 432, 55 à 324 M.)   „   39,420

                                                692,070 M.

7. Löhne und Nebenbezüge der Waldwärter (60
à 792, 74 à 684 M., neben Fortgewährung
von 36 M. Holzgeld und 18 M. Beitrag zur
Erwerbung einer Altersrente.)   105,372 „

8. Dienstaufwandsvergütungen der Forstbeamten
(Dienstpferde, Unterhaltungsgelder Zuschüsse zu
den Haferrationen für die Dienstpferde, Mieth-
zinsen den nicht mit Dienstwohnungen versehenen
Beamten, Äquivalente zur Bestreitung des Ex-
peditionsaufwandes bei den Oberforstmeistern
und Forstrentämtern, sowie zu Haltung von
Gehilfen, für Schreibmaterial ꝛc.)   212,000 „

9. Sonstiger Aufwand (Bekleidungskosten, sowie
sonstige Gebührnisse der zum Forstschutze kom-
mandirten Militairs, Gebührnisse der Forst-
gensdarmen, Forstschutzgratifikationen, Löhne
für Unterstützung bei Ausübung des Forstschutzes, die Reisekosten und Tagegelder, Um-
zugskostenbeiträge, Gratifikationen, Unterstützungen, fixirte Zeichenschlägerlöhne, Geldwerth des

ben Armen unentgelblich abgegebenen Brenn=
materials, Geldwerth entwendeter Hölzer, in=
exigible Reste, Post= und Eisenbahnfrachtgelder,
Buchbinder= und Böttcherlöhne, die Kosten für
Anschaffung und Unterhaltung der Inventarien=
gegenstände, für forstliche Bücher und Zeit=
schriften, für Amts· und Gesetzsammlungsblätter,
für Kirchensitze, für Aufstellung von Verbots=
tafeln, für Aufhebung von Selbstmördern, für
Beleuchtung von Hausfluren 2c.) . . . . . 94,588 „

Summa 3,355,000 M.

Verbleibt:

von den Forst= und Jagdkassen einzuliefernder
Ueberschuß . . . . 7,400,000 M.

2. Floß- und Holzhofsnutzungen (Position 14).

1. Einnahmen.

1. Erlös aus dem Verkaufe der Hölzer . . . 315,276 M.
2. Nebeneinnahmen an Canons, Zinsen und Pacht=
geldern . . . . 2,586 „

Summa 317,862 M.

2. Ausgaben.

1. Für Ankauf, Transport und Aufstellung der
Hölzer, ingleichen Verflößungs= und Eisenbahn=
transportkosten . . . . 278,959 M.
2. Bau= und Unterhaltungskosten . . . . . 3,721 „
3. Holzdeputate, Abfindungszahlungen und zufällige
Betriebsausgaben . . . . 972 „
4. Dienstbezüge der Beamten als:
   a) Besoldung beziehentlich Remune=
   ration des Interimsverwalters der
   Weiseritzflöße (3240 M.), des Floß=
   meisters bei der Görsdorf=Blu=
   menauer Flöße (900 M.) und des

Floß= und Holzverkaufs=Verwalters
(1800 M.) . . . . M. 5,940
b) Dienstaufwandsäquivalente für
obige Beamte . . . . . . „ 4,682
                           10,622 M.

5. Gehalte, Löhne und Accidenzien den Floßvor=
stehern, Holzverkaufsverwaltern, Holzanweisern,
Holzladern ꝛc. und den zeitweilig verwendeten
Teichwärtern, Holzwächtern, Rottenmeistern und
Einschlägern ꝛc. . . . . 4,723 „

6. Sonstiger Administrationsaufwand, namentlich
Druck= und Insertionskosten, Communalanlagen,
Schornsteinfegerlöhne, Auslösungen und Reise=
kosten der Wasserbaubeamten in Floßsachen,
Unterhaltung von Wachhunden, Gratifikationen
an Floß=, Forst= und Polizeiofficianten ꝛc., in=
gleichen 900 M. Remuneration und 240 M.
Reiseaufwandsaversum einem Floßoberaufseher 4,065 „
                     Summa 303,062 M.

Verbleibt:

von den Lokalkassen abzuliefernder Ueberschuß   14,800 M.
welcher von der Weiseritzflöße mit M. 3,100
„   „   „ Görsdorf=Blumen=
             auer Flöße mit . „ 8,700
„   „   „ Zwickauer Mulden=
             flöße mit . . . „ 3,000
zur Ablieferung gelangen soll.   w. o.

8. Allgemeine Ausgaben für das Forstwesen (Position 33a).

1. Einnahmen.

1. Beiträge zum Aufwande der Forsteinrichtungs=
anstalt von Communen, Stiftungen ꝛc., welche
die Einrichtung ihrer Waldungen von der ge=
nannten Anstalt mit besorgen lassen . . . 10,000 M.

2. Ausgaben.

A. Für die Forsteinrichtungsanstalt.

1. Besoldungen und Remunerationen:
   a) dem Direktor . . . . M. 7,500
   b) für 7 Forstingenieure (3 zu je 2400 und 4 zu je 2100 M.) „ 15,600
   c) für 6 ständige Hilfsarbeiter (3 zu je 1800 und 3 zu je 1620 M.) . . . . . „ 10,260
   d) dem Registrator (1800 M.) und dem Aufwärter (1350 M.) . „ 3,150

34,710 M.

2. a) Tagegelder und Reisekosten, sowie Remunerationen für Besorgung der Taxationsnachträge, ingleichen Holzäquivalente an Candidaten und Accessisten und Aequivalente für Schreib= und Zeichnenmaterialien an die unter 1 b c Genannten . . . M. 35,000
   b) Akkordlöhne für das Zeichnen von Karten und Kopialgebühren „ 6,000
   c) Tage= und Botenlöhne . . . „ 3,600

44,600 „

3. Nebenkosten, nämlich:
   a) für den Transport der Meßgeräthschaften und für Instandhaltung und Ergänzung des Inventars . . . . M. 1,500
   b) für Zeichnen= und Schreibmaterialien, Druck und Lithographie, Buchbinderlöhne und verschiedene Bureaubedürfnisse . „ 3,490
   c) Porto . . . . „ 900

5,890 „

Summa zu A. 85,200 M.

B. Sonstige allgemeine Ausgaben für die Forsten.

1. Zu Unterstützung ausgezeichneter Forstkandidaten und zu wissenschaftlichen Zwecken und Reisen . 3,400 M.

2. Zu forstlichen Versuchen, einschließlich des Aufwandes für die meteorologischen Beobachtungen 8,150 „

3. Druckkosten für die Forstverwaltung . . . . 4,200 „

Summa zu B. 15,750 M.

Gesammtbetrag der Ausgabe 100,950 M.

Verbleibt:

als Ausgabesumme von Position 33ᵃ . . . 90,950 M.

4. Forstakademie zu Tharand (Position 34a).

1. Einnahmen.

1. a) Honorar von inländischen Forstwirthen, welche auf Anstellung im Staatsforstdienst Anspruch machen, nach Abzug von 6 ganzen und 6 halben Freistellen, Inskriptionsgelder, Vergütung für chemisches Praktikum . . . . M. 1,800

b) Honorarantheile von Inländern ohne Anspruch auf Staatsdienst und von Nichtsachsen, soweit dieselben nach den geordneten Procentsätzen nicht zur Vertheilung kommen . . . . „ 2,000

3,800 M.

2. Ausgaben.

1. Besoldungen und Remunerationen:

a) dem Direktor der Forstakademie M. 7,200

b) für 9 festangestellte Lehrer ꝛc., sowie für besondere Vorträge und zwar:

dem Lehrer der Mathematik . . „ 5,100

„ „ „ Chemie . . . „ 4,200

dem Lehrer der Physik, Meteorologie und Mineralogie . . . . „ 3,000

dem zweiten Lehrer der Forst=
wissenschaft . . . . M. 2,700

Remuneration demselben, statt des
Honorargelderantheils . . . . „ 600

dem Lehrer der Botanik und
Zoologie . . . . „ 3,900

dem Lehrer der Vermessungskunde
und des Zeichnens . . . . . „ 2,700

dem Lehrer der Landwirthschaft
und allgemeinen Wirthschaftslehre „ 1,800

einem Lehrer für Zoologie und
 „   „   „ Technologie und
forstliche Baukunde . . . . } „ 9,000

dem Chemiker für das forstliche
Versuchswesen und ersten Assistenten
im chemischen Laboratorium . . „ 960

dem zweiten Assistenten im chemi=
schen Laboratorium . . . . . „ 1,080

c) dem Hilfsgärtner bei dem Forst=
garten . . . . „ 1,200

d) für Ertheilung des Unterrichts in
der Rechtskunde . . . . . . „ 600

e) dem Regierungsbevollmächtigten
der Akademie . . . . „ 150

f) dem Akademieregistrator . . . „ 1,620

g) demselben zu Haltung eines Aka=
demiedieners und der zur Reini=
gung erforderlichen Leute . . . „ 550

h) dem Rathswachtmeister in Tha=
rand für Handhabung der akade=
mischen Disciplin . . . . . . „ 75

i) Entschädigung für Entgang der
Honorarantheile an jene Lehrer,
die solche bis jetzt bezogen haben „ 1,800

k) für Verwaltung der Bibliothek . „ 300

                                  48,535 M.

2. für Unterhaltung und Vermehrung der akade=
mischen Bibliothek und der naturhistorischen und
forsttechnischen Sammlungen und der Apparate
für das mikroskopische Praktikum . . . . .   5,350 M.
3. für Unterhaltung des Forstgartens . . . .   1,200 „
4. für Unterhaltung des chemischen Laboratoriums,
der chemischen Apparate, der chemisch=technologi=
schen Sammlungen und der zu den praktischen
Arbeiten der Studirenden erforderlichen Reagen=
tien und Geräthe . . . .   2,400 „
5. Stipendienfonds für bedürftige fähige Akade=
misten . . . .   1,050 „
6. für Unterhaltung des Akademiegebäudes . . .   2,000 „
7. Druckkosten und Expeditionsaufwand, Heizung
und Beleuchtung, Reparatur und Ergänzung des
Mobiliars, Holzdeputate für kommandirte Jäger
und andere Insgemein=Ausgaben . . . . .   2,100 „
8. Aufwand für akademische Exkursionen und Reisen   1,800 „
9. a) zu Unterstützung bei wissenschaftlichen Reisen
und zu anderen extraordinären Ausgaben .   1,200 „
b) zu Herausgabe des Tharander Jahrbuchs .   300 „
Summe der auf die Akademiekasse gewiesenen Aus=
gaben . . . .   65,935 M.

Verbleibt:

Zuschußbedarf bei Position 34ª . . . . . .   62,135 M.

---

4. Mittheilungen aus der Großh. Hess. Forstverwaltung vom Jahr 1875.

Wesentliche Veränderungen sind in der Forstverwaltung des
Großherzogthums Hessen durch die, schon längere Zeit in Aussicht
genommene, veränderte Teritorial=Organisation der Forste und
Oberförstereien, nunmehr lt. Bekanntmachung vom 20. April 1875
in No. 20 des Regier. Blts. in's Leben getreten.

Die Forste Jugenheim, Reinheim, Mainz, Gießen, Burg=

Gemünden und Schotten wurden sammt den Oberförstereien Wimpfen und Münzenberg aufgelöst und dafür ein Forst Grünberg und zwei Oberförstereien, Gernsheim und Trebur, gebildet. Hiernach verbleiben 9 Forstämter und 72 Oberförstereien.

Im engsten Zusammenhang hiermit steht die durch Bekanntmachung vom 20. August 1875 (No. 40 des Reg. Blts.) in's Leben gerufene neue Organisation der oberen Local-Kassenstellen, indem die seither den Rentbeamten übertragene Verwaltung der Cameral-Domänen (Wiesen, Güter, Gebäude ꝛc.) vom 1. Oct. 1875 an auf die Forstbeamten übergegangen ist, während die Rentbeamten als reine Kassenbeamten zur Vereinnahmung der Domanial-Intraten, um 2 Stellen, auf 13, vermindert werden konnten.

Die von manchen Seiten geplante gänzliche Aufhebung der Rentbeamten ist zweckmäßigerweise unterblieben, weil die sehr umfangreiche und seither musterhaft geführte Domanial-Kassen-Verwaltung, durch Übertragung an die Steuererheber weder eine Ersparniß für die Staatskasse, noch einen Vortheil für das Publikum hätte herbeiführen können, zumal, wenn noch eine Anzahl Untererheber an den Wohnorten größerer Domanial-Oberförstereien, mit Vereinnahmung gewisser Kategorien von Forstintraten für die Domanialkasse, gegen mäßige Zählgebühren, betraut werden, was sich in den meisten Fällen bewerkstelligen ließe.

Die bedeutende Reduction der Forstmeisterstellen, von früher 18 auf gleichem Territorium auf 9, und die erhebliche Arbeitsvermehrung, welche vielen Oberförstereien durch Übertragung der Verwaltung der Cameralgüter erwuchs, hatte erwarten lassen, daß auch durchgreifende organisatorische Änderungen in den Amtsbefugnissen der Forstmeister und Oberförster eingeführt und letztere namentlich in Bezug auf Verwaltnng, Wirthschaftsführung und Rechenschaftsablage, wesentlich selbstständiger gestellt und der speciellen Bevormundung seitens der Forstmeister enthoben würden.

Man war zu dieser Erwartung um so mehr berechtigt, als viele Vorschriften der letzten Jahre hierauf hindeuteten. Es sahen sich jedoch die Localbeamten hierin enttäuscht.

Durch Erlaß einer neuen Instruction für die Local-Forstverwaltung im Großherzogthum Hessen, vom 29. Juni 1875, hat man die Oberförster auf den Standpunkt der Organisation von 1811 zurückversetzt und die Bevormundung in vielfacher Beziehung verschärft.

So heißt es z. B. in der Organisation von 1811, §. 28, 9 a. wörtlich:

„Bei bloßen Durchforstungen in Raidel- und Stangenhölzern, „wo die einzelnen Raidel so dünn sind, daß sie nicht mit dem „Waldhammer angeschlagen zu werden brauchen, soll der Ober-„förster dem Revierförster, (welcher kaum den Bildungsgrad un-„serer heutigen Forstwarte einnahm), die Methode, wie sie durch-„pläntert werden sollen, an Ort und Stelle zeigen und unter sei-„ner Leitung eine Probehauung vornehmen lassen, sodann aber „dem Revierförster die weitere Auszeichnung zwar übertragen, je-„doch die Arbeit so oft als möglich nachsehen."

In der Organisation von 1875, §. 13, 6 b. heißt es dagegen wörtlich:

„Bei bloßen Durchforstungen in Raidel und Stangenhölzern „sind die einzelnen herauszuhauenden Raidel und Stangen, welche „so dünn (15 Cm.), daß sie mit dem Waldhammer nicht brauchen „angeschlagen zu werden, in Gegenwart des Oberförsters „mit dem Riffer oder in anderer Weise zu bezeichnen."

Hier soll also der Oberförster beim Anweisen aller Stangen-hölzer selbst zugegen sein. Die Zeit hat er hierzu freilich in größeren Oberförstereien nicht, trotzdem muß er aber nach §. 13, 6 b. dieser Instruction bis zum 1. November dem Forstmeister anzeigen, daß er alle ihm zukommende Anweisungen vor dem Laub-abfall, (ein Termin, den wir hier nicht weiter kritifiren wollen), vorgenommen habe).

„Zuwiderhandlungen sind von den Forstämtern in jedem Falle „zur Kenntniß der Ober-Forst- und Domänen-Direction zu bringen."

Im Jahre 1828, Ausschreiben V, hatte man die Auszeichnung vor dem Laubabfall, die jedoch auch häufig unausführbar ist, als räthlich empfohlen, während man im Jahr 1875 die Oberförstereien im Unterlassungsfalle sofort zur Anzeige bringt.

Bezüglich der Ausführung des Fällungsplans hat man die rigurösen Vorschriften des Ausschreibens II vom Jahr 1830 ebenfalls gegen die Oberförster verschärft, indem es dort wörtlich heißt:

Pos. 14, „Überhauungen bleiben nur dann ungeahndet, „wenn sie

    a) in einem Wirthschaftsganzen auf 1000 Morgen 10 summ.
       Stecken nicht überschreiten,"

während es jetzt §. 13, pos. 2 heißt:

„Abweichungen über oder unter dem Etat bleiben nur dann ungeahndet, wenn sie:

    b) 2 % des Etats, oder für ein Wirthschaftsganzes 10 Fest=
       meter, wenn 2 % weniger betragen, nicht überschreiten."

Da man Überhiebe oder Minderfällungen leicht im folgenden Jahr ausgleichen kann, hätten diese 2 % sehr wohl auf 5 % fest=gesetzt, im übrigen aber den Oberförstern eine möglichst genaue Einhaltung des Etats a n e m p f o h l e n werden können.

Eine weitere Verschärfung hat man in der Bestimmung §. 13, 4 gegeben, wonach die e i n z e l n e n Positionen des Fällungsplans nicht mehr wie 50 % von dem Voranschlag abweichen dürfen, was zur Folge hat, daß manche nothwendige Durchforstung nur halb ausgeführt wird, um eine weniger wichtige vorzunehmen, daß man=cher Verjüngungsschlag, in welchem die erwartete Mast ausbleibt, zu stark gelichtet und ein anderer, in dem dieselbe über Erwarten gerathen, zu dunkel gehalten wird.

Die zulässige Einholung v o r h e r i g e r schriftlicher Genehmi-gung des Forstamts ist oft ganz unthunlich, da man über das Plus oder Minus des Ergebnisses häufig erst gegen Schluß der Fällung in dem betreffenden Schlag Kenntniß erhält. Wer sich aber einbildet, man könne beim Anweisen großer Schläge mit un=gleichartigem Holze, das Holzquantum auf 50 % genau treffen, hat noch keine große Schläge angewiesen.

Hinsichtlich der Culturen und Ausführung der Wirthschafts=plane sind die Oberförster ganz auf dem Standpunkt der Revier=förster vor 60 Jahren und zwar in verschärftem Maaße stehen ge-blieben, indem sie lt. §. 14, No. 1 der 1875r Instruction, ohne vorgängige schriftliche Genehmigung des Forstmeisters, keine im Wirthschaftsplan aufgenommene Cultur unterlassen oder in anderer

Weise als es im Wirthschaftsplan bestimmt wurde, ausführen dürfen, während dem Revierförster vor 60 Jahren, lt. §. 23, 2 b der Org. von 1811, nur vorgeschrieben war, ohne Vorwissen des Oberförsters keine Culturen vorzunehmen, oder in anderer als ihm vorgeschriebenen Weise auszuführen. Von Einholen schriftlicher Genehmigungen sah man, obgleich damals nicht ¹/₁₀ der heutigen Schreibereien vorkamen, wenigstens ab.

Bei den z. Th. außerordentlich vergrößerten Forsten und der, mit gegenwärtiger Organisation verbundenen, geradezu erdrückenden Arbeitsüberhäufung mancher Forstmeister ist es diesen absolut unmöglich, aus eigenen Wahrnehmungen die zweckmäßigen Abweichungen von den Vorschriften der Wirthschaftsplane beurtheilen zu können; es ist daher auch nicht abzusehen, warum man von den Oberförstern, welche allein für die ganze Wirthschaft verantwortlich sind, vorherige Einholung schriftlicher Genehmigung bei dem Forstmeister verlangt, der die Verhältnisse weitaus nicht so gut wie der Oberförster zu würdigen im Stande ist.

Nachträgliche Rechtfertigungen der Abweichungen im Wirthschaftsplan des nächsten Jahres böten für das Gedeihen des Waldes weit mehr Garantien, als das gegenwärtige System, bei dem eine Menge zweckmäßiger Abweichungen die in großen Wirthschaften unvermeidlich häufig vorkommen, unterbleiben, um die hierzu nöthigen vielen Berichterstattungen zu vermeiden.

Man scheint bei Erlaß der Instruction nicht genügend in Rechnung gezogen zu haben, daß es nachtheilig wirkt, wenn man dem ausführenden Wirthschaftsbeamten jede Selbstständigkeit raubt, nach allen Seiten hin eiengt und ihn fortwährend zu rechtfertigenden Berichten nöthigt.

So schreibt z. B. der §. 16 der Instr., der vom Abzählen des Holzes handelt, sub. 2 b. als novum vor:

"Auf der Decke des Abzählungs-Protocolls sind der Tag "des Schlusses der Holzhauerei, der Ablieferung des Nummer-"buchs an die Oberförsterei und der Abzählung durch letztere "einzutragen."

Sodann sub. c:

"Die Oberförsterei sendet längstens 8 Tage nach vollzo-

„gener Abzählung das betr. Abzählungs=Protocoll an das „Forstamt ein."

„Die Nichteinhaltung dieses Termins, sowie ungerechtfer= „tigte Verzögerungen der Abzählung sind bei Großh. Ober= „Forst= und Domänen=Direction zur Anzeige zu bringen."

Wer weiß, wie leicht es durch ungünstige Witterung, mehr= tägige Holz=Versteigerungen u. dergl. in größeren Oberförstereien vorkommt, daß sich eine Abzählung 14 Tage und mehr verzögern kann, wird sich nicht damit einverstanden erklären, daß hier eine Neuerung eingeführt wird, die als wesentlicher Rückschritt in Selbst= ständigkeit der Oberförster angesehen werden muß und durch Recht= fertigungsberichte die kostbare Zeit dieser Beamten vergeudet. Be= züglich der Verwaltung der Cameral=Domänen finden sich ähnliche Bestimmungen.

Während die Rentbeamten, aus deren Verwaltung man vieles Zweckmäßige zur Vereinfachung auf die Forstverwaltung hätte über= tragen können, früher die Culturvorschläge bezüglich der Wiesen und Güter ꝛc. kurz in dem Büdget (Calculationsheft) unter Ansatz der Kosten anführten und Abweichungen in dem nächstjährigen Büdget rechtfertigten, werden die Oberförster für unfähig gehalten, eine solche Verwaltung selbstständig zu führen; sie müssen vielmehr nach §. 30, 2 einen Plan der Bewirthschaftung den Forstämtern vorlegen und dürfen von diesem Plane in keinerlei Weise abwei= chen, ohne vorher einzuholende schriftliche Genehmigung des Forst= amts, das die Culturstellen kaum zu sehen bekommt und oft nicht kennt.

Ebenso ist es mit dem §. 30, 5, worin man verlangt, daß die Oberförster auch hier wie bei den Holzversteigerungen, die Ab= fuhrscheine der Grasversteigerungen für die Rentbeamten schreiben, die doch mit ausreichender Bureauhülfe versehen sind. — Doch ge= nug der Beispiele.

Nach 3 Jahren soll darüber berichtet werden, wie sich diese Instruction bewährt hat und hoffentlich wird dann eine sehr gründ= liche Revision im Sinn größerer Selbstständigkeit der Oberförster und Entbindung der Forstmeister von recht vielen Obliegenheiten vorgenommen werden.

Schon jetzt liegt bezüglich der forstgerichtlichen Functionen der Localforstbeamten ein Amtsblatt No. X v. 1875 vor, wonach die Forstmeister nur noch jährlich je einer Forstgerichtssitzung
an den verschiedenen Gerichtssitzen beizuwohnen haben, und die bezügliche Controleführung den bei den übrigen Sitzungen functioni-
renden Oberförstern übertragen. wird, was wohl als ein Übergang
zur vollständigen Entbindung der Ersteren von den forstgerichtlichen
Geschäften begrüßt werden darf.

Ebenso wurden die Forstmeister durch Verordnung vom 6. Juli
1875, betr. „Verbüßung der Forststrafen durch Arbeit und Haft,"
von der beßfallsigen Buchführung entbunden, wenn sie ihnen auch
noch eine Prüfung der von den Oberförstereien aufzustellenden Nachweisungen über Vollzug des Abverdienstes, auferlegt, die wohl in
Wegfall kommen könnte.

Von dem am 30. September zu Darmstadt constituirten Hessischen Forstverein war bereits in diesen Blättern die Rede.

Einem dringenden Bedürfniß ist durch Erhöhung der Forst-
diener-Wittwen-Pensionen, nach den Beschlüssen der beßfallsigen
Generalversammlung vom 29. Sept. 1875 Rechnung getragen worden, indem die

I. Classe (Forstmeisters-Wittwen 2c.) . . 932,80 Mk.

II. Classe (Oberförsters-Wittwen) . . . . 699,60 Mk.

die Forstwarten-Wittwe . . . . 172 Mk.

Pension erhalten. Die jährlichen Beiträge betragen 10 % der
Pensionen.

Unter den Personalien ist zu erwähnen, die Beförderung des
Forstmeisters Draudt von Gießen, als Oberforstrath nach Darmstadt.

In Folge der Reduction der Stellen ist von Avancement. keine
Rede; seit 1871 ist nicht eine Anstellung eines Forstaccessisten
erfolgt.

Versetzt wurden die

Forstmeister Nievergelder von Nidda nach Lorsch, Reidhard
von Schotten nach Nidda (Salzhausen), Haberkorn von
Burggemünden nach Grünberg.

Die Oberförster Königer von Wimpfen nach Schaafheim,
C. Vigelius von Romrod nach Mönchhof, Heß von Rim-

bach nach Eichelsachsen (Schotten), Stumpf von Münzenberg nach Romrod.

Pensionirt wurden die

Forstmeister Weibig zu Lorsch, Dittmar zu Jugenheim.

Die Oberförster Ernst zu Mönchhof, v. Lehmann zu Dieburg, Weber zu Schaafheim.

Gestorben ist der pensionirte Oberförster v. Klipstein zu Darmstadt, als Förderer der Bienenzucht den Männern der Wissenschaft auch in weiteren Kreisen bekannt.

Literarische Berichte.

№ 15.

Geschichte des Waldeigenthums, der Waldwirthschaft und Forstwirthschaft in Deutschland. Von August Bernhardt, K. Preuß. Forstmeister und Abtheilungsdirigenten bei der Hauptstation für das forstliche Versuchswesen. III. Band. Berlin 1875. Jul. Springer. Preis 9 Mrk.

Der vorliegende Schlußband behandelt den Zeitraum von 1820 ab und zwar ohne weitere zeitliche Gliederung. Wie in den beiden vorangegangenen Bänden schickt der Verfasser seiner Specialgeschichte die politische Geschichte der Neuzeit voraus, geht sodann über auf die Verwaltung der Staats= und Körperschaftswaldungen, die Gesetzgebung über die Privatwaldungen, die Strafgesetzgebung, und kommt nun auf die Entwicklung der Waldwirthschaft im Allgemeinen mit besonderen Biographieen von Pfeil, K. Heyer u. König. Hieran schließen sich im Einzelnen geschichtliche Abhandlungen über die Technik der Bestandesbegründung und Bestandespflege, die Literatur des Waldbaues und der Forstbenutzung, den Forstschutz, die Forsteinrichtung und Forstmathematik, die Waldwerthsberechnung, endlich die Naturwissenschaften, die Wirthschaftslehre, die Forststatistik, Forstrechtskunde. Angefügt sind noch einige Abhandlungen über die Systeme der Forstwissenschaft, das forstliche Unterrichts= und Vereinswesen und die Zeitschriften.

Im Einzelnen dürfte etwa Folgendes zu bemerken sein:

Schon bei der Besprechung des zweiten Bandes gieng unsere Ansicht dahin, daß ein Abriß der polit. Geschichte für den in den beiden letzten Bänden behandelten Zeitraum von 1750 ab das Bedürfniß der Leser nicht minder als die Zwecke einer allgemeinen Geschichte des Waldes überschreite. Dieser Gedanke drängt sich uns beim Durchlesen des britten Bandes wiederholt und in noch stärkerem Maße auf, wenn wir hier auf 38 Seiten die polit. Geschichte Deutschlands, die Bundesverfassung, den Zollverein, die Territorialgeschichte und die neueren Staatszustände in Deutschland behandelt finden. Die Geschichte des Waldeigenthums, welche den Hauptgegenstand des ersten Bandes bildete, konnte nur im Zusammenhang mit der polit. Geschichte entwickelt werden, während sich in den beiden letzten Bänden unserer Ansicht nach höchstens eine kurze Motivirung besonderer agrarischer und forstlicher Erscheinungen durch den Hinweis auf eigenartige Seiten der polit. Geschichte hätte rechtfertigen lassen. Wir sind überdieß der Ansicht, daß ein Leser, welcher die Kenntniß der deutschen Geschichte nicht mitbringt, diesen Mangel durch das Studium der vorliegenden Forstgeschichte auch nicht auszumerzen vermöchte, da sie hiezu schon zu kurz wäre. Es ist uns daher unverständlich, was durch jene polit. Abschweifung für die Geschichte des Waldes gewonnen werden soll. Auch sonst sind uns Stellen aufgefallen, mit welchen uns die Zeit und Geduld des Lesers einer allgemeinen Forstgeschichte zu sehr in Anspruch genommen zu werden scheint, so z. B. bei den Biographieen von Pfeil mit 23 Seiten, K. Heyer und G. König mit je 10 Seiten. Derartiges Detail wäre unserer Ansicht nach etwa in Ratzeburgs Schriftsteller Lexikon zu suchen gewesen, für eine allgemeine Geschichte des deutschen Waldes und der Forstwirthschaft führt es aber zu weit, zumal die Leistungen der genannten Meister je bei der betreffenden Materie noch besonders gewürdigt sind. Wenn z. B. in einer Note zu S. 171 die Bezüge Pfeils im Jahr 1816 bis auf die Eier=, Butter= und Milchdeputate hinaus geschildert werden, so ist mit dieser Bemerkung für den sonst damit unbekannten Leser nichts erreicht und halten wir aus diesem Grund auch jene Ausführung für entbehrlich. Etwas Anderes wäre es

gewesen, wenn der Verfasser der so überaus verschiedenen Bestallung
der Forstbeamten einen geschichtlichen Rückblick gewidmet hätte.
Ebensowenig hätten wir die Ursachen und die Details des Streites
zwischen Wedekind und Klipstein S. 87—88 oder den literarischen
Geniestreich, den Pfeil in seiner Aeußerung über das forstliche Un-
terrichtswesen in Preußen im Jahr 1819—20 machte, in einer
allgem. Geschichte des deutschen Waldes vermißt.

Daß Pfeil ein selbstbewußter und anspruchsvoller Autodidakt
gewesen, ist uns 7 Mal gesagt, vrgl. S. 162, 166, 169—70, 173,
177, 180, 329. Für den aufmerksamen Leser genügt doch in der
Regel die einmalige Ausführung eines so klaren Gedankens.

Daß der Verfasser S. 67 und 385 alle an deutschen Forstlehranstalten bis jetzt angestellten Lehrer und zwar meist nebst
kurzem Lebensabriß aufführt und alle Orte nennt, an welchen schon
größere forstliche Versammlungen getagt haben oder hätten tagen
sollen (z. B. 1864 Urach, S. 387), desgleichen daß er S. 71 ff. die
1829 in Preußen fungirenden Oberforstbeamten nebst den Prüfungs-
commissions-Vorständen namentlich aufführt, dürfte nur nebenbei
bemerkt werden. In einer Generalgeschichte hätten wir sie
übrigens nicht vermißt.

Hin und wieder spricht sich aber in der Weitläufigkeit und
Wiederholung sogar eine gewisse Unklarheit und unfertige Durchbildung des Stoffes aus, die bis zu widersprechenden Urtheilen
führt:

So sagt der Verfasser S. 41: „Sehr weit vorgeschritten ist
die Grundtheilung in Württemberg und es ist der Vorwurf gegen
die württemb. Gesetzgebung erhoben worden, daß sie durch die absolute Anerkennung eines theoretischen Princips der unbeschränkten
Theilbarkeit von Grund und Boden unhaltbare Grundsätze geschaffen habe. Bis jetzt hat jedoch diese Anschauung zu
keiner Gesetzesänderung geführt." S. 43: „Ertragreicher,
schwerer Boden, entwickelte Erwerbsquellen 2c. haben unter dem
Einfluß der verschiedenartigsten Gesetzgebung in Deutschland zur
starken Zerstückung des Grundbesitzes geführt, so in Württemberg,
der Pfalz 2c. Auf diesem Gebiete regeln sich die Verhältnisse nach Naturgesetzen, die mächtiger sind, als die mensch-

lichen Rechtsnormen." Wozu also Gesetzgebung?

Es fragt sich übrigens, ob ein wenn auch kleiner Grundbesitz, wie er sich unter entsprechenden Voraussetzungen und bei der freien Theilbarkeit von Grund und Boden ergibt, nicht wenigstens einigermaßen die Nachtheile einer Industriebevölkerung aufzuwiegen im Stande sei.

Ferner S. 152: „K. Heyer war es, der auf die exacte Methode der Untersuchung hinwies, die, von Hundeshagen mehr geahnt als erkannt, das beste Rüstzeug der neuesten Forstwirthschaft geworden ist. Ferner S. 191: „K. Heyer hat schon 1846 unserer Wissenschaft den Begriff der Forststatik eingefügt. Seine Meßkunst der forstl. Kräfte und Erfolge ist nichts anderes als die exacte Methode der wissenschaftlichen Forschung übertragen auf das forstl. Gebiet."

S. 191: „Heyer faßt den Begriff der Forststatik sehr weit, er nennt sie: die Meßkunst der forstl. Kräfte und Erfolge." Diese beiden Stellen sind, wie der Verfasser auf S. 301 zu unserer nachträglichen Überraschung selbst angibt, positiv unrichtig, indem er richtig ausführt: „den Begriff der forstl. Statik hat Hundeshagen zuerst aufgestellt. Er bezeichnete in der zweiten im Jahr 1828 erschienenen Auflage seiner Encyklopädie II. Band, S. 29 mit diesem Ausdruck die Meßkunst der forstl. Kräfte und Erfolge." S. 303 ist zu allem Überfluß noch weiter bemerkt, daß C. Heyer bei der Hundeshagen'schen Definition von Forststatik stehen blieb. Es ist doch mehr als poetische Lizenz, mit der Autorschaft der Forststatik gleichzeitig so liberal und so einseitig umzugehen. Schon die Erfindung an sich scheint uns, was das Verdienst des Autors anbelangt, nicht so bedeutend zu sein, daß eine mehrfache Wiederholung gerechtfertigt gewesen wäre, wenigstens ist es von der zeitlich vorausgegangenen „Landbaustatik" zur Forststatik nur ein kleiner Schritt. Daß schon die mehrfache Wiederholung mangelhafte Durchbildung der Arbeit verräth, dürfte gelegentlich angefügt werden.

Fassen wir die Abschweifungen und Wiederholungen, von welchen oben einige Beispiele gegeben sind, zusammen, so können wir uns nicht verbergen, daß der vorliegende Band, ohne irgendwie zu verlieren, um einige Quadratmeter hätte gekürzt werden können.

Wünschenswerth wäre es dagegen gewesen, wenn der Verfasser zu der Bemerkung auf S. 250 statt der vielen Weitläufigkeiten und Wiederholungen die mit der Geschichte und der Bewirthschaftung des Waldes unzertrennlich verknüpften Jagdverhältnisse einer wenigstens kurzen Betrachtung gewürdigt hätte.

Bei der Statistik über die Vermehrung oder Verminderung der Staatswaldflächen speciell für Württemberg beruft sich der Verfasser noch auf die Angaben von Gwinner in der Monatschrift von 1857, während doch alle 3 Jahre — letztmals 1873 — eine amtliche Statistik über die Staatswaldflächen herausgegeben wird. Auch sonst findet man, daß der Verfasser die neueren Erscheinungen in der Geschichte der einzelnen Forstverwaltung unberücksichtigt gelassen hat.

S. 63—64 schildert der Verf. den Oberlandforstmeister von Reuß als Typus eines preuß. Beamten, wogegen Nichts zu erinnern ist; zur Vermehrung des Effektes trägt aber die Beweisart des Verf. kaum bei, wenn er den Erfolg der Thätigkeit des preuß. Oberlandforstmeisters dadurch nachzuweisen versucht, daß unter seiner 30jährigen Leitung 1833—63 der Reinertrag der preuß. Staatsforste sich von 1,800,000 Thlr. auf 6,100,000 Thlr. — also um das 3,4fache — gehoben habe, um so weniger als nach S. 58 die Knappheit der preuß. Finanzverwaltung bei der Verwilligung von Kulturmitteln in der Zeit von 1820—50 abgesehen von dem mittelmäßigen Beamtenpersonal, S. 71, eine wahrhaft intensive Bewirthschaftung der preuß. Staatsforste verhindert und den Staat mittelbar geschädigt hat. Die Intensität der Bewirthschaftung der preuß. Staatsforste hätte sich aus einer Vergleichung der nachhaltigen Materialetats in den Jahren 1833 und 1863 mit mehr Wahrscheinlichkeit entnehmen lassen, als aus dem Gelbertrag, aber gerade die Steigerung des Materialetats tritt bekanntlich erst lange nach dem Beginn einer intensiveren Bewirthschaftung ein. Daß bei der Steigerung des Gelbertrages der Waldungen zumal in jener rasch gehenden Zeit andere Kräfte maßgebend waren, leuchtet Jedermann ein, beispielsweise stellte sich der Reinertrag der württemb. Staatswaldungen in dem entsprechenden Etatsjahr 1833—34 auf 808,963 fl. 12 kr., im Jahr 1863—64 dagegen auf 3,333,534 fl.

51 kr. Er stieg also in Württemberg auf das 4,1fache und bei den übrigen deutschen Staatsforstverwaltungen wird das Steigungs= verhältniß ein ähnliches sein.

Wenn ferner der Verwaltung des Oberlandforstmeisters von Reuß der Vorwurf gemacht worden ist, daß die preuß. Forstbeam= ten unter dem Drucke geschäftlicher Überbürdung zu wenig pub= licirt haben u. s. w., so ist anzuerkennen, daß dieselben in der Neuzeit das etwa Versäumte reichlich nachgeholt haben.

Wenn der Verfasser S. 308 bemerkt, „dem preußischen Versuchssysteme haben sich Elsaß=Lothringen, beide Mecklenburg, Anhalt, Oldenburg, angeschlossen", so ist dieses dahin zu berichtigen, daß diese Staaten dem „Verein deutscher forstlicher Versuchs= anstalten" unter Leitung durch die preußische Versuchsanstalt bei= getreten sind.

Die Bemerkung auf S. 109, daß bis 1875 in Württemberg factisch fast gar keine Aufsicht über die Gemeindewaldwirthschaft bestanden habe, ist unrichtig; eine bestimmte staatliche Controle über die Gemeindewaldwirthschaft bestand thatsächlich überall, richtig ist nur, daß dieselbe nicht in allen Bezirken gleich wirksam durchge= führt war.

Was die Forststrafrechtspflege durch die Forstämter in Würt= temberg betrifft, so ist dieselbe formell eine Abnormität, deren angebahnte Beseitigung den Forstämtern am wenigsten Kummer bereiten wird. Daß übrigens eine Änderung in der Forstgerichts= barkeit nicht durch Beschwerden über die Behandlung derselben Sei= tens der Forstämter hervorgerufen werde, wurde in der württemb. Kammer von einem einsichtsvollen und mit den Verhältnissen be= kannten Abgeordneten ohne Widerspruch hervorgehoben.

Etwas Ähnliches wie in Württemberg läge übrigens in Baden vor, wenn die Bemerkung des Verf. auf S. 84 richtig wäre, daß die Forstgerichtsbarkeit in allen Waldungen des Bezirks von den Bezirksförstern in Gemeinschaft mit den Bezirksämtern geübt werde. Forstgerichtsbehörde ist aber in Baden das Bezirksamt, während die Bezirksförster — ähnlich wie die Staatsanwälte — nur Anträge zu stellen haben.

Ob wie S. 89 bemerkt, die hess. Forstverwaltung durch die

Übernahme von Domanialgrundstücken ernstlich gefährdet werde, möchten wir in Frage stellen. Ohne Zweifel bezweckt die Ueber= gabe des Domanialbesitzes an die Forstverwaltung — abgesehen von materiellen Verwaltungsvortheilen — nur die Beseitigung ganz werthloser aber meist langwieriger Verhandlungen über die Zuweisung von Staatsgrund in die Verwaltung der Domanial= oder Forstbehörden und würde sich daher der hessische Vorgang auch anderwärts zur Nachahmung empfehlen.

Mitunter finden sich auch Stellen, die im Allgemeinen sachlich richtig sein mögen, aber in einer allgemeinen Forstgeschichte formell anstoßen z. B. wenn er S. 155/6 die Lehrer der Nationalökonomie an isolirten Forstlehranstalten statt auf den Lehrstuhl auf die Zu= hörerbänke verweist oder S. 324 bemerkt, daß bei forstlichen Prü= fungen das Gefieder von Enten ein beliebteres Thema sei, als volkswirthschaftliche Fragen. Derartige Bemerkungen dürften sich eher für eine Zeitschrift eignen.

Als gut kann im Allgemeinen die geschichtliche Darstellung der eigentlich forstlichen Gegenstände bezeichnet werden: so insbe= sondere die Organisation der Forstverwaltungen, die Entwicklung der Waldwirthschaft und Forstwirthschaft, Bestandesbegründung und Waldpflege, Forsteinrichtung u. s. w. Auch können wir der Fassung des Verlaufes und dermaligen Standes des Presslerischen Streites, in welchem der Verf. eine zuwartende, übrigens beiden Theilen gerecht werdende Stellung beobachtet, beipflichten.

Interessant ist ferner die Zusammenstellung über den derma= ligen Stand der Ablösung der auf deutschen Waldungen noch lastenden Servituten, S. 45 ff. Zweifelsohne wäre eine eingehen= dere Behandlung dieses Themas insbesondere hinsichtlich der Ent= schädigung der Berechtigten durch Geld oder Boden und die bis jetzt hervorgetretenen nationalökonomischen Folgen der Ablösung allenthalben mit Beifall aufgenommen worden. Eine eingehendere Behandlung hätte auch z. B. der bairischen Ablösungs=Politik S. 46 gegenüber, welche zunächst auf Fixirung der Servituten hingear= beitet hat, zu einem günstigeren Ergebniß geführt.

Die Erörterung organisatorischer und forstwirthschaftlicher Fra=

gen ist das eigentliche Element des Verfassers. Es sind daher auch diese Theile der Forstgeschichte besonders anziehend geschrieben.

Gewandte Darstellung und großer Gedankenreichthum kennzeichnen das ganze Werk. Diesen Eigenschaften dürfte es auch zuzuschreiben sein, daß der Pegasus des Verf. hin und wieder den realen Boden zu verlassen Gefahr läuft.

Die stoffliche Durchbildung und gedrungene Behandlung läßt zwar vom 1. bis zum 3. Band stufenweise nach, doch läßt sich dieser Mangel bei der Redaktion einer weiteren Auflage, deren baldiges Erscheinen wir mit dem Verfasser wünschen, beseitigen.

Das Werk empfiehlt sich als einzige forstl. Gesammtgeschichte Deutschlands von selbst.   S.

Nr. 15.

Die durch Pilze erzeugten Krankheiten der Waldbäume. Für den deutschen Förster von Dr. Robert Hartig, Professor der Botanik u. s. w. an der K. Preuß. Forstakademie zu Neustadt=Eberswalde. Zweite Auflage. Breslau, Verlag von E. Morgenstern. 1875. Preis 50 Pf.

Im Jahre 1874 erschien bei Julius Springer in Berlin von demselben Verfasser ein größeres, beachtenswerthes Werk über „Wichtige Krankheiten der Waldbäume". Demselben sind 160 Originalzeichnungen auf 6 lithographirten Doppeltafeln beigegeben, das Buch ist für den Botaniker von Fach, sowie für den auf der Höhe der botanischen Wissenschaften stehenden Forstmann geschrieben, für welche es sehr schätzenswerthe Beiträge zur Mycologie und Phytopatologie enthält.

Dem für sein Fach begeisterten, unermüdlich thätigen Verfasser, dem man, im Gegensatz zu Menschen= und Thierärzten, wohl den Namen „forstlicher Pflanzendoctor" beilegen könnte, lag aber noch besonders daran, für seine weiteren Untersuchungen aus dem Walde möglichst viel und brauchbares Material zu bekommen und er glaubt dieses leichter zu erhalten, wenn er in Form einer populär gehaltenen kleinen Schrift die Aufmerksamkeit gerade der niederen Forstbeamten auf diesen Gegenstand hinlenke, weil diese durch ihren fortwährenden Verkehr mit dem Walde leichter auf Krankheitserscheinungen aufmerksam werden. Auf diese Weise entstand die vorliegende nur 24 Seiten umfassende Schrift, in welcher sich der Verfasser bemüht, „das Wesen und die Bedeutung der durch Pilze erzeugten Baumkrankheiten in einer Form darzustellen, die absehend von wissenschaftlicher Vollständigkeit und Ausdrucksweise geeignet sei, dem botanisch nicht vorgebildeten Förster ein allgemeines Verständniß für diese forstlich so wichtigen Erscheinungen zu verschaffen.“

Die kleine Brochure liefert zunächst auf nur 9 Seiten eine klar geschriebene Entwicklungsgeschichte der Pilze, und dann auf Seite 13—24 eine Uebersicht der bis jetzt erforschten und durch Pilze hervorgerufenen Krankheiten an den Wurzeln, Stämmen, Rinden, Blättern, Zapfen und Früchten der Waldbäume.

Der Stoff wird so behandelt, daß auch der Laie und nicht wissenschaftlich gebildete Forstwirth, leicht in das Wesen der Sache einzubringen und Nutzen aus demselben zu schöpfen vermag. Das Werkchen des verdienstvollen Verfassers sei daher Allen aufs beste empfohlen, welche sich für den Gegenstand interessiren, ohne eingehende und zeitraubende Studien über denselben machen zu können. Für den Werth der Brochure spricht noch der Umstand, daß die erste Auflage schon nach wenigen Monaten vergriffen war.

Todesanzeige.

Am 13. April d. J. entschlief in Stuttgart sanft Oberstudienrath

Dr. Friedrich Pythagoras Riecke,

geboren am 1. Juni 1794 in Brünn. Derselbe wirkte 41 Jahre an der land- und forstwirthschaftlichen Akademie Hohenheim mit Liebe, Segen und Aufopferung. Portrait und Mittheilungen aus dem Leben und Wirken des Verstorbenen enthält der Jahrgang 1867 dieser Blätter. **Die Red.**

Verantwortlicher Redacteur: Dr. Fr. Baur, Professor an der Akademie Hohenheim.
Druck der E. Schweizerbart'schen Buchdruckerei (E. Koch) in Stuttgart.

Forstverwaltung und Forstdienst.

1. Mittheilungen aus der Württembergischen Forstverwaltung im Jahr 1875.

Von der verehrlichen Redaktion der Monatschrift für das Forst- und Jagdwesen aufgefordert, regelmäßige Berichte über die je im abgelaufenen Jahr bei der Württembergischen Forstverwaltung eingetretenen Änderungen und neubegründeten Einrichtungen zu erstatten, unterzieht sich Einsender dieser Aufgabe, ohne jedoch sich verhehlen zu können, daß gerade das Jahr 1875 minder ergiebig an derartigen Novitäten gewesen ist: nicht etwa deßhalb, weil das genannte Jahr überhaupt unfruchtbar in dieser Beziehung gewesen wäre, sondern wesentlich aus dem Grunde, weil das bedeutendste bießfallige Objekt, nämlich die landständische Berathung und der Abschluß des Gesetzes über die Bewirthschaftung und Beaufsichtigung der Gemeinde- und Stiftungswaldungen, alle anderen Gegenstände inzwischen in den Hintergrund gedrängt hat.

Zunächst ist eine wichtige Personalveränderung zu verzeichnen: nämlich die Berufung des auch in weiteren Kreisen rühmlichst bekannten Oberforstraths v. Brecht zur Vorstandschaft des Collegiums der Forstdirektion an der Stelle des seitherigen interimistischen Vorstands, Oberfinanzrath Dr. v. Fischer, welcher nach langjährigem verdienstlichem Wirken im heimischen Forstwesen — er war insbesondere für die Ablösung der Waldlasten und bei den Vorverhandlungen über das Beförsterungsgesetz thätig — im August v. J. unerwartet schnell verschied. Im Kreise der Württembergischen Forstbeamten hat die Berufung eines Forstmannes an die Spitze der Verwaltung — ein längst gehegter, endlich in Erfüllung gegangener Wunsch — selbstverständlich allgemeine Befriedigung hervorgerufen.

An solchen neuen Einrichtungen, zu welchen der Anstoß von außen gegeben wurde, ist namhaft zu machen die Einführung der Marfrechnung bei der Württembergischen Forstverwaltung mit Wirkung vom Beginn des laufenden Etatsjahres 1. Juli 1875 an, sowie die Einführung der Normalbestimmungen über eine gemein-

schaftliche Rechnungseinheit und gleiche Holzsortimente für das
Deutsche Reich, welche bereits im laufenden Wirthschaftsjahr mit
Wirkung vom 1. November v. J. bei der Württembergischen
Staatsforstverwaltung in Anwendung gekommen sind. Die in dem
bekannten Entwurf der vereinigten Versuchsanstalten offen gelassene
Frage der Reduktionsziffern ist bei uns in provisorischer Weise
durch die Vorschrift der gleichmäßigen Anwendung des Reduktions=
faktors 0,7 für Scheiter und Prügel aller Holzarten geregelt wor=
den. Bei der Einführung des Metermaßes hatte man den Reduk=
tionsfaktor 0,7 nur für Scheiter, dagegen denjenigen von 0,6 für
Prügel angenommen; nach inzwischen angestellten Versuchen stellte
sich jedoch der letztere im großen Durchschnitt als zu nieder her=
aus, weßhalb zur Verhütung von Übernutzungen die oben bezeich=
nete Abänderung getroffen wurde.

Aus dem Gebiete des Forsteinrichtungswesens ist hervorzu=
heben, daß die früher übliche Methode der Festsetzung eines sum=
marischen Gesammt=Etats für die Haubarkeits= und Zwischennutzung
verlassen worden und statt dessen die Festsetzung eines abgesonder=
ten Materialetats der Haubarkeitsnutzung nach der Derbholzmasse
und eines für sich bestehenden Flächenetats für die Zwischennutzung
in Aufnahme gekommen ist.

Von schädlichen Naturereignissen sind nur die Südweststürme
zu erwähnen, welche in der zweiten Novemberwoche v. J. größere
Verheerungen in den Nadelholzrevieren des Landes angerichtet ha=
ben. Die amtlichen Erhebungen haben jedoch ergeben, daß die
Sturmholzanfälle weitaus nicht von der Bedeutung gewesen sind,
wie bei dem Orkan vom Oktober 1870. Der Anfall in den Nadel=
holzrevieren des Staats betrug nämlich im Ganzen etwas mehr
als die Hälfte der etatsmäßigen Nutzung der betreffenden Reviere.
Verhältnißmäßig am wenigsten bedeutend war der Anfall in den
Murg=, Enz= und Nagold=Revieren des Schwarzwalds, beträchtlicher
in den oberen Neckarthal=Revieren und am belangreichsten — bis
zur Höhe der Jahresnutzung — in einigen oberschwäbischen und
Jaxtkreis=Revieren. Auch die durch die Stürme hervorgerufenen
wirthschaftlichen Störungen können im Allgemeinen als minder er=
heblich bezeichnet werden, insofern die bedeutenderen Anfälle in

alten vor dem Hieb stehenden Beständen und in der Regel auf größeren Flächen erfolgt sind, während jüngere und angehend haubare Bestände im Ganzen weniger heimgesucht worden sind. Eine Überführung des Holzmarktes in Folge der Sturmholzanfälle ist nicht eingetreten, indem mit den alten Vorräthen im Wesentlichen aufgeräumt war. Immerhin aber sind die Preise des tannenen Nutzholzes, welche in den Sommer= und Herbstmonaten fortwährend auf beträchtlicher Höhe sich gehalten hatten, in den Wintermonaten etwas gewichen. Bei dieser Gelegenheit möge auch der versuchsweisen Einführung des Verkaufs des tannenen Langholzes im Wege der schriftlichen Submission gedacht werden. Dieses Verfahren hat sich in den Forstbezirken, in welchen dasselbe im abgelaufenen Jahr erstmals zur Anwendung kam, als ein vorzügliches Mittel gegen die Complotbildungen der Käufer erwiesen. Damit soll nicht gesagt werden, daß nicht auch künftig der öffentliche Aufstreich bei der Hauptmasse des Materials die herrschende Verkaufsart bleiben werde. Allein für Verhältnisse mit belangreicherem Langholzhandel glauben wir der weiteren Ausdehnung des Submissionsverkaufs entschieden das Wort reden zu dürfen.

Für weitere Kreise dürfte es von Interesse sein, Einiges über den Stand unserer Ablösungsangelegenheit zu erfahren. Wir sind in dieser Beziehung in der Lage, die erfreuliche Mittheilung machen zu können, daß — nachdem noch keine 3 Jahre seit dem Erscheinen des Gesetzes über die Ablösung der auf den Waldungen lastenden Weide=, Streu= und Gräserei=Rechte verflossen sind — die sämmtlichen auf den Staatswaldungen ruhenden Streuberechtigungen (mit alleiniger Ausnahme eines Oberamtsbezirks, in welchem das amtliche Schätzungsverfahren gegenwärtig im Gang ist) auf dem Wege gütlicher Übereinkunft bereits abgelöst sind. Ähnliches läßt sich von den Weiderechten sagen, welche abgesehen von wenigen Schwarzwaldrevieren, wo die Verhandlungen noch schweben, ebenfalls gänzlich beseitigt sind. Gegen 700 einzelne Streu=, Gräserei= und Weide=Gerechtigkeiten, welche theils Gemeinden, theils Privaten auf einer Staatswaldfläche von ungefähr 60,000 Hektar zugestanden sind, wurden mit einem Aufwand von etwa $1\frac{1}{2}$ Millionen Mark abgelöst. Bemerkenswerth ist die Thatsache, daß die

16*

Berechtigten selbst unmittelbar nach dem Erscheinen des Gesetzes mit massenhaften Anmeldungen nicht allein der Weiberechte, bei welchen Solches vorauszusehen war, sondern ebenso der früher als unentbehrlich bezeichneten Streuberechtigungen hervortraten. Seitens der belasteten Staatsforstverwaltung wurden nur ganz vereinzelte besonders lästige Berechtigungen angemeldet. Weiterhin verdient angeführt zu werden, daß die Berechtigten von dem ihnen gesetzlich zustehenden Recht, während einer 5jährigen Übergangsdauer ihren Streubedarf gegen Ersatz des bei der Ablösung berechneten Preises zu beziehen, nur in ganz untergeordneter Ausdehnung Gebrauch gemacht haben. Die Abfindung geschah — abgesehen von einem einzigen Fall, in welchem die Staatsforstverwaltung freiwillig Grund und Boden abtrat — durchgängig im Wege der Kapitalzahlung. Für manchen Leser dürfte eine Mittheilung darüber von Werth sein, wie hoch der Werth der Streuberechtigungen nach Maßgabe der thatsächlich vollzogenen Ablösungen sich berechne. Ganz zuverlässige Angaben lassen sich hierüber bei der Unsicherheit der vorliegenden Aufzeichnungen über die Nutzungsflächen nicht wohl machen; doch können wir im Allgemeinen sagen, daß nach den abgeschlossenen Ablösungsverträgen der reine Werth einer einmaligen Streunutzung in den Grenzen von 10—25 Mark pro 1 Hektar benützter Fläche sich bewegt. Der auf die belastete Fläche entfallende Kapitalbetrag schwankt in viel weiteren Grenzen, weil die Ablösungsberechnung gesetzlich auf den thatsächlichen Nutzungsbezug der letzten 20 Jahre gegründet werden mußte, die wirkliche Ausübung der Nutzung aber eine bald mehr bald weniger weitgehende war. Wir wünschen den Nachbarstaaten, bei welchen Ablösungsgesetze in Sicht sind, eine ähnlich rasche und befriedigende Abwicklung dieser für den Wald so wichtigen Angelegenheit.

Es bliebe nun allerdings noch übrig, eine Besprechung des folgereichsten Erzeugnisses des abgelaufenen Jahrs, nämlich des Eingangs erwähnten Gesetzes über die Bewirthschaftung und Beaufsichtigung der Gemeinde= und Stiftungswaldungen folgen zu lassen. Wir glauben aber im Interesse der Vollständigkeit der Darstellung zu handeln, wenn wir diesen Gegenstand auf das Erscheinen der in Ausarbeitung begriffenen Vollzugsinstruktion aus=

setzen, welch' letztere den Fernerstehenden den Einblick in die hier obwaltenden Verhältnisse wesentlich erleichtern dürfte, und wir behalten uns hiernach eine abgesonderte Besprechung des Gesetzes, der stattgehabten Kammerverhandlungen, der Instruktionen und der mit dem Vollzug im Zusammenhang stehenden Organisationsänderungen vor. **Gr.**

---

2. Über den Gesetzesentwurf der den Gemeinden und öffentlichen Anstalten gehörigen Holzungen in den Provinzen Preußen, Brandenburg, Pommern, Posen und Schlesien.

(Aus Preußen.)

Der die Staatsoberaufsicht über die Gemeinde- und Körperschaftswaldungen in den Provinzen Preußen, Brandenburg, Pommern, Posen und Schlesien betreffende Gesetzesentwurf ist auf Grund der Allerhöchsten Ermächtigung vom 4. März c. dem Landtage der Monarchie und zwar zuerst dem Herrenhause durch die Minister der Finanzen, des Innern und der landwirthschaftlichen Angelegenheiten jüngst vorgelegt worden. Indem ich Ihnen nachstehend den Wortlaut des Entwurfs mittheile (nach den Drucksachen des Herrenhauses Nro. 19), gestatten Sie mir für jetzt die folgenden kurzen Bemerkungen:

Die Regierung hat mit diesem Entwurfe den Weg der provinziellen Gesetzgebung betreten. Erlangt derselbe Gesetzeskraft, so wird die Musterkarte von Gesetzen, welche in den einzelnen Theilen von Preußen in Bezug auf die Gemeinde- und Körperschaftswaldungen bestehen, noch um eine Spezialität vermehrt. Ob dieß zweckmäßig ist und nicht vielmehr eine Revision der ganzen dießbezüglichen Gesetzgebung angezeigt gewesen wäre, darüber kann man sehr verschiedener Ansicht sein. Ich für meinen Theil bin der Überzeugung, daß der heutige Zustand ganz unhaltbar ist. Wie will man es rechtfertigen, daß heute die Gemeinden in Bezug auf ihr Waldeigenthum am Rhein ganz andere Rechte und Pflichten haben, als in Hessen-Nassau, hier ganz andere, als in Hannover, hier wieder ganz andere, als in Schleswig-Holstein, Pommern, Preußen

und Schlesien? Die Motive weisen zur Begründung dieser un=
gleichen staatsrechtlichen Stellung der Gemeinden auf die tiefgreifen=
den Verschiedenheiten hin, welche in den einzelnen Provinzen in
wirthschaftlicher Beziehung bestehen und in einer grundverschiedenen
historischen Entwickelung wurzeln. Es muß zugegeben werden, daß
solche Verschiedenheiten vorhanden sind und ich bin weit davon
entfernt, die ganze Gemeindewald=Gesetzgebung über einen Leisten
schlagen zu wollen. Aber in ihrer prinzipiellen Grundlage sollte
sie meines Erachtens gleichartig, wenn auch nicht in allen De=
tailbestimmungen übereinstimmend sein. In Preußen gehören zur
Zeit etwa $1\frac{1}{3}$ Mill. Hektaren (16% aller Waldungen) in die
durch diesen Gesetzesentwurf berührten Besitzerkategorieen. Speziell
in den Provinzen Preußen, Posen, Brandenburg, Pommern und
Schlesien handelt es sich um eine Gesammtfläche von 303,411 H.,
an deren Besitz theilnehmen

309 Städte mit 248,979 H.

330 Landgemeinden mit 14,991 H.

833 öffentliche Anstalten (darunter 456 Pfarreien, Propsteien
u. s. w., 249 Kirchen, 39 Schulen, 7 Küstereien, 41 Hospitäler,
5 katholische und (in den Regierungsbezirken Stettin und Stral=
sund) 8 evangelische Klöster, endlich 28 sonstige Anstalten und
Stiftungen.

Der mittlere Waldbesitz in Besitzkomplexen von 100 H. und
mehr herrscht entschieden vor. Es besitzen nämlich:

12 Städte	56	H. in Besitzkomplexen unter 10 H.		
60	„	2,737	„ „ „	von 10—100 H.
237	„	246,186	„ „ „	von 100 H. u. mehr
168 Landgemeinden	567	H. in Besitzkomplexen unter 10 H.		
120	„	3,542	„ „ „	v. 10—100 H.
42	„	10,882	„ „	v. 100 H. und barüber.
479 Körperschaften	2,027	„ „		unter 10 H.
299	„	6,851	„ „		v. 10—100 H.
55		30,563	„ „		v. 100 H. und barüber.

Im Ganzen sind also vorhanden:

659 Besitzeinheiten unter 10 H. (2,650 H.).

479 „ v. 10—100 H. (13,130 H.).

334 „ v. 100 H. und mehr (287,631 H.).

Fast 95 % der gesammten Waldfläche, um welche es sich hier handelt, liegt also in so großen Besitzkomplexen zusammen, daß sie einer ordnungsmäßigen Bewirthschaftung ohne genossenschaftliche Vereinigung fähig sind, ein günstiger Umstand von schwerwiegender Bedeutung. — Für die Gemeinde= und Körperschaftswaldungen in Preußen gelten, wie bereits bemerkt, die verschiedenartigsten Systeme der Staatseinwirkung, nämlich:

1) das System der vollen Beförsterung in der Provinz Hessen= Nassau und Theilen von Hannover;

2) das System der speziellen Kontrole auf Grund von Wirthschafts= plänen in anderen Theilen von Hannover und (auf Grund des Gesetzes vom 24. Dezember 1816) in Rheinland, West= falen und Sachsen excl. der Kreise Jerichow I und II; auch in den hohenzollern'schen Landen (Verordnungen vom 1. Mai 1822, 5. Juli 1827, 2. Aug. 1848 für Sigmaringen und vom 14. Juni 1837, 25. September 1848 für Hechingen).

3) Das System der Rodungs= und Devastationsverbote in Schleswig=Holstein, jedoch nur für Kirchen=, Hospital= und Pfarrholzungen (Forst= u. Jagdordnung v. 2. Juli 1784).

4) Volle Freiheit des Gemeinde=Waldeigenthums bezw. die ganz allgemeine Oberaufsicht des Staates, wie sie in Bezug auf die gesammte Vermögensverwaltung der Gemeinden 2c. Rech= tens ist, besteht in den Provinzen Preußen, Brandenburg, Posen, Pommern, Schlesien, den Kreisen Jerichow I und II der Provinz Sachsen, in Schleswig=Holstein betreffs der eigentlichen Gemeindewaldungen, endlich in Theilen von Hannover.

Die Nothwendigkeit, in den östlichen Provinzen ein Gemeinde= waldgesetz zu erlassen, wird nicht bestritten werden können. Der desolate Zustand vieler Gemeindewaldparzellen (namentlich auf dem platten Lande) fordert ein solches Gesetz gebieterisch.

Der vorliegende Entwurf beschränkt die Einwirkung des Staa=

tes auf ein Minimum. Ohne alle einzelnen Detailbestimmungen vollkommen gutheißen zu können, kann ich mich doch mit dem materiellen Theile desselben nur einverstanden erklären. Weit weniger glücklich gegriffen scheint mir der organisatorische Theil des Entwurfs zu sein. Bei Ausarbeitung desselben scheint mir ängstliche Besorgniß vorgewaltet zu haben, an keinem Punkte zu tief in das Selbstverwaltungsrecht der Gemeinden einzugreifen; man scheint in dieser an und für sich sehr berechtigten Besorgniß jedoch etwas gar zu weit gegangen zu sein. Namentlich erregt der §. 7 des Entwurfs in seiner ganz unbestimmten und dehnbaren Fassung gerechte Bedenken. Wer soll darüber entscheiden, ob die „für den Schutz und die Bewirthschaftung" anzustellenden Personen „genügend befähigt" sind? Etwa der Regierungspräsident, dem der Gesetzentwurf die ganze Aufsicht über die Gemeindewaldungen in die Hand legt? Es möchte doch wohl für einen Nichtsachverständigen ziemlich schwer sein, hierüber zu einem begründeten Urtheile zu gelangen und die Regierungspräsidenten würden, wenn der §. 7 des Entwurfs nicht geändert würde, oft genug in große Verlegenheit kommen, immer aber gänzlich abhängig bleiben von dem Votum des Oberforstmeisters, den sie nach §. 11 als Sachverständigen heranziehen können. Weit zweckmäßiger wäre es, das erforderliche Maaß von Vorbildung durch das Gesetz selbst zu bestimmen, wie dieß das württembergische Gemeindewaldgesetz vom 16. August 1875 im Art. 6 gethan hat.

Der §. 14 legt die Ausführung des Gesetzes in die Hände dreier Minister. Sachverständige Räthe hat nur einer derselben zur Seite, der Finanzminister, und dieser nur für die Staatsvermögensverwaltung. Mit der Oberaufsicht des Staates über Gemeinde-, Körperschafts- und Privatwaldungen wird man doch nicht etwa den Chef der fiskalischen Vermögensverwaltung betrauen wollen? Somit bleiben der Minister des Innern und der Minister für die landwirthschaftlichen Angelegenheiten, beide ohne forsttechnische Beiräthe, der Letztere nach der ganzen Gliederung unseres Staatsorganismus geborener Träger der Staatsoberaufsicht, soweit sie sich auf die Landeskultur erstreckt, welchem auch bereits die Ausführung des Waldschutzgesetzes vom 6. Juli 1875 übertragen worden ist. Ihm wird auch die Ausführung dieses Gesetzes zu übertragen, zugleich aber ein technischer Rath an die Seite zu stellen sein.

Auch der §. 11 wird in der Fassung des Entwurfs kaum stehen bleiben können. Man wird doch kaum von den im Staatsforstdienst angestellten Forstmeistern und Oberforstmeistern verlangen dürfen, daß sie jeder Requisition des Regierungspräsidenten, des Bezirksraths und Provinzialraths Folge leisten sollen. Wer die Tagegelder, Reisekosten 2c. bezahlt, davon enthält der Entwurf Nichts. Will man das Sachverständniß der Staatsforstbeamten benutzen, um nicht besondere Provinzial=Forstinspektoren anzustellen (was ich für weitaus zweckmäßiger halten würde), so kann dieß meines Erachtens nur in der Weise geschehen, daß einem oder mehreren Forstmeistern oder Oberforstmeistern für bestimmte Bezirke das Amt eines technischen Beiraths des Regierungspräsidenten, Bezirksraths bezw. Provinzialraths im Nebenamt fest verliehen wird, selbstverständlich gegen eine aus der Staatskasse bezw. aus Provinzialfonds zu zahlende Remuneration.

Diese Forstbeamten würden dann auch die Betriebspläne technisch festzustellen und dem Regierungspräsidenten mit einem eingehenden Berichte vorzulegen haben. Nur nach Anhörung dieser technischen Instanz sollte der Letztere überhaupt den Betriebsplan und Abweichungen von demselben (§§. 3 u. 4) genehmigen dürfen. —

Die sehr verspätete Vorlage des Entwurfs läßt von vorne herein den Zweifel berechtigt erscheinen, ob derselbe in dieser Landtagssession noch zur Feststellung gelangen wird. Der Landtag ist durch eine Reihe sehr wichtiger Gesetzesvorlagen sehr in Anspruch genommen. Das Herrenhaus zwar wird jetzt, wo ihm noch wenig Material vorliegt, mit Berathung des Entwurfes rasch vorgehen können; daß derselbe aber auch im Abgeordnetenhause noch zur Durchberathung gelangen sollte, ist kaum anzunehmen.

Die dadurch entstehende Verzögerung ist nicht als ein Nachtheil zu betrachten. Bis zur nächsten Landtagssession wird der Entwurf eingehender Besprechung in der Fachliteratur unterzogen werden; durch dieselbe aber kann er an Klarheit und praktischer Durchführbarkeit nur gewinnen.

Entwurf

zu einem Gesetz, betreffend die Verwaltung der den Gemeinden und öffent=
lichen Anstalten gehörigen Holzungen in den Provinzen Preußen, Branden=
burg, Pommern, Posen und Schlesien.

Wir Wilhelm von Gottes Gnaden, König von Preußen ꝛc.
verordnen mit Zustimmung beider Häuser des Landtags Unserer
Monarchie für die Provinzen Preußen, Brandenburg, Pommern,
Posen und Schlesien, was folgt:

§. 1.

Die Verwaltung der Holzungen der Gemeinden, Kirchen,
Pfarren, Küstereien, sonstigen geistlichen Institute, öffentlichen
Schulen, höheren Unterrichts= und Erziehungsanstalten, frommen
und milden Stiftungen und Wohlthätigkeitsanstalten unterliegt der
Oberaufsicht des Staats nach Maßgabe dieses Gesetzes. Holzungen,
welche sich in staatlicher Verwaltung befinden, werden von diesem
Gesetz nicht berührt.

§. 2.

Die Benutzung und Bewirthschaftung der in §. 1 Absatz 1
bezeichneten Holzungen muß sich innerhalb der Grenzen der Nach=
haltigkeit bewegen. Insbesondere darf die Erhaltung der stand=
ortsgemäßen Holz= und Betriebsarten nicht durch die Nebennutzungen
gefährdet werden.

Ein Betrieb, der eine der im §. 2 des Gesetzes vom 6. Juli
1875 (Gesetzsamml. S. 416) bezeichneten Gefahren herbeiführen
könnte, ist unzulässig.

§. 3.

Der Bewirthschaftung der im §. 1 Absatz 1 bezeichneten Hol=
zungen sind Betriebspläne zu Grunde zu legen, welche der Fest=
stellung durch den Regierungspräsidenten bedürfen.

Hierbei sind, namentlich hinsichtlich der Holz= und Betriebs=
art sowie der Umtriebszeit, die wirthschaftlichen Bedürfnisse und
die Wünsche der Waldeigenthümer zu berücksichtigen, soweit dieß
mit den Grundsätzen des §. 2 vereinbar ist.

Die im Betriebsplan festgesetzte nachhaltige Holzabnutzung
(Abnutzungssatz) ist für den jährlichen Holzeinschlag maßgebend.

§. 4.

Abweichungen von dem festgestellten Betriebsplan

a) durch Rodungen,

b) durch den Abtrieb von Holzbeständen, sofern solcher für die laufende zwanzigjährige Nutzungsperiode im Betriebsplan nicht vorgesehen ist,

c) durch Holzfällungen, welche den Abnutzungssatz bei Abrech= nung des seit Festsetzung desselben vorgenommenen Einschlags um mehr als 20 Prozent seines Betrages überschreiten würden,

d) durch Überschreitungen des Abnutzungssatzes, welche innerhalb der laufenden zwanzigjährigen Nutzungsperiode nicht wieder eingespart werden können,

bedürfen der Genehmigung des Regierungspräsidenten.

Werden Abweichungen der unter a—d gedachten Art ohne Genehmigung unternommen, so kann der Regierungspräsident eine entsprechende Abänderung des Betriebsplans, insbesondere auch den Wiederanbau gerodeter Flächen mit Holz, anordnen.

§. 5.

Die Betriebspläne sind der Revision und erneuten Feststellung zu unterziehen, wenn dieß von dem Regierungspräsidenten für er= forderlich erachtet oder von dem Waldeigenthümer beantragt wird. Mindestens alle zehn Jahre muß eine Revision stattfinden.

§. 6.

Der Regierungspräsident kann den Zustand und die Bewirth= schaftung der in §. 1 Absatz 1 bezeichneten Holzungen an Ort und Stelle untersuchen lassen. Wenn die Untersuchung ergibt, daß der Betrieb den Grundsätzen des §. 2 oder dem festgestellten Betriebs= plan nicht entspricht, so kann der Regierungspräsident, unbeschadet der ihm nach §. 9. zustehenden Befugnisse, die Einreichung jähr= licher Fällungs=, Kultur= und Nebennutzungspläne anordnen. Die= selben sind nach Maßgabe der §§. 2, 3 festzustellen.

§. 7.

Die Eigenthümer der in §. 1 Absatz 1 bezeichneten Holzungen sind verpflichtet, für den Schutz und die Bewirthschaftung derselben

durch Anstellung genügend befähigter Personen oder durch Verein=
barung über die Mitbenutzung fremden Forstpersonals ausreichende
Fürsorge zu treffen.

§. 8.

Die Gemeinden sind verpflichtet, nach Maßgabe ihrer Leistungs=
fähigkeit unkultivirte Grundstücke, welche nach sachverständigem
Gutachten zu dauernder Benutzung als Acker oder Wiese nicht ge=
eignet, dagegen mit Nutzen zur Holzzucht zu verwenden sind, mit
Holz anzubauen. Zur Erfüllung dieser Verpflichtung können die
Gemeinden nach Anhörung ihrer Vertreter und des Kreisausschusses
durch Beschluß des Bezirksraths angehalten werden.

§. 9.

Wenn ein Waldeigenthümer einer ihm nach §§. 2—7 dieses
Gesetzes obliegenden Verpflichtung trotz geschehener Aufforderung
nicht nachkommt, so ist der Regierungspräsident befugt, die zur
Erfüllung der Verpflichtung erforderlichen Handlungen durch einen
Dritten ausführen zu lassen, den Betrag der Kosten vorläufig zu
bestimmen und im Wege der Exekution von dem Verpflichteten ein=
zuziehen.

§. 10.

Gegen die auf Grund dieses Gesetzes von dem Regierungs=
präsidenten erlassenen Verfügungen und gegen die gemäß §§. 8
und 9 gefaßten Beschlüsse des Bezirksraths ist innerhalb einer Prä=
klusivfrist von 21 Tagen die Beschwerde an den Provinzialrath
zulässig.

§. 11.

Der Regierungspräsident, der Bezirksrath und der Provinzial=
rath bedienen sich bei Ausführung dieses Gesetzes als technischer
Organe der im Staatsforstdienst angestellten Forstmeister und
Oberforstmeister.

§. 12.

In der Provinz Posen tritt bis zur Einsetzung von Kreis=
ausschüssen, Bezirksräthen und eines Provinzialraths an die Stelle
des Kreisausschusses der Kreistag, an die Stelle des Bezirksraths
die Bezirksregierung und an die Stelle des Provinzialraths der
Oberpräsident.

§. 13.

Dieses Gesetz tritt mit dem 1. Januar 1877 in Kraft. Alle demselben entgegenstehenden Bestimmungen sind von diesem Zeitpunkt ab aufgehoben.

§. 14.

Der Finanzminister, der Minister des Innern und der Minister für die landwirthschaftlichen Angelegenheiten sind mit der Ausführung dieses Gesetzes beauftragt und erlassen die dazu erforderlichen Anordnungen und Instruktionen.

Urkundlich ꝛc.

Beglaubigt

		der Minister für die landwirthschaftlichen
der Finanzminister:	der Minister des Innern:	Angelegenheiten:
Camphausen.	Graf zu Eulenburg.	Friedenthal.

Forstbenutzung.

1. Die allgemeine Eichenrinden-Versteigerung zu Heilbronn im Jahre 1876.

Diese hat am 14. Febr. d. J. zum 17. Mal stattgefunden. Es wurden derselben die durch Einführung des Metermaßes im Jahr 1872 erstmals zur Anwendung gekommenen Bedingungen zu Grunde gelegt, wonach ein Büschel Rinde 1 Meter Länge und 30 bis 33 Pfd. durchschnittliches Gewicht haben soll. Der Raitelrindenpreis beträgt 0,7 vom Glanzrindenpreis. Die Versteigerung lieferte folgende Ergebnisse:

Angemeldet wurden:

	Glanz-Rinde Ctr.	Raitel-Rinde Ctr.	Grob-Rinde Ctr.	Summa Ctr.
a) aus Staatswaldungen	2259	4145	1155	7559
b) aus Hofdomänenwaldungen	970	476	—	1446
c) aus fürstlich Hohenloheschen Waldungen . .	423	1119	2000	3542
	3652	5740	3155	12547

	Glanz-Rinde Ctr.	Raitel-Rinde Ctr.	Grob-Rinde Ctr.	Summa Ctr.
Übertrag	3652	5740	3155	12547
d) aus Gemeinde- u. Corporationswaldungen .	8788	3914	5766	18468
e) aus grundherrl. Waldungen	725	610	635	1970
f) aus Privatwaldungen	75	225	280	580
g) aus Großh. Hessischen Waldungen	130	100	240	470
	13370	10589	10076	34035

	Glanz-rinde Ctr.	Raitel-rinde Ctr.	Fichten-rinde Ctr.	Grob-rinde Ctr.	Summa Ctr.
Die Anmeldungen von 1860 bis 1869 beide Jahre einschließlich betrugen durchschnittlich à 1 Jahr . . .	12921	9317	—	7920	30157
Im Jahre 1870 waren es	11063	9609	—	10120	30792
" " 1871 " "	11683	8161	200	8960	29004
" " 1872 " "	14799	9001	—	13859	37659
" " 1873 " "	14106	11301	240	16215	41862
" " 1874 " "	14568	14148	450	10522	42688
" " 1875 " "	14494	11990	—	10019	36503

	Glanz-Rinde Ctr.	Raitel-Rinde Ctr.	Fichten-Rinde Ctr.	Grob-Rinde Ctr.	Summa Ctr.
Verkauft wurde im Jahre 1876 das ganze Quantum mit	13370	10589	—	10076	34035
durchschnittlich 1860/69 . .	10658	7477	—	5180	23315
im Jahre 1870	10067	8725	—	5050	23842
" " 1871	11683	8161	—	8960	28804
" " 1872	13714	8741	—	11315	33770
" " 1873	10521	7660	190	9260	27631
" " 1874	12130	8396	450	3931	24847
" " 1875	13932	11877	—	9698	35507
Unverkauft blieben im Jahre 1876	—	—	—	—	—
durchschnittlich 1860/69	2261	1839	—	2740	6840
im Jahre 1870	996	884	—	5070	6950
" " 1871	—	—		—	—

	Glanz-Rinde Ctr.	Raitel-Rinde Ctr.	Fichten-Rinde Ctr.	Grob-Rinde Ctr.	Summa Ctr.
im Jahre 1872	1085	260	—	2544	3889
„ „ 1873	3760	3696	50	6725	14231
„ „ 1874	5438	5812	—	6591	17841
„ „ 1875	562	113	—	321	996

Der Erlös am 14. Februar 1876 betrug aus:

	Glanzrinde M. Pf.		Raitelrinde M. Pf.		Grobrinde M. Pf.		Summa M. Pf.	
a) Staatswaldungen . .	18301	20	23488	95	4383	50	40173	65
b) Hofdomänenwaldungen	6977	—	2278	50	—	—	9255	50
c) Fürstl. Hohenlohe'schen Waldungen	3654	95	6693	40	8532	50	1880	85
d) Gemeinde= u. Corporationswaldungen . .	72180	50	22496	75	22579	50	117256	75
e) Grundherrl. Waldungen	6107	50	3610	24	2256	75	11974	49
f) Privatwaldungen . .	611	30	1395	40	924	—	5930	70
g) Großh. Hessischen Waldungen	1040	—	560	—	888	—	2488	—
	108872	45	60523	24	39564	25	208959	94

Die Durchschnittserlöse in den 10 Jahren 1860—69 betrugen für:

	Glanzrinde	Raitelrinde	F.=rinde	Grobrinde	Zusammen
i. J.	34876 fl. 43 tr.	16582 fl. 7 tr.	—	10673 fl. 33 tr.	62132 fl. 23 tr.
1870	35051 fl. 26 tr.	20447 fl. — tr.	—	9672 fl. 12 tr.	65170 fl. 38 tr.
1871	49639 fl. 16 tr.	23276 fl. 34 tr.	—	20890 fl. 57 tr.	93806 fl. 47 tr.
1872	55148 fl. 32 tr.	23167 fl. 25 tr.	—	20609 fl. 11 tr.	98925 fl. 14 tr.
1873	39123 fl. 13 tr.	19812 fl. 31 tr.	204 fl.	15139 fl. 38 tr.	74279 fl. 22 tr.
1874	43518 fl. 18 tr.	21168 fl. 25 tr.	630 fl.	6307 fl. 38 tr.	71624 fl. 21 tr.
1875	57451 fl. 42 tr.	35307 fl. 59 tr.	—	18333 fl. 28 tr.	111093 fl. 3 tr.

Als Durchschnittspreis ergibt sich 1876 pro 1 Ctr.

Glanzrinde M. Pf.	Raitelrinde M. Pf.	Grobrinde M. Pf.	Fichtenrinde M. Pf.
8 14½	5 71½	— —	3 92½

im 9jährigen Durchschnitt 1861/69

3 fl. 38,7 tr.	2 fl. 25,3 tr.	— —	21 fl. 88,2 tr. pro Klftr.

Es war der Erlös:

	Glanz-rinde	Raitel-rinde	Fichten-rinde	Grob-rinde	
	fl. kr.	fl. kr.	fl. kr.	fl. kr.	
im Jahre 1870 pro 1 Ctr.	3 28,9	2 20,6	— —	19 9,1	pro 1 Klftr.
1871	4 14,9	2 51,1	— —	23 18,9	„ 1 „
1872	4 12	2 39	— —	1 49	„ 1 Ctr.
1873	3 43,1	2 35,2	1 4,4	1 38,1	„ 1 „
1874	3 30,4	2 32,4	1 24	1 36,3	„ 1 „
1875	4 7,4	2 58,3	— —	1 53,4	„ 1 „

Es betrug 1876

	der höchste Preis	der niedrigste Preis
für Glanzrinde . .	8 M. 95 Pf.	6 M. 45 Pf.
„ Raitelrinde . .	6 M. 45 Pf.	4 M. 52 Pf.
„ Grobrinde . .	5 M. 15 Pf.	2 M. 80 Pf.

Im Ganzen hat sich dem Jahre 1875 gegenüber bei sämmt-lichen Rindensorten eine Preiserhöhung herausgestellt; welche in Prozenten ausgedrückt ergibt:

bei der Glanzrinde . .	22,78%	
Raitelrinde . .	10,50 „	
Grobrinde . .	21,00 „	21.

---

2. Die Rindenmärkte in Heidelberg und Hirschhorn im Jahre 1876.

Die Eichenlohrindenversteigerungen in Heidelberg und Hirsch-horn fanden am 13. und 20. März l. J. statt. Es betheiligten sich dabei nahezu die gleichen Käufer und Verkäufer, wie in den früheren Jahren; der Besuch war ein sehr zahlreicher, die Stim-mung eine belebte, wie dieses auf die günstigen Nachrichten vom Heilbronner Markt her zu erwarten war.

Die den beiden Versteigerungen zu Grunde gelegten Rinden-verzeichnisse enthielten:

29,421	Ctr.	jüngere Stockausschlagrinde	=	66%
9,009	„	ältere „	=	20 „
3,845	„	jüngere Kernwuchsrinde	=	9 „
990	„	ältere „	=	2 „
1,590	„	Ast- und Oberholzrinde	=	3 „
Summa 44,855	„	im Jahr 1876	=	100 „

gegenüber 44,406 Ctr. im Jahr 1875
   49,418 „   „   „   1874
   56,437 „   „   „   1873
   55,336 „   „   „   1872
   56,245 „   „   „   1871
   49,904 „   „   „   1870.

Alle diese Rinden kamen auch zum Verkaufe, nur jene aus den markgräflichen Waldungen der Herrschaft Zwingenberg am Neckar konnten beßhalb nicht ausgeboten werden, weil die Verwaltung sich unter allen Umständen eine Genehmigungsfrist von 8 Tagen vorbehielt, worauf wir im Interesse des Marktes nicht eingehen konnten. Aus diesem Grunde weist denn auch die IV. Nutzungs= gruppe des Heidelberger Marktes keine Erträge nach, was hoffent= lich im nächsten Jahre wieder der Fall sein wird. Dabei müssen wir aber wiederholt darauf aufmerksam machen, daß auf einem Markt, mag er heißen, wie er will, keine Waare gebracht und ausgeboten werden darf, die nicht um einen gewissen Preis beim Markte selbst endgiltig erworben werden kann; denn es müssen die Käufer, wenn sie den Markt verlassen, unbedingt wissen, ob sie ihren Bedarf gedeckt haben, oder nicht, in welch' letzterem Falle sie sich sofort an andere Bezugsquellen wenden. Diese sind aber ge= rade unmittelbar nach jedem Rindenmarkte am besten gegeben, weil die Privatwaldbesitzer und Rindenhändler ihre Waare nur in den wenigsten Fällen öffentlich ausbieten, vielmehr die beim Markte er= zielten Preise abwarten und sodann mit jenen Steigerern, die ihren Bedarf beim Markte nicht decken konnten, Handverkäufe abschließen. Es ist beßhalb auch von den im 1870er Augustheft dieser Monats= schrift mitgetheilten Bedingungen §. 2 Abs. 1 unhaltbar geworden.

Von wesentlichem Interesse für den Heidelberger Markt war die Betheiligung der Bezirksforstei Offenburg mit der dortigen Stadtwaldrinde. Dort wurde im Jahr 1870 auch ein Rinden= markt gegründet, es fehlte aber diesem das nöthige Fundament, das ist ein größerer Schälwaldbesitz des Staats und der Gemein= den oder sonstigen Korporationen, über deren Erträge die Behör= den verfügen und an welche sich dann die kleineren Gemeinden und Privaten anschließen können. Die Stadt Offenburg hat hier sehr

Ergebnisse des 1876er Heidelberger Rindenmarkts.

Wirthschafts- und Nutzungsgruppen	Stockausschlag-Rinde: Jüngere bis mit 16 Jahren – Nutzungsmasse (Centner)	Durchschn.preis pro Ctr. (M. Pf.)	Aeltere von 17 bis mit 30 Jahren – Nutzungsmasse	Durchschn.preis (M. Pf.)	Kernwuchs-Rinde: Jüngere bis mit 30 Jahren – Nutzungsmasse	Durchschn.preis (M. Pf.)	Aeltere von 31 und mehr Jahren – Nutzungsmasse	Durchschn.preis (M. Pf.)	Ast- und Oberholzrinden überhaupt – Nutzungsmasse	Durchschn.preis (M. Pf.)	Summe aller Sortimente – Nutzungsmasse	Durchschn.preis (M. Pf.)
I. Bezirksforstei Heidelberg (Großh.)	2850	9 15	620	7 77	—	—	—	—	370	6 08	3840	8 62
II. „ Schriesheim und Weinheim	—	—	1200	8 24	—	—	—	—	—	—	1200	8 24
III. „ Neckargmünd, Redarschwarzach, Obendein und Redarbischofsheim	300	8 27	4160	7 28	220	6 27	—	—	1080	4 84	5760	7 09
IV. Markgräfliche Waldungen der Herrschaft Zwingenberg	—	—	—	—	—	—	—	—	—	—	—	—
V. Bezirksforstei Offenburg	—	—	1200	7 60	—	—	500	6 05	—	—	1700	7 08
Ergebniß der 1876er Ernte	3150	9 06	7180	7 35	200	6 67	500	6 05	1450	5 15	12500	7 58
„ „ 1875er Ernte	1860	8 25	6770	6 84	600	6 89	400	5 27	1250	4 73	10880	6 74
„ „ 1874er Ernte	4600	7 89	8755	6 29	500	5 26	200	3 94	1530	4 54	15585	6 49
„ „ 1873er Ernte	4050	7 37	11805	6 84	148	5 20	2730	4 57	2785	4 23	21518	6 03
„ „ 1872er Ernte	2255	8 17	13630	5 83	1200	5 57	1100	4 77	2925	3 86	21120	5 74
„ „ 1871er Ernte	1900	7 69	11790	6 37	2740	6 26	2325	4 71	2920	3 86	21675	5 97
„ „ 1870er Ernte	1985	6 97	10890	5 69	3300	4 83	3125	4 40	1385	3 51	20212	5 31

Die Sortimente geben Proc. der Nutzungsmasse im Jahre:

Jahr						
1876	25%	57%	2%	4%	12%	100%
1875	17%	61%	6%	4%	12%	100%
1874	30%	56%	8%	1%	10%	100%
1873	19%	55%	5%	12,5%	13%	100%
1872	11%	64%	6%	5%	14%	100%
1871	9%	54%	13%	11%	13%	100%
1870	10%	52%	16%	15%	7%	100%

Den Preis der Normalrinde = 1 gesetzt galten die andern Sortimente:

Jahr						
Desgl. 1876	1,00	0,83	0,74	0,67	0,57	0,83
Desgl. 1875	1,00	0,88	0,77	0,64	0,57	0,82
Desgl. 1874	1,00	0,79	0,66	0,50	0,55	0,82
Desgl. 1873	1,00	0,86	0,70	0,62	0,57	0,81
Desgl. 1872	1,00	0,71	0,68	0,58	0,47	0,70
Desgl. 1871	1,00	0,88	0,81	0,61	0,50	0,77
Desgl. 1870	1,00	0,81	0,69	0,63	0,50	0,76

Ergebnisse des 1876er Hirschhorner Rindenmarktes.

Wirthschafts- und Nutzungsgruppen	Stockausschlag-Rinde — Jüngere bis mit 16 Jahren — Nutzungsmasse (Centner)	Durchschnittspreis pro Ctr. (M.|Pf.)	Aeltere von 17 bis mit 30 Jahren — Nutzungsmasse (Centner)	Durchschnittspreis pro Ctr. (M.|Pf.)	Kernwuchs-Rinde — Jüngere bis mit 30 Jahren — Nutzungsmasse (Centner)	Durchschnittspreis pro Ctr. (M.|Pf.)	Aeltere von 31 und mehr Jahren — Nutzungsmasse (Centner)	Durchschnittspreis pro Ctr. (M.|Pf.)	Ast- und Oberholzrinden überhaupt — Nutzungsmasse (Centner)	Durchschnittspreis pro Ctr. (M.|Pf.)	Summe aller Sortimente — Nutzungsmasse (Centner)	Durchschnittspreis pro Ctr. (M.|Pf.)
I. Oberförsterei Hirschhorn	13100	9 | 96	—	— | —	—	—	—	— | —	—	— | —	13100	9 | 96
II. „ Waldmichelbach	5050	9 | 35	230	9 | —	400	7 | 40	60	5 | 55	—	— | —	5740	9 | 16
III. „ Erbach, Beerfelden, Lindenfels und Rimbach	3751	9 | 44	79	6 | 61	895	8 | 39	150	5 | 32	40	7 | 35	4915	8 | 10
IV. Gräflich Erbach-Fürstenau'sche u. Erbach-Erbach'sche Waldungen	2870	10 | 23	100	8 | —	730	8 | 44	280	7 | 16	—	— | —	3980	9 | 65
V. Fürstlich Leiningen'sche Waldungen	1400	9 | 70	920	7 | 83	1400	8 | 11	—	— | —	—	— | —	3720	8 | 64
Ergebniß der 1876er Ernte	26171	9 | 79	1329	7 | 91	3425	8 | 18	490	6 | 81	40	7 | 35	31455	9 | 48
„ „ 1875er Ernte	30297	8 | 84	815	6 | 59	1580	7 | 17	784	5 | 92	150	5 | 74	33526	8 | 65
„ „ 1874er Ernte	27436	7 | 89	2840	6 | 29	2597	6 | 29	720	4 | 71	240	3 | —	33833	7 | 54
„ „ 1873er Ernte	27891	7 | 80	4245	6 | 17	2753	6 | —	530	3 | 77	—	— | —	34919	7 | 46
„ „ 1872er Ernte	26667	7 | 89	3560	6 | 11	2875	6 | 11	1094	4 | 83	120	5 | 14	34216	7 | 43
„ „ 1871er Ernte	26619	8 | 14	5080	6 | 40	1780	5 | 86	900	4 | 03	191	3 | 11	34570	7 | 71
„ „ 1870er Ernte	22427	7 | 11	4271	5 | 34	1875	5 | 3	1139	3 | 17	135	4 | 29	29692	6 | 57

	Proc. der Nutzungsmasse / Preis der Sortimente					
Die Sortimente geben Proc. der Nutzungsmasse im Jahre 1876	83,2°/₀	4,3°/₀	10,9°/₀	1,5°/₀	0,1°/₀	100°/₀
Desgleichen im Jahre 1875	90,3°/₀	2,4°/₀	4,6°/₀	2,2°/₀	0,5°/₀	100°/₀
„ „ „ „ 1874	81°/₀	8°/₀	8°/₀	2,3°/₀	0,7°/₀	100°/₀
„ „ „ „ 1873	78°/₀	12°/₀	8°/₀	2°/₀	—	100°/₀
„ „ „ „ 1872	78°/₀	10°/₀	8°/₀	3°/₀	1°/₀	100°/₀
„ „ „ „ 1871	77°/₀	15°/₀	5°/₀	2,5°/₀	0,5°/₀	100°/₀
„ „ „ „ 1870	76°/₀	14,5°/₀	5°/₀	4°/₀	0,5°/₀	100°/₀
Den Preis der Abbe = 1 gesetzt galten die andern Sortimente 1876	1,00	0,81	0,84	0,69	0,75	0,95
Desgl. 1875	1,00	0,75	0,81	0,67	0,56	0,98
„ 1874	1,00	0,80	0,80	0,63	0,48	0,95
„ 1873	1,00	0,78	0,76	0,48	—	0,95
„ 1872	1,00	0,77	0,77	0,61	0,65	0,94
„ 1871	1,00	0,78	0,72	0,49	0,38	0,94
„ 1870	1,00	0,74	0,71	0,45	0,57	0,92

gute Geschäfte gemacht und knüpfen wir daran die Hoffnung, daß nicht nur sie künftig regelmäßig auf unserem Markte vertreten sein möge, sondern daß auch noch andere Waldbesitzer aus dem dortigen reichen Schälwaldgebiete des Kinzig= und Renchthales sich ihr an= schließen, wodurch der Heidelberger Markt zu einem allgemein badischen Rindenmarkte wird. Wenn auch Mancher von der Sorte der Dorfkrämer, der seinen Bedarf aus der Schublade des Kauf= manns der nächsten Amtsstadt bezieht, unsere Hoffnung für zu weit gehend ansieht, so wird dagegen der Großhändler, unter welche unsere Lederfabrikanten zum weitaus größten Theile gehören, der seine Rohprodukte oft Tausende von Meilen her beziehen und sich deßhalb auch bei den großen Auktionen an den Seehandelsplätzen betheiligen muß, einen allgemein badischen Rindenmarkt in Heidel= berg sehr begreiflich finden.

In den beiden beigegebenen Tabellen sind die Ergebnisse der beiden Markttage nach Rindensortimenten, Wirthschafts= und Nutzungsgruppen angeführt und zur Vergleichung sind auch jene der letzten 6 Jahre angegeben. Dabei hat sich die Bezeichnung der I. Gruppe deßhalb geändert, weil in der Zwischenzeit die frühere Bezirksforstei Ziegelhausen die Benennung „Gr. Bezirks= forstei Heidelberg" mit dem dienstlichen Wohnsitze hier erhal= ten hat.

Die Preise stellen sich wesentlich noch günstiger, als im vori= gen Jahre und scheint es, daß unsere Lederindustriellen an dem Vertrauen auf baldige günstigere Konjunkturen festhalten. Auch tra= gen die gegenwärtig billig zu habenden Rohhäute zu unseren bes= seren Rindenpreisen bei. Im vorigen Jahr war der höchste Preis für einen Centner jüngerer Stockschlagrinde 9 M. 75 Pf., dem gegenwärtig 10 M. 55 Pf. gegenüber stehen. Der Durchschnitts= preis für diese technisch wichtigste Rindensorte war im vorigen Jahr in Heidelberg 8 M. 25 Pf., in Hirschhorn 8 M. 84 Pf. und ist jetzt in Heidelberg 9 M. 6 Pf., in Hirschhorn 9 M. 79 Pf., hat daher in Heidelberg um 81 Pf. und in Hirschhorn um 95 Pf. aufgeschlagen. In annähernd gleicher Weise ist dieß auch bei den anderen Rindensortimenten der Fall und stellt sich der Durch= schnittspreis für 1 Ctr. aller Rinde statt auf 6 M. 74 Pf. in

Heidelberg und 8 M. 65 Pf. in Hirschhorn nunmehr auf 7 M. 58 Pf. und 9 M. 48 Pf., hat sich daher in Heidelberg um 84 Pf., in Hirschhorn um 83 Pf. erhöht.

Den gesammten Umsatz an beiden Markttagen veranschlagen wir mit den von den Rindenhändlern und Privatwaldbesitzern erzielten Erlösen auf in Rundzahl 420,000 M., gewiß eine respektable Summe für ein Waldprodukt, das man in manchen Ländern unseres deutschen Reiches auch heute noch zu den Forstnebennutzungen zählt.

Heidelberg, im April 1876. **Siehler.**

---

3. Der Rindenmarkt zu Kreuznach im Jahre 1876.

Die Mängel der kleineren Rindenversteigerungen waren die Ursache, daß schon im vorigen Jahre ein großer Rindenmarkt in Kreuznach etablirt wurde, auf welchem ca. 42000 Centner Rinden aus dem Königlich Preußischen Kreise Kreuznach und aus den Großherzoglich Hessischen Kreisen Alzey und Mainz mit ausgezeichnetem Erfolge zur Versteigerung kamen, worüber wir im Jahrgang 1875, Seite 300 dieser Blätter bereits berichteten. Auch am 21. März dieses Jahres wurde in Kreuznach, unter dem Präsidium des Herrn Landraths Agricola von da, wieder ein großer gemeinschaftlicher Rindenmarkt abgehalten, auf welchem nachstehende, auf Kosten der Waldeigenthümer zu schälende, Rindenquantitäten unter der Zusicherung zur Versteigerung gelängten, daß der definitive Zuschlag erfolgen würde, wenn die Letztgebote die Taxe erreichen oder übersteigen:

A. Rheinpreußen.

1. Aus Königlichen Waldungen	. . . .	2455 Ctr.
2. „ Gemeindewaldungen des Kreises Kreuznach		25453 „
3. „ Privatwaldungen	. . . .	2655 „

B. Rheinhessen.

4. Aus Waldungen des Großherzoglichen Hauses (Familieneigenthum)	. . . .	5150 „
5. Aus Gemeindewaldungen des Kreises Alzey	.	7650 „
6. „ Privatwaldungen	. . . .	300 „
	Summa	43663 Ctr.

Der Versteigerung diente eine tabellarische Übersicht als Grund=
lage, welche die verschiedenen Rindenverkäufer und deren Vertreter,
die zum Hiebe kommenden Schläge oder Schlagabtheilungen, die
den Schlägen zunächstliegenden Eisenbahnstationen, das Alter der
Rinden, das taxirte Quantum, die Forst= und Gemeindetaxe pro
Centner, die Steigerer und den Erlös für den Centner enthielt.
Sämmtliche Rinden wurden in 100 verschiedenen Nummern aus=
geboten. Die Reihenfolge, in welcher die Rinden der einzelnen
Waldeigenthümer zur Versteigerung gebracht wurden, war zuvor
durch das Loos bestimmt worden.

Von den zur Versteigerung gelangten Rinden waren

42194 Ctr. oder 97% 14—18jährig.
1119 „ „ 2% 19—30 „
250 „ „ 1% 31—40 „

Die erzielten Erlöse für Rinden bis zu 18jährigem Alter
waren folgende:

Rheinpreußen.

	pro Centner
Königliche Waldungen	7,05 bis 9,40 Mark
Gemeindewaldung des Kreises Kreuznach .	6,90 „ 9,55 „
Privatwaldungen	7,95 „ 9,80 „

Rheinhessen.

Waldungen des Großherzoglichen Hauses	
(Familieneigenthum)	7,00 „ 8,55 „
Gemeindewaldungen des Kreises Alzey . .	7,00 „ 8,45 „
Privatwaldungen	8,65 „

Auch für ältere Rinden, von denen jedoch nur wenige Posten
zum Ausgebot kamen, wurden recht annehmbare Preise erzielt. So
z. B. für ein Loos 30jährige Rinde pro Centner 6,00 M., für ein
Loos 40jährige dagegen nur 3,25 M. u. s. w.

Die Betheiligung bei der Versteigerung Seitens der Leder=
fabrikanten aus Rheinpreußen, Rheinhessen und Rheinbaiern war
eine überaus zahlreiche und ergaben sich im Allgemeinen sehr schöne
Preise, durchschnittlich etwa 6—10% höher, wie in vorigem Jahre.
Die ausgebotenen Rinden wurden sämmtlich definitiv zugeschla=
gen, da die Letztgebote die Taxen meist weit überschritten hatten.

Die höchsten Preise pro Centner erhielten aus den Waldungen Rheinpreußens: Freiherr v. Dorth (9,80 M.), sodann die Gemeinden Auen und Kirn (9,55 M.), Dalberg und Monzingen (9,50 M.), Hochstetten und Weiler (9,45 M.); aus den Waldungen Rheinhessens: Postrath Schmidt und E. v. Hartal zu Mainz (8,65 M.), Domanialwald Vorholz, Loos V (8,55 M.) und die Gemeinden Frei-Laubersheim und Sprenblingen (8,45 M.).

Die Waldeigenthümer waren mit dem Resultat der allgemeinen Rindenversteigerung sehr zufrieden und sprachen dem Herrn Landrath Agricola, der sich um die Schaffung dieses jetzt größten Rindenmarktes Deutschlands hohe Verdienste erworben, ihren lebhaftesten Dank aus! Glücklicher Weise sind jetzt die vielfachen Verabredungen der Gerber durch die große Concurrenz vereitelt und ist den Waldbesitzern ein dauernder und lohnender Absatz ihrer Rinden gesichert.

Was nun die Ursache der in den letzten Jahren stattgehabten nicht unerheblichen Preissteigerung der Rinden im Allgemeinen anlangt, so dürfte dieselbe zunächst darin liegen, daß die meisten Lederfabrikanten bei dem steigenden Lederbedürfniß ihre Rindenvorräthe alljährlich fast sämmtlich aufbrauchten und der billige Preis der Rohhäute auch zu fernerem stärkeren Betriebe der Lederfabrikation anspornt, obgleich durch die erfolgreiche Einführung des amerikanischen Hemlock-Leders in Deutschland den Gerbern eine gefährliche Concurrenz erwachsen ist.

Es scheint also die Besorgniß, daß der Rindenbedarf durch die Production überboten werden würde, bis jetzt nicht begründet. Auch ist die Concurrenz von ausländischen Rinden nicht hoch anzuschlagen, indem die Gerber wegen der fast durchgängig geringeren Qualität dieser Rinden von dem Gebrauche derselben wieder zurückkommen. Der Eichenschälwald-Betrieb, der seither schon ein sehr rentabeler war, geht demnach einer erfreulichen Zukunft entgegen, zumal nach den neuesten statistischen Untersuchungen die Loheproduction den Loheverbrauch lange nicht deckt, und auch bei weiterer mäßiger Ausbreitung dieses Betriebs — namentlich in loharmen Gegenden — die Loheproduction dem Waldbesitzer immerhin noch eine sehr lohnende Waldnutzung gewähren wird. **M.**

4. Der Eichenlohrindenmarkt zu Kaiserslautern im Jahre 1876.

Versteigerung am 3. April.

Die K. Regierung der Pfalz beabsichtigt nach und nach einen großen Rindenmarkt für den ganzen Regierungsbezirk ins Leben zu rufen, und hat als Ort der Versteigerung die in Mitte des Regierungsbezirkes liegende Stadt Kaiserslautern gewählt. Der Anfang wurde dieses Jahr mit der Versteigerung der Rinden aus sämmtlichen Staatswaldungen der Pfalz gemacht, da sich nur zwei Gemeinden an dieser Versteigerung betheiligten.

Die Verkaufsbedingungen waren dieselben wie in früheren Jahren, mit Ausnahme der für die Steigerer lästigen Bedingung, daß für jeden Centner Rinde 3 kr. = 8 Pf. sog. Hutgebühren an den Schlaghüter zu entrichten sind, welche in Wegfall kam.

Verkauft wurden bei dieser Versteigerung:

Aus den Staatswaldungen des Forstamtes Winnweiler				13,700 Ctr.
" " "	"	"	Kaiserslautern	1,650 "
	"	"	Zweibrücken	510 "
	"	"	Pirmasens	1,370 "
			Dahn	900 "
" " "	"	"	Elmstein	1,020 "
				19,150 "

Aus zwei Gemeindewaldungen: Kirchheim und Imsweiler . . . . 650 "

Außer diesen zur Versteigerung in Kaiserslautern gebrachten Rinden haben die zum Forstamtsbezirke Winnweiler gehörigen Gemeinden noch circa 20,000 Ctr. in den verschiedenen Gemeinden versteigert.

Aus diesen Zahlen ist zu ersehen, daß die Gemeindewaldungen des Forstamtes Winnweiler mehr Rinden produziren als die sämmtlichen Staatswaldungen der Pfalz, denn während in diesen Waldungen die Rindenzucht nur im Forstamte Winnweiler in nennenswerther Ausdehnung betrieben wird, ist die Eichenniederwaldwirthschaft in den Gemeindewaldungen vorherrschend.

Ausgeschieden nach dem Alter der Rinden war das Ergebniß

der Versteigerung aus den Staatswaldungen — die kleine Quantität aus den Gemeindewaldungen im Alter von 20—24 Jahren wurde zu durchschnittlich 7,10 M. verkauft — folgendes:

	durch-schnittlich	höchster Preis	niedrigster Preis
17—21jähr. Rinden	8,48 M.	9,10 M. 21jähr.	7,20 M. 19jähr.
22—30 „ „	6,70 „	8,95 „ 24 „	5,50 „ 26 „
30—60 „ „	4,12 „	7,00 „ 33 „	2,50 „ 50 „

Zu der Altersausscheidung selbst bemerke ich, daß zwar das Alter nicht allein maßgebend ist, aber doch einen Hauptfaktor bei der Preisbestimmung bildet. Eine Ausscheidung der Rinden bis zum 16- oder 18jähr. Alter und darüber ist deßhalb nicht thunlich, weil bis jetzt noch wenig Schläge von diesem Alter gehauen werden, und weil unsere Rinde bis zum 20—21jähr. Alter in der Regel noch beinahe ganz „Spiegelgut" ist, was schon der Durchschnittspreis zeigt. Einige Beispiele, daß das Alter bei der Werthbestimmung nicht allein maßgebend ist, sind noch folgende: 3 Schläge im Reviere Lauterecken im 24jähr. Alter wurden zu 8—8,5 M. verkauft, während 10jährige nur mit 5,05 M. und 14- und 16jährige nur mit 6 M. bezahlt wurde; für 50jährige Rinde wurden noch 4 M., für 48jährige sogar 5,15 M. erzielt.

Die Preise von 1874, 1875 und 1876 stellen sich nach derselben Altersausscheidung wie folgt:

1874	1875	1876
5,83 M.	7,91 M.	8,48 M.
5,34 „	5,91 „	6,70 „
4,34 „	4,11 „	4,12 „

Die Preise der jüngeren Rinden sind also 1876 wieder bedeutend gestiegen, während die alten Rinden sich so ziemlich im Preise gleich geblieben sind und mehr Neigung zum Fallen als zum Steigen haben; also herunter mit dem Umtrieb bis zu 18 Jahren, wie ich schon in meinem vorjährigen Berichte verlangt habe.

Die Erlöse für die Rinden aus Gemeindewaldungen schwanken zwischen 7—9,30 M., sind also nicht ganz so hoch wie diejenigen aus den Staatswaldungen, wenn man in Betracht zieht, daß beinahe nur 18jähr. Rinden zum Ausgebot gekommen sind.

Das Altersverhältniß der zum Ausgebot gekommenen Rinden
ist folgendes:

	1875	1874	
17—21jähr. Schläge	39%	20%	11%
22—30 „ „	42 „	67 „	48 „
31 und darüber „	19 „	13 „	41 „

Diese Zahlen beweisen, daß wir mit unserem Umtrieb zwar
herunterkommen, aber nach meiner Ansicht wenigstens zu langsam. **h.**

**5. Die 1876er Rindenversteigerung zu Friedberg im Groß-
herzogthum Hessen**

wurde unter ähnlichen Verhältnissen, wie sie im 1875er Juni-
und Juliheft dieser Zeitschrift beschrieben sind, am 30. März abgehalten, doch war die Menge der Rinde, welche dabei zum Verkauf kam, eine geringere als im Jahre 1875 und bestand dießmal
nur in 9804 Centnern von Stockausschlag im Alter von 16—26
Jahren, 556 Centnern von 36—60jährigem Oberstand und 1675
Centnern von meist 30—36jährigem Kernwuchs, zusammen also in
12,035 Centnern, welche in 36 Versteigerungsposten zerfielen, so
daß nur 333 Centner durchschnittlich auf eine Nummer kamen.

Da die Preise an den, wie gewöhnlich, schon vorausgegangenen großen Rindenmärkten sich sehr gut gestaltet hatten, so erfolgte
auch hier ein flotteres Bieten als es sonst üblich und konnten fast
alle Letztgebote sogleich genehmigt werden.

Als durchschnittliche Preise ergaben sich für einen Centner
Rinde a) von Stockausschlag nebst beiläufig fünf Prozent von
Oberstand 8,25 M., b) von Kernwuchs 7,83 M.

Von der Stockausschlagrinde, welche immer mit der auf den
gleichen Flächen sich ergebenden Oberstandsrinde gemeinschaftlich
zum Ausgebot kam, wurden 41 Prozent um 9 M. bis 9,60 M.
versteigert und es zeigte sich wieder deutlich, daß neben der durch
den Standort bedingten Beschaffenheit der Rinde namentlich noch
die Rindenmenge der einzelnen Versteigerungsnummern für den
Preis maßgebend war, indem alle größeren Quantitäten verhält-

nißmäßig höher bezahlt wurden als die geringeren. Aus dieser schon öfters gemachten Wahrnehmung läßt sich schließen, daß hier und wahrscheinlich auch anderwärts Rindenschläge von ziemlicher Ausdehnung für die Steigerer am angenehmsten und daher am vortheilhaftesten sind, und zwar scheinen hier Jahresschläge, welche 400—1000 Centner Rinde ergeben, am angemessensten, dort aber, wo hauptsächlich bedeutende Gerbereien ihren Rindenbedarf be= ziehen, dürften wohl Schläge mit dem doppelten Rindenertrag noch geeigneter sein.

Es empfiehlt sich demnach, den Versteigerungslosen möglichst die örtlich entsprechende Ausdehnung zu geben und bei kleinen Schälwaldungen wird es dadurch nahe gelegt, nicht alljährlich Schläge zu hauen, sondern nur alle zwei oder drei Jahre einen Schlag oder, wie es auch mitunter üblich, nur in einem bestimm= ten Theil der Umtriebszeit alljährlich einen im umgekehrten Ver= hältniß zu diesem Theil größeren Schlag zu fällen und dann im übrigen Theil der Umtriebszeit die Fällungen ganz beruhen zu lassen.

Ein solcher mehr oder weniger lang aussetzender Schälwald= betrieb hat indessen auch wieder, wie jeder aussetzende Betrieb, manche Nachtheile zur Folge. Gewöhnlich fehlt es dabei überhaupt mehr an Arbeitern, diese sind, weil außer jährlicher Übung, weni= ger geschickt, daher theurer und die nothwendigen Geräthschaften, wie namentlich Rindenschirme, Wagen und alle besonderen Schäl= werkzeuge werden bei längerem Nichtgebrauch kostspieliger; auch ist es vielen Rindenkäufern sehr erwünscht, wenn sie ihren Bedarf jährlich so ziemlich aus den nämlichen Waldungen decken können, bezüglich deren ihnen alles Einschlägige genau bekannt ist und legen sie daher oft bedeutend höhere Preise an, um nicht von den ge= wohnten Orten verdrängt zu werden.

Ein Abwägen dieser verschiedenen, einander widersprechenden Rücksichten bei der Bildung von Jahresschlägen in wenig ausge= behnten Schälwaldungen erscheint demnach für jeden einzelnen Fall nothwendig.

Das dießjährige, abermalige Steigen der Rindenpreise ist wohl hauptsächlich dadurch zu erklären, daß die rohen Häute im Verhältniß

zu den Lederpreisen sich billig gestellt haben und daß nicht anzu=
nehmen ist, das Leder als ein ganz unentbehrlicher Artikel, deſſen
Verbrauch in allen Kulturländern fortwährend steigt und der ſelbst
in Kriegszeiten durchaus keinen Rückgang zu befürchten hat, werde
durch seine vermehrte Herstellung aus den billigen Häuten im
Preise sinken.

Das Höhergehen der Rindenpreiſe während der zwei letzten
Jahre hat aber auch wieder ſehr lebhaft die Frage angeregt, ob
es räthlich ſei, dem Eichenschälwald an allen dazu gut geeigneten
Orten Deutschlands eine beträchtlich größere Ausdehnung zu geben
als die bisherige, wie solches die Gerber ſchon ſeit vielen Jahren
so eifrig verlangen und wie es auch durch das III. Vierteljahrs=
heft, 1875 der Zeitschrift des Königl. Preußischen statistischen
Büreaus, betitelt „die Gerberlohe", auf's Neue ſehr befürwortet
wird.

Der Einsender dieser Notizen gedenkt, demnächst ſeine Ansicht
hierüber in der vorliegenden Monatschrift besonders auszusprechen
und hält es für wünschenswerth, daß Gleiches von recht vielen
forstlichen Seiten geschieht, da vorerst nur hierdurch einige Klarheit
darüber zu gewinnen sein wird, was vom forstlichen Standpunkt
aus in dieser höchst wichtigen Sache rathsam ſein möchte, in wel=
cher, wie die vorbemerkte, ſchätzbare und mit größter Umſicht be=
arbeitete Abhandlung beweist, es gegenwärtig doch noch gar ſehr
an den nöthigen ſtatiſtiſchen Grundlagen fehlt.   §.

---

6. Der Rindenmarkt zu Erbach im Odenwald im Jahr 1876.

Dieser kleinere Rindenmarkt kann gewissermaßen als eine Er=
gänzung des großen Hirschhorner Marktes angesehen werden; er wird
deßhalb auch in der Regel an dem auf letzteren folgenden Tag abge=
halten, in diesem Jahre z. B. am 21. März. Der Erbacher Rin=
benmarkt ist entstanden, um sowohl kleineren Producenten Ge=
legenheit zu geben geringere Lohrindenquantitäten abzusetzen, als
auch kleineren Consumenten es möglich zu machen, ihren Bedarf
direkt und ohne Beihülfe von Zwischenhändlern zu decken. Es er=

scheint dieses deßhalb erwünscht, weil in Hirschhorn geringere Quantitäten als 50 Centner erst nach beendigter Versteigerung ausgeboten werden dürfen.

Die Waldeigenthümer welche ihre Rinden in Erbach auf den Markt bringen find: die Grafen von Erbach-Erbach und Erbach-Fürstenau, sowie die in den Gr. Heff. Oberförstereien Erbach und König liegenden Gemeinden und Privaten. Die Rinden werden meist nach Hessen selbst abgesetzt, namentlich an Gerber des Mümlingthals, des vorderen Odenwalds (Umstadt, Dieburg) und der Bergstraße (Bensheim, Eberstadt, Pfungstadt).

Bis jetzt blieben sich die jährlichen Ausgebote ziemlich gleich, denn es wurden ausgeboten 1872 = 3000 Ctr., 1873 = 4000 Ctr., 1874 = 3800 Ctr., 1875 = 4000 Ctr. und in diesem Jahre = 3974 Ctr.

Die dießjährige Waare vertheilt sich nach Quantität und Qualität wie folgt:

1. Junge Stockausschlagrinde bis zu 16 Jahren . . . . . = 2501 Ctr. = 63%,
2. Ältere Stockausschlagrinde von 17—40 Jahren . . . . . = 140 „ = 4 „
3. Junge Kernwuchsrinde bis zu 30 Jahren . . . . . . = 385 „ = 10 „
4. Ältere Kernwuchsrinde von 31 und mehr Jahren . . . . = 810 „ = 20 „
5. Rinde von Ast- und Oberholz . = 138 „ = 3 „

Summe = 3974 Ctr. = 100%.

Die erzielten Preise bewegten sich
ad 1. zwischen 7,55 bis 9,50 M. durchschnittl. 8,72 M.
„ 2. „ 7,85 „ 8,50 „ „ 8,16 „
„ 3 „ 5,40 „ 7,75 „ „ 6,55 „
„ 4. „ 4,85 „ 6,90 „ „ 5,93 „
„ 5. „ 6,30 „ 6,90 „ „ 6,60 „

Im Jahre 1875 bewegten sich die Preise:
ad 1. zwischen 7,95—8,35 M.
„ 2. „ 7,05—8,75 „
„ 3. „ 6,35—7,30 „

ad 4. zwischen 4,50—6,05 M.
„ 5. „ 4,00—6,10 „

Es wurden also in diesem Jahre, namentlich für junge Stock=
ausschlagrinde, wieder höhere Preise als 1875 erzielt, die Preise
bleiben aber theilweise hinter denen in Heidelberg und noch mehr
hinter Hirschhorn nicht unbeträchtlich zurück.

Forstbotanik.

Zur Naturgeschichte der Rothbuche.

Vom Großherzogl. Oldenburg. Forstauditor Oppermann.

Eine im Jahrgang 1864 dieser Zeitschrift unter obigem Titel
enthaltene Mittheilung, welche die Nutzung einer ungewöhnlich
starken Rothbuche in den Fürstlich Hohenlohe=Langenburgischen Wal=
dungen zur allgemeineren Kenntniß bringt, veranlaßt mich, einen
in den Großherzoglich Oldenburgischen Staatsforsten des. Fürsten=
thums Lübeck im Winter 1874 zur Nutzung gekommenen, ebenfalls
selten starken und zugleich ausgezeichnet schönen Baum derselben
Gattung der Vergessenheit zu entreißen und seinem Andenken in
diesen Blättern eine bleibende Stätte zu bereiten.

Dieser in hiesiger Gegend unter dem Namen „Königsbuche"
weit und breit bekannte majestätische Baum befand sich in dem
Forstort Heide des an der Ostsee belegenen, zum Forstdistrict
Schwartau gehörigen Scharbeutzer Reviers und stockte auf einem
sehr tiefgründigen, humusreichen, etwas anlehmigen diluvialen Sand=
boden.

Als im Jahre 1854 die betreffende, damals in der Verjün=
gung begriffene Abtheilung des gedachten Forstortes, ein prächtiger
Buchenhochwald, zur gänzlichen Räumung kam, konnte man sich
nicht entschließen, die Art auch an die Wurzel dieser schönen Buche
zu legen und hoffte sie durch gleichzeitigen Ueberhalt der ihr zu=
nächst stehenden Nachbarstämme hinlänglich schützen und noch auf
längere Zeit hinaus erhalten zu können.

Auf diese Weise war ein kleiner freistehender Horst entstanden, aus deren Mitte sie glatt- und gerabschaftig, wie eine nach dem Loth errichtete Riesensäule, astrein bis zu einer Höhe von 19,5 Meter und in einer Totalhöhe von 38 Meter hervorragte. Allein im dichten Schlusse erwachsen, konnte sie sich an den freieren Stand nicht gewöhnen, verfiel alsbald dem Rindenbrand und der Gipfel- dürre und wurde am 16. December 1873, also etwa 20 Jahre nach ihrer Freistellung, in einer Höhe von 14,3 Meter vom Sturme gebrochen.

Die bei dieser Gelegenheit durch den Herrn Revierförster Schwarz in Scharbeutz erhobenen und mir gütigst mitgetheilten Notizen enthalten nachstehend das Nähere über die Dimensionen und den Massengehalt dieses imposanten Baumes.

Ganze Höhe des Baumes vom Boden bis zum Gipfel = 38 Meter.

Schafthöhe vom Boden bis zum Ansatz der Krone = 19,5 Meter.

Kronendurchmesser = 10 Meter.

Umfang des Stammes

    a) am Wurzelstock = 5,0 Meter (1,60 Mtr. Θ),

    b) in Brusthöhe (1,15 Mtr.) = 4,3 Mtr. (1,37 Mtr. Θ),

    c) auf 14,33 Meter Höhe = 3,4 „ (1,08 „ Θ),

    d) „ 18,63 „ „ = 2,3 „ (0,73 „ Θ).

Hiernach berechnet sich der cubische Inhalt des Schaftes bei 18,63 Mtr. Höhe auf 20,29, der des ganzen Schaftes bis zum Ansatz der Krone, also bei 19,5 Mtr. Höhe, aber auf 20,85 Fest- meter.

Die Aufarbeitung der gesammten oberirdischen Holzmasse (der Stubben steht noch in der Erde) hat in Wirklichkeit ergeben:

    14 Rmtr. schönes Nutzholz,

    10 „ „ Scheitholz,

    5 „ gesundes Knüppelholz, | nicht unter

    5 „ etwas olmiges „ | 15 Ctm. Θ.

    5,6 „ Ast- u. Zweigholz (von 15 Ctm. Θ u. darunter),

zusammen 39,6 Rmtr.

Der Gesundheitszustand des Baumes war gut und der Stamm nur im Abbruch etwas schadhaft.

Alter: 240 Jahre.

Werden obige 39,6 Rmtr., wie hier gebräuchlich, zu 73%

Derbgehalt oder zu 28,91 Feſtmeter gerechnet, ſo ergiebt ſich ein durchſchnittlich jährlicher Zuwachs an oberirdiſcher Holzmaſſe von 0,12 Feſtmeter.

Beiläufig bemerkt, befindet ſich dieſes Ergebniß in faſt genauer Uebereinſtimmung mit dem Zuwachs der Buche aus den Fürſtlich Hohenlohe-Langenb. Waldungen, welcher ſich nach Abzug des Stock- und Wurzelholzes auf 0,123 Feſtmeter berechnet.

Wenn übrigens letztgedachter Baum mit ſeiner rieſigen Kronen- bildung eine oberirdiſche Holzmaſſe von 58,24, reſp. 61,63 Rmtr. ergeben hat und ſomit die vorbeſchriebene Buche an Holzmaſſe noch um 18,64 reſp. 22,03 Rmtr. übertrifft, ſo wird dieſe doch, was koloſſale Schaftentwickelung bei verhältnißmäßig ſchwacher Kronen- bildung anbelangt, nicht weniger ihres Gleichen ſuchen und jener als würdiges Gegenſtück zur Seite geſtellt werden können.

Schwartau im December 1875.

Forſtwiſſenſchaft im Allgemeinen.

Noch ein Wort zur Walbarbeiterfrage.

Vom Gräfl. Stolberg-Roßla'ſchen Oberförſter Teßmann.

Wohl kein Problem der Neuzeit hat alle Schichten der Be- völkerung mehr aufgeregt und beſchäftigt, keins mehr die heterogen- ſten Theorien und Anſichten zu Tage gefördert, als dasjenige, was man gewohnt iſt, die „ſociale Frage" zu nennen. Die Bewegung, von einigen, fanatiſch begeiſterten Agitatoren ausgehend, zunächſt in den Centren der induſtriellen Production ſich feſtſetzend, hat längſt ihre Wellen über dieſe hinausgeſandt, die ſtabile Landbe- völkerung in Mitleidenſchaft gezogen und beginnt ſich täglich mehr auch dem Forſtmanne bemerkbar zu machen. Wer indeſſen auf- merkſamen Blicks ihren Gang verfolgte, der kann ſich nicht über- raſcht fühlen von dieſer Thatſache; denn das forſtliche Gewerbe iſt heutigen Tags zu eng verkettet mit den übrigen Productionszweigen, ſeine Beziehungen und Wechſelwirkungen ſind zu mannigfach und vielſeitig, als daß man hätte erwarten können, eine Erſchütterung von ſo univerſeller Natur würde ſpurlos an demſelben vorüberziehen. Was der Verfasser schon vor länger als einem halben Dezennium in engeren Kreisen voraussagte, ist überraschend schnell eingetroffen. Die Arbeiterfrage ist schon heute ein stehendes Thema in der forstlichen Tagesliteratur, und jene Stimmen, welche dieselbe als eine ephemere Erscheinung, als ein künstliches Product einer sich selbst überlebenden Agitation kennzeichnen, finden mit jedem Tage weniger Beachtung.

Die vorliegende Frage ist, wie bemerkt, in jüngster Zeit auch von forstlichen Seiten mehrfach ventilirt; es sind verschiedene, theils stark divergirende Ansichten aus unserer Mitte zu Tage getreten, die jedenfalls Beachtung verdienen, denen aber ausnahmslos der Stempel der Palliative aufgedrückt ist. Sei es nun, daß die geehrten Herrn Verfasser ihren Gegenstand wirklich zu wenig durchdrungen haben, oder sei es eine gewisse Zaghaftigkeit, den wahren Nerv desselben zu berühren, genug, es bleiben Recepte, wohl geeignet, den ersten Anprall zu pariren und die Bewegung temporär fernzuhalten, aber keineswegs fähig, zur Lösung des Problems beizutragen.

Will man sich der Anschauung anschließen, daß die socialistische Bewegung eine künstlich erzeugte ist, dann mag man sich begnügen mit jenen Vorschlägen, die im September-Hefte der Forst- und Jagdzeitung 1875 eine eingehendere Erörterung fanden; sie werden für diesen Fall ausreichen und uns über die Krisis hinweghelfen. Wer aber in der socialen Frage das sieht, was sie mir zweifellos zu sein scheint, den beginnenden Kampf zweier Gesellschaftsclassen gegen einander, der durch die Entwickelung der menschlichen Gesellschaft nach einer bestimmten, einseitigen Richtung hin unvermeidlich und nothwendig geworden war, der kann sich nicht von einer derartigen Behandlung der Frage befriedigt fühlen.

Wenn der Herr Referent in der Arbeiterfrage auf der Versammlung zu Greifswald in seiner Schlußrede bemerkt, daß alle Zeiten ihre sociale Frage gehabt hätten, so ist das unbedingt richtig, aber ebenso unzutreffend würde es sein, daraus ableiten zu wollen, daß dieses Problem sich graduell und inhaltlich zu allen Zeiten mehr oder weniger gleich geblieben sei. Gewiß gab es zu allen Zeiten etwas social zu fragen, allein kein historisch aufge-

18*

schlossener Zeitabschnitt ward hierdurch so vorherrschend charakteri=
sirt, wie die Neuzeit. Dieser ward durch die welthistorischen Facta
des letzten Jahrhunderts ihr eigenthümliches Gepräge aufgedrückt.
Durch die Einführung· des Maschinenwesens und der Dampfkraft,
durch die Übertragung der im politischen Leben zur Geltung ge=
langten Idee der Freiheit und Gleichheit auf das wirthschaftliche
Gebiet, erlangte die Jetztzeit ihr bestimmtes Merkmal, ihre beson=
dere Volkswirthschaft und ihre eigene sociale Frage.

Die heutige Volkswirthschaftslehre geht von der Behauptung
aus, die Arbeit als einer der principalen Factoren socialer Cultur
sei in ihrem Begriffsinhalte dem Inhalte der außerhalb des Men=
schen liegenden leblosen Begriffe wesentlich identisch. Die Begriffe
der Arbeit und der Arbeitskraft stellt sie auf gleiche Linie mit
den der Physik angehörigen Begriffen der Materie und der leb=
losen Naturkraft.

Sie folgert dann weiter, daß die Freiheit der Arbeit sich so
zum Ausdruck bringen soll, wie die auf dem Gebiete der Physik
sich darstellende Freiheit, etwa die Freiheit der Körper in der Fall=
bewegung.

Auch der Begriff des Gesetzes in seiner Anwendung auf· die
Arbeit gilt dieser Theorie identisch mit dem Begriffe des Natur=
gesetzes der Physik, wenn diese vom Gesetze der Schwere spricht,
analog erhalte die sociale Stellung der Arbeit ihre Bestimmung.

Daß es dieser Theorie logisch unmöglich ist, dem Begriffe des
Rechtes eine selbständige Beziehung zur Arbeit zuzugestehen, ergiebt
sich von selbst. Die Arbeit als leblos muß nach dieser Theorie
auch absolut rechtlos sein, sie sinkt zur Waare herab, deren Preis
durch Angebot und Nachfrage bestimmt wird.

Die Regulirung des Arbeitslohns nach dem vielfach angefoch=
tenen, aber nie widerlegten, weil unwiderlegbaren Ricardo'schen
Gesetze war eine unabweisbare Consequenz dieses Systems, welches
unter dem Namen des „Manchesterthums" heute in fast allen
Culturstaaten zur Herrschaft gelangt ist. Nach ihm wird durch
die freiste Concurrenz aller entfesselten Wirthschaftspotenzen nicht
nur allein die höchste Leistung erzielt, sondern zugleich eine gerechte
und billige Vertheilung des Nationaleinkommens auf die produc=

tiven Factoren, eine Harmonie auf allen Gebieten des wirthschaft=
lichen Lebens angebahnt und erreicht. Die ganze Theorie ist voll
von schiefen Voraussetzungen und falschen Schlußfolgerungen, und
in dem Maße, wie die thatsächlichen Verhältnisse mit ihr in Wider=
spruch geriethen, rief sie zugleich eine Reaction hervor, die sich
energisch anschickt, das öffentliche Leben von ihrem Einflusse zu
reinigen.

Es ist nicht mehr zu läugnen und selbst von Männern, die
früher als eifrige Förderer und Vertreter des Manchesterthums
fungirten, anerkannt, daß trotz der enormen Steigerung des Na=
tionaleinkommens das materielle Loos der arbeitenden Classen wenig=
stens kein besseres geworden ist. Wenn ich sage „kein besseres",
so wünsche ich nicht mißverstanden zu werden. Die principiellen
Gegner aller socialen Reformbestrebungen haben sich bemüht, den
Nachweis zu führen, daß sich die materielle Lage der arbeitenden
Classen im Vergleich mit früheren Zeiten wesentlich gehoben habe.
Ich will hierüber nicht mit ihnen rechten; denn die spärlich fließen=
den Quellen einer wirklichen Culturgeschichte geben uns zu wenig
Anhalt, als daß man hoffen könnte, einen solchen Streit zum Aus=
trage zu bringen. Aber hierauf kommt es überhaupt nicht an,
es fragt sich vielmehr: Ist durch die veränderte Productionsweise die Lage des Arbeiters gegenüber derjenigen der andern Gesellschaftsclassen verschlechtert worden oder nicht, hat sich mit andern Worten der Antheil
am Nationaleinkommen, welchen der Arbeiter früher
bezog, mit Einführung der modernen Productionsweise
verringert, verbessert, oder ist er constant geblieben?

Die Socialisten aller Schattirungen behaupten das erstere,
und wie mir scheint, mit vollem Recht. Denn wäre dies nicht der
Fall, so hätte überhaupt keine Arbeiterfrage im heutigen Sinne
entstehen können. Die Verschärfung des Contrastes zwischen Arm
und Reich ist der wahre und tiefere Grund der durchgreifenden
und sich fortwährend steigernden Unzufriedenheit in den untern
Volksschichten.

Die Verkürzung ihres Antheils am Nationaleinkommen wird
von den „Massen" instinctiv gefühlt, und die radicale socialistische

Agitation versteht es vortrefflich, hier nachzuhelfen. Sie weiß das kommende Massenelend in grellen Farben zu schildern, das Classenbewußtsein zu wecken, die Solidarität der Arbeiterinteressen nachzuweisen, mit einem Worte, das dunkle Gefühl des Unbehagens zur hellen Flamme der Unzufriedenheit anzufachen. Wir haben dann die sociale Bewegung, die zwar ihren Anfang auf die Agitation zurückführt, deren Ursprung aber tiefer, in dem socialen Antagonismus der Interessen zu suchen ist.

Die Lösung der Arbeiterfrage wird nur bewirkt werden können durch die Aufhebung des Widerstreites der Interessen, und dies ist nur möglich durch rechtliche Sicherstellung des Antheils am Nationaleinkommen, der dem Arbeiter zukommen soll und muß. Während der Arbeitslohn sich in der heutigen Gesellschaft nach Angebot und Nachfrage richtet, also allen Fluctuationen der Geschäftswelt preisgegeben ist und zu den widersinnigsten Lohnsätzen führt, sollte er fortan nach der Höhe der Rente normirt werden, und zwar in der Weise, daß der Arbeitslohn stets eine bestimmte Quote dieses Ertrags ausdrückt, die mit demselben proportional steigt und fällt. Dieser Punkt, unter welchen der Lohn nicht sinken dürfte, muß gesetzlich festgestellt werden und seine Minimalgrenze darstellen. Nur auf diese Weise läßt sich die seitherige Abgrenzung der Gesellschaftsclassen in materieller Hinsicht fixiren, nur so kann der völligen Auflösung der letzteren in ein massenhaftes Proletariat und in wenige Kapitalisten vorgebeugt werden.

Über die Feststellung dieses Punktes ließe sich viel sagen. Ich glaube aber um so mehr von einer wissenschaftlichen Behandlung dieses Punktes abstrahiren zu können, als ich einmal weiß, daß hierüber unter den competenten Geistern noch manche Meinungsverschiedenheiten herrschen, die Frage also überhaupt noch nicht spruchreif ist, dann aber auch überzeugt bin, daß sich bei gutem Willen auch ohne eine allgemeine wissenschaftliche Formel ein Vertheilungsmodus finden läßt, der beide Contrahenten zufrieden stellt.

Nach den Mittheilungen des Stolberg-Wernigerode'schen Forstmeisters Müller, in dessen im verflossenen Jahre edirten Broschüre, ist in der dortigen Herrschaft ein Lohntarif eingeführt, bei dem sich Besitzer und Arbeiter beiderseits wohl fühlen. Würde man in

Wernigerode noch einen Schritt weiter gehen und den Arbeitslohn in Procenten des Nettoertrags ausdrücken, daneben aber festsetzen, daß dieses Theilungsverhältniß für alle Zukunft ein constantes bleiben solle, so wäre mein Vorschlag in der Grafschaft Wernige= rode bereits realisirt. Die Regulirung des Arbeitslohns nach dem Ricardo'schen Gesetze hätte aufgehört und beide Theile würden von allen Schwankungen der Grundrente stets gleichmäßig getroffen. Das Verhältniß zwischen Arbeitern und Besitzern könnte in mate= rieller Hinsicht nicht mehr verschoben werden, und die Grundursache der Arbeiterfrage wäre hierdurch für diesen Bezirk weggefallen.*

Meine Ansichten über die Ursachen der Arbeiterfrage werden ja auch, bei Lichte betrachtet, von den meisten Forstleuten, die sich eingehender mit derselben befaßten, getheilt. Denn wenn beispiels= weise Danckelmann auf der 4. Versammlung deutscher Forstmänner zur Beseitigung des Waldarbeitermangels einen den landwirth= schaftlichen Lohn um 10—20% übersteigenden Waldlohn, neben= bei aber unter Umständen noch die Beschaffung von Waldarbeiter= wohnungen und Überlassung von Waldnutzungen verlangt, so in= volviren diese Forderungen doch unbestreitbar Opfer, welche der Besitzer den Arbeitern bringen muß. Hiermit wird aber meine Behauptung, daß Arbeitslohn und Rente nicht in gleichem Ver= hältniß gestiegen sind, indirect zugegeben. Was den Danckelmann'= schen Forderungen fehlt, ist die wissenschaftliche Begründung.

Zugestanden, Danckelmann hätte in seinen Forderungen das derzeit richtige Maaß getroffen, so würde dadurch dauernd doch kein zufriedenstellendes Verhältniß zwischen Arbeitern und Besitzern hergestellt sein. Die Entwickelung der Volkswirthschaft ist, wie die der Menschheit überhaupt, eine fortschreitende. Sie stellt nach Hum= boldt eine ansteigende Curve dar, in der sich kleine Einsenkungen

---

* Der Grundgedanke, die Wirkungen des ehernen Lohngesetzes auf diese Weise lahm zu legen, stammt von Rodbertus. Seine Vorschläge weichen aber von den meinigen insofern wesentlich ab, als in dem von R. intendirten Lohnsystem die Lohnhöhe mit dem Steigen der Erträge allein fortrückt, während die Grundrente constant bleibt, also von dem Zeitpunkte der Einführung seines Vorschlages ab nicht mehr steigen kann.
U. d. B.

befinden. Wenn wir demnach heute eine Erhöhung der Löhne for=
dern, so können wir binnen Kurzem in der Lage sein, eine Herab=
setzung derselben zu beantragen, je nachdem wir uns in einem Ab=
schnitte des Aufgangs oder Niedergangs befinden. Und wonach
sollen denn solche Lohnabänderungen normirt werden? Sollen wir
uns hierbei lediglich durch Angebot und Nachfrage leiten und be=
stimmen lassen? Dann behalten jene Stimmen Recht, die uns von
ihrem Manchestersessel aus zurufen: Laissez faire, laissez aller,
die „Harmonie" wird sich von selbst einstellen. Nein, das hieße
den gegenwärtigen socialen Kampf in infinitum verlängern; da=
durch würden wir uns Alle, die wir heute diese Frage mit wissen=
schaftlichem Ernst behandeln, ein testimonium paupertatis aus=
stellen.

Aus dem Satze, daß die Arbeit immer und unter allen Um=
ständen der Mensch selbst sei, ergiebt sich alles Übrige. In letzter
Linie, daß die Arbeit ein ihr selbständig angehöriges natürliches
Recht besitzt, welches durch das zwingende positive Gesetz anerkannt
und geschützt werden muß. Es giebt doch ein Handelsrecht! Wenn
nun der Kaufmannsstand ein eigenes Recht hat, welches bestimmt,
wie die Handelsgeschäfte geschützt und geführt werden, so kann auch
der Arbeiterstand sein eigenes Recht haben, welches den Arbeitslohn
in befriedigender Weise feststellt, die Arbeitszeit begrenzt u. s. w.

Zur Lösung der Arbeiterfrage, und das ist die heutige sociale
Frage, giebt es nur ein Mittel. Es ist die Beseitigung des jetzt
herrschenden Lohnsystems und Einführung einer wissenschaftlich be=
gründeten, von Angebot und Nachfrage unabhängigen Lohnform,
welche die wirthschaftliche Lage des Arbeiters derjenigen des Be=
sitzers gegenüber dauernd fixirt, und dadurch die derzeit bestehende
Abgrenzung der Gesellschaftsclassen conservirt.

Forstversammlungen und forstliche Ausstellungen.

1) Die **V. Versammlung deutscher Forstwirthe zu Eisenach.**[*]
Thema 2 „Nach welchen Grundsätzen ist die Abfindung bei
der Ablösung von Waldservituten zu bemessen?"
Referent: Forstmeister U r i ch in Büdingen.

I. Aus forstpolizeilichen, staats= und forstwirthschaftlichen Grün=
ben erscheint eine rasche Beseitigung der auf den Waldungen
ruhenden Servituten bringend geboten und muß darum die
zwangsweise Ablösung derselben gesetzlich bestimmt und ge=
orbnet werden.

II. Die gesetzliche Zwangsablösung tritt bann ein, wenn über
die Aufhebung einer Servitut eine gütliche Vereinbarung
zwischen Pflichtigen und Berechtigten nicht erzielt werden kann.

III. Sowohl dem Berechtigten wie Pflichtigen steht das Recht
zu, die Ablösung zu provociren.

IV. Mit Rücksicht auf die Ablösung lassen sich die Servituten
eintheilen

    a) bezüglich des Subjectes:

1. in Gerechtsame von Einzelnen,

2. „   „   „ Communen;

    b) bezüglich des Objectes:

1. in Gerechtsame auf Holz,

2. „   „   „ Waldnebennutzungen.

V. Die Abfindung kann erfolgen:

1. in Geld,

2. in Grund und Boden und zwar

    a) in Waldstücken innerhalb und außerhalb des belaste=
ten Waldes,

    b) in Agriculturgelände.

---

[*] Nach einem vorjährigen Beschluß in Greifswalde sollen die Herren
Berichterstatter die Hauptgedanken ihres Referats, über die von ihnen zur
Einleitung übernommene Frage, schon vorher öffentlich bekannt geben.
Wann die diesjährige Versammlung in Eisenach stattfinden wird, ist uns
officiell noch nicht mitgetheilt worden, wahrscheinlich im Anfang September.
Die Red.

VI. Der Ablösungsbetrag ist zu normiren:
    1. bei der Abfindung in Geld auf das 20fache,
    2. „ „ „ „ Grund und Boden auf das 18fache
       des durch Expertise festgestellten jährlichen Reinertrags-
       Werthes der Gerechtsame.

VII. Als Abfindungsobject ist in der Regel Geld zu geben und
    anzunehmen. Insbesondere kann eine Abfindung in Theilen
    des belasteten Waldes niemals verlangt werden, wenn
    1. Waldnebennutzungen oder die Gerechtsamen von einzelnen
       Privaten abzulösen sind,
    2. die Administration der Communalwaldungen in dem betr.
       Staate nicht der Staatsforstbehörde untersteht,
    3. der belastete Wald ein zusammenhängendes Ganze bildet
       und gut arrondirt ist,
    4. das abzutretende Waldstück nach Größe, Lage und Be-
       stockungsverhältnissen zu einem nachhaltigen und guten
       Forstwirthschaftsbetrieb nach sachverständigem Ermessen
       ungeeignet ist,
    5. der belastete Wald durch die Geländeabtretungen die zur
       selbstständigen Bewirthschaftung durch einen qualificirten
       Techniker erforderliche Größe verliert,
    6. Theile des belasteten Waldes nach technischem Ermessen
       als Agriculturgelände unter Anrechnung der Kosten für
       Rodung und Urbarmachung nachhaltig keinen höheren
       Jahres-Reinertrag abwerfen, wie als Wald. In dem
       letzteren Fall müssen die Berechtigten den Waldgrund
       mit Anrechnung des Werthes der darauf stockenden Holz-
       bestände übernehmen. Findet ausnahmsweise eine Ab-
       findung in Grund und Boden statt, so ist der Pflichtige
       befugt, die Abfindung auch in Agriculturgelände, sowie
       in unbestocktem und bestandenem Waldgrund innerhalb
       und außerhalb des belasteten Waldes eintreten zu lassen.

Das Princip der Abfindung in Theilen des belasteten Waldes
ist nationalöconomisch, wie forstwirthschaftlich unzulässig und ver-
werflich, weil es die Parcellirung der Waldungen involvirt, die
bestehenden Wirthschaftsgrenze zerreißt, an ihre Stelle eine große

Anzahl kleiner nicht lebensfähiger, zu einer conservativen und nach=
haltigen Bewirthschaftung ungeeigneter Wirthschaften setzt, höhere
Verwaltungs= und Forstschutzkosten verursacht, den Naturalertrag
der Waldungen in Quantität und Qualität schmälert, die Wald=
rente vermindert und die Nationalwohlfahrt gefährdet.

Büdingen im Mai 1876.   Arich.

---

2. Eine Bitte an die Herren Fachgenossen.

Auf Veranlassung Sr. Excellenz, des Königlich Preußischen
Gesandten, Freiherrn von Werthern zu München, und mit Zu=
stimmung der für Feststellung der Themata für die 5. Versamm=
lung deutscher Forstwirthe erwählten Kommission ist das nachstehende
Thema als letzter Gegenstand der Discussion auf die Tagesordnung
der gedachten Versammlung aufgenommen worden:

> „Welche durch specielle Thatsachen zu belegende Erfah=
> rungen sind gemacht worden über den Einfluß der Wald=
> rodungen, der Verminderung der Flurbäume und Flurge=
> hölze, zumal im Gebiete der Kalkformationen, sowie der
> umfänglichen Entwässerungen, Trockenlegung von See'n,
> Flußregulirungen u. s. w. auf den Witterungscharakter,
> insbesondere auf die Summe und Vertheilung der atmos=
> phärischen Niederschläge, auf die Ergiebigkeit der Quellen,
> den Wasserstand in Bächen und Flüssen, auf die Boden=
> feuchtigkeit und in Folge dessen auf die land= und forst=
> wirthschaftliche Production überhaupt?"

Der Unterzeichnete hat es übernommen, soweit als thunlich
Material in der fraglichen Richtung, als nächste Unterlage für die
weitere Besprechung, zu sammeln, und richtet daher an alle seine
verehrten Berufsgenossen, welche in der Lage sein sollten, aus eige=
nen Wahrnehmungen und Erfahrungen Beiträge zu dem vorstehen=
den Thema liefern zu können, die Bitte, ihm die bezüglichen Mit=
theilungen womöglich bis Ende Juni c. zugehen zu lassen.

Eisenach am 20. März 1876.

C. Grebe,
Geheimer Oberforstrath.

Literarische Berichte.

№ 17.

Anlage und Pflege der Fichten-Pflanzschulen von Adolf
Schmitt, Gr. Bad. Bezirksförster. Mit drei Tafeln Abbildungen.
Weinheim. Verlag von Fr. Ackermann. 1875. Preis 3 Mark.

In der vorliegenden 101 Seite haltenden Schrift theilt der
Verfasser seine in verschiedenen badischen Forstbezirken gesammelten
Erfahrungen über die künstliche Erziehung der Fichte in Forstgärten,
gründlich verarbeitet und systematisch geordnet, mit. Obgleich über
diesen Gegenstand schon viel geschrieben wurde, so kann die Arbeit
des Verfassers doch als eine Bereicherung der Forstliteratur be=
trachtet werden. Das Buch zerfällt in fünf Abschnitte.

Der erste Abschnitt, welcher auf 20 Seiten die forstliche Stand=
ortsgüte behandelt, ist jedenfalls am dürftigsten ausgefallen. Was
der Verfasser hier über die bodenbildenden Gesteine, über den Boden
und die Bodendecke, die Lage und Verwitterung lehrt, weiß jeder
forstliche Techniker, dagegen erhält der forstlich wenig gebildete
Waldbesitzer, auf welchen es der Verfasser abgesehen zu haben scheint,
in dem Vorgetragenen wieder zu wenig, um eigentlichen Nutzen
für die Praxis daraus ziehen zu können. Der Verfasser hätte
daher nach unserer Ansicht gleich mit der Anlage der Pflanzschule
(II. Abschnitt) resp. der Auswahl des Platzes beginnen und hier
das nothwendige über chemische und physikalische Eigenschaften des
Bodens einflechten sollen. Seite 7 wird z. B. zwischen sehr flachem,
flachem, gründigem, tiefgründigem und sehr tiefgründigem Boden
unterschieden, ohne diese Namen näher zu charakterisiren. Ebenso
wird Seite 8 nur bemerkt, die Feuchtigkeitsgrade des Bodens seien:
naß, feucht, frisch, trocken und dürr, ohne daß der Leser erfährt,
woran man den nassen, frischen, dürren u. s. w. Boden erkennt.
Dasselbe gilt von den Bindigkeitsstufen fest, schwer, mürbe, locker
und lose. Die Ursachen der verschiedenen Keimung in verschiedenen
Bodenarten (Seite 8 u. 9) würden leichter erkannt worden sein,
wenn der Verfasser die Bedingungen der Keimung (Feuchtigkeit,
Wärme, Sauerstoff der Luft) in zwei Zeilen vorausgeschickt hätte.

Auch das, was der Herr Verfasser in nur wenigen kurzen

abgebrochenen Sätzen Seite 15 über die Lage sagt, wird bei den Fachgenossen theilweise Widerspruch finden. So sollen z. B. die Nordseiten „bei mangelndem Luftzuge" gerne Kälte und Reise er- zeugen, aber trotzdem dürften hier Frostbeschädigungen weit seltener sein, weil die Vegetation auf Nordseiten viel länger zurückgehalten wird. — Bekannt ist ja auch zur Genüge, daß Nordlagen den meisten Holzarten am besten zusagen und die größte Holzmasse produciren. Nicht minder könnte die Seite 16 gegebene Erklärung über die Entstehung der Spätfröste im Frühjahr zu falschen Auf- fassungen führen, indem der Leser leicht die Meinung gewinnen könnte, Spätfröste entstünden nach warmen und nassen Tagen, auf welche scharfe Winde folgten, während dieselben in der Regel sich in heiteren, windstillen Nächten bilden, was jedoch aus späteren Stellen zu schließen, dem Verfasser nicht unbekannt zu sein scheint.

Im zweiten Abschnitt verbreitet sich der Verfasser in eingehen- der Weise über die Anlage der Pflanzschule (Auswahl des Platzes, Größe, Eintheilung, Bodenvorbereitung und Düngung). Der Ver- fasser legt hier mit Recht großen Werth darauf, daß im Garten eine zweckmäßige Eintheilung stattfindet, so daß man aus demselben jährlich den entsprechenden Bedarf an brauchbaren Pflanzen nehmen könne. Leider findet man in vielen Forstgärten oft noch eine ganz planlose Wirthschaft und darum bald Ebbe, bald Fluth an Pflan- zen, was vielfache Verlegenheiten und unnöthige Kosten hervorruft. Der Verfasser spricht sich für ständige Forstgärten aus und hält daher auch eine künstliche Düngung für unentbehrlich, wenn das Gelände dauernd schöne Pflanzen liefern soll; er empfiehlt daher Stalldünger in Verbindung mit Guano, Kali-Superphosphat, Knochenmehl, Kalidünger, nebenbei gebrannten Kalk, Gyps, Rasen- asche, Kompost u. s. w. Wenn es auch nur zu loben ist, daß sich der Verfasser bei Berechnung der erforderlichen Düngerquanti- täten an die Resultate der Wissenschaft anzuschließen sucht, so scheinen Düngerrecepte, welche die Bodenbeschaffenheit und insbe- sondere den Reichthum der einzelnen Bodenarten an Nährstoffen nicht mit in Rechnung ziehen, doch etwas gewagt.

Im dritten Abschnitt werden kurz und gut die wenigen Kultur- werkzeuge und die Schutzanstalten beschrieben. Wir machen hier namentlich auf die Saatlatte, das Pflanzbrett, den Rillenpflug, das Saat= und Pflanzengitter aufmerksam, welche Werkzeuge, wenn auch gerade nicht neu, doch vielen Fachgenossen noch wenig oder nicht bekannt sein dürften.

Im vierten Abschnitt, welcher von der ständigen Unterhaltung der Pflanzschule handelt, liegt der Schwerpunkt der ganzen Schrift. Hier legt der Verfasser dem Leser seinen reichen Schatz an Erfah= rungen vor, welche er hinsichtlich der jährlichen Bodenvorbereitung, der Einsaat, der Verschulung, der Lockerung, Reinigung und Deckung mit seinen beschriebenen Kulturwerkzeugen und Schutzanstalten, so= wie mit anderen Instrumenten und Mittel des Schutzes und der Pflege gemacht hat. Die günstigen Resultate, welche der Verfasser mit seinen Saat= und Pflanzgittern erzielt hat, stimmen in allen wesentlichen Punkten mit unsern eigenen in der Richtung ange= stellten Versuchen überein, auch im Forstgarten zu Chorin, in wel= chem niedere Gitter wie Hochdeckung schon längst im Gebrauch sind, wurden ausgezeichnete Erfolge erzielt. Wir machen daher unsere Fachgenossen gerade auf ein fleißiges Studium dieses Ab= schnitts aufmerksam und empfehlen zugleich einen recht fleißigen Gebrauch dieser Gitter namentlich bei freiliegenden Gärten, mit trockener Luft, ungehindertem Eintritt der Sonne und des Windes, sowie physikalisch schlecht geeigenschafteten Böden.

Der fünfte Abschnitt handelt von den Erziehungskosten. Wenn auch in einigen der früheren Abschnitten dieselben schon berührt werden, so liefert der Verfasser doch hier noch einmal eine genaue Zusammenstellung der Kosten im Einzelnen, wie im Ganzen und die dem Texte beigegebenen Tabellen erleichtern sehr die Übersicht= lichkeit. Auch dieser Abschnitt zeigt von dem Fleiße und dem Streben des Verfassers seinen Fachgenossen nützlich zu werden und verdient daher unsere volle Anerkennung.

Sehen wir von der Anlage des ersten Abschnitts und einigen Anständen bei der Düngerlehre ab, so kann unser Gesammturtheil über die vorliegende Schrift nur günstig lauten; dieselbe sei daher auch unsern Fachgenossen hiermit bestens empfohlen.   **Saur.**

№ 18.

Sammlung der wichtigeren österreichischen Gesetze, Verordnungen und Erlässe im Forstwesen, nebst einem Anhange über Forstlehranstalten, Forstvereinen und Forst= und Domainendirectionen. Von Dr. Ernst Baron Exterde. Wien. Verlag von Carl Gerold's Sohn. 1875. Preis 15 Mark.

Schon im Jahre 1866 erschien bei Wilhelm Braumüller in Wien ein Buch über „die Forst= und Jagdgesetze der österreichischen Monarchie", herausgegeben von Karl Schindler, Assistent und Docent an der k. k. Forstlehranstalt zu Mariabrunn. Das nun jetzt vorliegende 488 Seiten umfassende Werk unterscheidet sich von dem Schindler'schen wesentlich darin, daß es sich auf die wichtigeren österreichischen Gesetze, Verordnungen und Erlässe im Forstwesen beschränkt, diese aber ausführlicher bringt, dagegen die betreffenden in Ungarn bestehenden Gesetze, sowie überhaupt alle Jagdgesetze ausschließt. Ob die Jagdgesetze noch in einem besonderen Bande nachfolgen werden, ist nicht gesagt.

Das Buch zerfällt zunächst in zwei Abtheilungen. Die erste Abtheilung enthält die auf alle, die zweite die auf die einzelnen Kronländer sich bezüglichen Gesetze, Verordnungen und Erlässe. In der ersten Abtheilung werden behandelt: Reichsforstgesetz, Kirchenwaldungen, Gemeindewaldungen, strafrechtliche Beziehungen und Gesichtspunkte im Forstwesen, Competenzfragen und Forststrafprocessuales, Conventionen mit fremden Mächten zur Verhütung von Forstfreveln an den Landesgrenzen, Vorschriften über Ablösung und Regulirung der Forstservituten, Waldschutzmaßregeln im Interesse des Eisenbahnbetriebes, forstwirthschaftliches Versuchswesen, Forstdienst, Forstprüfungen und Forstzöglinge.

Die zweite Abtheilung enthält die einschlagenden speciellen Gesetze, Verordnungen und Erlässe für Böhmen, Bukowina, Dalmatien, Galizien, Kärnten, Krain, Küstenland, Mähren, Niederösterreich, Oberösterreich, Salzburg, Schlesien, Steiermark, Tirol und Voralberg.

Allen Fachgenossen, sowie Nicht=Technikern, welche dienstlich die berührten österreichischen Gesetze u. s. w. anzuwenden haben, sowie auch Solchen, welche sich für die österreichische forstliche Gesetzgebung überhaupt interessiren, wird das vorliegende Werk willkommen sein.

No. 19.

Die Forstwirthschaftseinrichtung in Bayern nach den in= structiven Erlaffen der k. bayer. Forstverwaltung mit den be= züglichen forstwirthschaftlichen Grundsätzen und Regeln zusammen= gefaßt von Ludwig Rabner, k. b. Oberförster. Trier, 1875. Fr. Lintz. Preis 3 Mark.

Seit dem Jahre 1844, in welchem von Seite des k. Finanz= ministeriums eine Reaffumirung der zur Forsteinrichtungsinstruction vom 30. Juni 1830 und zur Kartirungsinstruction vom 23. Juni 1833 erschienenen Verordnungen erfolgte, hat sich die Zahl der weiteren Nachträge so vermehrt, daß die Wünsche des bayer. Forst= personales schon längst zum Mindesten auf eine abermalige Reaffu= mirung der bezüglichen Vorschriften, mehr noch aber auf eine wissenschaftlich geordnete Zusammenstellung des noch zu Recht Be= stehenden gerichtet waren. Diesen letzteren Wunsch erfüllt nun das vorliegende Werk in vollständiger, sehr dankenswerther Weise.

Daffelbe behandelt seinen Gegenstand mit Beifügung der zu= gehörigen Schemata und Formularien unter folgenden Rubriken:

A. Regulirung und Festftellung der Grenzen,

B. Beftandsabtheilung,

C. Vermeffung, Kartirung und Flächenberechnung,

D. Erforschung der äußeren und inneren Waldverhältniffe,

E. Festftellung der Grundzüge der künftigen Bewirthschaftung,

F. Specielle Wirthschaftseinrichtung,

G. Ausmittlung des Materialetats und Aufftellung der speciellen Wirthschafts= und Culturpläne für den nächften Zeitabschnitt,

H. Formelle Behandlung der fertig geftellten Forsteinrichtungs= apparate,

I. Wirthschaftscontrole,

K. Periodische Revision des Waldftandes und der Ertragsaus= mittlung.

Bei der hohen Entwicklung des bayer. Forsteinrichtungswesens dürfte übrigens die fragliche Schrift nicht blos für die bayer. Forst= wirthe, sondern auch für weitere Kreise von Intereffe sein.

Verantwortlicher Redacteur: Dr. Fr. Baur, Profeffor an der Akademie Hohenheim.
Druck der E. Schweizerbart'schen Buchdruckerei (E. Koch) in Stuttgart.

Forſtliches Verſuchsweſen.

Mittheilungen der K. Württemb. forſtlichen Verſuchsanſtalt Hohenheim. *

IX. Unterſuchungen über den Ertrag an Rothbuchen-Laubſtreu in mit Streurechten belaſteten Beſtänden.
(Referent: Dr. A. Bühler, Aſſiſtent an der Verſuchsanſtalt.)

1. Einleitung.

Bei der Ausführung des württ. Streuablöſungsgeſetzes vom 26. März 1873** machte ſich das Bedürfniß nach zuverläſſigen Anhaltspunkten über Steuerträge zur Beurtheilung der zu leiſtenden Ablöſungskapitalien wiederholt geltend. Die Methode der Schätzung des von den Berechtigten jeweilig mit ihren verſchiedenen Geſpannen nach Hauſe geführten Quantums von Laubſtreu hatte ſich an vielen Orten nicht als hinreichend genau erwieſen, weil die Ladungen ſehr ungleich, auch die Aufzeichnungen über Wagenzahl nicht überall volles Vertrauen verdienten. Es wurde deßhalb auf Anregung ſeitens der K. Forſtdirektion in den belaſteten und deßhalb vielfach ſchon ſtark herabgekommenen Waldungen der Forſte Schorndorf und Neuenbürg im Jahre 1873 eine Reihe von Unterſuchungen über den Ertrag an nutzbarer Streu vorgenommen, deren Reſultate weitere Kreiſe intereſſiren dürften.

Die mit dieſen Ermittelungen verbundenen chemiſchen Analyſen ſind ebenfalls bereits zum Abſchluß gebracht worden und ſollen einer ſpäteren Veröffentlichung vorbehalten bleiben.

2. Auswahl der Verſuchsflächen.

Die Unterſuchungen erſtreckten ſich zunächſt nur auf reine Buchenhochwaldbeſtände unter Berückſichtigung des Bodens, der Lage, des Alters und Schluſſes der Beſtände. Die Auswahl der Be

---

* Vergleiche Seite 19, 193, 289 und 481 Jahrgang 1874, ſowie Seite 241 und 337 von 1875, endlich Seite 49 und 97 von 1876 dieſer Blätter.
** Vergleiche dieſe Zeitſchrift Jahrgang 1873 S. 352 ff.

ftände felbft war aber eine befchränkte, weil mit Rückficht auf den nächften Zweck der Unterfuchungen die Belaftung des einzelnen Waldtheils, fowie die Zeit der letzten Nutzung des Laubabfalls in Betracht gezogen werden mußten. Daher rührt es, daß die Aus= ftattung der einzelnen Bonitätsklaffen mit Verfuchsflächen eine un= gleichmäßige geworden und das bei der Auswahl der Flächen an= geftrebte Ziel gleichmäßiger Vertheilung nicht erreicht worden ift. Die gefundenen Refultate follen demgemäß auch auch weni= ger wiffenfchaftlichen, als vielmehr den praktifchen Zwecken der Ablöfung unter den gegebenen und ähnlichen Verhältniffen in und außerhalb des Landes dienen.

Die Ausfcheidung der oben erwähnten Bonitätsklaffen grün= bete fich insbefondere auf die Höhen und allgemeinen Wachsthums= verhältniffe des Beftandes, wobei jede Verfuchsfläche in eine der angenommenen 5 Bonitäten fchätzungsweife eingereiht wurde.

3. Ermittelung der Streumenge.

Die Probeflächen wurden $\frac{1}{8}$ württemb. Morgen * = 3,94 Ar groß gemacht, weil in diefen fchon feit langer Zeit berechten Wal= dungen die Bonitäten fehr rafch wechfelten und der Nachtheil, den die Wahl fo kleiner Flächen mit fich bringen könnte, durch die größere Anzahl der auf eine Klaffe entfallenden Unterfuchungen aufgehoben wird. Das auf der Fläche liegende Laub wurde unter Anwendung einer Gartenfchnur fcharf von der angrenzenden Laub= maffe getrennt, von den beigemengten Aft= und Zweigtheilen be= freit, in der gegenbüblichen Weife von den Arbeitern auf Haufen gerecht und mittelft einer Schnellwage dem Gewichte nach be= ftimmt.

Von diefem Streuquantum wurde eine beftimmte Menge, (zwifchen 18 und 65, meift 30—40 Kilogr.) an der Sonne, bei ungünftiger Witterung in bedeckten Räumen fo lange gedörrt, bis fie lufttrocken war, d. h. eine weitere Gewichtsabnahme an der

---

* Altes Maß wurde mit Rückficht auf die in Ausficht ftehenden Ver= handlungen mit den Berechtigten auf Wunfch K. Forftdirektion beibehalten, die Streuerträge aber auch auf Hektare reducirt.

Luft nicht mehr zu bemerken war. Aus dem so ermittelten Wasserverlust ergab sich dann der Faktor, mit welchem der gesammte Ertrag an waldtrockener Streu der betreffenden Fläche auf den lufttrockenen Zustand reduzirt wurde.

Schließlich wurde der auf jeder Fläche stockende Bestand stammweise aufgenommen, dessen Höhe mit dem Hypsometer von Faustmann ermittelt und sein Holzgehalt unter Anwendung der von Behm für Metermaß bearbeiteten baierischen Massentafeln berechnet. Die Altersangaben sind den Forsteinrichtungsakten, die Jahre der letzten Nutzung den biesbezüglichen jährlichen Streuregistern entnommen.

4. Ergebnisse der Untersuchungen.

Zunächst folgen die Zahlen der in den Revieren Hohengehren und Plüderhausen (Forstamts Schorndorf) und im Revier Langenbrand (Forstamt Neuenbürg) auf den einzelnen Versuchsflächen gewonnenen Resultate in tabellarischer Zusammenstellung.

(Siehe Tabelle auf der folgenden Seite.)

Aus Spalte 8 der Tabelle ist ersichtlich, daß 100 Kilogramm Laubstreu je nach dem Trockenheitsgrade zwischen 86,1 und 21,2 Kilogramm in lufttrockenem Zustande ergeben, daß also von 13,9 bis zu 78,8% Wasser verdunstet waren. Diese weite Grenze zeigt, daß es unthunlich gewesen wäre, den Ertrag in sog. waldtrockenem Zustande festzustellen, daß es vielmehr geboten war, denselben in lufttrockenen Zustand überzuführen, wenn das Resultat ein zuverlässiges, jeder Schätzung möglichst entrücktes und allgemein anwendbares werden sollte. Daß auf dem angegebenen Wege mit geringer Mühe und unbedeutenden Kosten der erwünschte Grad der Trockenheit erlangt wird, wird später bei Mittheilung der chemischen Untersuchungen dargelegt werden. *

Wenn wir im Folgenden auf einige den Streuertrag beeinflussenden Verhältnisse näher eingehen, so müssen die Reviere Hohen-

---

* Die Proben der auf die beschriebene Weise gewonnenen lufttrockenen Streu enthielten übereinstimmend noch 13—14% Wasser, welches erst, nachdem die Streu einer Temperatur von 100° C. ausgesetzt wurde, noch zum Verschwinden kam.

Die Red.

Revier Hohengehren.

Der ⅛ Morgen = 8,94 Ar großen Probefläche

Laufende Nro.	Jahr der letzten Nutzung	Alter Jahre	Holzmasse Festmeter	Bestandeshöhe m	Bonität	Ertrag an waldtrockener Streu Kilogr.	100 Kilogr. waldtrocken ergaben lufttrocken Kilogr.	Ertrag an lufttrockener Streu Kilogr.	Ertrag von 1 Hektar an lufttrockener Streu Kilogramm
1.	2.	3.	4.	5.	6.	7.	8.	9.	10.
1	1869	39	5,36	11,0	IV	276,25	45,7	126,2	3200,4
6	„	52	6,58	12,0	IV	149,00	81,4	46,8	1186,8
7	„	52	5,82	13,0	III	215,00	30,9	66,4	1683,9
3	„	67	9,00	13,0	III	286,00	45,7	130,2	3301,9
2	„	67	8,06	16,0	II	302,50	45,7	188,2	3504,8
8	„	77	8,31	11,0	IV	84,25	39,6	33,4	847,0
15	„	82	3,70	12,0	IV	132,00	74,0	97,7	2477,7
13	„	82	5,91	13,0	III	140,50	74,7	104,9	2660,8
17	„	82	13,42	14,0	III	156,50	60,2	94,2	2388,9
14	„	82	8,46	15,0	III	193,00	59,7	115,2	2921,5
12	„	82	8,79	16,0	II	244,75	62,4	152,7	3872,5
16	„	82	8,82	16,0	II	158,60	77,8	122,5	3106,6
4	„	85	9,28	9,0	V	85,65	74,7	64,0	1623,0
5	„	85	4,19	11,0	IV	94,25	74,7	70,4	1785,8
35	„	92	3,18	9,0	V	128,75	54,1	69,6	1765,0
36	„	92	5,50	11,0	IV	225,75	53,4	120,6	3068,4
37	„	92	7,06	15,0	III	248,75	34,5	85,8	2175,9
33	„	92	12,69	18,0	II	239,00	53,9	128,8	3266,4
34	„	92	13,86	22,0	I	257,50	53,8	187,2	3479,4
28	1872	67	3,59	9,0	V	40,75	69,2	28,2	715,2
66	„	67	3,58	10,0	V	32,25	59,5	19,2	486,9
27	„	67	4,68	12,0	IV	62,75	81,2	50,9	1290,8
59	„	67	5,16	12,0	IV	89,75	42,2	37,9	961,1
60	„	67	9,97	15,0	III	88,25	46,2	40,8	1084,7

2863,1	112,9	67,6	167,00	I	20,0	9,94	67	.	57
2690,6	105,7	60,3	175,25	I	21,0	12,53	67	.	58
960,1	14,2	22,4	63,25	V	10,0	3,49	72	.	47
1919,8	75,7	75,0	101,00	IV	11,0	8,88	72	.	54
1141,2	45,0	36,8	124,00	IV	11,0	4,66	72	.	24
1022,0	40,8	53,5	76,75	IV	12,0	7,17	72	.	26
1422,7	56,1	42,6	131,75	III	18,0	6,26	72	.	46
1252,8	49,4	87,1	188,25	III	14,0	5,15	72	.	25
1940,0	76,5	82,2	287,50	II	15,0	6,69	72	.	45
2467,5	97,8	83,0	256,00	I	16,0	8,91	72	.	44
2257,0	89,0	61,2	145,50	I	19,0	11,14	72	.	55
3758,4	148,2	60,0	247,00	I	23,0	16,13	72	.	43
1562,2	61,6	31,8	199,75	IV	24,0	12,13	72	.	28
1801,0	51,8	80,8	166,50	IV	24,0	14,74	72	.	22
1161,8	45,4	48,8	94,00	IV	11,0	8,92	77	.	20
1222,4	48,2	56,0	86,00	III	11,0	4,78	77	.	21
2302,7	90,8	58,1	156,25	III	12,0	7,98	77	.	18
1595,1	62,9	69,7	90,25	II	18,0	5,58	77	.	19
2097,3	82,7	43,0	192,25	I	13,0	7,63	82	.	30
1508,8	59,8	43,0	138,00	I	16,0	7,50	82	.	32
4471,0	176,8	81,8	215,50	I	16,0	7,82	82	.	11
2496,0	98,5	41,0	240,25	IV	16,0	7,92	82	.	31
2596,9	102,4	83,9	122,00	IV	16,0	8,90	82	.	9
4651,0	188,4	74,7	245,50	IV	18,0	7,88	82	.	10
2695,2	111,8	42,9	260,50	III	19,0	11,17	82	.	29
905,4	85,7	60,8	59,25	III	10,0	2,74	87	.	49
1222,4	48,2	86,1	56,00	II	10,0	3,64	87	.	41
963,5	37,6	80,4	48,75	II	11,0	4,67	87	.	51
940,9	87,1	53,0	70,00	II	11,0	5,31	87	.	50
865,1	34,9	41,5	84,00	II	11,0	5,46	87	.	48
1816,2	51,9	72,1	72,00	I	18,0	5,89	87	.	40
999,2	39,4	26,6	157,75	V	13,0	5,92	87	.	52
1970,5	77,7	88,1	98,50	V	13,0	5,34	87	.	42
966,5	88,9	28,0	169,50	IV	13,0	6,28	87	.	53
1998,4	78,8	77,4	101,75	IV	14,0	11,10	87	.	39
3897,8	153,7	64,6	238,00	IV	16,0	8,78	87	.	98
				III	21,0				
				III					
				III					
				II					
				I					

Revier Plüderhausen.

Der ⅛ Morgen = 3,94 Ar großen Probefläche

Laufende Nro.	Jahr der letzten Nutzung	Alter Jahre	Holzmasse Festmeter	Bestandeshöhe m	Bonität	Ertrag an waldtrocken Streu Kilogr.	100 Kilogr. waldtrocken ergaben lufttrocken Kilogr.	Ertrag an lufttrockner Streu Kilogr.	Ertrag von 1 Hektar an lufttrockner Streu Kilogramm
1.	2.	3.	4.	5.	6.	7.	8.	9.	10.
4	1872	70	6,82	11,0	IV	87,00	71,8	62,5	1585,0
6	„	70	7,35	13,0	III	112,00	78,3	87,7	2224,1
3	„	70	7,91	14,0	III	122,75	66,0	81,0	2054,2
2	„	70	5,16	16,0	II	190,50	57,8	110,1	2792,1
1	„	70	9,88	20,0	I	141,50	63,1	89,2	2262,1
7	„	80	3,74	9,0	V	72,75	62,8	45,7	1159,0
8	„	80	4,13	12,0	IV	86,25	64,7	55,8	1415,1
5	„	80	9,16	20,0	I	217,25	67,0	145,6	3692,4

Revier Langenbrand.

14	1862	100	11,91	22,0	II	270,50	33,8	90,1	2284,9
15	„	100	14,87	22,0	II	212,00	42,6	90,1	2284,9
2	1868	70	6,49	16,0	IV	292,00	21,2	61,9	1589,8
9	„	70	11,27	18,0	III	412,25	24,0	98,9	2508,1
6	„	90	10,49	16,0	IV	328,50	26,2	84,8	2150,5
8	1872	90	9,88	17,0	III	320,00	24,0	76,8	1947,6
7	„	90	5,99	13,0	V	255,25	22,4	57,2	1450,6
5	„	90	14,65	25,0	II	349,00	21,7	75,7	1919,8
4	„	90	19,56	27,0	I	397,00	24,0	95,3	2416,8
3	„	100	23,62	29,0	I	828,50	27,4	90,0	2282,4

gehren und Plüderhausen vom Reviere Langenbrand wegen Verschiedenheit der Meereshöhe und der Gebirgsformation getrennt
werden.

In Bezug auf die Zeit, in welcher die letzte Nutzung stattfand, ist
zu bemerken, daß die Angaben hierüber nicht immer absolute Sicherheit gewähren. Diese Nutzungszeit bedeutet vielmehr nur so viel, daß
in dem in der Übersicht bezeichneten Jahre die ganze Waldabthei-
lung den Berechtigten zur Streugewinnung geöffnet, nicht aber,
daß letztere wirklich an jeder einzelnen Stelle und überall in der
gegenbüblichen Weise vorgenommen worden sei. Da die Nutzung
nur an gewissen Tagen stattfinden durfte, so konnten äußerliche
Verhältnisse der verschiedensten Art (wie Regen, Arbeitspersonal,
Terrain, Laubertrag der zugetheilten Fläche, Frevel, Entfernung
vom Abfuhrwege u. dgl. m.) die Intensität der Streugewinnung
verändern, — Umstände, deren Wahrnehmung und Berücksichtigung
für das Aufsichtspersonal ein Ding der Unmöglichkeit ist. Bei
Vergleichung der Resultate aus verschiedenen Revieren, ja Revier-
theilen, ist selbst der verschiedene Nutzungsmodus zu beachten, wie
er sich in den einzelnen Ortschaften eingebürgert hat.

Einzelne auffallende und abweichende Resultate der Untersuchungen lassen sich in der That nur auf die eben berührten Verhältnisse bezw. auf die Unbekanntschaft mit den thatsächlichen Vor-
gängen zurückführen.

Im Revier Langenbrand, Forstbezirks Neuenbürg,
befinden sich sämmtliche Flächen an einem theils gegen N. theils
gegen N O. geneigten Hang (mit 10—32% Gefäll) auf dem grob-
körnigen Gliede der Buntsandsteinformation in einer Meereshöhe
von ca. 500 bis zu 553 m.

Die Buchen zeichnen sich durch ihren bedeutenden Höhenwuchs
aus, der selbst auf den geringern Bonitäten noch beträchtlich war,
wo jetzt die Bäume wohl in Folge anhaltender Streunutzung
gipfeldürr zu werden beginnen und der Boden mit Moos überzogen ist.

In Folge der geringen Ausdehnung reiner Buchenbestände im
Schwarzwalde konnten nur eine kleine Anzahl Untersuchungen vor-

genommen werden, so daß die einzelnen Bonitäten und Altersstufen meist nur eine einzige Versuchsfläche enthalten.

Daß der Streuertrag auf den besseren Bonitäten beträchtlich höher ist, zeigen die Untersuchungen auch der wenigen Flächen, die 1872 letztmals genutzt wurden. Wenn übrigens die Erträge der hohen Bonitäten von denjenigen der geringeren verhältnißmäßig wenig differiren, so rührt dies zum Theil daher, daß auf den ersteren die auf der Fläche bunt umherliegenden Felsblöcke die vollständige Gewinnung des Laubes erschwerten, zum Theil unmöglich machten.

Die einjährigen Erträge vom Jahre 1872/73 pro 1 Hektar sind folgende:

Bonität:	V	IV	III	II	I
bei einer Höhe von	13 m.	14—16 m.	17—21 m.	22—25 m.	26—29 m.
Kilogr.	1450,6		1947,6	1919,8	2349,6

Die in den Revieren Hohengehren und Plüderhausen, Forstbezirks Schorndorf, ausgewählten Versuchsflächen gehören dem sog. Schurwaldgebiete an und erheben sich von ca. 300—473 m. über das Meer. Der überwiegende Theil der Bestände stockt auf dem untersten Gliede der Liasformation, (Arietenkalk, Angulaten-Sandstein); nur in einigen tiefern Lagen tritt der Stubensandstein oder der obere Knollenmergel der Keupergruppe bodenbildend auf.

Da die Streugewinnung durch die Berechtigten stets in der Zeit vom Laubausbruch bis zum Beginn des Abfalls geschieht, und sämmtliche Untersuchungen in den Monaten Juli bis September 1873 vorgenommen wurden, so hatte man es bei den 1872 letztmals genutzten Flächen mit dem einjährigen, bei den 1869 letztmals genutzten mit dem Laubertrag von 4 Jahren zu thun.

Im Revier Plüderhausen standen nur Flächen mit einjährigem Laubabfalle zu Gebot, weil die übrigen Bestände von den Berechtigten pro 1873 bereits genutzt worden waren. Die Versuchsflächen dieses Reviers liegen an einem theils nördlich, theils nordöstlich leicht (3—8% Gefäll) geneigten Hange und sind die einjährigen Erträge von 1 Hektar folgende:

Bonität:	V	IV	III		II
bei einer Be-					
ſtandeshöhe					
von	9—10m.	11—12m.	13—15m.	16—18m.	19—24m.
Kilogr.	1159,0	1500,0	2139,1	2792,1	2977,2

Wie weit Alter und Boden auf die Höhe des Ertrags ein-wirken, läßt ſich aus Mangel an hinreichender Unterlage nicht weiter unterſuchen. Da das erſtere nur um 10 Jahre differirt, und von den 8 Flächen 6 auf Liasboden ſtocken, konnte ein bemerk-licher Unterſchied nicht hervortreten.

Genaueren Einblick in die eben beſprochenen Verhältniſſe ge-ſtattet das reichliche Material aus dem Reviere Hohengehren.

Ein- und mehrjährige Erträge. Was den Unterſchied zwiſchen den Erträgen des 1- und 4-jährigen Laubabfalls, bezw. die Schnelligkeit der Zerſetzung des Laubes betrifft, ſo läßt ſich dieſe ſehr verſchieden beantwortete Frage* nur durch längere Zeit hindurch fortgeſetzte exakte Verſuche löſen.

Aus den Durchſchnittserträgen, die unter einander gegenüber-geſtellt ſind, ergibt ſich, daß auf den beſſern Bonitäten I und II ſchon nach einem Jahre ein großer Theil des Laubes in Zerſetzung übergegangen iſt, da ſich nirgends 2 Jahreserträge vorgefunden haben. Auch auf Flächen III. und IV. Bonität ergaben ſich keine doppelten Jahresernten. Doch nimmt ſichtlich mit dem Sinken der Bonität die Schnelligkeit der Zerſetzung ab, und der Laubvor-rath relativ zu, ſo daß auf der V. Bonität reichlich 2 Jahresabfälle vorgefunden werden.

Da die Verſuche alle in dem einen Sommer 1873 vorgenom-men wurden, ſo überſchätzen wir den Werth der gefundenen Reſul-tate nicht und hüten uns aus dem oben angeführten Grunde, pro-zentale Zahlen oder die Zeit des Prozeſſes der Zerſetzung anzu-geben. Allein von vornherein ſcheint uns der verſchiedene Hergang der Verweſung auf den einzelnen Bonitäten nicht unwahrſcheinlich zu ſein. Es zerſetzt ſich nemlich auf beſſeren Bonitäten, wo der

---

* Vergleiche insbeſondere Beling auf Seite 385 und 433 des Jahr-gangs 1874 dieſer Blätter.

jährliche Laubabfall den Boden je nach Umständen in Schichten bis zu 10 cm. und darüber bedeckt, nicht die ganze, sondern nur die unterste, dem Boden bezw. Humus aufliegende, durch die oberen Laubschichten bedeckte und deßhalb stets feucht erhaltene Laubmasse, während die oberen Lagen aus Mangel an Feuchtigkeit sich nur langsam verändern. Auf schlechteren Bonitäten, auf denen die Bäume kurzschaftiger und vielfach gipfeldürr sind, das Lauberzeugniß in kleineren und der Zahl nach geringern Blättern besteht, der Schluß vielfach unterbrochen ist und der freie Zutritt der Sonnenstrahlen eine Moos-, ja selbst Heide- und Heidelbeer-vegetation hervorgerufen hat, deckt der Laubabfall oft kaum zur Hälfte den Boden, die Blätter liegen einzeln zerstreut, nur in kleineren Vertiefungen mehr oder weniger geschichtet, auf dem Moose oder verhärteten Boden umher, so daß sich jene auf der hinreichenden Menge von Feuchtigkeit beruhende Zersetzungsschichte theils gar nicht, theils nur an einzelnen Vertiefungen langsam bilden kann, weil Wind und Sonnenwärme die Ansammlung von Feuchtigkeit verhindern. Die Blätter verlieren auch bald ihre zähe Konsistenz und zerfallen bei mechanischer Einwirkung in kleine Theile, die sich schließlich in den sog. staubigen oder kohligen Humus verwandeln. Übrigens ist darauf aufmerksam zu machen, daß auf solchen geringern Flächen die Nutzung von den Berechtigten wegen der schlechtern Ausbeute vielfach ganz unterlassen wird.

Alter. Wenn wir die Fläche 1 außer Acht lassen, so haben wir Bestände von 50—100 Jahren vor uns. Für diesen Zeitraum ist ein Einfluß des Alters auf die Laubproduktion nicht zu bemerken (was mit der Ansicht von Th. Hartig übereinstimmt)*.

Lage. Zur Beurtheilung des Einflusses verschiedener Lagen ist das vorliegende Material nicht ausreichend; dasselbe gilt hinsichtlich der Meereshöhe und Jahreswitterung.

Holzmasse. Ein Theil der Bestände wird gegenwärtig vom Mittelwald in Hochwald übergeführt. Eine genaue Vergleichung des Laubertrags mit der Holzmasse ist ausgeschlossen, weil eine scharfe Trennung des dominirenden Bestandes vom Unterholze nicht

---

* Vergleiche Beling a. a. O.

durchführbar ist. Da die Größe der Holzmasse mit Boden, Be=
standesschluß rc. zusammenhängt, so wird sie in Vereinigung mit
diesen noch zur Sprache kommen.

Bonität. Faßt man die Höhenwachsthums=, Schluß= und
Wüchsigkeitsverhältnisse eines Bestandes zusammen und reiht die
einzelnen Bestände nach diesen Gesichtspunkten in bestimmte Klassen
ein, so stuft sich der Laubertrag ziemlich genau in Übereinstimmung
mit den ersteren ab. Nach diesen Grundsätzen wurden, wie im
Eingange bemerkt, die Versuchsflächen in 5 Bonitäten vertheilt.
Werden bei der Durchschnittsberechnung diejenigen Flächen ausge=
schlossen, deren auffallend hoher oder niedriger Ertrag auf äußere
Einwirkung dieser oder jener Art hinweist, was bei Fläche 41 in
der V; 1, 6, 8, 18, 36 in der IV; 7 in der III; 10, 11, 12
in der II; 22, 23 in der I Bonität der Fall ist, so erhalten wir
folgende Durchschnittserträge an lufttrockener Streu pro 1 Hektar:

für Bonität:	V	IV	III	II	I
bei einer Bestan=					
deshöhe von	9—10m.	11—12m.	13—15m.	16—18m.	19—24m.
4jähriger Ertrag					
Kilogramm	1694,0	2131,5	2689,7	3292,6	3479,4
1jähriger Ertrag					
Kilogramm	616,9	1148,8	1461,5	2212,9	3046,7

Die nutzbaren Erträge der 1jährigen Laubproduktion in Hohen=
gehren stehen mit Ausnahme der I. Bonität, durchweg sehr be=
deutend hinter den Erträgen von Plüderhausen zurück, weil die Be=
stände des ersteren Reviers durch jahrelanges gründliches Ausrechen
so vermagert sind, daß auf den Flächen IV. und V. Bonität Buchen=
zucht meist unmöglich, auf den besseren Böden die Bekronung und
der Schluß äußerst locker geworden sind. Wenn die Erträge auf
den niedrigen Bonitäten in Langenbrand zum Theil höher sind,
als in den beiden genannten Revieren, so mag dies vielleicht von
der langsamern Zersetzung herrühren, der das Laub auf dem trockenen
Sandboden und den 80—200 m. höher gelegenen Regionen unter=
worfen ist.

Im allgemeinen erweist sich die Standortsgüte als der ein=
flußreichste Faktor bei der Laubproduktion. Da sich nun diese in

dem vorhandenen Bestande, namentlich bei höherem Alter, meist deutlich ausgesprochen hat (Schwierigkeiten bei der Einschätzung bieten nur Bestände der III. Bonität), so bieten die Höhen=, Schluß= und allgemeinen Wachsthumsverhältnisse den sichersten Maßstab bei Abschätzung der Streuproduktion. Die Holzmasse einer bestimmten Fläche hat nur insofern Bedeutung, als sie das Produkt des Höhen= und Stärkewachsthums des Bestandes ist. Die 1= oder mehrjährige Laubmasse mit dem Holzvorrathe in Beziehung zu setzen, ist nicht zulässig, weil zwischen der 1jährigen Laubproduktion und der etwa in einer Zeit von 80 Jahren erwachsenen Holzmasse ein direktes Verhältniß nicht bestehen kann. Wollte man beide Vegetationspro= dukte vergleichen, so müßte dies für die ganze Umtriebszeit ge= schehen.

So lückenhaft der Natur der Sache nach die vorstehenden Untersuchungen sein mußten, weil sie alle im einen Jahre (1873) ausgeführt wurden, während bekanntlich der Jahrgang einen wesent= lichen Einfluß auf den Streuertrag ausüben kann, so dürften sie doch als kleiner Beitrag zur Lösung der noch manchen Orts brennen= den Streufrage einige Beachtung verdienen und als Anhalt für denjenigen nicht unwillkommen sein, welcher unter ähnlichen Ver= hältnissen wie in den erwähnten Revieren Resultate über Streu= erträge zum Zwecke der Ablösung nöthig hat oder im Interesse der Wissenschaft und Praxis Untersuchungen auf diesem Gebiete anstellen will. Das Streujahr 1873 war in sofern kein günstiges, als 1872 die Bestände theilweise unter Frost zu leiden hatten, auch schwere Regen im Sommer 1873 das Laub etwas fest an den Boden schlugen, weßhalb die gefundenen Resultate etwas unter dem Mittel stehen dürften. Genaue Durchschnitte über Streuerträge lassen sich nur feststellen, wenn man aus einer Reihe von Jahren das Mittel zieht, wozu im vorliegenden Fall keine Gelegenheit war.

Es bedarf endlich keines Beweises, daß die obigen Resultate, welche durchweg in schon langer Zeit und nachhaltig berechten Be= ständen gewonnen wurden, mit den von Beling a. a. O. mitgetheil= ten nicht schlechthin vergleichbar sind. Doch wollen wir nicht ver= säumen, auf den bedeutenden Ausfall an Laubertrag in den be=

rechten Beständen gegenüber geschonten aufmerksam zu machen und können uns im übrigen den Schlußworten Belings nur vollständig anschließen.

Forstverwaltung und Forstdienst.

1. Neues aus der Forstverwaltung des Herzogthums Gotha.

Organismus.

Bereits mit dem Wirthschaftsjahre 1872 wurde in der Forst=Verwaltung des Herzogthums Gotha das Metermaß und mit dem Jahre 1875 die Reichswährung eingeführt. Bezüglich der Anwendung des Metermaßes folgte man im Wesentlichen den im Königreiche Preußen ergangenen Verordnungen und Bestimmungen, wich aber gleich Anfangs insofern von letzteren ab, als man nicht wie in Preußen das Raummeter sondern das Kubikmeter fester Holzmasse (Festmeter) als Rechnungseinheit annahm. Ebenso schloß man sich bezüglich der Einführung gleicher Holzsortimente den Vereinbarungen an, welche von Vertretern der Königlichen Regierungen von Preußen, Bayern, Sachsen und Württemberg, den Großherzoglichen Regierungen von Baden und Sachsen=Weimar=Eisenach sowie von der Regierung des Herzogthums Gotha am 23. August 1875 auf Stubbenkammer getroffen und von der Preußischen und Württembergischen Regierung als Vorschriften für die Forstbehörden erlassen worden sind.

Eine unausbleibliche Folge von der Einführung des Metermaßes und der Reichswährung war natürlich und insbesondere die Neubearbeitung der Holztaxen und Haulohntarife und mag dieß nur deßhalb hier Erwähnung finden, als neben andern Vereinfachungen die Verlohnung des Lang=Nutzholzes, welche bisher nach Stücken erfolgte, nunmehr nach Kubikmasse stattfindet.

Mehrere Jahre früher war bezüglich der Normirung der Material=Etats eine sehr zweckmäßige Bestimmung getroffen worden. Die Haubarkeitserträge und Vornutzungen, aus welchen die Material=Etats zusammengesetzt waren, standen in einem störenden, nicht zu rechtfertigenden Abhängigkeitsverhältniß zu einander. Die erſteren, die Haubarkeitserträge, wurden durch ſorgfältige Auszäh= lung und Kubirung der einer Wirthſchafts=Periode zur Abnutzung zugetheilten Beſtände ermittelt, während die zu erwartenden Vor= nutzungen, insbeſondere die Durchforſtungserträge, nur geſchätzt werden konnten. Da die möglichſte Einhaltung der Etats den Reviervorwaltern zur Pflicht gemacht iſt, ſo trat die fatale Noth= wendigkeit ein, daß bei Unterſchätzung der letzteren ein entſprechen= des Quantum an den Haubarkeitsnutzungen zurückgelaſſen, bei Überſchätzung der Ausfall von dieſen gedeckt werden mußte. Um dieſe aus der Zuſammenſetzung der Material=Etats entſpringenden ſtörenden Conſequenzen zu beſeitigen, wurde die Beſtimmung ge= troffen, daß vom Betriebsjahre 1870 an die Vornutzungen insbe= ſondere die Durchforſtungserträge ohne allen Einfluß auf die Er= füllung der Material= oder Haubarkeits=Etats bleiben und die zu= fällig anfallenden Erträge nur dann dem Haubarkeits=Etat ange= rechnet werden ſollen, wenn ſie

a) in Hochwaldbeſtänden in der älteſten Altersklaſſe vor= kommen;

b) thatſächlich planwidrige Flächenabtriebe durch Wind=, Duft= Schneebruch ꝛc. zur Folge haben, in welchem Falle die Erfüllung der Hiebsfläche aus planmäßigen und planwidrigen Hauungen ſich zuſammenſetzt und wenn ſie

c) auf Koſten der Haubarkeitserträge künftiger Perioden er= folgen, ſelbſt ohne daß planwidrige Flächenabtriebe nothwendig werden.

Mit Ausnahme dieſer drei Fälle gilt daher jedes anfallende Plus über die geſchätzten Vornutzungen einfach als Mehrertrag, jedes Minus als Minderertrag.

Holzhandels= und Verkehrsverhältniſſe.

Im Jahre 1874 war der Holzhandel ein ſehr lebhafter und die Nutzholzpreiſe hatten eine ſehr anſehnliche Höhe erreicht. Im Jahre 1875 trat Flauheit im Holzgeſchäft ein, die Holzpreiſe gingen zurück, immer aber hatte man Urſache mit den Licitations= ergebniſſen zufrieden zu ſein, dagegen waren die Feuerholzpreiſe nicht unweſentlich geſtiegen. So lieferten denn auch die Domänen=

Waldungen einen nicht unbedeutenden Überschuß über die ziemlich hoch gespannten Geldeinnahme-Etats, wenn auch nicht in dem Grade wie im Wirthschaftsjahre 1874.

Gegenwärtig liegt der Holzhandel leider noch mehr danieder und dabei macht sich auswärtige Concurrenz wieder bemerkbar. Agenten aus Böhmen, Galizien und Bayern überlaufen förmlich Bauunternehmer und Zimmerleute und bieten ihre Waare feil. Glücklicherweise haben sich die importirten Hölzer mit den Hölzern des Thüringer Waldes an Qualität nicht messen können.

Günstigen Einfluß auf den Holzverkehr verspricht man sich von der Eisenbahn Gotha-Georgenthal-Ohrdruf, welche im vorigen Jahre erbaut und im Mai d. J. in Betrieb genommen werden wird, namentlich wenn die in Aussicht genommene Fortsetzung derselben am nordöstlichen Fuße des Thüringer Waldes über Elgersburg, Ilmenau, Saalfeld (Hof) zu Stande kommen sollte. Von geringerer Wichtigkeit für den Holzverkehr ist jedenfalls die Umwandlung der Fröttstedt-Waltershäuser Pferdeeisenbahn in eine Locomotivbahn, an der gegenwärtig gearbeitet, die über Reinhardsbrunn Friedrichrode fortgesetzt und im Laufe des bevorstehenden Sommers dem Verkehr übergeben werden wird, da in dem Theil des Thüringer Waldes, den die Bahn berührt, die Forsterträge kaum zur Befriedigung der Bedürfnisse der eingeforsteten Ortschaften ausreichen.

Witterungsverhältnisse, Naturereignisse.

Die Frühjahrs- und Sommerwitterung von 1875 war der Waldvegetation äußerst günstig; die Kulturen gediehen vortrefflich und der Laubwald zeigte eine so üppige und volle Belaubung, wie sie hier zu Lande kaum noch vorgekommen ist. Alles berechtigte zu den frohsten Erwartungen. Da sollten mit einem Male die Hoffnungen der Thüringer Forstwirthe, die sie mit Recht in ihre langjährigen Arbeiten und Mühen setzten, auf das Grausamste vernichtet werden. Dufte, Eis und Schnee richteten in den letzten Wochen des Jahres 1875 die schauerhaftesten Verwüstungen in den Gebirgsforsten an und der Orkan, der in der Nacht vom 12. auf den 13. März d. J. in Thüringen wüthete, vollendete die

Zerstörung. Der Wald bietet ein schauerhaftes Bild der Ver=
heerung dar. Keine Altersklasse blieb vom Bruch verschont; Dickun=
gen, Stangen=, Mittelholz= und haubare Bestände wurden gleich
hart betroffen, selbst die Buche erlag der Schwere des Eisanhangs
und der Wucht des Sturmes und mancher auf die schrecklichste
Weise durchlöcherte Bestand wird ganz der Axt verfallen müssen.
Der Schaden ist unberechenbar und die Massen der geworfenen
und gebrochenen Stämme sind nicht einmal annähernd zu schätzen.
So viel steht aber fest, daß auf den meisten Revieren der zwei=
und dreifache Jahres=Etat wo nicht noch mehr niederliegt. An
die Revierverwalter tritt eine schwere Aufgabe heran und es wäre
wahrhaftig kein Wunder, wenn sie vor derselben zurückschreckten.
Zwar wird mit der Entrindung und Aufarbeitung der Bruchhölzer
in energischster Weise vorgegangen, denn das Schreckbild des Böh=
merwaldes schwebt allen Thüringer Forstwirthen vor Augen; ob
aber die vorhandenen und noch aufzutreibenden Arbeitskräfte aus=
reichen werden, um die Arbeiten rechtzeitig bewältigen und einer
Borkenkäfer=Gefahr vorzubeugen, ist gegenwärtig eine in der That
schwer zu beantwortende Frage. Der Thüringer=Wald ist schon
so vielfach von Duft=, Eis=, Schnee= und Windbruch heimgesucht, ja oft
recht empfindlich betroffen worden, aber nach allen, bis in das
vorige Jahrhundert zurückreichenden, actenmäßigen Nachrichten nie=
mals in der verheerenden Weise wie gegenwärtig. Daher kann
derselbe auch unmöglich ein Feld zu Kultur=, Durchforstungs= 2c.
Versuchen abgeben. Von dem Vorstande der Thüringischen forst=
lichen Versuchsanstalt, dem Geheimen Oberforstrathe Dr. Grebe in
Eisenach, ist der Herzogl. S. Gothaischen Forstverwaltung die Ver=
suchsreihe III der von dem Vereine der deutschen forstlichen Ver=
suchsanstalten festgestellten Arbeitspläne für Kulturversuche zur Be=
gründung reiner Fichtenbestände durch Pflanzung mit geschulten
und nicht geschulten Pflanzen in verschiedenen Pflanzverbänden
und Pflanzweiten zur Ausführung zugetheilt und im Jahre 1875
sind auch die Vorarbeiten zu diesen Pflanzversuchen, welche im be=
vorstehenden Frühjahre werden vorgenommen werden, gemacht wor=
den. Ob aber seiner Zeit ein Schluß auf das künftige Verhalten
der Pflanzbestände gezogen werden kann, muß sehr bezweifelt wer=

ben; wahrscheinlich werden sie, wenn sie einiger Maßen herange=
wachsen sein werden, vom Duft= und Schneebruch so decimirt sein,
daß die Versuche in dieser Beziehung resultatlos sich herausstellen
müssen. Bis jetzt ist im Thüringer Walde keine Lage vom Bruch
verschont geblieben und von dem Orkan des 12. März waren es
die unteren und mittleren Regionen, die seine Wuth zu empfinden
hatten. Auf den höheren und höchsten Punkten war kaum ein leiser
Windzug zu verspüren.

Gesetzgebung.

Das Gesetz über die Ablösung der Grundlasten vom 5. Nov.
1853 hatte fast ausschließlich die Landwirthschaft im Auge, denn
außer der Schafhut= und Triftbefugnisse im Walde, sowie der Be=
fugniß zur Harznutzung unterlag keine Berechtigung der Ablösung.
Endlich ist auch die Landesvertretung zu der Einsicht gekommen,
daß der Wald von seinen drückenden, eine rationelle Wirthschaft
hindernden, Lasten befreit werden müsse und so ist mit derselben
ein Gesetz vereinbart worden und kürzlich erschienen, das, wenn es
auch noch manche Servituten von der Ablösung ausschließt, doch
die wichtigsten derselben für ablösbar erklärt. Sein wesentlicher
Inhalt ist folgender:

§. 1.

Nach den Bestimmungen des Gesetzes sind ablösbar: Die auf
den Waldungen lastenden bauernden Berechtigungen auf Bezug von
Nutz=, Bau= und Brennholz, und zwar auf Antrag des Berechtig=
ten wie des Verpflichteten.

§. 2.

In gleicher Weise sind ablösbar: die an den Domänenwal=
dungen in der Form von Holzabgaben zum Taxpreis zum Handel,
Concessions=Holzabgaben und dergl. bestehenden Vergünstigungen,
sowie die zum Bezug von Nutz=, Bau= oder Brennholz gegen
einen im Verhältniß zum Concurrenzpreis ermäßigten Preis.

§. 3.

Auf Nutzungen, welche den Gemeindemitgliedern als solchen
an den Waldungen ihrer Gemeinde zustehen, sowie auf Stiftungs=
leistungen, welche auf dem Domänengut haften, finden die Bestim=
mungen des Gesetzes keine Anwendung.

§. 4.

Das für die Aufhebung der in §. 1 bezeichneten Berechtigungen zu gewährende Capital besteht im 25fachen, das für die Aufhebung der in §. 2 bezeichneten Vergünstigungen zu gewährende
Capital im 20fachen Betrage des nach den Bestimmungen des Gesetzes auszumittelnden jährlichen Reinertrags.

§. 5.

Dem Rechte, auf Ablösung anzutragen, können Verträge, letzt-
willige Verordnungen und vor Erlaß des Gesetzes ergangene rechts-
kräftige Entscheidungen nicht entgegengestellt werden.

§. 6.

Bei Vergünstigungen, welche Bewohner eines Gemeindebezirks
genießen, gilt stets die Gemeinde als Subject der Befugniß, hat
daher auch das Recht auf den Bezug des Ablösungscapitals. Die
Gemeinde hat indessen diejenigen, welche zur Zeit der Stellung des
Ablösungsantrags im Genusse der Vergünstigung waren, so lange,
als die bisherigen rechtlichen Voraussetzungen dieses Genusses in
ihren Personen fortdauern, die Zinsen des sich auf ihren Antheil
berechnenden Ablösungscapitals zu gewähren.

§. 7.

Der Geldwerth des jährlichen Reinertrags einer Berechtigung
oder Vergünstigung auf Bezug von Holz ist auf Grund des durchschnittlichen Concurrenzpreises zu ermitteln, welcher für den belasteten, nöthigenfalls für einen nahegelegenen Wald durch ordnungsmäßig geführte Rechnungen auf die letzten, der Provocation vorausgegangenen zehn Jahre nachgewiesen wird.

Mit Rücksicht darauf, daß Waldortbewohner, deren Berechtigung oder Vergünstigung auf Bezug von Brennholz zum Selbst-
bedarf von der Herzogl. Domäne abgelöst wird, nach erfolgter Ablösung in den Bezug von Brennholz nach der Taxe treten, ist bei
Ablösung ihrer Berechtigung nicht der nach zehnjährigem Durchschnitte ermittelte Concurrenzpreis zu Grunde zu legen, sondern
der zur Zeit der Veröffentlichung des gegenwärtigen Gesetzes bestehende Taxpreis, nach Abzug der bisherigen Gegenleistungen, zu
capitalisiren.

§. 8.

Bei Ablösung der Berechtigung zum Bezug des zu Neubauten und Gebäude-Reparaturen erforderlichen Bauholzes hat die Ermittelung des Reinertrags der Berechtigung in der Weise stattzufinden, daß das zu einer sofortigen vollständigen Reparatur des Gebäudes erforderliche Bauholz noch einmal in Natur gewährt, oder nach Wahl des Berechtigten in Geld nach dem Concurrenzpreis vergütet, dann dasjenige Capital ermittelt wird, welches unter Zurechnung von 4procentigen Zinseszinsen ausreicht, um davon nicht nur die nöthigsten Neubauten und Reparaturen, sondern mit dem Überschuß unter Hinzurechnung der 4procentigen Zinseszinsen auch alle künftigen Neubauten und Reparaturen, soweit der Holzbedarf in Frage kommt, zu bestreiten. Dieses Capital ist um den zwanzigfachen Betrag der nach dem Durchschnitt der letzten 10 Jahre für Versicherung des in den betreffenden Gebäuden befindlichen Bauholzes gegen Feuersgefahr vom Eigenthümer des Waldes aufgewendeten Kosten zu erhöhen.

Der Berechtigte kann indessen, wenn das Herzogl. Domänen-Fideicommiß der Verpflichtete ist, fordern, daß ihm neben der Abgabe des zu einer sofortigen Reparatur der berechtigten Gebäude erforderlichen Bauholzes in Natur bei Wohnhäusern, Scheuern und Stallungen der hälftige, bei Schweinekoben der volle Betrag des jeweiligen Taxwerthes des zu einem Neubau erforderlichen Holzes nach Abzug der Gewinnungskosten und Gegenleistungen als Ablösungscapital gewährt werde.*

§. 9.

Beträgt die Gegenleistung des Berechtigten ihrem Werthe nach eben so viel oder noch mehr, als die Leistung des Verpflichteten, so erlöschen beide auf Begehren eines von beiden Theilen, ohne daß jedoch der Verpflichtete im letzteren Falle ein Mehreres als den Erlaß seiner Leistung verlangen kann.

§. 10.

Die Ablösung erfolgt entweder

---

* Der letztere Modus ist der bei Ablösungen im Wege der freien Vereinbarung seit einer Reihe von Jahren in Anwendung gekommene.

a) durch Baarzahlung des Ablösungscapitals, oder

b) durch Rentenbriefe unter Vermittelung der Ablösungscasse, oder

c) durch Abtretung von Grund und Boden, welcher seinem Umfange, seiner Lage und seiner sonstigen Beschaffenheit nach so sein muß, daß der Empfänger ihn zu dem angerechneten Werth nutzen kann.

§. 11.

Das Recht der Wahl zwischen den sub a und b genannten Entschädigungsmitteln steht dem Verpflichteten zu und es kann derselbe zum Theil mit baarem Capital zum Theil mit Rentenbriefen die Ablösung bewirken. Der Pflichtige, welcher die Capitalzahlung wählt, hat wegen derselben und ihrer pünktlichen Entrichtung, wenn solches zur Sicherheit des Berechtigten erforderlich ist, diesem Sicherheit zu leisten. Vermag dieß der Pflichtige nicht, so kann der Berechtigte die Gewährung der Ablösungssumme durch Rentenbriefe unter Vermittelung der Ablösungscasse verlangen.

Grund und Boden kann nur auf Grund freier Vereinbarung als Ablösungsmittel benutzt werden.

§. 12.

Die Leistungen sind bis zur Bestätigung des Ablösungsvertrags zu gewähren.

§. 13.

Mit dem Zeitpunkt des Aufhörens der abgelösten Berechtigung hört die Entrichtung der etwa auf dieselbe zu zahlenden Steuern oder sonstigen Abgaben auf.

§. 14.

Neue Belastungen von Grundstücken mit den nach diesem Gesetz ablösbaren Leistungen und Servituten sind ohne Ausnahme untersagt und wirkungslos. Insbesondere können solche Leistungen und Gerechtsame auch nicht durch Verjährung entstehen.

§. 15.

Die mit der Ausführung des Gesetzes beauftragten Behörden sind

a) die Specialcommission und

b) das an Stelle der seit dem Jahre 1868 aufgehobenen Generalcommiſſion getretene Staatsminiſterium, Abtheilung für Inneres und Juſtiz.

§. 16.

Die Specialcommiſſion iſt die zur unmittelbaren Leitung und Regulirung des Ablöſungsgeſchäfts berufene Behörde. Sie beſteht aus einem zum Richteramt befähigten Sachverſtändigen. Derſelbe iſt verpflichtet, zu Ermittelungen, welche techniſche Kenntniſſe erfordern, ſpeciell zu Schätzungen des Reinertrags der Berechtigung oder Vergünſtigung zum Bezug von Bau- und Nutzholz drei Sachverſtändige zuzuziehen, von welchen je einer durch die beiden Parteien, der dritte von der Specialcommiſſion zu wählen und welche durch die betreffende Gerichtsbehörde zu verpflichten ſind.

§. 17.

Die zur Ausführung des Geſetzes erforderlichen Inſtructionen werden von dem Staatsminiſterium erlaſſen.

§. 18.

Das Geſetz tritt mit dem 1. Juli 1876 in Kraft.

Nächſt dieſem Geſetze erſchien unterm 18. Februar 1876 ein Geſetz über die Schonzeit des Wildes, an dem man bisher ebenfalls gänzlichen Mangel litt. Daſſelbe mag ſeinem ganzen Wortlaute nach hier folgen:

§. 1.

Mit der Jagd zu verſchonen ſind:

1. männliches Roth- und Damwild in der Zeit vom 1. Februar bis Ende Juni;
2. weibliches Rothwild, weibliches Damwild und Wildkälber in der Zeit vom 1. Februar bis zum 1. September;
3. der Rehbock in der Zeit vom 1. Februar bis Ende April;
4. weibliches Rehwild in der Zeit vom 15. December bis zum 15. October des folgenden Jahres;
5. Rehkälber das ganze Jahr hindurch;
6. der Dachs vom 1. December bis Ende September des folgenden Jahres;

7. Auer=, Birk=, Fasanen=Hähne in der Zeit vom 1. Juni bis Ende August;

8. Enten in der Zeit vom 1. April bis Ende Juni; für einzelne Landstriche kann die Schonzeit durch die betreffende landräthliche Behörde aufgehoben werden;

9. Trappen, Schnepfen, wilde Schwäne und alles andere Sumpf= und Wasser=Geflügel mit Ausnahme der wilden Gänse und Fischreiher in der Zeit vom 1. Mai bis Ende Juni;

10. Rebhühner in der Zeit vom 1. December bis Ende August des folgenden Jahres;

11. Auer= und Birkhennen das ganze Jahr hindurch;

12. Fasanen=Hennen, Haselwild, Wachteln, Lerchen und Hasen in der Zeit vom 1. Februar bis Ende August;

13. alle Drosselarten in der Zeit vom 1. März bis Ende September;

14. für die ganze Dauer des Jahres ist verboten, Schlingen und andere Vorrichtungen zum Fangen von Rothwild, Damwild, Rehwild, Hasen, Auer= und Birkwild, von Rebhühnern, Lerchen und allen Drosselarten, sowie von anderen Singvögeln, welche wesentlich von Insecten leben, aufzustellen. Dasselbe gilt für die übrigen Wildgattungen während der betreffenden Schonzeit.

Alle im Vorstehenden nicht genannten Wildarten, namentlich Wildschweine, Kaninchen, ferner die Raubthiere (Füchse, Wildkatzen, Marder, Iltis, Fischotter, mit Ausnahme der Wiesel, wilde Gänse, Fischreiher, Raubvögel, mit Ausnahme der Eulen, Bussarde, Raben und Krähen) dürfen das ganze Jahr hindurch gejagt werden.

Beim Roth=, Dam= und Rehwilde gilt das Jungwild als Kalb bis zum letzten Tage des auf die Geburt fallenden December= Monats.

§. 2.

Das Staatsministerium ist befugt, für die im §. 1. unter 6, 10, 12 und 13 genannten Wildarten aus Rücksichten der Landeskultur und der Jagdpflege den Anfang der Schußzeit, bezüglich den Schluß der Schonzeit alljährlich durch besondere Verordnung anderweit festzusetzen, so aber, daß der Schluß der Schonzeit nicht über

14 Tage vor oder nach den in §. 1. bestimmten Zeitpunkten festgesetzt werden darf.

Das Staatsministerium ist ferner befugt, aus den vorerwähn-
ten Rücksichten in besonderen Fällen ebensowohl das Fangen und
Erlegen gewisser, der Jagdbarkeit unterliegender Vogelgattungen
auf Zeit und für bestimmte Örtlichkeiten innerhalb der Schonzeit
zu gestatten, wie z. B. im Falle massenhaften Auftretens derselben
an Orten, denen sie Schaden bringen, als auch umgekehrt die
gänzliche Schonzeit gewisser jagdbarer Vogelgattungen zeitweise oder
örtlich unter Androhung einer Strafe von 5 bis 15 Mark für
das Stück im Übertretungsfalle anzuordnen, z. B. bei bedeutender
Insecten-, bezüglich Mäusevermehrung.

§. 3.

Zur Abwendung von Wildschaden ist den zur Ausübung der
Jagd in einem selbstständigen Jagdbezirk Berechtigten der Abschuß
von Roth-, Dam- und Rehwild auch während der Schonzeit
zu gestatten. Die landräthlichen Behörden haben hierfür besondere
Erlaubnißscheine auf eine dem nachzuweisenden Bedürfnisse entsprechend bestimmte Zeitdauer auszustellen.

Bei übermäßiger Hegung oder Vermehrung des Wildstandes
sind auf Antrag derjenigen, welche dadurch beschädigt oder bedroht
werden, oder auf Antrag des betreffenden Gemeindevorstandes durch
das Herzogliche Staatsministerium, die zur Verminderung des
Wildstandes erforderlichen Anordnungen sofort und ohne Rücksicht
auf die Schonzeit zu treffen.

§. 4.

Auf Erlegung von Wild in eingefriedigten Wildgärten findet
dieses Gesetz keine Anwendung.

§. 5.

Bei Übertretungen der Vorschriften der §§. 1 und beziehungsweise 2 durch Tödten oder Einfangen von Wild während der vorgeschriebenen Schonzeiten, sowie durch verbotswidriges Fangen von
Wild in Schlingen oder anderen Vorrichtungen treten folgende
Geldbußen ein:

1. für je ein Stück Rothwild oder Damwild 60—100 Mark;
2. für je ein Stück Rehwild 25—30 Mark;

3. für einen Dachs, einen Auerhahn oder eine Auerhenne, einen Fasan, einen Schwan 15—25 Mark;

4. für einen Hasen, einen Birkhahn oder eine Birkhenne, eine Trappe, ein Rebhuhn, ein Stück Haselwild, eine Wachtel, Droffel, Lerche, für jeden sonstigen im §. 1 unter 14 gedachten Singvogel, für eine Schnepfe, Ente oder ein sonstiges Stück jagdbaren Sumpf- und Wassergeflügels 5—15 Mark.

§. 6.

Übertretungen dieses Gesetzes durch Aufstellen von Schlingen oder anderen Fangvorrichtungen werden mit 5—15 Mark bestraft.

§. 7.

Das Ausnehmen der Eier oder Jungen von jagdbarem Federwild ist auch den zur Jagd berechtigten Personen verboten und unterfällt der im §. 368, Nr. 11 des Reichsstrafgesetzbuches angedrohten Strafe. Doch sind die gedachten Personen (namentlich die Besitzer von Fasanerien) befugt, die Eier, welche im Freien gelegt sind, in Besitz zu nehmen, um sie ausbrüten zu lassen.

Desgleichen ist das Ausnehmen von Kibitz- und Möveneiern nach dem 30. April bei einer gleichen, wie der im §. 368 Nr. 11 des Strafgesetzes angedrohten Strafe verboten.

§. 8.

Wer nach Ablauf von 14 Tagen nach eingetretener Hege- oder Schonzeit während derselben Wild, rücksichtlich dessen die Jagd in dieser Zeit untersagt ist, in ganzen Stücken oder zerlegt, aber noch nicht zum Genusse fertig zubereitet, zum Verkauf herumträgt, in Läden, auf Märkten, oder sonst auf irgend eine Art zum Verkauf ausstellt oder feilbietet, oder, wer den Verkauf vermittelt — dafern er nicht nachweisen kann, daß das fragliche Wild vor Eintritt der Hege- und Schonzeit erlegt worden — verfällt neben der Confiscation des Wildes in eine Geldstrafe bis zu 100 Mark.

Handelt es sich um den Verkauf von zerlegten Hirschen und Rehböcken in einer Zeit, wo die Hegezeit für das weibliche Roth- und Rehwild schon eingetreten ist, so müssen jene als solche unzweifelhaft erkennbar erhalten sein. Contraventionen hiergegen werden mit einer Geldbuße bis zu 30 Mark für das Stück belegt.

Ist das Wild in den §. 3 und 4 gedachten Ausnahmefällen erlegt, so hat der Verkäufer oder derjenige, welcher den Verkauf vermittelt, sich durch ein Attest der betreffenden Ortspolizeibehörde über die Befugniß zum Verkaufe zu legitimiren, widrigenfalls derselbe in eine Geldbuße bis zu 15 Mark verfällt.

§. 9.

Wo in diesem Gesetze allgemein von Wild die Rede ist, sind die jagdbaren Vögel darunter mit inbegriffen.

Im übrigen unterliegen die Jagdberechtigten allen denjenigen Verboten und Beschränkungen, welche zum Schutz der Singvögel und der der Bodenkultur nützlichen Vögel bestehen oder noch erlassen werden, soweit nicht ausdrücklich etwas Anderes in den betreffenden Bestimmungen geordnet ist.

§. 10.

Alle früheren dem gegenwärtigen Gesetze entgegenstehenden Bestimmungen sind aufgehoben.

-----

2. Aus der Großh. badischen Forstverwaltung.

In einer kleineren Verwaltung, welche vorläufig zu ihrer befriedigenden Ausgestaltung gelangt ist, kann ein einzelner Jahrgang nur wenige erwähnenswerthe Vorkommnisse bringen. Eine wiederkehrende Berichterstattung kann indessen die stillere Zeit zur Umschau, zu Rückblicken und Vergleichen nützen und so dennoch zu einigen Ergebnissen gelangen, welche für eine Anzahl Leser von Werth sind. So sei es für 1875 unternommen, aus den zugänglichen Rechnungsnachweisungen der Finanzverwaltung vor und nach Aufhebung der Forstinspektionen (und zugleich vor und nach dem Kriege) die forstlichen Einnahmen und Ausgaben zu erheben, daraus den Roh- und Reinertrag der Domainenwaldungen im Ganzen und für die Flächeneinheit abzuleiten und hieran Mittheilungen über die neuesten Budgetsätze und die damit in Verbindung stehenden bedeutsameren Entschließungen der Forstverwaltung anzureihen.

Auf den 1. Jan. 1868 betrug das zum Wald gehörige domainenärar. Grundeigenthum an

a. nutzbarer Waldfläche und zwar

beſtockt . . . . 84.331,45 h.

Lichtfläche * . . . . . . 375,13 „
$\overline{\qquad\qquad}$ 84.706,58 h.

b. ertragloſer Waldfläche . . . . 1.238,09 „

Geſammtwaldfläche (ohne die 2 Hofforſte) A. = 85.944,67 h.

Das übrige domainenär. Grundeigenthum der Forſtverwaltung umfaßte damals an Gärten, Äckern, Wieſen . . . . 1.709,56 h.

Ödungen (Gewäſſer, Wege ꝛc.) . . 335,95 „

Bauſtellen und Hofräumen . . . 14,49 „
$\overline{\qquad\qquad}$ 2.060,00 h.

Im Ganzen = 88.004,67 h.

Das geſammte Grundeigenthum der Kameral= verwaltung beſtund in

a. verpachteten Grundſtücken . . 13.685,40 h.

b. Wieſen im Selbſtbetrieb . . 5.478,50 „

c. Reben im Selbſtbetrieb . . . 28,80 „

d. Torfländerei im Selbſtbetrieb . 42,50 „
$\overline{\qquad\qquad}$ 19.235,20 h.

Auf den 1. Januar 1873 betrug

Die Geſammtwaldfläche (ohne Hofforſte) B = 86.575,86 h.

Das ſonſtige Grundeigenthum

unter der Forſtverwaltung . . . . . 2300,00(?)

Das domainenär. Grundeigenthum

unter der Kameralverwaltung . . . . 19.420,25 „

Somit war in beiden Zweigen eine kleine Flächenzunahme eingetreten, da den Verminderungen durch Expropriationen, durch Veräußerung des zerſtückelten landwirthſchaftlichen Beſitzes ꝛc. nam= hafte Arrondirungskäufe gegenüberſtehen.

Will man nunmehr auf Grundlage der oben mit A. und B. bezeichneten Geſammtwaldfläche vom 1. Jan. 1868 und 1873 eine vergleichende Ertragsberechnung aus den Budgetnachweiſungen her= leiten, ſo ergeben ſich bei unveränderter Benützung der darin nieder=

* Lichtfläche d. ſ. Holzlagerplätze, Steinbrüche, Kies=, Sandgruben u. dergl.

gelegten Zahlengrößen Reinerträge, welche durch uneigentliche oder nicht hieher gehörige laufende Verwaltungskosten entstellt sind — bei Zerlegung der betreffenden Positionen dagegen Bedenken, in welchen Beträgen die Ausscheidungen vorzunehmen seien, und in Folge des schätzungsweisen Verfahrens nur Näherungswerthe, welche indessen bei der Reduktion auf die Flächeneinheit scharf genug für eine Beurtheilung der Finanzwirthschaft des Staates erscheinen.

Die größten Anstände in der Zerlegung verursachen die Ausgaben der Central- und Bezirksverwaltung, also die eigentlichen **Verwaltungskosten**, theils weil die Central- und die Kassenbehörden noch Domainengüter von beträchtlichem Umfang und Werth mit zu beauffichtigen und zu verwalten haben, theils weil die Domainen-Direktion und die Bezirksforsteien noch mit der gesammten Forstpolizei und zwar der technischen Behandlung der dreimal so großen Gemeinde- und Körperschafts-Waldungen und der Beauffichtigung der doppelt so großen Privatwaldungen betraut und zu diesem Behufe die Bezirksforsteien in sehr ungleichen Verhältnissen des Waldeigenthums kombinirt sind. Weitere Schwierigkeiten veranlaßt aber noch eine oberflächliche Rechnung mit den Ausgabe-Positionen „für Floßeinrichtungen und Holzabfuhrwege" und „für Forstkulturen", denn sie enthalten außer den laufenden Ausgaben einen sehr ansehnlichen Betrag „neue Anlagen" und stellen demgemäß, obgleich seither den laufenden jährlichen Einnahmen entnommen, eine ungleich große, aber dauernde Vermehrung der forstlichen Betriebskapitalien und des Waldwerthes dar, welche mit allem Grund als außerordentlicher Aufwand dem Grundstocksvermögen entnommen werden könnten und bezüglich der Wegbauten, wie weiter unten dargelegt werden soll, inskünftige auch eine entsprechendere Behandlung erfahren werden.

Die „Floßeinrichtungen" belasten nur die Walderträge einiger Thalgebiete (Murg und Kinzig), die neuen Weganlagen meistens das an nutzbaren Beständen reichere längstbesessene Waldeigenthum; desgleichen die unter Titel IV, §. 8 als Lasten behandelten Verwendungen „für Gemeindewege und Landstraßen." Dagegen dienen die Aufforstungen theils der Erweiterung bestehender Wirthschafts=Komplexe, theils der Begründung neuer. In beiden Fällen aber wäre es inkorrekt, aus dem jetzigen Verhältniß zwischen Auf= wand und Rohertrag die Einträglichkeit einzelner Wirthschaften oder des ganzen forstärarischen Grundeigenthums beurtheilen und mit Wirthschaften anderer Besitzer, Gegenden, Länder oder ganz anderer Art vergleichen zu wollen. Hiezu müßte erst eine sorgliche Aus= scheidung des bisherigen und neuen Besitzes vorhergehen, wie auch strenggenommen das Kulturbudget in ein laufendes und ein außer= ordentliches zerlegt und der Aufwand für das letztere dem Grund= stockvermögen entnommen gehörte, während die jetzige Generation in Wirklichkeit aus den laufenden Einnahmen gleichsam Ersparniß= kapitalien zu Gunsten späterer Generationen anlegt, in um so höherem Betrag, je mehr günstige Gelegenheiten zu Geländeerwerbungen sich bieten, welche gewöhnlich in schlechten Zeiten am häufigsten sind. Die nachfolgenden Zahlen beruhen aber auf dem Gesammtaufwand, um die dermaligen Ertragsverhältnisse im großen Durch= schnitt darzustellen und stützen sich bezüglich der Einnahmen auf die Budget=Jahre 1867/68, weil im Jahr 1866 die Nutzungen ab= norme waren, bezüglich der Ausgaben theils auf die Budgetjahre 1866/67, theils 1867/68, weil im Mai 1868 die Forstinspektionen aufgehoben wurden, jenes Jahr also abnorme Verwaltungskosten hatte, dagegen der Aufwand an Erntekosten ꝛc. sich den Einnahmen anpassen muß. Nur so ist ein abgerundetes Durchschnitts=Verhält= niß jener Zeitperiode zu gewinnen.

Nach den Nachweisungen der Gr. Dom.=Direktion im Verordn.= Blatt (Jahrgang 1868 u. 1869) betrugen in den Dom.=Waldun= gen 1867 u. 68 jährlich die Nutzungen

an Holz (einschl. Stockholz) 398.115 Fm. *	3.489.566,60 M.
an Nebennutzungen	173.557,70 „
hiezu	
der Schadenersatz für Forstfrevel u. Dieb= stähle	10.061,10 „
	3.673.185,40 M.
somit auf 1 Hect. der Gesammtwaldfläche =	42,74 M.

* Im 8jähr. Durchschnitt (1861 bis mit 1868) betrugen die Holzerlöse 3,718,840 M., die Periode 18⁶⁷/₆₈ ist also keine günstige.

aus den Jagden * an Pachtzins . . .   0,24 M.

aus den Fischereien an Pachtzins ca. .   0,10 „

Roh-Einnahme auf 1 Hect.   43,08 M.

Dazu kommen weiter die Werthe jener Hölzer und Nebennutzungen, welche als sog. Kompetenzen, sowie an Gültmühlen, Berechtigte u. „aus Vergünstigung" jährlich abgegeben werden u. nur zum kleineren Theile eine eigentliche Waldlast darstellen. Sie betrugen 18⁶⁷/₆₈ durchschn. jährl. beim Holz 2% des Erlöses und 4% der Kub.-Masse der verkauften Nutzungen, bei den Nebennutzungen dagegen (lauter Berechtigungen u. Vergünstigungen u. zwar meistens auf Streu) 61% des Erlöses der verkauften Nutzungen. Sie erhöhen die Roheinnahme im Ganzen an Holzmasse um durchschn. 16,200 Fm. und an Werth der Haupt- u. Nebennutzungen um 175,600 M. (auf 1 Hect. um 2,04 M.) also auf . . . .   45,12 M. p. H.

bei einem Gesammtholzeinschlag von 414,315 Fm. oder 4,91 Fm. auf 1 Hectar bestockter Waldfläche.

Einige weitere Einnahmen ergäben sich noch aus eigenen Berechtigungen, Brücken-, Floß- und Weggeldern, aus den Strafantheilen für die Kosten der Waldhut und „Sonstigem" und möchten die Roheinnahmen bis auf 45,50 M. p. Hect. bringen.

Die Miethzinse aus den Dienstwohnungen, 10% der Besoldungen, sind unterdessen weggefallen und können um so eher außer Ansatz bleiben, als die Mühe ihrer genauen Erhebung außer Verhältniß zur Größe der Gesammtsumme stünde (Einnahme von 1867 aus sämmtlichen Grundstocks-Gebäuden 79,416 M., Aufwand für dieselben 73,320 M.

Die Ausgaben zerfallen in

a. Lasten, b. Verwaltungsaufwand.

---

* Mit Zugrundlegung der Pachtzins-Erlöse aus 70460 Hectar verpachteter Jagden, welche durchschn. jährlich 16832 M. betrugen.

Unter a. pflegen verrechnet zu werden und betrugen für die Waldungen auf 18⁶⁶/₆₈ jährlich

1. Die Staatssteuern und Gemeinde-Umlagen* im Ganzen rund . . . . 50.600 M.
2. Der Aufwand für Gemeindewege und Landstraßen . . . . 60.252 „
3. Werth der Abgaben an Berechtigte . . . 84.120 „
   (Haupt- u. Nebennutzungen, zusammen 1,12% des Waldbruttoertrags)
4. Desgl. aus Vergünstigung . . . . . . 59.770 „
   (0,80% des Waldbruttoertrags)
5. Sonstige Lasten, Abgang und Nachlaß (Antheil der Waldungen zu ⅔ geschätzt) . . . 23.200 „

$$\overline{\text{277.942 M.}}$$

Auf 1 Hect. Gesammtwaldfläche = 3,23 M.

Die Verwendungen auf Kolonien und die Brandversicherungs-Beiträge wurden nicht eingerechnet, da sie eigentlich die Waldungen nur zu einem kleinen Theil belasten.

Unter b. betrugen jährlich

A. Der allgemeine Verwaltungsaufwand (18⁶⁶/₆₇)

6. Der Centralverwaltung und zwar hieher ⅓ derselben** . . . . 34.100 M.
7. Der Kassenverwaltung*** ebenso . . . 48.580 „
8. Der Bezirksforstverwaltung für Forstpolizei und Forstdomainen † hieher 0,35 des Aufwandes und zwar

---

* Das Gesammtsteuerkapital des Dom.-Ärars betrug 1866 = 53,866,903 M. u. bezahlte 88,644 M. = 16,5 Pf. p. 100 M. 1867 = 53,906,295 M. u. bezahlte 92,455 M. = 17,2 Pf. „ Das Waldsteuerkapital durchschnittlich für beide Jahre rund 30,100,000 M.

** Die übrigen ⅔ für die Kameral- und die Forstpolizeiverwaltung. Bureauaufwand u. dergl. ist einbegriffen.

*** Auch hier bleibt kein anderer Weg als die Schätzung des Kostenantheils, jedoch führte eine Proberechnung mit 2 Kassenbezirken, wo einfache Verhältnisse bestehen, zum ganz gleichen Ergebniß p. Hect.

† Die Gesammtwaldfläche des Landes zerfällt in: a. 17% Dom.-, b. 51% Gemeinde- u. Körpersch.-, c. 32% Priv.-Wald. Unterstellt man,

Übertrag	82.680 M.

für die Forstinspektionen*

(Besoldung, Diäten, Reise= u. Bur.=Kosten)   14.120 „

für die Bezirksforsteien**

(Besoldungen, Gehilfengehalte, Bur.=Kosten,

Diäten= und Reisekosten=Aversen) . . .   114.070 „

9. Für Vermessung und Einrichtung (nach Ab=
zug des Seitens der Gemeinden ꝛc. zu lei=
stenden Rückersatzes für die Einrichtungs=
arbeiten in ihren Waldungen . . . . .   9.600 „

10. Verschiedene und zufällige Ausgaben (Zugs=
kosten u. dergl.) 35% derf. . . . . .   2.040 „

     222.510 M.

Auf 1 Hect. Gesammtwaldfläche   2,59 M.

B. Der besondere Verwaltungsaufwand.

11. Für die Waldhut (1,60 M. p. H.) . . .   137.539 „

12. Für Berichtigung und Unterhaltung der
Waldgrenzen . . . .   2.311 „

13. Für Floßeinrichtungen u. Holzabfuhrwege***
(1,30 M. p. H.)   111.754 „

14. Für Waldkulturkosten (18⁴⁴/₆₈) . . . .   97.229 „
(1,13 M. p. H., nach Abzug der neuen Wald=
anlagen jedoch höchstens 0,80 M.)

---

daß die Verwaltungsthätigkeit bei den 3 Kategorien im Verhältniß von
6 : 3 : 1 für gleiche Flächen in Anspruch genommen sei, so ergibt sich
für a. ein Antheil von $6\times17 : 6\times17 + 3\times51 + 1\times32 = \frac{102}{372} = 0{,}35.$

* Von den Inspektionen waren 3 erledigt und wurden von Forsträthen
versehen, daher für erstere ein geringerer Aufwand, für letztere ein höherer
Reiseaufwand in dieser Budget=Periode stattfand. Normaler Aufwand für
die Inspektionen hieher 22,600 M.

** Ermittelt man für die reinen Dom.=Waldbezirke die Kosten der Be=
zirksverwaltung, so ergeben sich nur 1,18—1,20 M. p. Hectar oder rund
102,300 M. für sämmtliche Dom.=Waldungen. Jene Bezirke sind jedoch
sehr wohl arrondirt und haben gut geordnete einfachere Verhältnisse.

*** Gewöhnlich nehmen die Neubauten und Hauptverbesserungen ⅔
des ganzen Jahresaufwands in Anspruch. Die Kosten der Aufsicht und
Wegpflege betragen also nur 0,43 M. p. Hectar.

$$\text{Übertrag} \qquad 348.833 \text{ M.}$$

15. Für Zurichtung der Walderzeugnisse wurden 18⁶⁷/₆₈ für den Festmeter 1,30 M. durchschnittlich bezahlt oder nach Abzug des unaufbereiteten Reisigs . . . . 523.008 M.

16. Für Verwerthung der Walderzeugnisse . . 8.300 „

17. Für Lehen, Berechtigungen u. Verschiedenes 5.000 „

$$\overline{885.141 \text{ M.}}$$

Auf 1 Hectar Gesammtwaldfläche 10,29 M.

Im Ganzen aus dem dom.-ärar. Waldeigenthum,

Jährliche Bruttoeinnahme . . . . 3.878.013 M.

Jährliche Belastung 267.192

Jährl. Verwaltungs- u. Betriebs- aufwand 885.141

$$\overline{\qquad\qquad 1.152.333} \text{ „}$$

Reineinnahme: 2.725.680 M.

Demnach reducirt auf 1 Hect. 45,12 bis 45,50 M. Roheinnahme.

Ausgaben unter a. 3,23 M.
   b. A. 2,59 „
   b. B. 10,29 „
   ——————
   16,11 (richtiger 14,91) M.
   29,01, richtiger 30,20 M.
   Reineinnahme.

Die Lasten (a.) erforderten von der Bruttoeinnahme 6,9%, die Verwaltungskosten (b. A.) 5,7% und die Betriebskosten (b. B.) 22,8%, richtiger 19,7%, zusammen 32,3 bez. 35,4%, somit Reineinnahme = 64,6 bis 67,7%.

Stellen wir nunmehr diesen Zahlen jene aus der Budget-Periode von 1872 und 1873 zur Seite. Diese beiden Jahrgänge hatten schon einen mehr normalen Verlauf, so daß die Jahresdurchschnitte aus keinem weiteren Jahrgange entnommen zu werden brauchen. Die Eingangs unter B. aufgeführte Gesammtwaldfläche stellt den mittleren Stand der Budget-Periode dar und weist einen Flächenzugang von 631,2 Hectar nach.

Einnahmen.
1. Aus Holz.

Einnahme-Gattung	Durchschn. jährl. Nutzung in Festm.	Preise für 1 Festmeter		Durchschn. jährlicher Geldbetrag
		1872	1878	
		Mark		
An Berechtigte . . .	2096,68	8,68	7,54	10.712,55
Aus Vergünstigung .	2401,90	7,51	5,97	16.178,89
Kompetenzholz . . .	5146,78	10,94	11,87	57.447,81
An Gültmühlen . .	212,28	18,83	22,20	3.581,11
Verkauft	863.250,30	11,09	11,80	4.159.598,72
	873.107,84	11,00	11,74	4.247.514,08
Gegen das Budget .	—16892,16	+2,40	+3,14	+889,307,45

(einschließlich 3,8% Stockholznutzung).

Ungeachtet der Mindernutzung, um die Überhiebe aus den Sturmverheerungen des Jahres 1870 einzubringen, gaben die höheren Preise einen Mehrerlös über den Budgetsatz.

2. Aus Forstnebennutzungen

Erlös aus den Verkäufen . . . . . 88.700,81 M.
Werth der Abgaben an Berechtigte . . 22.140,86 „
Werth der Abgaben aus Vergünstigung . 26.442,91 „
_____
137.284,58 M.

Hiezu

3. Der Schadenersatz von Forstfreveln und Diebstählen . . . . 8.235,86 „

4. Der Pachtzins von Fischereien u. Jagden* 28.717,00 „

5. Von Strafantheilen an den Kosten der Waldhut und sonstigen Einnahmen annähernd, aber mäßig veranschlagt . . . 16.600,00 „

Gesammteinnahme des ordentl. Etats . . 4.438.351,52 M.
Somit Brutto-Einnahme auf 1 Hect. Gesammtwaldfläche . . . . = 51,27 M.

bei einem ermäßigten Holzeinschlag von 4,40 Festm. pro 1 Hectar bestockter Waldfläche.

* Die Fischereien und Jagden von 71,000 H. Pachtfläche trugen jährlich 35.896,30 M. ein, woran die Waldungen ungefähr mit 80% participiren, b. i. mit etwas über 0,33 M. p. Hectar.

Ausgaben.

a. Lasten.

1. Staatssteuern u. Gemeinde-Umlagen * . . 80.600 M.
2. Aufwand für Gemeindewege u. Landstraßen ** 67.815 „
3. Werth der Abgaben an Berechtigte *** . . 32.047 „
4. Werth der Abgaben aus Vergünstigung † . 19.611 „
5. Sonstige Lasten, Abgang und Nachlaß (gut-
   ächtlich veranschlagt) . . . . 16.329 „
   _____
   216.402 M.

Auf 1 Hect. Gesammtwaldfläche = 2,50 „

b. A. Allgemeiner Verwaltungs-Aufwand.

6. Für die Centralverwaltung (¹/₂ hieher) . 39.764 „
7. Für die Kassenverwaltung (ebenso) . . . 51.412 „
8. Für die Bezirksforstverwaltung mit 0,35 des
   ganzen Aufwands (Besoldungen der Bezirksförster, Gehilfengehalte, Bureaukosten, Diä-
   ten- und Reisekosten-Aversum) . . . . 144.536 „
9. Für Vermessung und Einrichtung (nach Abzug des Rückersatzes der Gemeinden u. Körperschaften) . . . . 14.400 „
10. Verschiedene und zufällige Ausgaben (Zugs-
    kosten rc.) hieher 35°/₀ des Ganzen . . . 1.776 „
    _____
    251.888 M.

Auf 1 Hect. Gesammtwaldfläche = 2,91 „

---

* Das Waldsteuerkapital stieg seither auf rund 30,300,000 M., die Umlagen stiegen ebenfalls, wohl in Wirkung des Straßengesetzes vom 14. Jan. 1868, des Schulgesetzes v. 8. März 1868 und überhaupt des höheren Aufwands für den Haushalt der Gemeinden, so daß Steuern und Umlagen zusammen ungefähr 26 Pf. von 100 M. ausmachen.

** Das Steigen dieses Aufwands erklärt sich aus dem Streben der Gemeinden nach Entwickelung der Verkehrswege. Der Domainen-Fiskus muß wegen offenbar eigenen wirthschaftlichen Vortheilen hieraus diese Bestrebungen durch materielle Unterstützung ermuntern.

*** Vom Waldbrutto-Ertrag noch 0,72°/₀.

† Vom Waldbrutto-Ertrag noch 0,44°/₀

b. B. Befonderer Berwaltungs=Aufwand.

11. Für die Waldhut (1,87 M. p. H.) . . .   161.782 M.

12. Für Berichtigung und Unterhaltung der
    Waldgrenzen . . . . :   1.789 „

13. Für Floßeinrichtung u. Holzabfuhrwege * .   139.155 „

14. Für Waldkulturkosten . . . .   97.357 „
    (wiederum 1,12 M. p. H. einschl. der Wald=
    anlagen)

15. Für Zurichtung der Walderzeugniffe . .   583.423 „
    (Ebenfalls unvermeidliches Steigen u. zwar
    auf durchschn. 1,57 M. für den Feftmeter,
    d. i. von 100 auf 121.)

16. Für Verwerthung der Walderzeugniffe . .   8.963 „

17. Für Lehen, Berechtigungen u. Verfchiedenes   25.100 „
    (Antheil der Waldungen zu ²/₃ gefchätzt)

                                              1.017.569 M.

        Auf 1 Hect. Gefammtwaldfläche =   11,75 M.

Demnach für das domainenärarifche Waldeigenthum, Budget=
periode 18⁷²/₇₃, durchfchnittlich jährlich

	Im Ganzen	Auf 1 Hect. der Gefammtwaldfläche
Brutto=Einnahme	4.438.352 M.	51,27 M.
Belaftung (a)	216.402 „	2,50 „
Allgemeiner Verw.=Aufwand (b. A.)	251.888 „	2,91 „
befonderer (b. B.)	1.017.569 „	11,75 „
	1.485.859 M.	17,16 M.
Rein=Einnahme	2.952.493 M.	34,11 M. **

---

    * Sie betragen auf 1 Hectar 1,61 M. (find alfo auch geftiegen) und
zwar treffen wiederum ca. 1,07 M. auf Neubauten und Hauptverbefferun=
gen, 0,54 M. auf Wegpflege und Auffficht. Die Vervollftändigung der
Wegnetze führt aus der Vermehrung der Wegftrecken zur Steigerung der
Unterhaltungskoften. Die höheren Arbeitslöhne vertheuern aber Neubau
und Wegpflege. Der feitherige Kredit mußte deßwegen endlich als völlig
unzureichend erkannt werden, was zu den Entfchließungen führte, wie fie
weiter unten beim neueften Budget erörtert werden.

    ** Richtiger, nach Abzug von 0,33 M. p. Hect. außerordentlichen Kul=

Es erforderten von der Brutto-Einnahme die Lasten (a) 4,9%, die Verwaltungskosten (b. A.) 5,6% und die Betriebskosten (b. B.) 22,9, richtiger 20,2%, zusammen 30,7 beziehungsweise 33,2%, somit Reineinnahme = 69,3, beziehungsweise 66,8%.

Es haben sich somit, im Vergleiche mit den Jahren 18⁶⁴/₆₈, binnen eines 5jährigen Zeitraums die Lasten vermindert, die Verwaltungs- und Betriebskosten etwas gesteigert, nichts destoweniger und ungeachtet eines um jährlich 41,200 Fm. schwächeren Holzeinschlags aber die Reineinnahmen um 226,800 M. vermehrt. Dabei ist zugleich den dringendsten Anforderungen auf die unumgängliche Besserstellung aller Angestellten Rücksicht getragen worden, indem z. B. die Durchschnitts-Besoldung der Bezirksförster von 2126 auf 2674 M. stieg u. s. w.

Enthalten vorstehende Zahlen auch noch manche kleine Ungenauigkeiten, so geben sie immerhin einen Einblick in die Wirthschaftsergebnisse der Dom.-Waldungen und das Verhältniß zwischen Einnahmen und Ausgaben; vollends in den auf die Flächeneinheit zurückgeführten Zahlen würden die möglichen Verschärfungen der Einnahme- und Ausgabeposten nur in den Decimalen eine Änderung bewirken.

Gehen wir nunmehr noch zu dem Voranschlag der nächsten Budget-Periode (18⁷⁶/₇₇) über, um die neueste Gestaltung der Einnahme- und Ausgabe-Verhältnisse zu ersehen, welche sich darin deutlich aussprechen muß, weil den einzelnen Ansätzen die Durchschnitte der jüngsten Verwaltungsergebnisse zu Grunde liegen. Als ertragsfähige Waldfläche sind nach dem Stand auf 1. Jan. 1875 in runder Summe . . . . 85,900 H. angenommen, wozu eine ertraglose Fläche käme von etwa 1,400 „

—————————— 87,300 H.

Die Veranschlagung der Haupteinnahmen stützt sich auf Erfahrungen, welche wir in den 2 folgenden Nachweisen tabellarisch darstellen wollen.

———————

turaufwands und 1,07 M. p. Hect. Waldwegbauten, Reineinnahme p. Hect. = 35,51 M.

A. Nachweis über die Nutzung und Verwendung des Holzes (einschl. des Stockholzes).

Jahr	Holzverwerthung			Holzabgabe			Zusammen	
	durch Verkauf	zu Kompet. u. an Gutsmühlen	Erlös	An Berechtigte	Aus Vergünstigung	Werth	Holzmasse	Erlös u. Werth
	Festmeter		Mark	Festmeter		Mark	Festmeter	Mark
1870	391,622	5487	3,717,499	4625	2665	28,162	404,899	8,740,661
1871	547,468	5419	5,267,218	8876	3178	24,977	559,895	5,292,190
1872	362,853	5935	4,081,290	2605	2895	27,427	373,188	4,108,647
1873	363,647	5894	4,560,036	1588	2409	26,345	373,028	4,886,881
1874	368,670	5897	4,682,277	1344	2017	22,457	372,828	4,654,784
durchschn.	406,851	5984	4,411,849	2807	2533	24,874	416,575	4,436,523

B. Nachweis über die Sortiments-Verhältnisse (ausschl. Stockholz) u. die durchschn. Preise des verwertheten Holzes.

Jahr	Sortiments-Verhältnisse			Durchschnittliche Preise pro Festmeter				
	Nutz- und Bauholz	Scheit- und Prügelholz	Reisig	Bau- und Nutzholz	Scheit- und Prügelholz	Reisig	Oberird. Holzmasse	Stockholz
	in Prozenten			Mark				
1870	26,9	52,3	20,8	14,49	8,57	5,57	9,54	4,66
1871	32,4	51,5	16,1	13,89	8,77	5,06	9,88	4,17
1872	31,4	49,7	18,9	16,14	10,00	8,06	11,20	7,40
1873	29,3	50,1	20,6	18,74	10,20	6,43	11,94	8,40
1874	31,5	48,1	20,4	18,65	11,20	6,91	12,69	8,90
durchschn.	30,3	50,3	19,4	16,38	9,75	6,01	11,04	6,60

Die Tabelle A. zeigt die Größe der Übernutzung aus den Sturmverheerungen des Spätjahres 1870 und das in den nächsten Jahren erfolgte Einsparen, welches noch andauern muß. Da meistens Nadelholz fiel, so ist auch das Nutzholzprocent in jener Zeit am höchsten.

Voranschlag der Domainen-Verwaltung für 18⁷⁶/₇₇.

Jahreseinnahme.

	Ganzer Ansatz M.	Antheil der Dom.-Forste M.
I. Aus eigenthüml. Liegenschaften		
§. 1. Aus Gebäuden	96,049	— ? —
§. 2. Aus landwirthsch. Grundstücken	1,848,314	—
§. 3. Aus Liegenschaften mit besond. gewerblicher Einrichtung	16,927	—
§. 4. Aus Holz	4,478,215	4,478,215
§. 5. Aus Forstnebennutzungen	135,000	135,000
§. 6. Schadenersatz v. Waldfreveln u. Diebstählen	9,065	9,065
I.	6,583,570	4,622,280
II. Aus Lehen u. Berechtigungen.		
§. 8. Aus Fischereien	18,145	} 34,304
§. 9. „ Jagden	24,735	
§. 7. 10. 11. Aus Lehen u. zinspflicht. Gütern, Brücken-, Fähr- u. Weggeldern, aus sonstigen Berechtigungen	8,652	—
II.	51,582	34,304
III. Zinsen vom Grundstock. §. 12.	565,886	—
IV. Verschiedene Einnahmen.		
§. 13. Strafantheile für b. Kosten der Waldhut	6,626	6,626
§. 14. Sonstige Einnahmen *	53,734	30,000
IV.	60,360	36,626
Summe Tit. I.	7,260,848	4,693,210
		(p. Hect. Waldfl. 58,76 M.)
Hiezu unter II. Steuerverwaltung. §. 15 c. Beforst.-Steuer	—	120,460

Erläuterungen zu den Einnahmen.

Zu §. 2. Die Erträge sind nach den Nutzungsflächen von 1874 veranschlagt, die Naturalpachtzinse nach 3jährigem (18⁷²/₇₄), der Ertrag der Wiesen im Selbstbetrieb nach 5jährigem (18⁷⁰/₇₄), der

---

* Hierunter als uneigentliche Einnahme der Wiederersatz der Gemeinden und Körperschaften für ihren Antheil an den Arbeiten der Forsteinrichtung (§. 42).

Reben nach 10jährigem (18⁶⁵/₇₄), des Torfgeländes und der Nebennutzungen nach 3jährigem Durchschnittspreis, und entziffern sich
wie folgt:

Rohertrag p. H.

12.612,54 Hect.	um Geld verpachtet . . .	(79,85 M.)
677,23 „	gegen Geld und Naturalien	(74,49 M.)
5.771,03 „	Wiesen im Selbstbetrieb .	(123,23 M.)
22,32 „	Reben im Selbstbetrieb . .	(1749,66 M.)
48,91 „	auf Torf genutztes Gelände (der Ertrag des
19.132,03 Hect.	letzteren und jener an Nebennutzungen sind
	zu 40,540 M. veranschlagt).

Zu §. 4. Die Hiebsmasse nach den Hiebsanträgen für 1875
war 352,944 Festm., da die Übernutzung des Jahres 1871 noch
auf mehrere Jahre Ersparungen auferlegt.

Eine bedeutsame hier sogleich zu erwähnende Entschließung der
Domainenverwaltung ist, daß (siehe weiter unten bei §. 23 u. 48
des Ausgabebudgets) das sog. Weglinienholz nicht mehr in
den Abgabesatz eingerechnet werden soll, mit anderen Worten: es wird die Bestockung der Wegbauflächen künftig als ein verfügbar gewordenes Betriebskapital behandelt, welches in seinem
Gesammtbetrag alljährlich mittelst Waldwegbaues in der Waldwirthschaft selbst zur rentabeln Wiederanlage gelangt*. Die Erhebungen für 18⁷⁶/₇₇ stellen an Aufhiebs-Ergebnissen 20,218 Fm.
mit einem Roherlös (einschließlich der Erntekosten) von 225,000 M.
in Aussicht. Im Hinblick auf den Durchschnitt von 18⁷²/₇₄ (Ge-
sammtnutzung = 372,848 Fm.) sind pro 18⁷⁶/₇₇ als vermuthliche
jährliche Nutzungsmasse . . . . 373,000 Fm.
hiezu von Wegaufhieben . . . . 10,109 „
zusammen 383,109 Fm.
d. h. 4,46 Fm. p. H. ertragsfähiger Waldfläche angenommen, wobei mit Rücksicht auf die Preisgestaltungen der letzten Jahre der
durchschnittliche Preis aus 18⁷²/₇₄ (einschl. Stockholz) zu 11,75 M.
p. Festm. beibehalten blieb (für die Holzabgaben das jüngste Rech-
nungsergebniß).

---

* Siehe hierüber die Erörterungen in dem Aufsatz dieser Zeitschrift,
Jahrg. 1867, „Die Beschaffung der nöthigen Mittel zum Waldwegbau."

Zu §. 5. Der Budgetsatz entstand durch Abrundung der jüng=
sten Wirthschafts=Ergebnisse:

Erlös aus Verkauf . . . . . 85,714 M.
Werth der Berechtigungs=Abgaben 20,572 M. runb 135,000 M.
Werth d. Vergünstigungs=Abgaben 30,857 M.

Zu §. 15 c der Steuerverwaltung:

Die Beförsterungssteuer, welche die Gemeinden und Körper=
schaften für die „Beförsterung" ihrer Walbungen zu entrichten
haben, betrug seit 1856 nur 6 Kr. von 100 fl. = 10 Pf. von
100 M. Steuerkapital, was, vornherein mäßig, nicht mehr die
Hälfte des betreffenden Staatsaufwanbes leistete. Es ist nun eine
Steuererhöhung in das Budget aufgenommen:

Aus einem Steuerkapital

für   von
1876 46,845,520 fl. zu 9 Kr. = 25⅚ Pf. auf 100 fl.
1877 80,806,606 M. zu 15 Pf. auf 100 M.

Jahresausgaben.

	Ganzer Ansatz M.	Antheil der Dom.=Forste M.
I. Abgaben.		
§. 16. Staatssteuern u. Gemeindeumlagen . .	157,605	86,600
§. 17. Brandversicherungs=Beträge	12,615	— ?
	170,220	86,600
II. An Kirchen, Pfarreien und Schulen.		
§. 18. Kompetenzen	725,974	
§. 19. Bauaufwand	171,429	
§. 20. Sonstige Bedürfnisse	42,479	—
	939,882	
III. Zinsschuldigkeiten des Grundstocks.		
§. 21.	2,652	—
IV. Verschiedene Lasten.		
§. 22. Verwendung auf Kolonien	5,241	?
§. 23. Für Gemeindewege und Landstraßen .	92,035	92,035
§. 24. Holzabgabe an Berechtigte	8,786	17,149
§. 25. „ aus Vergünstigung . . .	8,363	
§. 26. Forstnebennutzung an Berechtigte . .	20,500	31,500
§. 27. „ aus Vergünstigung .	11,000	
§. 28. Abgang und Nachlaß	9,043	17,000
§. 29. Sonstige Lasten	16,592	
	171,560	157,684

	Ganzer Ansatz M.	Antheil der Dom.-Forste M.
V. Aufwand der Centralverwaltung.		
§. 30. Besoldungen	89,200	
Wohnungsgeld-Zuschüsse . . .	10,560	
§. 31. Gehalte	16,300	41,000
Wohnungsgeld-Zuschüsse . .	1,032	
§. 32. Bureau-Aufwand . . .	6,257	
§. 33. Verschiedene Ausgaben * . .	16,000	12,000
	139,349	53,000
VI. Allgem. Aufwand der Bezirksverwaltung.		
§. 34. Besoldung der Dom.-Verwalter .	77,300	
Wohnungsgeld-Zuschüsse . .	5,700	
§. 35. Gehalte der Gehilfen . .	57,250	
Wohnungsgeld-Zuschüsse . .	1,453	
§. 36. Bureau-Aufwand . . .	13,525	
§. 37. Verschiedene Ausgaben . .	11,763	
	166,990	55,663
VII. Gemeinsamer Verwaltungsaufwand für die Forst-polizei und Forst-Domainenverwaltung.		
§. 38. Besoldungen der Bezirksförster . .	286,000	
Wohnungsgeld-Zuschüsse . .	20,974	
§. 39. Gehalte der Bezirksforstei-Gehilfen .	29,200	172,884
§. 40. Bureaukosten der Bezirksförster . .	13,232	
§. 41. Aversen derselben für Diäten u. Reise-kosten	144,550	
§. 42. Für Forstvermessung u. Einrichtung **	30,408	30,408
§. 43. Verschiedene und zufällige Verwaltungs-Ausgaben im Allgemeinen	7,822	3,911
	532,186	207,203
VIII. Besonderer Verwaltungs-Aufwand.		
§. 44. Bauaufwand für Grundstocks-Gebäude .	83,768	—
Wohnungsgeld-Zuschüsse . .	170	
§. 45. Für Grundstücke	201,006	—
Wohnungsgeld-Zuschüsse . .	1,211	
§. 46. Für Waldhut	171,500	180,741
Wohnungsgeld-Zuschüsse . .	9,241	
§. 47. Für Berichtigung und Unterhaltung der Waldgrenzen . .	1,933	1,933
§. 48. Für Holzabfuhrwege ꝛc. . . .	215,250	215,250
§. 49. Für Waldkulturkosten . .	100,000	100,000
§. 50. Für Zurichtung der Walderzeugnisse .	686,695	686,695
§. 51. Verwerthung der Walderzeugnisse .	9,694	9,694
§. 52. 53. Lehen u. Berechtigungen, Kellerkosten	4,254	—
§. 54. Verschiedene Ausgaben	40,646	27,097
	1,525,868	1,221,410

* Hierunter 4000 M. Mehraufwand wegen des forstlichen Versuchs-wesens, sodann Reiseaufwand der Kollegial-Mitglieder u. And.

** Ein Theil der Einnahmen unter III. §. 14 hiervon in Abzug, gibt den eigentlichen Aufwand für Dom.-Waldungen. Der Betrag schwankt selbstverständlich von Jahr zu Jahr.

Erläuterungen zu den Ausgaben.

Zu §. 16. Die Thatsache des alljährlichen Steigens der Um=
lagen ist ersichtlich aus folgenden Zahlen: Die Umlagebeiträge
für das domainenärar. Gesammtsteuerkapital betrug

1868	18,2 Pf.	auf	100 M.		
69	23,2	"	"	"	"
70	24,0	"	"	"	"
71	24,2	"	"	"	"
72	25,9	"	"	"	"
73	27,5	"	"	"	Pf.

und mußte daher abermals erhöht auf 28 Pf. vorgesehen werden.

Zu §. 23. Die Bewilligungen für Gemeindewege und Land=
straßen, zuletzt mit 63,722 M., ebenso wie jene für Holzabfuhr=
wege (§. 48) mit 150,000 M. wollten seit Jahren nimmer aus=
reichen, um den Bezirksforsteien die nothwendigsten Kredite zu be=
willigen. Zur Vermeidung der vielen wirthschaftlich oft sehr be=
denklichen und kaum mehr verantwortlichen Abstriche wurden nun
zunächst auf 1876/77 die unverschieblichen Neubauten und Haupt=
verbesserungen ermittelt und ihnen die Durchschnitte der letzten 5
Jahre für die Wegunterhaltung und ständige Aufsicht beigeschlagen.
Um die Ausgabesteigerungen wieder auszugleichen, soll instünftige
das Holzergebniß der Wegaufhiebe nicht in den Abgabesatz einge=
rechnet werden, — ähnlich wie es bei den Gemeinden längst üb=
lich. Dieß rechtfertigt sich vollkommen, denn die Durchlichtungen
der Bestände durch Wegaufhiebe vermindern den Holzvorrath
und Zuwachs nicht ganz im Verhältniß der Aufhiebsfläche, nament=
lich bei geringerer Bahnbreite, * und selbst wenn durch Ausdehnung
des Wegnetzes die Produktion und der künftige Abgabesatz sich all=
mählig vermindert, so braucht doch mit Erschwingung der nöthigen
Baukapitalien die Gegenwart nicht ausschließlich belastet zu wer=
den, da ja der wirthschaftliche und sonstige Nutzen größtentheils der
künftigen Generation zu gut kommt.

---

* Bei der Vermessung und Einrichtung besteht in Baden längst die
Vorschrift, nur bei Wegen von mehr als 4,8 m. Breite die halbe Fläche
von der produktiven Waldfläche in Abzug zu bringen.

Für Gemeindewege, theils in den eigenen Waldgemarkungen, theils beitragsweise in den Ortsgemarkungen, sind für die begonnene Budgetperiode erforderlich erachtet:

zu Neubauten	32,000 M.	zur gewöhnlichen	
„ Hauptverbesse-		Unterhaltung	113,070 M.
rungen	17,400 M.	„ ständigen	
„ Beiträgen an		Aufsicht	12,270 M.
Gemeindever-			
bände	9,300 M.		
	58,700 M.		125,340 M.
	= 32 %		= 68 %

somit für 1 Jahr zusammen 92,035 M.

Diese Summe ist in gegenwärtigem Versuch, den Voranschlag für die Domänenforste gesondert aufzustellen, den letzteren allein zugeschrieben, obgleich die Domainengüter ebenfalls ihren Antheil daran haben. Dagegen sind die Brandversicherungsbeiträge, die Verwendungen auf Gebäude und auf Kolonien (§. 17, 22 und 44) außer Ansatz gelassen.

Zu §. 30 und 31. Für die Centralverwaltung sind angesetzt: 1 Direktor 6800 M., 9 Kollegialbeamte 41,200 M. (durchschnittlich 4578 M.), 14 Kanzleibeamte 41,200 M. (durchschnittlich 2943 M.)

Zu §. 38 bis 41. Die Bezirksförster-Besoldungen erfahren eine regulativmäßige Erhöhung bis zu dem Maximalsatz von 4200 M. (Durchschnitt 3040 M. d. i. gegen 18$^{72}/_{73}$ um 13,7 % mehr.)

Für 24 ständige und zeitweise Gehilfen sind je 8 Gehalte zu 1400, 1200 und 1050 M. angenommen.

Für 94 Bezirks-Forsteien ist 1 Bureauaufwand von (rund) 104 M., nebstdem für 48 Stellen ohne Dienstwohnung eine Bureau-Miethe von 72 M. vorgesehen.

Die früheren Aversen für Pferdehaltung oder Miethfuhrwerk und auswärtige Zehrung, 1866 geregelt, genügen als Entschädigung heute nicht mehr.

Für die neue Regelung liegt in Absicht:

a. bei den kleineren Bezirken ein Gesammtaversum von durchschnittlich jährlich 882 M.,

b. bei den größeren Bezirken entweder für Pferdehaltung ein Jahresaversum von durchschnittlich 1075 M. oder für Mieth=fuhrwerk ein Kredit von durchschnittlich 710 M. und in beiden Fällen statt Diäten ein weiteres Aversum von 700 M.

c. bei den Bezirksförsters=Gehilfen Entschädigungen von durch=schnittlich jährlich 175 M.

Die Durchführung erheischt gegen bisher 22,2% mehr.

Zu §. 48. Nach den angestellten Erhebungen werden nöthig:

$$
\left.
\begin{array}{lr}
\text{zu Neubauten} \ldots \ldots \ldots \ldots & 241{,}700 \text{ M.} \\
\text{„ Hauptverbesserungen} \ldots \ldots & 50{,}600 \text{ „}
\end{array}
\right\} = 68\%
$$

$$
\left.
\begin{array}{lr}
\text{für die gewöhnliche Wegpflege} \ldots & 120{,}400 \text{ „} \\
\text{„ die ständige Aufsicht} \ldots \ldots & 17{,}800 \text{ „}
\end{array}
\right\} = 32\%
$$

somit jährlich 215,250 M. Der auf 185,000 M. zu veranschlagende Reinerlös aus den $18^{76}/_{77}$er Wegaushiebs=Ergebnissen (§. 4) deckt demnach 76% der Kosten für Neubauten.

Das Institut der ständigen Wegwarte besteht in einzelnen Be=zirken, verdient aber eine größere Verbreitung.

Zu §. 50. Die Zurichtungskosten waren im Jahr 1875 aber=mals auf 1,80 M. pro Festmeter gestiegen. Bei dem Budgetan=satz sind 1612 Festmeter, weil unaufbereitet zu verwerthen, in Ab=zug gebracht.

Demgemäß stellen sich Einnahmen und Ausgaben im neuen Budget wie folgt:

	Für die ganze Domainen-Verwaltung	Geschätzter Antheil des Forst-Dom.-Aerars	
		Im Ganzen	Auf 1 Hect. Waldfl.
	M.	M a r k	
Jahreseinnahme:	7,260,848	4,683,210 (64,5%)	53,76
Jahresausgaben:			
a. Lasten I. Abgaben . . .	170,220	56,600	0,99
II. An Kirchen, Pfarreien, Schulen . . .	939,882	—	
III. Zinsschuldigl. b. Grundstocks	2,652	—	
IV. Verschiedene Lasten	171,560	157,684	1,81
b. Verwaltungs-Aufwand V. Centralverwaltung	139,349	53,000	0,61
VI. Allgem. Aufwand der Bezirksverwaltg.	166,990	55,663	0,64
VII. Gemeinsamer Aufwand f. die Forstpolizei u. Dom.-Verwaltung . . .	532,186	207,203	2,37
VIII. Besond. Verwaltungsaufwand	1,525,868	1,221,410	13,99
	3,648,207	1,781,560 (49,0%)	20,41
Reineinnahme	3,612,641	2,901,650 (80,3%)	33,35

Es ergeben also diese Budget-Ansätze gegen die Budget-Nachweisung von 18⁷²/₇₃ zwar einige Zunahme der Bruttoeinnahmen, jedoch zugleich eine unvermeidliche Steigerung des ganzen Verwaltungsaufwands, in Folge dessen die veranschlagte Reineinnahme, zumal in Erwägung der Zeitlage, hinter jenen der letzten zwei Budget-Perioden vermuthlich etwas zurückbleiben wird.

Zum Schlusse, nachdem die Geduld der verehrlichen Leser durch lange Zahlenreihen ermüdet, möge noch jener jüngsten Veränderung im Gebiete der Bad. Forstverwaltung kurz gedacht werden, welche das forstliche Versuchswesen betrifft. Mit Ablauf des Jahres 1875 ging dasselbe nämlich auf vorherige Verständigung hin aus dem Geschäftskreis des Ministeriums des Innern an das Finanz=Ministerium über und wurde von diesem der Domainen=Direktion einverleibt. In Folge dessen mußten auch die Satzungen einer Umänderung unterzogen werden, welche im Wesentlichen darin gipfelt, daß die Direktion zur Ausführung derjenigen Arbeiten, welche von dem Vereine der Deutschen forstlichen Versuchsanstalten vereinbart sind, Kommissäre aus dem eigenen forstlichen Kollegium und aus dem Lehrerpersonal der Forstschule — von unbestimmter Zahl — entnimmt und alljährlich nach deren Anträgen mittelst kollegialischer Berathung den Umfang der Arbeiten festsetzt. Vorläufig hielt man 2 solche Kommissäre für genügend und das Großh. Ministerium der Finanzen ernannte zu solchen den Großh. Forstrath Krutina und den Prof. Schuberg, welche bisher thatsächlich das Versuchswesen geleitet hatten. Zur Ausführung der Arbeiten werden von der Domainen=Direktion besondere Kräfte bestellt; die Bezirksforsteien haben die Dienstobliegenheit, zur Unterstützung und Förderung der Arbeiten mitzuwirken und die nöthigen Arbeiter zu bestellen. Für eine umfänglichere, zeit= und kostspieligere Theilnahme können besondere Vergütungen gewährt werden. Die gesammte Versuchseinrichtung, Verrechnung ꝛc. ist absichtlich möglichst einfach gestaltet und das ganze Gewicht auf die Auswahl der lohnendsten Versuchsarbeiten, der passendsten Versuchsorte, die vollkommenste Ausnutzung der Mittel und Objekte und Erzielung baldiger überzeugender Erfolge gelegt, welche besser als alle Worte dem Versuchswesen Anerkennung und Geltung verschaffen werden.   Σ.

Literarische Berichte.

№ 20.

Über die Entwässerung der Gebirgswaldungen von L. Reuß, Fürstl. Colloredo=Mannsfeld'schem Forstrath. Prag. In Commission von Franz Rivnáč. 1874.

Das vorliegende nur 16 Seiten umfassende Schriftchen verdient namentlich die Beachtung der ausübenden Forstbeamten, weil es eine vorzugsweise praktische Frage behandelt. Bekanntlich glaub-

ten viele Fachmänner durch Entwässerung der Walbungen den Zustand berselben und insbesondere die Holzzucht heben zu können,
und so wurden benn in den letzten 50 Jahren eine Menge
von Walbungen künstlich entwässert. In neuester Zeit werden nun
in der forstlichen Literatur nicht wenige Stimmen laut, welche, gestützt auf inzwischen gemachte ungünstige Erfahrungen von dem
allzutief eingreifenben Entwässern der Walbungen entschieben ab-
rathen. Auch der Verfasser ist ein entschiebener Gegner der Entwässerung namentlich der Gebirgswalbungen und wir glauben ihm
in der Hauptsache unsere volle Zustimmung geben zu müssen, haben
wir uns doch schon vor 15 und mehr Jahren Fachgenossen gegenüber dahin ausgesprochen, baß in der Walbentwässerungsfrage in
nicht allzulanger Zeit ein Rückschlag nothwenbig eintreten müsse.
Der Verfasser schilbert nun, baß in der Fürstlich Colloredo-Manns-
felb'schen Domäne Dobrisch, welche ca, 33000 Joch Walb in einer
Höhenlage von 1200—2700 Fuß enthalte, seit einer Reihe von Jahren
großartige Entwässerungsgraben angelegt worden seien, welche min-
bestens eine Länge von 75 Meilen umfassen. Die Resultate seien
aber keineswegs für die Kulturverhältnisse günstig und auch die
Industrie, welche auf nachhaltige, gleichmäßige Wasserkräfte angewiesen, habe wesentlich gelitten. Die jetzt nur noch spärlich vor-
hanbenen Wasserkräfte mußten vielfach durch theure Dampfkraft
ersetzt werden. „Die jungen Bestände kränkeln und kümmern, und
zwar auch auf den Flächen, die vor der Entwässerung schöne, holz-
reiche Bestände trugen."

„Heute schwimmen die Laubabfälle im Wasser, morgen knistern
sie unter ben Füßen, weil einmal heftige Regengüsse und bann
wieder monatlange Dürre eintrete. Die Fruchtbarkeit gehe sichtlich
zurück, der Humus verwese unvollkommen zu Stauberbe. Eichen
und Buchen trügen weniger Mast wie früher, die Walbwiesen,
welche früher frischen Nachwuchs bis zum Herbste geliefert hätten,
seien jetzt zur Zeit des Heuschnitts schon halb verbrannt, Lanb-
wirthschaft und Industrie hätten viel verloren aber wenig gewonnen."

Der Verfasser kommt schließlich zu bem Resultat:

„Wie man früher alle Mittel angewenbet hat, um bas vom

Himmel gespendete, alles befruchtende und belebende Wasser möglichst schnell und vollständig in's Meer zu spediren, so wage man
jetzt den Versuch und biete Alles auf, um das Wasser zu binden
und zu halten. — Man stoße sich nicht daran, wenn dabei einige
Übelstände hervortreten. Der Wald ist in seiner Gesammtheit
früher gediehen trotz aller Nässe: er wird durch Nässe nicht so bald
zu Grunde gerichtet werden. Und gingen wirklich hie und da einige
Joch Fläche für die Holzzucht vollständig verloren, ja wären es
sogar Hunderte von Jochen, was liegt daran, wenn sich der Wald
dabei im Ganzen wohlbefindet? Es bleibt wahrhaftig noch Raum
genug für lohnende Thätigkeit. — Lassen wir die Moore Moore
sein, und begnügen wir uns damit, ihrer weiteren Ausbreitung
durch Erziehung guter, voller Bestände Grenzen zu ziehen. Wollen
sie selber kein Holz produciren, so mögen sie es bleiben lassen, wir
wollen sie deßhalb nicht gering achten; sie sollen uns als Wolken-
bilder, Regenspender und Quellenernährer lieb und werth sein; in
dieser Beziehung mögen sie uns den Wald ersetzen. Es ist ohnehin Täuschung, wenn man meint, ein eigentliches Moor durch Trockenlegung ertragsfähiger und besser machen zu können."

„Wollen sich die kleinen Brücher der schablonenmäßigen Be-
triebsordnung nicht fügen, wollen sie keine Eichen und Buchen,
keine Fichten und Tannen tragen, so gönne man ihnen ihre Erlen,
Birken, Vogelbeeren, oder was ihnen sonst zusagen mag. Der Wald
wird nicht darunter leiden." So schreibt der Verfasser und fügt
endlich noch bei, man möge den Entwässerungsapparat nicht nur
in Ruhe setzen, sondern die mühsam angefertigten Gräben wenigstens theilweise wieder zuwerfen, um dem Walde wieder mehr
Wasser zuzuweisen und es länger in demselben zu erhalten. Und
wir fügen hinzu, es gibt auch eine Überkultur und viele alte
Kulturvölker gingen schließlich wenigstens theilweise an Wassermangel
zu Grunde.

Indem wir nochmals die Leser dieser Blätter auf die kleine
Schrift aufmerksam machen, fügen wir den Wunsch bei, es möchten
auch noch andere Fachgenossen ihre in der Entwässerungsfrage gemachten Erfahrungen furchtlos und treu mittheilen. **B.**

Verantwortlicher Redacteur: Dr. **Fr. Baur,** Professor an der Akademie Hohenheim.
Druck der **E. Schweizerbart'schen** Buchdruckerei (**E. Koch**) in Stuttgart.

Waldbau.

Bestockungswandlungen im Spessart.

Von Prof. C. Gayer.

Man sollte denken, daß in einem Fache, dessen ganzes Thun und Lassen auf die Zukunft gerichtet ist, wie im forstlichen, und bei welchem die Quantität und Qualität der jeweiligen Ernte durch eine in weit zurückliegender Zeit erfolgte Produktionsthätigkeit und eine Menge aufeinander gefolgter theils fördernder theils störender Ereignisse bedingt ist, daß in einem solchen Fache und bei einer so naturnothwendigen Solidarität zwischen Vergangenheit, Gegenwart und Zukunft, schon längst das Bewußtsein der Pflicht praktisch sich sollte in einer Weise verwirklicht haben, welche es gestattet, sichere Blicke in eine möglichst weit hinter uns liegende Vergangenheit zu werfen. Man sollte erwarten können, daß von der Zeit an, in welcher Tinte und Papier zu einem so mächtigen Faktor auch in unserem Fache sich geltend zu machen begann, oder daß wenigstens im weitern Verlaufe unserer schreibseeligen Zeit der Anfang zu Begründung einer Wald-Chronik in wirthschaftlichem Sinne und in einer für unsere Nachkommen verwerthbaren Art gemacht worden wäre. Daß die nur die Bestandsnutzung begreifen=den Buchungen in den Wirthschafts=Controlbüchern, die Nachweisungen über andere dem Wald entnommene Nutzungen, über Culturen ꝛc. eine kurze chronologische Aufschreibung über alle den Entstehungs= und Entwicklungsgang der Bestände berührenden Ereignisse nicht ersetzen können, darüber wird wohl kein Zweifel bestehen; denn dort bildet im letzten Grunde der Geldertrag und die Controle das treibende Motiv, also die egoistischen Interessen der Gegenwart, — die Bestands=Chronik dagegen ist unser Vermächtniß an die Zukunft, es sind gleichsam die Familienpapiere, welche wir jedem Bestande mitgeben. Stände uns heute ein ausreichender Einblick in die Schicksale zu Gebot, welchen unsere Waldbestände während der letztverflossenen 50—80 Jahren unterstellt waren, kenneten wir, die Verhältniße und Ereigniße welche ihre Entwickelung und heutige Verfassung begründet haben, wären wir besonders von jenen Vorkommnissen unterrichtet, welche ihre Wirkung direkt oder indirekt auf die Standortsthätigkeit äußern, dann wäre uns eine Unterlage geboten, auf die wir in der Wirthschaft mit sicherem Schritte weiter bauen, die uns vor manchem Mißgriff behüten, unseren Entschlüssen Klarheit und Folgerichtigkeit gestatten und dem Gewichte der wechselnden persönlichen Ansicht einen wohlthätigen Riegel vorschieben würde. Dann könnte jene naturgemäße Harmonie und jene Solidarität zwischen Vergangenheit und Zukunft, wie sie bei einem auf so lange Produktionszeiträume angewiesenen Wirthschaftszweige nothwendig bestehen sollte, zur Wahrheit werden.

Solche Gedanken überkamen mich wieder (ich habe denselben schon öfter Ausdruck gegeben) als ich es versuchte einen sichern Blick in die früheren Bestockungsverhältniße des Spessarts, zum Vergleiche mit den jetzigen zu werfen. Man könnte allerdings glauben, daß derartige Betrachtungen am allerwenigsten durch einen Wald veranlaßt werden könnten, über den schon so viel geschrieben wurde, namentlich seitdem er unter bayerischer Verwaltung steht. Und bennoch ist es so, wenn man die Waldstandsverhältniße am wirthschaftlichen Faden (nicht die früheren Eigenthums-, Ertrags-, Nutzungs-Verhältniße u. s. w.) nach rückwärts verfolgen will. Das statistische Material scheint oft in überreichlicher Menge zu Gebot zu stehen, und doch sucht man nach Vielem und besonders nach solchen Dingen fast vergebens, welche mehr oder weniger außerhalb des Interesses der jeweiligen Gegenwart liegen, oder man muß sich mit dürftigen oder zufälligen Funden begnügen. Ich beziehe dieses auch auf die nachfolgenden Zahlen bezüglich der früheren Bestockungsverhältniße des Spessarts. Wenn dieselben der Wahrheit aber auch nur als nahe stehend betrachtet werden können, so halte ich ihre nähere Betrachtung doch für lehrreich genug.

Die erste wissenschaftliche Arbeit über den Spessart hat Klauprecht durch seine 1826 erschienene forstl. Statistik dieses Waldes geliefert. Sie kann als die grundlegende Quelle betrachtet werden, aus welcher viel geschöpft wurde und die heute noch ihren Werth

behauptet. Weit jüngeren Datums sind die amtlichen Veröffentlichungen der bayerischen Verwaltung; es sind Ergebnisse, welche
durch Berathung und Revision der Wirthschaftspläne veranlaßt
wurden, und die natürlich bezüglich der Zahlenangaben den sicher=
sten Boden darbieten. Alles andere kann kaum Vertrauen bean=
spruchen, da ihm selbständige Forschung abgeht.

Daß der Spessart vor 400—500 Jahren ein ausgedehnter
nahezu reiner Eichenwald war, wird Allgemein angenommen. Wer
heute den Spessart zum erstenmale sieht, dem mag es wohl schwer
fallen, diese Vorzustände aus den jetzigen Waldbildern herauszu-
finden; aber noch vor 25 Jahren und mehr noch zur Zeit als
Klauprecht schrieb, mußte sich Jedermann diese Anschauung leicht
und zweifellos aufdrängen. Der badische Oberforstmeister v. Tettenborn, der von der Chur=Mainzer Regierung beauftragt war,
den ersten von der spessarter Lokalverwaltung aufgestellten Nutzungs-
plan einer Revision zu unterziehen, und auf den sich Klauprecht
eingehend bezieht, stand dieser früheren Physiognomie des
Spessarts noch näher, und es müssen im Jahre 1790, als Tettenborn denselben bereiste, noch ausgedehnte Reste jener Waldbe=
standsverhältnisse in ihrem urwüchsigen Charakter vorhanden gewesen sein, die auf den vormals reinen Eichenwald mit Sicherheit
zurückdeuteten. Allerdings hatte sich 1790 die Buche im Spessart
schon sehr breit gemacht, ja sie mußte schon weit früher unter den
lichtkronigen Eichen und auf dem humusreichen Boden eine will=
kommene Stätte gefunden haben, die sie in ihrer Unduldsamkeit
mit der Eiche auf die Dauer nicht zu theilen gewillt war, — denn
seit dem übermächtig gewordenen Eindringen der Buche und der
Einführung der schlagweisen Verjüngung war es mit der Selbst=
verjüngung der Eiche resp. mit derer Erhaltung vorbei. Es ist
bekannt, daß wenigstens bei der Übernahme des Waldes durch die
bayer. Verwaltung keinerlei Eichenjungwüchse von einiger Bedeu=
tung, sondern allein nur die letzte natürlich erwachsene Generation
alter und überalter Eichen vorhanden war. Auf Seite 254 seines
Werkes führt Klauprecht die Bestockungsverhältnisse tabellarisch auf,
wie sie Tettenborn vorfand. Diese Angaben dürften ihrer detail=
lirten Darstellung halber alles Vertrauen verdienen; sie ergeben

22*

das Bestockungsverhältniß des Spessarts zur Zeit des Jahres 1790 folgendermaßen:

Eichenbestände . . . . 21 %
Buchenbestände . . . . 40 %
Eichen mit Buchen gemischt . . . . 39 %

der bestockten Gesammtfläche. Von Nadelholz war damals keine Rede, wenigstens ist desselben nirgends erwähnt; doch wurden schon damals über 12,000 Tagwerk von Tettenborn unter der Bezeichnung verkrüppelter Buchenbestand und Viehweide mit einzelnen Eichen aufgeführt.

Im Jahre 1814 kam der Spessart an Bayern, und die neue Verwaltung übernahm wohl noch einen großen Vorrath an alten Eichen und wohlerhaltener Laubholzbestände überhaupt, — aber auch eine, jetzt schon auf circa 25,000 Tagwerk herangewachsene Fläche, welche theils öde, theils mit mehr oder weniger ausgesprochenen Krüppelbeständen bestellt war. Der Wald war während der französischen Kriege namentlich in seinem nördlichen Theile einem excessiven Holzfrevel und schonungsloser Streunutzung erlegen. War auch zu dieser Zeit von Nadelholz noch kaum die Art vorhanden, so mußte demselben von jetzt ab mehr und mehr Terrain überlassen werden, denn daß der größte Theil dieser Krüppelholzflächen nur durch Nadelholz aufgeforstet werden konnte, darüber war man nicht zweifelhaft.

So konnte Klauprecht im Jahre 1826 zum erstenmale die Gegenwart von Nadelholz, aber auch eine Erweiterung der Buchenholzbestockung constatiren. Aus seinen Angaben ist nämlich folgendes Bestockungsverhältniß Anfangs der 1820er Jahre zu entnehmen:

Eichenbestände rein . . . . 16.4 %
Buchenbestände rein . . . . 24.6 %
Eichen und Buchen gemischt, die Buche
  vorherrschend . . . . 57.3 %
Nadelholzbestände . . . . 1.7 %

Im II. Hefte der vom bayer. Minist.-Forstbüreau herausgegebenen forstl. Mittheilungen findet sich Seite 94 eine Uebersicht über die im Zeitraume von 1825/26 bis zum Abschlusse der primitiven Betriebseinrichtung 1836/37 ausgeführten Kulturen. Es begreifen diefelben faft ausschließlich Neubeftockungen auf den oben erwähnten Oedungen und Krüppelbeftandsflächen, und zwar mit einer Fläche von 7740 Tagwerk. Hiervon find circa 2000 Tagwerk Laubholz-, und 5740 Tagwerk Nadelholz-Culturen. Im Jahre 1837 war fohin die mit Nadelholz beftockte Fläche des Speffarts auf 7.3% der Gefammtfläche angewachfen.

Die in der nun folgenden Periode des 1. Zeitabschnittes 1837/51 ausgeführten Beftands-Neubegründungen, welche sich ebenfalls vorherrschend auf Wiederbestockung der Oedflächen und Krüppel-beftandsflächen beziehen, entziffern (nach der im 2. Hefte des II. Bandes S. 71 gegebenen Ueberficht) eine abermalige Erweiterung der Culturfläche um 21,504 Tagwerk. Hievon wurden 5314 Tag-werk mit Laubholz und 16,190 Tagwerk mit Nadelholz beftockt. Im Jahre 1851 war dadurch die gefammte mit Nadelholz beftockte Fläche des Speffarts schon auf eine Ausdehnung von über 23000 Tagwerk geftiegen; das find 23.4% der beftockten Gefammtfläche.

Die gegenwärtigen Beftockungsverhältniffe des Speffarts nach dem Stande zu Ende des Wirthfchaftsjahres 1873 weifen nun einen abermaligen Fortschritt der Nadelholzbeftockung und ein Zu-rückweichen der Laubhölzer nach; und zwar bezieht sich derfelbe nun nicht mehr ausschließlich auf die immer noch in geringer Aus-dehnung vorhandenen Krüppel- und Oedflächen. Ich gebe im nachfolgenden die betr. Ziffern, wie ich fie der Güte der Herren Forftmeifter Renner zu Lohr, Lotz zu Stadtprozelten und Herrn Forftamtsaffiftenten Fiedrich dahier zu danken habe:

Revier	Ganze Fläche	Beftockte Fläche	Laub-holz	Nadelholz		Laub-holz trüp-pelbe-ftände
				rein	faft rein	
		Tagwerke.				
Forftamt Afchaffenburg.						
Rothenbuch	10212	10078		894	917	8
Waldafchaff	6814	6732		1079	78	—
Hain	6249	6049		2099	228	95
Sailauf	4217	4017		1605	618	153
Schöllkrippen	5302	4925		3059	52	286
Heinrichsthal	7904	6957		3732	489	826
	40698	38758	22539	12468	2382	1368

Revier	Ganze Fläche	Bestockte Fläche	Laub= holz	Nadelholz		Laub= holz krüp= pelbe= stände
				rein	fast rein	
			T a g w e r k e.			
Forstamt Lohr.						
Lohrerstraße	7832	7792		595	—	—
Partenstein	5678	5663		2404	—	638
Frammersbach	5851	5840		2165	1619	931
Wiesen	6043	6004		1071	—	262
Ruppertshütte	6851	6803		1560	—	
	32210	32102	20857	7795	1619	1831
Forstamt Stadtprozelten.						
Altenbuch	8232	7968		1426	375	147
Bischbrunn	8431	8189		945	1058	82
Krausenbach	4249	4209		215	—	—
Rohrbrunn	11489	11282		216	73	41
	32401	31648	27070	2802	1506	270
	105309	102508	70466	23065	5507	3469

Die heutigen Nadelholzbestände nehmen sohin eine Fläche von 28,572 Tagwerk, das sind 27.87% der bestockten Fläche, ein. Rechnet man die noch vorhandenen mit Laubholzkrüppeln bestellten Flächen, welche nur einer Aufforstung mit Nadelholz zugänglich sind, hinzu, so erweitert sich das heutige unbedingte Nadelholzterrain auf 31.27% der ganzen Fläche.

Wie aus vorstehender Tabelle hervorgeht, ist es vorzüglich der nördlich von der Eisenbahn zwischen Lohr und Aschaffenburg gelegene Theil des Spessarts, in welchem das Nadelholz mit so erheblichen Ziffern an der Bestockung sich betheiligt: es ist das auch der stärker bevölkerte Theil. Wenn man die hierzu zählenden Reviere Partenstein, Frammersbach, Wiesen, Ruppertshütte, Hain, Sailauf, Schöllkrippen und Heinrichsthal in dieser Richtung zusammenstellt, so ergibt sich für diesen nördlichen Spessart eine

Laubholzfläche von . . . . 22,367 Tagwerk.

Nadelholzfläche „ . . . . 20,700 „

Krüppelbestände „ . . . . 3,191 „

Die Nadelholzfläche beträgt also hier 44.5%, und wenn man

ihr die Krüppelholzfläche zurechnet, heute schon fast 52% der Gesammtfläche.

Unter den mit Nadelholz bestockten Flächentheilen sind hier
nur die reinen und fast reinen Nadelbestände begriffen. Die
aus Laub= und Nadelholz zu mehr oder weniger gleichen Theilen
gemischten Bestände sind nicht sehr zahlreich; auch sie sind im
nördl. Spessart mehr vertreten, als im südlichen. Dagegen finden
sich fast überall, auch mitten im Herzen der Laubholzregion, leichte
Nadelholzbeimischungen in den Buchen= und Eichen=Jungwüchsen,
die zum Zwecke der Bestandscompletirung auf unbestockt gebliebenen
und für den Laubholzwuchs nicht mehr geeigneten Bestandslücken ꝛc.
eingebracht werden mußten. Wenn ich alle diese, in den oben
aufgeführten Ziffern nicht inbegriffenen, zerstreuten Nadelholzflächen
auch nur mäßig veranschlage, so umfassen sie doch eine Fläche von
wenigstens 4% der bestockten Gesammtfläche. Die Nadelholzbestockung des Spessarts dehnt sich sohin heute schon über mindestens
35% der Fläche aus.

Das seitherige so beachtenswerthe Umsichgreifen der Nadelhölzer (vorzüglich Kiefern) innerhalb einer verhältnißmäßig kurzen
Zeitperiode ist nun vorzüglich dem Vorhandensein jener ausgedehnten Oed= und Krüppelbestockungsflächen, welche allmälig zur Wieder-
aufforstung kamen, zuzumessen. Sie figuriren in den amtlichen
Darstellungen, wie gesagt, mit einer Gesammtfläche von ungefähr
25,000 Tagwerk. Wenn man nun beachtet, daß hievon 7000 Tagwerk mit Laubholz aufgeforstet wurden, und daß sich aber die
heutige Nadelholzfläche auf 36,000 Tagwerk erweitert hat, daß
also die Nadelholzinvasion mit sehr bedeutender Ziffer, während
eines Zeitraums von etwa 30—35 Jahren, sich auch über Flächen
ergossen hat, welche man noch vor kürzerer Zeit dem Laubholze
oder Mischwuchs erhalten zu können gedachte, so müssen noch andere
Ursachen vorliegen, welche dieses Zurückweichen des Laubholzes
herbeigeführt haben. Eine dieser Ursachen liegt sehr nahe, es ist
die Streunutzung, welcher fast der ganze Spessart unterstellt ist;
eine zweite ist in der lange herrschend gewesenen Buchennothzucht
zu erkennen; und wenn die letztere in ihren Wirkungen auch gegen
die Nachtheile der Streunutzung erheblich zurücksteht, so hat doch

auch sie mit zum Rückgange der Laubholzbestockung beigetragen
Von einer dritten Ursache, in welcher ich die Bestockungswandlungen
des Spessarts erkenne, ein anderes Mal.

Vorerst nur einige Worte über das hartnäckige Festhalten an
reinen Laubholzwüchsen. In den 20er und 30er Jahren war
Nadelholz im Spessart nahezu noch etwas Unbekanntes, der spes=
sarter Forstmann, der nur mit Holländer=Eichen zu thun hatte,
verstand überhaupt unter dem Begriffe eines richtigen „Waldes"
nur den Laubholzhochwald, und auch die damalige Direktionsbe=
hörde konnte zu jener Zeit noch mit Recht die Hoffnung hegen,
den Spessart wenigstens in seiner größten Ausdehnung als einen
Lauhholzwald der Zukunft zu erhalten. Nadelholz gab es ja sonst
in Bayern im Überflusse. Die Bevölkerung und ihre Ansprüche
an den Wald waren noch gering, der Nimbus welchen die Har=
tig'sche Schule von den edlen Holzarten um sich verbreitet hatte,
war noch im vollen Glanze, — auch die hochalterigsten Buchen=
bestände ließen sich, bei den damals noch reichlicheren Mastjahren,
willig verjüngen, und die Umwälzungen, welche auf dem Gebiete
der Industrie und Hauswirthschaft durch Kohle, Dampf und Eisen
herbeigeführt wurden und die sich in ihren Wirkungen so tiefgreifend
auch auf den Wald äußerten, waren noch nicht eingetreten. Als
aber Alles das sich geändert hatte, eine andere Zeit außerhalb des
Waldes angebrochen war, und die sichersten Anzeigen in reichlichem
Maße zur Hand lagen, daß auch im Innern des Waldes sehr
Vieles anders geworden, daß namentlich durch die fortgesetzt wach=
senden Streuanforderungen die Bodenthätigkeit im sichtlichen Er=
lahmen begriffen war, und an vielen Orten die frühere Leichtigkeit
der natürlichen Verjüngung nachzulassen begann, — von dieser
Zeit ab war das frühere Festhalten an reinen Laubholzwüchsen eine
wahre Sünde. Es kamen Buchen und Eichen, sowohl bei Ver=
vollständigung unvollkommener Samenerwüchse wie bei der Wieder=
aufforstung der seit Jahrzehnten verödeten und verunkrauteten
Krüppelholzflächen auf Orte, welche den Anforderungen dieser Holz=
arten nimmermehr gewachsen waren. Die Folgen konnten nicht
ausbleiben; Bodenarmuth und der Frost riefen ein rasch fortschrei=
tendes Siechthum dieser Wüchse, damit einen weiteren Rückgang

der Bodenthätigkeit hervor, und die Kiefer, im besten Falle die Fichte, war der letzte Rettungsanker. Aber dieser Prozeß des Rückganges ist in vielen derart genothzüchtigten Laubholzwüchsen noch nicht zum Ende gediehen, und die jetzige Verwaltung, welche gesünderen und zeitgemäßeren Grundsätzen huldigt, wird sich befriedigt sehen müssen, wenn sie manchen dieser jetzigen Jungwüchse noch für eine kräftige Kiefernvegetation zu retten vermag. Ich habe nicht nöthig darauf aufmerksam zu machen, daß auf zahlreichen heute nur der Kiefer verfallenen Flächentheilen, ein freudiger Mischwuchs aus Buchen und Nadelschattenhölzern zu retten gewesen wäre, wenn man rechtzeitig und für viele Fälle nur vorübergehend dem Nadelholz resp. dem gemischten Bestandswuchse Eingang in die Laubholzregion des Spessarts gestattet hätte, — wie es später die bei der ersten Bestandsrevision festgestellten Wirthschaftsregeln ausdrücklich verlangten.

Daß durch diese früheren wirthschaftlichen Vorgänge die Nadelholzbestockung in nahe liegender Zeit einen weiteren Zuwachs erhalten wird, ist schwer abzuwenden, und wenn man denselben auch nur gering veranschlagt, und in der Hauptsache auf die vorzüglich davon berührten Reviere des nördlichen Spessarts beschränkt, so wird derselbe immerhin erheblich genug sein, um die Bestockungsziffer des Nadelholzes für den Gesammtspessart auf wenigstens 40%, und jener der nördl. Spessartshälfte auf 60% zu steigern.

Aus den bisherigen Erörterungen ist sohin zu entnehmen, daß sich in der jüngst vergangenen Zeit sehr beachtenswerthe Veränderungen in der Bestockung und Physiognomie dieses vormaligen schönen Eichenwaldes vollzogen haben und sich gegenwärtig noch vollziehen, — daß wie früher die Buche, so in neuerer Zeit die Nadelhölzer, darunter in übermächtigem Maße die Kiefer, von Norden und Westen aus immer tiefer in den Wald vorrücken, und das jetzt noch gesunde Laubholzherz anzufressen drohen.

Mancher Leser dieser Zeilen könnte nun allerdings geneigt sein, in diesem Bestockungswechsel nichts Beklagenswerthes, sondern eher einen Fortschritt zu zeitentsprechenderen Waldstandsverhältnissen zu erblicken. Man könnte sagen die Zeit der reinen Laub-

holzwirthſchaft mit ihrer vorherrſchenden Brennſtoffproduktion iſt
überhaupt vorüber, die Zukunft gehört der Nutzholzzucht in Miſch=
waldungen uub hiezu können die mit lauter Stimme ſich anmel=
benden Nadelhölzer nur willkommen ſein. Dieſe Einwendungen
haben unzweifelhaft hinſichtlich ihres Wirthſchaftszieles Berechtigung,
und es iſt zu beklagen, daß nicht heute ſchon jene reine Buchen=
wüchſe, welche keine Eichenbeimengung zum Zwecke der Nutzholz=
erzeugung in ſich ſchließen, nicht eine mäßige Beimengung von
Nadelhölzern (dieſe nicht als Lückenbüßer ſondern als bevorzugte
Beſtandstheile aufgefaßt) beſitzen. Aber dieſe Einwendungen fußen
auf jenen Vorausſetzungen, welche jede Nutzholzproduktion über=
haupt in erſter Linie machen muß, und die vor Allem in einer
wohlgepflegten Standortsthätigkeit beſtehen. Nicht das Nadelholz
überhaupt, ſondern Nadelholz mit möglichſt hoher Nutzholzqualität
kann in dieſem Sinn als Zielpunkt der Produktion betrachtet
werden. Wer wollte nun aber behaupten dieſes Ziel ſei durch
wachſende Ausdehnung einförmiger Kiefernbeſtände allein ſchon
erreichbar, wer wollte mißkennen, daß bei dem Boden und Wald=
ſtands=Charakter des Speſſarts ein möglichſt üppiger Buchenwuchs
das unentbehrlichſte Hülfsmittel iſt, und wer wollte nicht auch zu=
geſtehen, daß zu jeder Nutzholzproduktion geſchonte und gedeihliche
Bodenverhältniſſe die erſte Bedingung ſein müſſen, und dieſes in
verſtärkten Maße, wenn es ſich wie im Speſſart, vorzüglich um
eine umfangreiche Erzeugung von Eichenutzholz handelt.

Es iſt alſo der Rückgang und die Erlahmung der
Standortsthätigkeit, die aus dieſem Beſtockungswechſel
nothwendig gefolgert werden muß und die gerade vom
Geſichtspunkt einer zeitgemäßen Nutzholzproduktion ſo ſehr zu be=
klagen iſt. Die für die Zukunft ſich eröffnende Perſpektive iſt um
ſo bedenklicher, als die unverkennbar wichtigſte Veranlaſſung dieſer
Wandlungen, — die ſeit geraumer Zeit den Speſſart vernichtende
Streunutzung, — auch heute noch andauert, und auf Grund von
Berechtigungsanſprüchen geduldet werden muß.

Die Anerkennung dieſer Anſprüche von Seite des Waldeigen=
thümers datirt erſt aus neuerer Zeit. Vorher laſteten, mit Aus=
nahme verſchwindend kleiner Rechtsabgaben, keine wirklichen Streu=

rechte auf dem Spessart. Noch im Jahre 1826 sagte Klauprecht auf Seite 185 seines Buches. „Dieser Streubezug wird nur auf jedesmaliges besonderes Bitten den Eingeforsteten des Spessarts ab-gegeben. Sie erhalten nur aus Gnade und ohne Consequenz jährlich eine Quantität Laub ohnentgeldlich 2c."; und weiter „da nur eigent-lich die Bestänber der herrschaftlichen Erbbestandshöfe zum Bezuge von Laubstreu berechtigt sind, den eingeforsteten Ortschaften aber nur im Wege der Gnade die unentbehrlichste Streuquantität abge-geben wird (in sofern dieses ohne Schaben für den Wald geschehen kann), ist die Schäblichkeit dieser Nutzung durch strenge Aufsicht und polizeiliche Maßregeln ziemlich entkräftet". Und wie ganz anders ist es doch gekommen! Im Jahre 1860 fanden Verhandlungen mit den Vertretern der Spessarter Gemeinden, leider zu Ungunsten des Walbes statt; es ergab sich nämlich aus denselben eine Um-wandlung des bisherigen Gnadenbezuges in einen, wahrscheinlich durch Berufung auf den Verjährungstitel und den unabweisbaren Streubedarf geltend gemachten, Rechtsbezug. In Folge dessen sind heute nun 44 Gemeinden und etwa 20 Höfe und Mühlen im Spessart anerkannt streuberechtigt, und zwar beziehen sie die Streu ohnentgeldlich. Das Maß der jährlichen Streuangabe ist, mit Ausnahme einiger zu fixirten Bezüge berechtigter Höfe, durch die forstliche Zuläßigkeit, d. h. durch den von der Regierung aufzu-stellenden Streuausnutzungsplan begränzt. Derselbe basirte bis-her in der Hauptsache auf dem Grundsatze, nur jene Bestände heran-zuziehen, welche das halbe Umtriebsalter erreicht und überschritten haben, und innerhalb derselben einen 6jährigen Wechsel zu gestatten. Die Öd= und Krüppelwaldflächen dagegen wurden mit ihren Un-krautwüchsen in kürzeren Zeitpausen zur Streugewinnung geöffnet, ja sie wurden leider vorzugsweise zu Befriedigung der Streuan-forderungen benützt. So stunden seit den 30er Jahren alljährlich zwischen 8000 und 10,000 Tagwerk des Spessarts der Streunutzung offen. Ich unterlasse es, die traurigen Folgen näher zu erörtern, welche auf einen verhältnißmäßig armen Sandboden und in einem nicht quellenreichen Gebirge aus einer im bisherigen Maße fort-gesetzten Streuentführung nothwendig sich ergeben müssen; der Ge-genstand ist im Allgemeinen zur Genüge behandelt, die Wachs=

thumszustände vieler Gärten- und Stangenhölzer und der im Vorstehenden geschilderte Rückzug der Laubhölzer, sprechen laut und
vernehmlich genug. Welche Zukunft steht aber unter solchen Verhältnissen den zahlreichen mit so vielem Fleiße erzogenen Eichen-
Jungwüchsen bevor? Die Tausenden zimmer=hoch beladenen Streu-
wagen, welche in jedem Frühjahr und Herbste auf allen Straßen
und Wegen in langen Colonnen waldauswärts schwanken, geben
die kaum mißzuverstehende Antwort darauf!

Ob freiwillige Ablösung dieses Steuerrechtes versucht wurde
oder der Versuch Erfolg haben könnte, ist zu bezweifeln. Eine
Zwangsablösung kennt das Bayerische Forstgesetz nicht. Ob es
dem Streben der Regierung gelingen wird, ein den heutigen Wald=
Nothständen entsprechendes Gesetz mit einer Kammer zu vereinbaren, deren größere Hälfte wenig Sinn und Verständniß für die
Pflege des Waldes, und damit für dessen nachhaltige Geldrente,
zu besitzen scheint, — das steht dahin. Doch wir wollen es hoffen
und wünschen, daß auch den bayerischen Wäldern insbesondere dem
Spessart eine so rasche Streurechts=Entlastung bescheert werden
möchte, wie sie die Württemberger Waldungen erfahren. Bis dahin bleibt nur eine Hilfe möglich, um den Spessart vor einer
kaum zweifelhaften Zukunft zu bewahren, und die auf denselben verwendeten Millionen nicht zum großen Theile umsonst verausgabt zu haben, — und diese Hilfe ist allein in einer fortgesetzt
steigenden Reduktion der Streuverabfolgung zu suchen.
Der Streunutzungsplan bietet hierzu die Mittel, denn er ist der
vertragsmäßig anerkannte Boden, für die quantitative Bemessung
der Rechtsausübung; er hat die Grenzen festzustellen, innerhalb
welcher der Anspruch der Streuberechtigten, vom Gesichtspunkte
einer pfleglichen Waldbehandlung und mit Rücksicht auf Walderhal-
tung, sich bewegen darf. Daß aber ein 6jähriger Turnus noch
weit von dieser äußersten zuläßigen Grenze entfernt ist, daß für
jene Flächen, welche zur dereinstigen Nutzholzzucht ausersehen sind,
eine vollständige und allseitige Befreiung von der Streunutzung
gefordert werden müsse, und daß in dieser Rücksicht auch viele
der heutigen Altholzbestände mit einer weit längeren als seither
zu bemessenden Vorhege in's Auge zu fassen sind, das dürfte keinen

Zweifel erleiden. Doch auch hierzu wurde in den jüngsten Tagen der Anfang gemacht, und zwar vorerst mit einer Erweiterung der bisherigen Turnusdauer von 6 auf 8, beziehungsweise 10 Jahre. Der Schritt ist zwar klein, aber er bezeichnet doch einen Fortschritt, bezüglich dessen im Interesse des Spessartes zu hoffen ist, daß er in raschem Tempo auf gleicher Bahn sich weiter entwickeln möge.

Forststatik.

Aus Theorie und Praxis.

Von Aug. Knorr, Königl. Preuß. Forstmeister in Münden.

In einer Reihe von Aufsätzen beabsichtige ich meine Verständnisse von der inneren Natur unseres forstlichen Gewerbebetriebes der Prüfung meiner Herren Berufsgenossen vorzulegen. Ich weiß, daß meine Auffassungen von den Ansichten und Überzeugungen vieler Fachgenossen abweichen, ja, daß sich Gegensätze entwickelt haben da, wo ich gern im Einklang geblieben wäre. Es hat eben nicht gehen wollen und muß durchgekämpft werden. Auch bilde ich mir nicht ein, überall unfehlbar das Rechte zu treffen. Aber ich habe die feste Zuversicht, daß ein Kern Wahrheit und nüchterner Thatsächlichkeit in meinen Verständnissen steckt. Gern hätte ich alles dies sich ruhig fertig entwickeln lassen und dann als möglichst abgeschlossenes System in einem besonderen Werke den Männern des Waldes in die Hände gelegt. Doch kann und mag ich nicht länger warten. Es wird Zeit. —

In diesen Aufsätzen werden vorwiegend die Ergebnisse meiner Studien Platz finden. Die eingehenderen Untersuchungen und Berechnungen mögen dem Opus verbleiben, dessen einstige Vollendung meine ganze Hoffnung und Kraft ist.

1. Die Arbeitsleistung der Natur in der Forstwirthschaft.

Die Forstwirthschaft hat die Aufgabe, die in der Waldnatur zur Auswirkung kommenden Naturkräfte nutzbar zu machen. Sie thut das, indem sie dieselben so pflegt, daß sie in unveränderter Kraft sich auszuwirken vermögen, dann indem sie selbige so leitet,

daß sie befähigt werden, die höchste der Waldnatur mögliche Gütererzeugung zu vollbringen, und endlich, indem sie die erntereif
gewordenen Güter der Bedürfnißbefriedigung in höchster Werth-
beschaffenheit darbietet.

Ihr ideales Strebeziel ist, die Befriedigug derjenigen Bedürfnisse, mit welchen die Menschheit auf die Waldnatur angewiesen ist, in unverkümmerter Fülle möglich zu machen, ihr reales
Strebeziel, dafür als Gegenleistung das Einkommen zu erlangen,
welches dem Werthe der Gütererzeugung entspricht, um welchen
durch die Leistungen des forstlichen Gewerbetriebes der Volkswohl-
stand vermehrt wird.

Die Güter, welche der Wald erzeugt, sind immaterielle und
materielle. Die immateriellen sind nicht in Geld umzusetzen.
Wir können kein Eintrittsgeld von dem erheben, der die Wald-
poesie genießen, im Waldesfrieden sich sammeln will. Ja, wir
geben Geld aus für Königs „Lieblichkeitspflege der Waldungen".
Aber auch ein sehr großer Theil der materiellen Güter,
welche dem Volkswohlstande aus dem Walde zufließen, sind unbe-
zahlbar und erfordern oft schwere Opfer. Der „Schutz durch
den Wald" v. Hagens, der durch angemessene Bewaldung erzeugte
Gesundheitszustand von Gegenden und Ländern werden dem Forstwirthe nicht direkt bezahlt. Er läßt sich genügen an den Früchten dieser
Gütererzeugung: an der Liebe für den Wald, der Achtung vor
seiner Herrlichkeit, daß man „den Meister lobt, der ihn aufgebaut
so hoch da oben", dem Behagen seiner Mitmenschen, und er genießt indirekt die daraus hervorgehenden Segnungen, welche auch
seinen Geldeinnahmen zu Gute kommen, wenn durch seine Wirthschaft der Gesundheitszustand und der Wohlstand des Volkes verbessert wird.

Aber auch ein großer Theil der Nutzungen an Waldprodukten ist, je nach dem Entwicklungszustande des Wohlstandes
der Waldanwohner, nur zu einem Preise zu verwerthen, welcher
nur in seltenen Fällen dem Marktwerthe derselben entspricht, ja
welcher ab und zu die Beeinträchtigung nicht aufwiegt, welche die
Naturkräfte durch jene Nutzungen erleiden. Zu ersteren gehören
Beeren, Pilze, deren Gewinnung für die Sammler meist einen

guten Arbeitsverdienst, für den Aufkäufer aber einen noch größeren
Handelsgewinn abwirft, zu letzteren oft das Leseholz und meisten=
theils Gras= und Streunutzung, zumal wenn erstere durch Sicheln
oder Mähen gewonnen wird. Alle Nebennutzungen, bei deren Zu=
gutemachung der Waldbesitzer Werbungskosten aufwenden muß, die
im Verhältniß zu dem Marktwerthe derselben zu hoch sind, und die
er deßhalb der Bevölkerung zur Selbstwerbung überläßt, bilden unter
entwickelten Holzabsatzverhältnissen nur einen unbedeutenden Theil
der Einnahmen und nehmen meistentheils den Charakter von
Almosen an.

Für alle diese unbezahlbaren Güter, ja für die Kosten, welche
er wohl noch für deren Erzeugung aufwendet, und für diese unge=
nügenden Einnahmen und Almosen, muß den Forstwirth die Ein=
nahme entschädigen, welche er aus dem Hauptprodukte
seines Gewerbebetriebes, aus dem Holze, bezieht.

Betrachten wir die Produktionsfaktoren des Holzes.

Die chemischen Bestandtheile des Holzes bestehen aus
der brennbaren Substanz der Cellulose und Lignose, welche aus
der Umwandlung von Kohlensäure und Wasser entstanden sind.
Stickstoffverbindungen und anorganische Bestandtheile, nothwendig
zu der Bildung jener, treten ihrer — an sich unbedeutenden — Masse
nach um so mehr zurück, je älter die Baumtheile sind. Bewirkt
ist die Umwandlung in brennbare Substanz durch Uebergang des
Sonnenlichtes in chemische Kraft. Die kurzlebigen Pflanzen ver=
fallen rasch dem Tode und damit der Auflösung in ihre Elemente;
in der Holzpflanze und zumal im Baume speichert sich das Ergeb=
niß einer Jahres=, Jahrzehnte=, ja auch wohl Jahrhunderte=langen
Lebensarbeit der Pflanzennatur auf. Er ist ein angesammeltes
Kapital von stoffgewordenen Sonnenstrahlen.

Im Walde stehen die Bäume (und untergeordnet auch andere
Holzpflanzen) so dicht, daß möglichst alle während der Vegetations=
zeit auf das Waldgelände herniederkommenden Sonnenstrahlen in
brennbare Substanz umgesetzt werden.

Um im Walde die Erzeugnisse der Pflanzenarbeit sich zu solchen
Gütern ansammeln zu lassen, welche den höchsten Gebrauchs=
werth haben, müssen wir über zweierlei verfügen können: über

Waldgrund, auf welchem sie sich erzeugen, und über Zeit, während welcher sie ausreifen.

Der Waldgrund allein ist es, welcher einen baaren Kapitalaufwand zu seiner Erwerbung erfordert. Die Kohlensäure liefert die Luft, das Wasser bringen die Wolken und die Sonnenstrahlen sendet die Sonne umsonst. Der natürliche Wald verjüngt sich auch selbst. Daß wir zur Begründung des Waldes eines Kulturkostenkapitales benöthigt sind, ist kein unbedingtes Erforderniß der Natur der Forstwirthschaft; es ist erst nothwendig geworden dadurch, daß wir dem Walde eine Kunstform gegeben haben, welche seine natürliche Verjüngung entweder nicht zuläßt, oder die es uns möglich macht, durch künstliche Begründung dem Waldbestande eine Beschaffenheit zu geben, welche die Erzeugung von mehr oder höherwerthigen Gütern gestattet, als dies die Naturform vermag. Eine ähnliche Bewandniß hat es mit einem Theile der Waldpflegekosten, z. B. für Bodenpflege, Ent- und Bewässerungen, während ein anderer Theil derselben (Läuterungen, Aufastungen) unbedeutend, aber für Erziehung höchster Werthe unumgänglich nöthig ist. Ferner bedürfen wir Kapitalien für Verwaltung, Schutz und Steuern, und endlich solche für Werbung der erntereifen Forstprodukte.

Alle diese Kosten sind mehr oder minder ständige. Neben denselben sind aber auch noch vorübergehende erforderlich für die Hinüberführung unserer Wirthschaft aus den extensiven Zuständen des Mittelalters in die intensiven der Neuzeit. Hierher gehören diejenigen für Servitutablösungen, dann die für die Beschaffung der Wirthschaftsgrundlagen, für Grenzfestlegung, Vermessung, Betriebseinrichtung und für den Bau des Wegenetzes und auch von Forsthäusern. Ist da erst der volle Grund gelegt, dann bleiben für letztere Gruppe nur die Kosten für Fortbildung und Unterhaltung übrig. Diese werden dann zu ständigen.

Das sind die Kosten, welche der forstliche Gewerbebetrieb erfordert. Es sind sehr mannigfaltige, zu sehr verschiedenen Zeitpunkten aufkommende. Gliedern wir sie uns nach diesem Gesichtspunkte, und legen wir dafür den aussetzenden Betrieb zu Grunde.

Auf den einzelnen Bestand bezogen sind diese Kosten einmalige, intermittirende und jährliche. Die einmaligen Kosten sind wieder verschieden. Die Kosten für den Bodenerwerb werden nur einmal beim Beginn des Waldbesitzes ausgegeben, die für Kulturen bei Begründung des Bestandes. Hierher gehören meistentheils auch die Bodenverbesserungskosten, wenn solche überhaupt nöthig sind (Entwässerung, Hainen). Die Werbungskosten für den Hauptertrag kommen erst bei Aberntung des Bestandes zu Ausgabe. Die intermittirenden Kosten können zu verschiedenen Zeiten nöthig werden: Läuterungskosten in dem Jugendalter des Bestandes, Aufastungskosten, wenn nicht schon mit den Läuterungskosten zusammenfallend, demnächst eintretend und mehr oder minder lange erforderlich, und Werbungskosten für Durchforstungen, je nach Bedürfniß und Absatz früher oder später beginnend, mehr oder minder regelmäßig wiederkehrend und bis zur Vorbereitung des Ernteeinschlages dauernd. Auch die Kosten für Vertilgung schädlicher Forstinsekten gehören hierher und kommen zu sehr verschiedenen Zeitpunkten zur Ausgabe. Die dritte Art der Kosten, der jährlichen, umfassen vorzugsweise Verwaltungs-, Schutzkosten und Steuern. Aber hierher gehören auch alle ständig geworbenen Unterhaltungskosten für Anlagen (Wege, Wasserbauten, Dienstgebäude) und für Gewinnung von Wirthschaftsgrundlagen (Grenzerneuerung, Eintheilung, Vermessung) und ferner die Renten, welche als dauernde Belastung für Abfindung von Servituten geblieben sind, und denen streng genommen auch die Zinsen für aufgewendete Ablösungskapitalien und Bodenrenten von Ablösungsflächen zugesellt werden müßten.

Die Reinertragsschule bringt alle diese Kosten in drei Klassen: Werbungskosten, Kulturkosten und jährliche Kosten. Die Werbungskosten werden gleich von dem Rohertrage in Abzug gebracht, und wird mit erntekostenfreien Einnahmen gerechnet. Die Kulturkosten werden für den Beginn der Umtriebszeit, die jährlichen Kosten aber nach ihrem Rentenwerthe oder Kapitalbetrage in Rechnung gestellt. Die intermittirenden Kosten werden nicht berücksichtigt. Sie sind nicht überall nöthig und sind, wenn sie vorkommen, zu ungleich und regellos; auch lassen sie sich sehr wohl unter die drei angenommenen Arten vertheilen. Dadurch, daß

man dies thut, vereinfacht man in sehr zweckmäßiger Weise die For=
meln und das Rechnungsverfahren.

Betrachten wir nun die Höhe der einzelnen Kosten.
Dieselben haben nach Herrn von Hagen's „Forstliche Verhältnisse
Preußens" Seite 206 bis 209 beziehungsweise in den Jahren 1863,
1864 und 1865 betragen:

in	Von der Ge= sammt= Ein= nahme.	Jährliche Kosten.				Wer= bungs= kosten.	Kultur= kosten.
		Persön= liche Aus= gaben.	Steuern, Real= abgaben, Renten.	Sonstige Aus= gaben.	Im Ganzen.		
	%	Prozent der Gesammtausgabe.					
Preußen 1865	35,5	45	6,7	6,8	58,5	29,1	12,4
Bayern 1864	36,4	44	0,4	2,7	47,1	39,6	13,3
Sachsen 1863	26,8	33	0,7	8,6	42,3	42,0	15,7
Kurhessen 1865	49,3	42	—	4,7	46,3	41,4	11,9
Hannover 1865	51,9	44	—	8,5	52,5	22,3	25,2
Durchschnittlich	40	—	—	—	50	85	15
Von der Gesammt-Einnahme mithin:					20	14	6

Hierbei ist zu bemerken, daß unter den persönlichen Ausgaben
in Preußen und Bayern die Kosten für die Gelderhebung mit
einbegriffen sind, in den drei anderen Staaten nicht. Die „sonstigen
Ausgaben" sind zu den jährlichen Kosten, gezogen, weil nach der
von Herrn v. Hagen Seite 203 und 206 gegebenen Uebersicht der
größere Theil jährliche Kosten und nur einige intermittirende sind.
Unter den Kulturkosten sind außer den Kosten für Entwässerungen
auch diejenigen für den Ausbau und die Unterhaltung der Holz=
abfuhrwege mit enthalten. — Ferner sind in der Gesammteinnahme
auch die Einnahmen aus den Nebennutzungen und der Jagd mit
einbegriffen. Diese letzteren betragen in Preußen 10,6 Prozent
der ersteren. Von den Kosten für Nebennutzungen und Jagd
hätten wohl einige für Preußen mit Sicherheit ausgeschieden (v.
Hagen Seite 203), der Antheil der Verwaltungs= und Schutzkosten
und vieler anderen (Grenzen, Prozesse, Verpachtungen, Entwässe=
rungen) hätte aber nur gutachtlich bemessen werden können. Es
ist deßhalb davon Abstand genommen, nur die Einnahmen aus der
Holznutzung zu Grunde zu legen und dem entsprechend die Kosten=
prozente für diese zu ermitteln.

Hier haben wir also wirkliche Kosten des forstlichen

Gewerbebetriebes vor uns. Vergleichen wir damit die Kostenansätze der Reinertragsschule.

Diese geht von der richtigen Annahme aus, daß der Privat= waldbesitzer billiger wirthschaftet, namentlich billiger verwal= tet als der Staat.*) Auch mag sie wohl viele Kosten für über= flüssig halten, oder doch für unwichtig; denn es lassen sich die niedrigen Kostenansätze, welche sie ihren Reinertragsberechnungen zu Grunde zu legen pflegt, kaum anderweitig begründen. G. Heyer nimmt in seinem Beispiele der Berechnung des Bodenerwartungs= werthes S. 138. seiner Statik, welchem Burckhardt's Ertragstafel für Kiefer zu Grunde liegt, an, daß an Kulturkosten 8 Thlr. pro Hektar und an jährlichen Kosten 1,2 Thlr. genügen.

Um diese Ansätze mit den wirklich zur Verausgabung kom= menden Kosten vergleichen zu können, müssen wir aus der reinen Einnahme für Holz in dem Heyer'schen Beispiele uns die Gesammteinnahme von der gleichen Flächeneinheit eines diesem Beispiele entsprechend bewirthschafteten Waldes ermitteln. Legen wir dabei den 70jährigen Umtrieb, als den finanziellen, zu Grunde und nehmen wir an, daß die Kosten mit demselben Prozentsatze an dem Gesammtaufkommen aus jedem einzelnen Forste (Block, Betriebs= klasse) Theil nehmen, wie an der Gesammteinnahme der Forstver= waltungen, dann stellt sich die Rechnung folgendermaßen:

Der Haubarkeitsertrag zur Zeit des finan= ziellen Umtriebes, also im 70ten Jahre, beträgt . . 990 Thlr.

Die Zwischennutzungsbeträge vom 20ten bis 60ten Jahre . . . . 86 „

mithin die erntekostenfreie Einnahme für Holz . . 1076 Thlr.

Hierzu treten die Einnahmen für Nebennutzungen und Jagd und die rückvereinnahmten Werbungskosten, jene mit rund 10, diese mit 14% der Gesammteinnahme, von welcher mithin obige Summe 76% bildet. Jene

---

* Dieser Satz läßt sich wohl nicht allgemein festhalten. Nach unsern Beobachtungen wirthschaften viele große Waldbesitzer z. B. in den öster= reichischen Staaten viel kostspieliger als die deutschen Staatsforstverwal= tungen. Kleine Privatwaldbesitzer wirthschaften oft billiger, erzielen aber auch nicht selten geringe Einnahmen wegen ihrer Mißwirthschaft. Die Red.

Einnahmen betragen (76: 24 = 1076: 339,8) rund .   340 Thlr.
Mithin ist die Gesammteinnahme . . . . . . 1416 „

Davon betragen die Kulturkosten Heyer's mit 8 Thlr. nur
0,56% und dessen jährliche Kosten für die Gesammtfläche des im
70jährigen Umtriebe bewirthschafteten Waldes Thlr. 1,2. 70 = 84 Thlr.
oder 5,93%.

Ermittelt man aber die wirklichen Kultur= und jähr=
lichen Kosten von obiger Gesammteinnahme von 1416 Thlr.,
dann betragen die Kulturkosten mit 6% rund 85 Thlr. und die
jährlichen Kosten mit 20% = $\frac{283,2}{70}$ rund 4 Thlr.

Setzen wir diese Werthe in das Heyer'sche Beispiel ein, dann
ergeben sich negative Boden=Erwartungswerthe; denn

es beträgt im Alter von Jahren .	50	60	70	80	90
Die Gesammtsumme des Haubarkeits= ertrages und der Nachwerthe der Zwischennutzungen	483	799	1176	1493	1834
Der Nachwerth der Kulturkosten (c. = 85 Thl.)	373	491	673	904	1215
Der Unterschied	110	308	503	589	619
Der Bodenwerth einschließlich der jähr= lichen Kosten	32	36	73	61	46
Kapitalwerth der jährlichen Kosten (v. = 4 Thl.)	133	133	133	133	133
Der Unterschiede reiner Bodenwerth	—101	—70	—60	—72	—87

Wir sehen: Bei Berücksichtigung der in den Staats=
waldungen wirklich zur Ausgabe kommenden Kosten=
beträge ist von einer Reinertragswirthschaft nicht mehr
die Rede. Die ganze Wirthschaft ist da im Sinne der Rein=
ertragsschule eine Verlustwirthschaft.

Dies ändert sich nicht wesentlich wenn man in diesem Punkte
auch nicht streng an dem Grundsatze festhält, den Rentabilitäts=
berechnungen nur gegenwärtige Preisverhältnisse zu Grunde
zu legen, und für die Kosten Ansätze macht, welche vielleicht in
später Zukunft einmal zutreffen können. Der Faktor Zeit ist bei
allen Diskontoberechnungen viel zu einflußreich, als daß es nicht
ein sehr glücklicher Griff sein sollte, die Kosten so zu bemessen,
daß der Bodenerwartungswerth den thatsächlichen Verhältnissen

entspricht. Hier kann man vorn ändern, wenn's hinten nicht paßt. Umgekehrt aber haben die Kosten auf den Eintritt des finanziellen Umtriebes oder das Gipfeln des Boden= kapitalwerthes gar keinen oder nur einen für die Wirthschaftspraxis ganz verschwindend kleinen Einfluß.

Die jährlichen Kosten sind darauf ganz einflußlos. Ob ihr Kapitalbetrag von dem mit ihnen belasteten Bodenwerthe noch abgezogen wird oder nicht, ist vollkommen gleichgiltig, da ihr Kapitalwerth für jede Altersstufe des Bestandes sich unveränderlich gleich bleibt.

Ebenso verhält es sich mit dem Bodenkaufkapitale, wenn der Forstwirth dessen Zinsen bezahlen muß oder dieselben als eine die jährlichen Kosten erhöhende Rente betrachtet.

Die Kulturkosten ferner wirken so unbedeutend verzögernd*) auf die Gipfelung, daß ihr Einfluß für die Praxis vollkommen verschwindend ist.

Sie müssen für das Heyer'sche Beispiel 373 (372,8) Thlr. betragen um die Gipfelung von dem 70ten bis zum 80ten Jahre zu verschieben. Rücken wir den Nachwerth von diesem Kulturkosten= kapitale in das Heyer'sche Beispiel ein, dann stellt sich der Boden= werth (einschließlich der jährlichen Kosten) für das Bestandesalter von 60 Jahren auf —285,82 Thlr.

$$
\begin{array}{lll}
70 & \text{„} & \text{„} \quad -256{,}91 \quad \text{„}\\
80 & \text{„} & \text{„} \quad -256{,}90 \quad \text{„}\\
90 & \text{„} & \text{„} \quad -263{,}12 \quad \text{„}
\end{array}
$$

Es tritt mithin dann im 80ten Jahre der geringste Minuswerth ein.

Die Durchforstungserträge äußern eine entgegengesetzte Wirkung**) und heben damit den Einfluß der Kulturkosten theil= weise auf. Auf das Gipfeln des Bodenwerthes sind sie aber noch bedeutungsloser, weil die Kulturkosten vom Beginne der Berech= nungszeit an wirken, die Durchforstungserträge aber erst von spä= teren Zeitpunkten aus.

---

* Heyer, Waldwerthrechnung, S. 52. — v. Seckendorf, Beiträge zur Waldwerthrechnung und forstlichen Statik, in den Suppl. zur Forst= und Jagd-Zeitung Bd. VI. S. 152 u. f.

** v. Seckendorf a. a. O. S. 158 u. f.

Berechnen wir uns nach dem Heyer'schen Beispiele den Bodenwerth lediglich aus dem Haubarkeitsertrage $\left(\frac{A_0}{1,0p^u-1}\right)$ so so erhalten wir folgende Werthe:

Altersjahr	Haubarkeitsertrag	Bodenwerth
60	688 Thlr.	140,63 Thlr.
70	990 „	143,15 „
80	1203 „	124,75 „

Also auch hier tritt die Gipfelung im 70ten Jahre ein.

Was bleibt nun für den Begriff „Reinertragswirthschaft" bei ben, ben Eintritt des finanziellen Umtriebes bestimmenden, Faktoren übrig? Gar nichts! Der finanzielle Umtrieb ist ebenfalls ein Rohertragsumtrieb; er hängt ebenso wie die übrigen Umtriebe ausschließlich von den Werthsmassen der bloßen (ernte-kostenfreien) Haubarkeitsnutzung ab, und alle Kosten und Vorerträge haben nur eine unbedeutende für die Wirthschaftspraxis vollkommen gleichgiltige Einwirkung auf seine Höhe. Es ist die kostenlose Arbeit der Natur, welche durch die Ansammlung ihrer Leistungen in dem stockenden Holzvorrathe ein erntereifes Werthskapital schafft, gegen dessen Größe alle Kosten, welche der Mensch dabei aufzuwenden vermag, und alle Vorerträge, welche davon abfallen, zu einflußloser Unbedeutendheit zusammenschwinden.

Ebendasselbe zeigt sich bei der Berechnung der Waldrente. Die Gipfelungen der reinen wie der rohen Waldrente fallen so nahe zusammen, daß sie für die Wirthschaftspraxis identisch sind, z. B. nach Burckhardt's Tafeln bei der Buche II in die Nähe des 120ten, bei der Fichte II des 100ten und bei der Kiefer II des 110ten Jahres.

Ja selbst für die Rentabilitätsberechnungen sind die Kosten fast ganz bedeutungslos. Ist doch Preßler Jahre lang der Ansicht gewesen, seine Formel für das Weiserprozent gäbe Aufschluß darüber, ob die Reinertragsrente eines Baumes oder Bestandes bereits den Zeitpunkt ihrer Kulmination überschritten habe oder nicht, bis von Seckendorf ihm nachwies, daß dies nach jener Formel nur in Betreff des Rohertrages der Fall sei.* Preßler hat später mit einem anderen Herkommen der Reinertragsschule gebrochen. Mag ihm das als Fahnenflucht ausgelegt werden; es war ein männlicher Schritt einer in der Anwendung der Theorie auf den wirklichen Wald gereifteren Erkenntniß. Wir kommen später darauf zurück. Hätte er anstatt dem Herrn v Seckendorf gegenüber sich zu Freundschaftsversicherungen und zu dem leise ausgesprochenen: „Es kommt ja so wenig darauf an" herbeizulassen, den Herren geantwortet: Die Forstwirthschaft ist nach den ganzen Grundlagen ihrer Gütererzeugung eine Rohertragswirthschaft, und das Bestreben aus ihr eine Reinertragswirthschaft zurecht zu machen, ist nur ein aus anderen Gewerbebetrieben übertragener Versuch und eine in der Stubenluft zurecht gelegte theoretische Spielerei, die mit ihren Ergebnissen früher fertig geworden ist, als die Grundlagen, auf denen sie ihre Systeme aufbaut, in der Waldluft verarbeitet waren, — dann würde er sich den Dank der ganzen Waldluftforstwelt erworben, und die Richtung, welche er mit seinem Weiserprozente eingeschlagen hat, nämlich den Nutzeffekt der Wirthschaft nicht in deren Reinertrage sondern in der höchsten Verzinsung ihres Produktionsfonds zu suchen, folgerichtig weiter verfolgt haben. Freilich würde ihn das über sein Hochwaldideal, den Ueberhaltbetrieb des zweialterigen Hochwaldes, hinaus und zur grundsätzlichen und systematischen Ausbildung des Ueberhaltbetriebes an sich geführt haben; und freilich kann man mit solchen Wirthschaftsidealen in der jetzigen Zeit, wo die nothgeborene und theoriegezüchtete reine Hochwaldform nur erst anfängt im Walde ihre Mißerfolge auf jenen Standorten zu erweisen, wo sie sich nicht zu einer Naturform des deutschen Waldes auszubilden vermag, und wo das Verständniß für die Sprache des Waldes erst in den theorieenumnebelten Köpfen der Forstwirthe aufzudämmern beginnt, wohl zu einem Huß werden, der verketzert und verbrannt wird, aber nicht zu einem Luther, der die Bannbulle verbrennt. — Die Zeit kommt erst noch. — Die verkümmerten Reste des Mittelalters müssen aus den Wäldern und Köpfen erst verschwunden sein. —

* Heyer, Statik S. 42 — v. Seckendorf, a. a. O. S. 164 u. f.

Der Grund für die Erscheinung, daß alle Reinertragsberech=
nungen an der Rohertragsnatur der Forstwirthschaft zu Schanden
werden, liegt darin, daß in dieser der Naturfaktor der
überwältigend vorwaltende ist.

Vergleichen wir die Forstwirthschaft mit anderen
Gewerbebetrieben. Was braucht der Landwirth zu seiner
Gütererzeugung? Zuerst Acker= und Wiesenland, urbar gemachtes
Kulturland. Irgend jemand, wenn ich nicht irre, Roscher, sagt,
daß unser Ackerland einen unerschwinglichen Preis haben würde,
wenn all' die Arbeit, welche seit Jahrhunderten in dasselbe hinein=
gesteckt ist und in jeder Ernte jetzt noch fortwirkt, dabei mit bezahlt
werden müßte. Ferner braucht der Landwirth einen Viehstand
theils zur Düngergewinnung, theils als Arbeitskraft, theils zur
Verwerthung von Abfällen, sodann Menschenarbeitskraft zur Be=
ackerung, Bestellung, wohl auch zur Fruchtpflege, und zur Ernte
und Darstellung von marktfertiger Waare. Zum Theil kann er
diese Kraft durch Maschinenarbeitskraft ersetzen. Außerdem sind
Ställe und Scheuern nöthig, ein Hofraum und ein Wohnhaus,
vielleicht noch Arbeiterwohnungen. Endlich hat er noch Kosten
für Wege und Meliorationen (Ent= und Bewässerungen, künstliche
Dünger ꝛc.) aufzuwenden.

Was braucht ferner der Fabrikant für seinen Ge=
werbebetrieb? Auch Grund und Boden, aber nur für seine
Fabrik= und Wohngebäude, und außer diesem Menschenarbeitskraft
und Maschinen mit ihren Feuerungsstoffen; dann Rohstoffe oder
Halbfabrikate und wohl Hilfsstoffe zu deren Verarbeitung endlich
wohl auch Muster, Modelle und Patente, vielleicht auch alten Credit
oder viel Geld für Reklame (Malzextrakt!).

Was braucht nun der Forstmann zu seiner Güter=
erzeugung? Auch Grund und Boden! Aber was für welchen?
Am besten ist der unbeurbarte, seit vorgeschichtlichen Zeiten mit
Wald bestanden gewesene, um so besser für ihn, je weniger Arbeits=
kraft homo sapiens hineingesteckt hat; denn mit seiner Weide,
Streunutzung, Jagd, seiner occupatorischen Nutzungsweise in den
früheren und seiner schulgerechten Kahlhiebswirthschaft oder Be=
samungsschlagführung in den neueren Zeiten, hat der Mensch

dieses Auswirkungsfeld der schaffenden Naturkräfte häufig genug derartig heruntergebracht, daß ihnen die Mittel verkümmert sind, sich in ihrer ganzen Fülle entfalten zu können. — Der volks= wirthschaftlich für ihn am besten passende Boden ist derjenige, dessen güterschaffende Naturkraft' einzig und allein in der Er= zeugung von Wald nachhaltig zur höchstmöglichen Auswirkung kommt. Dies ist unbedingter Waldboden, dem weit mehr Standorte angehören, als gewöhnlich angenommen wird. Die für andere Bodenkulturarten ungünstigen Verhältnisse des Klimas, der Bodenform und der Zusammensetzung stempeln ihn dazu. Alle die mehr oder minder rauhen Höhen, die mehr oder minder steilen Hänge und die mineralisch armen Böden, deren Hauptzeugungs= kraft im Humus steckt, gehören hierher. — Dann kommen alle die Lagen, wo der Wald geboten ist, um Schutz jeder Art für Land und Leute zu gewähren, auf welchen Waldzucht getrieben werden muß, selbst wenn der Boden für sich selbst bei anderer Nutzungsart ein höheres Einkommen zu gewähren vermöchte, als die Waldwirthschaft auf ihm zu liefern vermag. Diese Art von Waldgelände ist schon schwieriger mit Bestimmtheit in den einzelnen Fällen zu bestimmen. Dünen und Flugsand wie auch die äußer= sten Ränder der Flußufer sind an sich meistens schon unbedingter Waldboden. Aber Stellen, wo der Wald als Eisbrecher dient, wo er Quellen speist, wo er auf Bodenerhebungen als Windfang dient, wo er Versumpfung hindert, die normale Zusammensetzung der Luft erhält, gehören hierher. — Dann sind noch der Waldwirthschaft zuzuweisen alle die waldumschlossenen Stellen, welche an sich wohl einen höheren Ertrag bei ihrer Benutzung als Wiesen oder Acker zu bringen vermögen, aber selbst unter der Seitenbeschattung und der stauenden Waldluft in ihrer höchsten Auswerthung verkümmert werden und durch Unterbrechung des Waldschlusses beeinträchtigend auf die normale Ausbildung der umliegenden Waldbestände wirken, so daß die Minderung der Gütererzeugung in diesen die immer noch höheren auf jenen überwiegt. Sie bilden den zweckmäßigen Waldgrund.

Und was hat dieser Boden für einen Werth? Ueberall wird er tiefer stehen als derjenige des Ackerkulturlandes der Umgegend.

Bringt er in waldreichen Gegenden nachhaltig einen höheren Ertrag bei seiner Benutzung als Rieselwiesen (Preußen), dann ist er
kein unbedingter Waldboden; raubt ihn der Waldfeldbau nicht aus
(Moore Nord-Deutschlands, Rheinebene, Flußniederungen), dann
mag man den Überschuß angesammelter Waldkraft vorübergehend
nutzbar machen: Oft aber liefert er bei anderer Nutzungsweise
(Schafweide) nur vorübergehend einen höheren Ertrag und kann
darunter schließlich vollkommen werthlos werden, ja den Wohlstand der Gegend zerrütten (Muschelkalkhänge, Karst, Dünen).

Der Boden, welcher volkswirthschaftlich bei der Waldzucht am
höchsten ausgewerthet wird, ist derjenige, welcher für andere Ge-
werbebetriebe am wenigsten geeignet ist, den kein anderer Gewerbe-
treibender geschenkt nehmen mag, wenn er verpflichtet werden
könnte, durch seinen Gewerbebetrieb nachhaltig eine eben so große
Gütererzeugung zu Stande zu bringen, als die Forstwirthschaft dies
vermag: Er ist der werthloseste von allen Böden.

Und dieser relativ werthloseste Boden ist die einzig
ein Kaufkapital erfordernde Grundlage der forstlichen
Gütererzeugung. Das, was dem Fabrikanten Maschinenkraft
leistet, das leistet hier die Luft, der Regen und der Sonnenschein
umsonst. Der Forstwirth braucht keine düngerbereitenden Geschöpfe
für Geld anzuschaffen: der Wald düngt sich selbst, ja bei schlechter
und unentwickelter Forstwirthschaft, bei Bodenverwilderung oder
verfaulenden Holzmassen selbst mehr, als er braucht. Der Forstwirth braucht keine Ställe und Scheuern, keine Fabrikgebäude,
keine Hofräume und Lagerhäuser, keine Rohstoffe oder Halbfabrikate,
keine Muster, Modelle und Patente, keinen alten Credit und keine
Reklame. Auf dem geringsten Boden erzeugt er aus dessen asche-
bildenden Bestandtheilen und aus der Luft, dem Regen und den
Sonnenstrahlen seinen Rohstoff, das Holz. „Holz und Unkraut
wachsen alle Tage" sagt ein altes Sprichwort.

Wirthschaftet der Forstwirth naturgemäß, dann bedarf er auch
nur sehr geringer Kulturkosten. Seine Kulturen werden um
so theurer, je künstlicher seine Wirthschaft ist. Dem Landwirthe
thut Saatkorn oder Samen alle Jahre für seine Ackerfläche Noth,
und nur die wenigen Futterkräuter und seine Wiesen machen eine

Ausnahme. Der Forstmann braucht Samen nur bei Begründung des Bestandes. Und daß er in seiner Kulturseligkeit immer noch mehr Samen verwendet, als unumgänglich nöthig, und daß er vielfach mehr entwässert, als gut ist, sind altbekannte Uebel. Auch sind seine Forstgärten, wohl kostspieliger und gekünstelter, als gerade nothwendig ist. Aber er hat ja sonst so wenig Gelegenheit zu Luxusausgaben; und Liebe für die Sache bedarf der Pflege: sie sucht gern das schönste, „womit sie ihre Liebe schmückt." So läßt man ihn hier in seinen Pflanzgärten gewähren. Im übrigen ist die forstliche Bearbeitung des Bodens viel weniger kostspielig als die landwirthschaftliche, und die Kulturgeräthe sind viel einfacher.

Ist nun der Bestand begründet, überall gehörig nachgebessert und schließt er sich, dann kommen Kosten für Läuterungen, Reinigungen, Ausputzungen, Ausschneidelungen ꝛc. zur Regelung der Mischung und Wuchsform. Bei günstiger Absatzlage deckt der Holzertrag dieselben wohl. Ist dies aber nicht der Fall, dann scheut er wohl die Ausgabe und überläßt den Bestand vorläufig sich selbst, oder man wendet die Kosten auf, und das liegenbleibende Läuterungsreisig kommt den armen Waldanwohnern als Leseholzalmosen zu Gute oder es verfault und hilft düngen.

Dann kommen Durchforstungen, deren Kosten wenigstens in Brennholzwirthschaften durch den Ertrag immer mehr überstiegen werden, je älter der Bestand wird. Nur Aufastungskosten machen sich wohl dort, wo das Aufastungsreisig nicht mit in das Durchforstungsreisig eingelegt wird, nicht immer unmittelbar bezahlt.

Endlich kommt die Ernte heran. Der Landmann säet alle Jahre und erntet alle Jahre bis an sein Lebensende. Von der Verjüngung eines Waldbestandes bis zu seiner Aberntung ist manches Forstmannsgeschlecht zu Grabe gegangen und mit ihm manches Wirthschaftsideal. Der Enkel erntet, was der Großvater verjüngt, vielleicht ein Urenkel die Saaten längst verschollener Ahnen, deren Grabstätten Niemand mehr kennt. — Die Ernte kostet Geld. Aber die Holzhauer brauchen meistentheils nur Säge, Axt und Keil. Künstliche Rodemaschinen haben einen beschränkten Wirkungskreis. Gefrorener und steiniger Boden hindern ihre Anwendung.

Der Schlag ist fertig, das Holz aufgearbeitet. Jetzt kommt der Verkauf. Da braucht der Forstmann keine Proben umherzuschicken, keine Gerste zu den Brauern, kein Korn und keine Kartoffeln zu den Brennherren, seine Waare nicht selbst zu Markte zu fahren. Er braucht keine Reisenden wie der Fabrikant, braucht seine Waare nicht anzupreisen oder fortzusenden, kein Lager zu halten; er bedarf keiner Makler, Agenten, Spediteure und sonstiger Zwischenhändler. Er zeigt den Verkauf in wenigen Blättern an, und die Käufer kommen, treiben die Preise in die Höhe, kaufen und holen sich die Waaren selbst ab von deren Erzeugungsstelle, oft unter so schwierigen Abfuhrverhältnissen, daß die Leistungen von Pferden, Wagen und Fuhrleuten zu bewundern sind. Hier liegt es nun im Nutzen des Waldeigenthümers die Abfuhrmöglichkeit thunlichst zu erleichtern. Die ersparten Fuhrlöhne werfen sich auf den Waldpreis und dessen Steigen verzinst das Wegebaukapital hoch und deckt die Unterhaltungskosten reichlich. In großen Waldmassen der Ebene und der Gebirge mit geringer Bevölkerung helfen Floßstraßen und Riesen eine Zeit lang aus. Aber mit fortschreitendem Wegeausbau hört ihre Benutzung immer mehr auf. Die Axenverfrachtung ist holzschonender.

Auch die Kosten für das Forstkassenwesen, für Auszahlung der Gehälter, der Löhne und für die Einnahme der Holzkaufgelder können noch unter die Verwaltungs=, Kultur= und Erntekosten vertheilt, und die Kosten für Vorbeugung und Abwehr von Kalamitäten (Wasserbau, Insekten, Waldbrände) zu den Produktionskosten gezogen oder als Versicherungsprämie betrachtet werden.

Dies werden so ziemlich alle die Kosten sein, welche der Forstwirth für die Erzeugung und marktgängige Zurichtung seiner Rohstoffwaaren aufzuwenden hat. Im Vergleiche mit dem Landwirthe und dem Fabrikanten sind sie sehr gering. Die Hauptarbeit vollzieht kostenlos die Natur. Es wird kaum einen Gewerbebetrieb geben, der so wenig Aufwendung von produktiver Arbeit bedarf als die Waldwirthschaft. Die Aberntung des Rohstoffs, die Herrichtung marktgängiger Waarenformen und die Aufschließung des Erzeugungsortes für den Absatz sind es, welche die größten Geldaufwendungen erfordern.

Wie bedeutend die Arbeitsleistung der Waldnatur der Kapital-
aufwendung und der Arbeitsleistung des Menschen gegenüber ist,
tritt recht klar hervor, wenn man den Kostenpreis des Waldbodens und den Aufwand an produktiver Arbeit mit
dem Werthe der erntereifen Bestände und der Höhe
der Einnahmen vergleicht. Im Innern des Reinhardswal-
des bei Münden beträgt der Kaufwerth von Waldwiesen zwischen
18 und 25 Thlr. der Kasseler Acker; das sind rund 220 bis
300 Mark pro Hektar. Der Werth des haubaren Bestandes beträgt 4 bis 20 mal so viel. Und der Kaufwerth des rohen Waldbodens ist schwerlich mehr als die Hälfte desjenigen werth, welcher
für urbar gemachte Wiesen gezahlt wird.* Welcher Landwirth
würde für seine Ernte ungefähr den 10fachen Betrag der Flächengröße gleich guten Landes kaufen können?

Setzen wir den Werth des Bodens mit 10%,** dann bleiben
in den Staatsforsten immer noch 50% reiner Überschuß
der Einnahmen über die Ausgaben: denn die Gesammtkosten würden
dann erst 50% betragen. Und in diesen Kosten stecken alle die
Ausgaben, welche durch die Übergangszustände unserer Zeit
bedingt werden, wie Servitutablösungen (zum großen Theile wenigstens) Ausbau von Wegenetzen, wohl gar neue Vermessungen und
Grenzfestlegungen; und trotzdem daß die Kosten mit dem Sinken
des Geldwerthes und dem Intensiverwerden der Wirthschaft sich
erhöhen, werden sie von dem weit stärkeren Steigen der
Einnahmen derartig überholt, daß der Überschuß der Einnahmen
über die Ausgaben fort und fort sich vergrößert. In Preußen

---

* In Preußen ist bei der Grundsteuer-Veranlagung, für welche lediglich
lich die Produktionsfähigkeit des Bodens ohne Rücksicht auf den Holzbestand
maßgebend gewesen ist, im Durchschnitte der Reinertrag des Waldes
zu 25% von dem des Acker eingeschätzt. v. Hagen, a. a. O. S. 29 u. 30.
Der Danziger Nehrungsforst soll der preußischen Staatsforstverwaltung
zu 391,5 M. pro Hektar angeboten sein, und in Bayern ist das Hektar
Waldboden vom Staate für 288 bis 486,4 durchschnittlich für 383,1 M.
gekauft. Leo, in Forstl. Bl. 1873 S. 38 Anm. Und dies sind immer
noch hohe Preise. In der lüneburger Haide soll das Hektar für ungefähr
120 M. gekauft werden.
** Der Heyer'sche Bodenerwartungswerth beträgt 12,2% des Hau-
barkeitsertrags.

haben sich die Kosten in den 27 Jahren von 1849 bis 1865 vermehrt und zwar*

pro Morgen

die Verwaltungskosten um 34,5% (von 4,73 auf 6,36 Sgr.)

die Betriebskosten . „ 50,0 „ („ 5,2 „ 7,8 „

und darunter die Wer-

bungskosten** . . „ 65,3 „ („ 2,51 „ 4,15 „

und die Kulturkosten „ 30,3 „ („ 11,9 „ 15,5 Pfg.)

die Gesammtausgabe

aber . . . . . „ 43,4 „ („ 9,9 „ 14,2 Sgr.)

Der Gesammt=Bruttoertrag ist dagegen während derselben Zeit gestiegen*** um 110,5% (von 19 auf 40 Sgr. pro Morgen) und der Reinertrag „ 180,4 „ („ 9,2 „ 25,8 „ „ „)

Es betrug der Reinertrag vom Rohertrage 1849 nur 48,2%, 1865 aber schon 64,5%, mithin ist der Kostenantheil von 51,8 auf 35,5% also um 31,5% gefallen.† Dieses Steigen der Ein=nahmen und der Überschüsse ist ganz vorwiegend Folge von größerer Holzerzeugung, von Erziehung höherer Werthe von besserer Aus=nutzung und von dem Steigen der Holzpreise.

Der Holzertrag hat sich von 1849 bis 1865 gehoben:†† beim Derbholze um 24,0% (von 12,5 Cubf. auf 15,5 pro Morg.)

„ Stock und

Reiserholz „ 75,9 „ („ 2,9 „ „ 5,1 „ „

zusammen . . „ 33,8 „ („ 15,4 „ „ 20,6 „ „

Der Nutzholzein=

schlag . . „ 49,1 „ (von 0,212 auf 0,316 des Gesammt=einschlages).

Die Holzpreise (Taxpreise) haben sich folgendermaßen erhöht:†††
In den Jahren 1850 bis 1865:

der Cubikfuß Derbholz um 47,3% (von 1,50 auf 2,21 Sgr.)

---

* v. Hagen, a. a. O. S. 199, 206, 202, 207.
** Für den Morgen berechnet nach v. Hagen, a. a. O. S. 194. Pro Cubikfuß sind sie gestiegen um 26,4% von 2,16 auf 2,73. Daf. S. 200.
*** v. Hagen, a. a. O. S. 192, 194.
† v. Hagen, a. a. O. S. 211.
†† v. Hagen, a. a. O. S. 178.
††† v. Hagen, a. a. O. S. 32, 33, 34.

In den 31 Jahren von 1837 bis 1867:

Der Cubikfuß Eichennutzholz um 59,4 % (von 3,2 auf 5,1 Sgr.)
„   „   Kiefern   „   „ 65,0 „ („ 2,0 „ 3,3 „)
die Klafter Buchenscheitholz „   „ 67,4 „ („ 89 „ 149 „)
„   „   Kiefern   „   „ 83,6 „ („ 55 „ 101 „)
und das Nutzholz überhaupt „   „ 61,5 „ („ 2,6 „ 4,2 „)
„   „ Brennholz   „   „ 73,6 „ („ 72 „ 125 „)

Dabei zeigten die Preise in den verschiedenen Regierungsbezirken im Jahre 1867 Unterschiede:

beim Nutzholze um 186 % (Danzig 2,2, Arnsberg 6,3)
beim Brennholze „ 212 „ (Gumbinnen 66,5, Magdeburg 207,5)
beim   Roggen

aber nur . „ 48,9 „ (Danzig 44,5, Aachen 66,3),
ein Zeichen von der ungünstigen Verfrachtbarkeit des Holzes und
eine Hoffnung auf weiteres starkes Steigen mit der Vervollkomm-
nung der Transportmittel.

Wenn nun auch an dem Steigen der Holzpreise das Sinken
des Geldwerthes seinen Antheil hat, und auch wohl Waldrodungen,
zumal bei den kleineren Grundbesitzern, und fortschreitende Beschränkung des Waldes auf den unbedingten Waldboden, namentlich aber Erweiterung des Absatzgebietes und zunehmende Verwendung des Holzes als Rohstoff für gewerbliche Zwecke dabei wirksam sind, so zeigt doch das Steigen des Nutzholzantheiles an der
Gesammternte, daß es uns durch richtige Leitung und Pflege der
Naturkräfte im Walde immer mehr gelingt, sie in einer höherwerthigen Rohstofferzeugung sich auswirken zu lassen. Der
gesammte Holzmassenertrag hat sich nur um 33,8 % und darunter
der Derbholzertrag nur um 24 % gehoben, der Nutzholzertrag aber
um 49 %. Dabei sind die Preise des Nutzholzes, welches wegen
seines Werthes auch früher schon weitere Verfrachtung zuließ, nur
um 62 %, die des Brennholzes aber um 74 % gestiegen. Dennoch
ist der Antheil des Brennholzes an dem Gesammtgeldertrage zurückgegangen und der Antheil des Nutzholzes ein größerer geworden.
Es betrug nämlich im Jahre

	1837	1867
der Preis des Cubikfußes Nutzholz	2,6 Sgr.	4,2 Sgr.

„ „ „ „ Brenn-

holz $\left(\frac{72}{70}=\right)$ . . . . . 1,0 „ $\left(\frac{125}{70}=\right)$1,8 Sgr.

Der Nutzholzpreis überstieg mithin

den des Brennholzes um . . 160% 133,3%

. An der Gesammternte nahmen aber Theil* 1837 1865

Das Nutzholz mit . . . . 22,0 % 31,6%

Das Brennholz mit . . . . 78,0 „ 68,4 „

mithin an dem Gesammtgeldertrage von

je 100 Cubikfuß Holz

das Nutzholz mit . . . . 57,2 Sgr. 132,72 Sgr.

das Brennholz mit . . . . 78,0 „ 123,12 „

Summa 135,2 „ 255,84 „

	1837	1867
Das sind Prozente beim Nutzholz . . .	42,3	51,9
beim Brennholz . . .	57,7	48,1

Der Antheil des Nutzholzes an dem Geldaufkommen hat sich mithin um 23% vergrößert, der des Brennholzes 17% vermindert.

Was haben nun unsere Kapital- und Kraftaufwendungen für ein Verdienst an diesen Ergebnissen?

Leider fehlen uns Angaben über die Kostensätze aus dem Jahre 1837.

In den Jahren 1849 bis 1865

sind gestiegen pro Morgen Antheil

die Gesammtkosten (von 9,9 auf 14,2 Sgr.) um 4,3 Sgr. 100%

und zwar

bie Verwaltgskosten „ 4,7 „ 6,4 „ „ 1,7 „ 40 „

„ Betriebskosten „ 5,2 „ 7,8 „ „ 2,6 „ 60 „

darunter

Werbungskosten „ 2,51 „ 4,15 „ „ 1,64 „ 38 „

Kulturkosten („ 11,9 „ 15,5 Pfg.) „ 0,30 „ 7 „

Schwerlich würde sich dieses Verhältniß wesentlich ändern,

---

* v. Hagen, a. a. O. S. 178.

wenn uns die Kostensätze von 1837 zu Gebote ständen. Für das Schlußjahr 1865 bezw. 1867 kommt nicht soviel darauf an, weil die Erträge nach den Voranschlägen, den Ausgebotspreisen oder Taxen, bemessen sind, und nicht nach den Durchschnittsergebnissen der Holzverkäufe.

Hier haben wir ein Steigen des Gesammtertrages aus den Preußischen Staatsforsten von . . . . 110,5 %
und der Reinertrags   „ . . . . 180,4 „
Dabei ist die reine Massenerzeugung gestiegen um . . 33,8 „
und der Einfluß der Nutzholzausbeute um . . . . . 23 „
der der Brennholzausbeute aber gefallen um . . . 17 „

Und diesen Ergebnissen gegenüber stehet ein Antheil an dem Steigen der Ausgaben

seitens der Kulturkosten von nur . . 7 %
der Werbungskosten aber von . . . . 38 „

Berücksichtigen wir nun noch, daß in den Kulturkosten auch die Kosten für Bau und Unterhaltung der Holzabfuhr= wege stecken, welche der Ernte zu Gute kommen, dann erscheint der Mehraufwand an den eigentlichen Waldbegründungs= kosten verschwindend klein gegen den Mehrertrag. Aber auch das Steigen der hier nur durch die Werbungkosten vertretenen Ernte= kosten, denen die Ausgaben für Wald= und Kommunikationswege, Flößerei und für den Holzverkauf und die Geldeinahme noch zu= gesetzt werden könnten, ist, obschon sie mit den werthvolleren Ernte= erträgen (abgesehen vom Sinken des Geldwerthes) steigen mußten, ebenfalls unbedeutend. Von dem Antheil von 60 %, welchen die Betriebskosten am Steigen der Gesammtkosten haben, kommen auf die Kultur= und Werbungskosten 45 Theile. Die andern 15 Theile kommen vorzugsweise auf das Steigen
der Realabgaben und Renten für frühere Naturalnutzungen

per Morgen

von   50,891 auf 252,712 Thlr. ob. v. 0,19 auf 0,94 Sgr.
um 17 % = 0,75 „

der Kosten für Kommunikationsbauten

von 72,962 auf 112,130 Thlr. ob. v. 0,27 auf 0,42 Sgr.
um 3,5 % = 0,15 „

und derjenigen für Vermessungen und Betriebsregulirungen

per Morgen

von 17,343 auf 31,063 Thlr. ob. v. 0,06 auf 0,12 Sgr.

um 1,4% = 0,06 „

Die anderen Betriebsausgaben (Wasserbauten und Vermischte) haben abgenommen

von 299676 bis 239067 Thlr. ob. v. 1,19 bis 0,89 Sgr.

um (—) 6,9% = 0,30 Sgr.

Aus diesen Untersuchungen wird nun die wirthschaftliche Be= deutung des Steigens und Fallens der Einnahmen und Kosten in nachfolgender Tabelle klar.

Es betrugen*	im Jahre 1849		im Jahre 1865	Verhältniß zur Roheinnahme			
	Betrag	Ver=hält=niß zur Roh=ein=nah=me	Betrag	von 1849		von 1865	
					Stei=ger.		gegen 1849
	Thaler.		Thaler.		%		%
Die Gesammt= Einnahme .	5,141,073	100	10,703,138	208	108	100	—
Die Kosten im Ganzen . .	2,664,720	52	3,798,203	74	42	35	—33
und zwar: Ver= waltungskosten	1,279,372	25	1,704,265	33	32	16	—36
Betriebskosten	1,385,348	27	2,093,938	41	53	20	—26
darunter für Holzwerbung	677,001	13	1,112,566	22	69	10	—23
Steuern und Renten . .	50,891	0,99	252,712	4,92	397	2,36	+138
Kulturen .	267,475	5,2	346,400	6,7	29	3,2	—38
Communika= tionswege .	72,962	1,42	112,130				.
Verm. u. Betr. regulirung .	17,343	0,34	31,063	2,16	52	1,04	—27
				0,60	77	0,29	—15
Wasserbau .	30,500	0,59	12 000	0,23	—61	0,11	—81
Vermischte .	269,176	5,2	227,067	4,4	—51	6,1	—60
Die Rein-Ein= nahmen . .	1,476,353	48	6,904,935	134	179	65	+35

* v. Hagen, a. a. O. S. 194. Die Abweichungen in den Prozenten kommen daher, da hier mit möglichst runden Zahlen ohne mehrere Dezi= malen, gerechnet und der Flächenabgang unberücksichtigt geblieben ist. Tüf= teleien sind nicht nöthig. Die Zahlen reden für sich selbst.

In den 17 Jahren von 1849 bis 1865 ist bei einer Zunahme der Roheinnahmen von 100% und der Reineinnahme von 179% der Betrag der Produktionskosten, nämlich derjenigen für Culturen, um nur 29% gestiegen, sein Verhältniß zur Roheinnahme ist während dieses Zeitraums aber um 38% kleiner geworden. Die um 69% gestiegenen Werbungskosten haben sich im Verhältniß zur Roheinnahme um 63% verringert. In einer so überwältigenden Weise hat sich die Massenerzeugung, die Werthsbeschaffenheit und der Preis des Holzes als Rohstoff gehoben. Und dabei sind, während die **Betriebs- oder forstlichen Ausgaben** um 26% zurückgegangen sind, die **Verwaltungs- oder persönlichen Ausgaben** um 36% gesunken, ein Zeichen daß die Leitung und Pflege der Naturkräfte wenig kostspielig und gegen die Arbeitsleistung der Natur unerheblich ist. Nur die Kosten für Beseitigung der aus dem Mittelalter herübergekommenen Verkümmerungen der Auswirkung der Naturkräfte, die Ablösungsrenten sind, während alle Kosten sammt und sonders geringer geworden sind, gestiegen und zwar um 138%. Und doch sind dabei weder die Landabfindungen noch die für Ablösung von Berechtigungen gezahlten Kapitalien berücksichtigt. Von 1859 bis 1865 sind 72,531 Morgen (18,519 Htt.) oder 0,9% der Gesammtfläche vorzugsweise in Folge der Berechtigungablösungen abgetreten und an Ablösungskapitalien sind von 1849 bis 1865 verausgabt 3,564,271 Thlr. oder 13,13 Sgr. vom Morgen der Gesammtfläche von 1849 (3,14 Mark pro Hektar).*

Befreien wir den Wald von dem aus früheren Wirthschaftsweisen zurückgebliebenen Hemmungen der Ausnützung der in ihm thätigen Naturkräfte und geben wir diesen Gelegenheit sich möglichst unverkümmert bethätigen zu können, dann liefern die Naturkräfte eine gütererzeugende Arbeit, gegen welche alle mitwirkenden Kapitale und Menschenarbeit zu einem unbedeutenden Nichts verschwindet. Denn die Naturkraft des Waldes ist mächtiger als die Arbeitsleistung des Menschen.

---

* v. Hagen, a. a. O. S. 212.

Ueberlassen wir den Wald ungestört sich selbst, so vollbringt er seine Arbeit ohne und jede Hilfe der Menschenhand, dann wandelt er sich aus dem Kulturwalde in den Urwald zurück. Gerade umgekehrt verhält er sich mit der Landwirthschaft. Die Güter, welche der Mensch vermittelst der in dem Acker wirksamen Naturkräfte erzeugt, sind Kunsterzeugnisse, Erzeugnisse ununterbrochener thätiger Menschenarbeit. Von dem sich selbst überlassenen Felde schwinden die Ackerfrüchte sehr bald. Seine künstlich gehobenen und für die Erzeugung der Kulturgewächse künstlich geeignet gemachte Bodenkraft wandelt sich um, er verwildert in Unkraut, und mit dem Herrschendwerden der durch den Zwang der Menschenhand nicht mehr beeinträchtigten Naturkräfte verfällt er, wenn Wald in der Nähe ist, der ihm seinen Samen zusenden kann, der Ueberwaldung. Unter den in den Bäumen sich ansammelnden Arbeitsleistungen der Naturkräfte gehet dann gemach Alles zu Grunde, was die Menschenarbeit ihm aufgezwungen. Nur die äußere Form der Bodenoberfläche, Feldbeete und Raine, auch wohl Schutthaufen von Wohnstätten legen Zeugniß davon ab, daß der Mensch einmal mit seiner Arbeit hier mächtiger gewesen ist, als die Arbeit der Naturkräfte. Wie manche Waldfläche trägt diese Spuren! Und die Holzapfel- und Holzbirnenbäume auf alten Dorfstätten beweisen daß auch unsere Obstbäume verwildern, wenn ihnen die Pflege der Menschenhand fehlt. Die mächtigen Eschen und Rüstern dagegen, welche man hin und wieder als Reste einstmaliger künstlicher Zucht an solchen Stellen findet, vollbringen auch ohne den Menschen ihre Lebensarbeit, Aufspeicherung von Holz. Die Forstwirthschaft folgt ihren eigenen Naturgesetzen. Ihre Leistungen messen zu wollen mit dem Maße derjenigen der Landwirthschaft ist eine Verirrung, ein Verkennen der ihr eigenthümlichen Naturgrunlagen.

Der Reinertrag der Forstwirthschaft ist demgemäß auch ein anderer als der der Landwirthschaft und muß nach anderen Grundsätzen beurtheilt werden.

Blicken wir zurück: Die Staatsforstwirthschaft wird bei 3prozentiger Verzinsung ihrer Kosten in eine Verlustwirthschaft umgewandelt, und dennoch sind diese Kosten nicht mächtig genug, den **Kulminationspunkt des reinen Bodenwerthes** auch nur soweit von demjenigen des rohen, blos nach dem Haubarkeitsertrage bemessenen, zu verschieben, daß der Unterschied zwischen Rohertrags= und Reinertragsbetrieb für die Wirthschaft von irgend welcher Bedeutung wäre, und der sogenannte **finanzielle Umtrieb** tritt unverdrossen auf derselben Altersstufe ein, ganz gleichgültig, ob man ihn blos nach dem Werthe der Haubarkeitsnutzung berechnet, oder ob alle Vornutzungen und ziemlich alle möglichen und unmöglichen Kosten dabei berücksichtigt werden. Und in der **Berechnung der Gelderträge** werden alle menschlichen Kapital= und Arbeitskräfte von der Arbeitsleistung der Waldnatur derartig überwogen, daß wir beschämt uns eingestehen müssen daß unser größtes Verdienst darin bestehet, daß wir die Naturkräfte des Waldes ungehindert und unverkümmert sich auswirken lassen, und ihnen nur Gelegenheit bieten, diese Auswirkung in der für uns werthvollsten Gütererzeugung zu vollbringen. —

Was bleibt da von Rein= und Rohertragswirthschaft übrig? Der Nutzeffekt unserer Wirthschaft wird wohl in anderer Weise bemessen werden müssen.

Hier liegt die **Kraft der Reinertragsschule** nicht. Daß sie von einem segensreichen Einflusse auf Wissenschaft und Wirthschaft gewesen ist, werden wir später sehen. Ehre dem Ehre gebühret! Aber Ehre ihm auch nur dort, wo sie ihm gebührt. Das Verdienst dieser Schule liegt ganz wo anders als in ihrer Theorie. Der Preßler'sche Grundsatz: daß was theoretisch richtig auch praktisch durchführbar sei, ist unzweifelhaft ein richtiger Grundsatz. Aber spekulative Köpfe können mit Hilfe des unfehlbaren mathematischen Handwerkszeuges auch von allen Grundlagen der Wirklichkeit losgelöste Theorien in untadelhafter Systematik ausbilden, wenn ihnen die Waldluft zu rauh ist. Aber auch solche Menschenarbeit wächst der Wald nieder — und wenn auch langsam. Wir leben in Übergangszuständen. Auch die Volkswirthschaftslehre ist noch nicht an das Ende ihrer Entwicklung angekommen. Die Forstwirthschaft ist ihr noch ein Buch mit sieben Siegeln. Hier ist noch Sauerteig für den, der wirken kann und auch noch wirken wird.

Forstwissenschaft im Allgemeinen.

Die Arbeitstheilung in der Forstverwaltung.*
Von Professor Dr. Albert.

Wie nach der durch Darwin begründeten Transmutations-
(Descendenz- oder Evolutions-) Theorie der ganze Schöpfungsfort-
schritt der Organismen auf Arbeitstheilung und Arbeitsvereinigung
beruht, so bethätigt sich auch, wie z. B. A. Schäffle (Zeitschrift
für die gesammte Staatswissenschaft. 1876) näher ausführt, die
Entwicklung des geistigen und gesellschaftlichen Lebens der Menschen
nur durch Arbeitstheilung oder Differenzirung. Die einzelnen
Wissenschaften verzweigen sich mehr und mehr, und die einzelnen
Theile verschiedener Wissenszweige vereinigen sich wieder zu allgemein begründenden Disciplinen (wie z. B. Chemie und Physik).
Die Staatsorgane gliedern sich mit zunehmender Kultur immer
weiter, und die demselben Zwecke dienenden zerstreuten Glieder
finden wieder in neugebildeten besonderen Behörden ihre Verbindung
und Einfügung in das Ganze. Ebenso ist auf dem wirthschaftlichen Gebiete jeder Fortschritt durch Arbeitstheilung und Arbeitsvereinigung bedingt.

Dieses allgemeine Organisationsprincip beherrscht natürlich auch
die ganze Forstwirthschaft, und die Entwicklung derselben ist deßhalb auch an die fortschreitende Differenzirung der Verwaltungs-
organe geknüpft. In wie weit aber nach dem gegenwärtigen
Stande des deutschen Forstwesens eine weitere Gliederung der Forstverwaltung im Allgemeinen und der Staatsforstverwaltung insbesondere zum Bedürfniß geworden ist, wollen wir in Folgendem kurz
andeuten.

Zunächst scheint uns bei dem jetzigen Bildungsgrade unserer
Forstverwaltungsbeamten die vollständige Trennung des verwaltenden und inspicirenden Dienstes geboten, da die

---

* Über einzelne Punkte der nachstehend abgehandelten Angelegenheit
kann man verschiedener Ansicht sein, wir laden daher zur weiteren Discussion der angeregten Fragen ein.   Die Red.

theilweise Vereinigung beider Functionen in den Forstämtern keiner derselben die entsprechende Entwicklung gestattet. Die z. B. für die preußischen und badischen Staatsforsten bestehende Zutheilung der Inspectionsbeamten zu den Forstdirectionen (bei den größeren Staatsforstverwaltungen zu den Finanzabtheilungen der Provinzialregierungen), wo sie die ihrer Aufsicht unterstellten Reviere zu vertreten haben, halten wir unter den gegenwärtigen Verkehrsverhältnissen für das Einfachste und Richtigste.

Auch dort, wo die Forstverwaltungsbeamten die eigentliche Forsteinrichtung besorgen, ist es zweckmäßig, die bei derselben vorkommenden Massen- und Zuwachsermittlungen und Vermessungen, sowie die Herstellung von Karten, Duplicaten der Operate u. s. w. durch ein bei der Direction zu errichtendes besonderes Bureau besorgen zu lassen, welchem auch die forststatischen und forststatistischen Erhebungen zu übertragen wären. Eine solche Einrichtung, welche dem Verwaltungspersonale eine bedeutende Erleichterung gewähren würde, erscheint als die erste Voraussetzung einer einheitlichen Durchführung der Forsteinrichtung, des Versuchswesens und der Forststatistik.

Bei größeren Waldcomplexen würde durch Übertragung des Weg-, Brücken- und Wasserbaues an besondere Forstbeamten (im Range der Oberförster z. B.) jedenfalls neben der Entlastung der Verwaltungsbeamten eine einheitlichere und sachverständigere Behandlung des forstlichen Bauwesens erzielt werden. Den Auftrag zu den fraglichen Bauten ertheilt die Forstverwaltung, was natürlich nicht ausschließt, daß der betreffende Baubeamte bei deren Projectirung mit seinem Gutachten gehört und bei der Ausführung selbst durch das Verwaltungs- und Schutzpersonal unterstützt wird.

Würden dem Revierverwalter auch noch die Rechnungs- und Kanzleigeschäfte durch einen technischen Assistenten, der ihn zugleich bei der Betriebsführung zu unterstützen hätte, zum Theil abgenommen, so könnten die Reviere ohne Nachtheil nicht unbedeutend vergrößert werden.

Was nun die Staatsforstverwaltung insbesondere betrifft, so sind derselben überall neben ihrer eigentlichen Aufgabe noch verschiebene auf die Befriedigung von Gemeinbedürfnissen gerichtete Geschäfte zugewiesen, welche ihr im allseitigen Interesse je eher, je lieber abzunehmen sind.

Die Trennung des forstlichen Unterrichtswesens von der Staatsforstverwaltung und die Zuweisung desselben an das Unterrichtsministerium würde die Staatsforstverwaltung von einer ihr ganz fremdartigen Aufgabe befreien, die einheitliche Leitung des Gesammtunterrichtswesens des Staates erleichtern und den Forstlehranstalten selbst zum Vortheile gereichen, da das Unterrichts= ministerium von der Leitung der Universitäten her die Aufgaben und Bedürfnisse des höheren Unterrichtes genau kennt.

Die Beaufsichtigung der Gemeinde= und Stiftungs= waldungen gehört nicht zu den Aufgaben der Staatsforstverwal= tung, und es wären deßhalb beim Ministerium des Innern und den Mittelstellen der inneren Verwaltung für fraglichen Zweck be= sondere technische Referenten und für die eigentliche Controle Forst= inspectoren aufzustellen, welche zugleich die Vertretung der bezüg= lichen Interessen bei den äußeren Behörden der inneren Verwal= tung zu besorgen hätten. Die Staatsforstverwaltung würde durch eine solche Einrichtung bedeutend entlastet werden, und die Sache selbst gewinnen, da die Staatsforstbeamten die fraglichen Geschäfte ihrer Hauptaufgabe in der Regel unterordnen.

Da die Staats=, Gemeinde= und Stiftungswaldungen auch der Forstpolizei unterstehen, so können sich die betreffenden Forstbeamten, um nicht in eigener Sache Richter zu sein, an der Ausübung der= selben nicht betheiligen. Es ist daher nöthig, beim Ministerium des Innern und den Mittelstellen der inneren Verwaltung eigene technische Referenten für Forstpolizei, Forststrafrechtspflege und allgemeine Forststatistik zu bestellen und für den äußeren Dienst besondere Forstpolizeireviere zu bilden, deren Vorstände (Ober= förster) die sämmtlichen Waldungen ihres Bezirkes bezüglich der Beobachtung der Vorschriften des Forstgesetzes zu überwachen, bei den äußeren Behörden der inneren Verwaltung und den Forststraf= gerichten die nöthigen Anträge zu stellen und jenes statistische Ma= terial zu sammeln und zusammenzustellen haben, welches sich auf die allgemeinen Verhältnisse der Volkswirthschaft und deren Sicherung und Förderung durch die Forstwirthschaft bezieht. Es ist nur so ein unparteiischer und wirksamer Vollzug der Forstgesetze, sowie eine entsprechende Fortentwicklung derselben zu erwarten.

Für die Staatsforstverwaltung bedeutet das Wegfallen der fraglichen Geschäfte eine Entlastung an Arbeit und Geldaufwand und überhaupt die Möglichkeit der richtigen Berechnung der Wald= rente.

Mit der Entwicklung eines Volkes mehren sich, wie A. Wagner (Rau, Lehrbuch der politischen Ökonomie. 9. Auflage. 1876.) trefflich ausführt, die Staatsthätigkeiten (namentlich die auf Prä= vention gerichteten), die ihnen dienenden Organe und hiemit die Staatsausgaben, die aber mit Hilfe des ebenfalls und meist in größerem Verhältnisse steigenden Volkseinkommens ohne Nachtheil ihre Deckung finden, so daß dem Kostenpunkte bei den nöthigen Reorganisationen des Staatsdienstes eine entscheidende Bedeutung nicht beigelegt werden darf.

Wenn auch die Annahme der hier gemachten Vorschläge vor= erst noch nicht zu erwarten ist, so kommt doch die Zeit für dieselbe sicher, da die fortschreitende Überbürdung der Forstbeamten und insbesondere der Staatsforstbeamten mit den verschiedenartigsten Geschäften endlich an dem ultra posse nemo tenetur ihre Grenze finden muß. Wenn man einen Oberförster, der neben einem be= deutenden Ökonomiebetriebe ohne technische Assistenz ein an und für sich zu großes Revier zu verwalten hat, noch zum Standes= beamten, Amtsvorsteher und Polizeianwalt macht und zu den Ge= schäften der Forstpolizei, Forstfrevelthätigung, Forststatistik und des Versuchswesens beizieht, dann darf man sich nicht wundern, wenn bei dem besten Willen nach keiner Richtung etwas Entsprechendes geleistet wird.

Forstversammlungen und forstliche Ausstellungen.

1. Die 5. Versammlung deutscher Forstwirthe findet vom 3. bis 6. September 1876 zu Eisenach statt, wozu alle Forstmänner und Freunde des Forstwesens eingeladen sind.

Zeiteintheilung.

Sonntag, den 3. September.

Empfang der Theilnehmer auf dem Bahnhofe und Begleitung zum „Erholungs-Garten", woselbst die Aufnahme, die Austheilung der Karten, Schriftstücke, Abzeichen 2c. erfolgt. Von Abends 7 Uhr an geselliges Beisammensein in den Wirthschafts- und Garten-räumlichkeiten der Erholung.

Montag, den 4. September.

Erste Sitzung von Morgens 8 Uhr bis Nachmittags 2 Uhr im Saale der Erholung mit halbstündiger Pause. Nachmittags $1/_2$4 Uhr gemeinsames Essen in den, bei der Aufnahme näher be-zeichneten Räumlichkeiten.

Dienstag, den 5. September.

Exkursion durch die Lehrforste Eisenach und Wilhelmsthal. Zusammenkunft Morgens 8 Uhr im „Erholungs-Garten." Gegen 2 Uhr Restauration in Wilhelmsthal. Von da über die Hohe Sonne zurück nach Eisenach.

Mittwoch, den 6. September.

Zweite Sitzung von 8 bis 11 Uhr. Nachmittags Exkursion; Abfahrt Mittags 12 Uhr auf der Werrabahn; Schluß der Exkur-sion Abends gegen 6 Uhr auf der Wartburg.

Etwa gewünschte Nacherkursionen auf benachbarte Forste in den folgenden Tagen würde, auf zeitiges Anmelden während der Versammlungszeit, der Geschäftsausschuß vermitteln.

Alle diejenigen Herren, welche an der Versammlung theil-nehmen wollen, werden dringend gebeten, sich längstens bis zum 10. August bei dem Herrn Revierförster Poppe zu Eisenach anmelden und dabei angeben zu wollen, ob sie die Vermittelung eines Wohnungsunterkommens wünschen.

Gegenstände der Berathung.

1) Welches System der Verwaltungsorganisation der Forsten empfiehlt sich am meisten? Eingeleitet durch Herrn Oberforst=meister Dankelmann von Neustadt-Eberswalde.

2) Nach welchen Grundsätzen ist die Abfindung bei der Ablösung von Waldservituten zu bemessen? Eingeleitet durch Herrn Forstmeister Urich von Büdingen.

3) Welche Erfahrungen sind gemacht worden über den Einfluß der Waldrodnungen, der Verminderung der Flurbäume und Flurgehölze, zumal im Gebiete der Kalkformationen, sowie der umfänglichen Entwässerungen, Trockenlegung von See'n, Flußregulirungen u. s. w. auf den Witterungscharakter, ins=besondere auf die Summe und Vertheilung der atmosphäri=schen Niederschläge, auf die Ergiebigkeit der Quellen, den Wasserstand in Bächen und Flüssen, auf die Bodenfeuchtigkeit und in Folge dessen auf die land= und forstwirthschaftliche Produktion überhaupt? Eingeleitet durch Geh. Oberforstrath Dr. Grebe zu Eisenach.

4) Mittheilungen über Versuche, Beobachtungen, Erfahrungen und beachtenswerthe Vorkommnisse im Bereiche des Forstwesens.

Eisenach, im Juni 1876.

Die Geschäftsführung.

---

2. Versammlung des Großh. Hess. Forstvereins in Büdingen, am 11. und 12. September 1876.

Einladung

an die Vereinsmitglieder, alle Forstmänner und Freunde der Forstwirthschaft.

Zeiteintheilung.

Sonntag, den 10. September. Von Nachmittags 3 Uhr an Empfang der Theilnehmer am Bahnhof. Daselbst Austheilung der Einquartirungsbillete, der gedruckten Exkursionsberichte und Karten. Abends gesellige Zusammenkunft im Rathhaussaale.

Montag, den 11. September. Oeffentliche Sitzung im Saale des Gymnasiums von Vormittags 8 bis ½ 12 Uhr. Nach Erledigung der Vereinsangelegenheiten gelangen folgende Thema zur Diskussion:

1. Welche Wirthschaftsmaßregeln sind für die Buchenhochwald=wirthschaft auf dem Basaltboden des Vogelsberges aufzustellen?

   Eingeleitet vom Fürstlichen Forstmeister Urich in Büdingen.

2. Liegen Gründe vor, und welche, den im Vogelsberg und in dessen Nachbarschaft seither heimischen Buchenhochwaldbetrieb mit Nadelholzhochwaldbetrieb zu vertauschen?

   Eingeleitet vom Großherzoglichen Oberförster Preuschen in Ernsthofen.

3. Welche Mittheilungen über beachtenswerthe Vorkommnisse, Versuche und Erfahrungen im Bereiche des Forstwesens können gemacht werden?

   Von ½ 12 bis 1 Uhr Mittags Frühstück im Rathhaussaal und Besichtigung der Sehenswürdigkeiten der Stadt und des Schlosses.

Um 1 Uhr Abfahrt vom Schloßhof aus in die Waldungen der Stadt Büdingen und der Gemeinden Kefenrod, Michelau und Wolferborn unter Führung des Großherzoglichen Oberförsters Leo zu Christinenhof.

Abends 8 Uhr gemeinschaftliches Abendessen im Rathhaussaal.

Dienstag, den 12. September. Vormittags 8 Uhr Ab=fahrt von der Kreisrathswohnung aus in die Fürstlichen Waldun=gen unter Führung des Fürstlichen Forstmeisters Urich. Besich=tigung einzelner Distrikte der Reviere Thiergarten, Haingründen, und Rinderbügen. Nachmittags 1 Uhr gemeinsames Frühstück am Geisweiher. Rückkehr durch die Reviere Rinderbügen und Büdingen nach Büdingen, wo die Theilnehmer an der Exkursion so zeitig eintreffen werden, daß sie die um 5 Uhr bezw. 6⁸⁰ nach Gießen und Gelnhausen gehenden Züge benutzen können.

Damit für die Unterkunft der auswärtigen Theilnehmer in Büdingen gesorgt werden kann, wird um gefällige rechtzeitige An=

melbung bei Herrn Bürgermeister Hölzinger in Büdingen (läng=
stens bis zum 1. September l. J.) gebeten.

Bahnzüge: von Büdingen nach Gießen   8⁴⁵ 12⁴⁰ 5¹ 9⁰⁰
      „   „   „ Gelnhausen 5⁰⁰ 10⁵ 2⁴⁰ 6⁴⁰

**8. Versammlung des schweizerischen Forstvereins in Luzern
am 14., 15. und 16. September 1876.**

Programm.

Donnerstag, ben 14. September: Empfang und Ein=
schreibung der Vereinsmitglieder und Gäste von Abends 4—6 Uhr
am Bahnhof. Nachher gesellige Unterhaltung im Tivoli.

Freitag, den 15. September: Morgens 8 Uhr Versamm=
lung im Großrathssaale zur Behandlung folgender Themata:

1) Vereinsangelegenheiten.

2) Welche Grundsätze sind bei der Aufstellung von Wirthschafts=
plänen für solche Gebirgswaldungen zu beachten, welche gleich=
zeitig auf Holz und Weide genutzt werden? (Referent noch
nicht bestimmt.)

3) Welchem Wirthschaftssysteme ist bei den stark parzellirten
Privatwaldungen in den Feldergegenden oder in den Vor=
bergen der Vorzug zu geben, einerseits vom rein forstwirth=
schaftlichen und andererseits vom allgemeinen volkswirthschaft=
lichen Standpunkt aus? Referent: Herr Kantonsoberförster
Kopp in Sursee.

4) Mittheilungen über interessante Erscheinungen im Gebiete
des Forstwesens.

Mittags 1 Uhr Mittagessen im Hôtel du lac.

Nachmittags 3 Uhr Exkursion in die Gütschwaldungen bei
Luzern.

Abends gesellige Unterhaltung in der Restauration auf dem Gütsch.

Samstag, den 16. September: Exkursion in die Wal=
dungen auf den Vorbergen des Pilatus und anläßlich dessen, Be=
sichtigung des Netzes der Wasserleitung für die Stadt Luzern.

Abreise Morgens 7 Uhr vom Sammelplatz beim Bürgerspital aus mit Fuhrwerk bis Fischernbrücke. Von da Fußpartieen.

11 Uhr Mittags Gabelfrühstück auf Eigenthal. Hierauf Fortsetzung der Exkursion und nachher Rückkehr nach Kriens.

Nachmittags 4 Uhr Mittagessen im Gasthaus zum Pilatus in Kriens. Abends gesellige Unterhaltung im Hôtel du lac in Luzern.

Für Alle, die noch einen weiteren Tag der Versammlung widmen können:

Sonntag, den 17. September: Bei günstiger Witterung eine Vergnügungsfahrt auf dem Vierwaldstättersee.

Indem das unterzeichnete Organisationskomité sowohl die Vereinsmitglieder, wie auch andere Forstmänner und Freunde der Forstwirthschaft des In= und Auslandes zu recht zahlreichem Besuche der diesjährigen Vereinsversammlung einladet, wird es sich bestreben, den Gästen einen freundlichen Empfang und angenehmen Aufenthalt zu bereiten.

Luzern, den 28. März 1876.

Namens des Organisations=Komité,
der Präsident:
Zingg, Reg.=Rath.
der Aktuar:
J. Gut, Regierungssekretär.

---

4. Achtundzwanzigste General-Versammlung des böhmischen Forstvereins in Budweis am 7., 8. und 9. August 1876.

Programm.

6. August. Abends gegenseitige Begrüßung im deutschen Vereinshause.

7. August. Morgens 5½ Uhr Ausfahrt zur Exkursion mittelst Separatzug. Versammlungsort Kaiser Franz Josef=Bahnhof

in Budweis. Rückkehr, gleichfalls mit Separatzug, um circa 9 Uhr Abends.

8. August. 9 Uhr Morgens Beginn der Generalversammlung im Saale des deutschen Vereinshauses. Um 4—5 Uhr Nachmittags daselbst und den andern Gasthöfen: Diner.

Um 8 Uhr Abends Tanzkränzchen im Saale des deutschen Vereinshauses.

9. August. 9 Uhr Morgens eventuelle Fortsetzung der Generalversammlung und sodann Plenarversammlung, an welch' letzterer nur Mitglieder des böhmischen Forstvereins Theil zu nehmen berechtigt sind.

Nach Schluß der Plenarsitzung Tafel wie Tags zuvor; darnach Festschießen auf der bürgerlichen Schießstätte.

Verhandlungen von allgemeinem Interesse.

1. Mittheilungen über die bei der am 7. August l. J. vorgenommenen Exkursion gemachten Wahrnehmungen. (Referent Forstrath Fiskali.)

2. Mittheilungen über den Stand des gesammten Forstkulturwesens, unter besonderer Berücksichtigung der Frage: In welchen Richtungen erscheint es wünschenswerth, bei der Benützung der Wälder der Erhaltung der Bodenkraft eine erhöhte Aufmerksamkeit zuzuwenden? (Referenten Forstrath Pompe und Oberforstmeister Funke.)

3. Erscheint aus Veranlassung von Waldverheerungen durch Elementar- oder Insektenschäden ein Steuernachlaß gerechtfertigt? Auf welcher Grundlage würde derselbe zu erheben und zu bemessen sein? (Referent Oberforstmeister Schmibl.)

4. Welche Erfahrungen liegen vor über die Waldvermessung nach polygonometrischer Methode mit dem Theodolit, namentlich bezüglich des Zeit- und Kostenaufwandes, gegenüber der Vermessung mit dem Meßtisch? (Referent Forstrath Fiskali.)

5. Welche Erfahrungen liegen vor über das natürliche Vorkommen, den Wuchs und den Nutzwerth der Traubeneiche im Gegenüberhalte der Stieleiche? Wann und wo wird der einen oder der anderen Eichenart beim Anbaue der Vorzug einzuräumen sein? (Referent Oberforstmeister Hoydar.)

6. Woher kommt es, daß die jetzigen Hirsche nicht mehr so starke Geweihe aufsetzen, wie dies in früheren Zeiten der Fall war? (Referent Oberforstmeister Seidl.)

Alle Vereinsmitglieder, sowie Gönner und Freunde des Waldes und der Jagd sind zu recht zahlreichem Besuche eingeladen.

Anzeigen.

Forstinstitut der Universität Gießen.

Forstliche Vorlesungen im Wintersemester 1876/7.

1. Waldertragsregelung, 4-stündig
2. Staatsforstwirthschaftslehre, 4-stündig } o. Prof. Dr. Heß.
3. Waldwerthrechnung und Statik 4-stündig
4. Repetitorium, 2-stündig, in Verbindung mit Uebungen, Aufnahmen im Walde ꝛc. . . . . } a. o. Professor Dr. Lorey.
5. Erklärung von Forstpflanzen, 1-stündig . .
6. Pilzkrankheiten der Kulturgewächse. 1-stündig } o. Prof. Dr. Hoffmann.
7. Situationszeichnen für Forstleute, 6-stündig . o. Prof. Dr. von Ritgen.
   Beginn: 30. Oktober.

Die Immatrikulation beginnt am 23. Oktober.

Über die Vorlesungen aus den Gebieten der einschlagenden Grund- und Hilfswissenschaften ertheilt der allgemeine Vorlesungskatalog der Universität nähere Auskunft; über die Aufnahmebedingungen, Unterrichtsmittel, Prüfungsordnung ꝛc. belehrt der forstliche Plan. Beide Kataloge sind durch den Unterzeichneten zu beziehen.

Gießen, den 28. Juli 1876.

Die Direktion des akad. Forstinstituts.
Dr. Heß.

Verantwortlicher Redacteur: Dr. Fr. Baur, Professor an der Akademie Hohenheim.
Druck der E. Schweizerbart'schen Buchdruckerei (E. Koch) in Stuttgart.

Forstbenutzung.

1. Die Zündnadel-Sprengschraube.

Vom Forstmeister Karl Urich in Büdingen.

(Mit 1 Tafel.)

Der Umstand, daß an vielen Orten der Mangel an genügenden Arbeitskräften immer fühlbarer hervortritt, während gleichzeitig die Löhne fortwährend in die Höhe gehen, mitunter sogar rapid steigen, hat mich veranlaßt der Sprengschraube wieder neuerdings meine Aufmerksamkeit zuzuwenden und darüber nachzudenken, ob sich nicht die bereits in meiner ausführlichen Abhandlung über das fragliche Instrument (Suppl. zur Allg. Forst- und Jagdzeitung II. Band 1860) hinsichtlich der Konstruktion einer Zündnadel-Sprengschraube ausgesprochene Idee realisiren lasse. Was mich früher hiervon absehen machte, war hauptsächlich der hohe Preis der Zündspiegel, der sich noch vor 15 Jahren auf ungefähr 10 Pfennig pro Stück stellte. Inzwischen ist dieser Mißstand in Wegfall gekommen, indem man gegenwärtig aus der Munitions-Fabrik des Herrn N. von Dreyse in Sömmerda Tausend Stück Zündspiegel für 6 bis 7 Mark bekommt und hiernach ein Zündspiegel noch nicht einmal 1 Pfennig kostet.

Bei dem Bestreben eine thunlichst solide, wohlfeile und zweckmäßige Zündnadel-Sprengschraube herzustellen, bin ich auf das bereitwilligste von Herrn Geheimen-Kommissionsrath von Dreyse unterstützt worden, dem ich hiermit öffentlich den pflichtschuldigen Dank abstatte.

Daß die unten beschriebene Zündnadel-Sprengschraube bereits die Feuerprobe bestanden hat, bedarf wohl um so weniger der Versicherung als selbstverstanden ihre gegenwärtige Konstruktion nicht gleich anfänglich endgültig festgestellt werden konnte, vielmehr als das Ergebniß einer Reihe von beßfallsigen Versuchen anzusehen ist.

Weil nicht nur der Bezug und die Aufbewahrung von Dynamit schwierig und ängstlich, sondern dieser auch namentlich bei Kälte, also gerade während des Holzhauereibetriebs im Winter,

ein wegen erhöhter Explodirbarkeit gefährlicher und durch sein Ge=
frieren bei schon + 8° C. weniger gebräuchlicher Stoff ist, möchte
dem Pulver zum Zweck der Erdstockssprengungen der Vorzug vor
Dynamit beizumessen sein. Immerhin wird bei milder Witterung
die Zündnabel=Sprengschraube auch zum Entzünden von dem in
die Erdstöcke eingefüllten Dynamit insofern mit Vortheil sich ver=
wenden laßen, als in Folge des kompakten Abschlußes durch die
Sprengschraube die Wirkung des explodirenden Dynamites eine
viel kräftigere sein dürfte, weiter auch an dem zum Besetzen der Bohr=
löcher und zur Bewirkung der Explosion des Sprengschusses erfor=
derlichen Zeitaufwand (die angesteckte Zündschnüre entzündet erst
nach 4 bis 5 Minuten den Sprengschuß) eine Ersparung bewirkt
werden könnte. Versagt die Zündschnüre, so ist der eingefüllte
Sprengschuß verloren und ebenso alle aufgewendete Mühe und
Arbeit. Sollte aber einmal ein Zündspiegel versagen, so kann
ohne jede Gefahr die Sprengschraube herausgenommen und nach
Einsetzung eines neuen Zündspiegels wieder eingeschraubt werden.

Für die Entscheidung der Frage, ob man sich beim Erdstock=
sprengen des Dynamites oder Pulvers bedienen soll, ist weiter der
Kostenpunkt von erheblichem Einfluß. Beim Ankauf im Großen
kostet das Kilo Dynamit 3 Mark, das Kilo Sprengpulver 60 Pfen=
nig. Hiernach kostet Pulver nur $1/_5$ so viel als Dynamit und müßte
letzterer den 5fachen Effekt vom Pulver besitzen, um den Vorzug
vor diesem zu verdienen. Nach meinen Versuchen ist das aber nicht
der Fall und glaube ich, daß man mit 150 Gramm Pulver ebenso
viel erreicht, wie mit 50 Gramm Dynamit.

Denjenigen, welche Dynamit seiner kräftigen Wirkung wegen
verwenden und ihn unter Zuhilfenahme der Zündnabel=Spreng=
schraube entzünden wollen, rathe ich vorsichtshalber auf den Dyna=
mit eine knappe Pulversäule aufzufüllen, damit das Endstück des
Apparates nicht in unmittelbaren Kontakt mit dem Dynamit kommt,
wodurch nicht nur eine Beschädigung des Instrumentes, sondern
auch eine vorzeitige Explosion des Dynamites durch Druck ver=
mieden werden kann.

Merkwürdiger Weise ist es mir bis jetzt nicht gelungen den
Dynamit direkt durch Einwirkung des explodirenden Zündspiegels

ober indirekt durch darauf gefülltes und mit dem Zündspiegel ent=
zündetes Pulver zum Explodiren zu bringen. Nur wenn oben in
den Dynamit ein Patentzündhütchen eingedrückt war, explodirte
mit diesem auch der Dynamit.

Vor den seither gebräuchlichen Sprengschrauben hat die Zünd=
nabelsprengschraube folgende Vorzüge voraus:

1. Vollkommene Ausnützung des Sprengschusses in Folge des
   absolut luftdichten Abschlußes durch den Apparat;

2. Sicherheit der Entzündung des Sprengschusses durch den fast
   nie versagenden Zündspiegel;

3. Ersparung der Zeit, welche auf die Einfüllung von feinem
   Pulver in den Zündkanal der Schraube und auf das An=
   zünden desselben durch Schlagwerke oder Zunder verwendet
   wurde;

4. Dauerhaftigkeit des Apparates und aller seiner Theile, nament=
   lich der Spiralfeder im Gegensatz zu den Zündhütchen=Schlag=
   werken;*

5. Bequemlichkeit und Sicherheit des Manipulirens vermöge des
   am Apparat selbst befindlichen Centimetermaßstabes; an dem
   sich seine jeweilige Einsatztiefe unmittelbar ablesen läßt.

Nach diesen einleitenden Bemerkungen gehe ich nunmehr zu
der Beschreibung des Apparates über.

Beschreibung der Zündnabelsprengschraube.

Auf der beigefügten Tafel findet sich die Zündnabel=Spreng=
schraube bezw. Theile und Hilfswerkzeuge derselben in natürlicher
Größe dargestellt mit Ausnahme von Fig. I a., welche den Apparat
in $\frac{1}{4}$ n. G. zeigt.

In Fig. I. ist der Apparat im idealen Durchschnitt abgebildet,
wobei der Schraubencylinder und ein Hebelsarm der Raumerspa=
rung halber nicht in ganzer Länge aufgenommen, sondern unter=
brochen wurden.

Der Apparat besteht aus zwei Theilen, nämlich einem durch=

---

* Mit der gegenwärtig in meinen Händen befindlichen Zündnabel=
Sprengschraube habe ich bereits eine sehr große Anzahl von Erdstöcken ge=
sprengt und ist dieselbe bis jetzt vollständig intakt geblieben.

25*

höhlten ca. 26 Millimeter starken, je nach Erforderniß 30 bis 40 Centimeter langen mit Schraubengewinden FG versehenen Cylinder CB und den an diesen angeschraubten eisernen Hebelarmen H'. Letztere werden durch die Schraubenmutter AE mit dem Cylinder unter Zuhülfenahme des Schlüssels IKLM (Fig. II u. IIa), dessen Erhöhungen bei L und M in die Vertiefungen l, m (Fig. I u. III) der Schraubenmutter passen, zu einem festen Ganzen vereinigt.

Im durchhöhlten Innern des Schraubencylinders bewegt sich die Zündnabel Z, die oben bis zu der an sie befestigten kreisrunden Platte pp stärker ist, von da an die Dimensionen einer starken Stricknadel hat und unten bei S in eine scharfe Spitze ausläuft. Bei b befindet sich in der Zündnabel ein Loch, durch welches der Vorstecker PQ (Fig. V) hindurchgestedt werden kann.

Durch die Schraubenmutter r (Fig. I), welche sechseckig ist und durch das gleichgestaltete Loch o im Schlüssel IKLM (Fig. IIa) an= und abschraubbar ist, wird der eiserne Ring R fest mit der Zündnabel verbunden. In der cylindrischen Kammer ED sitzt eine starke Spiralfeder, welche auf der Platte pp ruht und von dieser erfaßt in Spannung geräth, sobald man die Zündnabel am Ring R angreift und aufwärts zieht. Hat man diese so weit gehoben bis das Loch b sichtbar wird, so kann man durch Einschieben des Vorstecers PQ die Zündnabel arretiren. Bringt man den Vorstecker in die Fig. VI näher veranschaulichte Stellung und den an jenem befindlichen Ansatz a in die an der Schraubenmutter AE angebrachte ringförmige Vertiefung d (Fig. III), so steht der Vorstecker in Folge der auf ihn wirkenden Zugkraft der Spiralfeder fest und die Zündnabel in Sicherheit.

Will man den Vorstecker abziehbar machen, so muß man ihn um 2 Rechte herumdrehen und den Ansatz a nach oben bringen. Ist dies geschehen, so kann man den Vorstecker an einer an seinen Ring Q mit einem Warzer befestigten Leine aus jeder beliebigen Entfernung herausziehen, worauf die Zündnabel vermöge der frei werdenden Spannkraft der Spiralfeder mit Heftigkeit nach unten geschleudert wird.

Das Endstück B (Fig. I u. VII) läßt sich mit Benutzung des

Schlüssels IKLM an= und abschrauben und greifen die Erhöhungen bei I und K am Schlüssel (Fig. II u. IIa) in die Vertiefungen i, k (Fig. I u. VII) des Endstücks ein. In der Mitte desselben befindet sich eine ca. 3 Millimeter große cylinderische Höhlung h, welche zur Aufnahme des Zündspiegels z (Fig. I u. VIII) be= stimmt ist.

Durch das Schraubenstück tt (Fig. I) wird die Höhlung im Cylinder, in welcher die Zündnadel sich auf= und abbewegt gegen das Eindringen von Sprengstoffgasen solid abgeschlossen. Zum Ein= und Abschrauben desselben wird der in Fig. IV u. IVa ab= gebildete Schlüssel benutzt, an welchem sich zwei in die Vertiefungen nn' des Schraubenstücks passende Ansätze NN' befinden.

Ehe man das mit einem Zündspiegel versehene Endstück B anschraubt, muß zuvor die Zündnadel durch den Vorstecker PQ arretirt bezw. in Sicherheit gestellt sein. In dem Moment, wo man den Vorstecker abzieht, trifft die Spitze der nach unten fahren= den Nadel die Zündmasse des Spiegels und bewirkt deren Ex= plosion.

Oberhalb der Schraube ist eine Seite des Cylinders platt gefeilt, und auf derselben ein vom Endstück an zählender Centi= meter=Maßstab eingehauen (Fig. Ia).

Gebrauchsanweisung.

In den zu sprengenden Erdstock bohrt man mit einem ent= sprechend langen und starken Bohrer ein genügend tiefes Loch und füllt auf dessen Grund den Sprengschuß=Pulver, Dynamit — ein. Ehe man die Sprengschraube einsetzt, ermittelt man zuvor mit einem Maßstab die Tiefe, bis zu welcher das Instrument einge= schraubt werden muß, damit gerade das Endstück auf den Spreng= schuß zu stehen kommt. Hierauf setzt man die mit Zündspiegel versehene und in Sicherheitsstellung befindliche Sprengschraube ein und schraubt so lange bis die erforderliche Einsatztiefe erreicht ist, die man an dem auf dem Apparat befindlichen Maßstabe un= mittelbar ablesen kann.

Hat man die Sprengschraube genügend tief eingeschraubt, so zieht man den zuvor aus der Sicherheits= in die Abzugsstellung gebrachten Vorstecker aus gedeckter Stellung an einer Leine heraus, worauf sofort durch den explodirenden Zündspiegel der darunter liegende Sprengschuß entzündet wird.

Hauptregeln, welche beim Erdstocksprengen zu beobachten sind.

1. Nur bei gesunden, nicht angefaulten und nicht zu geringen Erdstöcken lohnt sich das Sprengen.

2. An gerodeten, von anhängender Erde und Wurzeln befreiten Erdstöcken erreicht man beim Sprengen den höchsten Effekt, den geringsten verhältnißmäßig bei den in der Erde belassenen.

3. Am meisten Wirkung hat der Sprengschuß dann, wenn er in dem festesten Theile des Erdstocks, namentlich da zur Explosion gelangt, wo die Wurzelstränge zusammenlaufen. Bei dem in Fig. IX abgebildeten Erdstock wird dieser Punkt ungefähr bei s sein.

4. Sind die Erdstöcke stark, so lohnt sich zur Abkürzung der Bohrlochstiefe ein seitliches Anbohren der Stöcke oder ein unten am Wurzelstock vorzunehmendes. So würden z. B. bei dem abgebildeten Erdstock die Bohrlinien αs, γs, δs, $x s$, und ϵs kürzer sein, als die von der Hirnfläche aus auszuführende βs.

5. Ein ängstliches Sparen an Pulver oder Dynamit empfiehlt sich nicht. Man nimmt besser etwas zu viel als zu wenig Sprengstoff. Was beim ersten Sprengschuß versäumt wurde, kann häufig beim zweiten nicht eingeholt werden und die Ersparniß an wohlfeilem Sprengstoff steht in keinem Verhältniß zur theuren menschlichen Arbeitskraft, die den mangelnden Effekt ersetzen muß.

6. Selbstverständlich ist es nicht vortheilhaft einen einzelnen Erdstock der Operation des Sprengens zu unterwerfen, es empfiehlt sich vielmehr immer eine größere Anzahl von Erdstöcken zusammen kommen zu lassen und diese an einem Tage bei geeigneter besonders trockener Witterung zu sprengen.

Der rasche Fortgang des Sprenggeschäftes wird wesentlich

gefördert, wenn man durch einen gut instruirten Hilfsarbeiter die Bohrlöcher schon vorher anfertigen läßt, so daß man nur in diese das Pulver einzufüllen, die Sprengschraube einzu= setzen und den Vorstecker abzuziehen hat. Auf diese Weise kann man in einem Tage mit einer einzigen Sprengschraube eine große Anzahl von Erbstöcken sprengen.

7. Sofortige Anschaffung aller beim Sprengen insb. mit Pulver unentbehrlichen Hilfsmaterialien als da sind:

a) ein guter entsprechend langer und starker mit Centimeter= eintheilung versehener Schneckenbohrer.

b) Ein genügend weiter und langer Trichter zum Einfüllen des Sprengpulvers.

c) Ein Pulvermaß zur Abmessung der jeweilig einzufüllenden Pulverquantitäten.

Damit schon im voraus Bohrlochtiefe, Pulvermenge und Einsatztiefe des Apparates in gegenseitige Relation gebracht werden können, ist es durchaus nöthig zu wissen, welche Säulenhöhe je 25, 50 u. s. w. Gramm Pulver in einem Bohrloch von gegebenem Durchmesser einnehmen. In einem mit einem Schneckenbohrer gefertigten Bohrloch von 30 Millimeter Durchmesser nehmen z. B. die zuerst ein= gefüllten 50 Gramm Sprengpulver eine Säulenhöhe ein von 7 Centimeter, je 50 weitere Gramm immer eine solche von je 6 Centimeter. Betrüge nun die Tiefe eines der= artigen Bohrloches 44 Centimeter, ließe sich die Spreng= schraube überhaupt nur 25 Centimeter tief einsetzen, so müßten also hier mindestens 150 Gramm Pulver einge= füllt werden, damit das Endstück des Apparates gerade noch auf dieses zu stehen käme.

d) Ein Maßstab mit Centimetereintheilung zur Feststellung der jeweiligen Standtiefe des eingefüllten Pulvers oder Dynamits.

e) Eine angemessen lange und starke, an ihrem Ende mit einem Warzer versehene Leine zum Abziehen des Vor= steckers.

Weil nach meinen Erfahrungen nur der rasch, sicher

und rationell mit der Sprengschraube manipuliren kann, welcher im Besitz aller der vorgenannten Materialien sich befindet, so habe ich die Waffen= und Munitions=Fabrik des Herrn N. v. Dreyse in Sömmerda gebeten sich zur Lieferung derselben gleichzeitig mit der Sprengschraube ver= stehen zu wollen.

Hierauf ist die genannte Firma bereitwilligst eingegangen und erbötig den Apparat incl. und excl. Zubehör, welches vielleicht nicht allseitig in seinem ganzen Umfang gewünscht werden möchte, zu folgenden Preisen zu liefern.

A. Preise des Apparates und einzelner Theile excl. Zubehör.

1. Eine Zündnadel=Sprengschraube mit Griff und einem kom= pletten Einsatz=Cylinder von 30 Centimeter nutzbarer Einsatztiefe incl. Ring, Vorstecker, Zündnadel und Spiralfeder   28 M 50 Pf.

2. Eine Zündnadel=Sprengschraube mit einem Griff und zwei completten Einsatz=Cylinder von 25 und bezw. 40 Centimeter nutzbarer Einsatztiefe incl. Ring, Vorstecker, Zündnadel und Spiralfeder . . . . 51 Mk. 50 Pf.

3. Ein kompletter Einsatz=Cylinder extra geliefert als Ersatz oder zur Reserve mit Ring, Vor= stecker, Zündnadel und Spiralfeder aber ohne Griff:

  a) bei einer nutzbaren Einsatztiefe von 25 Ctmtr. 21 Mk. 50 Pf.
  b) „ „ „ „ „ 30 „   22 „ 50 „
  c) „ „ „ „ „ 40 „   24 „ 50 „

B. Preise des Zubehör.

1 Schneckenbohrer mit Heft zum Bohren bis 60 Centimeter Tiefe . . . . 6 Mk. — Pf.
1 Mutterschlüssel . . . . 2 „ — „
1 Schraubenzieher . . . . — „ 60 „
1 Instrument zum Herausziehen der abgefeuer= ten Zündspiegel . . . . — „ 60 „

1 Warzer zur Abzugsleine	— Mk.	85 Pf.
1 Abzugsleine von Hanf, 40 Meter lang .	1 „	80 „
1 hölzerner Maßstab mit Centimetereintheilung	— „	90 „
1 Pulvermaß von Weißblech	— „	55 „
1 langer Trichter	— „	60 „
1000 Stück Zündspiegel	7 „	— „

Die Verpackungskosten werden besonders berechnet.

---

2. Das Sammeln der Grassamen in den Waldungen und das Verfälschen des Grassamens.

Vom Forstaccessisten Roth in Darmstadt.

In dem Handbuch der Samenkunde von Dr. F. Nobbe zu Tharand ist in einer Anmerkung zu Seite 415 gesagt, daß ich mich herbeigelassen habe, in einer forstlichen Zeitschrift eine Lanze für das „Waldgrassammeln" zu brechen. Gegen eine so zweideutige, den wirklichen Sachverhalt entstellende Behauptung muß ich mich ganz entschieden verwahren, denn ich habe durchaus nicht das Sammeln der Waldgräser, d. h. solcher, die allein oder vorzugsweise im Walde wachsen, empfohlen, sondern nur das Sammeln unserer besseren Wiesengräser auf Mähplatten und Schneisen nebst den lichten Abtriebsschlägen der Waldungen, sowie auch das Verfahren der Forstverwaltungen, welche alljährlich die Samenernte der hierzu geeigneten Schläge verpachten, in der 1875. Monatsschrift für das Forst= und Jagdwesen vertheidigt. Auf Seite 194 heißt es daselbst wörtlich: „Bekanntlich gelangen nur wenige Samen auf unseren Wiesen zur völligen Reife, weil das Gras viel früher, während noch die meisten Arten blühen, gemäht wird. Reiner Anbau zum Behufe der Samengewinnung kommt bis jetzt nur bei wenigen Gräsern vor und würde sich auch bei vielen, ein geselliges Wachsthum liebenden Arten, gar nicht durchführen lassen, oder des geringen Ertrages wegen wenigstens zu kostspielig sein. Für diese bietet sich uns daher in den Abtriebs= schlägen des Hochwaldes, sowie auf Waldwegen und sogenannten Mähplatten häufig die schönste Gelegenheit, die Samen der sich hier temporär ansiedelnden Gräser zur vollen Reife gelangen zu lassen." Ebenso habe ich in diesem Aufsatze speciell darauf hinge=

wiesen, welche Gräser wir sammeln sollen und welche nicht, niemals aber das Sammeln eigentlicher Waldgräser empfohlen.

Erst in neuerer Zeit habe ich wieder mehrfach Gelegenheit gehabt, mich davon zu überzeugen, daß der Vorwurf, den man Forstverwaltungen wegen der Verpachtung der Grassamenernte in den Waldungen gemacht hat, bei der nöthigen Sachkenntniß der betreffenden Beamten durchaus ungerechtfertigt ist. Herrn Professor Nobbe scheint es wohl nicht bekannt zu sein, wie sehr die Forstleute auf dem kräftigen Basaltboden des Vogelsberges bei der natürlichen Verjüngung der Buche damit zu kämpfen haben, daß sich nicht schon der Samenschlag bei der geringsten Lichtstellung alsbald in eine Wiese verwandelt, deren Graswuchs die jungen Holzpflanzen kaum aufkommen läßt, und wie viel mehr ist dies bei den lichteren Abtriebsschlägen der Fall. Der humose Waldboden mit seinen vielen aufgeschlossenen Bodenbestandtheilen ist der Entwickelung unserer Wiesengräser außerordentlich günstig, sie erscheinen daher auch von selbst, sobald nur der Waldesschatten sich lichtet. Sie sind eben gesellige Pflanzen, denen gegenseitiger Seitenschatten Bedürfniß ist und die daher auch auf kräftigem Boden die so geringe Beschattung der in natürlicher Verjüngung befindlichen Abtriebsschläge zum größeren Theil ertragen können. So werden in dem Vogelsberge besonders Poa pratensis L., das Wiesenrispengras, Dactylis glomerata L., das Knaulgras, und Poa nemoralis L., das Waldrispengras, gesammelt. Ehe wir den Rispensamen (Poa pratensis L) aus Amerika bezogen, war er nirgends schöner und besser zu bekommen, als wie der auf Waldwegen und in Abtriebsschlägen im Vogelsberge gesammelte Samen.

Ähnlich, wie mit dem Basaltboden des Vogelsberges verhält es sich mit dem Alluvialboden unserer Rheinauen. Noch nie sah ich schöneren Wiesenfuchsschwanz, Alopecurus pratensis L., als wie er in Folge der Ueberschwemmung im Monat März dieses Jahres auf den Waldwegen und Schneisen der sogenannten Knoblochsaue, einer bewaldeten Insel am Altrheine, sich zeigte. Eine reine Aussaat hätte nicht schöner sein können und vermochte nur der durch die Überschwemmung mit Rheinschlamm gedüngte Boden bei der Feuchtigkeit des Waldes trotz der Beschattung einzelner

Oberständer eine solche nur aus Alopecurus pratensis L bestehende Wiese zu erzeugen.

Wie der Basalt- und Alluvialboden, so liefert auch der schwitzende Sandboden im Walde vielfach des Sammels werthe Wiesengräser. Die in der Provinz Starkenburg des Großherzogthums Hessen auf demselben schon seit Jahren für Kiefern- und Eichenwaldungen so sehr beliebte Art der Verjüngung mittelst Waldfeldbaues bietet zum Grassamensammeln häufig Gelegenheit. Abgesehen davon, daß das Ausschneiden der Gräser hier schon als Culturmaßregel meist nothwendig ist, so liefert dasselbe auch eine reiche Samenernte der verschiedensten Festuca-Arten, insbesondere der sog. Rothspitz, Festuca rubra L.

Bei dem Verpachten der Grassamenernte im Forste Groß-Gerau, der ich in diesem Jahre beiwohnte, und bei welcher mehrere Waldfeldbauflächen zur Versteigerung kamen, konnte man die umgekehrten Verhältnisse von dem beobachten, was Herr Nobbe auf Seite 415 seiner Samenkunde über das bei Hamburg vorkommende Sammeln werthloser Grassamen anführt. Kam durch den betreffenden Bürgermeister ein Gemeindewald zum Ausgebot, der nicht des Sammelns werthe Wiesengräser enthielt, so erfolgte von Seiten der Steiger — meist mit dem Werthe der Grassamen sehr vertraute Griesheimer Sammler, — gar kein Gebot, während sie bei einzelnen Waldfeldbau-Distrikten der Domanialwaldungen, in denen sich viel rother Schwingel, Festuca rubra L., vorfand, sich gegenseitig zu sehr hohen Geboten hinauftrieben.

Wie ich schon in dem früheren Aufsatze dieser Monatsschrift erwähnt habe, so lassen sich bis jetzt nur wenige Arten der besseren Wiesengräser rein anbauen und wir sind, eben weil unsere Wiesengräser gesellige Pflanzen sind, insoweit uns nicht die Äcker mit ewigem Klee eine Aushülfe gewähren, auf die Abtriebsschläge der Waldungen 2c. mit ihrem humosen Boden geradezu angewiesen.

Rein gebaut werden bis jetzt vorzugsweise Phleum pratense L., das Timotheusgras und Lolium perenne L. und italicum A. Braun., das englische und das italienische Raygras; auch kommt in neuerer Zeit noch hierzu aus Amerika das Wiesenrispengras Poa pratensis L. Dagegen werden besonders in Untermischung mit ewigem

Klee gezogen: der Wiesenschwingel Festuca pratensis Huds. und das Knaulgras Dactylis glomerata L., sowie auch die als nahrhaftes Milchfutter in manchen Gegenden beliebte dicke Trespe, Bromus grossus D. C., eine weichere saftigere Form der als Wiesengras werthlosen Korntrespe, der Bromus secalinus L.

In Bezug auf die meisten übrigen Wiesengräser, wie des rothen Schwingels Festuca rubra L., des Schafschwingels, Festuca ovina L., des Kammgrases, Cynosurus custatus L., des Honiggrases, Holcus lanatus L.,* des Goldhafers, Avena flavescens L., des französischen Raygrases, Arrhenaterum avenaceum P. B., der Straußgräser, der Agrostis-Arten und dergl. mehr, sind wir bis jetzt, soweit mir bekannt, noch mehr oder weniger auf die Wege und Schneisen und Abtriebsschläge unserer Waldungen angewiesen.

Wenn auch Herr Professor Nobbe nach Seite 415 seines Handbuches der Samenkunde sich einer Kritik solcher Beweisführung überhoben erachtet, so dürfte doch der im vorigen Jahre in diesen Blättern veröffentlichte Aufsatz über das Sammeln der Grassamen in den Waldungen manchem Fachgenossen willkommen gewesen sein und das Interesse an diesem Gegenstande erweckt haben.

Und wenn ich auch „nicht ermangelt habe" — wie es eben daselbst heißt, — eine reelle Firma, von der mir bekannt, daß sie schon seit Jahren bestrebt ist, den Samenhandel von dem ihm anklebenden Mängeln zu befreien, „Jedermann bestens zu empfehlen," so glaube ich hiermit den Landwirthen, die vielleicht selbst nicht im Stande sind, den Gebrauchswerth der von ihnen zu kaufenden Samen zu bemessen, noch Gelegenheit haben, ohne unverhältnißmäßige Geldopfer sich rechtzeitig Gewißheit über deren Keimkraft zu verschaffen, nur eine Gefälligkeit erwiesen zu haben.

Darmstadt, den 28. Juni 1876.   Roth.

---

*) Das mit dem wolligen Honiggras Holcus lanatus L. nahe verwandte Waldgras, das sog. weiche Honiggras Holcus mollis L. ist bei uns in dem Großherzogthum Hessen nahe eine botanische Seltenheit; es ist daher auch bei dem Sammeln des ersteren in den Waldungen die Gefahr der Verwechslung mit dem letzteren hier weniger zu befürchten.

Forſtſtatiſtik.

Statiſtiſche Unterſuchungen über den deutſchen Holzhandel.

Von Dr. A. Bühler in Hohenheim.

I. Einleitung.

Das im Jahr 1872 errichtete ſtatiſtiſche Amt für das deutſche Reich hat hinſichtlich der Verkehrsſtatiſtik weſentliche Aenderungen und auf dem Gebiete des Holzhandels insbeſondere Ver-
beſſerungen von fundamentaler Bedeutung eingeführt.

Während zur Zeit des Zollvereins die Verkehrs- und Handels-
ſtatiſtik in erſter Linie die Grundlage zur Vertheilung der Zoll-
revenuen zu liefern hatte, iſt mit der Gründung einer ſtatiſtiſchen
Centralbehörde und dem Wegfall jenes unmittelbar praktiſchen
Zweckes die Bedeutung der Statiſtik für Wiſſenſchaft, Verwaltung,
Geſetzgebung und wirthſchaftliche Thätigkeit mehr und mehr in
den Vordergrund getreten. Was insbeſondere das uns im Augen-
blick allein intereſſirende Gebiet des auswärtigen Handels mit
Holz betrifft, ſo wird ein genauer Nachweis der ein- und ausgeführten Menge erſt ſeit 1872 geführt, ſofern ſeit dem genannten
Jahre außer dem zu Waſſer verfrachteten Quantum, deſſen Betrag
ſchon früher erhoben wurde, auch das auf Landſtraßen und Eiſen-
bahnen in den Verkehr tretende oder aus demſelben ausgeführte
Material nach den vorgeſchriebenen Rubriken des Waarenverzeich-
niſſes notirt wird.

Wenn aus dem angeführten Grunde der vorliegenden Unterſuchung ein nur kurzer Zeitraum zu Grunde gelegt werden kann
und eine Vergleichung der von Dieterici (Statiſtiſche Ueberſicht
des Verkehrs und Verbrauchs im Preußiſchen Staate und dem Deutſchen Zollverein 1831—53) oder von Bienengräber (für die Periode
1842—64) zuſammengeſtellten Daten unzuläßig erſcheint, ſo dürfte
der zu erhoffende Nutzen gleichwohl die allerdings nicht geringe
Mühe der Arbeit lohnen.

Zunächſt iſt die durch Dietericis und Bienengräbers, wenn auch
mit allem Vorbehalt gemachten, Angaben hervorgerufene falſche

Vorstellung von unserer Holzhandelsbilanz zu berichtigen. Sodann
ist für die Praxis der forstlichen Produktion und des Holzhandels
die Mittheilung der Handelsverhältnisse nur dann von Werth,
wenn sie bald erfolgt und dem Einzelnen Anhaltspunkte für die
nächstliegende Zukunft gewährt. Dieselben dürfen aber nicht aus
den sonst so beliebten und meist falsch verstandenen Durchschnitts=
zahlen gezogen werden, in denen die für Produktion und Handel
allein entscheidenden Motive des Bedarfs verdunkelt, abgeschwächt,
wo nicht ganz verwischt sind, sondern sie sollen gerade aus den
so ganz verschiedenen Faktoren gewonnen werden, aus deren
Zusammenwirken das Endresultat hervorgeht und deren ge=
naue Kenntniß zu entsprechender Einrichtung von Produktion und
Handel unerläßlich ist. Endlich dürfte der Versuch, die in ihrer
volkswirthschaftlichen Bedeutung vielfach unterschätzte Forstwirth=
schaft in ein günstigeres Licht zu rücken, nicht überflüssig und das Be=
streben, der in ihrem ökonomischen Theil ziemlich vernachläßigten Forst=
wissenschaft einige Beachtung zu erringen, kein unberechtigtes sein.

Von Erfolg und Nutzen wird ein derartiges Unternehmen
nur dann werden, wenn es, fern von abstrakten Theorieen und
spekulativen Problemen, auf den Boden der feststehenden Wirklich=
keit und der erreichbaren Kenntniß derselben gestellt ist. Und wenn
dabei mit Zahlen operirt wird, so leisten diese formell den gleichen
Dienst wie die anderwärts gebräuchlichen mathematischen Formeln,
aber auch nur formell, denn materiell besteht ein sehr großer Un=
terschied zwischen beiden Hilfsmitteln der Forschung. Die statisti=
sche Zahl drückt eine Thatsache, einen Zustand, eine Wirklichkeit
aus, die mathematische Formel, wie sie neuerdings vielfach in
wirthschaftlichen Fragen zur Anwendung kommt, sieht von der
Wirklichkeit oft ganz ab, schafft dadurch ideale Größen, die sich
jeder einzelne nach Belieben gestalten kann. Die mathematische Formel
kann theoretisch ganz richtig sein, sie läßt aber bei ihrer abstrakten
Natur im konkreten Fall eine schiefe oder auch falsche Anwendung
zu; die statistische Zahl dagegen kann unter Umständen bezüglich
ihrer Entstehung angefochten werden, gestattet aber in Folge ihrer
konkreten Beschaffenheit einen geringeren Spielraum bei ihrer Ver=
werthung. Fehlschlüsse laufen bei statistischer Beweisführung beß=

halb nur selten unter, wenn aus den erhobenen Zahlen gleichsam ein statistisches Gemälde der Gegenwart angefertigt werden soll, sie schleichen sich aber um so leichter ein, wenn man den Boden der Thatsache verläßt und mittelst umfassender Kombination von statistisch feststehenden, sonstigen notorischen Thatsachen und mehr oder weniger begründeten subjektiven Anschauungen ein Luftgebilde schafft, das mit der Wirklichkeit und Wahrscheinlichkeit in Widerspruch steht. Solche Irrthümer dürfen dann aber nicht der statistischen Forschungsmethode zur Last gelegt, sondern sollen auf diejenigen Motive zurückgeführt werden, denen sie ihren Ursprung verdanken. Durch überschwengliche Ergüsse und werthvoll sein sollende Forschungsresultate ist der Wissenschaft nicht gedient; sie wird dadurch nur in Mißkredit gebracht.

Im Folgenden sollen nur diejenigen Schlüsse gezogen werden, die sich aus den zugleich mitgetheilten Zahlen unmitttelbar ergeben; die weitere Verwerthung der Ergebnisse mag später erfolgen. Um nicht durch trockene Zahlenreihen abzuschrecken, sollen die Tabellen auf das nothwendigste beschränkt und so angelegt werden, daß ihre Eigenschaft als Beweismittel stets evident und ihr Dienst als Fingerzeig für praktische Zwecke immer leicht wahrnehmbar bleibt.

Die Zahlen sind ohne Ausnahme der vom kaiserlichen statistischen Amt herausgegebenen „Statistik des deutschen Reiches" entnommen. Bis jetzt sind 14 Bände meist in Vierteljahrsheften erschienen. Die „Ein= und Ausfuhr des Deutschen Zollgebietes in Betreff der in den freien Verkehr getretenen und aus dem freien Verkehr ausgeführten Waaren" wird zunächst für je ein Quartal nachgewiesen; am Schluß des Jahres erfolgen Zusammenstellungen. Die Nachweise der Grenzen des Ein= und Ausganges, des Werths 2c. werden nur für das ganze Jahr veröffentlicht.

Zum Deutschen Zollgebiet gehören Luxemburg und die deutschen Vereinsstaaten mit Ausnahme der (in den Tabellen besonders aufgeführten) sog. Zollausschlüsse: nämlich der preußischen (Altona, Geestemünde), der oldenburgischen (Brake), sowie Bremen und Hamburg. „Der Ausschluß einzelner Gebietstheile von der Zollgemeinschaft ist nur noch als eine in den besonderen kommerziellen Verhältnissen" jener begründete Ausnahme von der allgemeinen

Regel anzusehen." Der Holzhandel dieser Handelsplätze wird für sich zur Sprache gebracht werden.

Was die Aufführung der für unsern Zweck in Betracht kommenden Waldprodukte im „Waarenverzeichnisse" betrifft, so ist sie im statistischen und systematischen je verschieden. Im statistischen geschieht sie unter der Gattung „Holz 2c." in folgender Weise.

Nummer 196 Brennholz, auch Reisig;

    „   197 Holzkohlen;

    „   198 Holzborke oder Gerberlohe;

    „   199 Lohkuchen zum Brennen;

    „   200 Balken und Blöcke von hartem Holz;

    „   201 Balken und Blöcke von weichem Holz;

    „   202 Bohlen, Bretter, Latten, Faßholz;

    „   203 Außereuropäische Tischlerhölzer 2c. in Blöcken und Bohlen.

Im systematischen Waarenverzeichniß geschieht die Eintheilung nach: Brennstoffen, Chemikalien, Bau= und Nutzholz. Wir werden uns der Nummern des statistischen bedienen und diejenigen des systematischen in Klammern jeweils beifügen.

Der Transport des Holzes geschieht meist ohne Verpackung, daher die Berechnung eines Nettogewichts für die Regel wegfällt. Bei Reduktion des Bruttogewichts von Holzkohlen und Gerberlohe kommt ein Durchschnitts=Tarasatz von 1 Prozent zur Anwendung.

Kaum erwähnt zu werden braucht, daß der Holzhandel zollfrei ist.

II. Übersicht über Menge und Werth der Ein= und Ausfuhr.

Diese beschränkt sich auf die Jahre 1872, 1873, 1874, sofern vom Jahre 1875 der Verkehr des 4. Quartals noch nicht veröffentlicht ist. Was übrigens das Ergebniß der drei ersten Quartale von 1875 betrifft, so hat der Holzverkehr im Vergleich zu 1874 an Umfang abgenommen; der Betrag der Ein= und der Ausfuhr ist durchweg hinter dem der Vorjahre zurückgeblieben, ausgenommen

Brennholz, von dem im 1—3. Quartal 1875 6,274,679 Centnr. b. h. 2,497,464 C. mehr als im Vorjahr ein= und Bretter, von denen 1,429,217 C. mehr als im Vorjahr ausgeführt wurden.

(Siehe Tabelle 1, Seite 422.)

Der Verkehr mit Holzkohlen und Lohkuchen ist relativ unbe= deutend, so daß der Betrag der Mehrausfuhr kaum in Betracht kommt. Lohkuchen gehen aus Frankreich und Österreich ein, und meist nach Belgien, der Schweiz und zum Theil wieder Frankreich aus. Die Einfuhr von Holzkohlen erfolgt hauptsächlich aus Ruß= land und Österreich, in geringerem Maaße aus Frankreich; die Ausfuhr geht zum größten Theile in die Schweiz, zum geringeren nach Belgien und Hamburg.

Nochmals im Verlaufe dieser Abhandlung auf diese beiden Artikel zurückzukommen, wird kaum nöthig werden.

Eine Mehrausfuhr findet auch bei Position 200, Balken und Blöcke von hartem Holz, statt, jedoch nur hinsichtlich der Gewichts= menge, in der Stückzahl überwiegt ebenfalls die Einfuhr. Bei ge= nauer Untersuchung stellt sich nun heraus, daß auch an hartem Holz mehr ein= als ausgeführt wird. Eine Vergleichung des ge= schätzten Werthes der Ein= und Ausfuhr zeigt nemlich, daß der Werth der Einfuhr 1872 um etwa 10 Mill. M. größer als der der Ausfuhr war.

Das in Tab. 1 dargestellte Verhältniß in unserem auswär= tigen Handel kann nicht als ein für die in Betracht gezogenen Jahren abnormes angesehen werden. Dagegen spricht die sehr gleichmäßige Bewegung von Jahr zu Jahr, die aus den obge= nannten Zahlen hervorgeht und der weitere Umstand, daß die Jahre hohen wirthschaftlichen Aufschwungs (1872 und theilweise 1873) einer= und die Jahre des gewerblichen Niedergangs (1873, 1874, 75) andererseits im Verhältniß selbst fast gar keine Ände= rung hervorbrachten.

Deutschlands Waldfläche vermag demnach nicht das für den einheimischen Konsum nothwendige Quantum an Brenn=, Bau= und Nutzholz zu liefern. Um den vor= handenen Bedarf vollkommen zu decken, muß eine ansehnliche Menge von auswärtigen Ländern bezogen werden.

Die Bedeutung dieser Einfuhr wird noch mehr in's Bewußtsein treten, wenn wir den Werth derselben einer Betrachtung unterwerfen.

Dieser kann auf Grund der amtlichen Ermittelungen und bisherigen Veröffentlichungen hier nur für die Jahre 1872 und 1873 angegeben werden. Über die Art der Feststellung desselben wären folgende Bemerkungen vorauszuschicken. (Statistik ꝛc. 2. Band **IV**. 105 und 8. Band **VII**. 35.)

„Diese Aufgabe (der Werthsermittelung) war dadurch erheblich erleichtert, daß in Bremen und Hamburg, am ersteren Platze sowohl für die Einfuhr als für die Ausfuhr, in Hamburg wenigstens für die Einfuhr, Werthsdeklarationen bei allen Werthsendungen vorgeschrieben sind. Auch werden in Hamburg im Auftrage der Handelskammer durch das dortige handelsstatistische Bureau Durchschnittsnotirungen aus dem Börsencourant für alle daselbst gehandelten Artikel zusammengestellt und hieraus Jahres=Durchschnittspreise berechnet. Die mit Hilfe dieser Materialien ermittelten Durchschnittswerthe reichen aber nicht vollständig aus, um hienach den Werth der Ein=, Aus= und Durchfuhr des Deutschen Zollgebietes feststellen zu können, weil manche Artikel in dem Handelsverkehr der genannten Plätze .... in einer von dem Verkehr über andere Grenzen abweichenden Beschaffenheit auftreten. Es waren deßhalb weitergehende Untersuchungen zur Ermittelung der Wirklichkeit möglichst nahekommender Preisangaben geboten. Hierbei ward vor allem von der in bankenswerther Weise angebotenen Unterstützung des Deutschen Handelstages in ausgiebiger Weise Gebrauch gemacht und nach den Vorschlägen einer besonders für diesen Zweck zusammengetretenen Kommission wurden Gutachten einer größeren Zahl von Handelskammern in den verschiedenen Theilen des Deutschen Reiches über die Preise der in den betreffenden Bezirken hauptsächlich gehandelten Ein= und Ausfuhr=Artikel und zwar soweit erforderlich, für die Ein= und Ausfuhr getrennt eingeholt."

Nachdem die „unleugbaren Mängel" dieser Werthsermittelungen (verschiedene Qualität der Waaren, verschiedene Verarbeitungsstufe,) hervorgehoben worden und ferner betont ist, „daß der hauptsäch=

lichste Zweck einer Werthsstatistik der auswärtigen Güterbewegung nur durch Herstellung eines möglichst vollständigen Bildes von dem Gesammtwerthe der Ein-, Aus- und Durchfuhr erreicht werden kann" heißt es weiter:

„Nach dem Gesagten darf nun allerdings nicht angenommen werden, daß die angegebenen Werthe mit dem wirklichen Werthe der Waaren-Einfuhr, Ausfuhr und Durchfuhr im Jahre 1872 vollständig übereinstimmen; doch ist mit Rücksicht auf den Umstand, daß die hanseatischen Werthsdeklarationen eine thatsächliche Grund- lage für die weitaus meisten speziell bekannten Handelsartikel ge- boten haben und daß keine Mühe gescheut worden ist, die noch vor- handenen Lücken durch das sachverständige Urtheil der handeltrei- benden Kreise zu ergänzen, mit Grund anzunehmen, daß die einer jeden Abschätzung anhaftenden Fehler auf das unter den vorliegen- Umständen möglichst kleinste Maß reducirt worden sind; es dürfte die vorliegende Werthsberechnung soweit immerhin als eine hin- reichend brauchbare Grundlage zu weitergehenden Schlüssen bei Beurtheilung des auswärtigen Güterverkehrs des Deutschen Zoll- gebietes sich verwerthen lassen."

„Bei Feststellung der Werthe pr. 1873 boten, wie im Vorjahre, die in den Waarenverkehrsstatistiken von Hamburg und Bremen enthaltenen Durchschnittspreise sehr schätzbare Anhaltspunkte. Da- neben wurde wiederum von der entgegenkommenden Mitwirkung einer großen Anzahl Deutscher Handelskammern, welche auf Er- suchen über die Werthverhältniße der meisten Waarengattungen ihr Gutachten abgeben, zur Ergänzung der noch vorhandenen Lücken ausgiebiger Gebrauch gemacht. Inwieweit diese Ermittelungen eine Steigerung oder einen Rückgang der Preise eines Artikels konstatiren, wurden dem entsprechend die Werthseinheiten höher oder niederer angenommen als im Vorjahr, auch machte die wiederholte Prüfung der vorjährigen Durchschnittspreise in manchen Fällen eine Berichtigung erforderlich. Im übrigen wurden überall da, wo ein besonderer Anlaß zu Änderungen nicht vorlag, die für das Jahr 1872 angenommenen Werthseinheiten auch der vorliegenden Werthberechnung zu Grunde gelegt. Diese Werthe werden um so eher Anspruch auf Richtigkeit machen können,

26*

je mehr die Waarengattungen spezialifirt find. . . Dies ist bei der Einfuhr in höherem Grade der Fall, als bei der Ausfuhr, es ist daher die Einfuhr hinsichtlich des Werths zuverläffiger und vollständiger."

Der geschätzte Werth für die Maßeinheit beziffert sich bei

Brennholz	auf	0,9	Mk. pr.	Centner.
Holzkohlen	„	3,0	„ „	„
Gerberlohe	„	4,5	„ „	„
Lohkuchen	„	0,9	„ „	„
Balken von hartem Holz	„	6,0	„ „	„
	„	60,0	„ „	Stück.
„ „ weichem „	„	3,0	„ „	Centner.
	„	30,0	„ „	Stück.
Bohlen, Bretter 2c.	„	4,5	„ „	Centner.
	„	3,0	„ „	Stück.
Außereurop. Tischlerhölzer	„	15,0	„ „	Centner.

Unter Zugrundlegung diefer großen Durchschnittszahlen für das Jahr 1872 und 1873 (die Festsetzung des gleichen Preises für beide Jahre scheint uns angemeffen; es ging derselbe im In= lande 1873 allerdings da und dort in die Höhe, für den auswär= tigen Handel dürfte diese reine Nominalpreissteigerung wohl ohne Bedeutung geblieben sein) ergibt sich nachstehender Werth der Ein= und Ausfuhr.

Die Durchfuhr ist von so verschwindendem Umfange, daß wir sie füglich außer Betracht laffen können.

(Siehe Tabelle 2 Seite 423.)

Es betrug demnach der Werth

	der Einfuhr	der Ausfuhr	der Mehreinfuhr
1872	291 Mill. Mk.	114 Mill. Mk.	177 Mill. Mk.
1873	305 „ „	97 „ „	208 „ „

der Ein= und Ausfuhr zusammen

1872   405 Mill. Mk.

1873   402 „ „

Die Bedeutung dieser Zahlen wird noch mehr hervortreten, wenn wir sie mit dem Werthe des gesammten auswärtigen Han=

dels überhaupt und mit den hauptsächlichsten Waarengruppen, in ihrem Antheil an der Gesammtsumme in Vergleich setzen.

Wie aus der Tabelle 2, S. 423, erhellt, ist der Verkehr mit Brennholz in Folge des großen Volumens gegenüber dem Werthe relativ gering; es soll daher nur das Bau= und Nutzholz zur Gegenüberstellung gezogen werden.

An dem gesammten Werth der Ein=, Aus= und Durchfuhr nimmt der Verkehr mit Bau= und Nutzholz 1873 mit 5,0% An= theil und wird blos von den Nahrungsmitteln, und den Rohstoffen der Textil= und Metallindustrie an Bedeutung übertroffen. Geht man in der Spezialisirung der Waarengattungen weiter und theilt die letzteren in 28 Gruppen, so wird Gruppe 24, Bau= Nutzholz und andere (weniger ins Gewicht fallende) Schnitzstoffe, hinsichtlich der Einfuhr, die wie wir gesehen haben, überwiegt, nur von 4 Gruppen übertroffen. Mit mehr als 6,4% des Gesammtwerthes treten 1873 nur auf: Getreide und Mehlfabrikate (8,8), Kolonial= waaren (8,1) Spinnstoffe (14,2) Seiler=, Webe=, Wirkwaaren, Kleider (10,1); an der Ausfuhr ist Holz nur mit 3% vertreten und wird außer den genannten Gruppen noch von den Artikeln Vieh, Spinn=, Filzstoffen und Garnen überragt.

Es betrug ferner der Werth der Mehreinfuhr an Waaren überhaupt

1872　941,4 Mill. Mk.

1873　1,454,1 „　„

hievon entfallen auf die Mehreinfuhr von Bau= und Nutzholz

1872　168,0 Mill. Mk.

1873　199,5 „　„

und es wird dasselbe an Bedeutung nur von dem einzigen Artikel „Spinnstoffe" übertroffen mit 390,0 bezw. 429,3 Mill. Mk.

Allerdings werden verarbeitete Holzwaaren mehr aus= als eingeführt und es betrug der Werth der Mehrausfuhr 1872 18,6 Mill. Mk., 1873 13,5 Mill. Mk., allein diese Summe ist im Vergleich zu der der Einfuhr groben Holzes sehr geringfügig und ändert nur wenig an der Thatsache, daß Deutschland behufs vollständiger Deckung seines Holzbedarfs rund 200 Mill. Mk. an die benachbarten Länder alljährlich abgeben muß.

Welche dieser Nachbarländer für die Aus- und Einfuhr von Holz hauptsächlich in Betracht kommen, soll im Folgenden näher dargelegt werden.

III. Die Holzausfuhr.

Die Tabellen über Ein- und Ausfuhr nach einzelnen Grenzstrecken werden nur jährlich gefertigt und erscheinen meist viel später als die vierteljährigen Nachweise. „Da diesen vierteljährlich erfolgenden Publikationen ein mehr oder weniger provisorischer Charakter beiwohnt, so konnten auch pro 1873 die bei einzelnen Positionen zu Tage getretenen Unrichtigkeiten erst in den Jahresarbeiten verbessert werden." Die Abweichungen in den Mengen des Holzes sind nicht erheblich; doch glaubten wir der Genauigkeit und Zuverläßigkeit halber die amtliche Erklärung hier anführen zu sollen. In Tabelle 1 sind die rektifizirten Zahlen, soweit sie publizirt sind, eingesetzt.

Um ferner einer unrichtigen Beurtheilung des Ausfuhrhandels vorzubeugen, muß daran erinnert werden, „daß die Nachweise über den Waarenausgang aus dem freien Verkehr keineswegs den Exporthandel mit Waaren welche im Inlande erzeugt oder wenigstens weiter verarbeitet worden sind, rein darstellen, sondern vielmehr eine unbestimmt große Menge fremder durch das deutsche Zollgebiet nur durchgeführter oder doch unverändert wieder ausgeführter Waaren mit umfassen." Ferner darf aus den Grenzstrecken des Ausgangs auf das Bestimmungsland der Waaren nur mit großer Vorsicht geschlossen werden (mit Ausnahme des Verkehrs zur See)."

(Siehe Tabelle 3 a, b, c, d, Seite 424 bis 427.)

Die Ausfuhr von Brennholz nach einzelnen Ländern ist einem großen Wechsel unterworfen. Die größte Menge geht nach der Schweiz und nach Hamburg. Die Zahlen der Ausfuhr (sie besteht meist aus Holz, das aus dem bayerischen Walde kommt und auf der Donau bis Wien verschifft wird) nach Österreich insbesondere zeigen sehr geringe Konstanz; da die Einfuhr aus diesem Lande viel bedeutender ist, so ist zu vermuthen, daß die Ausfuhr nur Folge der bei der vielfachen Verschlungenheit der Grenze nicht zu umgehenden Durchfuhr durch kurze Strecken österreichischen Gebietes ist. Desgleichen dürfte die Ausfuhr auf der Ostsee vorherrschend aus Holz bestehen, da aus Schweden und Rußland über die Ostseehäfen nach Dänemark exportirt wird. Im Übrigen ist der Werth der Brennholzausfuhr gegenüber dem Verkehr mit Bau= und Nutz= holz ein sehr geringer.

Balken und Blöcke von hartem Holz werden zum überwiegen= den Theile aus den Häfen der Ostsee ausgeführt und gehen nach Großbritannien und Irland, Belgien und den Niederlanden; von den übrigen Ländern wären höchstens noch die Schweiz und Frank= reich zu nennen.

Auch von Blöcken und Balken von weichem Holz bezieht Groß= britannien fast die ganze Ausfuhr aus den Häfen der Ostsee; Bel= gien und Niederlande dagegen empfangen etwas weniger als Frankreich. Der Verkehr mit Hamburg ist sehr wechselnd und dürfte auf die Durchfuhr beschränkt sein. Für den Verkehr mit Österreich längs der bayrischen Grenze gilt das oben Gesagte, die Ausfuhr in die Schweiz ist ohne Belang. Der überwiegende Theil der Ausfuhr rührt aus russischen und schwedischen Wäldern her.

Aus demselben Grunde nimmt die Ostsee bei dem Export von Brettern und Latten die erste Stelle ebenfalls ein; dann folgt Hamburg, das diesen Artikel meist aus Norwegen einführt. Der Verkehr mit Österreich muß aus dem schon angeführten Grunde außer Betracht bleiben. Daß dieser Grund zutreffend, zeigt deut= lich die Zahl der 202. Position; 1872 wäre die Ausfuhr etwa zehnmal größer gewesen als 1873; dies läßt sich nur auf außer= ordentlichen Bedarf in Folge der Weltausstellung zurückführen, da die Erscheinung bei der sonst überall hervortretenden Gleich= mäßigkeit im Holzverkehr unerklärlich wäre.

Fassen wir die erhaltenen Ergebnisse über die Holzausfuhr von den allein in Betracht zu ziehenden Bau= und Nutzhölzern kurz zusammen, so ist als größter Abnehmer Großbritannien und Irland zu bezeichnen. Weit geringere und wechselnde Mengen beziehen Belgien, die Niederlande, Frankreich und Dänemark; mit ziemlich regelmäßigem Bedarfe tritt endlich für alle Gattungen von Nutzholz im Süden die Schweiz auf. Der weitaus größte

Theil der Ausfuhr besteht aber, wie im einzelnen bereits hervor=
gehoben wurde, aus Hölzern, die aus Rußland, Schweden=Nor=
wegen und vielleicht auch Österreich über die deutschen Grenzen
ein= und im Verkehr über die Ost= und Nordsee ausgeführt wurden.
Die Richtigkeit dieser Annahme wird durch Untersuchung über die
Einfuhr, zu der wir nun übergehen wollen, noch mehr erhärtet
werden.

IV. Die Holzeinfuhr.

(Siehe Tabelle 4 a, b, c, d Seite 428. bis 431.)

Was zunächst die Holzborke oder Gerberlohe betrifft, so wird
wie bekannt der größte Theil von Frankreich nach Elsaß=Lothringen,
schon sehr viel weniger aus Belgien nach der Rheinprovinz und aus
Österreich nach Schlesien, Sachsen und Bayern bezogen. Nur 1872
war bei dem geringen Betrag französischer Einfuhr der Bezug
aus Österreich ein abnorm großer.

Brennholz wird zu 78 bezh. 70% direkt aus Rußland ein=
geführt, auch von dem in den Häfen der Ostsee einlaufenden
Quantum stammt der größere Theil aus den an der Ostsee gele=
genen russischen Provinzen, der kleinere aus Schweden und Nor=
wegen. In zweiter Linie kommt Österreich mit 16 bezw. 14%
des gesammten Imports; die Einfuhr, die sich zu ziemlich gleichen
Theilen auf Bayern, Sachsen und Schlesien vertheilt, ist geringer
als man gewöhnlich anzunehmen geneigt ist. Der Bezug aus den
übrigen in der Tabelle 4 aufgeführten Ländern ist so unbedeutend,
daß wir nicht näher auf ihn einzugehen zu sollen glauben.

An Blöcken und Balken von hartem Holz geben wiederum
Rußland und Österreich längs der Grenze hin ihren Überschuß
ab, doch geht auch von der Nordsee und den Niederlanden ein nicht
unbeträchtliches Quantum nach Hannover und der Rheinprovinz ein.

Die weitaus größte Menge an Balken und Blöcken von weichem
Holz führt Österreich und Rußland, ersteres hauptsächlich über die
sächsische Grenze, bei uns ein. Aus Rußland wird theils auf dem
Landwege und den Flüssen bezogen, theils in den Häfen der Ostsee
ausgeladen, woselbst außerdem noch Schweden konkurrirt. Norwegen
sendet fast die ganze Ausfuhr in die Häfen der Nordsee.

Fast dasselbe gilt hinsichtlich des Handels mit Bohlen, Bret=
tern, Latten, Faßholz. Allen kommt hierin Rußland zuvor,
das nicht nur große Mengen in die anstoßenden preußischen Pro=
vinzen, sondern auch in die Häfen der Ost= und in geringerem
Maaße der Nordsee liefert. In letzteren kommt die Einfuhr haupt=
sächlich aus Norwegen, in ersteren außerdem noch aus Schweden.

Was von überseeischen Ländern eingeführt wird, sind vor=
herrschend Tischlerhölzer 2c., die aus Ostindien oder den Vereinigten
Staaten von Nordamerika und einigen mittel= und südamerikanischen
Ländern stammen, so daß an europäischen Ländern, die eine für
Deutschland wichtige Holzausfuhr unterhalten, nur in Betracht
kommen: Rußland, Österreich und Schweden=Norwegen.

Daß von der gesammten Einfuhr ein Theil wieder ausgeführt
wird, daß also dieser eigentlich unter Durchfuhr zu stellen wäre,
braucht kaum nochmals betont zu werden. Wie viel daher schließ=
lich in den inländischen Konsum übergeht, läßt sich unter den ob=
waltenden Verhältnissen nicht nachweisen. Einen unvollkommenen
Ersatz für jenen Nachweis gewährt die Unterscheidung nach Gebiets=
theilen der schließlichen Abfertigung zum Eingang in den freien
Verkehr. Wir fügen die bezüglichen Tabellen um so mehr an, als
sie allein einen Überblick über die Holzhandelsverhältnisse gewähren
und weil leider in dem amtlichen „Nachweis des Antheils der be=
deutendsten Hauptämter an der Einfuhr der hauptsächlichsten Artikel
in den freien Verkehr" der Artikel Holz nicht zu den „hauptsächlich=
sten" — aber wie wir nachgewiesen zu haben glauben mit Unrecht —
gezählt worden ist. Es wäre sehr zu wünschen, daß diese Aus=
scheidung in Zukunft vorgenommen würde, da die Frage der Holz=
Ein= oder Ausfuhr nicht blos handelspolitisches Interesse gewährt,
sondern an deren Lösung tiefeingreifende Maßregeln auf den Ge=
biet der Landeskultur geknüpft sind.

Wir lassen zunächst die Tabelle 5 folgen.

(Siehe Tabelle 5 a. b. c. d. e. f Seite 482 bis 487.)

Ost= und Westpreußen und Posen erhalten den größten Theil
des eingeführten Brennholzes, unter den übrigen beutschen Staats=
gebieten ragen Bayern, Sachsen und wenigstens 1873 Elsaß=Loth=

ringen hervor; doch beträgt das zugeführte Quantum in den letztern zusammen kaum soviel, als das der einzigen Provinz Posen.

Die Einfuhr von Holzkohlen ist in Schlesien, Bayern und Elsaß=Lothringen, die von Gerberlohe in Elsaß=Lothringen, der Rheinprovinz und Sachsen von Bedeutung.

Blöcke und Balken von hartem Holz erhalten außer Elsaß= Lothringen hauptsächlich die westlichen und nordwestlichen Provinzen Preußens: Rheinprovinz, Hannover, Schleswig=Holstein, zugeführt; weiches Holz tritt umgekehrt mehr in den östlichen Theilen über die Grenze: in Ost= und Westpreußen, Schlesien, Posen, dann auch in Schleswig=Holstein und Hannover; außerdem beziehen Bayern und Sachsen beträchtliche Quantitäten von auswärts. Das= selbe gilt hinsichtlich der Einfuhr von Brettern, Latten, Faßholz; nur treten noch Württemberg, Elsaß=Lothringen, die Rheinprovinz und Oldenburg mit erheblichen Nachfragen hinzu.

Die hauptsächlichsten Eingangsländer sind also die Provinzen Preußen, Posen, Schlesien, dann die Königreiche Sachsen und Bayern; Elsaß=Lothringen, die Rheinprovinz, Hannover und Schles= wig=Holstein; die übrigen Länder treten nur hinsichtlich einzelner Artikel mit bemerkenswerther Nachfrage auf: so für Balken von weichem Holz: Mecklenburg und Oldenburg; für Bretter: diese beiden und Württemberg.

Ob die einheimische Produktion in den einzelnen Ländern die Nachfrage nach den aufgeführten Waarengattungen nicht zu decken vermag und ob dadurch ein Bezug derselben von außen veranlaßt wird, oder ob auch noch andere Verhältnisse gerade diese Theile des Reiches zu Einfuhrländern stempeln, ließe sich nur ent= scheiden, wenn wir eine genaue Statistik des Holzverkehrs auf den Eisenbahnen besäßen und auf Grund derselben feststellen könnten, ob das eingeführte Quantum zum Theil oder ganz in den einfüh= renden Landestheilen zum Konsum gelangt oder ob es aus denselben in andere Gegenden verfrachtet wird.

Einige Anhaltspunkte für vorläufige Beurtheilung dieser Fragen gewährt Tabelle 6.

(Siehe Tabelle 6 a, b, c, Seite 438 bis 440.)

Aus derselben geht unmittelbar hervor, daß die Provinzen

Preußen und Posen ausschließlich, Schlesien, etwa zur Hälfte ihre
Einfuhr aus Rußland erhalten; daß ferner der Rest der Zufuhr
in Schlesien, sowie der Betrag derjenigen von Bayern und Sachsen
aus Österreich stammt; daß Elsaß-Lothringen den Bedarf aus
Frankreich, die Rheinprovinz aus den Niederlanden bezieht; daß
endlich die Zufuhr nach Hannover und Schleswig-Holstein auf der
Nordsee von Norwegen, die auf der Ostsee von Schweden und
Rußland erfolgt.

Daß die Differenz der Preise in den aus- und einführenden
Ländern diesen Handel an Produkten überhaupt erst möglich macht,
ist selbstverständlich; dagegen wird man die hervorragende Stellung
der aufgezählten Länder und Landestheile nicht ohne weiteres
in ihrer geographischen Lage genügend begründet finden dürfen;
dagegen spricht das Verhalten von Württemberg, das seinen Bretter-
bedarf direkt aus Österreich bezieht und auch der Umstand, daß
in jenen Einfuhrländern die Holzpreise meist zu den niedrigsten
gehören.

Wenn gleichwohl noch eine so bedeutende Einfuhr stattfindet,
so kann dies außerdem von den Transportverhältnissen herrühren,
deren nähere Betrachtung daher unabweisbar wird.

V. Die Transportwege beim Holzhandel.

Eine genaue Statistik des Verkehrs auf Eisenbahnen soll nach
den neuesten Annordnungen des Bundesrathes, wie schon erwähnt,
hergestellt werden. Findet dabei das Holz eine genügende Berücksichtigung, so dürfen wir wichtigen Aufschlüssen auf dem Gebiete
des Holzhandels entgegensehen. Daß im Binnenhandel die Eisenbahnen das wichtigste Transportmittel sind, lehren schon die vielfachen Klagen der Holzhändler über die bestehende Tarifgesetzgebung;
über die Bedeutung der transportirten Holzmasse entnehmen wir
einer gelegentlich erhobenen Notiz, daß im Betriebsjahr 1866/67
in Württemberg von der gesammten Transportmasse 19,7% auf
Bau- und Nutzholz und 9,4% auf Brennholz entfielen.

Daß dagegen für den internationalen Holzhandel die Wasserstraßen ihre frühere Wichtigkeit ungeschmälert bewahrt haben, wird
sich im Folgenden ergeben.

Der ganze zu Wasser vermittelte Verkehr des Deutschen Zoll=
gebietes mit dem Ausland theilt sich in den Verkehr auf der Oft-
und Nordsee, ferner den auf dem Bodensee nnd endlich denjenigen
auf den Wasserstraßen, welche die Zollvereinsgrenze durchschneiden.

1. Verkehr zur See.

(Siehe Tabelle 7 a und b Seite 441 bis 444.)

Die Brennholzeinfuhr kommt von Rußland und Schweden;
die Ausfuhr geht nach Dänemark; auf dem Flusse wird der Ver=
kehr fast ausschließlich mit Hamburg unterhalten, nur bei Einfuhr
von Brettern treten die oldenburgischen Zollausschlüsse an die
erste Stelle. Auch Gerberlohe geht fast ausschließlich aus den
Niederlanden ein und nach Dänemark aus. Hartes Holz geht aus
Rußland, Norwegen und den Vereinigten Staaten Nordamerikas
ein und wird nach Großbritannien, Belgien und die Niederlande
ausgeführt. Die Bezugsländer für Balken ꝛc. von weichem Holz und
für Bretter und Latten sind Rußland, Schweden, Norwegen.

Außereuropäische Tischlerhölzer werden meist aus Amerika
ein= und nach Dänemark und Rußland ausgeführt.

2. Verkehr auf dem Bodensee.

Ausgenommen den Artikel Holzborke oder Gerberlohe über=
wiegt die Ausfuhr nach den Häfen der Schweiz (Romanshorn; nur
bei Brennholz und Brettern Rorschach). Mit Ausnahme der Bret=
ter, die auch aus Lindau ausgehen, wird fast die ganze Menge aus
Württemberg über Friedrichshafen exportirt.

(Siehe Tabelle 7c Seite 444.)

3. Der Verkehr auf den Strömen und bedeutenderen Flüssen und Kanälen ist Tabelle 7 d nachgewiesen.

(Siehe Tabelle 7 d Seite 442 und 443.)

Derselbe übertrifft an Bedeutung denjenigen zur See fast
durchaus; nur bei der Ausfuhr von Balken und Brettern aus weichem
Holz ist dies nicht der Fall, da diese meist nach England gehen.
Von Brennholz werden 88 und 89 % der Ein= und 83 und 80 %
der Ausfuhr auf den Flüssen transportirt; bei Einfuhr von Balken
und Brettern stehen die Flüsse mit einem Antheil von 70 % eben=

falls im Vordergrunde. Es bilden demnach die Flüsse immer noch die hauptsächlichsten Wasser=Transport= wege für den Holzhandel mit dem Auslande.

Wenn man ferner den Rhein und die Elbe ausschließt, auf denen Eichen, Getreide, Steinkohlen, Chemikalien und Steine hauptsäch= lich verfrachtet werden, so bildet Holz den hauptsächlichsten Fracht= gegenstand der Flußschiffahrt und zwar auf allen Grenzflüssen, wäh= rend die übrigen der 457 Artikel des Waarenverzeichnisses auf den einzelnen Flüssen theils in geringer Menge, theils gar nicht verführt werden.

Ebenso befaßt sich nach einer Zusammenstellung für 1873 die Schiffahrt auf den Nebenflüssen fast ohne Ausnahme mit dem Transport von Holz. Es dürfte daher der Satz gerechtfertigt sein, daß der Verkehr auf den weitaus meisten Flüssen vorherrschend, ja manchmal fast allein durch den Holztransport unterhalten wird.

Nachdem sich gezeigt, daß der Holzhandel mit auswärtigen Produktionsgegenden des Festlandes nicht die Eisenbahn wählt, sondern den Flußweg vorzieht, kann kaum zweifelhaft sein, daß der Verkehr mit Schweden=Norwegen einer= und England anderseits nur durch das Vor= handensein des Wasserwegs ermöglicht und seine Fortdauer gesichert ist.

Indem wir nochmals betonen, daß im gesammten Wasser= verkehr die Fluß= und Kanalschiffahrt überwiegt, fügen wir eine Übersicht über die zu Wasser bewegte Holzmasse und deren Ver= hältniß zu der Landtransportmenge an.

(Siehe Tabelle 8 Seite 445.)

Aus diesen Thatsachen ergibt sich der Schluß, daß für den Holzverkehr mit dem Zollauslande der Transport zu Wasser ge= ringere Kosten verursacht, als derjenige auf Landstraßen und Eisen= bahnen. Da überdies bei Versendung von Holz eine möglichst rasche Lieferung in den seltensten Fällen verlangt wird, so liegt hierin ein weiterer Grund zur Benützung der billigen Wasserfracht.

Überzeugende Belege für diese Ansicht gewährt der Ver= kehr der Stadt Berlin, der früher fast ausschließlich zu Wasser ver= mittelt wurde, nun aber zum Theil auf die Eisenbahnen übergegangen ist. Welche Güter den letzteren zunächst zufallen, darüber geben die folgenden Tabellen Aufschluß.

„Faßt man die verschiedenen Transportartikel der besseren Übersicht, wegen in fünf Hauptgruppen zusammen und vergleicht dieselben mit dem Gesammtverkehr, so ergiebt sich, daß Kaufmanns= güter und Nahrungsmittel nur einen geringen Bruchtheil der Ge= sammtladung bilden, hauptsächlich aber Bau= und Brennmaterial verschifft werden. In wieweit die fünf Arten an der Gesammt= einfuhr betheiligt und welche Änderungen in dieser Betheiligung während des Zeitraums 1840—72 eingetreten sind, läßt sich in folgenden Zahlen überblicken.

Einfuhrartikel	Prozente des Durchschnitts der Gesammt=Einfuhr nach Berlin.			
	1840—49	1850 - 59	1860 - 69	1870—72
Kaufmannsgüter . . .	6,96	6,86	5,55	5,71
Nahrungsmittel . . .	8,47	8,56	5,70	4,63
Brennmaterial . . .	39,63	43,28	28,77	24,58
Baumaterial . . Holz	6,48	8,10	12,21	15,33
„ Steine	38,46	33,20	47,77	49,75
	100,00	100,00	100,00	100,00

Daraus geht hervor, daß die Zufuhr von Bauholz im An= theil an der Gesammteinfuhr gestiegen ist.“

Was insbesondere die Zufuhr von Brennmaterial betrifft, so sind für die Jahre 1860—65 besondere Erhebungen gemacht wor= den. Wir lassen die absoluten Zahlen weg, da sie uns hier nicht weiter beschäftigen, und geben nur die Prozentverhältnisse. Es ist der Transport auf Eisenbahnen dem auf Land= und Wasserwegen gegenübergestellt; dabei darf aber die Zufuhr auf dem eigentlichen Landwege als verschwindend angenommen werden.

(Siehe Tabelle 9 Seite 446.)

Den Transport von Steinkohlen zog die Eisenbahn in der Folge immer mehr an sich, so daß sie 1872 85 % der ganzen zu= geführten Menge von Stein= und Braunkohlen und Koaks lieferte.

Für Bauholz besitzen wir keine so genauen Erhebungen. Eine Vergleichung lehrt jedoch, daß die Zufuhr von Bauholz zu Wasser sehr gestiegen ist.

Es gingen nemlich ein:

im Durchschnitt 1840—49   1 373 500 Centner
„   „   1850—59   2 112 800   „

im Durchschnitt 1860—69 4 916 100 Centner
„   „   1870—72 7 326 000   „

Im Jahr 1872 betrug die Einfuhr sogar 9 702 200 Centner.

Die Zunahme des Transports von Steinkohlen ꝛc. auf der Eisenbahn rührt außer von der Einführung des Pfennigtarifs auch von dem veränderten Bezug her; während früher viel englische Kohle zu Schiff bezogen wurde, wird jetzt schlesische Kohle auf der Eisenbahn nach Berlin gesandt.

Ähnliche vergleichende Untersuchungen ließen sich auch für die Rheinschiffahrt anstellen, wenn die betreffenden Eisenbahn-Verwaltungen ausreichende Veröffentlichungen der Verkehrsergebnisse gemacht hätten.

Soviel steht jedoch fest, daß bei den jetzigen Tarifen die Eisenbahn den Holzverkehr dem Wasserwege nicht zu entziehen vermag.

VI. Überseeischer Holzverkehr der Deutschen Zollausschlüsse mit dem Auslande.

Die allgemeinen Bestimmungen sind in diesen Zollausschlüssen zum Theil (Altona, dessen Zahlen pro 1872 nur die Zeit vom 1. Juli bis 31. Dez. umfassen) erst neuerdings wirksam geworden. Sodann können die Nachweise nicht mit denen für das übrige deutsche Reich zur Herstellung einer das ganze Reich umfassenden Übersicht verwendet werden, weil hier bald Brutto- bald Nettogewichte verzeichnet werden.

Der Vollständigkeit halber mag jedoch eine Tabelle über den Holzverkehr der Zollausschlüsse angeführt werden.

(Siehe Tabelle 10 Seite 447.)

Die Einfuhr von Gerberlohe erfolgt aus den Niederlanden, die von Holz aus Rußland, Schweden, Norwegen, die der außereuropäischen Hölzer aus den Vereinigten Staaten, Mexiko, Westindien ꝛc. Die Ausfuhr geht nach England, Niederlande, Frankreich, und Portugal.

VII. Schlußbetrachtungen.

Die oben wiederholt genannten Länder mit erheblicher Holzeinfuhr: Großbritannien, Niederlanden, Belgien und Dänemark haben eine

geringe Waldfläche, und wenigstens die drei ersten eine dichte Be=
völkerung und ausgedehnte Industrie. Auf der entgegengesetzten
Seite stehen die holzausführenden Länder: Norwegen, Schweden,
Rußland und Österreich, die ein bedeutendes Waldareal, geringe
Volksdichtigkeit und mit Ausnahme einiger Theile von Österreich
eine ziemlich unentwickelte Gewerbethätigkeit mit einander gemein
haben. Erstere müssen demnach sehr hohe, letztere sehr niedrige
Holzpreise zeigen. Zwischen beiden Extremen liegt das deutsche
Reich nicht nur im geographischen, sondern auch sozialen und
und handelspolitischen Sinne. Bei nicht unbeträchtlichem Wald=
reichthum, mittlerer Volksdichtigkeit und verhältnißmäßig kurzem
industriellem Aufblühen ermöglichen seine Holzpreise einerseits noch
die Ausfuhr in entwickeltere Staaten, andererseits stehen sie doch
schon so hoch, daß sich eine Einfuhr aus den noch weniger hoch=
stehenden Nachbarländern im Norden und Osten lohnt.

Hiebei ist das Deutsche Reich als wirthschaftliche Einheit in
Betracht gezogen. Wenn nun eine nicht unbeträchtliche Mehrein=
fuhr von Holz aller Art stattfindet, so wäre darin ein Anzeichen zu
erblicken, daß sich Deutschland in Folge der Entwicklung einzelner
seiner Theile allmälig mehr den Nachbarstaaten im Westen und
Nordwesten genähert und sich von den Erwerbsverhältnissen des
Ostens entfernt habe. Eine gewiß nur erfreuliche Wendung! Eine
andere Frage ist die, ob unser Export an Industrieerzeugnissen
so bedeutend ist, daß wir die Einfuhr von Urprodukten aus Län=
dern mit extensiven Wirthschaftssystemen auf die Dauer ohne Ver=
armung bezahlen können. Dies führt auf die allgemeine Handels=
bilanz zurück, die erst neulich vielfach Gegenstand öffentlicher Dis=
kussion gewesen ist. Genauer auf den Gegenstand einzugehen,
kann hier nicht unsere Aufgabe sein.

Wie wir gesehen haben, überwiegt im auswärtigen Handel
Bau= und Nutzholz aller Art sowohl der Menge als dem Werthe
nach. Dies hat sich längst in seinem Einfluß auf die Holzproduktion
zu erkennen gegeben, sofern allerorts die Wirthschaft auf Erziehung
eines möglichst großen Nutzholzquantums bedacht gewesen ist. Es
ist dadurch in einzelnen Gegenden ein Ausfall an Brennholzerzeug=
niß entstanden, aber, wie es scheint, eine dauernde Mehreinfuhr an

Brennholz herbeiführt. Etwaigen Besorgnissen in dieser Hinsicht
gegenüber muß jedoch daran erinnert werden, daß der fossile Kohlen-
vorrath und die Gewinnung von Kohlen so bedeutend ist, daß seit
mehr als 40 Jahren eine sehr erhebliche Mehrausfuhr von Steinkohlen stattfindet, die beispielsweise 1873 51 Millionen Centner
im Werthe von 61 Mill. Mk. betragen hat.

Im übrigen gilt jene Charakteristik der verschiedenen Länder
nur im allgemeinen. Im einzelnen zeigen verschiedene Landestheile in Folge einer Reihe von Ursachen abweichende Entwickelungs-
stufen, die bald an diejenige der höchst- bald an die der niedrigststehen-
den Länder erinnern. Derselbe Grund nun, der zwei große Staaten
zum gegenseitigen Waarenaustausch hinleitet, ruft auch den Handel
zwischen diesen verschieden entwickelten Theilen desselben Staates
in's Leben. So beziehen die Landstriche an den Ufern des Rheins
ihren Holzbedarf vom Schwarzwald, Odenwald, Frankenwald. Der
Harz und der Thüringerwald versorgen Hannover, das Fichtel- und
Erzgebirge die sächsischen Niederungen mit Holzprodukten; das
bayrische Hochgebirge deckt die Nachfrage von München und in
Verbindung mit dem bayrischen Walde diejenige der waldarmen
Donaugegenden. Manche dieser Waldgegenden machen sich gegenseitig das Marktgebiet streitig und es hängt das Verdrängen der
einen oder andern auf einem bestimmten Punkte oft von anschei-
nend unbedeutenden Handelskunstgriffen, von genauerer Kenntniß
der begehrten Sortimente in verschiedener Umarbeitungsstufe oder
auch von Änderungen in den Verkehrsverhältnissen ab. So wurde
neulich aus Köln ein Verdrängen der süddeutschen Bretter durch
nordische gehobelte Fußbodenlatten berichtet. Andererseits wurde
vor einiger Zeit in Folge des erweiterten Bahnnetzes in Galizien
das Holz von Krakau und aus Mähren um 25 % billiger nach
Hannover geliefert, als es aus Schweden oder Rußland bezogen
werden konnte.

Solche plötzliche Verschiebungen der Marktverhältnisse rühren
natürlich nicht bloß von Änderungen im Transportwesen, sondern
auch vom Preisstande und der allgemeinen Handelslage her.
Denn man darf nicht vergessen, daß auch das Holz in den Bereich der Spekulation des Kaufmanns gezogen worden ist und daß

die Preisbewegung des Großhandels mit derjenigen des Detail=
geschäftes nicht immer parallel geht. Bei dem fast überall noch
üblichen Detailverkauf im Walde, wo die Waare vom Produzenten
vorherrschend unmittelbar in die Hand des Konsumenten übergeht
und nicht der Handel als vermittelnde Thätigkeit dazwischen tritt,
vollzieht sich die Preisgestaltung auf engerem, vom Wellenschlag
der Spekulation nur seltener berührten Gebiete; die lokalen Ver=
hältnisse sind hier fast allein maßgebend. Dies gilt insbesondere
auch von den Transportgelegenheiten. Für den Detailhandel, der
vertheilend wirkt, kommen die Waldwege, für den Großhandel, der
zur Centralisation neigt, die Verkehrswege in die weitere Ferne
zunächst in Betracht.

Dabei fällt aber das Interesse des Holzhandels mit demjenigen
des allgemeinen Verkehrs nicht immer, ja sogar selten zusammen.
Das Holz, als voluminöse Waare, bei der es weniger auf raschen,
als auf wohlfeilen Transport ankommt, sucht womöglich den bil=
ligen Wasserweg auf; die meisten übrigen Handelsgegenstände ver=
halten sich gerade umgekehrt. Da ferner die Richtung der Bewe=
gung eine vielfach verschiedene und entgegengesetzte ist, so geschieht
es leicht, daß beim Bau der Transportwege aller Art der Artikel
Holz nicht immer genügend berücksichtigt wird. Dies beweist schlagend
die geringe Beachtung, die bei uns die Entwickelung, Erweiterung
und Verbesserung der Wasserstraßen gefunden hat und noch findet.
Ein zweckmäßiger Ausbau und eine nützliche Verbindung unserer
schon vorhandenen Wasserstraßen würde den innern Verkehr erleich=
tern und dieser Vortheil dem Produzenten und Konsumenten des
Holzes zu Gute kommen.

Billigere Frachten würden aber wohl auch eine vermehrte
Zufuhr von auswärtigen Ländern zur Folge haben und unter Um=
ständen unsere Holzpreise zum Weichen bringen.

Damit sind wir beim letzten, aber nicht dem unwichtigsten
Punkte unserer Abhandlung angekommen.

Bei Beurtheilung dieser Fragen werden wir uns auf den
volkswirthschaftlichen Standpunkt zu stellen haben, der um so leichter
sich festhalten läßt, je mehr Waldareal sich im Besitz von Gemein=
wirthschaften befindet. Von diesem aus wird unser Verlangen dahin

gehen, daß der Bevölkerung im ganzen und allen ihren einzelnen Gliedern eine möglichst reiche Entwickelung und eine möglichst frucht= bringende Befriedigung ihrer Bedürfnisse erreichbar gemacht werde. Mit möglichst niedrigen Kosten die möglichst vollkommene Deckung des Holzbedarfs zu erreichen, muß das Bestreben des Einzelnen, wie eines ganzen Volkes sein. Je geringer der Aufwand für die nothwendigen Lebensbedürfnisse ist, um so mehr läßt sich für die höheren Zwecke verwenden. Wird nun durch wirthschaftspolitische Maßregeln eine Änderung der Preise nach dieser oder jener Rich= tung bewirkt, so wird, wenn ein Land das nöthige Holzquantum selbst produzirt, nur eine andere Vertheilung des Einkommens her= beigeführt.

Nicht so einfach löst sich die Frage hinsichtlich der Einfuhr von außen, sofern bei den so verwickelten Verhältnissen der forst= lichen Produktion absolute Entscheidungen zu sehr bedenklichen Kon= sequenzen führen können.

Wir stehen hier vor dem viel verhandelten Problem der Schutzzölle, um mit einem Worte die Tragweite des in Rede stehen= den Gegenstandes zu bezeichnen. Hier ist äußerste Vorsicht nöthig, wie nachstehendes Beispiel zeigt. Gelegentlich der Besprechung der Holzausfuhr aus Norwegen wurde die in sicherer Aussicht stehende Abnahme derselben als für die deutschen Waldbesitzer vortheilhaft erklärt, „da eine Steigerung unserer Bau= und Nutzholzpreise die Waldrente erhöhe und die Erhaltung höherer Umtriebe ermögliche". Wenn man immer noch Klagen über zu niedrige Holzpreise und über unrentable Waldwirthschaft liest, so muß es wirklich auffallen, daß man nicht ebenfalls Schutz der inländischen Holz= zucht durch Einfuhrzölle gefordert hat. Sollte dies nicht mit den eigenthümlichen Besitzstandsverhältnissen zusammenhängen?

Kehren wir jedoch zu unserer ursprünglichen Frage zurück, welchen Einfluß die weitere Ausbildung der Wasser= (und Eisen=) Straßennetze äußern könne.

Wenn man bedenkt, daß jetzt schon aus den südrussischen Provinzen Kiew, Podolien und Charkow Holz in die Ostseehäfen gelangt, so wird man eine Holz-Ausfuhr aus Rußland noch für lange Zeit in sichere Aussicht nehmen dürfen. Mag daher die

27*

Waldverschwendung in Skandinavien und den russischen Provinzen in der Nähe der Ostsee noch so große Dimensionen angenommen haben und noch annehmen, jedenfalls ist für den Zeitraum, für den eine Vorausberechnung der Marktverhältnisse einigermaßen zulässig ist, ein Rückgang der Konkurrenz nicht zu erwarten. Wie groß dieser Zeitraum zu bemessen sei, läßt sich nicht entscheiden. Wenn die planmäßige Einrichtung der Wirthschaft unserer tech= nisch behandelten Wälder nach oft sehr kurzer Zeit durch äußere Einflüsse verschiedenster Art an ihrem Werthe verliert, ja wegen vollständiger Unbrauchbarkeit erneuert werden muß, wer will nach solchen Erfahrungen die Konjunkturen nach 50 und mehr Jahren für solch immense Länder= und Waldkomplexe, wie sie Rußland eigen sind, vorhersagen?

Thatsache ist nun einmal, daß die inländische Holzproduktion für den einheimischen Bedarf unzureichend ist. Tritt ferner in der Entwicklung unseres Volkes kein hemmender Rückschlag ein, so ist eine vermehrte Nachfrage nach Waldprodukten unausbleiblich. Dieß müßte an sich ein Steigen der Holzpreise zur Folge haben. Allein der Preis richtet sich bei bleibender Mehreinfuhr nicht nach den inländischen Marktverhältnissen allein, sondern er wird auch durch denjenigen des Ausfuhrlandes beeinflußt sein und sich (wenigstens in den für die Einfuhr besonders günstig gelegenen Landestheilen) dauernd nicht über demselben erhalten können. Analoge Beispiele bieten die Preise des Getreides, der Kohlen und der Industrie= erzeugnisse; diese unterscheiden sich von denen des Holzes nur durch die ursprünglichen Preisfaktoren.

Dieser Prozeß selbst ist aber bedingt durch die Preisdifferenzen der Produktionsländer und durch den Betrag der Transportkosten, welche die Übergabe des Produkts in die Hand des Konsumenten verursacht. Je geringer diese letztern werden, um so größer werden die Entfernungen, aus welchen Holz zu den bestehenden Preisen bezogen werden kann und zwar um so mehr, als mit dem Wachsen der Entfernung die Höhe des Preises abnimmt.

Diese Einwirkung der Konkurrenz ausländischer Holzprozuzen= ten wird sich in dem vermöge der natürlichen Verhältnisse waldreicheren Süden ganz anders als im waldärmeren Norden unseres Vater=

landes äußern müssen. Der Ausfuhrhandel rohen Holzes, der aus dem Süden noch stattfindet, wird vielleicht eingeschränkt werden und das, wir wiederholen es, in Folge der geognostischen und topographischen Beschaffenheit Süd= und Mitteldeutschlands über den lokalen Bedarf erzeugte Holzquantum wird vielleicht nur in verarbeitetem Zustande seine Abnehmer finden können.

Würde zu beklagen sein, wenn die alljährlich versendete Holz= masse vorher noch durch die Hände einer industriellen Bevölkerung ginge, deren Arbeitsnutzung in sich aufnähme, und ihm höheren Werth und Preis die Mittel zum Unterhalt einer dichten Einwohnerzahl lieferte? Wäre dieser Zustand nicht dem jetzigen voranzustellen, bei welchem eine im ganzen doch unbeträchtliche Anzahl von Holzhauern, wenige Fuhrleute und einige Floßknechte durch Fällung, Zurichtung und Transport der hundertjährigen Erzeug= nisse ausgedehnter Waldgebirge ihr karges Auskommen finden?

Wenn man sich an die Gebiete mit Holz=Ein= und an die= jenigen mit Holz=Ausfuhr erinnert, so sollte die Wahl nicht allzu= schwer werden.

Tabelle 1.

Nummer im Waaren-Verzeichniß	Waarengattung	Einfuhr			Ausfuhr		
		1872	1873	1874	1872	1873	1874
196 (113)	Brennholz, auch Reisig. Ctr.	4591477	4357176	4976824	3604849	3014854	3592461
197 (114)	Holzkohlen. Ctr.	193473	205488	221196	92513	166904	277699
198 (214)	Holzborke oder Gerberlohe. Ctr.	1955536	1782085	1103390	99453	109486	215418
199 (115)	Lohkuchen zum Brennen. Ctr.	16882	11654	9957	33937	32932	12035
200 (354)	Balken u. Blöcke von hartem Holz. Stück	3520855	3202016	3279593	5080010	6508061	5808593
201 (355)	Balken u. Blöcke von weichem Holz. Stück	327286	301583	384146	562	7	5447
202 (356)	Bohlen, Bretter, Latten, Faßholz. Stück	11969039	11893114	14351186	11504088	9090091	9986638
		2201141	3317326	2929188	429	1617	22242
		23491638	28031740	24646702	9889723	6451678	7412983
		5314815	1383987	851653	78007	66450	79710
203 (357)	Außereuropäische Tischlerhölzer ꝛc. in Blöcken und Bohlen. Ctr.	868900	459189	598291	45858	106923	83759

Tabelle 2.

Waarengattung	Einfuhr				Ausfuhr			
	1872 Werth M.	In % des Gesammt-Werths	1873 Werth M.	In % des Gesammt-Werths	1872 Werth M.	In % des Gesammt-Werths	1873 Werth M.	In % des Gesammt-Werths
Brennholz, auch Reisig · · · · · ·	4 410 000	1,4	3 930 000	1,3	3 240 000	2,9	2 712 000	2,8
Holzkohlen · · · · · · · · ·	576 000	0,2	609 000	0,2	274 800	0,2	465 000	0,4
Holzborke oder Gerberlohe · · · ·	8 730 000	3,0	7 920 000	2,6	444 000	0,4	486 000	0,5
Lohkuchen zum Brennen · · · · ·	14 730	0,0	10 500	0,0	30 600	0,0	29 640	0,0
Balken und Blöcke von hartem Holz	40 800 000	14,0	37 200 000	12,2	30 600 000	26,9	39 000 000	40,3
" " " weichem "	102 000 000	35,0	135 300 000	44,4	34 500 000	30,0	27 330 000	28,2
Bohlen, Bretter, Latten, Faßholz ·	121 800 000	41,9	113 400 000	37,0	44 400 000	39,0	25 350 000	26,1
Außereuropäische Tischlerhölzer · ·	13 050 000	4,5	6 900 000	2,3	681 000	0,6	1 605 000	1,7
Zusammen · ·	291 110 730	100,0	305 269 500	100,0	114 170 400	100,0	96 977 640	100,0

Tabelle 3 a.

Übersicht der Holzausfuhr

mit Unterscheidung der Grenzstrecken des Ausgangs.

196. Brennholz, auch Reisig.

Grenzstrecken des Ausgangs	Menge des Holzausganges	
	1872	1873
	Ctnr., bezh. a = Stück	
Dänemark	16 427	19 820
Ostsee	187 206	114 255
Rußland	18 312	22 952
Österreich, Grenze gegen		
Preußen	63 493	81 026
Sachsen	98 225	1 232 085
Bayern	1 792 452	49 832
Württemberg . .	9 902	8 123
Schweiz	604 288	519 132
Frankreich	102 536	113 717
Belgien	39 607	26 448
Niederlande	63 664	214 518
Nordsee	85 544	42 568
Bremen	69 624	131 819
Hamburg	404 909	367 341
Preuß. Zollausschluß	47 699	70 548
Oldenburg. Zollausschluß . . .	961	670
Zusammen . .	3 604 849	3 014 854

Tabelle 3 b.

200. Balken und Blöcke von hartem Holz.

Grenzstrecken des Ausgangs	Menge des Holzausgangs	
	1 8 7 2	1 8 7 3
	Ctnr., bezh. a = Stück	
Dänemark	10 480	18 228
Ostsee	3 143 627	3 597 345
	a 10	—
Rußland	2 398	1 629
	a 552	a 7
Österreich, Grenze gegen		
Preußen	5 260	5 871
Sachsen	8 947	11 741
Bayern	157 762	52 743
Württemberg . . .	643	107
Schweiz	268 711	253 030
Frankreich	420 706	216 358
Belgien	75 508	119 678
Niederlande	217 506	571 374
Nordsee	250 560	104 918
Bremen	242 698	554 604
Hamburg	238 785	959 102
Preuß. Zollausschluß	35 832	30 989
Oldenburg. Zollausschluß . . .	8 587	10 344
Zusammen . .	5 088 010	6 508 061
	a 562	a 7

Tabelle 3 c.

201. Balken und Blöcke von weichem Holz.

Grenzstrecke des Ausgangs.	Menge des Holzausgangs 1872 Ctnr., bezh. a = Stück		Menge des Holzausgangs 1873 Ctnr., bezh. a = Stück	
Dänemark		2 494		6 121
Ostsee		5 650 236		6 333 571
Rußland		180		2 148
	a	137	a	661
Österreich, Grenze gegen				
Preußen		17 527		10 611
Sachsen		17 952		16 976
Bayern		3 910 691		1 379 263
Württemberg . .		2 501		2 194
	a	267		—
Schweiz		177 662		156 449
	a	25	a	856
Frankreich		538 332		259 775
Belgien		3 332		23 859
Niederlande		283 844		235 027
Nordsee		14 520		71 109
Bremen		163 435		261 691
Hamburg		667 155		236 338
Preuß. Zollausschluß		53 778		94 813
Oldenburg. Zollausschluß . . .		449		146
Zusammen . .		11 504 088		9 090 091
	a	129	a	1 517

Tabelle 3 d.

202. Bohlen, Bretter, Latten, Faßholz.

Grenzstrecken des Ausgangs	Menge des Holzausgangs 1872	1873
	Ctnr., bezh. a = Stück	
Dänemark	4 309	3 783
Ostsee	3 074 920	2 983 276
	a 2 660	—
Rußland	6 369	50 888
	a 1 260	—
Österreich, Grenze gegen		
Preußen	56 421	52 661
Sachsen . . .	31 839	12 029
	a 4 260	a 5 400
Bayern	2 963 891	206 437
Württemberg . .	1 062	280
	a 4 350	—
Schweiz	432 634	529 883
	a 65 477	a 61 050
Frankreich	208 798	348 792
Belgien	76 570	86 630
Niederlande	342 818	397 664
Nordsee	50 800	15 570
Bremen	269 416	186 727
Hamburg	1 384 402	1 518 217
Preuß. Zollausschluß	53 759	56 476
Oldenburg. Zollausschluß . . .	475	1 365
Zusammen . .	8 958 483	6 450 678
	a 78 007	a 66 450

Tabelle 4 a.

Übersicht der Holzeinfuhr

mit Unterscheidung der Grenzstrecken des Eingangs.

Grenzstrecken des Eingangs	Menge des Holzeingangs in den freien Verkehr	
	1872	1873
	Ctnr., bezh. a = Stück	

196. Brennholz, auch Reisig.

Dänemark	3 631	1 887
Ostsee	116 077	117 446
Rußland	3 596 760	3 068 000
Österreich	723 913	608 289
Schweiz	5 175	31 526
Frankreich	42 358	397 252
Belgien	3 990	15 258
Niederlande	11 323	36 570
Nordsee	13 448	20 067
Bremen	19 870	4 125
Hamburg	44 329	26 561
Preuß. Zollausschluß	9 945	21 161
Oldenburg. Zollausschluß . .	658	9 034
Zusammen . .	4 591 477	4 357 176

198. Holzborke oder Gerberlohe.

Dänemark	824	940
Ostsee	741	1 830
Rußland	12 036	9 947
Österreich	1 285 377	191 410
Schweiz	39 675	30 207
Frankreich	327 755	1 191 389
Belgien	199 404	266 415
Niederlande	17 086	19 316
Nordsee	43 961	40 682
Bremen	1 234	3 028
Hamburg	22 436	16 241
Preuß. Zollausschluß	5 003	10 120
Oldenburg. Zollausschluß . . .	4	560
Zusammen . .	1 955 536	1 782 085

Tabelle 4 b.

200. **Balken und Blöcke von hartem Holz.**

Grenzstrecken des Eingangs		Menge des Holzeingangs in den freien Verkehr	
		1 8 7 2	1 8 7 3
		Ctnr., bezh. a = Stück	
Dänemark		1 695	3 543
Ostsee		53 600	224 049
Rußland		379 110	589 674
„	a	320 361	297 688
Österreich		1 158 259	748 063
„	a	—	3 895
Schweiz		44 838	95 985
„	a	6 913	—
Frankreich		234 801	131 196
Belgien		30 965	41 590
Niederlande		595 693	1 036 324
Nordsee		597 420	34 870
Bremen		264 260	38 521
Hamburg		105 893	203 126
Preuß. Zollausschluß		52 060	54 733
Oldenburg. Zollausschluß . . .		2 260	341
Postverkehr		1	1
„	a	12	—
Zusammen . .		3 520 855	3 202 016
„ . a		327 286	301 583

Tabelle 4 c.

201. Balken und Blöcke von weichem Holz.

Grenzstrecken des Eingangs	Menge des Holzeingangs in den freien Verkehr	
	1872	1873
	Ctnr., bezh. a = Stück	
Dänemark	2 084	1 213
Ostsee	900 407	1 062 947
„ . . . . a	7 452	—
Rußland	705 201	2 243 469
„ . . . . a	2 162 688	3 317 326
Österreich	8 897 988	5 833 822
„ . . . . a	7 560	• —
Schweiz	26 474	102 145
„ . . . . a	6 772	—
Frankreich	120 884	650 144
Belgien	3 560	—
Niederlande	216 229	445 660
„ . . . . . . a	7 190	—
Nordsee	578 060	1 080 883
„ . . . . a	9 477	—
Bremen	131 340	182 195
Hamburg	307 604	171 228
„ . . . . a	2	—
Preuß. Zollausschluß	77 908	55 163
Oldenburg. Zollausschluß . . .	1 300	64 245
Zusammen . .	11 969 039	11 893 114
„ . . a	2 201 141	3 317 326

Tabelle 4 d.

202. Bohlen, Bretter, Latten, Faßholz.

Grenzstrecken des Eingangs		Menge des Holzeingangs in den freien Verkehr	
		1 8 7 2	1 8 7 3
		Ctnr., bezh. a = Stück	
Dänemark		7 614	8 093
Ostsee		3 813 503	5 586 908
"	a	113 046	—
Rußland		6 904 567	10 950 197
"	a	4 826 043	577 555
Österreich		8 007 618	4 501 512
"	a	353 446	753 198
Schweiz		69 000	111 565
"	a	14 564	8 630
Frankreich		202 360	448 294
Belgien		19 180	44 335
Niederlande		544 200	909 482
Nordsee		2 296 420	3 068 127
"	a	7 716	44 604
Bremen		1 011 520	1 273 191
Hamburg		322 665	317 463
Preuß. Zollausschluß		242 251	534 206
Oldenburg. Zollausschluß . . .		50 740	278 343
Postverkehr		—	24
Zusammen . .		23 491 638	28 031 740
" . .	a	5 314 815	1 383 987

Tabelle 5 a.

Übersicht der Holzeinfuhr

mit Unterscheidung der Gebietstheile, in welchen die schließliche Abfertigung zum
Eingang in den Verkehr erfolgt ist.

196. Brennholz, auch Reisig.

Gebietstheile	Menge des Eingangs	
	1872	1873
	Centner	
Preußen		
Ostpreußen	1 563 870	1 444 456
Westpreußen	1 077 109	861 964
Posen	815 787	672 496
Schlesien	325 099	308 586
Schleswig-Holstein . . .	139 393	178 978
Hannover	58 555	—
Rheinprovinz	11 049	49 579
Sonst in Preußen . . .	1 132	9 351
Im Ganzen in Preußen . . .	3 991 994	3 525 410
Bayern	258 556	134 581
Sachsen	283 968	254 206
Baden	2 157	17 755
Mecklenburg	7 030	—
Oldenburg	1 662	9 373
Elsaß-Lothringen	42 563	411 017
Luxemburg	3 543	—
Übriges Zollgebiet	4	4 834
Überhaupt . .	4 591 477	4 357 176

Tabelle 5 b.

197. Holzkohlen.

Gebietstheile	Menge des Eingangs	
	1 8 7 2	1 8 7 3
	Centner	
Preußen		
Ostpreußen	5 203	2 715
Westpreußen	23 325	16 888
Posen	3 773	3 860
Schlesien	50 212	72 609
Westfalen	6 605	9 566
Sonst in Preußen . . .	2 433	2 643
Im Ganzen in Preußen . . .	91 551	108 281
Bayern	58 245	50 753
Sachsen	12 295	8 701
Baden	1 239	—
Elsaß-Lothringen	29 685	36 910
Übriges Zollgebiet	458	793
Überhaupt . .	193 473	205 438

Tabelle 5 c.

198. Holzborke oder Gerberlohe.

Gebietstheile	Menge des Eingangs	
	1 8 7 2	1 8 7 3
	Centner	
Preußen		
Ostpreußen	5 217	
Westpreußen	1 426	—
Schlesien	82 919	106 775
Schleswig-Holstein . . .	53 411	50 378
Hannover	14 947	16 068
Rheinprovinz	200 672	259 568
Sonst in Preußen . . .	839	8 838
Im Ganzen in Preußen . . .	359 431	441 627
Bayern	55 100	35 557
Sachsen	1 169 981	65 864
Württemberg	17 870	17 116
Baden	3 057	—
Hessen	1 075	—
Oldenburg	13 864	14 803
Elsaß-Lothringen	328 147	1 191 500
Luxemburg	6 629	14 470
Übriges Zollgebiet	382	1 148
Überhaupt . .	1 955 536	1 782 085

Tabelle 5 d.

Balken und Blöcke von hartem Holz.

Gebietstheile	Menge des Eingangs	
	1 8 7 2	1 8 7 3
	Centner, bezh. a = Stück	
Preußen		
Ostpreußen	216 470	57 850
„ . . . . . a	57 049	70 888
Westpreußen	7 420	18 120
„ . . . . a	152 261	184 693
Brandenburg	2 493	—
Pommern	35 220	214 460
Posen	15 940	17 951
„ . . . . . a	111 051	42 107
Schlesien	431 832	818 723
Schleswig-Holstein . . .	696 826	191 823
Hannover	337 120	245 582
Rheinprovinz	594 240	930 126
Sonst in Preußen . . .	1 371	12 154
Im Ganzen in Preußen . . .	2 338 932	2 506 789
„ „ „ „ . . a	320 361	297 688
Bayern	787 991	290 418
„ . . . . . a	—	3 895
Sachsen	86 100	140 615
Baden	10 615	25 437
„ . . . . . a	6 913	—
Hessen	1 725	—
Oldenburg	5 660	11 979
Elsaß-Lothringen	267 174	200 830
Luxemburg	22 303	21 676
Übriges Zollgebiet	355	4 272
„ „ . . . . a	12	—
Überhaupt . .	3 520 855	3 202 016
„ . a	327 286	301 583

28*

Tabelle 5 e.

201. Balken und Blöcke von weichem Holz.

Gebietstheile	Menge des Eingangs	
	1872	1873
	Centner, bezh. a = Stück	
Preußen		
Ostpreußen	168 376	571 506
„ . . . . a	853 951	1 161 493
Westpreußen	1 135 468	1 920
„ . . . . a	—	1 754 943
Pommern	40	131 353
„ . . . . . a	7 454	—
Posen	80 500	210 256
„ . . . . . a	173 269	400 890
Schlesien	1 311 805	2 449 348
Schleswig=Holstein . . .	973 672	1 051 783
„ „ . . a	9 477	—
Hannover	810 700	1 153 192
Westfalen	1 608	—
Rheinprovinz	216 080	423 234
„ . . . a	7 190	—
Sonst in Preußen . . .	234	2 260
Im Ganzen in Preußen . . .	3 563 015	5 994 852
„ „ „ „ . . a	2 186 809	3 317 326
Bayern	4 538 730	665 288
Sachsen	3 505 792	4 183 028
„ . . . . . a	7 560	—
Baden	672	16 017
„ . . . . . . a	6 772	—
Mecklenburg	90 530	73 177
Oldenburg	123 080	228 575
Elsaß=Lothringen	145 993	729 805
Übriges Zollgebiet	1 227	2 372
Überhaupt . :	11 969 039	11 893 114
„ . a	2 201 141	3 317 326

Tabelle 5 f.

202. Bohlen, Bretter, Latten, Faßholz.

Gebietstheile	Menge des Eingangs	
	1872	1873
	Ctnr., bezh. a = Stück	
Preußen		
Ostpreußen	54 259	1 258 527
„ . . . . a	4 664 760	101 160
Westpreußen	5 972 000	8 678 120
Pommern	200 425	599 421
„ . . . . . a	110 890	—
Posen	28 680	117 649
„ . . . . . a	161 283	476 395
Schlesien	2 331 428	2 595 232
„ . . . . . a	—	222 420
Sachsen	1 480	—
Schleswig=Holstein . . .	3 786 110	5 460 290
„ „ . . a	9 872	44 604
Hannover	3 477 980	4 427 641
Westfalen	4 160	—
Rheinprovinz	479 740	887 444
Sonst in Preußen . . .	1 300	5 465
Im Ganzen in Preußen . . .	16 337 562	24 029 789
„ „ „ „ . . a	4 946 805	844 579
Bayern	5 650 071	1 802 623
„ . . . . . . a	—	2 410
Sachsen	622 707	996 063
„ . . . . . . a	35 340	15 360
Württemberg	3 900	4 383
„ . . . . a	328 984	519 268
Baden	16 620	44 526
„ . . . . . . a	3 686	—
Hessen	9 160	—
Mecklenburg	150 118	160 599
Oldenburg	445 680	482 593
Elsaß=Lothringen	250 780	506 687
„ „ . . . . a	—	2 370
Luxemburg	3 920	—
Übriges Zollgebiet	1 120	4 477
Überhaupt . .	23 491 638	28 031 740
„ . a	5 314 815	1 383 987

Überſicht der Waareneinfuhr mit Unterſcheidung der Gebietstheile und der wichtigeren Grenzſtrecken des Eingangs.

Tabelle 6 a.   196. Brennholz, auch Reiſig.

Gebietstheile / Grenzſtrecken	Menge des Eingangs in den freien Verkehr	
	1872	1873
	Centner	
Preußen		
a. Oſtpreußen		
Rußland	1 562 964	1 444 456
Andere Zollgrenzen .	906	—
b. Weſtpreußen		
Rußland	1 077 109	861 964
c. Poſen		
Rußland . . .	815 787	672 496
d. Schleſien		
Öſterreich	184 199	89 084
Rußland . . .	140 900	219 502
e. Schleswig-Holſtein		
Dänemark . . .	3 631	—
Oſtſee	107 349	114 135
Nordſee . . .	12 916	19 730
Hamburg	6 486	22 615
Preuß. Zollausſchlüſſe	9 011	20 611
Andere Zollgrenzen .		1 887
f. Hannover		
Bremen	18 640	—
Hamburg . . .	37 808	—
Andere Zollgrenzen	2 112	—
g. Rheinprovinz		
Belgien	447	13 594
Niederlande . . .	10 602	35 985
h. Übriges Preußen . . .	1 132	9 851
Bayern		
Öſterreich . . .	255 746	134 581
Schweiz	2 810	—
Sachſen		
Öſterreich	283 968	254 206
Baden		
Schweiz	2 156	17 755
Andere Zollgrenzen .	1	—
Mecklenburg		
Oſtſee	7 030	—
Oldenburg		
Bremen	1 230	—
Andere Zollgrenzen .	432	9 373
Elſaß-Lothringen		
Frankreich	42 858	397 252
Andere Zollgrenzen .	205	13 765
Luxemburg		
Belgien	3 543	—
Übriges Zollgebiet	4	4 834
Überhaupt .	4 591 477	4 357 176

Übersicht der Waareneinfuhr mit Unterscheidung der Gebietstheile und der wichtigeren Grenzstrecken des Eingangs.

Tabelle 6 b. 200. Balken und Blöcke von hartem Holz.

Gebietstheile / Grenzstrecken	Menge des Eingangs in den freien Verkehr	
	1872	1873
	Ctnr. bezh. a = Stück	
Preußen		
a. Ostpreußen		
Rußland	216 470	57 739
. . . . a	57 049	70 888
b. Westpreußen		
Ostsee	7 100	—
Rußland	—	—
. . . . a	152 261	184 698
Andere Zollgrenzen .	320	3 671
c. Brandenburg		
Verschiedene Zollgrenzen	2 493	—
d. Pommern		
Ostsee	35 220	214 460
e. Posen		
Rußland	15 940	17 951
. . . . a	111 051	42 107
f. Schlesien		
Rußland	146 379	499 426
Oesterreich . . .	285 420	319 297
Andere Zollgrenzen .	33	—
g. Schleswig-Holstein		
Dänemark . . .	1 695	—
Ostsee	4 440	—
Nordsee	561 960	14 554
Hamburg	78 891	116 946
Preuß. Zollausschluß	49 840	50 862
Andere Zollgrenzen .	—	9 461
h. Hannover		
Ostsee	6 840	—
Niederlande . . .	9 460	113 740
Nordsee	34 620	14 086
Bremen	261 600	33 163
Hamburg	22 380	80 799
Andere Zollgrenzen .	2 220	3 844
i. Rheinprovinz		
Belgien	8 660	19 918
Niederlande . . .	585 380	910 208
Andere Zollgrenzen .	200	—
k. Übriges Preußen	1 371	12 154
Bayern		
Oesterreich	785 945	289 426
. . . . a	—	3 895
Schweiz	2 046	992
Sachsen		
Oesterreich	84 420	138 752
Andere Zollgrenzen .	1 680	1 863
Baden		
Schweiz	10 413	25 133
	6 913	—
Andere Zollgrenzen .	202	304
Hessen		
Oesterreich	1 612	—
Andere Zollgrenzen .	113	—
Mecklenburg		
Ostsee	7	—
Oldenburg		
Nordsee	—	6 280
Bremen	2 560	—
Andere Zollgrenzen .	3 100	5 699
Elsaß-Lothringen		
Schweiz	32 379	69 668
Frankreich	284 795	131 162
Übriges Zollgebiet	22 658	4 272
Überhaupt	3 520 855	3 902 016
. . . . a	327 286	301 583

Tabelle 6 c.

Übersicht der Waareneinfuhr mit Unterscheidung der Gebietstheile und der wichtigeren Grenzstrecken des Eingangs.

Gebietstheile / Grenzstrecken	201. Balken und Blöcke von weichem Holz		202. Bohlen, Bretter, Latten, Faßholz	
	Menge des Eingangs in den freien Verkehr		Menge des Eingangs in den freien Verkehr	
	1872	1873	1872	1873
	Ctnr. bezh. a = Stück.			
Preußen				
a. Ostpreußen				
Ostsee . . .	—	—	—	25 637
Rußland . . .	167 176	571 506	50 699	1 232 890
. . . . a	853 951	1 161 498	4 664 760	101 160
b. Westpreußen				
Rußland . . a	1 135 468	1 754 943	5 972 000	8 678 120
c. Pommern				
Ostsee . . a	7 452	131 313	200 425	599 421
And. Zollgrenzen a	2	40	110 890	—
d. Posen				
Rußland. . a	80 500	210 256	28 680	117 649
. . . a	173 269	400 890	161 283	476 393
e. Schlesien				
Rußland . . .	457 525	1 459 787	602 068	888 258
Österreich . . .	854 280	989 561	1 729 320	1 706 653
. . . . a	—	—	—	222 420
f. Schleswig-Holstein				
Ostsee . . .	772 517	858 457	3 376 700	4 788 243
Nordsee . . .	47 520	57 183	111 160	69 916
Hamburg . . .	80 683	86 217	125 445	158 352
Preuß. Zollausschl.	70 868	48 718	165 191	407 406
Andere Zollgrenzen	—	1 213	7 614	8 098
g. Hannover				
Niederlande . .	—	20;640	70 300	59 860
Nordsee . . .	491 280	983 860	1 965 400	2 825 880
Bremen . . .	48 780	61 315	837 620	1 255 939
Hamburg . . .	225 460	80 577	195 280	161 519
Andere Zollgrenzen	9 060	6 800	—	—
h. Rheinprovinz				
Niederlande . .	212 520	423 234	462 060	843 800
Belgien . . .	3 560	—	15 260	43 644
i. Übriges Preußen . .	234	2 260	1 300	5 465
Bayern				
Österreich . . .	4 537 916	661 181	5 647 631	1 797 265
Schweiz . . .	814	4 107	—	5 358
Sachsen				
Österreich . . .	3 505 792	4 183 028	622 707	995 782
Baden				
Schweiz. . . . a	6 772	16 017	15 700	44 507
Mecklenburg				
Ostsee	90 530	73 177	150 098	160 467
Oldenburg				
Nordsee . . .	39 260	89 840	219 860	172 331
Bremen . . .	82 560	120 880	173 880	17 058
Oldbg. Zollausschl.	—	63 895	50 740	278 343
Andere Zollgrenzen	1 260	3 960	1 200	1 721
Elsaß-Lothringen				
Schweiz . . .	25 113	79 661	48 440	58 408
Frankreich . . .	120 830	650 144	202 340	448 279
Württemberg				
Österreich . . a	—	—	318 106	513 008
Schweiz . . a	—	—	10 878	6 260
Übriges Zollgebiet	1 227	2 373	1 120	4 477
Überhaupt	11 969 039	11 893 114	23 491 688	23 031 740
. . . . a	2 201 141	3 317 326	5 314 815	1 383 987

Tabelle 7a.

Holzverkehr mit dem Zoll-Auslande über See.

Angekommen in Häfen

Waarengattung		der Nordsee		der Ostsee		Zusammen	
		1872	1873	1872	1873	1872	1873
Brennholz, auch Reisig	Ctnr.	18 263	4 644	122 703	111 332	140 966	115 976
Gerberlohe	Ctnr.	38 910	48 452	5 716	3 663	44 626	52 115
Balken ꝛc. von hartem Holz	Ctnr.	38 493	38 279	29 585	228 974	68 078	267 253
" " "	a = Stück	—	860	—	—	—	860
Balken ꝛc. von weichem Holz	Ctnr.	633 300	916 766	807 691	1 007 139	1 440 991	1 928 905
" " "	a = Stück	—	436	8 654	—	8 654	436
Bretter, Latten ꝛc.	Ctnr.	2 755 738	3 188 333	3 394 874	5 420 178	6 150 612	8 608 511
" " "	a = Stück	9 720	40 597	118 500	178 812	128 220	219 409

Abgegangen in Häfen

Waarengattung		der Nordsee		der Ostsee		Zusammen	
		1872	1873	1872	1873	1872	1873
Brennholz, auch Reisig	Ctnr.	156	15 991	188 069	185 342	188 225	201 333
Gerberlohe	Ctnr.	—	682	12 214	26 074	12 214	26 756
Balken ꝛc. von hartem Holz	Ctnr.	44 200	58 400	2 432 805	3 693 882	2 477 005	3 747 282
" " "	a = Stück	3 711	12 653	5 756 536	5 878 559	5 760 247	5 891 212
Balken ꝛc. von weichem Holz	Ctnr.	10 880	12 400	3 340 026	2 997 844	3 350 906	3 010 244
" " "	a = Stück	—	—	3 660	2 640	3 660	2 640
Bretter, Latten ꝛc.	Ctnr.	—	—	—	—	—	—
" " "	a = Stück	—	—	—	—	—	—

Tabelle 7 d.

Holz-Ein- und Ausfuhr auf den Strömen und bedeutenderen Flüssen und Kanälen.

Fluß / Kanal	Menge des Eingangs		Menge des Ausgangs	
	1872	1873	1872	1873

196. Brennholz, auch Reisig. Ctnr.

Fluß / Kanal	Eing. 1872	Eing. 1873	Ausg. 1872	Ausg. 1873
Riemen (gegen Rußland)	832 020	749 756	—	—
Weichsel " "	526 772	247 217	—	—
Warthe " "	94 454	48 721	—	—
Elbe (gegen Oesterreich)	101 685	66 643	—	—
Donau "	—	—	1 553 312	928 146
Rhein-Rhone-Kanal (gegen Frankreich)	9 420	—	3 984	—
Rhein-Marne "	—	—	71 440	59 100
Rhein (gegen Niederlande)	322	5	18 018	27 602
Ems (Ausmündung in den Dollart)	—	—	—	76 104
Weser (oberhalb Bremen)	—	—	22 978	51 075
Elbe (oberhalb Hamburg und Harburg)	26 453	2 554	267 603	258 620

200. Balken und Blöcke von hartem Holz. Ctnr, bezh. a = Stück.

Fluß / Kanal	Eing. 1872	Eing. 1873	Ausg. 1872	Ausg. 1873
Riemen	a 56 435	70 670	—	—
Weichsel	a 140 554	171 663	—	—
Warthe	a 109 359	41 117	—	—
Elbe	5 060	1 835	—	—
Donau	3 600	—	1 159	—
Rhein-Rhone-Kanal	—	—	20 980	48 744
Rhein-Marne-Kanal	31 180	3 680	60 584	152 940
Rhein	564 242	562 462	163 890	92 880
Ems	22 120	7	64 560	—
Weser	—	—	189 812	877 246
Elbe	25 248	59 409	80 930	188 677

201. Balken und Blöcke von weißem Holz. Ctnr, beß. a = Stück.

Riemen	a	843 000	1 142 826	—	—
Weichsel	a	1 126 924	1 789 243	—	—
Warthe	a	172 820	400 982	—	—
Elbe		2 837 071	2 866 450	1 887 059	—
Donau		300	—	—	1 108 116
Rhein-Rhone-Kanal		—	1 000	—	1 148 280
Rhein-Marne-Kanal		143 102	889 516	246 783	139 730
Rhein		377 840	894 640	255 212	161 441
Ems		13 115	9 415	9 600	5 360
Weser		52 896	25 249	102 626	202 043
Elbe		253 150	164 423	563 466	904 100
Auf der Mosel		—	—	—	—

202. Bohlen, Bretter, Latten, Faßholz. Ctnr, beß. a = Stück.

Riemen	a	3 878 000	1 116 142	—	—
Weichsel	a	5 986 960	8 515 160	—	—
Warthe		158 118	466 725	—	—
Elbe		61 037	43 574	237 663	28 343
Donau		37 685	28 956	—	—
Rhein-Rhone-Kanal		71	45 980	—	210 980
Rhein-Marne-Kanal		832 838	708 046	283 788	311 108
Rhein		1 254 520	2 695 680	286 013	8 920
Ems		112 522	129 828	900	57 867
Weser		108 122	99 882	228 994	504 252
Elbe		64 571	104 292	418 728	—
Auf der Mosel		—	—	—	—

Tabelle 7 b.

Holzverkehr auf der unteren Elbe, Weser und Ems.

Waarengattung		Angekommen		Abgegangen	
		1872	1873	1872	1873
Brennholz, auch Reisig .	Ctnr.	25 885	18 005	33 017	15 699
Gerberlohe	Ctnr.	947	1 551	1 735	5 622
Balken 2c. von hartem Holz	Ctnr.	973 918	42 393	53 560	114 896
" " " " "	Stück	—	—	1 388	—
Balken 2c. von weichem Holz	Ctnr.	68 344	182 078	8 106	35 268
" " " " "	Stück	—	.		
Bretter, Latten 2c. . . .	Ctnr.	4 409 192	193 025	8 995	59 274
" " " . . .	Stück	—	—	—	—

Tabelle 7 c.

Holzverkehr auf dem Bodensee.

Brennholz, auch Reisig .	Ctnr.	31 386	2 750	203 539	148 346
Holzkohlen	Ctnr.	709	529	13 295	16 588
Gerberlohe	Ctnr.	36 904	29 274	4 993	263
Balken 2c. von hartem Holz	Ctnr.	45 218	618	94 029	18 994
" " " " "	Stück	—	—	—	—
Balken 2c. von weichem Holz	Ctnr.	646	2 092	81 488	21 635
" " " " "	Stück	—	—	—	1 256
Bretter, Latten 2c. . . .	Ctnr.	233 191	14 875	290 606	322 013
" " " . . .	Stück	—	518 344	—	39 070

Tabelle 8.

Waarengattung		Einfuhr 1872	Einfuhr 1873	Ausfuhr 1872	Ausfuhr 1873	Zusammen 1872	Zusammen 1873
Brennholz	Ctr.	1 789 363	1 251 627	2 362 066	1 766 025	4 151 429	3 017 652
Balken ꝛc. von hartem Holz	Ctr.	1 738 664	937 657	3 206 509	4 741 659	4 945 173	5 679 316
	Stück	306 348	284 310	—	—	306 348	284 310
Balken ꝛc. von weichem Holz	Ctr.	5 186 955	5 948 768	8 414 587	8 112 587	13 601 542	14 061 355
	Stück	2 151 398	3 282 887	—	—	2 151 398	3 282 887
Bohlen, Bretter ꝛc.	Ctr.	18 696 321	22 298 951	5 101 423	4 307 451	23 797 744	26 606 402
	Stück	4 159 338	1 204 478	3 660	41 710	4 162 998	1 246 188

Die Menge des Wasserverkehrs beträgt vom Gesammtverkehr %

Waarengattung		Einfuhr 1872	Einfuhr 1873	Ausfuhr 1872	Ausfuhr 1873	Zusammen 1872	Zusammen 1873
Brennholz	Ctr.	38,9	28,7	65,4	58,7	50,7	40,9
Balken ꝛc. von hartem Holz	Ctr.	49,4	21,7	63,0	72,9	57,4	52,5
	Stück	93,7	95,1	—	—	93,7	95,1
Balken ꝛc. von weichem Holz	Ctr.	43,6	50,0	79,2	89,2	57,9	70,0
	Stück	97,8	93,5	—	—	97,3	93,5
Bohlen, Bretter ꝛc.	Ctr.	79,6	81,2	51,9	61,7	71,5	75,8
	Stück	78,3	66,6	4,6	65,0	77,2	66,0

Tabelle 9.
Konsumtion von Brennmaterial in Berlin.
Ermittelte Einfuhr nach Abzug der Ausfuhr.

Im Jahre	Auf Land- und Wasserwegen			Auf Eisenbahnen			Zusammen		
	Brennholz	Torf	Stein- und Braunkohlen und Koaks	Brennholz	Torf	Stein- und Braunkohlen und Koaks	Brennholz	Torf	Stein- und Braunkohlen und Koaks
	Procente								
1860	99,5	99,1	78,7	0,5	0,1	21,3	100,0	100,0	100,0
1861	99,6	100,0	65,9	0,4	0,0	34,1	100,0	100,0	100,0
1862	99,5	100,0	57,6	0,5	0,0	42,4	100,0	100,0	100,0
1863	99,6	100,0	44,9	0,4	0,0	55,1	100,0	100,0	100,0
1864	99,5	100,0	42,7	0,5	0,0	57,3	100,0	100,0	100,0
1865	99,4	100,0	29,0	0,6	0,0	71,0	100,0	100,0	100,0

Tabelle 10.

Überseeischer Holzverkehr der Zollausschlüsse des Deutschen Reichs mit dem Ausland.

Zollausschlüsse	Menge des Eingangs		Menge des Ausgangs	
	1872	1873	1872	1873
	Centner		Centner	
198. Holzborke oder Gerberlohe.				
Altona . . . : . . netto	3 694	2 980	—	—
Geestemünde	—	—	—	—
Brake . . . . . brutto	1 200	1 280	—	—
Bremen	—	—	n. 1 342	—
Hamburg . . . . netto	22 915	8 665	n. 95	br. 282
200. Balken und Blöcke von hartem Holz.				
Altona . . . . . netto	—	—	428	22
Geestemünde	—	—	—	—
Brake	1 240	—	—	—
Bremen . . . netto	10 646	—	143 264	br. 1 611
Hamburg . . . . „	4 659	5 306	br. 25 854	br. 38 824
201. Balken und Blöcke von weichem Holz.				
Altona . . . . . netto	—	—	397	1 102
Geestemünde	—	—	—	—
Brake . . . . . brutto	79 030	69 120	—	—
Bremen . . . . . netto	445 181	br. 76 156	n. 145 096	br. 3 906
Hamburg . . . . „	51 076	—	br. 389 426	119 156
202. Bohlen, Bretter, Latten, Faßholz.				
Altona . . . . . netto	18 260	11 446	2 593	7 304
Geestemünde . . . brutto	332 100	213 920	2 960	2 680
Brake	585 120	1 033 640	—	—
Bremen . . . . netto	1 413 455	br. 666 059	n. 46 940	br. 36 934
Hamburg . . . . „	211 069	223 210	br. 88 604	88 390
203. Außereuropäische Tischlerhölzer ꝛc. in Blöcken und Bohlen.				
Altona . . . . . netto	4 033	6 265	348	557
Geestemünde	105 020	br. 147 670	—	10 420
Brake	—	br. 49 800	—	6 400
Bremen . . . . netto	215 416	br. 163 914	n. 23 777	br. 5 587
Hamburg . . . . „	658 418	br. 484 070	84 897	60 746

Forſtliches Unterrichtsweſen.

Die Ausbildung des Forſtperſonals in Baden.

1. Der forſtliche Unterricht.

a. Rückblick. Die Anfänge eines forſtlichen Unterrichts in
Deutſchland laſſen ſich meines Wiſſens nicht weiter, als in das
7te Jahrzehnt des vorigen Jahrhunderts zurück verfolgen. Die
erſten dem forſtlichen Unterrichte gewidmeten Schulen hatte der
Harz, ihm folgte Thüringen, und das Ende des vorigen, ſowie der
Beginn des gegenwärtigen Jahrhunderts verzeichnen auch 2 Privat-
forſtlehranſtalten in Baden, die von Drais — 1795 — in Gernsbach und die von Laurop — 1808 — in Karlsruhe. Der erſte
Verſuch aber in Baden einen forſtlichen Unterricht einzurichten,
fällt ſchon in das Jahr 1769, in welchem Jahre für die Baden-
Durlach'ſche Landestheile eine Verordnung über die Ausbildung des
Forſtperſonals in Form eines Erlaſſes der hochfürſtlich Markgräflichen Rentkammer an die Forſtämter erſchienen iſt. Vor dieſer
Zeit ſcheint ein beſonderer forſtlicher Unterricht nicht ertheilt worden zu ſein, indem wohl zur Bekleidung der niederen Dienſte die
Lehre bei einem Förſter, d. h. eine vollſtändig empiriſche Ausbildung genügte, zur Erlangung der höheren Forſtſtellen aber natur-
wiſſenſchaftliche und volkswirthſchaftliche Studien auf der Univerſität erforderlich waren, wenn nicht Vorzüge der Geburt und der
bei Hofe oder Militär geleiſteten Dienſte auch dieſe Studien un-
nöthig machten.

„Um das Forſtweſen ſoviel möglich zu verbeſſern,“ beginnt
die höchſt intereſſante, den damaligen Stand des Forſtweſens kenn-
zeichnende Verordnung vom 22. März 1769, „haben Unſeres gnä-
digſten Herrn Hochfürſtliche Durchlaucht dero gnädigſte Abſicht auch
auf diejenigen junge Leute gerichtet, welche die Jägerei erlernen wollen.“

Es gilt demnach dieſe Verordnung nur für die Forſtbeamten
der 2ten Klaſſe „die Jäger“. Sie fährt nach dieſem Eingange fort:

„Gleichwie nun ſolche vorderſamſt durchgehends im Leſen,
Schreiben, Rechnen, der Geometrie und Phyſik wohl unterrichtet
und ſtarker Leibeskonſtitution ſein müſſen, alſo finden Ihro Hoch-

fürstliche Durchlaucht insbesondere nöthig, daß ihnen noch ehe sie in die Lehre kommen, die Natur des Holzes die Kunst solches sicher und wohlfeil zu pflanzen und wirthschaftlich damit umzugehen, wohl beigebracht werde, als zu welchem Ende sie noch vor Angehung der Lehre neben denen Anstalten, die zu diesem Zweck in den hiesigen Forsten besonders anzutreffen, in der fürstlichen Baumgärtnerei die Eigenschaften der Erde, die verschiedenen Holzarten, Holzsamen und die Kunst zu säen, zu versetzen und überhaupt mit denen Bäumen wohl umzugehen praktisch erlernen und zugleich in der natürlichen Erkenntniß des Holzes und forstwirthschaftlichen Kultur der Waldungen nebst denen dahin einschlagenden Wissenschaften theoretisch und praktisch unterwiesen werden sollen."

"Um nun diese gnädigsten Absichten zu erreichen verordnen Ihro hochfürstliche Durchlaucht gnädigst, daß

1. ein junger Mensch, der die Jägerei erlernen will, nach erhaltener Konfirmation in seinem Christenthum und zurückgelegtem 14ten bis 15ten Jahre bei dem Forstamt wo er zu Hause ist, fürdersamst geprüft werden solle, ob er die erforderlichen Fähigkeiten im Lesen, Schreiben, Rechnen und der Geometrie besitze, wo sodann ein solcher

2. in die weitere Zubereitung anhero gethan und

3. dahier ohngefähr 3 Jahr bleiben und von Zeit zu Zeit Zeichnungen und andere Proben seiner erlangten Geschicklichkeit ad cameram überreichen, nach diesem aber geprüft werden soll, ob er seine Zeit wohl angewendet habe, casu quo non ihm entweder noch ein Jahr anzuberaumen, oder wenn keine Hoffnung ihn zur erforderlichen Tüchtigkeit zu bringen, vorhanden, derselbe gänzlich ab und zur Erwählung eines anderen Standes anzuweisen wäre, dafern derselbe aber in der Examination wohl bestände, so solle

4. derselbe alsbann zu Karlsruhe oder Pforzheim in die wirkliche Lehre, während deren er sich zugleich in den Forstverwaltungen umzusehen, was bei Berichten, Abrechnungen 2c. ihm zu wissen nöthig, sich begeben und nach ausgehaltenen gewöhnlichen 3 Jahren von dem Forstamte geprüft und nach Befinden losgesprochen werden. Wenn nun

5. derselbe in Karlsruhe gelernt hätte, so solle er sich sofort noch 1 Jahr im Pforzheimer Forstamt und 1 Jahr im Oberland

als Jägerpursch aufhalten, hätte er aber in Pforzheim gelernt soll er 1 Jahr in Karlsruhe und eines im Oberland zubringen, von jedem Forstamt aber sich mit einem Attestat legitimiren, wie er sich die darinnen vorkommenden Forstgeschäfte bekannt gemacht und in wie fern er mit der Zeit auf einem Forste desselben mit Nutzen zu dienen im Stande sei, als ohne welches Attestat er bei erfolgender Erledigung eines solchen Forstdienstes sich keineswegs einige Hoffnung dazu zu machen haben solle. Wann nun ein Jäger= pursche solchergestalt das 22te bis 23te Jahr erreicht, solle er

6. von Forstamtswegen angewiesen werden wohin er reisen solle, als zu welchem Ende die Oberforstmeister sich mit auswärtigen erfahrenen und berühmten Männern in Korrespondenz zu setzen und die Pursche anzuweisen hätten, sowohl Nachrichten von der Reise, als Proben der erweiterten Kenntniß von Zeit zu Zeit einzuschicken. Nach zu= rückgelegten ausländischen Reisen nun solle

7. ein solcher ausgelernter Pursche in einem scharfen Examen seine Tüchtigkeit erproben, wo er sodann, wann er derselben Be= weise abgelegt hätte, in numerum der Forstkandidaten aufzunehmen sei, dadurch aber

8. das Recht erlange, sich auf offene Forstdienste Rechnung zu machen, oder einstweilen bei der Hofjägerei angestellt zu werden, und da

9. in Hinkunft keiner mehr einen Dienst zu hoffen haben solle, der nicht über die erforderlichen Wissenschaften examinirt und zum Forstkandidaten ernannt sei, so hätten auch alle jezo vorhandenen Jägerpursche, sie seien wer sie wollen und bei wem es möge in Diensten, selbst die fürstlichen Jagdlakaien nicht ausgenommen, nach einer zur Präparation zu gestattenden Frist von etwa $\frac{1}{2}$ Jahr sich dem Examen zu unterziehen, welche sofort nach der Ordnung wie sie wohlbestanden bei fürstlicher Rentkammer in das Verzeich= niß einzuschreiben seien, welches bei Besetzung der Dienste zur Richt= schnur dienen würde."

Die Verordnung schließt:

„Ihro hochfürstliche Durchlaucht versehen sich also zu dero Forstamt Karlsruhe (Pforzheim 2c.) daß dasselbe sich in Zukunft pünktlich hiernach achte, auch alle Förster zu dessen genauer Be=

folgung anweisen, insbesondere aber gehörig veranstalten werde, daß alle bereits außer der Lehr stehenden Jägerpursche, auch Jagdlakaien gehörig examinirt werden mögen, zu welchem Ende benenselbigen die Tage zu bestimmen und um aus diesseitigem fürstlichem Kollegio jemanden beiwohnen lassen zu können, Nachricht davon anhero zu ertheilen ist."

Die Verordnung verlangt also von den Jägern, welche sich zum Jägerpurschen und schließlich zum Forstkandidaten heranbilden wollen:

1. als allgemeine Vorbildung:

Lesen, Schreiben, Rechnen, Geometrie. Hierüber ist ein Examen zu machen;

2. als spezielle theoretische Vorbildung:

einen dreijährigen Kurs in Karlsruhe, hauptsächlich im Zeichnen, in der Gewächs- und Bodenkunde. Abermaliges Examen;

3. als theoretische Berufsbildung:

eine dreijährige Lehre bei einem Forstamte. Wiederholtes Examen.

4. als praktische Berufsbildung:

a. einen zweijährigen Aufenthalt in einem anderen Forstamte, worüber der Forstmeister ein Attestat auszustellen hat, und

b. Reisen in ausländische Reviere.

Hierauf folgt zum Schluß ein „scharfes Examen" und nach glücklicher Bestehung die Beförderung zum Forstkandidat.

Es darf hieraus wohl gefolgert werden, daß man bei Erlassung dieser Vorschriften nicht nur die tüchtige Ausbildung des Forstpersonals, sondern auch ein Zurückdrängen der jungen Leute von dem Forstfache beabsichtigte. Wenigstens läßt sich dies aus einem Bericht des Forstamts Karlsruhe vom 25. Juli 1787 über den Erfolg der oben angeführten Verordnung schließen, dessen Eingang heißt:

„Bis daher ist darauf gesehen worden, daß diejenigen Personen, die alles Abmahnens ungeachtet, sich der Forst- und Jagdwissenschaft widmen wollen, genau geprüft ꝛc."

Es scheint auch die Einhaltung der gegebenen Vorschriften keine genaue gewesen zu sein, insbesondere zeigte es sich schwierig, daß die jungen, meist aus der Volksschule kommenden Leute Kennt-

29*

niſſe in der Geometrie beſitzen ſollten. Die Forſtämter prüften und entſchieden mehr nach eigenem Ermeſſen und es ſah ſich daher die oberſte Forſtbehörde im Jahr 1805 veranlaßt, anzuordnen, daß die Examenarbeiten an dieſe Behörde einzuſenden ſeien.

Das ſteht jedenfalls feſt, daß die Verordnung von 1769 ihren Zweck nicht erreichte. Sie verlangte für die Ausbildung des niederen Perſonals zu viel, während ſie für den höheren Forſtdienſt nicht genügte. Insbeſondere ſcheint auch die „weitere Zubereitung“ in Karlsruhe (Ziffer 2 obiger Verordnung) auf ungenügender Grundlage beruht zu haben, da die nöthigen Lehrer zur Unterweiſung der jungen Leute nicht da waren und für eine einfache Beſchäftigung in der Baumgärtnerei und die Übung im Zeichnen ein dreijähriger Aufenthalt in der Reſidenz den meiſt aus unbemittelten Förſterfamilien ſtammenden jungen Leuten zu theuer war. Auch das Reiſen in ausländiſche Reviere konnte nur dann einen Erfolg haben, wenn auch die Mittel hiefür zur Verfügung ſtanden. Da dies aber meiſt nicht der Fall war, ſo führte dieſe an und für ſich gewiß zweckmäßige Vorſchrift lediglich zu einem vacirenden Jägerpurſchenthum und kam in kurzer Zeit ganz außer Gebrauch. Von dem Jahre 1769 bis 1832, alſo in einem Zeitraume von 63 Jahren erſchien keine Verordnung über die Ausbildung des Forſtperſonals. Es machte ſich aber allmählich eine Übung zurecht welche dem Zuſtand vor 1769 ziemlich ähnlich ſein mochte. Die jungen Leute, welche ſich der Jägerei widmen wollten, gingen bald nach der Entlaſſung aus der Volksſchule und ohne Geometrie zu einem Förſter in die Lehre, wurden nachdem dieſe nach Ablauf von 3 oder mehr Jahren beſtanden war, von dem Forſtamte geprüft und auf Grund der an die Oberforſtbehörde eingeſchickten Prüfungsarbeiten von dieſer als Jägerpurſchen recipirt oder zurückgewieſen. Die Kandidaten des höheren Forſtdienſtes beſuchten die Univerſität oder eine Forſtlehranſtalt, auch wohl in der Zeit, als dieſe noch fehlten, den Unterricht einzelner gebildeteren Forſtmänner.

Zum Studium der Forſtwiſſenſchaft war ferner die beſondere Erlaubniß des Fürſten nöthig und dieſe wurde vorwiegend nur Gliedern adeliger oder beſonders bevorzugter bürgerlicher Familien ertheilt. Sogar die Anſtellung der niederen Forſtbedienſteten wurde

von der rechtzeitigen Einholung einer solchen Erlaubniß zur Er=
greifung des Forstfaches abhängig gemacht.

Dieser Zustand hörte mit dem Jahre 1832 auf. Man stellte
jetzt den Grundsatz auf, daß das Institut der gelernten Jäger
künftig aufhöre, daß aber die vorhandenen recipirten Jägerpurschen
zur Waldhut verwendet werden sollen, soweit sie nicht noch die
Staatsprüfung erstehen. Es bedurfte also von nun an für den
Forstschutzdienst keiner Prüfung und demzufolge auch keines forst=
lichen Unterrichts mehr, es hatte sich dieser vielmehr nur auf solche
junge Leute, welche sich dem Forstverwaltungsdienst widmen wollten,
zu erstrecken. Hiermit hörte auch die Bevorzugung des Adels auf
und war nun dem Streben nach forstlichem Wissen und Können
freie Bahn gemacht.

Am 1ten November 1832 begann der Unterricht an der neu
errichteten mit dem Polytechnikum in Karlsruhe verbundenen Forst=
schule und es bezeichnet dieser Tag den bedeutsamsten Wendepunkt
in dem badischen Forstwesen.

Zur Aufnahme in die Forstschule war ein Alter von 17 bis
22 Jahren und ein Nachweis der Kenntnisse, wie sie:

a. in der obersten Klasse eines inländischen Gymnasiums*) oder der
   dieser gleichstehenden drittobersten Abtheilung eines Lyceums,*)
b. in der ersten allgemeinen mathematischen Klasse der polytech=
   nischen Schule erworben worden, erforderlich.

Als eine Übergangsbestimmung zu dem Zwecke, den tüchtigeren
der vorhandenen Jägerpursche und Forstlehrlinge den Besuch der
Forstschule möglich zu machen, galt die Anordnung, daß Jünglinge,
welche das Forstwesen bereits praktisch erlernt oder vor Errichtung
der Forstschule zu erlernen begonnen hatten, von der Nachweisung

---

*) Vor dem Jahre 1872 entsprach das badische Lyceum dem preußischen
Gymnasium, das badische Gymnasium dem preußischen Progymnasium
Erst seit dem Jahre 1872 sind in Baden die in Preußen und den meisten
anderen deutschen Staaten gebräuchlichen Benennungen eingeführt. Die
Verschiedenheit in der Benennung der Gelehrtenschulen mag wohl der
Grund sein, daß man bis in die neueste Zeit auswärts der Meinung war,
es werde in Baden die volle Maturität verlangt. So in: Heß, forstl.
Unterrichtsfrage, Berlin 1874 Seite 43 und 68. Baur, Monatschrift v.
1875 S. 72.

über den Besuch eines Gymnasiums (jetzt Progymnasium) dispen=
sirt werden konnten, wenn sie ein Zeugniß der Forstdirektion über
eine untadelhafte Aufführung uud über ihre praktische Tüchtigkeit
beibrachten und längstens bis 1. November 1833 sich meldeten.
Auch in Beziehung auf das höchste Alter und auf die Nachweisung
der naturwissenschaftlichen, mathematischen und Sprachkenntniße
war Nachsicht bewilligt, wenn Kenntniß in der Naturgeschichte und
den Elementen der Algebra, Geometrie und Trigonometrie, in der
deutschen und einigermaßen auch in der französischen Sprache nach=
gewiesen werden konnten. Die noch weiter erforderlichen Vorkennt=
nisse sollten dann während des Besuchs der Forstschule durch ver=
doppelten Fleiß nachgeholt werden.

Diese nachsichtige Behandlung der jungen Leute, welche das
Forstfach bereits ergriffen hatten, aber nicht in der Lage waren,
die nöthige Vorbildung sich anzueignuen, war zur Durchführung
der neuen Organisation des Forstdienstes unumgänglich nöthig und
hat gute Früchte getragen. Eine große Anzahl machte davon Ge=
brauch. Zu diesen gehören fast alle in den 2 ersten Jahren reci=
pirten 51 Praktikanten, aus welchen eine Anzahl der tüchtigsten
badischen Forstbeamten hervorgegangen ist. Zwölf von ihnen sind
jetzt noch im Dienst.

Der Unterricht in der Forstschule erforderte anfänglich 2 Jahre.
Nachdem aber die Übergangszeit vorüber war, wurde er auf 3 Jahre
vertheilt, wovon 1 Jahr den Unterricht im forstlichen Vorberei=
tungskurs, 2 Jahre die Forstfachschule umfaßten.

Die Verordnung vom 15. Januar 1835, welche hierüber feste
Bestimmungeu gab, verlangte eine genaue Einhaltung der bezüglich
der allgemeinen Vorbildung gegebenen, aber bisher wenig befolgten
Vorschriften, — also die Absolvirung eines Gymnasiums*) oder
der zweitobersten Klasse eines Lyceums*) — beziehungsweise den
Nachweis der dieser Klasse entsprechenden Kenntnisse, und als spe=
zielle theoretische Vorbildung die Bekanntschaft mit den dem Forst=
manne nöthigen Zweigen der mathematischen und der Naturwissen=
schaften, wie sie in der 1. mathematischen Klasse der polytechnischen

---

*) Siehe vorstehende Note.

Schule und in dem Vorbereitungskurs der Forstschule gelehrt wurden. Als solche sind bezeichnet: Arithmetik, Algebra, Geometrie und ebene Trigonometrie, praktische Geometrie, Zoologie, Botanik, Mineralogie und Geognosie, Physik und Chemie.

Die theoretische Berufsbildung sollte in der gründlichen Er= lernung aller jener Theile der Forstwissenschaft, die in der Forst= fachschule gelehrt wurden, bestehen. Als Gegenstände der Prüfung waren aufgeführt: Forstbotanik, Waldbau, Forstbenutzung und Forsttechnologie, Forstabschätzung und Forsteinrichtung, Forstverwal= tung und Forstgeschäftslehre, allgemeines Forst= und Jagdrecht, badische Forstgesetzgebung, Forstpolizei und Forstwirthschaftslehre, Forstschutz, allgemeine und Literär=Geschichte des Forstwesens mit Forststatistik, Zoologie der Jagdthiere und allgemeine Jagdwissen= schaft, Landwirthschaft in ihrer Beziehung zur Forstwirthschaft.

Diese Bestimmungen erhielten sich bis zum Jahre 1867, also 32 Jahre, allmählich machte sich aber eine Lücke fühlbar, insbeson= dere in der Vorbildung. Im Gymnasialstudium wurden mannig= fache Dispensationen ertheilt und auch die Prüfung hierin etwas leicht genommen und es zeigten sich nun die daraus hervorge= gangenen Übelstände in der Überfüllung der Forstschule mit oft nicht gehörig vorbereiteten jungen Leuten. An der Forstschule selbst war für das Studium der mathematischen und Naturwissenschaften zu wenig Raum gegeben und zu alledem machte sich der Mangel an Lehrkräften fühlbar. Bei Errichtung der Forstschule wurde nur ein forstlicher Lehrer (Dr. Bronn und von 1835 an Dr. Klaup= recht) angestellt, unbedeutende Aushülfe in einigen weniger umfang= reichen Fächern abgerechnet, und dieser blieb allein bis zum Jahr 1848. Im Herbst dieses Jahres wurde dem Bezirksförster Dengler die zweite Lehrstelle an der Forstschule neben seinem Bezirksforstei= dienste übertragen und es blieb dieses Verhältniß bis zu seinem im Jahr 1866 erfolgten Tode. Die Unzulänglichkeit der bisherigen Einrichtung war längst fühlbar geworden und es entschloß sich daher die Regierung zur Berufung eines zweiten Lehrers, des bis= herigen badischen Bezirksförsters Schuberg, an die Forstschule ohne alle Verbindung der Lehrstelle mit dem Bezirksforsteidienste. Nach= dem beinahe zu gleicher Zeit auch auf die erste Lehrstelle, für den

wegen vorgerückten Alters in den Ruhestand getretenen Dr. Klaup=
recht, ein jüngerer Mann, Dr. Bonhausen, getreten war und somit
die Lehrkräfte in ausreichenden Stand gesetzt waren, wurde auch
die längst als nothwendig erkannte Umarbeitung des Studienplans
nach langen Vorverhandlungen beschlossen.

Es handelte sich dabei hauptsächlich um die Frage: Soll als
allgemeine Vorbildung die volle Maturität verlangt werden, oder
sollen an Stelle der 2 lezten Gymnasialkurse lediglich die dem
Studium der Forstwissenschaft mehr angepaßten mathematischen
und naturwissenschaftlichen Lehrgegenstände in einer einem 2jährigen
Kurse entsprechenden, also sehr erweiterten Weise treten? Das
leztere wurde hauptsächlich von der Oberforstbehörde befürwortet
und gelangte auch zur Annahme. So kam die Verordnung vom
15. August 1867 zu Stande, welche

b. den gegenwärtigen Stand

darstellt.

Die genannte Verordnung ändert in dem Nachweis der all=
gemeinen Vorbildung nichts, verlangt aber zur speziellen theore=
tischen Vorbildung außer den obengenannten, in der Verordnung
vom 15. Januar 1835 vorgeschriebenen Kenntnissen noch sphärische
Trigonometrie, Polygonometrie und Elementarmechanik. Sie schreibt
vor, daß dem Studium der für die spezielle theoretische Vorbildung
nöthigen Fächer wenigstens 2 Jahre zu widmen seien und daß
über den Besitz derselben eine Prüfung, die s. g. Vorprüfung —
zu entscheiden habe. Wer die Prüfung 2mal nicht besteht, wird
für immer zurückgewiesen. Ist sie aber bestanden, so hat das
Studium für die theoretische Berufsbildung zu beginnen welchem
ebenfalls mindestens 2 Jahre zu widmen sind. Sämmtliche Stu=
dien, sowohl die der speziellen theoretischen Vorbildung, als die
der theoretischen Berufsbildung können an der Forstschule in Karls=
ruhe, an einer Universität oder an einer andern geeigneten Lehr=
anstalt absolvirt werden.

Als Gegenstände der theoretischen Berufsbildung bezeichnet
die Verordnung von 1867 gegenüber der von 1835 weiter noch:
Bodenkunde, Klimatologie, Forststatik, Agrikulturchemie, Weg= und

Wasserbaukunde, analytische Geometrie, Differential= und Integral=
rechnung, die allgemeinen Lehren des Civilrechts, allgemeine Wirth=
schaftslehre in Verbindung mit Staatswirthschaftslehre, allgemeine
Land= und Forstwirthschaftslehre, landwirthschaftlicher Pflanzenbau
und Wiesenbau=Lehre.

Gegen den Schluß jeden Jahres wird die Hauptprüfung im
Forstfache vorgenommen. Während bei der Vorprüfung ausschließ=
lich Professoren des Polytechnikums prüfen, ist die Hauptprüfung
vorwiegend den Mitgliedern der Oberforstbehörde übertragen. Ein
Kandidat, welcher zweimal als nicht hinlänglich befähigt bei der
Hauptprüfung zurückgewiesen werden mußte kann zu einer weiteren
Staatsprüfung im Forstfache nicht mehr zugelassen werden. Nach
zurückgelegtem 30. Lebensjahre findet überhaupt eine Zulassung zur
Staatsprüfung nicht mehr statt.

Von der Befugniß, die für die theoretische Vor= und Berufs=
Bildung nöthigen Studien auf einer Universität oder einer andern
forstlichen Lehranstalt zu machen, wurde nur sehr wenig Gebrauch
gemacht. Fast ausnahmslos wurde die hiesige Forstschule besucht,
welche auch einen starken Besuch von Nichtbadenern, hauptsächlich
aus Nassau, Hohenzollern und der Schweiz, wenigstens in den
ersten Jahrzehnten ihres Bestehens zu verzeichnen hatte. Wenn
dieser Besuch in neuerer Zeit abgenommen hat, so liegt dies theils
in den politischen Verhältnissen, welche Nassauer und Hohenzollern
nach dem Norden verweisen, theils in der Begründung neuer Forst=
institute, wie in Zürich, welche jedem die Absolvirung der forst=
lichen Studien im eigenen Lande ermöglichen.

Der Besuch der Forstschule in Karlsruhe seit ihrem Bestehen
bis jetzt, war folgender:

Studienjahr	Badener	Nichtbadener	Zusammen	Durchschnittlich, jährlich				Nichtbadener in % der Gesammtzahl
				Badener	Nichtbad.	Zusammen	In je 1 Kurswaren	
I. Periode. 1832/35. 2 Jahreskurse.								
1832/35	133	9	142	44.3	3.0	47.3	23.6	6.3
II. Periode 1835/67. 8 Jahreskurse.								
1835/39	63	21	84	15.7	5.3	21.0	7.0	25.0
1839/43	71	68	139	17.7	17	34.7	11.5	48.9
1843/47	112	42	154	28.0	10.5	38.5	12.8	27.3
1847/51	72	47	119	18	11.7	29.7	9.9	89.5
1851/55	44	27	71	11	6.7	17.7	5.9	38.0
1855/59	81	23	104	20.2	5.8	26.0	8.7	22.1
1859/63	80	33	113	20.0	8.2	28.2	9.4	29.2
1863/67	177	31	208	44.2	7.8	52	17.3	14.9
III. Periode 1867/76. 4 Jahreskurse.								
1867/71	116	7	123	29	1.8	30.8	7.7	5.6
1871/75	127	14	141	31.7	3.5	35.2	8.8	10.0
1875/76	16	6	22	16	6	22	5.5	27.3
Im Ganzen.								
1832/35	133	9	142	44.3	3.0	47.3	23.6	6.3
1835/67	700	292	992	21.9	9.1	31.0	10.3	29.4
1867/76	259	27	286	28.8	3.0	31.8	7.9	9.4
Zuf.:	1092	328	1420	24.8	7.5	3 2.3	—	23.1

Wenn man annimmt, daß jeder Badener, welcher die Forst-schule besuchte alle Kurse durchmachte, so muß die Zahl der badi-schen Forstschüler in den 44 Jahren von Gründung der Forstschule bis jetzt

$$\frac{44.3 \times 3}{2} + \frac{21.9 \times 32}{3} + \frac{28.8 \times 9}{4} = 364$$

gewesen sein. Mancher ist wohl früher ausgetreten, mancher auch etwas über die vorgeschriebene Zeit geblieben und so mag sich dies ungefähr ausgleichen.

2. Die forstlichen Prüfungen.

Die erste Staatsprüfung im Forstfache wurde im Jahre 1835 vorgenommen. Von dieser Zeit bis jetzt, also in 42 Jahren sind 229 Forstpraktikanten, durchschnittlich jährlich 5,5, recipirt worden. Abgegangen in Folge von ein= oder mehrmaligem Nichtbestehen sind 33 Kandidaten. Diesen 262 welche sich der Staatsprüfung unterworfen haben, stehen daher etwa 100 gegenüber, die zu keiner Prüfung gekommen sind.

Die Hauptprüfung wird jährlich einmal, gewöhnlich im Dezember, vorgenommen und es sind ihr in der Regel 8 Tage gewidmet, wovon $1/2$—1 Tag und zwar am Schluße der Prüfung mündlich, alle übrige Zeit schriftlich geprüft wird. Die Noten welche ertheilt werden, sind: vorzüglich, gut, hinlänglich, nicht hinlänglich.

Von den 229, welche die Prüfung bestanden haben erhielten nur 2 die Note „vorzüglich". Es war dies in der 1. Prüfung im Jahre 1835. Die Note „gut" wurde an 45 Praktikanten verliehen. Die große Mehrzahl — nahezu 80% — erhielt daher das Prädikat „hinlänglich befähigt."

In einmaliger Prüfung sind 179 bestanden, die 2. Prüfung war bei 46 erforderlich und 4 Kanditaten bestanden erst bei der 3. Prüfung. Diese letztere ist seit dem Jahre 1867 nicht mehr zuläßig.

Vergleicht man die Zahl der Kandibaten, welche sich der Hauptprüfung unterzogen haben, mit der Zahl der recipirten Forstpraktikanten, so ergibt sich folgendes:

Jahr	Die Prüfung haben mitgemacht	Davon sind bestanden	Durchschnittlich, jährlich			Nichtbestanden in Prozenten der Gesammtzahl.
			haben die Prüfung mitgemacht	sind bestanden	sind nicht bestanden	
1835/39	95	70	19	14	5.0	26
1840/44	27	16	5.4	3.2	2.2	41
1845/49	28	16	5.6	3.2	2.4	43
1850/54	35	20	7.0	4.0	3.0	43
1855/59	19	16	3.8	3.2	0.6	16
1860/64	30	19	6.0	3.8	2.2	36
1865/70	77	44	12.8	7.3	5.5	42
1871/76	35	28	5.8	4.6	1.2	20
1835/76	346	229	8.2	5.5	2.7	33

Wie hieraus ersichtlich ist, hat die Zahl der durchgefallenen Kandibaten seit dem Jahre 1871 wesentlich abgenommen, eine Folge der mit der Verordnung von 1867 eingeführten Vorprüfung. Sie wird gegen Ende September jeden Jahres und wie oben erwähnt, in der Regel von den Dozenten der polytechnischen Schule vorgenommen und umfaßt 5 Tage für die schriftliche und 2 Tage für die mündliche Prüfung. Ihr bisheriges Ergebniß ist folgendes:

Jahr	Die Prüfung haben mitgemacht	Bestanden sind	Nichtbestanden sind	Nichtbestanden in % der Gesammtzahl
1868	8	4	4	50
1869	10	9	1	10
1871	4	4	—	—
1872	9	6	3	33
1873	13	9	4	31
1874	7	2	5	71
1875	6	4	2	33
1868—75	57	38	19	33

Die Vorprüfung bietet der Staatsbehörde den Vortheil, daß dabei, weil die Kandidaten noch jünger sind und sie, wenn sie zurückgewiesen werden müssen, leichter ein anderes Fach noch ergreifen können, strenger verfahren werden kann und dadurch die nicht Begabten oder nicht fleißigen Kandidaten ausgeschieden werden, ehe sie zum Studium des Forstfachs übergehen. Sie bietet aber auch den Studirenden den Vortheil, daß sie den Ausweis über den Besitz der in umfassender Weise vorgeschriebenen Kenntnisse in Mathematik und Naturwissenschaften unmittelbar nach dem Studium derselben beibringen und sodann ihre ganze Kraft auf das forstliche Studium zusammenfassen können.

Hiernach haben sich die seit 1867 bestehenden Vorschriften, soweit sie eine gediegene Vorbildung für das forstliche Studium und dieses selbst betreffen, bewährt. Denn wenn man auch darüber verschiedener Ansicht sein kann, ob die zweijährigen, eingehenden mathematischen und naturwissenschaftlichen Studien bezüglich der allgemeinen Bildung dem Forstmanne die ihm fehlenden 2 letzten Gymnasialkurse ersetzen, so dürfte doch das feststehen, daß jene Studien für die forstlichen Fächer besser vorbereiten, als es auf dem Gymnasium möglich ist.

Und doch würde man, aller Voraussicht nach, wenn man jetzt wieder eine Verordnung über die Ausbildung des Forstpersonals

zu erlassen hätte, sie anders machen. Man würde jetzt sehr wahr=
scheinlich die volle Gymnasialbildung verlangen und zwar abgesehen
von den inneren Gründen, welche hier nicht zu erörtern sind, schon
deßwegen, weil diese volle Maturität in den meisten deutschen
Staaten, insbesondere in Preußen und Süddeutschland, für die
forstliche Ausbildung längst Vorschrift ist, weil überall und so auch
bei uns die Forstbeamten gleiche Rechte in Rang und Gehalt mit
den anderen Beamten anstreben, gleichen Rechten aber auch gleiche
Pflichten gegenüberstehen und weil es schließlich überhaupt keinen
Grund gibt, das Studium der Forstwissenschaft gegenüber jedem
anderen abzukürzen.

Würde man die volle Gymnasialbildung verlangen, die 8
Semester, welche jetzt auf der Forstschule zuzubringen sind, auf 6
vermindern und diese, was ganz gut thunlich wäre, hälftig dem
Studium der Natur= und mathematischen Wissenschaften, hälftig
den eigentlichen Forstfächern zuwenden, so könnte der bisherige
Studienplan im Großen und Ganzen und damit auch die Vor=
prüfung beibehalten, das bisherige Gute also leicht mit den höheren
Anforderungen für die allgemeine Bildung vereinigt werden.

Ob es dann zweckmäßiger erscheinen wird, das Studium der
Forstwissenschaft auf die polytechnische Schule oder auf die Uni=
versität zu verweisen, ist eine weitere Frage, die erst zur Erör=
terung kommen kann, wenn die Vorfrage der Gymnasialbildung
in obigem Sinne gelöst ist.

3. Die praktisch=forstliche Ausbildung. Bezüglich der
praktisch-forstlichen Ausbildung schreibt die Verordnung von 1867
vor, daß die Forstkandidaten, welche nach bestandener Staatsprüfung
unter die Zahl der Forstpraktikanten aufgenommen wurden, sich
sodann noch die praktische Berufsbildung zu erwerben haben. Zu
diesem Zweck muß jeder Forstpraktikant während mindestens 2 Jahren
sich bei einem oder mehreren Bezirksförstern des Landes in allen
Berufszweigen praktisch üben. Den Bezirksförstern sowohl, als den
älteren Forstpraktikanten ist es ausdrücklich zur Pflicht gemacht,
der praktischen Ausbildung der jüngeren Praktikanten auf jede
Weise förderlich zu sein, sowohl durch Zuweisung geeigneter Arbeiten
als durch Anleitung und Belehrung. Glaubt ein Forstpraktikant

diesen Bestimmungen Genüge geleistet zu haben, so sucht derselbe bei der Domänendirektion darum nach, seinen praktischen Kurs als beendet zu erklären. Ist das Ergebniß der Erhebungen, welche die Direktion hierauf veranlassen wird, ein in jeder Beziehung günstiges und geht aus demselben hervor, daß der Betreffende volle zwei Jahre auf seine praktische Ausbildung seit seiner Aufnahme als Forstpraktikant verwendet hat, so wird dieselbe dem Gesuche entsprechen. Ist jedoch das Eine oder das Andere nicht der Fall so verfügt die Direktion, daß der praktische Kurs noch eine bestimmte Zeit fortgesetzt werden muß, nach deren Ablauf sodann eine abermalige Anmeldung erfolgt. Ehe die Direktion den praktischen Kurs eines Forstpraktikanten für beendigt erklärt hat, darf derselbe weder provisorisch noch definitiv zur Versehung einer Gemeinde= oder Staatsbezirksforstei verwendet werden.

Dieser Bestimmung gemäß hat also jeder Forstpraktikant, nachdem er die Staatsprüfung abgelegt hat, bei einer Bezirksforstei als Gehilfe einzutreten.

So lange die Praktikanten noch unbesoldet sind, steht ihnen in der Regel die Wahl der Bezirksforstei, bei welcher sie eintreten wollen, frei, sobald sie aber Gehalt beziehen, verfügt die Oberforstbehörde gutfindend über sie.

Der Zeitpunkt der Gehaltsvertheilung richtet sich hauptsächlich nach der Verfügbarkeit der budgetmäßigen Mittel und da diese nur für eine festbestimmte Zahl von Gehilfenstellen bewilligt sind, nach der Anzahl der vorhandenen Praktikanten. Der günstigste Fall ist also, daß schon unmittelbar nach der Staatsprüfung ein Gehalt bewilligt werden kann, der ungünstigste, daß ein Praktikant 2 Jahre unbesoldet ist. Zur Zeit hat ein Praktikant kaum ein Jahr auf Gehalt zu warten. Im Durchschnitt der letzten 10 Jahre sind es 6,8 Monate.

In der Beschäftigung selbst tritt mit der Gehaltsvertheilung keine Änderung ein. Der Praktikant hat nach wie vor dem Bezirksförster in allen Zweigen der Verwaltung Aushilfe zu leisten und diesem ist es zur Pflicht gemacht, seinem Gehilfen alle Gelegenheit zu geben, sich praktisch auf das Vollständigste auszubilden. Forst-

schutzdienste werden grundsätzlich von einem Praktikanten nicht
verlangt.

Die Beschäftigung als Bezirksforsteigehilfe währt bis zur An=
stellung desselben als Bezirksförster, wenn nicht zeitweise eine Ver=
wendung bei der Forsteinrichtung eintritt. Hiebei werden jährlich
10—12 Praktikanten, die jüngeren als Taxationsgehilfen, die
älteren als selbstständige Taxatoren gegen Diäten=Bezüge verwendet.

Es soll ein Praktikant nicht zum Taxator ernannt werden,
bevor er nicht 1—2 Jahre im Bezirksforsteidienst und ebensolange
als Taxationsgehilfe beschäftigt war und soll mindestens 1 oder 2
Jahre vor seiner Ernennung zum Bezirksförster wieder in den
Verwaltungsdienst übertreten. Man sucht so viele Praktikanten als
nur immer thunlich im Taxationsgeschäfte zu verwenden, da es
zur Ausbildung jedes Forstmanns gehört, auch mit den Forst=
abschätzungs= und Einrichtungs=Arbeiten vertraut zu sein, alle zu
beschäftigen ist aber nicht möglich und so bleibt der Vorzug haupt=
sächlich denjenigen, welche sich durch bessere Befähigung und größeren
Fleiß auszeichnen. Die zu Taxatoren ernannten Praktikanten bleiben
mindestens 2 Jahre in dieser Verwendung, womöglich sucht man
sie aber länger zu halten, da sie erst dann gute Dienste leisten,
wenn sie mit dem Geschäfte vertraut sind.

Ueber die Art der Verwendung in der Praktikantenzeit ent=
scheidet sonach in erster Reihe die Tüchtigkeit und so lange diese
noch nicht beurtheilt werden kann, sowie unter sonst gleichen Ver=
hältnissen die Lokation und die Note der Staatsprüfung. Sogenannte
Conduiten= oder Qualifikationslisten werden nicht geführt, doch ist
es Vorschrift, daß die Bezirksforstei, bei welcher im Laufe eines
Jahres ein Forstpraktikant mit oder ohne Gehalt beschäftigt war,
am Anfange des Jahres einen Bericht über die Dauer der
Beschäftigung, sowie über Befähigung, Fleiß und Betragen
desselben an die Direktion zu erstatten hat. Ein solcher Bericht
geht zu den Dienstakten des Betreffenden, wenn nicht eine Ver=
anlassung dadurch gegeben wird, demselben einen Vorhalt zum
Zwecke der Besserung in irgend einer Richtung zu machen. Übrigens
können auch bei der nicht bedeutenden Anzahl von Praktikanten
diese von der oberen Behörde leicht im Auge behalten und ihre

praktische Brauchbarkeit bei der steten persönlichen Berührung, in welcher die Mitglieder der Direktion mit dem Bezirksforstpersonal stehen, leicht beurtheilt werden.

Die Dauer der Praktikantenzeit ist sehr verschieden und sehr wechselnd. Als geringste Zeit sind durch die mehrfach erwähnte Verordnung von 1867 2 Jahre bestimmt, die höchste war bis jetzt 14 Jahre.

Die Zeit von der Reception als Forstpraktikant bis zur Anstellung im Staatsforstdienst betrug in den Jahren:

1835—1839 durchschnittlich 2,7 Jahre,
1840—1844   „   6,4   „
1845—1849   „   11,0   „
1850—1854   „   12,6   „
1855—1859   „   12,2   „
1860—1864   „   10,7   „
1865—1869   „   8,4   „
1870—1876   „   7,8   „

Diese Durchschnittszahl ist bereits wieder im Steigen, denn die Letztangestellten hatten schon eine 9jährige Praxis und es wird sich diese Zahl noch weiter steigern, da von den im Frühjahr 1867 recipirten 7 Praktikanten 5 noch nicht angestellt sind und aus den 2 folgenden Jahren weitere 17 zur Verfügung stehen. Die Gesammtzahl der Praktikanten beträgt zur Zeit 54, während die Zahl der Anstellungen im Durchschnitt der letzten 41 Jahre sich nicht ganz auf jährlich 4 beläuft.

Anstellungen erfolgten nemlich:

1835—1839 . . 28, durchschnittlich jährlich 5,6
1840—1844 . . 23   „   „   4,6
1845—1849 . . 18   ,   3,6
1850—1854 . . 13   ,   2,6
1855—1859 . . 14   ,   2,8
1860—1864 . . 18   ,   3,6
1865—1869 . . 20   ,   4,0
1870—1875 . . 24   ,   4,0
Zusammen . . 158 : 41   =   3,85.

Somit find bie Aussichten ber jetzt bem Forstfache sich Wib=
menben nicht glänzenb unb es wirb sich baher Jeber, bevor er sich
biesem Fache zuwenbet, bie Frage wohl zu überlegen haben, ob
bie Liebe zum Walbe, bie Freube an bem schönen Berufe bes Forst=
manns in ihm so mächtig ist, baß sie ihn für bie lange Zeit bes
Wartens in knapp zugemessenem Gehalte vollkommen schablos hält.

Forstverwaltung und Forstdienst.

Mittheilungen aus der Gr.=Hess. Forstverwaltung vom Jahre 1875.

Die unter vorstehender Rubrik in bem Maihefte ber Monat=
schrift erschienene Kritik ber neuen Instruktion für bie Forstver=
waltung im Großherzogthum Hessen veranlaßt ben Einsenber bieses
zu entsprechenber Erwiberung.

Der Verfasser bes erwähnten Artikels beklagt, baß bie Ober=
förster in Bezug auf Verwaltung, Wirthschaftsführung unb Rechen=
schaftsablage nicht selbstständiger gestellt unb ber speziellen Bevor=
munbung seitens ber Forstmeister enthoben worben seien.

§. 1 ber neuen Instruktion sagt:

„Die Oberförstereien verwalten bie ihnen zu biesem Zwecke
überwiesenen Forst= unb Kameral=Domänen einschließlich ber
Jagben, Fischereien unb sonstigen nutzbaren Rechte bes großher=
zoglichen Hauses, sowie ber Kommunalwalbungen unter Controle
ber Forstmeister 2c. 2c. Sie sinb in ihrer Amtsführung ben Forst=
ämtern als ihren unmittelbar vorgesetzten Behörben unterstellt.“

In §. 1 ber Königl. Preußischen Geschäftsanweisung für bie
Oberförster ber Königl. Preuß. Staatsforsten vom 2. Juni 1870,
ist bie Stellung ber Oberförster ben Forstmeistern gegenüber fol=
genbermaßen bezeichnet:

„In seiner Amtsverwaltung unb Dienstführung ist ber Ober=
förster ber Leitung unb Kontrole bes Forstmeisters als seines
nächsten Vorgesetzten 2c. 2c. unterstellt.“

Auf ben sehr wesentlichen, in bem Worte Leitung liegen=

ben prinzipiellen Unterschied dieser beiden Dienstvorschriften braucht nicht besonders aufmerksam gemacht zu werden, und die Frage, bei welcher von Beiden die Oberförster am speziellsten unter die Bevormundung der Forstämter gestellt sind, bedarf keiner weiteren Erörterung.

Die Gr. Hess. Instruktion geht von dem Grundgedanken aus, daß in Bezug auf wirthschaftliche Anordnungen der Oberförster dem Forstmeister als vollständig gleichberechtigter Experter zur Seite steht, daß nur diejenigen Wirthschaftsoperationen ausgeführt werden dürfen, bezüglich deren diese beiden Beamten übereinstimmen oder bezüglich welcher bei fehlender Uebereinstimmung ein dritter Exper= ter den Ausschlag gegeben hat. Wie hierin eine ungerechtfertigte Bevormundung der Oberförster gefunden werden kann, ist ganz unverständlich. Wer da weiß, welche Tragweite die wirthschaft= lichen Operationen im Walde haben, wird doch gewiß als das geringste Maß der Garantie dafür, daß das Zweckmäßigste ange= ordnet wird, verlangen müssen, daß mindestens zwei technisch ge= bildete Beamte über das was in dem Walde geschehen soll, über= einstimmen.

Sind die Wirthschaftsplane in dieser Weise festgestellt, so ist der Oberförster als ausführender Beamter dafür verantwortlich, daß die Bestimmungen der Wirthschaftsplane genau nach den Regeln der Technik vollzogen werden, und derselbe ist in dieser Beziehung nur der Kontrole, jedoch nicht der Leitung des Forstmeisters unterstellt. Dem Oberförster ist hiebei ein vollständig genügender Spielraum eingeräumt, und nur dann, wenn er die Grenzen dessel= ben zu überschreiten für gut findet, hat er vorher schriftliche Genehmigung des Forstmeisters einzuholen.

Der §. 7 der Königl. Pr. Dienstanweisung schreibt dasselbe bezüglich der Fällungen vor, und fordert bezüglich der Abweichungen von dem Kulturplane in §. 76 vorherige Berichterstattung an den Forstmeister.

Die von dem Verfasser des Aufsatzes an diese Bestimmung geknüpfte Folgerung, daß dadurch die jetzigen Oberförster ganz auf den Standpunkt der Revierförster vor 60 Jahren zurückgeführt seien, ist offenbar nur für solche Leser dieser Blätter berech=

net, welchen unsere frühere Organisation des Forstwesens vom Jahre 1811 unbekannt ist. Nach derselben war der Oberförster der eigentliche Administrator der landesherrlichen Waldungen (§. 29) dergestalt, daß er die für diese Waldungen angestellten Revier=förster in ihrer Amtsführung leitet und controlirt.

Der demselben untergeordnete Revierförster war Forstschutz=beamter (§. 22) und hatte zugleich die Administration der landes=herrlichen Waldungen unter der unmittelbaren Leitung des Oberförsters zu besorgen. Derselbe hatte mithin genau die Stel=lung der jetzigen Königl. Preußischen Förster. Der Oberförster hatte die Wirthschaftsplane aufzustellen und der Revierförster hatte unter dessen spezieller Leitung die Ausführung zu überwachen, ohne Vorwissen des Oberförsters durfte er keine Kulturen vor=nehmen oder in anderer als ihm vorgeschriebenen Weise ausführen. Derselbe war im Wesentlichen ein Forstschutzbeamter mit sehr be=schränkten Befugnissen in administrativer Hinsicht, und bei Aus=führung der Kulturen nur ein Ober=Kulturaufseher unter Leitung des Oberförsters.

Der Oberförster hatte alles Bau=, Werk= und Nutzholz ohne Ausnahme, und alles übrige Holz, welches 3 Fuß über der Erde 3 Zoll im Durchmesser hatte, in seiner Gegenwart und unter seiner speziellen Leitung mit dem Waldhammer an=schlagen zu lassen.

Der Revierförster durfte nur bei Durchforstungen in Raitel= und Stangenhölzern, wo die einzelnen herauszuhauenden Raitel oder Stangen so dünn waren, daß sie mit dem Hammer nicht brauchten angeschlagen zu werden, nach einer vom Oberförster aus=geführten Probehauung die weitere Auszeichnung des herauszuhauen=den Holzes vornehmen. (§. 28, 9 c.) Nach dem Revierförster kam das übrige ausschließlich für den Forstschutz bestimmte Personal, nämlich die gehenden Förster, Forstmitaufseher, Unterförster und Waldschützen.

Durch die Organisation von 1823 wurde das Mittelglied zwischen dem Administrator und dem Forstschutzbeamten, nämlich der Revierförster von anno Eilf, beseitigt, und dessen sehr einge=schränkte Administrationsbefugnisse gingen auf den Oberförster

über, welcher zwar seine dienstliche Stellung im Wesentlichen be=
hielt, jedoch Revierförster genannt wurde, und erst im Jahre 1854
wieder den früheren Titel Oberförster erhielt. Demselben wurde
ein technisch vollständig ungebildetes Forstschutzpersonal, meist alte
Soldaten, unmittelbar unterstellt, welchem unmöglich die Admini=
strationsbefugnisse des Revierförsters vom Jahre 1811 eingeräumt
werden konnten. Dasselbe kann von dem Oberförster bei Kulturen
nur als gewöhnliche Kulturaufseher benutzt werden, gerade so, wie
der frühere Revierförster nur nach den speziellen Vorschriften des
Oberförsters die Kulturarbeiter anstellen und überwachen mußte.
Dem letzteren mußte deßhalb selbstverständlich in §. 23 2 b der Org.
v. 1811 vorgeschrieben werden, daß er ohne Vorwissen des Ober=
försters keine Kulturen vornehmen, oder in anderer, als ihm vor=
geschriebenen Weise ausführen durfte. Und aus diesem Grunde
soll zur Stellung des Revierförsters von anno Eilf der jetzige groß=
herzogliche Oberförster durch die neue Instruktion zurückgeführt
worden sein!!! Daß die Stellung des jetzigen Gr. Oberförsters
dem Forstamte gegenüber, trotz der gerade wie in Preußen an=
geordneten Einholung schriftlicher Zustimmung zu Abweichungen von
dem Wirthschaftsplane, eine ganz andere ist als die des Revier=
försters von anno Eilf dem damaligen Oberförster gegenüber, be=
darf wahrlich keines weiteren Beweises. Durch den §. 20 der In=
struktion für die Forstschützen vom 8. Juli 1841 wurden die Be=
fugnisse des jetzigen Gr. Hessischen Forstwarten (Forstschützen) fol=
gendermaßen bestimmt:

„Holzauszeichnungen darf der Forstschütze nicht vornehmen,
wenn ihm auch der Befehl oder die Erlaubniß dazu von einem
seiner Vorgesetzten gegeben wurde, es sei denn bei einer der ersten
Durchforstungen mit Vorwissen des Forstinspektors (Forstpolizei=
beamten) — (jetzigen Forstmeisters), — wo aber die Musteranwei=
sung von Seiten des Revierförsters (jetzigen Oberförsters) oder
Forstinspektors vorhergegangen sein muß und sich der Forstschütze
nur darauf beschränken darf, nach den besonderen Vorschriften des
Revierförsters die Holzhauer beim Aushieb des unterdrückten Holzes
zu leiten.“

Diese Bestimmung ist fast wörtlich in die neue Instruktion

für die Oberförster übergegangen und dadurch nichts weniger als eine neue Vorschrift gegeben, sondern eine schon längst bestehende nur wieder eingeschärft worden. Der Verfasser des fraglichen Artikels verschweigt diese Bestimmung der Forstschützen=Instruktion, ob absichtlich, will ich dahin gestellt sein lassen, und behauptet, daß man durch die neueren Vorschriften von 1875 §. 13, 6. b, die Oberförster auf den Standpunkt der Organisation von 1811 zu= rückversetzt und die Bevormundung verschärft habe!!!

Der jetzige Forstwart darf nur bei den ersten Durchforstungen die Holzhauer nach einer vom Oberförster ausgeführten Probehau= ung leiten und überwachen; der Revierförster vom Jahre 1811 durfte bei sämmtlichen Durchforstungen auch in Raitel= und Stangen= hölzern nach der Probefällung des Oberförsters den Aushieb des unterdrückten Holzes besorgen, insoferne dasselbe so stark war, daß es mit dem Hammer nicht brauchte angeschlagen zu werden. Diese weitgehende Befugniß ist unserem technisch ungebildeten Forstschutzpersonale nie eingeräumt worden, und nur dann, wenn der Forstschütze das Revierförster= (jetziger Oberförster=) Examen be= standen hatte, durfte ihm der Revierförster (jetzige Oberförster) auf seine Verantwortung mit vorheriger Genehmigung des Forstinspek= tors ausnahmsweise auch andere Holzauszeichnungen außer den ersten Durchforstungen übertragen.

Daß der Oberförster auch in der größten dermaligen Ober= försterei keine Zeit dazu habe, die auszuhauenden Stangen in seiner Gegenwart anreißen zu lassen, muß ganz entschieden in Abrede gestellt werden, wenn er nur einigermaßen die Fähigkeit besitzt, sich die Sache praktisch einzurichten.

Die Königl. Preußische Dienstanweisung für die Oberförster in den Staatsforsten bestimmt in §. 8:

„Die Auszeichnung der in den Vorbereitungs=, Besaamungs= und Auslichtungs= und in den schwierigen Durchforstungsschlägen der Hochwaldungen u. s. w. muß der Oberförster als eines seiner wichtigsten Dienstgeschäfte rechtzeitig unter Zuhülfenahme der Förster selbst besorgen, unbeschadet der dem Forstmeister zustehen= den Befugniß selbstthätiger Theilnahme an der Schlagauszeichnung.“

Der Königl. Preußische Forstmeister kann mithin selbst bei

der Holzauszeichnung die spezielle unmittelbare Leitung des Ober=
försters in die Hand nehmen.

Der §. 49 der Dienstinstruktion für die Königlich Preußischen
Förster sagt:

„Dabei wird dem Förster genaue Anweisung über die Art
und Weise der Ausführung der Hauung ertheilt, welche er pünkt=
lich zu befolgen hat.

„Soweit der Oberförster die weitere Auszeichnung eines
Schlages nach einer von ihm bewirkten Probeanweisung dem
Förster überträgt, hat dieser sie mit größter Sorgfalt selbst zu
besorgen ꝛc. ꝛc.“

Nach dem oben erwähnten §. 8 der Dienstanweisung für die
Oberförster dürfen letztere jedoch nur die Auszeichnung des Holzes
in Durchforstungen übertragen, mit Ausnahme der schwierigeren
Fälle, in welchen der Oberförster selbst anweisen muß.

Dem technisch geschulten preußischen Förster sind mithin in
Bezug auf die Holzanweisung genau die nämlichen Befugnisse zu=
getheilt, wie dem Großherzoglich Hessischen Revierförster vom Jahre
1811, welcher auch, ehe er in Dienst trat, eine Lehrzeit bei einem
Oberförster durchmachen mußte.

Die Instruktion für die königlich bayrischen Revierförster vom
31. März 1854 sagt in §. 11:

„Bei der Schlagauszeichnung, welche der Revierförster in der
Regel und soweit es unbeschadet des Forstschutzes thunlich ist,
mit Zuziehung des einschlägigen Schutzpersonals persönlich vor=
zunehmen hat ꝛc. ꝛc.“

Die Großh. Badische Verordnung über die Bewirthschaftung
der Domänenwaldungen sagt in §. 5:

„Alles zum Hieb bestimmte Holz muß durch die Bezirks=
„forstei ausgezeichnet werden ꝛc. ꝛc. Die Waldhämmer hat die
„Bezirksforstei in eigener Verwahrung zu halten.

Mit dem Waldhammer muß bezeichnet werden

a. b. c ꝛc.

d. bei Durchforstungen alle Stangen über 5 Zoll (= 15
Centimeter) Durchmesser am Stock.

Ob in Baden und Bayern besondere Bestimmungen darüber bestehen, wie weit die Auszeichnung des Holzes bei Durchforstungen dem Schutzpersonale überlassen werden kann, ist mir nicht bekannt.

Bezüglich der oben angegebenen Vorschriften über die Auszeichnung des Holzes in den Gr. Heſſ. Waldungen sei hier nur noch hervorgehoben, daß mit dem Hammer nur die Stämme, welche in Brusthöhe 15 Centimeter und mehr im Durchmeſſer haben, brauchen angeschlagen zu werden, während diese Vorschrift in Baden bis zu den Stämmen von 15 Centimeter Stockdurch=meſſer herabgeht.

Die Durchforstung der Stangen= und Raitelhölzer ist eine der wichtigsten Maßregeln der Bestandspflege, welche man unmög=lich den Händen eines ungebildeten Schutzpersonals anvertrauen kann.

Gegen die im Eingange erwähnte Art und Weise, wie die Wirthschaftsplane aufgestellt und schließlich festgestellt werden sollen, hat der Verfaſſer des Artikels Nichts einzuwenden gewußt; daß die Inſtruktion jedoch Vorschriften erlaſſen hat, damit der Ober=förſter von dem unter seiner Initiative und Mitwirkung angefer=tigten Wirthschaftsplane nicht ganz nach Laune abweichen kann, scheint den Unwillen des Verfaſſers in hohem Grade erregt zu haben. Die Feststellung des Wirthschaftsplanes durch Zusammen=wirken des Forstmeisters und Oberförsters würde keinen Sinn haben, wenn es dem ausführenden Beamten nachher gestattet würde, will=kürlich von demselben abzuweichen, ohne vorher sich beßhalb mit dem Forstmeister verständigt zu haben. Wenn man hierin eine ungerechtfertigte Bevormundung des Oberförsters durch den Forst=meister erblicken will, dann findet eine solche allerdings statt, welche nur durch vollständige Aufhebung aller Wirthschaftskontrole besei=tigt werden könnte; — ein Ziel, welches dem Verfaſſer des Artikels vorgeschwebt haben mag, wie aus den weiteren von dem=selben gemachten Ausstellungen hervorzugehen scheint.

Die Inſtruktion verfolgt augenscheinlich den Zweck, den Ober=förſter bezüglich Anordnung der Wirthschaftsoperationen gleichbe=rechtigt neben den Forstmeister zu stellen, demselben die Ausführung in die Hand zu geben, ihn jedoch hierbei scharf durch den Forst=

meister kontroliren zu lassen, daß er die ihm für die Ausführung
der Wirthschaftsplane gesteckten genügend weiten Grenzen ohne
vorherige schriftliche Zustimmung des Forstmeisters nicht überschrei-
tet, und daß er genaue Rechenschaft ablegt über das, was von
ihm geschehen ist. Eine vollständige Unterdrückung der Selbstständigkeit des Wirthschafters kann nur der hierin erblicken, welcher
im Gefühle seiner eigenen Unfehlbarkeit sich an keine Vorschriften
binden, sondern beliebig von dem als zweckmäßig festgestellten
Wirthschaftsplan abweichen will. Die Wirthschaft soll und darf
aber nicht in die Hand eines Einzelnen gelegt werden, heiße derselbe nun Oberforstrath, Oberforstmeister, Forstmeister, Forstinspektor, Oberförster, Revierförster oder Förster.

Zur Charakterisirung der Weise, in welcher der Verfasser des
Artikels polemisirt, diene Folgendes. Früher war bestimmt, daß
Überhauungen nur dann ungeahndet blieben, wenn sie in einem
Wirthschaftsganzen auf 1000 Morgen 10 summarische Stecken
nicht überschritten.

Dermalen sollen Abweichungen vom Etat nur ungeahndet
bleiben, wenn sie 2 % nicht überschreiten. Man kann per
Morgen einen Etat von 1 summarischen Stecken mindestens rechnen.
Die Ueberschreitung des Etats war deßhalb früher bis zu 1
Prozent, jetzt aber sind die Abweichungen von demselben bis zu
2 Prozent gestattet, und hierin soll eine Verschärfung der früheren
Vorschriften liegen.

Ferner soll dem Wirthschafter jede Selbstständigkeit geraubt
worden sein, weil auf den Abzählungsprotokollen der Tag des
Schlusses der Holzhauerei, der Ablieferung des Nummernbuches
an den Oberförster und der Abzählung durch letzteren einzutragen
sei. Ein Termin für Vornehmen der Abzählung ist gar nicht bestimmt, sondern nur verfügt, daß 8 Tage nach vollzogener
Abzählung das Protokoll an den Forstmeister einzusenden sei, und
dennoch wird behauptet, daß hiedurch die Selbstständigkeit der
Oberförster untergraben werde, weil sich die Vornahme der Abzählung leicht 14 Tage verzögern könne.

Die in dieser Behauptung liegende Logik ist folgende: Weil
der Oberförster nach Vollendung der Holzhauerei in einem Schlage

öfters verhindert sein kann, die Abzählung in den nächsten 14 Tagen vornehmen zu können, so wird ihm alle Selbstständigkeit geraubt, weil ihm aufgegeben worden ist, nach vollzogener Abzählung die Abzählungsprotokolle, die sich auf den Wald beziehen, innerhalb 8 Tage an den Forstmeister einzusenden!!! '

X.

Literarische Berichte.

№ 22.

Lehrbuch der Staatsforstwissenschaft für Forst- und Landwirthe, Verwaltungs- und Justizbeamte von Dr. Josef Albert. Wien, Braumüller, 1875. Preis 10 Mk.

Die staatliche Aufgabe in Beziehung auf die Forste ist gewiß ein höchst modernes Thema. Allerwärts, innerhalb und außerhalb Deutschlands, haben sich die gesetzgebenden Faktoren in den letzten Jahren mit forstlichen Fragen beschäftigt und auch für die nächste Zeit steht in verschiedenen Staaten die Schaffung von Gesetzen in Aussicht, die auf das Forstwesen Bezug haben.

Wenn gleichwohl diese Materie schon seit der 1850 erschienenen Staatsforstwirthschaftslehre von Berg's keine systematische wissenschaftliche Durcharbeitung mehr erfahren durfte, so mag dies seinen Grund darin haben, daß dieses Kapitel der Staatswissenschaften für theoretische Behandlung besonders schwierig ist. Für den Publicisten ist es schwierig, weil ihm das erforderliche forsttechnische Wissen nicht zur Verfügung ist, für den Forstmann, weil diesem die rechts- und staatswissenschaftlichen Seiten der Fragen meist weniger geläufig sind. Um so anerkennungswerther ist es aber, daß sich der uns durch Bearbeitung verschiedener forstlicher Disciplinen wohlbekannte Verfasser des vorliegenden Lehrbuchs die Aufgabe gestellt hat, die Staatsforstwissenschaft methodisch zu behandeln, um, mit den Worten des Autors zu reden, den Einfluß darzustellen, welchen der Staat im Interesse des allgemeinen Wohls auf die gesammte Forstwirthschaft eines Landes zu üben hat. Der Titel „Staatsforstwissenschaft" ist neu. Uns möchte es scheinen, daß es der staatswissenschaftlichen Nomenclatur mehr entsprochen hätte, wenn der Verfasser den Begriff der Forst= wirthschaftspolitik etwas weiter als von ihm geschehen, gefaßt, und wenn er dann das ganze Buch ein Lehrbuch der Forst= wirthschaftspolitik genannt hätte. Existirt auch für den Begriff der Politik keine omnium doctorum opinio, so sind die neueren Publi= cisten doch darüber einig, daß das Wesen der Politik in der Aus= findigmachung und Ordnung der zweckgemäßen Mittel zur Reali= sirung der staatlichen Aufgaben besteht. Wie wir nun von einer Volkswirthschaftspolitik, von einer Handels= und Gewerbepolitik sprechen und darunter die gesammte Bethätigung der staatlichen Gewalt, auf Entwickelung der Volkswirthschaft, des Handels, der Gewerbe in einer der Erreichung des Staatszweckes entsprechenden Weise verstehen, so scheint uns die Lehre des Staatseinflusses auf das forstliche Gewerbe von selbst in den Begriff der Forstwirth= schaftspolitik zusammen zu gerinnen.

Gehen wir zur Sache selbst über, so fällt unser Stoff aus innerer Nothwendigkeit in die drei Hauptfragen auseinander:

1. was ist der Staat und was sind seine Zwecke?

2. welche Bedeutung haben die Forste beziehungsweise hat das forstliche Gewerbe für diese Zwecke?

3. in welcher Weise sind die forstlichen Verhältnisse zu ge= stalten, um diesen Zwecken am besten zu entsprechen?

Da es nun aber nicht Zweck des vorliegenden Lehrbuchs sein kann, den Begriff des Staats und seine Zwecke zu entwickeln und philosophisch zu begründen, so hat der Verfasser den ersten Theil unserer Auffassung ganz in Wegfall kommen lassen und sich damit begnügt den Staatszweck als allgemeines Wohl (salus populi suprema lex) anzudeuten. Demgemäß zerfällt sein Buch in die zwei Hauptstücke:

I. (als vorbereitenden Theil) die Bedeutung des Waldes für das allgemeine Wohl und

II. (als angewandten Theil) die Sicherung und Förderung des allgemeinen Wohls durch die Einwirkung des Staats auf die gesammte Forstwirthschaft eines Landes.

Im erften Theile findet fich voran der Einfluß des Waldes auf Boden und Klima befprochen nnd find hier die Refultate der neueften, umfänglichften Forfchungen, wie fie namentlich durch die forftlichen Verfuchsftationen zu Tage gefördert wurden, gründlich und detailirt wiedergegeben. Nach unferer Anficht würde es den Zwecken des vorliegenden Lehrbuchs nicht gefchadet haben, wenn fich der Verfaffer hier weniger verbreitet und namentlich die vielen ftatiftifchen Zahlen und Notizen geftrichen hätte. Wir glauben es hätte deshalb nichts gefchadet, weil der Verwaltungs= und Juftiz= beamte, welcher ohne das Rüftzeug naturgefchichtlichen Wiffens an die Lektüre des Buches geht, auch durch die gegebenen Nachweife nicht in den Stand gefetzt wird, felbftftändig zu urtheilen, fondern fich wie der Richter auf das Ergebniß der technifchen Expertife verlaffen muß. Der Forftmann aber, welcher an das Studium der Forftwirthfchaftspolitik herantritt, muß über diefe Fragen voll orientirt fein. Für ihn genügt es dann, den Thatbeftand in über= fichtlicher, gefälliger Form ohne die ihm bekannten Entfcheidungs= gründe vor fich zu haben.

Im folgenden Kapitel fchildert der Verfaffer die Bedeutung des Waldes für das materielle und geiftige Wohlbefinden der Menfchen. Er befpricht hierbei den Einfluß der Wälder auf den Wafferlauf, auf den Gefundheitszuftand einer Gegend, ihre ethifche, äfthetifche Bedeutung 2c. und namentlich ihren Werth als Quelle unentbehr= licher Güter und als Arbeitsgelegenheit. Hierbei haben wir nur die Bemerkung zu machen, daß die durch den Wald und feine Produkte gefchaffene Arbeitsmöglichkeit fich nur dann als einen fpeziell hervorzuhebenden volkswirthfchaftlichen Vortheil darftellt, wenn es fich um Waldungen handelt, die auf Geländen ftocken, die ohne fie eine öde Wüfte wären. In andern Örtlichkeiten, namentlich bei landwirthfchaftlich benützbarem Boden, den die Waldwirthfchaft einnimmt, wird die Arbeitsgelegenheit durch die Bewaldung thatfächlich verringert, da folche von der Landwirth= fchaft auch im extenfivften Betrieb in weitaus reichlicherem Maße geboten wird.

Die Feftftellung der vortheilhafteften Größe (warum nicht auch Vertheilung?) und Befchaffenheit des Waldftandes eines Landes nimmt sich das letzte Kapitel des ersten Theils zur Aufgabe. Es ist aber, wie vorauszusehen war, auf den 66 Seiten, die es umfaßt, in der angegebenen Richtung nichts festgestellt, sondern alles diesbezügliche der Zukunft und ihren forststatistischen Büreaus zur Lösung zugewiesen. Wir haben hier nur die Ausdauer bewundert, mit welcher der Verfasser dieses Kapitel großzog, nachdem er immer wieder und wieder vom ersten Paragraphen an gesteht, daß feste Angaben in dieser Beziehung überall vergeblich gesucht und erst künftige Zeiten hierin Klarheit bringen werden. Der zweite und Haupttheil des Werks: Sicherung und Förderung des allgemeinen Wohls durch die Einwirkung des Staats auf die gesammte Forstwirthschaft, ist in die vier Abschnitte zerlegt:

1. Organisation der forstlichen Thätigkeit des Staats,
2. Forstgesetzgebung,
3. Forstrechtspflege und
4. Forstwirthschaftspflege (Forstwirthschaftspolitik).

Wir hätten eine Dreitheilung durch Zusammenziehung des zweiten und vierten Abschnitts für besser gehalten und sehen namentlich die Einführung des Titels Forstgesetzgebung als ganz verunglückt an. Hierunter versteht der Verfasser das staatliche Eingreifen zur Förderung der Forstwirthschaft da, wo der Wille und die Kraft der Waldbesitzer nicht ausreicht, also ganz genau das, was sonst meist Forstpolizei genannt wird. Offenbar ist aber dafür „Forstgesetzgebung" nicht die richtige Bezeichnung und wir sind überzeugt, daß nicht leicht Jemand durch dieses Wort von selbst auf die Materie kommen würde, welche der Verfasser mit diesem Begriff zusammenfassen will. Forstgesetzgebung als staatliche Thätigkeit heißt, wenn nicht Worten absolut Zwang angethan werden will, die Schaffung von Gesetzen, die sich auf das Forstwesen und zwar in seinem ganzen Umfange beziehen. Das Forstgesetz eines Landes ist das natürliche Kind der Forstgesetzgebung. Daß aber ein allgemeines Forstgesetz sich auch über andere Gebiete des Forstwesens zu verbreiten hat, als über die genannten Verhältnisse, namentlich aber auch über die Forststrafrechtspflege, gibt der Verfasser in §. 59 selbst zu und ist sonach mit sich selbst in Widerspruch gerathen. Darüber, daß der Verfasser nicht den uns

Süddeutschen durch R. v. Mohl geläufigen Begriff „Polizei" für diese Materie wählte, wollen wir nicht mit ihm rechten. Er scheint bezüglich des Begriffs Polizei, wenn wir auch keine Definition derselben in dem Buche gefunden haben, nach den in §. 51 und 65 gegebenen Andeutungen auf dem Standpunkt Lorenz Steins (f. dessen Verwaltungslehre 4. Th.) zu stehen und darunter nur den staatlichen Schutz vor Gefährdungen durch die Handlungen anderer zu begreifen. Trifft dies zu, so hätte aber der Verfasser auch consequent sein, die Stein'sche Terminologie beibehalten und seine „Forstgesetzgebung„ „Lehre der inneren Forstverwaltung" überschreiben sollen.

Übergehend auf den Inhalt der einzelnen Abschnitte geben wir bezüglich der Organisation der Staatsforstbehörden dem Verfasser vollkommen Recht, daß theoretische Erwägungen die Unterstellung der Forstpolizeibehörden unter das Ministerium des Innern verlangen und die Ausübung der „Forstpolizei" diesem Ministerium zuzuweisen sei. Bekanntlich ist aber dies thatsächlich vielfach nicht der Fall und haben in Ländern mit großem Staatswaldbesitz, dessen Verwaltung dem Finanzministerium ressortirt, dieses und die ihm untergebenen Staatsforstverwaltungsbehörden auch polizeiliche Funktionen wahrzunehmen. In den unteren Instanzen sprechen Zweckmäßigkeitsrücksichten für eine solche Vereinigung, in den obersten Instanzen sollte aber auf eine Trennung in angezeigter Richtung Bedacht genommen werden.

Die unter „Forstgesetzgebung" vorgetragenen Ansichten über die Regelung der Autonomie der Waldbesitzer, Schutz der Waldungen, Beseitigung der einer besseren Bewirthschaftung der Waldungen entgegenstehenden Hindernisse haben uns im Ganzen befriedigt und nur in einzelnen Punkten konnten wir uns nicht einverstanden erklären. So z. B. halten wir die in §. 61 gestellte Forderung, daß in einem Landesforstgesetz das von der Verwaltung der Staatsforste anzustrebende Ziel zu bezeichnen sei, für äußerst unpraktisch, ja möglicherweise unheilvoll. Wie könnte diese Bezeichnung geschehen? Entweder wäre eine allgemeine inhaltslose Phrase geschaffen, die ohne allen Werth wäre oder aber würde, wenn positive Vorschriften gegeben, die freie Entwicklung des forstlichen Gewerbes in den Staatswal-

dungen ausgeschloffen, statt der lebendigen Säße der Wiffenschaft
gälte ein versteinertes Dogma. Der Streit zwischen Reiner=
trags= und Maffenwirthschaft, an welche der Verfaffer hierbei wohl
gedacht haben mag, eignet sich nicht zur Entscheidung durch Gesetz.
Weiter finden wir die umfängliche Behandlung der auf privatrecht=
lichen Titeln beruhenden Mitbenutzungsrechte (§§. 64, 78, 79, 80) in
einem das öffentliche Recht behandelten Werke für überflüffig, während
wir bei der entschieden schwierigsten Frage von der staatlichen Be=
auffichtigung der Privatwaldungen statt der Hinweisung auf die
diesbezügliche Schrift Grebe's (§ 65) gründlichere Erörterungen
gewünscht hätten. — Auch das in §. 82 gestellte Verlangen, es
sollten Zuwiderhandlungen der Waldarbeiter gegen ihre vertrags=
mäßig übernommenen Verpflichtungen, Instruktionen, für öffentliche
Delikte erklärt werden, erscheint uns weder thatsächlich begründet
noch logisch gerechtfertigt.

Die Forstrechtspflege ist in Forstverwaltungsrechtspflege
und Forststrafrechtspflege geschieden. Daß Forstrechte als Gegen=
stand der Administrativjustiz keine Ausnahmebehandlung erfordern,
wird nicht widersprochen werden wollen, wir hätten uns beßhalb
mit einer diesen Standpunkt bezeichnenden Notiz zufrieden gegeben
und auf die weiteren Ausführungen verzichtet. Die Forststrafrechts=
pflege ist vom Verfasser recht gründlich unter genauer Angabe der
in den verschiedenen deutschen Landen geltenden Rechte und Ver=
fahren erörtert. Die von ihm aufgestellten Grundsätze entsprechen
den modernen Rechtsanschauungen vollkommen und wüßten wir
eine wesentliche Einwendung weder in formeller noch materieller
Beziehung zu machen.

In dem folgenden letzten Abschnitt ist die Forstwirthschaftpflege
(Forstwirthschaftpolitik) behandelt, d. h. die Thätigkeit der Regie=
rung zur Förderung der Forstwirthschaft, welche sich frei, nicht durch
Gesetze befohlen, aber innerhalb der gesetzlichen Schranken vollzieht.
Wir hätten, wie oben bemerkt, diesen Abschnitt gerne mit dem zweiten,
„Forstgesetzgebung“ genannten, vereinigt gesehen, indem wir der
Ansicht sind, daß eine Abscheidung der Regierungsthätigkeit
darnach ob sie ein spezielles Gesetz vollzieht, oder sich innerhalb
der gesetzlichen Bestimmungen wirksam erweist, nicht zweckmäßig

ift. Die Regierungsorgane, durch welche diese freie Förderung der Forstwirthschaft zu geschehen hat, sind die Behörden der inneren Verwaltung, die durch Verbreitung forstlicher Kenntnisse, Hebung des Verkehrs, Einführung holzersparender Einrichtungen 2c. thätig sein, und die Finanzbehörden, welche bei der Grundsteuerregulirung die nöthige Rücksicht nehmen und durch Beispiel bei Bewirthschaftung der Staatswaldungen aufmuntern sollen.

Fassen wir den Eindruck, welchen das vorliegende Werk auf uns machte, zusammen, so müssen wir zwar an demselben aussiellen, daß es zu breit und weitschichtig angelegt ist und namentlich in seinen Noten viel unnöthigen Ballast enthält, auch haben wir manchfach die für ein Lehrbuch absolut nöthige Schärfe der Definitionen vermißt, doch können wir das Buch bestens empfehlen zu und sind überzeugt, daß sich vieles aus ihm lernen läßt. Druck und Papier sind gut. $l.

№ 23.

Hubertusbrüder. Geschichten von guten und bösen Jägern, die Sagen von der wilden Jagd, Jagdalterthümer, Jagdceremoniell. Herausgegeben von Dr. J. G. Th. Gräße, K. S. Hofrath, Director des Grünen Gewölbes in Dresden u. s. w. 8. 299 Seiten. Wien, 1875. Wilh. Braumüller. Preis 6 Mk.

Der Verfasser gab bereits im Jahr 1857 sein „Jägerbrevier" heraus, welches 1869 in zweiter, verbesserter Auflage erschien, und eine freundliche Aufnahme und günstige Beurtheilung fand. (Vgl. Jahrgang 1870 dieser Blätter, Seite 388.) Letzterer Umstand bestimmte den Verfasser nun seine „Hubertusbrüder" folgen zu lassen, welche den II. Theil des „Jägerbreviers" bilden sollen. In dem Buche wurden nun mit großem Fleiße alle möglichen Geschichten von guten und bösen Jägern, die Sagen von der wilden Jagd und den wilden Jägern zusammengestellt, welche nicht nur in den verschiedenen Gegenden Deutschlands und — innerhalb der einzelnen Staaten — an sehr verschiedenen Orten, sondern auch in andern Ländern in Menge vorkamen und über welche häufig auch gerichtliche Verhandlungen stattfanden. Die Mittheilungen gestatten in-

teressante Blicke in den Aberglauben und die religiösen Anschau=
ungen vieler Bewohner früherer Jahrhunderte und nicht selten
erhält man den Eindruck, als wären Spuck= und Geistergeschichten
von schlauen Köpfen in Scene gesetzt worden, um abergläubische
Menschen zu Schenkungen, Stiftungen u. s. w. zu veranlassen.
Neben einer Menge von Jagd=Geschichten, welche hochgestellten Per=
sonen, Fürsten und Grafen, begegneten, finden sich insbesondere
auch die Schutzpatronen der edlen Jägerei, nämlich der heilige Eusta=
chius, Hubertus und Jwan, abgehandelt. Den meisten Raum, 154
Seiten, nehmen jedoch die Geschichten und Sagen vom „wilden
Jäger" in Anspruch, die an hunderten von Orten bestehen und
meist dahinauslaufen, daß leidenschaftliche, gewissenlose und böse
Jäger von Gott ihre Strafe dadurch empfangen, daß sie zu ewigem
Jagen verurtheilt werden. Die mit großer Vollständigkeit mitge=
theilten Sagen vom wilden Jäger drehen sich immer wieder um
dasselbe Thema und wirken deßhalb auf den Leser ermüdend.

Im Anhange werden noch mitgetheilt:

1. Karls des Großen Jagdgesetze,
2. Was man in alten Zeiten von einem, der sich der edlen
   Jägerei gewidmet hat, verlangt und wie man ihn wehrhaft,
   d. h. aus einem Jägerpurschen einen Jäger gemacht hat.
3. Das Ceremoniell beim Weydmesser oder Pfundgeben und
4. Was bei einem Bestätigungsjagen zu beobachten ist.

Freunden der Jagd und insbesondere der vaterländischen Sagen
wird das Buch Unterhaltung und manche Belehrung bringen. **.

Die Versammlung des badischen Forstvereins,

findet dieses Jahr am 1., 2. und 3. Oktober statt, und sind zu
derselben alle Vereinsmitglieder, alle Fachgenossen und Freunde
des Forstwesens eingeladen.

Verantwortlicher Redacteur: Dr. Fr. Baur, Professor an der Akademie Hohenheim.
Druck der E. Schweizerbart'schen Buchdruckerei (E. Koch) in Stuttgart.

Holzmeßkunde.

Über die Verwendung von Wasserapparaten zu Derbgehalts=versuchen für Zwecke der Praxis.

Von Professor Dr. Baur.

Unter dieser Überschrift hat Forstmeister Kraft aus Hannover in Dr. H. Burckhardt's Mittheilungen „aus dem Walde", Heft VI, Seite 162 bis 163, 1875, Ansichten ausgesprochen, welche darauf hinzielen, den Glauben an die Richtigkeit der xylometrischen Derb=gehaltsuntersuchungen für Fälle der Praxis zu erschüttern. Es dürfte daher hier am Platze sein, durch Mittheilung direkter Beobachtungen die geäußerten Ansichten zu widerlegen und die auf xylometrische Messungen sich gründenden Derbgehaltsunter=suchungen zu vertheidigen. Kraft sagt: „Die forstlichen Ver=suchsstationen werden sich ohne Zweifel auch mit umfassenden Derbgehaltsuntersuchungen beschäftigen und sich dazu vielleicht mit Vorliebe der Wasserapparate bedienen. Diese Apparate stehen nun einmal in großem Ansehen und es wird von mancher Seite mit Achselzucken auf solche Derbgehaltsbestimmungen herabgesehen, welche sich auf Maßstab und Kluppe stützen. Es ist ja allerdings nicht zu bestreiten, daß der Wasserapparat bei Festgehaltsbestimmungen die relativ genauesten Resultate liefert, auch können wir ihn für manche, kaum meßbare und sehr unregelmäßig geformte Holzstücke (Reisig, Stockholz u. s. w.) nicht entbehren, gleichwohl verdient er für Zwecke der forstlichen Praxis im Allgemeinen den Nimbus der Vortrefflichkeit nicht, mit welchem man ihn umkleidet hat."

„Von Derbgehaltsbestimmungen für praktische Zwecke muß man vor Allem verlangen, daß sie die Derbgehalte in dem Sinne geben, welche der forstlichen Praxis bei den übrigen Massen=bestimmungen zu Grunde liegt. Dies ist aber bei den Unter=suchungen mittelst des Wasserapparats entschieden nicht der Fall."

„Bekanntlich stellen sich bei dem Querschnitte durch ein Holz=stück auf der Oberfläche der Rinde mannichfache Vertiefungen und Erhabenheiten dar, bei der einen Holzart mehr, bei der andern weniger, am auffälligsten z. B. bei dem Eichenholze. Bei allen unsern praktischen Durchmesser= und Umfangsmessungen nun (ab=

gesehen von Zuwachsuntersuchungen) mögen sie sich auf die Aus=
zählung von Beständen, oder auf die Inhaltsbestimmung von Bau=
und Nutzhölzern beziehen, sind für die Bestimmung der Stärke
vorwiegend die mehr hervorragenden Partien der Peripherie maß=
gebend, und die Vertiefungen zwischen diesen Erhabenheiten müssen
dabei wohl oder übel mit zur festen Holzmasse gerechnet werden.
Das hat auch, wenn durchgehends so verfahren wird, durchaus
kein praktisches Bedenken, es muß aber bei Feststellung der unsere
Massenermittlungen ergänzenden Derbgehalts=Faktoren für die
Raummaße nach gleichem Grundsatze verfahren werden, wenn Un=
gleichmäßigkeiten vermieden werden sollen, da andernfalls dieselbe
Menge Holz sich in der Rechnung ganz verschieden darstellt, je
nachdem sie (als Bau= und Nutzholz in runden Stämmen) nach
der Messung des Durchmessers in der Mitte bestimmt, oder aber
zu Brennholz ausgehalten und ihr Festgehalt aus dem Raum=
inhalte abgeleitet wird.“

„Jenen Ungleichmäßigkeiten wird vollständig begegnet, wenn
wir die Derbgehalte der Raummaße, soweit es sich um meßbares
Holz handelt, mit der Kluppe ermitteln, nicht aber wenn wir den
Wasserapparat zu Hülfe nehmen, welcher letztere eben die Ver=
tiefungen zwischen den verschiedenen Hervorragungen der Peripherie
nicht als feste Masse gibt. Der Wasserapparat wird somit nament=
lich für Holzarten mit einigermaßen rauher Rinde erheblich ge=
ringere Resultate liefern, als die Stärkenmessung. Th. Hartig
(Lehrbuch für Förster, 10. Auflage, 3. Band, pag. 21) fand mit
dem Wasserapparate — allerdings bei vereinzelten Versuchen —
selbst bei Buchenscheitholz 8, resp. 12 Procent weniger, als die
bayerschen Massentafeln und König's Versuche ergeben.

Hartig scheint übrigens die Ursache dieser Differenz
nicht in der Eigenthümlichkeit des Wasserapparats gesucht zu
haben.“

„Die Ergebnisse des Wasserapparats werden übrigens noch
durch einen andern Umstand gefälscht. Bei Holzstücken nämlich,
welche rasch Wasser einsaugen, würde der Wasserapparat, wenn
nicht das ebengenannte Moment überwiegend entgegenwirkte, zu
hohe Resultate liefern, im Ganzen aber bleiben seine Ergebnisse

hinter denjenigen zurück, welche wir auf Grund der Stärken=
messungen erhalten."

Die vorstehenden Betrachtungen Kraft's, obgleich für die
forstliche Praxis bestimmt und gegen die Theorie gerichtet, sind
trotzdem nichts wie theoretische Reflexionen, zu welchen man ja so
leicht kommt, wenn man die Richtigkeit aufgestellter Sätze und
Meinungen nicht auch durch den Versuch, das Experiment, beweist,
was im vorliegenden Falle nicht geschehen ist. Kraft ist zwar
der Meinung, und darin wird jeder denkende Forstwirth mit ihm
übereinstimmen, daß die Wasserapparate (Xylometer) bei Festge=
haltsbestimmungen unter Umständen die relativ genauesten Resul=
tate lieferten, auch für schwer meßbare und unregelmäßige Holz=
stücke (Reisig, Stockholz ꝛc.) nicht zu entbehren seien, trotzdem sollen
dieselben nach ihm für die forstliche Praxis aus folgenden
Gründen nicht den Nimbus der Vortrefflichkeit, mit welchem man
sie umkleidet habe, verdienen.

1. Derbgehaltsuntersuchungen hätten die Derbgehalte in dem=
selben Sinne anzugeben, welcher der forstlichen Praxis bei den
übrigen Massenbestimmungen zu Grunde liege. Da man aber das
runde Bau= und Nutzholz aus Länge und mittlerem Durchmesser
kubire, so seien die forstlichen Erträge nur dann genau vergleichbar,
wenn auch bei den Derbgehaltsuntersuchungen des Brenn= und
Nutzscheitholzes nach der stereometrischen Methode verfahren würde.

2. Bei der stereometrischen Kubirung würden bei der Messung
der mittleren Durchmesser hervorragende Partien an der Peripherie
mitgemessen, man erhalte daher auch den Inhalt immer etwas
größer als er in Wirklichkeit sei, während bei den Wasserapparaten
stets der wirkliche Inhalt gefunden werde. Letzteres Verfahren
müsse daher stets kleinere Resultate als die stereomet=
rische Methode liefern.

3. Würden die Ergebnisse der Wasserapparate noch dadurch
gefälscht, daß während des Versuchs das Holz Wasser aufsauge,
wodurch der Derbgehalt wieder vermehrt werde.

ad 1. Würden alle Baumtheile stereometrische Formen haben,
und wäre es möglich, dieselben in der Praxis rasch und genau
zu kubiren, dann wären natürlich alle Derbgehaltsuntersuchungen

überflüssig, man würde das gesammte jährliche Fällungsergebniß direkt in Festmetern erhalten. Kraft räumt aber selbst ein, daß das stereometrische Verfahren für Reis= und Stockholz nicht durchführbar sei. Es empfiehlt sich aber auch für krummes und knorriges Ast= und Schaftholz die stereometrische Methode nicht, weil in solchen Holzstücken der mittlere Durchmesser nicht mit hin= reichender Sicherheit ermittelt werden kann. Es muß daher unter allen Umständen ein Theil des Holzes xylometrisch, ein anderer Theil stereometrisch kubirt werden, und deßhalb behält auch das System Kraft's für alle Zeiten eine Lücke.

Bekanntlich wird jetzt fast allgemein das runde Bau= und Nutzholz aus Länge und dem in der Mitte des Nutzstückes liegenden Durchmesser kubirt. Nach den bis jetzt vorliegenden Untersuchungen erhält man aber den Inhalt nach dieser Methode durchschnittlich um 3% zu groß, denn es erhielten nach der Formel $k = \gamma \cdot h$:

Riecke . . . . bei 48 Stämmen zu viel 0,72%. Differenzen — 9 bis + 4.
Preßler . . . „ 80 „ „ „ 1,56 „ „ — 9 , +2.
Seidenstücker „ 25 „ „ „ 4,33 „ „ — —
Judeich . . . „ 32 „ „ „ 1,32 „ „ — 7 „ +5.
Schaal . . . „ 300 „ „ „ 3,78 „ „ — —
Kunze . . . . „ 10 „ „ „ 2,99 „ „ — 14 „ +8.

Diese Differenzen würden nur dann zum Verschwinden kommen, wenn die runden Nutzhölzer etwa in 1 Meter langen Sektionen kubirt würden, was aber in der großen forstlichen Praxis nicht durchführbar ist.

Würde man daher den Derbholzgehalt von allem aufgeschich= teten Holze, zum Zwecke vollständiger Vergleichbarkeit der Resul= tate, gerade wie beim runden Nutzholz aus Länge und einem mittleren Durchmesser nach Kraft stereometrisch bestimmen, so würde sich nach den bis jetzt vorliegenden Untersuchungen die ge= sammte jährliche zur Fällung gelangende Holzmasse um 3% höher als in Wirklichkeit stellen.

Bedenkt man weiter, daß bis zur Stunde noch in allen deutschen Staaten mehr Nutzholz als Brennholz producirt wird*,

---

* Sachsen erzeugt 40—50% Nutzholz,
Württemberg erzeugt 40—45% Nutzholz,
Bayern erzeugt 25—30% Nutzholz,
Preußen erzeugt 15—20% Nutzholz.

so ist es doch weit natürlicher, man kubirt sämmtliches Brennholz und Nutzschichtholz mathematisch genau xylometrisch, und nur das in geringerer Quantität vorkommende runde Nutzholz stereometrisch, denn in diesem Falle würde sich bei 25% Nutzholz- und 75% Brennholzabsatz nur ein Überschuß über das wirkliche Fällungs-

quantum von $\dfrac{25.3 + 75.0}{100} = \frac{3}{4}\%$ statt 3% ergeben.

Hierzu kommt aber noch

ad 2. daß die Behauptung des Herrn Kraft, als liefere die stereometrische Methode stets größere Resultate als die Derbholz-ermittlung im Xylometer, nicht einmal richtig ist. Ehe ich wirkliche Versuche über den Gegenstand angestellt hatte, war ich selbst der Kraft'schen Meinung. Die Sache scheint auch ungemein plausibel, wenn man schließt: bei dem stereometrischen Verfahren werden Erhöhungen mitgemessen, daher die Vertiefungen mit kubirt, folglich die Inhalte größer als mit Wasserapparaten gefunden.

Dieser Schluß schien auch mir ganz richtig zu sein und erst als meine Versuche nicht selten beim xylometrischen Verfahren größere Resultate als bei der stereometrischen Bestimmung lieferten, kam ich zur Überzeugung, daß bei der Sache noch ein unbekannter Faktor sein Spiel treiben müsse.

Nach meiner Beobachtung erklärt sich nämlich die Sache so: Kluppt man die mittleren Durchmesser ab und man kommt genau in der Stamm- oder Sektionsmitte auf eine „Erhabenheit", so rückt man, und mit vollem Recht, mit der Kluppe stets etwas auf- oder abwärts, bis man dem Augenmaß nach die dem wirklichen mittleren Durchmesser entsprechende Stelle gefunden zu haben glaubt. Daß man hierbei leicht des Guten etwas zu viel thut, liegt auf der Hand, und so erhält man thatsächlich mit dem Xylometer nicht nur keine zu niedrige, sondern öfters etwas höhere Resultate als bei der stereometrischen Methode. Solche auffallende „Erhabenheiten" liegen aber weniger in der aufgerissenen Rinde, als insbesondere bei dem glattrindigen Nadelholz in den Stellen des Schaftes, an welchen sich früher Astquirle befanden. Diese zeigen stets etwas größere Durchmesser, während die Stellen zwischen zwei Astquirlen meist etwas eingebaucht sind. In diesen Unregelmäßigkeiten des Schaftes ist also vorzugsweise die Ursache zu finden, wenn bald die stereometrische, bald die xylometrische Messung etwas größere Resultate liefert. Der Gegenstand ist jedoch von keinem praktischen Werth, weil das mehr oder weniger sorgfältige Aufschichten des Holzes weit bestimmender auf den Derbholzgehalt wirkt. Es liegt hierin auch der Grund, weßhalb die Durchschnitts= werthe aus einer großen Anzahl von Untersuchungen abgeleitet werden müssen.

Einen weiteren Einfluß auf den Derbholzgehalt übt aber auch noch die Länge der einzelnen Schichtholzsortimente aus. Wenn nämlich auch die Vorschrift besteht, alle Brennholzsortimente einen Meter lang zu machen, so gelingt es den Holzhauern doch selten, diese Vorschrift ganz buchstäblich zu befolgen und um sich keinen Tadel zuzuziehen, machen sie das Holz dann lieber einige Centi= meter länger. Werden starke Schäfte durchschnitten, so fällt der Schnitt öfters schräge aus und deßhalb können die Spälter da, wo die Säge angesetzt wurde, die vorschriftsmäßige Länge besitzen, während die unteren Spälter zu kurz oder zu lang werden können.

Man betrachte nur einige Raummeter aufgesetztes Holz auf beiden Seiten, ob alle Stücke von gleicher Länge sind. Wie uneben sieht die hintere Stirnfläche oft aus! Ich habe häufig im Walde die Länge der Prügel und Spälter nachgemessen und sie in der großen Mehrheit der Fälle einige Centimeter zu lang gefunden. Wird nun bei dem stereometrischen Verfahren, um etwa den Derb= holzgehalt eines Raummeters Prügelholz zu finden, wie das in der Regel geschieht, in der Art verfahren, daß man die Durch= messer aller Prügel (Knüppel) in der Mitte abkluppt, deren Kreis= flächensumme bestimmt und diese mit der gleichen Prügellänge multi= plicirt, so erhält man aus dem angeführten Grund nur dann ein richtiges Resultat, wenn auch alle Holzstücke gleich lang waren. In der Regel wird man aber etwas zu wenig erhalten, während das xylometrische Verfahren unter allen Umständen den richtigen In= halt angeben muß, wenn das Instrument richtig ist.

Wollte man aber die immer etwas verschiedene Länge der einzelnen Prügel in der Art in Rechnung ziehen, daß man die Kreis= fläche jedes Stückes mit der zugehörigen Länge multiplicirte, so hätte

man — bei schwächern Prügeln — unter Umständen für ein ein=
ziges Raummeter 100 — 200 Multiplicationen zu machen, eine
Arbeit, bei der auch der gebuldigste Mensch bald ungebulbig würde.

Ich gebe aus all diesen Gründen, namentlich bei nicht sehr
glatt und regelmäßig gewachsenem Holze, der xylometrischen Messung
insbesondere auch für Fälle der Praxis bei Schichtholz den
Vorzug. Daß die xylometrische Untersuchung, entgegen der Kraft's
schen Ansicht, in vielen Fällen etwas größere Resultate liefert,
als das stereometrische Verfahren, folgt übrigens nicht nur aus
den württembergischen, sondern auch aus den an der badischen
forstl. Versuchsanstalt ausgeführten Untersuchungen im Eichenschäl=
wald (vergl. diese Blätter, Dezemberheft 1875). Professor Schu=
berg fand, um nur vier Beispiele anzuführen:

1. Bei 2 Raummeter mittelst Gabelmaß = 1,06 Festm.
   " " " " Xylometer = 1,11 "
   Daher beim Xylometer 4,7% zu viel.

2. Bei 3,44 Rm. mittelst Gabelmaß = 1,93 Festm.
   " " " " Xylometer = 1,98 "
   Daher beim Xylometer 2,4% mehr.

3. Bei 5,22 Rm. mittelst Gabelmaß = 2,82 Festm.
   Mittelst des Xylometers 6,9% mehr.

4. Bei 0,60 Rm. mittelst Xylometer = 0,35 Festmeter, nach
   dem Gabelmaß $2/3$% weniger.

In andern Fällen wurde wieder mittelst des Gabelmaßes
etwas höhere Resultate erzielt.

Auch die mir kürzlich von dem K. bayr. Bureau für forst=
liches Versuchswesen und forstliche Statistik mitgetheilten und in großem
Umfange ausgeführten neuesten Derbholzgehaltsuntersuchungen haben
nicht selten bei der xylometrischen Methode höhere Resultate als
bei der stereometrischen Methode geliefert.

Der Verein forstlicher Versuchsanstalten hat daher das stereo=
metrische Verfahren schon deßhalb neben der xylometrischen Me=
thode namentlich bei glattem und geradem Holze bestehen lassen,
weil es oft nicht leicht ist, überall in den Wald das erforderliche
Wasser zu schaffen, welches bei ausgedehnten Versuchen fässerweise
erforderlich ist. Bei den hiesigen Untersuchungen fehlt es in der

That auch nicht an Fällen, in welchen beide Methoden genau daſſelbe Reſultat lieferten.

So fand man z. B. bei 9 xylometriſch unterſuchten Raummetern Fichtenknüppelholz (glatt und gerade) durchſchnittlich pro Raummeter 0,762 Feſtmeter und bei 8 ſtereometriſch unterſuchten Raummetern gleicher Beſchaffenheit 0,761 Feſtmeter, alſo vollſtändige Übereinſtimmung bis auf 0,001.

ad 3. Was die Anſicht betrifft, die Ergebniſſe der Waſſerapparate würden dadurch gefälſcht, daß während des Verſuchs das Holz Waſſer auffauge, wodurch man den Derbholzgehalt zu groß erhalte, ſo lege ich, geſtützt auf vielfache Verſuche, auf dieſen Einwand deßhalb keinen Werth, weil ſolche Unterſuchungen immer an friſch gefälltem Holze vorgenommen werden. Letzteres iſt deßhalb vor dem Eintauchen ſchon ſo voll Waſſer geſaugt, daß es in den wenigen Sekunden, während welchen es ſich unter Waſſer befindet, nur höchſt untergeordnete Waſſermengen aufnehmen kann. Würde aber auch mehr Waſſer eingeſaugt werden, ſo könnte mit großer Leichtigkeit der Fehler nach nur wenigen Verſuchen mit in Rechnung genommen werden.

Uebrigens iſt die Behauptung Kraft's, der Derbgehalt des Holzes würde in Folge der Waſſeraufnahme während des Verſuchs geſteigert, nicht einmal richtig; es findet vielmehr das Gegentheil ſtatt. Taucht man nämlich Holz in den Xylometer, ſo beobachtet man regelmäßig nach dem plötzlichen Steigen der Waſſerſäule wieder ein allmäliges Sinken derſelben, weil die im Holze enthaltenen Lufträume erſt mit Waſſer gefüllt werden müſſen, ehe ein Aufquellen deſſelben und in Folge deſſen eine Volumensvermehrung möglich wird.

Ich glaube hiermit den Nachweis hinreichend erbracht zu haben, daß das xylometriſche Verfahren bei Derbholzgehaltsunterſuchungen auch in der forſtlichen Praxis nicht nur ſeine Berechtigung hat, ſondern in der Mehrheit der Fälle vor der ſtereometriſchen Methode ſogar den Vorzug verdient.

Waldbau.

Über die Bewirthschaftung und Bedeutung der edlen Kastanie im Elsaß.

Vom Kaiserl. Oberförster Kaysing in Kaysersberg.

Einleitung.

Die Besucher des Elsaßes bewundern im Frühlinge mit Recht das reiche wechselnde Grün, in welches die hochanstrebenden Berge der Vogesen eingehüllt sind. An die rankende Rebe schließt sich buschiger Wald. Zunächst die Kastanie in lebhaftem Saftgrün, dann bis zur Höhe der vorliegenden Berge die Eiche in braungrünem Kleide, und endlich die hochstämmige Tanne, die Beherrscherin des Hauptgebirges, welche mit ihrem tiefen Blaugrün der reizenden Landschaft den würdigen Abschluß verleiht.

Vorberge, an deren Fuße die Ortschaften dicht beisammen liegen, zeigen selten solch üppiges Wachsthum; in der Regel haben unersättliche Ansprüche der anliegenden Bevölkerung an den Wald dessen Verdrängung oder Absterben zur Folge gehabt, und erscheint daher namentlich über Weinbergen häufig nur ödes Land.

Ein wesentlicher Antheil an jenem schönen Bilde gebührt der Kastanie, der treuen Begleiterin der Rebe.

Die Kastanie, ehedem in Deutschland nur als Zierbaum bekannt und ihrer süßen Frucht wegen kultivirt, erscheint hier in ganz anderer Bedeutung. Bei der fortschreitenden Ausdehnung des Weinbaues und der steigenden Nachfrage nach Rebpfählen machte sich das Verlangen nach einer Holzart geltend, welche die meisten der hiefür geforderten Eigenschaften in sich vereinigt.

Als solche erkannte man die Kastanie und wurde deren Anbau im Anfange dieses Jahrhunderts von einzelnen Winzern begonnen. Der hierbei — wenn auch auf kleinen Flächen — erzielte Erfolg veranlaßte zur Nachahmung, bis endlich in den zwanziger Jahren die Gemeinden größere Flächen — durch Viehweide und Frevel verdorbene Waldungen in der Nähe der Ortschaften — mit Einwilligung der Finanzverwaltung an die Bevölkerung zur Rodung und mehrjährigen landwirthschaftlichen Benutzung überließen, unter der Bedingung des darauffolgenden Anbaues der Kastanie.

Auf diese und ähnliche Weise verbreitete sich die Kastanie immer mehr über die Hänge der Vorberge und erreichte mit dem zunehmenden Bekanntwerden ihrer trefflichen Eigenschaften: dem reichen Ausschlag vom Stocke, dem raschen, schlanken Wuchse und der in stets feuchtem Raume sich bewährenden Dauerhaftigkeit des Holzes, rasch ihre heutige Bedeutung für den Weinbau. — Aus dem Gesagten ergibt sich von selbst, daß in Nachstehendem ausschließlich vom Niederwaldbetriebe, als der einzigen, dem angedeuteten Zwecke entsprechenden Bewirthschaftungsart, der Kastanie die Rebe sein wird.

Anforderungen der Kastanie an die Lage.

Die Kastanie nimmt hauptsächlich die östlichen und südöstlichen Hänge der Vorberge ein und gedeiht hier am besten; die Nordhänge bieten ihr zu wenig Sonne, während die südlichen und südwestlichen Lagen in der Regel zu trocken und oft mit Geröll überdeckt sind. In der Ebene dagegen ist sie dem Erfrieren zu sehr ausgesetzt.

Die Kastanie hat bezüglich der Lage Vieles mit der Rebe gemein; sie übersteigt sie jedoch und zeigt noch bis zu einer Höhe von 500 Metern und darüber günstiges Wachsthum.

Das Holz von nördlichen Lagen zeigt wohl den größten Zuwachs, allein es ist nicht so normal gebildet und gelangt nicht zu der Reife und Dauerhaftigkeit wie jenes auf den Ost- und Südosthängen. Hier entwickelt sich die Kastanie rasch und regelmäßig; das Holz wird vollständig reif und zeigt mehr Kern. Die südlichen und südwestlichen Hänge sind zu sehr dem grellen Temperaturwechsel ausgesetzt und liefern in der Regel für Rebpfähle zu kurzes Material. Die Ebene endlich erzeugt nur besenartige Hecken.

Ansprüche der Kastanie an den Boden.

Die Kastanie liebt als Kalipflanze feldspatreiche Gesteine; sie zieht deßhalb Granit und verwandte Gebirgsarten vor. Sie liebt einen kräftigen, lockeren und warmen Boden, wie ihn hauptsächlich der grobkörnige Granit liefert. Sie verlangt ferner Bodenfrische, während ihr feuchte und nasse Böden und Letten nicht zusagen.*

Die Kastanie fordert insbesondere auch intensive Bodenbearbeitung. Man baut sie daher vorzugsweise auf landwirthschaftlich benütztem Boden an und verbindet damit in den ersten Jahren ihrer Erziehung im Freien den ihr zusagenden landwirthschaftlichen Zwischenbau. Bei diesem Zwischenbau wird jetzt noch mit Vorliebe die Kartoffel verwendet. Dieselbe erscheint jedoch als ausgesprochene Kalipflanze — insofern sie zur Ausbildung ihrer Knollen dem Boden hauptsächlich Kali entzieht — trotz des Vorzuges tiefer Bearbeitung — weniger geeignet als die Leguminosen und Cerealien, welche vorzugsweise Kalk und Kieselerde aufnehmen. Unter diesen dürften besonders auf dem Boden spinnende Erbsen, niedrige Bohnen und Getreide zu wählen sein. — Eine solche, durch landwirthschaftlichen Bau bedingte, nachhaltige und reinigende Bearbeitung des Bodens ist für das Gedeihen der Kastanien-Kultur von hohem Werthe.

Ein landwirthschaftlicher Vorbau ist jedoch nicht unbedingt nöthig auf frischem, kräftigen Boden, wie ihn Nadelholzbestände bei ihrer Umwandlung und der damit nothwendig verbundenen Stockordnung ergeben.

Die Kastanie macht also — wenn sie den hier geforderten Zweck in möglichst hohem Grade erfüllen soll — große Ansprüche an die Lage und den Boden; verlangt in den ersten Jahren ihrer Kultur besondere Bodenbearbeitung und liebt spätere Bodenwundmachung.

Art der Anlage der Kastanienniederwaldungen.

Der Anbau der Kastanie erfolgte früher theilweise durch Saat. In der Nähe von Kaysersberg (bei Colmar) bestehen indeß weder jüngere

---

* Als wir vor einigen Jahren die Kastanienbestände in der K. bayr. Oberförsterei Weyher bei Edenkoben in der Rheinpfalz besuchten, waren wir über den üppigen Wuchs der Kastanie auf der Formation des bunten Sandsteins, selbst auf Standorten sehr überrascht, wo in Folge nachhaltiger Streunutzung der Boden gründlich erschöpft war, so daß hier selbst die Kiefer nicht mehr gedeihen wollte. Die Red.

Kulturen, noch ältere Waldungen, die auf solche Weise erzogen worden wären. Die Saaten, welche dort versuchsweise früher gemacht wurden, hatten keinen Erfolg und mögen mitunter mangelhafte Vorbereitung, unterlassene, spätere Bearbeitung des Bodens und Spätfröste die Veranlassung ihres Rückganges gewesen sein. Jetzt sind sie der Wildschweine wegen gänzlich unthunlich geworden.

Verfahren bei der Saat.

In der Oberförsterei Gebweiler finden sich jedoch aus früherer Zeit gelungene Kulturen vor, welche durch Saat entstanden sind. Dieselben wurden dort platz= und rillenweise ausgeführt. Bei der Plätzesaat wurden die 0,60 □m. großen Platten in einer Entfernung von 1.30 m. an, 1.30 m. — von Mitte zu Mitte der Platte gerechnet — tief aufgehackt, und jede Platte mit ca. 6 Kastanien in einer Entfernung von 0.10 m. besteckt. Hierzu sind per Hektar ca. 3 Hektoliter Saatfrüchte erforderlich, das Hektoliter zu 10,000 Kastanien gerechnet.

Die Rillensaat dagegen erfolgte bei möglichst tiefer Lockerung des Bodens in einer Entfernung von je 1.20 und eine Breite von 0,20 — 0,30 m. Die Früchte — es sind ca. 115,000 Kastanien nöthig; das Hektoliter 10,000 angenommen, demnach 11½ bis 12 Hektoliter pro Hektar — wurden 0.06 — 0.08 m. von einander entfernt eingelegt und 0.05 bis 0.06 m. mit Erde bedeckt.

Die dichte. Aussaat geschah wegen des Abganges durch Wild und Mäuse, und die tiefere Bedeckung bezweckte die Verzögerung der Keimung, um Beschädigungen durch Spätfröste vorzubeugen. Aus diesen Gründen räumte man auch mit Recht der Frühjahrssaat den Vorzug ein, um so mehr, als sich die Früchte zwischen trockenem Sande eingebettet, oder in den Hülsen leicht überwintern lassen.

Die Aussaat des Samens geschah unter besonderer Berücksichtigung der Örtlichkeit während des Monats April, so daß beim Erscheinen des zarten Pflänzchens keine Frostgefahr mehr zu befürchten war. Letztere besteht bekanntlich oft bis zum halben Mai die Keimungszeit aber dauert bei normalen Witterungsverhältnissen. 4—6 Wochen.

Die Saaten, namentlich die Rillensaaten, gestatten die Entnahme von Pflanzen und lieferten billiges Material zur Ergänzung der vorhandenen Kulturen und zur Neuanlage von solchen. Auch sollen die durch Saat herrührenden Bestände besser bewurzelte Stöcke haben.

Diese Vortheile dürften überall da, wo Beschädigungen durch Wildschweine nicht zu befürchten sind, bei Auswahl der Kulturweise Berücksichtigung verdienen.

Mit der späteren Pflege der Saaten aber sind größere Schwierigkeiten und höherer Kostenaufwand verbunden, und wird dabei stets das anzustrebende Resultat verzögert.

Verfahren bei der Pflanzung.

In Folge dessen gibt man der Pflanzung entschieden den Vorzug. — Man erzieht zu dem Ende die Pflanzen in tief rijolten Kämpen. Letztere sind in der Regel ständige, welche in der Nähe der Orte auf kräftigem Boden und in entsprechender Lage angelegt werden. Die Vorbereitung des Bodens erfolgt bis zu einer Tiefe von 0,40 m. Nach vorausgegangener Eintheilung in Beete werden die Früchte ca. 0,06 m. von einander entfernt in Rillen eingelegt und 0,03—0,04 m. mit Erde bedeckt. Die Rillen selbst erhalten eine Entfernung von je 0,30 m. und sind per Ar bis $\frac{1}{2}$ Hektoliter Kastanien erforderlich. Der Hektoliter enthält ca. 10 bis 12,000 Früchte. An Abgang rechnet man bis zu 60%, so daß auf einer Ar nach 2 Jahren ca. 2000 Pflanzen gewonnen werden können.

Als Saatfrucht erscheint die gewöhnliche Kastanie geeigneter als die größere Frucht, die sogenannte Marone, welche bei gleicher Masse bedeutend weniger Pflanzen liefert.

Beim Einlegen der Kastanien ist darauf zu achten, daß die Spitzen nach unten zu liegen kommen. Beim Austreten krümmt sich alsdann der Keim und entwickelt Würzelchen nach allen Seiten hin. Liegt die Spitze dagegen nach oben, so biegt sich die Wurzel um die Schale nach abwärts und verlängert sich nur nach einer Richtung hin, bildet sich also mehr zur Herzwurzel aus.

Früchte, welche in dem Boden breit aufliegen, haben mehr

ober weniger baſſelbe Streben. Das Federchen erſcheint gleichzeitig
bei jeder Lage der Frucht. Zur Erziehung der Pflanzen, welche
verſetzt werden ſollen, iſt alſo das Einlegen oder Eindrücken der
Früchte auf die Spitze von großer Wichtigkeit.

Zur Erhaltung und Steigerung der Bodenkraft iſt eine perio=
biſche Düngung des Kampes nöthig und empfiehlt ſich bei Mangel
an natürlichem Dünger der ſogenannte Kali=Guano. (Kaliſuper=
phosphate.)

Die Erziehung von 1000 Stück zweijährigen Pflanzen koſtet
unter Berechnung des Bodenzinſes, Ankaufs oder Sammelns der
Früchte, der Düngung, Behackung, Reinigung und Gewinnung 9
bis 12 Mark. Der Ankaufspreis bei Gärtnern oder Privaten iſt
durchſchnittlich 40 Mark.

Es gibt gegenwärtig zwei Arten der Pflanzung.

Bei der erſten und gebräuchlichſten werden die gewöhnlichen
zweijährigen Pflanzen etwas eingeſtutzt. Das Maß des Zurück=
ſchneidens richtet ſich dabei nach der ſchwächeren und ſtärkeren Be=
wurzelung. Je ſchwächer die Bewurzelung, deſto kräftiger der
Schnitt und umgekehrt. An den Wurzeln ſelbſt darf nur die Pfahl=
wurzel etwas verkürzt werden. Die ſchon erſtarkten Pflanzen werden
nach dem ſechsten Jahre mittelſt der Säge oder der Scheere auf
den Stock geſetzt und mit dem Rebmeſſer vorſichtig geründert, ſo
daß die wunde Fläche abgerundet erhaben liegt und das Waſſer
abfließen kann. Das Ründern ſchützt auch den Stock vor dem
Aufreißen der Rinde, welches als eine Folge der trocknenden Früh=
jahrsluft häufig denſelben beſchädigt oder zu Grunde richtet. Zur
Verhütung ſolcher Beſchädigung reicht eine leichte Bedeckung mit
Erde nicht aus, da dieſelbe durch Regengüſſe leicht abgewaſchen
wird.

Mit der hiemit verbundenen nochmaligen Behackung ſchließt
dieſes Kulturverfahren ab.

Daſſelbe hat den Vorzug, daß auch einjährige Pflanzen ver=
wendet werden können, daß ferner der Zwiſchenbau einige Jahre
hindurch ſtattfinden kann, und daß endlich der Stock zum Aus=
ſchlagen fähiger gemacht wird und deßhalb beim erſtmaligen Ab=
triebe ein höherer Ertrag zu erwarten ſteht.

Die zweite Pflanzmethode ist die eigentliche Stutzpflanzung; dieselbe wird erst seit den letzten Jahren und vereinzelt angewendet und verspricht solchen Erfolg, daß bis jetzt mit Sicherheit nicht angegeben werden kann, welcher von beiden Arten der Vorzug einzuräumen sei.

Zur Stutzpflanzung sind nur Pflanzen mit kräftigem Wurzelstocke zu verwenden; also starke zweijährige und dreijährige, welche vor Beginn der Vegetation mit einer starken Baumscheere gestümmelt werden. Mit dem Rebmesser beseitigt man etwaige Quetschungen und ränbert sorgfältig die Schnittfläche, welche sodann leicht mit Erde bedeckt wird. Auf solche Weise behandelte Pflanzen treiben zwei, sehr oft sogar drei und vier kräftige Lohden und bilden schon im ersten Jahre einen Busch. Feuchte und warme Witterung im ersten Jahre begünstigt die Stutzpflanzung ungemein; in trockenem Frühjahre versagen dagegen viele Stöcke oder schlagen nur kümmerlich aus. Eine Reinigung mit der Zweizinke im zweiten Jahre befördert das Gedeihen der Kultur.

Dieses abgekürzte Verfahren hat den Vortheil, daß an Zeit gewonnen und an Kulturaufwand gespart wird. Durch das Stümmeln wird die Entwickelung zurückgehalten und die Pflanzen leiden selten durch Spätfröste.

Ein Zwischenbau dagegen wird in der Regel nur im ersten Jahre stattfinden können, da die Ausschläge im zweiten Jahre schon zu viel Schatten werfen.

Das Setzen der Pflanzen bei beiden Methoden erfolgt in einer Weite von 1,25—1,60 m. im Quadrat, mit Rücksicht auf Bodengüte und Material. Die 0,30—0,40 m. breiten Löcher werden ebenso tief aufgehackt und zur Pflanzung vorbereitet. Bei derselben ist besonders darauf zu sehen, daß die Pflanzlöcher vollständig mit Erde ausgefüllt werden, um das nachtheilige Ansammeln von Wasser zu verhüten.

Stutzpflanzen werden etwas tiefer eingelassen, da die Erde sich immer setzt und der Schnitt dem Boden gleich erfolgen soll. — Unter günstigen Verhältnissen fertigt ein Arbeiter im Tage bei einer Entfernung von 1,50 m. die Löcher auf 2 bis 2,5 Ar und pflanzt dieselben aus.

Es sind somit per Hektar erforderlich 40 bis 50 Arbeitstage (à 2 Mk.) oder 80—100 Mk.; unter schwierigen Verhältnissen bei streifenweiser Bodenvorbereitung oder in steinigem Terrain die doppelte Summe.

Das Stümmeln mit der Baumscheere erfordert zwei Taglöhne (4 Mark) mehr.

Herbst- oder Frühjahrspflanzung.

Die Herbstpflanzungen haben im Allgemeinen den Vorzug vor den Frühjahrspflanzungen. Den ersteren wird stets der günstige Einfluß der Winterfeuchtigkeit zu Theil, während die letzteren häufig bei trockener Witterung ausgeführt werden müssen, welche oft bis in den Sommer hinein andauert und den Pflanzen nur eine kümmerliche Ernährung gestattet. Oft können aber auch nach langem und der Arbeit ungünstigem Winter des raschen Überganges wegen, Pflanzungen nicht beendigt werden.

Zu den Nachbesserungen hat man stets starke Pflanzen vorräthig zu halten. Je nach der Größe der Lücken können beide Pflanzenmethoden zur Anwendung gebracht werden.

Einzelne fehlende Kastanien dagegen sind immer nur durch Heisterpflanzen mit schönem Wurzelbaue zu ergänzen. Dies gilt auch für die Nachbesserungen auf frischen Schlagflächen.

Weitere Behandlung.

Da Wurzelbrut bei der Kastanie nicht vorkommt, so dienen zur Ergänzung 4—6jähriger Bestände, in welchen wegen der Höhe der Ausschläge nicht mehr gepflanzt werden kann, die Absenker. Zur Anfertigung derselben wird die sperrig auslaufende, biegsame Lohde vom Stocke abgebogen, am untern Ende möglichst tief in den Boden eingelegt und festgehalt oder nach vorausgegangener Bedeckung mit Erde durch einen Stein beschwert. Das freie Gipfelende wird — soweit thunlich — aufgebogen und mit Rasen unterschlagen. An dem eingelegten Stammtheile entwickeln sich die Aberaugen zu Wurzeln, und es erfolgt im Jahre darauf die Abtrennung der Lohde vom Mutterstocke.

Diese Ableger liefern nie gute und dauerhafte Stöcke, weßhalb

fie nur untergeordnet zur Vervollständigung der erwähnten Be=
stände in Anwendung kommen. Bei einer größeren Verwendung
in jüngeren Beständen, in welchen die Lohden die nöthige Länge
nicht haben, um die Verbandsweite einzuhalten, müßte auch
die Regelmäßigkeit der Waldanlage nothleiden, welche die perio=
dischen Arbeiten sehr erleichtert.

Ausschläge, welche durch mehrjährige Frostbeschädigungen ge=
litten haben und sich nicht mehr zu Stangen entwickeln können,
müssen auf den Stock gesetzt werden. Die Nachbesserungen in älteren
Beständen sollen immer dem Abtriebe derselben einige Jahre vor=
ausgehen. Hierbei sind ausschließlich kräftige Pflanzen zu ver=
wenden, welche bis zum Hiebe die nöthige Stärke zum Schnitte
mit der Säge erreichen. Der erstmalige Abtrieb erfolgt erfahrungs=
gemäß am besten im zehnten Jahre, die Stöcke werden kräftiger
und erzeugen üppigeren Ausschlag.

Der Hieb geschieht in ähnlicher Weise, wie der Schnitt, so
tief wie möglich am Boden, damit die Lohden der Wurzel möglichst
nahe und sperrig auslaufen und bei ihrer enormen Entwickelung die
nöthige Stütze gegen schädliche Winde erlangen. Das Rebmesser
kommt auch hier wieder in Anwendung. Zur Schonung der Stöcke
darf bei strenger Kälte nicht gehauen werden; vereinzelte schwache,
oft unterdrückte Stangen, welche von späteren Nachbesserungen her=
rühren, werden abgeschnitten. Bei sehr weichem Boden müssen die
Stangen mit der Säge gefällt werden. An den Schlagrändern
können einzelne kräftige Stangen als Fruchtbäume belassen werden.
Das Überhalten von Laßreiteln zur Erziehung von stärkerem Holz
hat keinen Zweck und würden durch sie die Stockausschläge zu sehr
benachtheiligt.

Umtrieb

Eine zu hohe Umtriebszeit vermindert die Reproduktionskraft
und wird allgemein ein 15jähriger Turnus als der geeignetste an=
genommen. Das Holz erreicht in diesem Alter die nöthige Stärke
und Reife und liefert den höchst möglichen Ertrag. Der zweite
und die späteren Abtriebe folgen alsdann in Zeiträumen von je
15 Jahren.

Nach jeder Schlagräumung wird die Fläche rauh umgehackt.

In späteren Umtrieben wird oft zur Kräftigung des dominirenden Gestängs und Erhöhung des Stangenzuwachses im achten bis zehnten Jahre eine Durchforstung und Aufastung eingelegt. Die Durchforstung erstreckt sich auf das dürre und unterbrückte Gestänge, die Aufastung hauptsächlich auf die Entnahme von Ästen freistehender Stockausschläge. Der scharfe Hieb und Schnitt erfolgt möglichst nahe am Stamme, doch ohne diesen durch Ausreißen und Splitterung zu beschädigen. Die Wunde überwallt rasch ohne die spätere Brauchbarkeit (Spaltbarkeit) zu beeinträchtigen.

Auf einen erheblichen Zwischennutzungsertrag ist nicht zu rechnen; die Kosten werden indessen in der Regel durch den Werth des Holzes gedeckt werden.

Eine Bearbeitung des Bodens während der Umtriebszeit kann nur lohnend sein, namentlich wenn derselbe verhärtet erscheint und an Orten, wo der Wind das Laub gerne entführt.

Nach dem Abtriebe ist ein einmaliger Zwischenbau ermöglicht und empfiehlt sich hierzu die Verwendung von Getreide. Das Unterhacken der Stoppeln nach der Ernte ist jedoch Bedingniß. Über die Ausdauer der Stöcke liegen besondere Erfahrungen nicht vor; doch läßt sich aus den bisherigen Abtrieben und den damit verbunden gewesenen Nachbesserungen ziemlich sicher schließen, daß dieselbe zwischen das 80. und 100. Jahr zu legen sei.

Ertrag.

Der Ertrag der Kastanienwaldungen ist ein sehr hoher. Bei 15jährigem Umtriebe in mittlerer, südöstlicher Lage und bei guter Bestockung ergeben sich durchschnittlich per Hektar 50 Meterhaufen Stangen, von 7—11 Meter Länge und 0,05—0,10 m. und mehr Durchmesser. An Derbholz ca. 100 Festmeter; an Reisig ca. 55 geringe Stangen und Wellen mit einem Gelbertrag von ca. 5000 Mark.

Durchschnittlich auf die Dauer von 6—7 Perioden berechnet von ca. 3900—4000 Mark.

Die Hauungs= und Kulturkosten betragen während einer Umtriebszeit 270—300 Mark, und stellt sich hiernach der fünfzehn=

jährige Reinertrag auf etwas über 3600—3700 Mark, oder 240 Mark jährlich.

Die erwähnten Meterhaufen sind 1,15 m. hoch und 1,25 m. breit und enthalten zusammen ca. 7350 Stangen, welche aufgearbeitet ca. 15,000 Rebstecken von 3—3,33 m. Länge liefern.

Die Bearbeitungskosten belaufen sich auf 2—2,40 Mark per 100 Stück, welche im Handel zu ca. 40 Mark verkauft werden.

Reiserholzstangen, welche für Rebpfähle zu schwach sind, werden bei ausreichender Länge als Faßreife verwendet.

Mischung.

Wir haben bei der ganzen Kastanienkultur gesehen, daß dieselbe eine Beimischung anderer Holzarten nicht liebt und eine solche nur die intensive Bewirthschaftung und den Ertrag beeinträchtigen würde. Leider aber haben auch hier schon der Frevel in Verbindung mit der Streunutzung und langjähriger Vernachlässigung ihre nachtheiligen Einflüsse auf die Vorberge übertragen und sind viele Kastanienniederwaldungen vorhanden, deren Boden und Bestockung außerordentlich verloren haben. Der Boden, ehedem bedeckt und locker, ist nun häufig verhärtet und mit Forstunkräutern überzogen. Die Vervollständigung solcher Bestände mit der Kastanie ist oft zur Unmöglichkeit geworden, weßhalb man zur Beimischung die Akazie erwählte, die bei geringerem Anspruch an den Boden sehr rasches Wachsthum zeigt, mit der Kastanie in gleichem Umtriebe bewirthschaftet werden kann, und bei der Fällung ebenfalls vorzügliches Material für den Rebbau liefert.

Bei der Vervollständigung und Neubelebung solcher verdorbenen Kastanienbestände gilt als Regel, die Akazie horstweise einzubringen, um die Kastanie möglichst gegen Übergriffe und Verdrängung durch Wurzelbrut derselben schützen zu können. Die Kastanie selbst soll hiebei wo immer thunlich im Zusammenhange und rein erhalten werden.

Als Mischholz selbst zeigt sich die Kastanie sehr vortheilhaft in den Eichen-Niederwaldungen. Das Mischungsverhältniß ist zwar bis jetzt noch unbedeutend, aber bald dürfte auch hier ihrem Anbau größere Aufmerksamkeit zugewendet werden.

Die Eichen-Niederwaldungen werden faft allgemein in 32jährigem Umtriebe bewirthschaftet, um bei Benützung der Lohrinde stärkeres, zu Rebpfählen geeignetes Holz zu erhalten. Die Rinde wird dabei zu borkig und geringwerthig, während das Holz als wenig dauerhaft den Anforderungen nicht entspricht, so daß eine Änderung der Wirthschaft geradezu geboten erscheint.

Zur Herbeiführung einer intensiveren Lohwirthschaft muß die Umtriebszeit sehr herabgemindert und die Nutzholzfrage in der Hauptsache der Kaftanie zugewiesen werden.

Daraus ergibt sich dann auch die Nothwendigkeit einer größeren Beimischung derselben in den Schälwaldungen und dürften ihr dort insbesondere die frischeren Lagen zugewiesen werden, wo die Rinde schlecht wird. Die horstweise Einbringung ermöglicht oft eine selbftständige Behandlung und wird solche hauptsächlich auf Nord- und Südhängen anzustreben sein, wo sich durch Einbeugungen die der Kaftanie günstigeren Standortsverhältnisse ergeben.

Als Unterholz in den Kiefernwaldungen der Vorberge verliert die Kaftanie ihre eigentliche Bedeutung für den Rebbau. In diesen Waldungen ist ihr die Aufgabe zugefallen, den Boden zu beschirmen und durch den reichen Laubfall zu verbessern.

Streunutzung.

Es ist nachgewiesen, daß die Aschenbestandtheile, auch die löslichen, namentlich Kalisalze, in den Blättern der Kaftanie reicher vertreten sind, als im Holze selbst, und es steht daher außer Zweifel, daß mit der Entnahme von Laub eine empfindliche Beraubung für den Wald verbunden ist. Kaftanienbestände, welche von der Streunutzung verschont bleiben, haben daher bei nachhaltiger Bodenfrische auch den größten Zuwachs, während der Boden in solchen Waldungen, welche alljährlich gerecht werden, allmälig verhärtet und sich auf Kosten des Holzwuchses mit Forstunkräutern überzieht.

Da aber in dem Rebgelände kein, oder doch nur wenig Getreidebau stattfindet, so kann die Streunutzung nie vollständig verdrängt, muß sogar in Mißjahren zugestanden werden. Die Kaftanie erträgt sie auch ihrer vollen Belaubung und ganzen Kultur wegen beffer als andere Holzarten, doch müßte auch fie den Folgen einer fortgefesten Streunusung unterliegen.

Die Afazie wird den Boden durch Laubabfall nur wenig ver= beffern, bietet aber hiefür Erfas dadurch, daß fie der Holz= und Streunusung felbft hinderlich ift. Direkt ergänzend wirkt in biefer Beziehung die Kaftanie in den Eichen=Niederwaldungen.

Die Streunusung in ben Kaftanien=Niederwaldungen ift nicht zuläffig vor dem zehnten Jahre; nach biefem könnte eine zwei= bis dreimalige Nusung ftattfinden, die leste im Abtriebsjahre.

Die darauf folgende Bearbeitung des Bodens im Vereine mit der zehnjährigen Heege werden das angegriffene Bobenkapital wieder aufbeffern.

Schluß.

Aus Voranftehendem erhellt von felbft die Wichtigkeit der Kaftanie als Nusholz für den Weinbau; werfen wir aber noch einen Blick auf das Rebgelände felbft, fo erkennen wir erft recht die hohe Bedeutung derfelben.

Das Rebgelände des Elfaßes umfaßt eine Fläche von circa 25,000 — 26,000 Hektar, welche faft gleichmäßig auf das Nieder= und Ober=Elfaß fich vertheilt. Bei einem Verbande von 1,25☐m. find für den Weinbau des Ober=Elfaßes ca. 77,000,000 Rebpfähle nöthig, wovon kaum der vierte Theil den Kaftanienwaldungen ent= nommen wird. Die Ausbauer des Holzes aber weifen den Wein= bergbefiser immer mehr auf die Kaftanie hin; er fcheut nicht die hohen Preife des Holzes, weil er weiß, daß gegenüber den bei anderen Holzarten öfters nöthig werdenden Ergänzungen der Reb= pfähle namhaft an Arbeitskraft und Geld erfpart wird. So fei hier nur erwähnt, daß Eichen=Schälholz=Rebpfähle, die noch häufig verwendet werden, oft kaum zwei Jahre ausbauern, während Ka= ftanienpfähle häufig 15 Jahre auf einer Spise ftehen.

Die Erhaltung und Neubegründung der Kaftanien=Niederwal= bungen, beren Ausdehnung ihre Grenze von felbft in den hohen Anforderungen biefer Holzart findet, ift daher von größter Wichtig= keit und dürfte der zukünftigen Behandlung der Vorwaldungen und fpeziell der Kaftanienkultur bei der ftets wachfenden Ausdehnung

des Rebgeländes und bei dem hier üblichen Anbau des Weinstocks
bis zu zwei Metern Höhe die größte Aufmerksamkeit zugewendet
werden.

Die Prinzipien, welche der künftigen Bewirthschaftung der
Kastanienwaldungen zu Grunde zu legen wären, mögen schließlich
in folgende Sätze kurz zusammenzufassen sein.

Reiner Niederwald in geeigneter Lage mit 15jährigem Turnus;
Vergrößerung der Betriebsflächen durch Umwandlung parzellirter
Nadelholzbestände auf den Osthängen der Vorberge mit kräftigem
Boden. Horstweise Mischung herabgekommener Bestände mit der
Akazie. Einbringung der Kastanie in die Eichenschälwaldungen
mit herabgesetzter Umtriebszeit, ohne Beeinträchtigung einer rationellen Lohwirthschaft, oder auch Anpflanzung in großen Horsten
auf den östlichen Lagen der Einbeugungen in solchen Niederwal-
dungen mit längerem Umtriebe, wo die Kastanie selbstständig behandelt und zweimal während desselben genutzt werden kann. Mög-
lichste Beschränkung der Streunutzung und andauernde sorgfältige
Pflege.

Bei Befolgung dieser Grundsätze wird der Wein bauenden
Bevölkerung immer mehr Rechnung getragen und in gleichem Maße
die Rentabilität der Vorgebirgswaldungen erhöht werden.

Forstbenutzung.

Die Ergebnisse der Eichen-Lohrinden-Versteigerungen aus den Staats-, Gemeinde- und Instituts-Waldungen von Ober- und Unter-Elsaß im Jahre 1876.

Die Verwerthungsweise der Eichenlohrinde im Reichslande ist
zur Zeit sehr verschieden. Während in einzelnen Bezirken noch
der, unter französischer Verwaltung, allgemein übliche Modus, die
Rinde auf Grund vorgenommener Abschätzungen en bloc zum Verkauf zu stellen und die Werbung dem Käufer zu überlassen, beibehalten worden ist, wird in anderen Bezirken, namentlich im
Ober-Elsaß, dem Verkauf das Gewicht der waldtrockenen Rinde zu
Grunde gelegt und die Gewinnung derselben theils vom Käufer,

theils vom Waldbesitzer ausgeführt. Die letzterwähnte Verwerthungs=
weise, insbesondere die Werbung der Rinde durch die Waldbesitzer
ist im Anfang nicht blos bei den Letzteren, sondern auch bei den
früheren Käufern auf lebhaften Widerstand gestoßen, allein seit in
Folge der fragl. Anordnung sich auch entfernt wohnende Rinden=
consumenten und Händler bei den einschlägigen Versteigerungen
betheiligen und hierdurch eine sehr erhebliche Erhöhung der Rinden=
preise eingetreten ist, welche z. B. im Bezirke des Referenten sicher
nicht unter 100 Procent beträgt, haben sich die Waldbesitzer mit
dem in Rede stehenden Verwerthungsmodus sehr befreundet und
dürfte derselbe deßhalb rasch an Ausdehnung gewinnen und bald
an allen Orten Eingang finden. Es bleibt dann nur noch zu
wünschen übrig, daß die mit den vielen und deßhalb nicht bedeu=
tenden Rindenverkäufen verbundenen Mißstände demnächst durch
Etablirung weniger und großer Rindenmärkte ebenfalls beseitigt
werden.

In Bezug auf die Versteigerungsbedingungen heben wir her=
vor, daß Steigerer, welche im Termin nicht hinreichende baare
Kaution leisten, gehalten sind, einen im Reichslande wohnenden,
sicheren Bürgen, bezw. Mitsteigerer, zu stellen, welcher sich ver=
bindlich macht für die Zahlung des Steigpreises, Kostenzuschlags,
sowie für die Erfüllung sämmtlicher Verkaufsbedingungen zu haften.
Der Kostenzuschlag, welcher zur Deckung der Stempel=, Enregistre=
ments= und Versteigerungskosten erhoben wird, besteht in $\frac{1}{10}$, dem
sog. décime, des Steigpreises. Seitens des Fiscus und auch ein=
zelner Gemeinden wird in neuerer Zeit und zwar ohne Verlust
für die Kasse, auf die Erhebung des fragl. Zuschlags verzichtet.

Die nachstehend nachgewiesenen Rindenquantitäten sind sämmt=
lich von Bewohnern aus dem Reichslande aufgekauft worden, ob=
gleich verschiedenen Versteigerungsterminen Rindenkäufer aus der
bayerischen Pfalz und Baden angewohnt hatten.

Für die Bezirke, in welchen der Verkauf der Rinde en bloc
stattgefunden hat, sind selbstverständlich die Preise pro Centner
durch Rechnung ermittelt worden.

Es kamen nun in den einzelnen Oberförstereien folgende ge=
schätzte Rindenquantitäten zur Verwerthung:

I. Oberförsterei Maßmünster, in sieben verschiedenen Gemeinden zusammen 1510 Ctr. im Alter von 23—28 Jahren, Werbungskosten pro Ctr. 1,20—1,56 M., Reinerlös pro Ctr. 4,44—5,85 M. Die Rindenwellen sind mit zwei Bändern gebunden, 1 m. lang und haben 1,5 m. Umfang. Verkauf an den Meistbietenden.

II. Oberförsterei Thann, in fünf Gemeinden zusammen 3245 Ctr. im Alter von 18—35 Jahren, die Werbung geschah durch die Käufer, Reinerlös pro Ctr. auf dem Submissionsweg 3,20—4,51 M.

III. Oberförsterei Gebweiler, Kaiserlicher Forstfiscus 1050 Ctr., Gemeinde Gebweiler 100 Ctr., Alter 16 bis 35 Jahre, Werbungskosten 1,80—2,20 M., Reinerlös pro Ctr. 3,70—4,30 M.

IV. Oberförsterei Münster, zwei Gemeinden zusammen 710 Ctr., Alter 35 und 60 Jahre, Werbungskosten 1,48 bis 1,80 M., Reinerlös pro Ctr. 3,85 und 3,92 M. Verkauf an den Meistbietenden.

V. Oberförsterei Colmar=West, sieben Gemeinden zusammen 5040 Ctr., Alter 24—70 Jahre, Werbungskosten 1,48—2,20 M., Reinerlös pro. Ctr. 3,89—4,90 M. Verkauf an den Meistbietenden.

VI. Oberförsterei Kaiserberg, fünf Gemeinden zusammen 4931 Ctr., Alter 15—40 Jahre, Werbungskosten 1,40 bis 1,60 M., Reinerlös pro Ctr. 4,12—5,64 M. Verkauf an den Meistbietenden.

VII. Oberförsterei Rappoldsweiler, vier Gemeinden zusammen 3390 Ctr., Kaiserl. Forstfiscus 1600 Ctr., Alter 30 Jahre, Werbungskosten übernimmt der Käufer, Reinerlös pro Ctr. 2,25—3,50 M. Verkauf in den Gemeinden für den Block an den Meistbietenden, in den Kaiserl. Waldungen an den Meistbietenden.

VIII. Oberförsterei Markirch, Gemeinde Markirch 700 Ctr., Alter 35 Jahre. Verkauf der Rinde sammt Holz en bloc, Erlös 2392 M. Drei weitere Gemeinden zusammen 3600 Ctr., Alter 19—30 Jahre, Werbung

durch den Käufer, Reinerlös pro Ctr. 2,0—3,33 M.
Meistbietender Verkauf en bloc.

IX. Oberförsterei Weiler, drei Gemeinden 333 Ctr.,
Alter 25—32 Jahre, Werbung durch Käufer, Reinerlös
pro Ctr. 3,65—5,13 M. Kaiserl. Forstfiscus 600 Ctr.,
Alter 25 Jahre, Werbung durch Käufer, Reinerlös pro
Ctr. 3,90 M. Verkauf an den Meistbietenden pro Ctr.

X. Oberförsterei Barr, sieben Gemeinden zusammen
2605 Ctr., Alter 12—35 Jahre, Werbung durch Käufer,
Reinerlös pro Ctr. 3,50—7,20 M. Meistbietender Ver=
kauf en bloc.

XI. Oberförsterei Ober=Ehnheim, fünf Gemeinden zu=
sammen 3650 Ctr., Alter 25—30 Jahre, Werbung
durch die Käufer, Reinerlös pro Ctr. 3,49—4,45 M.
Meistbietender Verkauf en bloc.

Nach der vorstehenden Übersicht ist das diesjährige Rinden=
ergebniß für Elsaß veranschlagt:

Im Ganzen zu 33,064 Ctr., hiervon

die Rinde von über 35 Jahren zu			3,486 Ctr.	
„	„	„	31—35	„	„	5,870 „
„	„	„	26—30	„	„	15,520 „
„	„	„	21—25	„	„	5,123 „
„	„	„	16—20	„	„	2,665 „
„	„	„	unter 16	„	„	300 „

Welche Eichenlohrindenquantitäten in Deutsch=Lothringen für
das laufende Jahr zur Verwerthung gekommen sind, ist uns nicht
bekannt geworden, dagegen hat das fragl. Quantum für das vorige
Jahr, nach zuverlässigen Nachrichten, 63,663 Ctr. betragen.

Zur Erklärung des hohen Umtriebs, der im Elsaß für die
meisten Eichenschälwaldungen festgestellt ist, erlauben wir uns an=
zuführen, daß erst durchschnittlich vom 25. Jahre an die Eichen=
stockausschläge die Stärke, zu den hier gebräuchlichen Rebpfählen,
erhalten, und alsdann sehr gut bezahlt werden, so daß der höhere
Geldertrag aus dem Holze den Ausfall bei der Rinde decken dürfte,
und deßhalb auch die fernere Beibehaltung des 25—30jährigen
Umtriebs gerechtfertigt erscheint.   St.

Forstschutz.

Ein ausgeheilter Schneedruck-Schaden im jungen Buchen-Hochwalde.

Von Forstmeister Beling in Seesen.

Der Winter 186⁰/₁ machte sich durch seine erheblichen Schnee=druck=Beschädigungen, die sich mehr als sonst auch auf jüngere Laubholzbestände erstreckten, vorzugsweise jedoch wie gewöhn=lich das Nadelholz betrafen, für den Harz in sehr unangenehmer Weise bemerkbar. Am 10. Dezember 1860 folgte auf gelinden Vormittags=Regen ein starker Schneefall bei südwestlicher Wind=richtung, welcher bis zum folgenden Mittage anhielt, wonach dann eine durchschnittlich mindestens 15 cm. hohe, gleichmäßig vertheilte Schneeschichte den Erdboden bedeckte. Bei der herrschenden Wind=stille war der dickflockige, kompakte Schnee massenhaft an den vom vorangegangenen Regen nassen Baumzweigen hängen, resp. auf denselben haften geblieben, gleich nachher aber bei etwas sinkender Temperatur festgefroren. Durch wiederholte Schneefälle in der nachfolgenden Zeit bei fortdauernd ruhiger Luft und mehr noch durch einen gelinden Regen am 22. und 23. des folgenden Monats, welcher von dem Schnee aufgesogen war und mit demselben bei gleich hinterher wieder eingetretenem Froste zu einer festhaftenden eisigen Masse sich verbunden hatte, wurde die Belastung der Bäume dergestalt vermehrt, daß nach und nach, zumal aber als mit dem 25. Januar 1861 stürmische Witterung eintrat, hier mehr, dort weniger umfangreiche Waldbeschädigungen stattfanden.

Von den Laubholzbeständen hiesiger Gegend wurde besonders schwer ein 40 Hektar großer, aus Selbstbesamung der Mastjahre 1834 und 1836 hervorgegangener, sehr dicht geschlossen aufge=wachsener, im Jahre 186⁰/₁, durchschnittlich 25 Jahre alter, noch nicht durchplänterter Buchenbestand an einem mäßig steil abfallen=den Osteinhange auf der Formation des bunten Sandsteins (Forst=ort Leisekenberg im Forstrevier Gittelde am westlichen Harzrande) betroffen. Der junge, außergewöhnlich stammreiche Bestand lag in Folge der wochenlang stattgehabten großen Schneebelastung mit den Wipfeln der meist noch dünnen, gertenartigen Stämme berg=

abwärts gerichtet, auf theils größeren, theils kleineren Flächen vollständig mit Schnee überdeckt, fast wie gewalzt darnieder. Die meisten Stämme waren zur Erde gebogen, die dominirend und vorwüchsig gewesenen stärkeren, aber großentheils in der Höhe von 0,5 bis 1 Meter über der Erde eingeknickt, eingesplittert oder ganz umgebrochen. Nach dem Fortgange des Schnees gewährte der junge Holzbestand ein Bild schlimmer Verwüstung, so schlimm, daß Laien denselben für gänzlich verloren erachteten und an die Forst= verwaltung die einer sorgfältigen Überlegung bedürftige Frage herantrat, was zu thun sei, um den Schaden nach Möglichkeit herabzumindern.

Zunächst wurde die Aufarbeitung der gebrochenen und ge= knickten Stämme in Angriff genommen, wobei des dichten Be= standesschlusses und der durch das Niederliegen der krumm gebo= genen Stangen entstandenen Unwegsamkeit wegen auch viele von diesen schwächeren, blos niedergebogenen Stangen mit weggenommen werden mußten. Es erfolgten dabei

447 Schock Wasen = 536,4 Festmeter
3 Malter Stöckerholz = 2,29 „
zusammen 538,69 Festmeter

und im Durchschnitt 13,47 Festmeter pro Hektar.

Die von dieser Hauung nicht berührten, sehr zahlreichen um= gebogenen, zum Theil mit den Wipfeln bis nahe zur Erde reichen= den Stämme blieben einstweilen in ihrem bogenförmigen Stande belassen, da indessen die Erwartung, daß sie sich späterhin noch einigermaßen wieder aufrichten würden, nicht in Erfüllung ging, so wurde im Winter 186¹/₂ zu ihrer Entwipfelung über den ganzen Bestand hin geschritten und damit zugleich eine Auspländerung verknüpft. In der Höhe von 3,5 bis 5 Meter über der Erde wurden die zum Stehenbleiben bestimmten krumm gebogenen schwa= chen Stämme, soweit sie nicht bei Ausführung der Arbeit von selbst wieder eine einigermaßen gerade Richtung annahmen, mittelst eines glatten, schrägen Beilhiebes abgehauen und die solchergestalt entwipfelten Buchen wurden, da sie immer noch eine stark zur Erde geneigte Richtung behielten, von den Waldarbeitern so viel als thunlich in die Höhe zu rütteln und gerader zu richten gesucht.

Bei dieser Hiebsoperation, welche im nächstfolgenden Winter 186²/₃ in einigen im Vorjahre einstweilen unangerührt gelassenen kleinen, noch jüngeren Bestandesparthien nachgeholt wurde, kamen im Jahre

186¹/₂   486 Schock Wasen = 583,80 Festmeter
186²/₃   53   „   „   =   63,90   „
_____
          zusammen 647,70 Festmeter

im Durchschnitt 16,19 Festmeter pro Hektar zur Nutzung.

Die entwipfelten, meist völlig zweiglosen Buchenstangen machten mit ganz geringen Ausnahmen Knospen und Triebe, welche sich am zahlreichsten aus dem jüngsten Holze mehr unterhalb des Abhiebes entwickelten und allmälig wieder einen kleinen Wipfel bildeten. Solche Wipfel blieben selbstverständlich gegen die in ihrem freieren Stande sich nun desto umfangreicher ausbildenden Kronen der nicht entwipfelten, weil nicht krumm gebogen gewesenen Stämme in der Ausbreitung sehr zurück, es wurde aber doch durch die vorgenommene Hiebsoperation ein allmäliges Wiedereintreten des Bestandesschlusses und damit die wünschenswerthe Integrität des Bodenschutzes erreicht.

Nach Verlauf einiger Jahre wurde eine neue Durchforstung des Bestandes nöthig, die im Winter 186⁷/₈ begonnen und allmälig mit Vorsicht bis zum Schlusse des Jahres 187³/₄ je nach Bedürfniß fortgeführt, innerhalb dieses Zeitraumes

2228,70 Festmeter Wasen oder Reisig
  74   „   Reidelholz (7 — 14 Centimeter im
_____Durchmesser)
2302,70 Festmeter zusammen ergab.

Da der Bestand am Schlusse des Jahres 187³/₄ 40 Jahre alt war, so hat die jährliche Durchschnittsnutzung an Vorerträgen auf das hohe Quantum von 2,2 Festmetern pro anno sich belaufen.

Der zur Zeit bis 15 m. hohe Bestand läßt in seiner Beschaffenheit kaum etwas zu wünschen übrig. Die einstmals entwipfelten Buchen, welche allerdings gegen die nicht entwipfelten um 3 bis 4 Meter in der Höhe und verhältnißmäßig noch weit mehr in der Stärke zurückgeblieben sind und theils durch eine Abweichung vom geraden Wuchse, theils durch einen noch nicht abgestoßenen trockenen, bis 0,4 Meter langen Stumpen an der Abhiebsstelle die stattge-

habte Entwipfelung noch beutlich erkennen laſſen, werden nach und
nach bei den kommenden Durchforſtungen entfernt werden, und der
Schneedruckſchaden, welcher ſeiner Zeit ſo höchſt bedeutſam erſchien,
kann jetzt als ſchon längſt überwunden und außerdem als nicht
weſentlich nachtheilig rückſichtlich des bisherigen und ſpäteren Zu=
wachſes reſp. Ertrages angeſehen werden.

Perſonalnachrichten
aus dem Großherzogthum Heſſen, 1876.

A. Sterbfälle.
  1) 1. Febr. Oberf. der Oberf. Dubenhofen Martin Fauſt=
     mann.
  2) 30. März Oberf. i. P. Carl Kullmann, Darmſtadt.
  3) 9. April Forſtm. i. P. Carl Frhr. v. Diemar, Darmſtadt.
  4) 12. „ Oberf. i. P. Wilhelm Leiß, Beſſungen.

B. Dienſtentlaſſung.
  8. Mai Oberf. der Oberf. Wahlen Carl Thum auf Nach=
     ſuchen (in Gräfl. Solms=Laubach'ſche Dienſte getreten).

C. Beförderung.
  17. März Hofjagdjunker und Oberf. der Oberf. Roberſtadt
     Ludwig v. Werner zum Kammerherrn.

D. Verſetzungen.
  1) 14. März Oberf. der Oberf. Beerfelden Philipp Hart=
     mann in die Oberf. Dubenhofen.
  2) 8. Juni Oberf. der Oberf. Jägersburg Karl Klipſtein
     in die Oberf. Trebur.
  3) eod. Oberf. der Oberf. Romrod Franz Stumpf in die
     Oberf. Wahlen.

E. Anſtellungen von Forſtacceſſiſten.
  1) 8. Juni Otto Jochem von Ruppertsburg, Oberf. der
     Oberf. Babenrod.
  2) 8. Juni Carl Weigand von Steinfurth, Oberf. der Oberf.
     Beerfelden.
  3) 8. Juni Ludw. Neuſchäffer von Lindenfels, Oberf. der
     Oberf. Jägersburg.

4) 8. Juni Friedrich **Pfannstiel** von Bessungen, Oberf. der Oberf. Gernsheim.

5) 8. Juni Wilhelm **Seyd** von Michelstadt, Oberf. der Oberf. Romrod.

6) 8. Juni August **Suppes** von Hopfmannsfeld. Oberf. der Oberf. Rimbach.

Jagdwesen.

1. Das Jagdjahr 1875.

Wenn wir lesen, daß Prinz von Wales bei dem Jagdausflug in Nepal, bei welchem nicht weniger als 800 Elephanten, 550 Kameele, 120 Pferde, 526 Kulis, 60 Ochsenwagen, 1000 Troß= knechte 2c. in Bewegung gesetzt wurden, 6 Tiger erlegte, daß der Premier von Nepal während seiner Jägerlaufbahn in den Jungeln daselbst 600 dieser Bestien getödtet hat und daß ein anderer Großer des Landes mit 550 ditos desgleichen gethan, da wird einem in der That der Muth benommen, Berichte zu schreiben über das Ergebniß von Hasen= und Hühnerjagden. Ich will aber nicht be= haupten, daß die Tiger allein der Grund dieser Entmuthigung sind, suche denselben vielmehr in der Befürchtung wenig Interesse zu finden für bescheidene Mittheilungen, denn ich glaube, wir dürfen uns nicht verhehlen, daß die in allen Genüssen hervor= tretende übertriebene Geschmacksrichtung auch anfängt, bei der Jagd= passion sich geltend zu machen. Massenhafte Ergebnisse in kürzester Zeit, das ist leider die Aufgabe bei der Abhaltung vieler Jagden geworden; wenn der Abschuß in dem einen Jahr ein günstiger ge= wesen ist, so soll das nächste Jahr noch viel mehr liefern, die armen Hasen sollen auf hundert Gänge noch Räder schlagen und die Büchse ist nichts mehr werth, wenn man damit nicht noch einen Hirsch von einem Berg auf den andern erlegen kann. Wo ist da zu finden der Sinn für die einfache unverdrossene Ausübung des Waidwerkes, welcher das Vergnügen der Jagd sucht und findet in der Pflege des Wildstandes in der Überlistung des Wildes, in dem Genuß der Natur, in der Aufregung beschwerlicher Pürschgänge, in der Führung guter Hunde und endlich in einer selbst verdienten bescheidenen Beute?

Sie vermuthen nach diesem Schmerzensschrei wohl, ich wolle eine Lanze brechen für den sogenannten ächten Jäger der guten alten Zeit, welcher seine Büchse einrosten läßt, weil er von der heutigen Jagd nichts hält, die ja gar nicht zu vergleichen ist mit der Zeit des hochseligen Herrn, oder gar des ganz Hochseligen; welcher niemals in dem Wirthshaus erscheint, ohne den Schweiß= hund am Riemen zu haben, indem er stets durch die merkwürdigsten Ursachen abgehalten ist, einen pressanten Gang zu machen, welcher vom Wasser — wenn es nicht gebrannt ist — stets Hustenanfälle bekommt, weil er dasselbe nicht einmal im Stiefel, geschweige denn in der Gurgel leiden kann; dessen einziges Verdienst darin besteht, seine Kneipgesellschaft mit den fabelhaftesten Jagdgeschichten so oft zu unterhalten, bis er die letzteren selbst glaubt.

Nein, meine Herren, diese sogenannten alten Jäger sind in der That auch meine Ideale nicht und ich habe ihrer nur in der Absicht gedacht, nicht mißverstanden zu werden, wenn ich die Ein= gangs erwähnte Art der Jägerei kritisire.

Das Streben nach massenhaftem Abschuß und die hierdurch bedingte Nothwendigkeit, übertriebene Wildstände zu etabliren und zu unterhalten, das sind aber doch ganz gewiß nicht die Bedin= gungen für ein wirkliches Jagdvergnügen. Unersättlichkeit, Unzu= friedenheit, Abspannung sind in der Regel die Folgen für den Jagdherrn und Untergang der Jagd ist häufig das Ende vom Lied, indem entweder schließlich die Kosten zu hohe werden, oder der Kampf mit der Kultur zur Umkehr zwingt; abgesehen davon, daß sich die Eigenschaften jeder Wildgattung bei vorhandenem Überstand in nachtheiligster Weise verändern. Wie viele herrliche Wildstände sind nur deßhalb untergegangen, weil der Geldbeutel des Jagd= herrn oder der Unwille der Bevölkerung die wirklich übersetzten Stände nicht mehr bestehen ließ, und die Folge war dann in der Regel eine radikale Vernichtung.

Ein Extrem folgt dem andern!

Wenn ich mir erlaubt habe, die angeregte Frage hier einer Besprechung zu unterziehen, während es meine Aufgabe ist, einen

Jagbbericht für das Jahr 75 zu schreiben, so muß ich zu meiner
Rechtfertigung erwähnen, daß gerade die mir vorliegenden Berichte
über das abgelaufene Jagdjahr Veranlassung dazu sind. Von der
Letzlinger Heide wird vom 15. November geschrieben, daß an zwei
Jagdtagen erlegt wurden: 9 Rothhirsche, 18 Stück Rothwild, 97
Schaufler, 189 Stück Damwild, 100 grobe und 148 geringe
Sauen.

Bei der Hofjagd in der Göhrde am 19. und 20. November
wurden geschossen: 41 Rothhirsche, 66 Thiere, 125 Sauen.

Bei der Königs=Wusterhausener Hofjagd: 5 Rothhirsche, 81
Schaufler, 99 Damthiere, 44 Sauen; die Hofjagd im Saupark
bei Springe im Hannöverischen am 3. und 4. Dezember ergab 11
Rothhirsche, 12 Stück Wild, 130 grobe und 80 geringe Sauen,
und in der Schorfhaide wurden in 1½ Stunden 63 Rothhirsche,
80 Stück Mutterwild, 8 Schaufler und 50 Stück Damwild zur
Strecke gebracht.

Aus Böhmen wird bedauert, daß der dießjährige Abschuß
denjenigen von 1874 mit 350,000 Hasen schwerlich ganz erreichen
werde, und ein Correspondent aus Mähren ist ganz zufrieden mit
den 900 Fasanenhahnen, welche bei Wessely erlegt wurden, fügt
aber bei, daß in dem Fürstenwald von Kremsier zahlreiche Fasanen=
ketten und junge Hasen durch Hagelschläge vernichtet worden seien,
weßhalb der Abschuß daselbst nur betragen habe: 116 Rehböcke,
1433 Hasen und 1116 Fasanen. Auch die Ergebnisse verschiedener
Hasenjagden in den Ebenen am Rhein und denjenigen bei Gotha
sind durch vierstellige Zahlen ausgedrückt.

Diesen pompösen Berichten gegenüber steht nun aber eine große
Anzahl solcher, deren wesentlicher Inhalt mit dieser oder jener
Variation in derselben Lamentationen besteht und zu demselben
Schlusse führt, daß es aus sei mit dem edlen Waidwerk, daß man
sich entschlossen habe, vollends abzuschießen, weil doch kein ordent=
licher Stand mehr gehalten werden könne, daß man es müde sei,
wegen einem Rehbock so und so oft zu laufen, und daß man lieber
seinen Hund abschaffen wolle, als sich wegen einiger lumpiger Hühner
tagelang abzuplagen 2c.

Diejenigen Mittheilungen, aus welchen sich entnehmen läßt,

daß man es versteht, einen Stand zu erziehen und zu erhalten, so gut es eben die Verhältnisse gestatten, und daß man das Vergnügen der Jagd wirklich in waidmännischer Jagdausübung sucht, sind leider am spärlichsten vertreten, während gerade das Streben nach solchen Zuständen und nach derartiger Jagdausübung den Jäger charakterisiren und demselben allein dauernde Befriedigung gewähren sollte.

Meiner langen Rede einzige Absicht soll daher nur die sein, dem Wunsche Ausdruck zu geben, daß die richtige Lust am frischen unverdrossenen Jagdbetrieb erhalten bleibe, wo sie noch vorhanden ist, und daß sie wieder erstehen möge, wo sie zu Falle gebracht wurde, sei es durch das eine oder das andere der besprochenen Extreme.

Wenn ich daher die Gründer extremer Jagdzustände, also die Jäger, oder besser gesagt, die Jagdliebhaber selbst als die wesentlichsten Feinde der Jagd anklage, und wenn ich die Ansicht ausspreche, daß gesunde Jagdverhältnisse in der Regel möglich sind, wo ein gesunder Sinn für die Jagd besteht, so muß ich die Bitte beifügen, daß mich Diejenigen, welche sich von meiner Kritik nicht getroffen fühlen, nicht mißverstehen.

Wie groß oft die Schwierigkeiten sind, mit welchen der gute Wille für Herstellung und Unterhaltung entsprechender Jagdzustände zu kämpfen hat, das weiß ich leider aus eigener Erfahrung sehr gut zu beurtheilen. Um so bedauerlicher ist es, auch bezüglich des abgelaufenen Jahres wieder von den widrigsten Verhältnissen unverschuldeter Art berichten zu müssen.

Zunächst haben sich leider die in meinem vorjährigen Berichte ausgesprochenen Befürchtungen wegen Beschädigungen der Wildbahnen im Gebirge durch die 74er Schneemassen in vollem Maße bewahrheitet und mag es — um mit Zahlen nicht zu ermüden — genügen, wenn ich beifüge, daß z. B. in dem Revier Oberammergau allein 446 Stück Hochwild, 382 Gemsen und 310 Rehe eingegangen gefunden worden sind.

Nicht in gleicher Weise ist der Winter 74 der niederen Jagd nachtheilig geworden, wo solche eine pflegliche Behandlung genießt. Gegen Erwarten sind bei rechtzeitiger und entsprechender Fütterung

viele Hühner durchgekommen, und es war der 75er Abschuß ein
recht befriedigender, obgleich die Suche erschwert war im September
durch die Hitze und mangelhafte Deckung und im Oktober durch
das ununterbrochene Regenwetter. Auch Hasen hat es mehr ge=
geben als man nach dem Verlust des entscheidenden ersten Satzes
hätte erwarten sollen.

Der Sommerpürschgang war durch die anhaltende Dürre
ebenso benachtheiligt als die Pürsche während der Hirschbrunst durch
unaufhörlichen Regen. Wohl wegen des letzteren Umstandes dauerte
auch die Brunst länger als gewöhnlich und will ich mit Bezug auf
die in der Wiener Jagdzeitung angeregte Frage, ob überhaupt eine
Brunst zu außergewöhnlicher Zeit bei hirschartigen Thieren vor=
kommt, hier bemerken, daß in der Zeit vom 8. bis 15. Januar
v. J. auf einer unserer Fütterungen ein Edelhirsch von 8 Enden
regelmäßig jeden Abend längere Zeit und aus vollem Halse ge=
schrieen hat, ein altes Geltthier forcirend. Außerdem wurden vor
einigen Jahren in den ersten Tagen des Septembers von einem
unserer Jäger, welcher beauftragt war, ein Geltthier zu schießen,
das auffallend starke Kopfthier von einem Rudel erlegt, welches
ein vollständig ausgebildetes Hirschkalb im Leibe hatte. Vereinzeltes
Schreien von Hirschen sowohl vor der Brunst im Anfange des
August, als auch im Laufe des Winters, habe ich oft gehört und
auch ungewöhnlich geringe Kälber im Spätherbst häufig gesehen.

Der Winter war womöglich noch strenger als sein Vorgänger
und hat wieder zahlreiche Opfer gefordert, insbesondere durch den
anhaltenden und tiefen Schnee, welcher den auf das zweite Extrem
hinarbeitenden geschäftsmäßigen Jagdschindern ihr Handwerk sehr
erleichterte. Konnte sich doch selbst die Jägerei einer benachbarten
Herrschaft, obgleich dort von dem hohen Jagdherrn die konserva=
tivste Jagdbehandlung anbefohlen ist, nicht enthalten in der schlech=
testen Zeit bei einer Hasenjagd 3 starke Hirsche zu erlegen, welche
bei tiefem Schnee ihre Zuflucht in kleine Vorhölzer genommen
hatten.

Mit größter Befriedigung kann ich andererseits melden, welch
günstige Erfolge in gepflegten und gut behandelten Revieren da=
durch erzielt wurden, daß die Wildfütterungen zu rechter Zeit und

in ausgiebigster Weise bethätigt worden sind. Es hat sich in diesem strengen Winter wieder bestätigt, daß bei derartig pfleglicher Behandlung heftige Kälte und Schnee weniger ungünstig für die Wildstände sind als nasse Winter.

Sehr willkommen war der Eintritt der lang ersehnten, an vielen Orten sehr reichlichen Eichelmast. Auch da wo dieselbe nicht erschienen ist — weil bekanntlich auf Kiefern und Fichten keine Eicheln wachsen — konnte man bei einem Lieferungspreis der letzteren von 2—4 Mark per Centner ein billiges und vortreffliches Winterfutter für Roth-, Dam- und Schwarzwild beschaffen.

Zum Schlusse des Jagdjahres hat demselben das, unserem Eingangs erwähnten Jäger der guten alten Zeit so unangenehme Element — das Wasser — einen bösen Streich gespielt. Die unaufhörlichen Regengüsse in der zweiten Hälfte des Februar und im Anfang des März sind für viele schöne Jagden in den Niederungen zur Sündfluth geworden. Rehe, Hasen, Fasanen und Hühner sind bei den plötzlich eintretenden und ganz ungewöhnlich ausgedehnten Hochwassern massenhaft ertrunken, und es ist merkwürdig, daß diese Wildgattungen in der Regel ihrer Heimathsliebe zum Opfer werden, sobald der Bezirk ihres gewohnten Aufenthaltes vollständig unter Wasser geht, indem sie sich von einer Erhöhung auf die andere zu retten suchen, schließlich aber häufig in das Wasser einfallen, unter welchem sich ihr Lieblingsaufenthalt befindet, ohne den Versuch zu machen, nach den entfernten Ufern zu streichen oder zu schwimmen.

Hoffen wir, daß recht gute Jahre folgen, um die erlittenen Verluste wieder zu ersetzen und damit für diesmal genug.

Sollte ich einem geehrten Jagdcollegen auf den Fuß getreten haben, so steht der Meinige dagegen zu Diensten.

Hirschtalg heilt vortrefflich. — Weidmanns Heil.   P.

---

2. Ein profitlicher Jagdpächter.

Die Karlsruher Zeitung brachte einen Bericht über einen sehr ergötzlichen Jagdprozeß, der am 6. b. M. bei dem Hofgerichte in Mannheim in zweiter Instanz verhandelt wurde. Ein Jagdpächter,

deſſen Pachtvertrag am 31. Januar abgelaufen war, theilte nach
einigen Tagen dem Jagbauffeher mit, er habe am 1. Februar,
also nach Umlauf der Pachtzeit, nicht nur noch zwei Haſen geſchoſſen, ſondern auch noch 6 trächtige Häſinnen angeſchoſſen. Obgleich er ſich mit dieſem Jägerlatein nur einen Scherz gegen den
ihm zuweilen läſtig gewordenen Auffeher erlaubt hatte, wurde doch
auf die Ausſage des Letzteren ein Prozeß angeſtrengt, in welchem
ein Schadenerſatz von 270 Mark von dem früheren Pächter begehrt wurde. Er ſollte nicht nur für die zwei Haſen und die 6
Häſinnen, ſondern auch für deren in Ausſicht geſtandene Nach-
kommenſchaft, zuſammen auf 90 Stück zu je 3 Mark veranſchlagt,
Erſatz leiſten. Der Beklagte wurde zum Erſatze des Werthes von
zwei Haſen mit 6 Mark und zu $\frac{1}{46}$ der Koſten des erſten Rechts-
zuges verurtheilt, da er das Erlegen dieſer zwei Haſen ſelbſt zu-
geſtanden habe. Mit der übrigen Profitrechnung aber wurde der
Kläger abgewieſen, weil der Beweis, daß außer den zugeſtandener-
maßen erlegten zwei Haſen vom Beklagten noch weitere ſechs am
gleichen Tage angeſchoſſen worden, wie jene beiden trächtig geweſen und in Folge des Anſchießens ſämmtlich verendet ſeien, als
gänzlich mißlungen betrachtet wurde. Es konnte nämlich der von
dem betreffenden Feldhüter beſtätigten Außerung, welche Beklagter
nach viertelſtündigem Jagen in Bezug auf das Anſchießen der
ſechs Häſinnen gethan, nach den Umſtänden, unter welchen ſie ge-
ſchah, und bei der offenbaren Unglaubwürdigkeit des größten Theiles
ihres Inhaltes, welche man als Jägerlatein bezeichnet, keine Beweiskraft beigelegt werden.

Donaueſchingen, März 1876.   **Roth.**

Literariſche Berichte.

№ 24.

Anſichten über die Bewirthſchaftung der Privatforſten.
von Ernſt Wieſe, akademiſcher Forſtmeiſter in Greifswald.
(3. und 4. Heft der forſtwiſſenſchaftlichen Bibliothek.) Leipzig,
1874. E. Schotte und Voigt. Preis 3 Mark.

In Erwägung, daß die Privatwaldungen in verschiedenen deutschen Staaten sehr beträchtliche Flächen, in Preußen z. B. über die Hälfte, in Württemberg ca. den dritten Theil des gesammten Waldgeländes einnehmen, daß ferner die Privatforste in gar mancher Beziehung anders bewirthschaftet werden können, als die Waldungen des Staates und der Corporationen, mag schon eine Schrift, welche speciell die Privatforste behandelt, als gerechtfertigt erscheinen. Von diesem Gesichtspunkte aus betrachtet, hätte wohl die vorliegende Wiese'sche Schrift eine freundliche Aufnahme finden, eine vielleicht vorhandene Lücke in der Literatur ausfüllen können; leider wird sie aber ihren Zweck nicht erfüllen und weder den Fachmann noch den Waldbesitzer befriedigen.

Wir haben das Buch von Seite zu Seite, wenn auch theilweise mit großer Überwindung gelesen. Wir hätten uns über dasselbe so gerne ein günstiges Urtheil gebildet, weil in neuerer Zeit, wo so viele Bücher auf „Bestellung" geschrieben werden, so wenig Gutes die Presse verlassen hat; — aber wir mußten „die Ansichten über die Bewirthschaftung der Privatwaldungen" verstimmt und unbefriedigt bei Seite legen, um vielleicht nie mehr einen Blick in dieselben zu werfen.

Das Buch ist eben in Bezug auf Form und Materie durchaus nicht abgerundet, es enthält nicht die Hauptlehren der Privatwirthschaft im logischen Zusammenhang und in gedrängter, klarer Darstellungsweise, es ist viel zu reich an Reflexionen und enthält viel zu wenig packende, positive Vorschläge, es ist ein mixtum compositum, durch welches sich nur der Fachmann, nicht aber der Anfänger und der Privatwaldbesitzer mühsam hindurch windet, es ist für die neue forstwissenschaftliche Bibliothek keine Zierde.

Das Buch ist schon in der Anlage in zweifacher Beziehung verfehlt. Einmal beschäftigt es sich vorzüglich nur mit den mittleren Privatwaldungen, welche zu klein sind, einen „Oberförster" (wohl besser Verwaltungsbeamten) zu beschäftigen; es schließt die größeren und kleineren Privatforste aus. Sodann behandelt es nur einen Theil der Privatforstwirthschaft; die Forstbotanik, der Waldbau, der Forstschutz und die Forstbenutzung sind ausgeschlossen. Die

Weglassung gerade dieser für den Privatwaldbesitzer so wichtigen Disciplinen scheint uns durch die Bemerkung, die Productionslehre weiche in der Privatforstverwaltung nicht wesentlich von derjenigen der Staatsforste ab, nicht hinreichend begründet, denn gerade hier scheint es oft am Platze, andere Holzarten, andere Formen des Waldbaues, der Benutzung und des Waldschutzes als im Staats= wald eintreten zu lassen.

Trotzdem das Buch 222 Seiten umfaßt, bewegt es sich nur in einem engen Rahmen, denn es behandelt in 5 Abschnitten nur Gegenstände

1. aus der Forststatistik,
2. aus der Betriebslehre,
3. aus der Forstabschätzung,
4. aus der Bewirthschaftung der Forsten nach der Forst= abschätzung und
5. aus der Verwaltungskunde.

Nach unserer Ansicht hätte der Verfasser die Abschnitte 2, 3 und 4 zusammenfassen können, denn in Abschnitt 4 findet sich noch mehr aus der Betriebslehre, als im 2. Abschnitte.

Der statistische Abschnitt (Seite 1—15) bringt nur einiges spärliche Material aus der Forststatistik Preußens, daß es dem Privatwaldbesitzer von hohem Interesse sein muß zu erfahren, wie es in dieser Beziehung in anderen Staaten des deutschen Reiches aussieht, daran hat der Verfasser wohl nicht gedacht. Überhaupt scheinen demselben die forstlichen Zustände anderer deutschen Staaten wenig bekannt zu sein, denn er übergeht sie mit Stillschweigen. Wenn Herr Wiese Seite 17 die Thatsache, daß die Pfeil'sche „Forstwirthschaft nach praktischer Ansicht" 5 Auflagen erlebte, damit zu erklären sucht, daß damals ein gutes Lehrbuch für Förster fehlte, so übersieht er, daß das klassische „Lehrbuch für Förster von G. L. Hartig" damals schon längst bestand und in einer weit größeren Anzahl Auflagen erschienen war. Wenn Seite 18 weiter bemerkt wird, die Bearbeitung der Forstwirthschaftslehre verfolge den doppelten Zweck, den Waldbesitzer zu belehren und zur Wirth= schaftseinrichtung und Wirthschaftsführung in diesen Forsten an= zuleiten, so hätte er eben keine „Ansichten" über Privatforst=

wirthschaft entwickeln, sondern eine Anleitung zu derselben schreiben sollen.

Der II. Abschnitt liefert dürftige Bruchstücke aus der Betriebs=lehre mit einer Menge Wiederholungen, die sich nur daraus er=klären lassen, daß eben dem Buch ein gutes System fehlt. Eine Reihe von Seiten werden erfordert, um klar zu machen, daß es einen strengsten, strengen und aussetzenden Betrieb gibt. In welcher Einfachheit findet sich diese Lehre z. B. in K. Heyer's Waldertrags=regelung abgehandelt! Daß sich (Seite 28) das Materialkapital jährlich um eine unbekannte Größe vermehren, und sich mit dem=selben zu einem weiteren unbekannten Ganzen vereinigen soll, scheint uns ebenso fraglich, als die weitere Bemerkung am gleichen Orte: „der Forstmann tappe daher im Dunkeln bei Erhebung der nach=haltigen Nutzung aus seinem Forste". Wäre der Verfasser hier im Rechte, dann stünde allerdings die Taxationswissenschaft auf bedenklich schwachen Füßen. Nach Seite 29 soll die Plenterwirth=schaft keine „nachhaltige" Wirthschaftsform sein und doch bestehen im deutschen Reiche eine Menge Plenterwaldungen mit nachhaltigem Betriebe. Am gleichen Orte wird behauptet, die Wissenschaft stelle den Satz auf: „nur derjenige wirthschafte nachhaltig, der nicht mehr nutze, als zuwachse". Für normale Waldungen ist das aller=dings richtig, aber für abnorme Waldungen, und diese bilden die Regel, lehrt die Wissenschaft, daß man unter Umständen mehr oder weniger als den jährlichen Zuwachs nutzen kann, gerade um künftig nachhaltig gleiche Nutzungen zu erzielen. Seite 38, und dann wieder Seite 40 und 41 bekommt man wiederholt klar ge=macht, was vorher schon mehrmals zu lesen ist, daß die mittleren Forste zu klein seien, um eine selbstständige Verwaltung zu bilden, es fehle der Forstmann, der Wirthschaftspläne machen und auch durchführen könne. Solche ewigen Wiederholungen wirken auf den Leser ungemein einschläfernd.

Der III. Abschnitt „Aus der Forstabschätzung" enthält alle möglichen Dinge aus der Taxation, ebenso ungeordnet, als für den Privatwaldbesitzer unverständlich. Der Verfasser äußert hier die Ansicht, für mittlere Forste genüge eine reine Flächentheilung mit periodischer Altersklassenbildung, er verzichtet daher auch auf eine eigentliche Etatsberechnung und schweigt ganz über die Lehre der Holzmassenaufnahmen und Zuwachsermittelung, welche für viele Waldbesitzer so erwünscht ist, im Falle sie wissen wollen, wie viel Holz in irgend einem Bestande stockt. „Welche Mühen, welche Sorgfalt erfordert die Holzmassenaufnahme in einem Forste, wenn sie genau sein soll und dennoch ist der Jahreszuwachs noch nicht bekannt" (Seite 45), das ist der beschränkte Standpunkt des Verfassers, den die Fortschritte der Holzmeßkunde wenig befriedigen, weil er sie offenbar zu wenig verfolgt hat. Nach Seite 46 kennt der Verfasser nur das combinirte Fachwerk, die Ausdrücke Flächen- und Massenfachwerk müssen ihm unbekannt sein, weil er sagt, die Flächen- und Holztheilung habe zur „Fachwerksmethode" geführt.

Seite 48 ergeht sich der Verfasser in einer historischen Entwicklung, welche er öfter, aber selten am rechten Platz liebt. Er kommt dabei auch auf das Hundeshagen'sche Nutzungsprocent, ohne dasselbe irgend zu erklären und ohne später auf dasselbe zurückzukommen. Welchen Werth sollen darum solche Einflechtungen für Privatwaldbesitzer haben?

Nach Seite 52 sollen mehrere Jahresschläge deßhalb zusammengefaßt werden, um Vorgriffe oder Ersparungen zu machen, während doch in erster Linie die natürliche Verjüngung der Holzbestände diese Vereinigung fordert. Auch soll diese Maßregel stets zu aussetzendem Betrieb führen!

Nach Seite 59 soll der Wirthschaftsplan in den Staatsforsten (welcher?) niemals von dem Revierverwalter, sondern vorzugsweise von der Forstverwaltung entworfen und festgestellt werden. Seite 60 nennt der Verfasser Hauptnutzungen solche, welche die Holzpflanzen liefern, Forstnebennutzungen aber diejenigen, welche der Wald noch neben der Holzpflanze liefert. Hiernach wären Harz, Laub, Nadeln, Samen, Knoppern u. s. w. zu den Hauptnutzungen zu rechnen! Der §. 19 soll „von der Erhebung der Hauptnutzungen" handeln, doch fehlt jede Anleitung, wie diese Erhebung stattfinden soll. Nach Seite 66 soll der Hochwaldbetrieb mit hohem Umtrieb das m e i s t e Holz erzeugen, während bekanntlich in der Lebensperiode des Bestandes die größte Holzmasse erzeugt wird, in welcher laufend jährlicher und Durchschnittszuwachs zusammenfallen.

Weiter glaubt der Verfasser (Seite 67), daß die Forststatistik Winke genug biete, wie die Preßler'sche Frage des Waldbaues vom höchsten Reinertrage zu lösen sei. Überhaupt steht die Forststatistik beim Verfasser in hoher Gnade, leider wird dieselbe aber öfter mit „Forststatik" verwechselt. Seite 90 steht öfters Vierecksform statt Quadrat, wie es überhaupt in einem neuen Werk störend ist, wenn bald das neue, bald das alte Maß gebraucht wird. Seite 92 gebraucht der Verfasser das Wort „Block" während hierfür besser das in der Wissenschaft längst adoptirte Wort „Betriebsklasse" gewählt würde. Weiter wird Seite 94 die Ansicht ausgesprochen, daß Kiefer und Fichte noch auf Boden gebeihen, auf dem keine andere Holzarten den Anbau noch lohnen!

Mitten in der Taxationslehre kommt der Verfasser plötzlich (§. 31) auf die reinen und gemischten Bestände, sowie auf die Erziehung der gemischten Bestände; — man traut seinen Augen kaum, bei solchen gewaltigen Sprüngen! Es wird hier die bedenkliche Ansicht ausgesprochen, daß bei Bestandesmischungen der künstlichen Verjüngung stets der Vorzug einzuräumen sei. Als forstliche Betriebsarten werden von dem Verfasser nur der Hoch-, Nieder- und Mittelwald aufgeführt (Seite 110); man sollte denken für Privatwaldbesitzer hätte auch der Kopf- und Schneidelholzbetrieb, sowie der Waldfeldbau Interesse. Seite 111 und 112 behauptet der Verfasser vom Plenterwald wahrhaft ungeheuerliches. „Die Plenterwirthschaft ist diejenige Benutzungsart des Waldes und daher die erste, wenn auch nur rohe Betriebsart, die, weil sie einen Umtrieb noch nicht kennt, weder eine haushälterische Benutzung des Vorhandenen — des Materialkapitals — noch einen fürsorglichen Wiederersatz des Verbrauchten versucht". Deßhalb soll auch (Seite 112) der Plenterwald den Namen einer Betriebsart gar nicht verdienen! Der Ansicht, der Niederwald gedeihe nur auf mineralisch kräftigem Boden (Seite 115), widersprechen die schönen Eichenniederwaldungen auf dem mageren bunten Sandstein des Odenwaldes. Man lasse dem Niederwalde nur seine Streudecke und die Erträge werden bei guter Pflege eher steigen als sinken. (Oberförsterei Hirschhorn im Odenwald). Wenn der Verfasser der Meinung ist, die Samenschläge seien ein Wahrzeichen extensiver Wirthschaftsführung (Seite 125), so ist das entschieden unrichtig, die höchst intensive Buchen= und Tannenwirthschaft spricht dagegen. Nach Seite 136 soll der Hochwald nur Haupt= und Zwischennutzungen liefern. Liefert der Hochwald keine Früchte und Samen, kein Harz und ist (Seite 138) die Behauptung richtig, der Plenterwald kenne das Bedürfniß einer geordneten Wirthschaft nicht? Wenn doch der seelige Oberförster Lauprecht noch lebte! Ebenso unrichtig ist die Bemerkung (Seite 144), die Durchforstungen bildeten, als wirkliche Culturmaßregel, bis jetzt noch eine Aus= nahme. Endlich kommt der Verfasser in seinem taxatorischen Ab= schnitt auch noch auf den Eichenschälwald und Weidenniederwald zu sprechen, damit doch das Durcheinander nichts zu wünschen übrig läßt.

Der vierte Abschnitt handelt von der Bewirthschaftung der Forsten nach der Forstabschätzung und wäre besser mit der Betriebs= lehre und Taxation zusammengeworfen werden. Auch hier finden wir mehr Ansichten als positive Vorschläge. Nach Seite 156 soll der generelle Hauungsplan nur 5—10 Jahre umfassen und Seite 159 werden die Abtriebsschläge uur in Kahlschläge und Plenter= schläge eingetheilt, während man bekanntlich Kahlschlag=, Femel= schlag= und Femelbetrieb unterscheidet. Seite 163 wird die Kiefer als die bei weitem wichtigste, weil verbreitetste, Holzgattung hin= gestellt. Überhaupt handelt dieser Abschnitt vorzüglich nur von den Durchforstungen, den Waldwächtern, dem Aufasten und dem Hauungs= und Culturplan.

Der Schluß des Werkes enthält unvollständige Bruchstücke aus der Forstverwaltungskunde. So soll z. B. §. 60 von der Aus= bildung der Forstbeamten handeln, während er sich thatsächlich fast ausschließlich mit K. preuß. Feldjägern zu Fuß und zu Pferd beschäftigt. In §. 62 (Fortbildung der Beamten) werden dem Privatwaldbesitzer einige Bücher empfohlen und es macht einen komischen Eindruck, wenn der Verfasser aus der forstwissenschaftlichen Bibliothek schon die Erzeugungslehre empfiehlt, obgleich dieselbe noch gar nicht erschienen ist! Wäre es nicht besser gewesen, dem Anfänger und Nichttechniker C. Fischbach's Forstwissenschaft oder

H. Landolt's treffliches Werkchen: „Der Wald, seine Verjüngung, Pflege und Benutzung" zu empfehlen.

Der Satz (Seite 203), daß man durch Verminderung der Schaffungskosten die Reineinnahme erhöhe, ist nur unter der Voraussetzung richtig, als nach wie vor die nutzbaren Produkte in gleicher Menge und Güte producirt werden. Der §. 65 handelt von der Gewinnung des Holzes, §. 66 vom Verkauf desselben, §. 67 vom Entwurf einer Holztaxe und erst §. 68 von der Fällung des Holzes. Wäre nicht hier eine Abhandlung in umgekehrter Reihenfolge am Platz gewesen? Was Seite 219 über die Beförderung des Baumrodens durch Maschinen gesagt ist, hätte gerade so gut wegbleiben können. Hätte der Verfasser doch wenigstens auf die Literatur der Rodewerkzeuge und -Maschinen hingewiesen, so aber beschränkt er sich auf die falsche Bemerkung, der Waldteufel sei eine liegende Hebelade in Verbindung mit Seil und Flaschenzug.

Diese wenigen Bemerkungen mögen genügen, um den geneigten Leser einigermaßen in die Geheimnisse der „Ansichten über die Bewirthschaftung der Privatforste" einzuweihen. Es wäre ein Leichtes gewesen, noch eine Menge andere Anstoß erregende Aeußerungen und Unrichtigkeiten an das Tageslicht zu ziehen, wir verzichten darauf aber um so mehr, als wir uns mit dem Buche schon länger beschäftigt haben, als man einem solchen literarischen Erzeugnisse gegenüber billiger Weise verlangen kann.

№ 25.

Holzhandel und Holzindustrie der Ostseeländer. Ergebnisse einer Studienreise nach den deutschen und russischen Ostseeprovinzen, Schweden, Dänemark und Hamburg; im Auftrage des k. k. österr. Ackerbau-Ministeriums veröffentlicht für Holzhändler und Forstleute, Volkswirthe und Techniker von Dr. Gustav Marchet und Regierungsrath Dr. W. F. Exner, Professoren an der k. k. Hochschule für Bodenkultur in Wien. Mit einem Atlas. Weimar, Voigt. 8°. 119 S. Preis M. 7.50.

Ein Volkswirth und ein Technologe legen weiteren Kreisen die Ergebnisse einer Studienreise vor, welche sie gemeinschaftlich in

die um die Ostsee gelegenen Ländern unternommen haben. Em=
pfehlungsbriefe der höchsten Behörden ihres Heimatstaates öffneten
den Verfassern Thüren, vor denen umzukehren andere Sterbliche
durch die bekannte Aufschrift „verbotener Eingang" nur zu oft
gezwungen werden. Die Zuvorkommenheit der in den Haupt=
handelsplätzen thätigen österreichischen Konsuln deren Geschäfts= und
Handelskenntnisse, ausgedehnte Bekanntschaft und engere Beziehungen
zu den Haupthandelsfirmen trugen wesentlich zur Förderung der
Absichten und Zwecke unserer Reisenden bei. Daneben versäumten
dieselben nicht, womöglich aus amtlichen Quellen genaue Zahlen=
nachweise über den Holzhandel der einzelnen Plätze sich zu ver=
schaffen, um dadurch ihrem Urtheil eine feste Unterlage und ihren
unmittelbaren Wahrnehmungen oder durch Dritte erhaltenen Mit=
theilungen sichere Anhaltspunkte hinsichtlich der Richtigkeit und
Zuverlässigkeit zu geben.

Dabei schiebt sich in der Darstellung das beiderseitige Beob=
achtungsfeld so über= und durcheinander, daß „man bei der Lektüre
des Buches häufig nicht unterscheiden kann, von welchem der beiden
Verfasser die eine oder andere Bemerkung herrührt." Der Zweck
dieser innigen Verbindung, nämlich Fernhalten von „technischem
Dilettantismus", wie er sich gern in rein volkswirthschaftliche
Schriften einschleicht, und andererseits „völliges Ignoriren der
volkswirthschaftlichen Beziehungen", wie es in technologischen Schrif=
ten sehr oft bemerklich ist, dieser Zweck ist nach unserer Ansicht
vollkommen erreicht und wir können die Herren Verfasser zu der
mit viel Geschick gelösten Aufgabe nur beglückwünschen. Dieselben
werden es uns aber hoffentlich nicht verübeln, wenn wir zu dem
Volkswirth und Technologen als Dritten im Bunde und zwar ge=
rade mitten zwischen beide hinein einen Forstwirth gestellt wünschten,
der das Holz, vom Volkswirth aus fernen Gegenden aufgekauft
und zu Wasser und zu Land verfrachtet, mit fachmännischem und
insbesondere vergleichendem Forscherblick gemustert hätte, ehe es der
Technologe mit Säge und Hobelmaschine verarbeitete und aber=
mals in die Hände des Volkswirths zum Versandt in ferne Länder
überlieferte. Dem Forstmann wäre dann noch die weitere Auf=
gabe zugefallen, während der Volkswirth auf dem statistischen

Bureau seine Zahlenberge auftrug und der Technologe all die schiedenen Werkstätten besuchte, einige der erreichbaren Waldkomplexe zu besuchen und soweit es möglich, Einblick in die Wirthschaft der Besitzer sich zu verschaffen. Dadurch wäre das Bild, das uns die Herren Verf. von den verschiedenen Ländern gezeichnet, wesentlich vervollständigt, insbesondere wäre der Hintergrund, in dem bald ungeheure Waldmassen in tiefem Grün auftauchen, bald etwas lichtere Stellen eine ausgedehnte Waldrodung anzeigen, mit etwas mehr forstlichem Detail ausgestattet worden.

Begleiten wir nun unsere beiden Reisenden auf ihrer inter=
essanten Wanderung.

Stettin ist der Haupthandelsplatz für Eichenholz, der theils aus der Nähe, überwiegend aber aus Russisch=Polen, Volhynien und Galizien bezogen wird. Als Hauptweg dient die Weichsel, auf der das Holz bis an den Bromberger Kanal durch Zwischen=
händler geliefert, an Stettiner Holzhändler verkauft und von Letz=
teren durch die Netze in die Oder verfrachtet wird.

Ungleich bedeutender als Stettin ist Danzig, das Fichtenholz aus Oesterreich und Polen fast ausschließlich auf der Weichsel be=
zieht und nach dessen Verarbeitung zu Balken, Brettern, Mauer=
latten ꝛc. nach England, Frankreich, Belgien und Holland versendet. Unter Fichte wird Fichte und Kiefer verstanden, während in Stettin unter Fichte diese selbst und Weißtanne begriffen wird.

Königsberg ist für den Holzhandel von geringer Bedeutung, dagegen bildet dieser die Hauptbeschäftigung der Kaufmannschaft in Memel. Eichen= und insbesondere Fichtenholz kommt auf dem Niemen aus Rußland (Volhynien, Grodno, Minsk) und wird nach weiterer Zurichtung an die obengenannten Länder verkauft.

Über die forstlichen Verhältnisse Rußlands gibt zunächst eine Einleitung Aufschluß. Die an die Ostsee stoßenden Landstriche sind schon vielfach von Wald entblöst, der Hauptreichthum stockt in den östlichen und nordöstlichen Gouvernements Perm, Wologda, Olo=
netz, Archangelsk. Die Abnutzung geschieht meist dadurch, daß in den Staatswaldungen das Abstockungsrecht im Lizitationswege ver=
geben wird; der Einfluß des Forstpersonals ist dabei verschwindend gering und das Verfahren höchst unwirthschaftlich. Die Ausfuhr

aus Rußland geschieht zu Land, auf dem schwarzen, weißen und baltischen Meere; letzteres überragt an Wichtigkeit alle andere, obgleich nicht zu zweifeln ist, daß die Ausfuhr auf dem weißen Meere in Zukunft ungeahnte Dimensionen annehmen wird.

Den ersten Rang unter den Hafenplätzen nimmt Riga ein, das insbesondere Fichtenholz in allen Arten von Verarbeitung nach England, Frankreich, Holland, Belgien, Preußen, Deutschland (letz= teres eine von dem Verf. beliebte, jedoch schwer verständliche Unter= scheidung!) ausführt. **Aus Archangelsk** geht Holz nur nach **Eng= land** und **Frankreich.**

Schwedens Holzausfuhr übersteigt an Umfang diejenige aller anderen Länder um das Vielfache. Bei der langen Dauer desselben ist es nicht zu verwundern, wenn im Süden die Wälder schon sehr gelichtet sind und immer mehr die Komplexe der nördlichen Pro= vinzen zur Ausnutzung herangezogen werden. Diese selbst wird in der Regel an Private auf eine Reihe von Jahren verpachtet, wobei der Pächter gehalten ist, Wege, Riesen, Dämme, Straßen ꝛc. in den Waldungen auf eigene Kosten zu bauen und dieselben nach Ablauf der Pachtfrist ohne weitere Entschädigung an den Staat zu übergeben. Charakteristisch für Schweden ist, daß die Ausfuhr hauptsächlich in weit verarbeiteten Holzwaaren besteht. Neben Balken, Sparren, Stäben, Brettern, Planken, Bau= und Zimmer= holz werden außer den bekannten, aus Aspenholz gefertigten Zünd= hölzchen, die Erzeugnisse der Bautischlerei, meist aus Gothenburg, in die fernsten Länder (Algier, Egypten, Australien, Brasilien ꝛc.) verschifft.

Dänemark ist insbesondere wegen der unübertroffenen Möbel= Industrie, wie sie in Kopenhagen blüht, zu erwähnen.

Hamburg endlich erhält als erster Handelsplatz für außer= europäische Hölzer eine eingehende Beachtung. Die verschiedenen ausländischen Hölzer werden nach Bezugsort, Qualität, Verwend= barkeit, Art des An= und Verkaufs einer Darstellung unterworfen, wie sie in gleicher Vollständigkeit und dabei Kürze uns noch nicht begegnet ist.

Alle die Verhältnisse, die wir an dem Leser nur in Eile vorüberführen konnten, sind mit Sachkunde genau erörtert, durch umfaſſende ſtatiſtiſche Nachweiſe erhärtet *. Für Beurtheilung der Handelsverhältniſſe ſind Preisnotirungen, Angaben über Fracht=ſätze und ſonſtige Transportkoſten in reicher Fülle beigegeben. Die an den einzelnen Orten eingerichteten holzverarbeitenden Unter=nehmungen ſind bis in's Einzelne genau geſchildert, die Maſchinen mit kundiger Feder beſchrieben, die Produkte einzeln namhaft ge=macht und wenn nöthig, durch Zeichnung erläutert. Dies Alles geſchieht nicht in trockener, durch öftere Wiederholung ermüdenden Darſtellung, ſondern in abwechſelnder, das Intereſſe des Leſers durch eingeſtreute allgemeine Bemerkungen und Nutzanwendungen rege erhaltender Schreibweiſe.

In einem „Schlußwort“ ſind die Ergebniſſe kurz zuſammen=gefaßt, die Länder mit Ein= und Ausfuhr überſichtlich aufgeführt, dabei insbeſondere betont, daß das Holz, allerdings in verarbei=tetem Zuſtande, Objekt des Welthandels geworden ſei. Endlich werden internationale Vereinbarungen über Dimenſionen, Meſſung, Benennung und einheitlichen Frachtſatz für Holz als bringend ge=boten erachtet und ein Hinwirken hierauf den betheiligten Kreiſen empfohlen.

Wenn ſchließlich beklagt wird, daß die Lehre vom Handel und Transport des Holzes beim forſtlichen Unterrichte faſt ganz ver=nachläſſigt werde, ſo haben die Herren Verfaſſer gewiß mit vollem Recht auf eine empfindliche und von den verſchiedenen Waldbeſitzern ſicher genügend empfundene Lücke im forſtlichen Unterricht auf=merkſam gemacht. Die weitere Forderung aber, daß die ſpezielle mechaniſche und chemiſche Technologie des Holzes „integrirender Beſtandtheil des Lehrſtoffs“ werde, mag für die forſtlichen Zu=ſtände Öſterreichs und mancher anderer Länder gerechtfertigt ſein, in Deutſchland dagegen (incl. Preußen!) iſt in Folge der hier

---

* Dieſe ſind meiſt auf Einſchlagtabellen gedruckt. Wir wiſſen die Vor=theile dieſer Methode wohl zu ſchätzen. Allein ein großer Theil derſelben wird illuſoriſch, wenn die Einſchläge zu groß werden, wie beiſpielsweiſe Tab. XVIII. Wenn Horizontal= und Vertikalſpalten ſich nicht mit einem Blick überſehen laſſen, iſt insbeſondere bei engem Druck das Leſen der Tabelle ungemein erſchwert, wodurch ſich Manche von dem ohnehin wenig beliebten Studium derſelben leicht abſchrecken laſſen.

üblichen Absatz- und Verwerthungsweise des Holzes eingehende Bekanntschaft mit diesen Zweigen der Technik dem Forstwirth nicht mehr unbedingt nöthig.

Mit Befriedigung legen wir das Buch aus der Hand und wünschen ihm die weiteste Verbreitung; jeder der Kreise, an die es sich auf dem Titelblatt wendet, wird Nutzen aus ihm ziehen können.

Hohenheim.   Dr. Bühler.

№ 25.

Die Pflanzenfeinde aus der Klasse der Insekten. Ein nach Pflanzenfamilien geordnetes Handbuch sämmtlicher auf den einheimischen Pflanzen bisher beobachteten Insekten, zum Gebrauche für Entomologen, Insektensammler, Botaniker, Land- und Forstwirthe und Gartenfreunde, von J. H. Kaltenbach. Mit 402 charakteristischen Holzschnitt-Illustrationen der wichtigsten Pflanzenfamilien. Stuttgart. Julius Hoffmann. (K. Thienemann's Verlag.) 1874. Preis 12 Mark.

Der Verfasser dieses 848 Seiten umfassenden Buches hat sich die Aufgabe gestellt, sämmtliche Insekten, welche auf der gesammten deutschen Flora vorkommen, zu schildern. Wegen des gewaltigen Stoffes, welcher zu bewältigen war, mußte sich der Verfasser natürlich der gedrängtesten Kürze befleißigen. Wer daher eine eingehende Erklärung über die in der Land- und Forstwirthschaft vorkommenden Insekten wünscht, wird natürlich Ratzeburg, Nördlinger, Taschenberg u. s. w. als Quellen benützen, wer sich aber darüber belehren will, welche Forstinsekten bis jetzt auf den einzelnen deutschen Pflanzen gefunden wurden, oder umgekehrt, wer die Nahrungspflanze irgend eines gesammelten Insektes kennen lernen will, der wird Kaltenbach nicht wohl entbehren können. Das vorliegende Buch eignet sich daher vorzugsweise zum Nachschlagebuch für Botaniker, Entomologen und sonstige Freunde der Pflanzen- und Insektenwelt, welche wir hiermit auf diese neue umfangreiche literarische Erscheinung aufmerksam machen wollen.

Verantwortlicher Redacteur: Dr. Fr. Baur, Professor an der Akademie Hohenheim.
Druck der K. Hofbuchdruckerei zu Guttenberg (Carl Grüninger) in Stuttgart.

Forstversammlungen und forstliche Ausstellungen.

Die V. Versammlung deutscher Forstmänner zu Eisenach.

Referent: Dr. Schwappach, Dozent an der Forstlehranstalt Aschaffenburg

War es voriges Jahr die alma mater Greifswald am fernen Ostseestrande, welche die deutschen Forstwirthe versammelte, so öffnete heuer fast genau der Mittelpunkt unseres Vaterlandes, das liebliche Eisenach, seine gastlichen Mauern. Dank dem Zusammen= wirken verschiedener günstiger Verhältnisse, sowohl wegen seiner geographischen und örtlichen Lage als auch wegen der vielen histo= rischen Erinnerungen, die sich an Eisenach knüpfen, von Tannhäuser bis zum Wartburgfest, war die heurige Versammlung die am zahl= reichsten besuchte der bisherigen; nach der Angabe des vorläufigen Verzeichnisses hatten sich 459 Theilnehmer eingefunden.

Im Laufe des 3. September brachten die Züge der ver= schiedenen Bahnen Gäste aus allen Theilen des großen Vaterlandes, für deren Unterkommen das Lokalcomité in der anerkennens= werthesten Weise gesorgt hatte. Der Abend war der gegenseitigen Begrüßung gewidmet, wobei musikalische Unterhaltung in dem in echt forstmännischer Weise geschmückten Saal der Erholung statt= fand; in der gemüthlichsten Weise wurde das Wiedersehen gefeiert und erst die späte Abendstunde trennte die Gäste.

Am 4. Vormittags 8 Uhr eröffnete Geh. Oberforstrath Dr. Judeich (Tharand) als Präsident der vorjährigen Versamm= lung die Sitzung.

Geh. Oberforstrath Dr. Grebe begrüßte hierauf die Ver= sammlung im Namen der Großherzogl. Weimarschen Staatsregierung, sowie Rechtsanwalt Hering als Vorsitzender des Gemeindecolle= giums im Namen der Stadt Eisenach.

Auf Vorschlag des Oberforstmeisters Dankelmann (Neustadt= Eberswalde) wählte die Versammlung durch Akklamation zu ihrem I. Präsidenten den Geh. Oberforstrath Dr. Grebe (Eisenach), zum II. Präsidenten Forstmeister Bernhardt (Neustadt=Eberswalde), als Sekretäre Oberförster Sprengel (Proskau) und Forstassistent Trautvetter (Eisenach).

Es begann hierauf die Verhandlung über Thema I: Welches System der Verwaltungsorganisation der Forste empfiehlt sich am meisten?

Referent Oberforstmeister Dankelmann: Den großen Ereignissen, welche Deutschland zu einer Weltmacht erhoben, ist eine Zeit der Reformarbeit gefolgt in Gesetzgebung und Verwaltung, in allen Kreisen der Wirthschaft; auch das verhältnißmäßig ruhige Gebiet der Forstverwaltung ist von der allgemeinen Strömung erfaßt worden, welche neben der Staatsverwaltung die Selbstverwaltung aufrichtet, einfache und einheitliche Formen erfordert. In Preußen steht die Auflösung der Bezirksregierungen und ihre Organisation auf dem bereits theilweise verwirklichten Programm der Staatsregierung, in Württemberg erfordert das neue Gemeindewaldgesetz neue Organisation und Verwaltungsstellen, in Hessen ist den Oberförstern in den Felddomainen ein neues Object der Thätigkeit übergeben, in Bayern trägt man sich mit Reformgedanken. An diese gegebenen Zustände muß die Organisation anknüpfen, ihr Ziel kann nicht sein, überall alles gleich zu machen, allein es gibt Grundgedanken, die nach den Wirthschaftszuständen eine Verwirklichung gestatten, es gibt gewisse Mißstände, die eine Beseitigung erfordern.

Die Verwaltungsaufgabe des Staates besteht im Allgemeinen in der Sorge für Rechtsschutz, Bildung und Wirthschaft, in den letzten beiden Beziehungen jedoch nur insoweit, als die Kräfte der Einzelnen oder der Verbände nicht ausreichen. Entscheidend für die Verwaltungsaufgabe des Staates hinsichtlich der Waldungen ist die große Bedeutung des Waldes und seiner Wirthschaft. Die Erhaltung der Waldungen erfordert zunächst eine kräftige Rechtspflege mit einfachen Formen, dieselbe gebührt ausschließlich dem Staate, Unterricht und Wirthschaft sind dagegen nicht ausschließlich Sache des Staates, sie bedürfen aber zu einer gedeihlichen Entwickelung seiner Beihilfe. Die Hauptaufgabe liegt auf dem Gebiet der Wirthschaftsverwaltung und besteht darin, die Waldwirthschaft zu schützen, zu pflegen und zu leiten, sie erstreckt sich auf Staats=, Körperschafts= (Gemeinden, Stiftungen 2c.) und Privatwaldungen.

Die Staatsforge bethätigt sich auf dem Gebiet der Forstpolizei in der Abwendung der Gefahren, welche dem Walde drohen, ihr Charakter gestattet indessen die Selbstverwaltung an der Polizei Theil nehmen zu lassen, sie erfordert die Schutzbeamten mit polizeilichen Befugnissen auszustatten, dieselben müssen vom Staate ausgehen. Da hier der Staat der Waldwirthschaft zu Hülfe kommt, betritt er das Gebiet der Wirthschaftspflege; Besetzung der Gerichte, Bildung von Genossenschaften, Unterstützung der Kulturen, Regulirung der Tarife gehören in dieses Gebiet.

Zur Leitung der Waldwirthschaft ist der Staat vor Allem in seinen Waldungen berufen. Es gab eine Zeit, wo die Lehre, daß der Staat keine Wirthschaft treiben dürfe, in der Waldwirthschaft Eingang fand, da man die Bedeutung des Waldes mißkannte und dieselbe Gelegenheit bot, Geld zu schaffen; in Deutschland hat die Veräußerungspolitik keine Wurzeln geschlagen, Oesterreich und Frankreich haben dagegen Lehrgeld gezahlt.

Die Privat= und Gemeindewaldungen standen früher unter Leitung des Staates, die agrarisch=freiheitliche Bewegung zu Anfang dieses Jahrhunderts hat die Staatsaufsicht theils beseitigt, theils gelockert. Die völlige Freigebung der Wirthschaft, wie sie in Preußen stattfand, führte zu Waldverwüstungen, die dann als öffentliche Ankläger einer derartigen Wirthschaftspolitik auftraten und dahin führten, daß die Freiheit der Waldwirthschaft mit den Schranken umgeben wurde, welche die öffentlichen Verhältnisse fordern. In Folge dieser Entwickelung haben sich in Deutschland hinsichtlich der Körperschaftswaldungen drei, hinsichtlich der Privatwaldungen vier Systeme gebildet. In den Körperschaftswaldungen besteht zur Zeit das System der unbeschränkten Selbstverwaltung auf nur 0,3%, das System der Selbstverwaltung mit in verschiedener Weise gehandhabter Staatsaufsicht auf 47,4%, endlich das System der Staatsverwaltung auf 52,3% der 6,200,000 Hektaren betragenden Körperschaftswaldungen. Es ist Grundsatz des Gemeinde= und Staatsrechts, daß der lebenden Gemeinde nur die Verfügung über die Früchte, nicht aber über den Stamm des

34*

Gemeindevermögens zustehe. Es entsteht nun die Frage, ob zu dieser Beschränkung die Beförsterung nöthig ist oder ob die Selbstverwaltung mit Staatsoberaufsicht genügt. Thatsache ist, daß in den Staaten mit Beförsterung, wie Baden, Hessen, Nassau, Rheinbayern dieses System zu einem blühenden Zustand der Waldungen geführt hat, es kommt aber auf der andern Seite in Betracht, daß in eben diesen Staaten die Körperschaftswaldungen zum großen Theil zu Selbstverwaltungsbezirken nicht geeignet sind und daß es in Ost- und Westpreußen bei großen Waldungen nicht an Beispielen einer musterhaften Selbstverwaltung fehlt. Hieraus ergiebt sich für die Forstpolitik der Grundsatz: Für Körperschaftswaldungen ist bei einem zur Bildung selbstständiger Waldbezirke geeigneten Waldbesitz die wirthschaftliche Selbstverwaltung mit staatlich geordneter Aufsicht, im entgegengesetzten Falle die staatliche Betriebsverwaltung im Anschluß an Staatswaldungen, das am meisten geeignete Verwaltungssystem.

Die Systeme der Staatsaufsicht hinsichtlich der Privatwaldungen sind das System der Beförsterung auf etwa 1 %, dann jenes der freien Selbstverwaltung, welches dem öffentlichen Interesse nicht entspricht, auf etwa 5 %. Das System der Selbstverwaltung mit einer sich auf alle Waldungen erstreckenden Aufsicht, bestehend in Rodungsverbot, Kulturzwang 2c., auf etwa 29%, geht weiter als das öffentliche Interesse fordert, das vierte ist das der Selbstverwaltung mit einer auf Schutz- und Genossenschaftswaldungen beschränkten, staatlich geordneten Aufsicht auf 65 %; dasselbe genügt.

Die Verwaltung der forstlichen Rechtspflege gehört nicht in den Wirkungskreis der Forstverwaltungsbehörden, Trennung der Justiz von der Verwaltung ist Grundsatz, wo diese Verbindung noch besteht, ist sie eine Anomalie.

Die Verwaltung des forstlichen Bildungswesens kann ohne forsttechnische Kenntnisse nicht durchgeführt werden; wenn behauptet wird, daß die gesammte Ausbildung dem Unterrichtsministerium unterstellt werden solle, so ist eine derartige Organisation wohl denkbar, daß sie aber den Grundprinzipien zuwiderläuft, glaube ich behaupten zu dürfen.

Die Forstpolizei ist nicht ausschließlich technischer Natur, wo sie es ist, wie bei Insektenbeschädigungen, in Berechtigungssachen 2c., ist sie Sache der Forstverwaltung, neben dem technischen Moment ist das örtliche maßgebend für die Zumessung der Polizeisachen. Der Förster ist der geborne Hüter des Waldes und die Handhabung der Frevelpolizei im Walde muß in allen Fällen dem Forstschutzbeamten gewahrt bleiben.

Nicht zweckmäßig ist ein Schutzwaldgesetz, wonach der Kreisausschuß nicht allein bei der Schutzwalderklärung zuzuziehen ist, sondern auch die technische Aufsicht ausüben soll.

Während die Forstpolizei den Beruf hat, die Produktionsfaktoren von Hindernissen zu befreien, so ist es Sache der wirthschaftlichen Thätigkeit, dieselben zur Erzeugung neuer Güter zu benutzen.

Die eigentliche Wirthschaftsthätigkeit der Forstbehörden des Staates erstreckt sich auf die Betriebs= und Finanzverwaltung der Staatsforsten und auf die Betriebsverwaltung bez. auf die Oberaufsicht über die Betriebsverwaltung der Körperschaftswaldungen. Eine vieljährige Praxis hat die Zweckmäßigkeit der Theilung der Finanz= und Betriebsthätigkeit bewiesen.

Die Amtsthätigkeit der forstlichen Verwaltung wird verwirklicht in räumlich abgegrenzten Verwaltungsbezirken durch eine Stufenfolge von Behörden mit angemessener Arbeitsvertheilung, dieselben müssen einen Organismus bilden; man kann nicht selbstständig organisiren die Bezirke oder die Behörden. Beim Organisiren muß man von unten anfangen. Es fragt sich nun, liegt das Fundament der Forstverwaltung beim Ortsverwalter oder weiter hinauf? Es ist dies eine Prinzipienfrage, die in verschiedener Weise gelöst und lebhaft erörtert wurde. In Deutschland bestehen in dieser Beziehung zwei Systeme nebeneinander: das Ober= förster= und das Forstmeistersystem. Beim Oberförster= system ist der Oberförster, beim Forstmeistersystem der Forstmeister der Verwalter, d. h. derjenige, der beurtheilt, was geschehen soll und wie. In Deutschland besteht gegenwärtig das Oberförster= system in Preußen, Baden, Elsaß, Mecklenburg=Strelitz, Oldenburg, im Ganzen auf 62 %, anderwärts in Sachsen, Hessen, Württem=

hat die dem Forstmeistersystem entsprechende Eintheilung der Behörden und Bezirke beibehalten. Das Forstmeistersystem ist am
Platz, wo es an wissenschaftlich und technisch gebildetem Personal
und an Hochschulen fehlt; an allen diesen ist in Deutschland
Ueberfluß.

Man nutze die Tüchtigkeit aus, man gebe dem Oberförster
hinreichend große Bezirke, man entlaste ihn vom Mechanischen,
gebe ihm Gehilfen im Schreib=, Aufsichts= und Schutzdienst. Das
Oberförstersystem ist das System der Verantwortlichkeit, mit welcher
bei tüchtigen Leuten die Leistung wächst. Die Größe der Ver=
waltungsbezirke beim Oberförstersystem beträgt nach meiner sta=
tistischen Zusammenstellung 4151 Hektar in ganz Deutschland, beim
Forstmeistersystem dagegen nur 1832 Hektar.

Im Oberförstersystem sind der Arbeitstheilung nach Verwal=
tungsaufsicht und Leitung zufolge dreierlei Verwaltungsbezirke zu
bilden:

Die Oberförsterei mit Untertheilung in Schutzbezirke, das
Oberforstamt mit Untertheilung in Inspektionsbezirke, das Landes=
forstamt mit Arbeitsvertheilung nach Bezirken.

In Kleinstaaten und in Mittelstaaten mit wenig umfang=
reichem Forstareal sind Oberforstamt und Landesforstamt in einer
Behörde zu vereinigen.

Die Körperschaftswaldungen sind in Betreff der den Forstbe=
hörden des Staats zukommenden Verwaltungsgeschäfte den Ver=
waltungsbezirken und Behörden der Staatsforsten zuzutheilen. Es
ist nicht zweckmäßig, aus den zerstreut gelegenen Parzellenwaldungen
der Körperschaften besondere Oberförstereien neben den Staats=
oberförstereien aus den Körperschaftswaldungen und aus den
Privat=, Schutz= und Genossenschaftswaldungen, besondere Auf=
sichtsbezirke neben den Oberforstämtern zu bilden und die Ge=
sammtheit der Körperschafts= und Privatwaldungen einer besonderen
Landesbehörde neben der Landesforstbehörde für die Staatswaldungen
zu überweisen. Dagegen empfiehlt es sich, die Privatparzellen=
waldungen auf den Antrag ihrer Eigenthümer in die Verwaltungs=
und Schutzbezirke der Staats= und Gemeindewaldungen aufzu=
nehmen.

Eine Frage hinsichtlich der Oberforstämter ist die, ob sie sich den Provinzialbehörden anschließen sollen, oder ob sie selbstständig zu gestalten seien. In Preußen führt die beabsichtigte Auflösung der Regierungen zu letzterem System, es beträgt dort die Größe eines Oberforstamts 12,000 bis 23,000 Hektar.

Im Interesse einer zweckmäßigen räumlichen Abgrenzung und Flächenzumessung ist es rathsam, die Oberforstämter als selbstständige Provinzialbehörden einzurichten. Es bleibt jedoch bei der räumlichen Organisation möglichst dahin zu wirken, daß die Grenzen der Oberförstereien und Oberforstämter nicht von den Grenzen der Kreise und der denselben übergeordneten Verwaltungsverbände durchschnitten werden.

Es gibt vielleicht keinen Beruf, welcher reicher ist an Aemtern und Titeln, als der forstliche, nach einer statistischen Zusammenstellung ergab sich, daß ihre Zahl 104 beträgt; wenn einmal organisirt wird, ist es eine dankbare Aufgabe, aufzuräumen mit den überflüssigen Titeln.

Sache der Organisation ist es, die Organe, welche nöthig sind, zu bestimmen.

Zur Oberförstereiverwaltung gehören nun: der Oberförster, das Hilfspersonal für Betrieb und Schutz, der Forstschreiber und der Rentmeister.

Die Oberförsterprüfung soll zu allen höheren Verwaltungsstellen befähigen. Dem Staatsoberförster ist die Eigenschaft der höheren Beamten beizulegen, da ihre Vorbildung dies verlangt. Die Anstellung von Verwaltungsanwärtern im Schutz- oder Büreaudienst ist zu vermeiden. Schutz und Verwaltung sollen völlig getrennt sein. Die Praxis, die Verwaltungsaspiranten im Schutze anzustellen, paßt für das Oberförstersystem nicht, ist eine Kräfteverschwendung, führt zu Erlahmung im Dienst und zu jungen Oberförstern mit grauen Köpfen.

Für Heranbildung tüchtiger Betriebsförster ist mehr als bisher Sorge zu tragen. Waldwärter aus dem Stande der Waldarbeiter sind neben Förstern mit Nutzen zu verwenden. Die Anstellung von Amtsforstschreibern ist dringendes Bedürfniß. Die Vereinigung der Kassenverwaltung mit der Oberförstereiverwaltung

berg hat man die Funktionen der Oberförster erweitert, aber man ist unzulässig. Der Rentmeister ist dem Oberförster unterzuordnen.

Organe des Oberforstamts sind: Der Oberforstmeister, 4—6 Inspektionsforstmeister, 1 Forstmeister für Forsteinrichtung und Statistik mit dem erforderlichen Hilfspersonal, event. 1 forsttechnischer Dezernent für Ablösungssachen, 1 Justitiarius, 1 Baurath im Nebenamt und das Personal für die Oberforstamtskasse, für Rechnungs= und Schreibarbeiten.

Forsteinrichtung und Forststatistik sind gemeinsam zu bearbeiten.

Forsteinrichtungsarbeiten sind keine laufenden Arbeiten, der Oberförster kann sie nicht gut bewältigen und die eigentliche Arbeit muß von Hilfsarbeitern durchgeführt werden, dieselben werden daher am besten einem ständigen Personal bei den Oberforstämtern übertragen.

Die Organe der Landesforstbehörde sind: Der Oberlandforstmeister, ein oder einige Bezirkslandforstmeister mit räumlich abgetrennten Dezernaten, 1 Landforstmeister für Forsteinrichtung und Statistik, 1 Dezernent für Ablösungssachen, 1 Justitiarius und das erforderliche Hilfs= und Unterpersonal

Die oberste Leitung der Landesforstverwaltung ist einem Forstmann, nicht einem Cameralisten zu übertragen.

Die gesammte Forstverwaltung ist e i n e m Ministerium, am zweckmäßigsten einem Ministerium für Bodenwirthschaft zu unterstellen.

Die Organisation der Bezirke und Behörden bildet das Gerippe, welches durch die Amtsvertheilung gestaltet wird. Für die Organisation der Verwaltungsarbeit kann der Grundsatz festgehalten werden, auf dem S t e i n seine Verwaltungsorganisation begründete, nämlich der der Verantwortlichkeit, wie es in dem Erlaß vom 6. Dezember 1808 Ausdruck findet: „Die Beamten sollen selbstthätig und selbstständig mit voller Verantwortlichkeit die Geschäfte besorgen."

Die Verwirklichung dieses Grundsatzes ist Dezentralisation, es ist die Beseitigung des Nepotismus, Trennung der mechanischen und organischen Arbeit, Ueberweisung eines vollen Arbeitsmaßes ohne Uebermaß.

Für die einzelnen Aemter ergeben sich folgende Grundsätze der Geschäftsvertheilung:

1) Der Schwerpunkt der Detailverwaltung liegt bei der Oberförsterei.

Es liegt dem Oberförster ob: die Betriebs-, Finanz- und Polizeiverwaltung in den Staatswaldungen, die Betriebsverwaltung in den Körperschaftsparzellenwaldungen.

Der Forstschreiber hat die Büreauverwaltung, der Rentmeister die Kassenverwaltung und Anfertigung der Geldrechnungen. Die Förster, Forstaufseher und Waldwärter haben die Wahrnehmung des Forstschutzes, die Hilfeleistung beim Betrieb und die Verabfolgung der Forstprodukte.

2) Das im Wesentlichen büreaukratisch einzurichtende Oberforstamt ist die Verwaltungs-Aufsichtsbehörde für Staats-, Körperschafts- und Privatwaldungen. Die Bezirksbehörde für Forstpolizei, Forsteinrichtung und Statistik, die Prüfungsbehörde für Staatsförster und Körperschaftsoberförster, die Anstellungsbehörden für das Forstschutzpersonal, für Forstsekretäre und Rentmeister der Staatswaldungen, die collegialisch geordnete Disciplinarbehörde für alle ihr untergeordnete Beamte.

3) Die Landesforstbehörde besorgt bei büreaukratischer Organisation: die allgemeine Leitung der gesammten Landforstverwaltung nach einheitlichen Grundsätzen, die Verfügung über die Substanz, die Genehmigung der Forsteinrichtungswerke und des Etats, die Prüfung für den Oberförsterdienst und die Bearbeitung der Anstellungssachen vom Oberförster aufwärts im Staatsdienst, die Entscheidung in Beschwerdesachen bei der Verwaltung der Körperschaftswaldungen, die Vertretung der gesammten Landforstverwaltung vor dem Landtag und Fortbildung der Gesetzgebung.

Die Kunst der Verwaltungsorganisation besteht darin, den rechten Mann zur rechten Zeit an den rechten Ort zu setzen.

Ich wünsche, daß durch die Reorganisation der große Organismus der Forstverwaltung gut bleiben und besser werden möge.

Ich beantrage den Beschluß folgender Resolutionen:

1) Das Forstmeistersystem ist durch das Oberförstersystem zu ersetzen.

2) Körperschaftswaldungen, die sich nach Lage und Größe zur Bildung selbstständiger Verwaltungs= oder Schutz= bezirke nicht eignen, sind im Anschluß an die Staats= waldungen der Betriebsverwaltung und dem Schutz durch die vom Staat angestellten Oberförster und Förster zu unterstellen.

3) Privatparzellenwaldungen sind auf Antrag ihrer Eigen= thümer in die Verwaltungs= und Schutzbezirke der Staats= und Gemeindewaldungen aufzunehmen.

4) Den Staatsoberförstern ist die Eigenschaft höherer Be= amten beizulegen.

5) Die Anstellung von Amtsforstschreibern bei den Staats= oberförstereien ist bringendes Bedürfniß.

6) Die Forstvermessung und =Einrichtung ist durch ein stän= diges Personal gemeinschaftlich mit der Forststatistik bei den Oberforstämtern zu bearbeiten.

7) Die gesammte Forstverwaltung ist einem Ministerium, am besten einem Ministerium für Bodenwirthschaft oder Finanzen, zu unterstellen.

Correferent Forstmeister Heiß (Winnweiler). Ich stimme in vielen und wesentlichen Punkten mit dem Herrn Referenten über= ein. Indem ich dem Gedankengange des Referates folge, möchte ich bemerken, daß nach der Berücksichtigung des öffentlichen Interesses für den Staatswald die Finanzaufgabe nicht zu unter= schätzen sein dürfte. Ich glaube, daß da, wo das Staatsinteresse nicht mit dem öffentlichen Interesse collibirt, der Staatswald nach den Regeln des Reinertrags zu bewirthschaften sei.

Hinsichtlich der Bewirthschaftung der Gemeindewaldungen dürften folgende drei Grundsätze maßgebend sein: 1) Die Bewirth= schaftung muß nach den Regeln des Nachhaltes eingerichtet sein, 2) Aufstellung der laufenden und periodischen Betriebspläne, eben= so die technische Ausführung muß den Organen der Forstverwal=

tung zustehen, 3) die Verwendung des Materials ist Sache der Gemeinden.

Hinsichtlich des forstlichen Unterrichtswesens stimme ich mit dem Herrn Referenten darin überein, daß dieses der Forstverwaltung und nicht dem allgemeinen Unterrichtsministerium unterstellt sein soll.

Hinsichtlich der räumlichen Organisation meine ich ebenfalls, daß das Fundament in der Oberförsterei liegt und bin mit dem Ersatz des Forstmeistersystms durch das Oberförstersystem vollständig einverstanden. Hinsichtlich der Größe der Oberförstereien lassen sich sichere Zahlen nicht geben.

Am Sitze der Provinzialregierungen dürften Collegien gebildet werden. Ich bin durchaus nicht für die büreaukratische Einrichtung, ebenso halte ich auch eine collegiale Verfassung der Landesforstbehörde für richtig. Die Stellung der Rentmeister halte ich für unsere Verhältnisse nicht für entsprechend, wir haben eigene Finanzämter, welche die Einnahmen der ganzen Verwaltung besorgen.

Zu den Organen der Oberförstereien möchte ich auch den Assistenten rechnen. Ich halte dafür, daß die Verwaltungsaspiranten bei den Oberförstereien am besten ausgebildet werden. Mit dem Ausspruch, daß die Anstellung der Verwaltungsaspiranten im Büreau= und Schutzdienst nicht zweckmäßig sei, bin ich einverstanden, doch möchte ich eine $\frac{1}{2}$—1jährige Verwendung im Schutzdienst und eine längere im Büreaudienst nicht ausschließen. Ueber die Bildung der Förster bin ich anderer Ansicht, als der Herr Referent, ich glaube, daß der Förster nur empirisch geschult sein müsse und daß die Lehre beim Oberförster genügt. Wir dürften auch hinsichtlich des Schutzdienstes zwei Systeme unterscheiden: Förster und Waldhüter; der Letztere muß im Grund dieselbeu Dienste thun, wie der Förster, dagegen stellt sich die Bezahlung sehr verschieden; ich werde jedoch nicht für ein reines Waldwärtersystem stimmen, sondern für ein gemischtes.

Bezüglich dessen, was der Herr Referent über die Amtsschreiber sagt, bin ich einverstanden.

Bei kleinen Oberförstereien dürfte es genügen, wenn während der Betriebsperioden ein Schreiber verwendet wird, es wäre dies eine geeignete Verwendung für Forstlehrlinge, wenn sie ihre Prüfung bestanden haben.

Hinsichtlich des Oberforstamtes bin ich einverstanden und habe nur hinsichtlich der Bauräthe Bedenken, da ich mir nicht erklären kann, wie dieselben beschäftigt werden sollen, wenn man ihnen nicht den Straßenbau übergiebt, was ich für sehr bedenklich halte.

Die Ausführung der Forsteinrichtung durch die Oberforstämter halte ich für sehr zweckmäßig.

Ebenso bin ich auch bezüglich der Landesforstbehörde einverstanden, dieser dürfte vielleicht ein Referent für Bausachen beizugeben sein.

Die Geschäftsvertheilung bei den Forstbehörden scheint mir ein Schwerpunkt zu sein und ich möchte gerade hinsichtlich der Größe der Oberförstereien meine Ansicht dahin aussprechen, daß die verschiedenen Funktionen, welche dem Oberförster übertragen werden sollen, nur eine mäßige Größe wünschenswerth erscheinen lassen. Der Oberförster muß die ganze Wirthschaft in Händen haben und darf nicht zugleich Wirthschafts= und Justizbeamter werden. Es dürfte nicht richtig sein, wenn der Oberförster dem Förster die Arbeiten im Büreau angibt und erst nach der Ausführung kontrolirt, er muß im Wald selbst die Anleitung geben.

Wenn wir in die neue Organisation den Betriebsförster aufnehmen, fürchte ich, daß wir in das Revierförstersystem zurückverfallen.

Hinsichtlich der Ausbildung der Aspiranten verwerfe ich das Gehilfensystem, wie wir es in Bayern haben, es ist unzuträglich, daß Einer den Forstschutz viele Jahre hindurch besorge, doch bietet derselbe eine praktische Schulung, man soll daher den jungen Oberförsterskandidaten bei den größeren Oberförstereien verwenden.

Bei den Oberforstämtern bin ich gegen die büreaukratische Verfassung und möchte eine collegiale Entscheidung wenigstens in allen wichtigen Fragen, wie Aenderung der Umtriebszeit, Personalfragen 2c.

Hinsichtlich der Resolutionen möchte ich Ihnen folgende Zusätze vorschlagen:

ad 1. Zur Hilfeleistung beim Schutz und Betrieb werden theils Gehilfen, theils Förster, theils Waldwärter verwendet.

ad 2. Es werden nach der räumlichen Zusammenlage Verwaltungsbezirke aus reinen Körperschaftswaldungen, oder gemischt mit Staatswaldungen, gebildet, alle Verwalter haben dieselbe Prüfung zu machen.

ad 3. Die Verwendung der Förster im Militärdienst ist nicht wünschenswerth.

Diese beiden Referate, welche das vorliegende Thema so gründlich und allseitig behandelten, umfaßten weitaus den größten Theil der Sitzung. Die nun folgende Debatte eröffnete

Geh. Oberforstrath Grebe. Derselbe erklärte sich im Ganzen mit der Ausführung der beiden Referate einverstanden und betonte nur zwei Punkte. Einmal die Frage über die Größe der Reviere. Er glaube, der Schwerpunkt der Verwaltung müsse im Oberförster liegen und die Reviere dürften nicht größer sein, als daß der Oberförster alle Arbeiten im Walde persönlich leiten könne, was bei Revieren von 5000 Hektaren gewiß nicht mehr der Fall sein könnte. Es müßte sodann der Betriebsförster und mit ihm eine Theilung der Verantwortlichkeit eintreten.

Dann sei er anderer Ansicht hinsichtlich der Oberforstbeamten. Der Inspektionsbeamte müsse die Betriebsanträge an Ort und Stelle prüfen, er müsse den Fällungs- und Kulturbetrieb im Wald selbst kontroliren. Dies seien Aufgaben, die viel besser erledigt würden, wenn der Inspektionsbeamte in seinem Bezirk selbst wohne, namentlich könnte dadurch der schriftliche Verkehr auf ein Minimum reduzirt werden. Die von diesen Beamten zu behandelnden Fragen seien meist von der Art, daß sie zu einer collegialen Behandlung nicht geeignet seien.

Wenn wie in Weimar nur 10% der Beamten Inspektionsbeamte würden, müsse der Schwerpunkt des Unterrichts auf die Heranbildung tüchtiger Revierverwalter gelegt werden und der junge Forstmann brauche nicht mit den höchsten Problemen der Mathematik und Naturwissenschaften vertraut zu sein. Sobald man ihm beweise, daß das Oberförstersystem mehr geleistet habe, als das jetzt in Weimar geltende, werde er die Segel streichen.

Prof. Schuberg (Karlsruhe) spricht sich entschieden für das Oberförstersystem aus. Hinsichtlich der Förster führt er an, es sei empfehlenswerth, Leute aus dem Volke zum Schutz heranzuziehen und diese alljährlich Curse von mehreren Wochen behufs Erlernung der nöthigen theoretischen Kenntnisse durchmachen zu lassen. Der Dienst müsse so organisirt sein, daß der gebildete Mann keinen Forstschutz zu versehen brauche.

Weiter sei der schriftliche Dienst auf ein Minimum zu reduziren und durch besondere Schreiber zu versehen, namentlich wenn man sehr große Reviere wolle, keinesfalls dürfe der Verwaltungsaspirant längere Zeit ausschließlich als Schreiber verwendet werden.

Oberförster und Kassenbeamte hätten eine coordinirte Stellung einzunehmen.

Die höheren Forstverwaltungsstellen seien collegialisch zu organisiren und den höheren Regierungscollegien besondere technische Referenten beizugeben.

Oberforstrath Judeich (Tharand). Der Ausspruch des Referenten: „es sei nicht die Aufgabe der Organisation, überall alles gleich zu machen und das Beste sei nicht absolut und nur relativ", sei ihm aus der Seele gesprochen und geeignet, eine Verständigung anzubahnen. Es sei nicht leicht über die Frage zu entscheiden, da die Literatur nicht immer objektiv sei, die Dienstesinstruktionen der einzelnen Länder seien nicht maßgebend, sondern der Geist, in dem sie ausgeführt würden.

In Sachsen, Hessen und Württemberg sei in neuester Zeit die Competenz der Oberförster bedeutend erweitert worden; das sächsische System verdiene nicht den Namen Revierförstersystem. Ob die Forstmeister besser außen oder concentrirt wohnten, sei eine Zweckmäßigkeitsfrage.

Es sei zwar ein Fehler, den Forstkandidaten mit Forstschutz zu beschäftigen, doch komme es auch bisweilen darauf an, vermögenslosen Aspiranten einige Beihilfe zu verschaffen. Weiterhin sei die Ausführbarkeit einer raschen Organisation zu berücksichtigen, die Verhältnisse seien nicht überall so günstig wie in Hannover, wo das große Preußen zur Verfügung stand, um das Personal zu verwenden.

Ebenso stimme er mit seinem Collegen Grebe in der Warnung vor zu großen Verwaltungsbezirken überein.

Hatte es der Debatte bisher auch nicht an Lebhaftigkeit gefehlt, so fing sie an in ein schwieriges Fahrwasser zu gerathen, als Hr. Forstcommissär Casselmann (Eisenach) mit einer ziemlich scharfen Opposition gegen Hrn. Oberforstrath Grebe hinsichtlich der Vortrefflichkeit der weimarischen Forstorganisation auftrat. Dieselbe gestaltete sich zu einem förmlichen Nothschrei des weimarischen Personals und machte für den unbetheiligten Zuhörer einen peinlichen Eindruck, namentlich bei der Anführung eines Ausspruches eines höhern Forstbeamten hinsichtlich der Jagd. Hr. Oberforstrath Grebe erwiderte in einer ruhigen, aber energischen Replik, nach welcher die Zuhörer mehr auf die Seite Grebe's als Casselmanns zu treten schienen.

Oberförster Börner (Leisnig). Derselbe stellt an eine gute Dienstverfassung 3 Ansprüche: 1) daß sie jedem Beamten einen seinen Kenntnissen und Fähigkeiten entsprechenden Platz anweise, 2) daß innerhalb der Dienstesverfassung eine angemessene Arbeitsvertheilung stattfinde, und 3) daß der Beamte eine entsprechende Bezahlung bekomme.

Werde der Schwerpunkt der Verwaltung in den Oberförster gelegt, so müsse derselbe mit der Direktion im unmittelbaren Verkehr stehen und nicht mittelbar durch das Forstamt. Er nenne deßhalb das Forstmeister-System das System „des mittelbaren Verkehrs" und das Oberförstersystem jenes des „unmittelbaren Verkehrs". Der Inspektionsbeamte dürfe keinen unmittelbaren Einfluß auf die Wirthschaft haben, denn wenn Meinungsdifferenzen zwischen ihm und dem Revierverwalter entstünden, so sei der Ausgang bekannt.

Nachdem sich noch Forstrath Krutina (Karlsruhe) und Forstrath Dorrer (Stuttgart) an der Debatte betheiligt, ergriff Forstmeister Bernhard das Wort:

Gestatten Sie mir vor allem dem Manne unsern Dank auszusprechen, welcher nach einer mühseligen Vorbereitung einen großen Theil zu unserer Verhandlung beigetragen hat. Wie nicht anders möglich haben sich im Laufe der Diskussion die ausschließendsten

Meinungen geltend gemacht. Es ist unmöglich ein allgemein gül=
tiges System aufzustellen, da Verwaltung und Wirthschaft von
örtlichen Verhältnissen abhängen. Die Begriffe Forstmeistersystem
und Revierförstersystem sind nur theoretisch, in der Wirklichkeit fin=
den sie sich nirgends rein. In diesem Punkt ist eine Einigung
vielleicht nicht erzielt worden, dagegen stimmen wohl Alle mit jenem
Theil überein, der das Forsteinrichtungswesen behandelt, nicht min=
der gilt dies hinsichtlich der äußeren Stellung der Beamten und
der Unterordnung des gesammten Forstwesens unter ein Mini=
sterium.

Ich bringe nun die zwischen den beiden Hrn. Referenten ver=
einbarten Resolutionen zur Abstimmung:

1) Das Forstmeistersystem ist durch das Oberförstersystem
   zu ersetzen.

2) Privatparzellenwaldungen sind auf Antrag ihrer Eigen=
   thümer in die Verwaltungs= und Schutzbezirke des Staates
   resp. der Gemeinden aufzunehmen.

3) Den vom Staat angestellten Oberförstern ist die Eigen=
   schaft der höheren Beamten beizulegen.

4) Die Anstellung von Amtsforstschreibern ist ein bringendes
   Bedürfniß, wenn nicht vom Staat anderweitige Schreib=
   hilfe geschafft wird.

5) Die Forstvermessung und Einrichtung ist durch ein stän=
   diges Personal gemeinschaftlich mit der Forststatistik bei
   den Oberforstämtern zu bearbeiten.

6) Die gesammte Forstwirthschaft ist einem Ministerium, am
   besten einem Ministerium für Landwirthschaft, zu unter=
   stellen.

Sämmtliche Resolutionen wurden theils einstimmig, theils mit
sehr großer Majorität angenommen.

Die Sitzung schloß um ½ 2, wobei alle Theilnehmer sich in
Folge der langdauernden Debatte ziemlich abgespannt fühlten.

Die Zwischenpause bis zum Festessen wurde mit der Besich=
tigung verschiedener Ausstellungen zugebracht, welche in den oberen
Lokalitäten aufgestellt waren. Weitaus die interessanteste war
jene des Hrn. Prof. Dr. R. Hartig, welcher ein Bild der Resultate

feiner dermaligen Forschungen über die Fäulnißkrankheiten der Bäume und speziell der Rothfäule der Nadelhölzer gab. Es scheint, daß nun endlich einmal Licht in dieses geheimnißvolle Leiden kommt, welches man schon so vielfach aber leider ohne befriedigenden Erfolg zu erklären suchte. Mündlich machte Hr. Prof. Dr. R. Hartig noch Mittheilungen über Fäulnißkrankheiten anderer Holzarten, z. B. der Eiche. Wir wünschen, daß sein Werk über die Fäulnißkrankheiten recht bald in unsere Hände gelangen möge. Weiter hatte Forstmeister Urich seine neue Zündnadelsprengschraube ausgestellt; es war zu bedauern, daß mit derselben gelegentlich der Exkursionen keine Versuche angestellt werden konnten.

Um 4 Uhr begann das Diner, welches bei der gemüthlichsten Stimmung aller Theilnehmer sich bis 8 Uhr erstreckte. Die offiziellen Toaste wurden von Hrn. Oberforstrath Grebe (auf S. M den Kaiser), Forstmeister Bernhardt (Großherzog von Weimar), Oberforstmeister Dankelmann (Eisenach) ausgebracht. Hr. Oberforstrath Deyssing machte ein Versehen von Greifswald gut, indem er hier in unübertrefflich launiger Weise ein Hoch auf die „Forstprofessoren" ausbrachte, für welche sich kein Reim finden lasse. Großen Beifall fand auch ein Toast des Hrn. Oberförster Vogelgesang in gebundener Rede über „Poesie und Prosa im Forstleben."

Am 5. September fand eine Exkursion in die „Lehrforste" von Eisenach und Wilhelmsthal statt, welche uns die Buchenwirthschaft in ihren verschiedenen Formen zeigte. Wir bedauern hier konstatiren zu müssen, daß wir viele Stimmen hörten, welche dahin gingen, daß diese Waldungen nicht den Anforderungen entsprächen, die man heutzutage an eine moderne Wirthschaft und am meisten an einen Lehrforst stellen müsse. Wenn auch Rücksichten auf landschaftliche Schönheit und andere nicht biskutirbare Punkte zu nehmen seien, so dürfte dieß doch nicht überall und in allen Theilen der Wirthschaft der Fall sein.

Die Hauptpunkte, auf welche sich diese abweichenden Meinungen bezogen, waren: Mangel an entsprechender Holzartenmischung, Mangel an Abfuhrwegen und Saatkämpen, welche letztere doch in einem Lehrforst ein Haupterforderniß sind, andererseits Überfluß an dürren und abständigen Bäumen, nicht nur in der Nähe von Wilhelmsthal. Auch hinsichtlich der Stellung der Nachhauungen waren Viele anderer Ansicht, doch läßt sich ein Urtheil hierüber ohne genaue Kenntniß der örtlichen Verhältnisse weniger leicht ab= geben. Allseitig fand dagegen die wirklich musterhafte Holzfabrika= tion wohlverdiente Anerkennung.

In Wilhelmsthal ließ S. kgl. Hoheit der Großherzog von Weimar den Mitgliedern der Forstversammlung in sehr liberaler Weise ein Frühstück serviren.

Am Abend betheiligten sich die jüngeren Theilnehmer der Versammlung zahlreich an einem Balle, ohne daß sich hiebei eine Folge der Exkursion in Ermüdung gezeigt hätte.

Am 6. September Morgens ½ 8 begann die 2. Sitzung mit der Behandlung von

Thema III: Welche Erfahrungen sind gemacht wor= den über den Einfluß der Waldrodungen, der Ver= minderung der Flurbäume und Flurgehölze, zumal im Gebiet der Kalkformationen, sowie der umfänglichen Entwässerungen, Trockenlegung von Seen, Flußreguli= rungen 2c. auf den Witterungscharakter, insbesondere auf die Summe und Vertheilung der atmosphärischen Niederschläge, auf die Ergiebigkeit der Quellen, den Wasserstand der Bäche und Flüsse, auf die Bodenfeuch= tigkeit und in Folge dessen auf die land= und forst= wirthschaftliche Produktion überhaupt?

Referent Geh. Oberforstrath Dr. Grebe: Man hat schon sei längerer Zeit die Beobachtung gemacht, daß das Niveau des Grundwassers gesunken und der Feuchtigkeitszustand des Bodens abgenommen, daß der Reichthum der Quellen an Wasser vermin= dert, daß an vielen Orten Quellen versiegt und Bäche und Ströme geringer geworden seien. Ebenso glaubt man wahrgenommen zu haben, daß in der Vertheilung der atmosphärischen Niederschläge eine Aenderung sich geltend gemacht habe, welche sich darin äußere, daß wir jetzt öfter als früher Perioden der Dürre haben, welche abwechseln mit Perioden reicher Niederschläge.

Diese Erscheinungen haben seit längerer Zeit die Aufmerksam=

keit der Forscher und Behörden auf sich gelenkt, sie wurden im preußischen Abgeordnetenhause bei Gelegenheit der Berathung des Waldgenossenschaftsgesetzes und ebenso in Sachsen auf Antrag des Abgeordneten Hauser besprochen. In der That ist es eine Frage von hoher Bedeutung, weßhalb auch wir sie in den Kreis unserer Erörterung ziehen.

Die Bedeutung des Waldes wird bald über= bald unterschätzt, um dieses klar zu legen, möchte ich zwei Vorfragen behandeln:

1) Liegen thatsächliche Beweise vor und läßt es sich in Zah= len nachweisen, daß der Wasserstand abgenommen? und

2) Bestehen exakte Untersuchungen darüber, daß die Summe der atmosphärischen Niederschläge geringer wurde?

ad 1. Man hat sich als Beweis für die Abnahme des Wasserstandes vor allem auf das Sinken des Niveau unserer gro= ßen Flüsse berufen, wir haben ja Pegelbeobachtungen an den mei= sten unserer großen deutschen Flüsse. Berghausen hat eine Reihe solcher Beobachtungen zusammengestellt und kam zu der Ueberzeu= gung, daß der Wasserstand dieser Flüsse im Laufe der Zeit gesun= ken sei. Diese Beobachtungen wurden angegriffen und in neuester Zeit hat ein Oesterreicher eine umfassende Schrift über Abnahme des Wasserstandes der Flüsse veröffentlicht, in welcher er zur Ueber= zeugung kommt, daß ein gewisses Sinken des Wasserstandes statt= gefunden.

So soll nach Wex der Wasserspiegel der Elbe von 1728 bis 1777 um $9^{1}/_{2}''$, von 1778—1827 um $10''$, von 1827—1869 um $7''$, in Summa um $2'\,7''$ gesunken sein. Diese Beobachtungen, wie jene Pollack's, scheinen die Thatsache zu bestätigen, daß eine Ab= nahme stattgefunden habe, und dennoch müssen wir sagen, daß diese Zahlen absolut nichts beweisen, da es sich nicht um den mittleren Wasserstand handelt, sondern um die Summe von Wasser, welche in einer gewissen Zeit das Rinnsal durchläuft. Um diese Summe zu finden, muß überall der Querschnitt des Flusses berechnet werden und müssen tägliche Beobachtungen über die Geschwindigkeit statt= finden.

Die zweite Frage über die Abnahme der Summe der atmo= sphärischen Niederschläge ist a priori unwahrscheinlich, da die Summe von Wasser die gleiche bleibt, wohl aber ändern andere Faktoren die räumliche und zeitliche Vertheilung desselben. Dahin führen die Beobachtungen in England, in Paris seit 1688, es hat sich in den seit 200 Jahren fortgesetzten Beobachtungen an diesen Orten keine Abnahme der Niederschläge nachweisen lassen. Wenn wir nun auch ein Gleichbleiben der Niederschläge annehmen, so ist es doch möglich, daß durch die an der Bodenoberfläche vorgenommenen Veränderungen, Entsumpfung, Entwaldung 2c., eine in der That bedeutungsvolle Veränderung in der zeitlichen und örtlichen Ver= theilung der Niederschläge eingetreten ist.

Die Momente, welche eine solche Veränderung im Feuchtig= keitszustand des Bodens bedingen, sind folgende:

a) Vor allem ist es die Summe der Waldungen, denn wir werden im Fortschreiten der Entwaldungen eine solche Ursache suchen müssen; weiterhin ist es auch die Deterioration der Waldungen in Folge der Streunutzung, auch die Richtung der Forstwirthschaft, nament. lich die Kahlschläge, sind nicht ohne Einfluß. Es ist von verschie= benen Seiten darauf hingewiesen worden, daß die zunehmende Ent= sumpfung, Trockenlegung stehender Gewässer, Vorkehrungen zum raschen Abfluß, Drainage, Flußkorrekturen Faktoren seien, welche für diese Frage hohe Bedeutung hätten.

Der Wald wirkt direkt auf alle Feuchtigkeits= und Witterungs= verhältnisse in der verschiedensten Weise ein. Mechanisch dadurch, daß er die Luftströmungen mäßigt; wir wissen, daß die Luftströ= mungen die Trägerinnen der Witterungerscheinungen sind, daß sie nach ihrer Heftigkeit und Richtung Kälte und Hitze bringen und die übrigen Erscheinungen im Gefolge haben. Der Wald wirkt auch dadurch, daß er mit seinen Wurzeln den Boden durchzieht und so dessen Abschwemmen und das Ablaufen des Wassers hin= dert, daß er die Niederschläge aufnimmt, welche von der Boden= decke gefesselt, in den unter dem Schutze des Waldes mürben Bo= den einbringen. Der Wald mäßigt auch die Ursachen, welche das Schmelzen des Schnees veranlassen, und hindert das rasche Ver= dunsten des auf den Boden gekommenen Wassers. Aus den Zu= sammenstellungen des Hrn. Prof. Ebermayer wissen wir, daß eine freie Fläche in derselben Zeit 100 Volumina Wasser verdunstet, in welcher eine Waldfläche mit normaler Bodendecke nur 15 Volumina Wasser verdunstet, und selbst ohne Streu nur 35 Volumina. Wir werden uns überzeugen, daß wir in diesen Ursachen die Erhaltung und nachhaltige Vertheilung der Bodenfrische zu suchen haben, und daß diese Einfluß auf den Stand der Quellen hat.

Anders liegt die Frage, ob der Wald zur Vermehrung der Niederschläge beiträgt. Es ist bekannt, daß uns beim Eintritt in den Laubwald eine kühlere und feuchtere Luft entgegentritt, die Waldluft hat im Sommer 7—9% mehr relative Feuchtigkeit, ebenso ist die mittlere Temperatur 10% niederer als in der Nachbarschaft, es wird in Folge dessen viel häufiger ein Niederschlag eintreten. Nach den Beobachtungen von Mathieu in Nancy fällt im Wald 6% mehr Regen als im freien Feld; ähnliche Beobachtungen wurden in der Schweiz gemacht. Ich habe in dieser Richtung von Hrn. Prof. Lorenz und vielen anderen Seiten sehr werthvolle Mittheilungen erhalten.

b) Wenn wir das heutige Deutschland mit jenem vergleichen, wie es Tacitus beschreibt, so ist kein Zweifel, daß im Laufe der Zeit bedeutungsvolle Veränderungen am Charakter der Witterung vor sich gingen. Wir wissen, daß zu jener Zeit Deutschland zum großen Theil mit Wald bedeckt war, ebenso waren ausgedehnte Sümpfe vorhanden, wir treffen aber am Brocken noch Überreste von Eichen, wo jetzt die Kultur kaum mehr Fichten fortbringt, man hatte Ackerflächen auf Hochebenen, die nach der Entwaldung steril wurden.

Wir haben hier in der unmittelbaren Nähe von Eisenach ein Beispiel. Früher waren die kahlen Kalkflächen in der Nähe bewaldet, ebenso waren auch ausgedehnte Sümpfe vorhanden, zu jener Zeit war der Hörsel noch schiffbar, es wurden in der Nähe Wein und Laubhölzer gebaut. Burkhardt führt im 3. Hefte seiner Zeitschrift „Aus dem Walde" an, daß auf der Lüneburger Haide vor 200 Jahren noch Eichen und Buchen gediehen, wo jetzt kaum mehr Kiefern kümmerlich fortkommen. Es liegen mir in dieser Beziehung eine ganze Reihe interessanter Mittheilungen vor, welche ich Ihnen auszugsweise mittheile. (Referent verliest dieselben.)

c) Interessanter noch ist der Einfluß, welchen der Wald auf

die Quellen hat; es sind mehr als 20 Fälle konstatirt, wo mit der Entwaldung der Reichthum der Quellen abgenommen und dieselben überhaupt nachgelassen haben.

Die Frage, ob der Wald zur Bodenbefestigung beitrage und das Abfluthen der Gehänge hindere, ist so konstatirt, daß es keiner weiteren Belege bedarf. Es liegt indessen auch dafür eine ganze Reihe Beweise vor.

Ich wende mich nun zur Erörterung der Frage: wie wirkt die Entmoorung auf den Wasserreichthum? Die alte Anschauung ist: „Wo ein Sumpf ist, kann keine höhere Vegetation existiren." Die Beseitigung eines jeden stehenden Gewässers ist ein Gewinn an Culturfläche, eine Melioration. Der Sumpf hat viele Ausbünstungen und damit Fröste im Gefolge. Die klimatischen Mißverhältnisse der Umgebung veranlassen ihre Beseitigung, und kein Zweig der Bodenkultur wurde bisher mit solchem Eifer betrieben. Durch die Entsumpfung des Waldes und Drainage der Fluren wurde viel Wohlthätiges gestiftet; indeß gab es bereits vor 20 Jahren Stimmen, welche sich dagegen aussprachen. Man machte geltend, daß der Sumpf gewissermaßen ein Reservoir ist, in welchem die Niederschläge, die nicht in den Boden bringen, sich sammeln und aus welchem der Überfluß wie aus einem Schwamm an die Umgebung abgegeben wird. In Folge dessen veranlaßt jeder Sumpf die Speisung der tieferliegenden Quellen. Die Entsumpfung hat die Folge, daß das Grundwasser niederer wird, wird das Wasser auch durch Capillarität gehoben, so kommen wir doch auf einen Punkt, wo diese nicht mehr ausreicht. Eine zu weit gehende Entsumpfung muß durch Verminderung der Luftfeuchtigkeit schaden, es kann leicht sein, daß der dadurch veranlaßte Schaden größer ist als der kleine Vortheil für die Cultur des betreffenden Ortes. In Zusammenhang mit der Entsumpfung steht die rasche Ableitung des Wassers in den vielen Abzugsgräben, die landwirthschaftliche Drainage, die Correctur der Bäche 2c.

Eine solche rasche Ableitung hat zur Folge: Es kommen diese Wassermassen mit einem verhältnißmäßig starken Gefäll in ihren Rinnsalen an, wo das Gefäll zum Theil kleiner wird, werden nun durch irgend eine Ursache größere Wassermassen in kurzer Zeit zugeführt, so finden dieselben im Bett keinen Raum mehr, wir müssen daher die Ursachen beseitigen, welches ein rasches Zusammenströmen bedingen, wir müssen sie so lange auf dem Boden zurückbehalten, wo sie dann in denselben einbringen, während sie außerdem verloren gehen.

Ich möchte vorschlagen, daß zur Erläuterung der vorliegenden Verhältnisse noch mehr Thatsachen gesammelt werden; es dürften vielleicht offizielle Schritte geschehen, und ein zweiter Weg wäre, daß wenigstens ein Theil der vorliegenden Frage durch besondere Versuche festgestellt werde. Ich stimme dafür, daß man schon in einigen Fällen bestimmte Maßregeln ergreife, denn bis alle Zweifel gelöst sind, kann der Schaden noch größer werden. Alle Mittel sind theils legislatorisch, theils technisch. Zur Conservirung des Waldes schlägt man vor: Expropriation, Erwerb für den Fiscus und Beförsterung; es sind dieß Fragen, die wir nicht in den Kreis unserer Betrachtung ziehen können. Es gibt schon jetzt einsichtsvolle Private, welche geringere Flächen der Waldkultur zuwenden, und ich möchte Ihnen in dieser Beziehung namentlich Eisenach nennen. Ich möchte andeuten, daß Belehrung in Wort und Schrift, Prämiirung, Unterstützung ꝛc. von gutem Erfolg sein können. Dann wollen wir uns selbst fragen, ob wir nicht selbst manches thun was nicht gerechtfertigt ist. Außer diesen Maßregeln möchte ich noch einige andeuten. So können wir Vieles thun um ein zu rasches Abfließen des Wassers zu verhindern, dadurch, daß wir es eindämmen und Horizontalgräben anlegen, dann dadurch, daß wir selbst natürliche Wasserreservoirs bilden.

Ich möchte nur wünschen, daß sich dieser Gegenstand nicht in den Sand verliert, ich will die hohe Bedeutung des Waldes zur allgemeinen Anerkennung bringen, namentlich wünschte ich der Überzeugung Eingang zu verschaffen, daß unsere Wälder nicht blos Holzfabriken sind, sondern bestimmt, im Haushalt der Natur eine hervorragende Rolle zu spielen, welche nicht durch eine Finanzspekulation auf das Spiel gestellt werden darf.

Claſſen, Oekonomierath (Ansbach), führt an, er sei hieher gekommen, sobald er von dem Programm Kenntniß erhalten, da vorliegende Frage auch die Landwirthschaft sehr interessire. Bevor die Streufrage aus der Welt geschafft werden könne, müsse vor allem die Wasserfrage gelöst sein, da von ihr der sichere Gewinn des Futters abhinge. Als ein Hauptmittel habe er die Conservirung des überschüssigen Wassers im Frühjahr durch ein System von Teichen empfohlen, womit auch stellenweise bereits begonnen sei. In seiner Heimath seien leider die Weiher in Privathänden und man könne nur auf dem Wege eines Gesetzes vorwärts kommen.

Es wurden hierauf eine Reihe von Vorschlägen von Hrn. Professor Lorenz in Wien verlesen, wie künftighin das forstliche Versuchswesen einzurichten sei, um diese Frage zu lösen. Allein dieselben waren so unklar formulirt, daß es unmöglich war, denselben zu folgen.

Als späterhin die Versammlung über deren Annahme abstimmen sollte, lehnte sie es ab, da es einerseits unmöglich war, beim Verlesen den Sinn dieser Anträge zu verstehen, andererseits die sich in anderen Bahnen bewegende Diskussion eine weitere Überlegung derselben nicht gestattete.

Oberforstmeister Dankelmann führt an: Es sei eigentlich beschämend, daß die für den Wald so wichtige Wasserstandsfrage auf diplomatischem Weg in die Versammlung habe gebracht werden müssen. Man dürfe nicht verkennen, daß die Theorie über den Wald in seiner Beziehung zum Wasser noch wenig fruchtbar gewesen sei, auch das verdienstvolle Werk Ebermayer's sei namentlich hinsichtlich der Verdunstungsfrage nicht ganz vollständig. Man dürfe nicht warten bis die von Seite des Hrn. Referenten angedeuteten exakten Versuche vollständig durchgeführt seien, sondern müsse in allen wichtigen und unzweifelhaften Fällen sofort praktisch vorgehen. So halte er die Entwässerung der Hochmoore über dem Wald für eine verfehlte Maßregel, wie er sich erst kürzlich bei einer Harzreise habe praktisch überzeugen können. In einer anderen Richtung geschehe zuviel, nemlich in der Ableitung des Wassers beim Wegbau, man müsse hiebei Quellen fassen und diese, sowie anderes Wasser, in Horizontalgräben an den Gehängen hinführen, wie er es bereits vor 10 Jahren in Montabaur gesehen habe. Sodann müsse man trachten die Plänterwaldungen soviel als möglich zu erhalten.

Er beantrage ferner eine Resolution zu fassen und dem Hrn. Minister für landwirthschaftliche Angelegenheiten in Preußen übergeben zu lassen in dem Sinne: der Hr. Minister für Landwirthschaft wolle Veranlassung nehmen, das werthvolle Material, welches in dieser Frage im Privatwege gesammelt wurde, zu ergänzen und seinen ganzen Einfluß für die Erörterung und Förderung der Wasserstandsfrage in den Waldungen geltend machen.

Forstmeister Kayser (Wächtersbach). Er habe stets bedauert, wenn Entwässerungen vorgenommen würden, ohne zugleich Bewässerungen damit zu verbinden. Bei Entwässerungen von Culturen versäume man das Wasser wieder nutzbar zu machen, was namentlich im Gebirg sehr leicht sei, indem man das Wasser an den Hängen horizontal fortleite oder in Bächen versickern lasse. Wenn man bei Wegbauten im Gebirg das Wasser ableite, so solle man es immer in Mulden wegführen und namentlich auf Rücken der Gehänge wieder nutzbar machen; ebenso solle man auch auf die Anlage von Teichen in den Waldungen soviel als möglich Bedacht nehmen.

Die Anträge des Hrn. Oberforstmeisters Dankelmann wurden folgendermaßen formulirt:

Die V. Versammlung deutscher Forstwirthe richtet an den Herrn Minister für Landwirthschaft in Preußen das Ersuchen:

1) Das gesammelte Material über die Wasserstandsfrage im Wege der Statistik und des Versuches vervollständigen lassen zu wollen,

2) Der Wasserstandsfrage auch im Uebrigen im Wege der Gesetzgebung und Verwaltung seine Fürsorge zuwenden zu wollen.

Diese Resolutionen wurden einstimmig angenommen und auf Veranlassung des Freiherrn v. Rotenhan wurde auch an die übrigen deutschen Staatsregierungen der gleiche Antrag gestellt.

Wegen der vorgerückten Zeit konnten die noch übrigen Themata nicht mehr behandelt werden, umsomehr, da noch einige formelle Beschlüsse zu fassen waren.

Als Versammlungsort für 1877 wurde Bamberg gewählt, von dessen Magistrat eine telegraphische Einladung vorlag. Statuten-

gemäß wurde für 1878 auch bereits eine Stadt in Vorschlag ge=
bracht und zwar Lübeck, da dann die Reihe wieder an Norddeutsch=
land ist.

Forstmeister B a n d o (Chorin) beantragte sodann, die Geschäfts=
leitung möge sich mit den einzelnen Eisenbahndirektionen in Ver=
bindung setzen, um auch für die Theilnehmer der Forstversamm=
lung eine Fahrpreisermäßigung zu erwirken. Sei es in der Weise,
daß das Billet für die Hinreise freie Rückreise gewähre, oder daß
die Lösung eines Billets für die gerade Route die Fahrt auf einer
andern ermögliche. Die Legitimation könne etwa dadurch geschehen,
daß den Theilnehmern auf Grund ihrer Anmeldung die Aufnahms=
karten zugeschickt würden. Ferner möge die Geschäftsleitung jene
Bahnverwaltungen, welche sich zu einer Fahrpreisermäßigung be=
reit erklärt hätten, im Programm mittheilen.

Als Themata für die nächste Versammlung wurden fest=
gesetzt:

1) Nach welchen Grundsätzen ist die Abfindung bei der Ab=
   lösung von Forstservituten zu bemessen?

2) Wie ist die Ausbildung des Schutz= und Hilfspersonals
   für den forstlichen Betrieb einzurichten?

3) Welche Erfahrungen hat man gewonnen über die Zweck=
   mäßigkeit des Überhaltens von Waldrechtern?

4) Mittheilungen über Versuche, Beobachtungen, Erfahrungen
   und beachtenswerthe Vorkommnisse im Bereiche des Forst=
   wesens.

Herr Oberforstrath Dr. G r e b e schloß hierauf mit einigen
warmen Worten die Berathungen der V. Versammlung.

Um ³/₄12 fand die Abfahrt zur 2. Excursion statt. Am
Aussteigeplatz zeigte sich eine sehr interessante geologische Erschei=
nung, indem durch einen Eisenbahneinschnitt die Überlagerung des
Rothen Todtliegenden durch den Zechstein äußerst instructiv aufge=
deckt war. Hr. Professor Senft gab in der liebenswürdigsten Weise
die wünschenswerthen Aufklärungen.

Auch bei dieser Excursion wurden die bereits oben erwähnten
Bemerkungen gemacht, namentlich erregte der Bau des Holzabfuhr=

weges in der Abth. 22 Wanderkopf über den steilsten Hang hinunter unserer Meinung nach ein sehr gerechtfertigtes Bedenken.

Leider war die Excursion nicht von gutem Wetter begünstigt, und nur die Wartburg mit ihrer wundervollen Fernsicht und künstlerisch wie historisch ausgezeichneten Einrichtung vermochte die durchnäßten Festgenossen wieder aufzurichten.

Das nun eintretende anhaltend schlechte Wetter vereitelte die zahlreich geplanten Ausflüge und trieb die Unternehmungslustigen nur zu rasch aus dem schönen Thüringer Wald.

Wir hoffen die Theilnehmer der heurigen Versammlung recht zahlreich nächstes Jahr in unserer Vaterstadt wieder begrüßen zu können. Bis dahin

Waidmanns Heil!

Forstverwaltung und Forstdienst.

Das Forstmeister- oder das Oberförster-System? *)

In der Versammlung deutscher Forstwirthe in Eisenach, am 4., 5., 6. September 1876, wurde bekanntlich über die Frage debattirt, ob dem sog. Forstmeister- oder dem Oberförstersystem der

---

*) Ueber diese so hochwichtige Frage wurde gelegentlich der V. Versammlung deutscher Forstwirthe in Eisenach im Septbr. d. J. wohl eingehend referirt, aber sehr dürftig debattirt. Spruchreif ist die Frage daher noch lange nicht, aber es wäre höchst erwünscht, wenn sie es bald würde und man über dieselbe nicht nochmals zur Tagesordnung überginge. Wir laden daher unsere Fachgenossen zu einer recht eingehenden Besprechung und furchtlosen Mittheilung ihrer Wahrnehmungen in diesen Blättern dringend ein und hoffen selbst vielleicht schon in Bälde ein Scherflein zur Lösung der Frage beitragen zu können. — Nur keine Betriebsförster, von halber Bildung und keine großen Oberförstereien; denn mit beiden schleppen wir unter dem Titel „Oberförstersystem" wieder kleine Inspektionsbezirke ein, über welche man in verschiedenen Staaten schon zu Anfang des Jahrhunderts den Stab gebrochen hat. Selbstverständlich sind wir für das Oberförstersystem, d. h. für ein System, in welchem der wissenschaftlich gebildete Oberförster verantwortlicher und selbstständiger Verwalter seines Dienstbezirks ist und von dem Forstmeister nur kontrolirt wird. Ein System aber, bei welchem der Oberförster Alles, nur kein

Vorzug zu geben sei. Die Verhandlung hat auf uns den Eindruck gemacht, als ob man unter Forstmeisterſyſtem eine Einrichtung verſtehe, bei welcher der Forſtmeiſter ſeinen ganzen, oder doch hauptſächlichen Einfluß auf den Betrieb der ihm unterſtellten Forſte habe, daß er mehr die Rolle des Forſtverwalters übernehme, während letzterer nur das ausführende Organ des Forſtmeiſters ſei. Hinſichtlich des Oberförſterſyſtems hatte man wohl die im Königreich Preußen beſtehende Einrichtung im Auge, bei welcher der Oberförſter ſelbſtſtändiger Forſtverwalter, Betriebsverwalter iſt und ihm noch Förſter mit geringerem Bildungsgrad zur Ausführung der Geſchäfte (der Kulturen und der Waldpflege, Holzaufbereitung, Schlagabgabe, Anweiſung minder wichtiger Hauungen [Durchforſtung, Ausläuterung] Forſtſchutz ꝛc.) beigegeben ſind.

Die Debatte hat ergeben, daß ſich eine bedeutende Mehrzahl für das Oberförſterſyſtem entſchieden hat. Wenn nun das Großherzoglich weimariſche Forſtperſonal ſich für das Oberförſterſyſtem faſt einſtimmig erklärte, ſo konnte es dies um ſo leichter, als es mit dieſer Abſtimmung das im Großherzogthum Weimar beſtehende Syſtem dadurch wohl nicht zu Fall gebracht hat, denn wir haben das hier im Auge gehabte ſog. Forſtmeiſterſyſtem in der That nicht.

Nach unſerer Einrichtung iſt der Großherzogliche Revierförſter ſelbſtſtändiger und verantwortlicher Revierverwalter, er hat eine Stimme mit bei dem Entwurfe neuer Betriebspläne ſeines Forſtes und bei den Dezennien-Reviſionen, er iſt Vertreter der Staatsanwaltſchaft und unmittelbarer Vorgeſetzter der Unterförſter, Forſtgehülfen und des übrigen Forſtſchutzperſonales. Er hat deshalb die jährlichen Wirthſchaftsanſchläge — Abtrieb und Anbau — ſelbſtſtändig aufzuſtellen und dem Forſtinſpektor zur Prüfung vorzulegen. Letzterer hat hierbei nur eine berathende Stellung und bei Meinungsverſchiedenheit hinſichtlich dieſer Anſchläge hat nicht

---

Oberförſter iſt, bei dem er ſeine genoſſene höhere, allgemeine und ſachliche Bildung nur am Schreibtiſch verwerthen kann, während der „Förſter von der Militärcarriere" wichtige Betriebsgeſchäfte beſorgt und den Wald regiert, ein ſolches Syſtem iſt kein intenſives, ſondern ein extenſives, und darum für den hohen Kulturzuſtand Deutſchlands ungeeignet.

Die Red.

der Forstinspektor zu entscheiden oder anzuordnen, sondern eine beson=
dere höhere technische Behörde. Die Großherzogliche Forsttarations=
kommission hat dann den Ausschlag zu geben. Außerdem hat der
Revierförster — wohl selbstverständlich — alle Einzel= und die
Jahresrechnungen selbstständig aufzustellen und endlich die Forst=
buchführung, Ortsbetriebs= und Waldangriffsnachweisung zu führen.
Der weimarische Revierförster ist sonach vermöge seiner Dienstin=
struktion mit einer großen Vorsorge selbstständig gestellt und ver=
antwortlich gemacht, so daß er, um ihm diese Verantwortlichkeit zu
ermöglichen, gegen den Forstinspektor unmittelbar oder beim Groß=
herzoglichen Staats=Ministerium mittelbar vorstellig werden kann,
wenn ihm Befehle vom Forstinspektor zugehen sollten, deren Aus=
führung mit den bestehenden allgemeinen Anordnungen ihm un=
vereinbar scheint oder unter den besonderen obwaltenden Umständen
und Verhältnissen nachtheilige Folgen befürchten ließe.

Der Forstinspektor, Forstmeister rc., als unmittelbarer Vor=
gesetzter der Revierförster, hat außer der Material= und Geldkon=
trole die Forstverwaltung in allen ihren Theilen zu überwachen,
und er ist der vermittelnde Geschäftsbesorger zwischen der Forst=
verwaltung und dem Großherzoglichen Staatsministerium.

Vergleicht man diesen Organismus mit dem sog. Oberförstersystem,
so dürfte sich daraus ergeben, daß ein sehr großer Unterschied
zwischen unserer Einrichtung und dem Oberförstersystem nicht be=
steht, wenn man absieht von der Titulatur und dem Umstande,
daß der Revierförster sowohl wie der Forstinspektor (Forstmeister)
einen räumlich kleineren Geschäftskreis haben und sich deshalb spe=
zieller bei den einzelnen Verwaltungszweigen betheiligen, daß mit
anderen Worten beide mehr im Walde als am grünen Tische
wirken.

Ein wesentlicher Unterschied besteht allerdings in den beiden
Systemen darin, daß der Oberförster einen Flächenraum von 4000
bis 20000 Hectar beherrscht, während in unserem Lande ein Re=
vierförster höchstens 4000, ja oft nur 8—900 Hectar an Fläche
verwaltet. Die Frage, ob größere oder kleinere Reviere zweckmäßiger
bewirthschaftet werden, läßt sich ganz allgmein auf keinen Fall entscheiden.
Sie hängt wesentlich ab von der Lage der einzelnen Forste — ob

Feld= oder zusammenhängende Gebirgsforste —, hauptsächlich aber
davon, ob die Forste in einer mit Verkehr, Handel und Industrie 2c.
gesegneten Gegend liegen oder nicht, und ob in Folge dessen
die Holzpreise eine Höhe erreicht haben, welche einen feineren, ins
Einzelne gehenden Betrieb erfordern, bezüglich möglich machen.
Mit der Zunahme der Geldreinerträge der Forste für's Hectar
wird die Flächenabnahme der Forstverwaltungsbezirke im innigen
Zusammenhange stehen und die preußische Staatsregierung wird
sich der Nothwendigkeit nicht entschlagen können, in solchen gege=
benen Fällen die Reviere auch zu verkleinern. Sind wir recht
unterrichtet, so beginnt sie jetzt schon damit.

Eine andere Frage ist es noch, ob das Oberförstersystem oder
das unserige billiger sei. Wir sind der Ansicht, daß nach unserer
Einrichtung, wo auf größeren Revieren neben dem Revierförster
Unterförster und Forstgehülfen, auf kleineren sog. Forstaufseher,
aus dem Arbeiterstande herausgenommen und für den Dienst aus=
gebildet, verwendet werden, dies wesentlich billiger zu stehen kommt,
als das System mit Oberförster und Förster. Unbestritten ist das in
unserem Lande der Fall, welches schon an sich zerstückelt ist und
in welchem außerdem auch noch die Forste meist zerstreut mit ge=
ringem Flächengehalte umher liegen.*)

Der Kernpunkt aller dieser Fragen liegt aber darin, zu ent=
scheiden, bei welchem System sich die Forste am besten befunden
haben, in welchen am meisten geleistet worden ist. Dieser Umstand
kann doch wohl nur allein bei dieser Frage den Ausschlag geben.
Eine solche allgemeine Frage kann aber nicht durch Debatten in

---

*) Wir bemerken nur dazu, daß auf den kleineren Revieren Be=
amte verwendet werden, welche mit geringerem Censurgrad aus dem
Staatsexamen hervorgiengen, welche aber einen gehörigen praktischen
Vorbereitungsdienst auch gemacht haben. Daß solche Leute mehr leisten,
als ein preußischer Förster, welcher, bei kurzem Aufenthalte im
Walde als Forstlehrling, 10—15 Jahre beim Militär diente,
bedarf wohl eines Beweises nicht. Der Gehalt dieser Revierförster auf
kleineren Revieren beträgt nicht mehr als derjenige der preußischen Förster,
und daraus allein ergibt sich schon die finanziell vortheilhaftere Seite
unseres Systems, ganz abgesehen von der entschieden besseren Leistung.

Forstversammlungen gelöst, sie muß vielmehr durch eine aus un=
seren Koryphäen der deutschen Forstleute zu wählende Kommission,
welche die Leistungen in den Forsten bei den beiden verschiedenen
Systemen prüft, entschieden werden. Wir glauben, daß dann das
sog. Forstmeistersystem in diesem, unserem Sinne nicht allzu schlecht
die Prüfung bestehen würde und wir glauben, daß bei dieser Le=
bensfrage die Wahrheit wie so oft sonst so auch hier in der Mitte
liegt, und sie wird lauten:

„Beim Oberförstersystem strebe man nach kleineren Bezirken
„und gebe dem Oberförster die Möglichkeit, mehr im Walde zu
„leben und zu wirken; beim Forstmeistersystem halte man strenger
„auf höhere wissenschaftliche Ausbildung der Forstkandidaten und
„vergrößere die Reviere so wie die Forstinspektionsbezirke nur da,
„wo die örtliche Lage und die besonderen wirthschaftlichen Verhält=
„nisse dies ohne Bedenken gestatten.“

Allstedt, am 15. September 1876.

Volmar.

Mancherlei.

Starke Weißtanne.

Der alte Weißtannenbestand in der Bruggerhalde bei Donau=
eschingen, von welchem die Monatschrift von 1872 Seite 467
und 468 eine Beschreibung enthält, hat durch die November=
stürme 1875 ziemlich bedeutend gelitten, indem ungefähr 300
Stämme mit etwa 1800 Festmeter Maße geworfen oder gebrochen
wurden. Leider ist auch der in jener Beschreibung erwähnte stärkste
Stamm, ein wahres Prachtstück, dessen sich der Herr Herausgeber
der Monatschrift vielleicht noch erinnert, auch mit gefallen und hat
eine große Erdscheibe (Wulze) herausgerissen. Man hielt den Baum
nach seinem schönen Außern allgemein für ganz gesund, er war
es aber nicht, denn er hatte in der Mitte des Wurzelstocks eine
tiefe Höhlung von 52 Cent. Durchmesser und war auf 2 Meter
Länge von unten herauf anbrüchig und zu Nutzholz unbrauchbar.
Auf 24 Meter Länge gabelte er sich in 2 Gipfel, welche beim

Fallen abbrachen, durch die Wucht des Falles bekam auch der Stamm von oben herunter einen starken Riß. Die ganze Länge des Baumes betrug 48 Meter, das muthmaßliche Alter 230 Jahre. Der eigentliche Stamm hatte auf der unteren Abschnittsfläche 125, auf der oberen 76 und in der Mitte 93 Cent. Durchmesser mit der Rinde; das zu Nutzholz taugliche Stammstück enthielt 14.94, das untere Stammstück 2.45, die beiden Gipfel 4.69 Festmeter; an Brennholz ergaben sich 2.80, an Reis 1.87 Festmeter. Daher ist der Gesammtinhalt 26.75 Festmeter, so daß die frühere Schätzung von 26 Festmeter sehr genau war; Stockholz ergaben sich fünf Ster.

Nahe bei dem geschilderten Stamme fiel eine zweite starke Weißtanne von 240jährigem Alter und einer Länge von 46 Meter, von welchen 30 auf den Nutzholzstamm kamen; der letztere enthielt 12.71 Festmeter, das Brennholz konnte nicht besonders ausgeschieden werden, weil die Stämme zu sehr übereinander lagen. Dieser Baum war kerngesund und hatte in seiner frühesten Jugend 30 Jahre im Unterdrucke gestanden. Solche Kolosse werden immer seltener und es sind auch keine Gründe vorhanden, sie wieder zu erziehen, womit ich nicht gesagt haben will, daß man in den Nutzholzforsten des Schwarzwaldes auf niedrigere Umtriebszeiten als 100—130 Jahre herabgehen solle.

Donaueschingen, Mai 1876.   **Roth.**

Literarische Berichte.

№ 26.

Handbuch der Samenkunde. Physiologisch-statistische Untersuchungen über den wirthschaftlichen Gebrauchswerth der land- und forstwirthschaftlichen, sowie gärtnerischen Saatwaaren. Von Dr. Fr. Nobbe. Mit 338 in den Text gedruckten Holzschnitten. Berlin. Verlag von Wiegandt, Hempel und Parey. Preis 15 Mark.

Wenn man bedenkt, daß das jährliche landwirthschaftliche Saatgut im deutschen Reich mit Einschluß der Cerealien einen

Geldwerth von 158,190000 Thaler, mit Ausschluß der Cerealien von 32,260000 Thaler repräsentirt, so gewinnt man einen Einblick in die hohe Bedeutung einer richtigen Beurtheilung des wirthschaft=lichen Werthes der landwirthschaftlichen Sämereien. Ist nun auch der Gegenstand für die Forstwirthschaft von großer Bedeutung, so läßt sich doch nicht in Abrede stellen, daß namentlich der Handel mit landwirthschaftlichen Sämereien seither schon deßhalb auf einer bedenklich niederen Stufe sich befand, weil man die wichtigsten forstlichen Samen ohne eingehende Specialuntersuchungen leichter von einander unterscheiden kann, als dies beispielsweise bei den verschiedenen Arten von Grassamen der Fall ist.

Der Gegenstand selbst, welcher in dem vorliegenden Werke eine so eingehende Bearbeitung fand, kann zwar in sofern nicht als ganz neu bezeichnet werden, als schon verschiedene ältere und sehr werthvolle Untersuchungen über Samenkunde und Keimung der Samen vorliegen; aber der Verfasser hat sich dennoch in seinem neuen Buche dadurch ein großes Verdienst erworben, daß er den Stoff in einem systematisch gut geordneten Lehrbuch verarbeitete, seine Behauptungen und Anschauungen durch ein reiches statistisches Material und durch eine große Reihe von mit der größten Gründ=lichkeit ausgeführten eigenen Versuchen stützt und mit gewuchtigen Gründen für die Nothwendigkeit einer gründlichen Reform des ganzen Samenhandels eintritt.

Das 631 Seiten umfassende Werk zerfällt in eine Einleitung und drei Theile von zusammen sechs Kapiteln.

In der Einleitung werden die Ein= und Ausfuhrverhält=nisse der Saatwaaren, sowie die Anbauverhältnisse der einzelnen Fruchtarten in Deutschland nach Quantum, Gewicht und Werth der einzelnen Samenarten auf Grund statistischer Erhebungen be=sprochen.

Der I. oder physiologische Theil zerfällt in vier Kapitel. Das erste Kapitel handelt von der Organisation des Samenkorns, insbesondere von den verschiedenen Fruchtsamen, vom Bau der Fruchtschale, der Bildung und Entwicklung des Samenkorns, der Samenhülle und dem Samenkorn.

Das II. Kapitel bespricht den Keimungsprozeß in Be=

36

zug auf Quellung der Samen, Lösung und Umbildung der Reserve=
stoffe und Entfaltung des Embryo's, unterstützt durch eine Menge
in diese Gebiete einschlagende Quellungsuntersuchungen und chemische
Analysen.

Im III. Kapitel werden die physikalischen Bedingungen des
Keimprozesses, namentlich die Wirkung der Lufttemperatur, des
Lichtes, der Electricität, der chemischen Substanzen (Chlor, Brom,
Jod, Schwefel, Arsen, Antimon, der Säuren, Basen, Salze, Me=
talle und organischen Stoffe) auf die Keimung auseinandergesetzt.
Der Verfasser stützt sich hierbei wieder auf eigene und massenhaft
vorhandene ältere Untersuchungen und citirt mit großer Belesen=
heit und Sorgfalt die Quellen.

Das IV. Kapitel bringt endlich die Momente der Werth=
bestimmung eines Samenkorns. Der Verfasser handelt hier
von der Herkunft, dem absoluten, specifischen und Volumgewicht,
dem Reifegrad (Schnittreife, Keimungsreife und Todreife) der
Samen und den subjektiven Merkmalen für den Werth derselben.

Der II. oder statistische Theil behandelt in einem Kapitel den
durchschnittlichen Gebrauchswerth der käuflichen Sa=
men. Es kommt hier insbesondere zur Sprache: die Echtheit der
käuflichen Samen (Klee= und Ölgewächse, Grassamen), dann der
Reinheitsgrad der käuflichen Saatwaare (Qualität und Quantität
der fremden Bestandtheile, Vermehrungsfähigkeit der im Samen
befindlichen Unkräuter). In einem besonderen Anhange wird noch
besprochen: das absolute Gewicht der Handelssamen, die Keimkraft
derselben, sowie das bei Keimversuchen einzuhaltende Verfahren.
Gerade dieser Theil ist für die Land= und Forstwirthschaft von be=
sonderem Werthe, weil er an der Hand der Statistik und von dem
Verfasser in sehr reichlichem Maße ausgeführten Untersuchungen
von aus dem Handel stammenden Samenproben den Nachweis lie=
fert, wie wenig einestheils der Landwirth sein Saatgut noch zu beur=
theilen versteht und wie häufig darum noch absichtliche und unab=
sichtliche Fälschungen von Sämereien vorkommen, die den Land=
und Forstwirth und damit selbstverständlich die Nation schädigen.

Zum Beweise, wie es in dieser Beziehung noch mit den
Sämereien von Feld= und Wiesenpflanzen aussieht, nur wenige

Beispiele. Nobbe fand unter den in den Handel kommenden Samen der nachstehenden Arten folgende fremde Beimengungen in Procenten:

Agrostis stolonifera L., Floriangras, bis 76%

Aria flexuosa L., Drahtschmele . . . . 73 „

Alopecurus pratensis L., Wiesen = Fuchsschwanz . . . 84 „

Arrhenatherum elatior M. et Koch, Franz. Reigras . 80 „

Avena flavescens L., Goldhafer . . . . 93 „

Festuca pratensis Huds., Wiesenschwingel . . . . . 97 „

Medicago sativa L., Luzerne . . . . 51 „

Trifolium pratense L., Rother Wiesenklee . . . . . 62 „

Unter Holzgewächsen:

Alnus glutinosa Gärtn., Schwarzerle . . . . 60 „

Betula alba L., Weißbirke . . . . 74 „

Fagus sylvatica L„ Rothbuche . . . . 2 „

Fraxinus excelsior L., Esche . . . . 80 „

Pinus sylvestris L., gem. Kiefer . . . . 8 „

Carpinus betulus L., Weißbuche . . . . 7 „

Diese, den Sämereien oft massenhaft beigemischten Bestandtheile gewinnen jedoch dadurch noch an besonderer Bedeutung, daß sie vielfach aus Unkräutern, Giftpflanzen, Schmarotzern u. s. w. bestehen, wodurch Äcker und Wiesen in der empfindlichsten Weise benachtheiligt werden, ganz abgesehen von den Nachtheilen, welche entstehen, wenn man z. B. statt einer einträglichen, werthvollen Grassamenart eine wenig brauchbare erhält.

Der III. oder praktische Theil lehrt die Mittel zur Abhülfe. Es werden besprochen:

1. Polizeiliche Maßregeln zum Schutz im Samenhandel.

2. Die Reinigung der Samen auf dem Lager, namentlich auch die verschiedenen Samenreinigungs=Maschinen.

3. Die Vertilgung der Unkräuter auf dem Felde.

4. Die Hebung der Samenproduktion.

5. Organisation des Selbstschutzes und

6. Samenkontrol=Stationen.

Der Schluß des Werkes bringt einen Voranschlag über die

Kosten für Einrichtung und Unterhaltung einer Samenkontrol-Sta-
Station.

Ob die sehr empfohlenen Samenkontrol-Stationen, welche sich
netzförmig über die Erde verbreiten sollen und von welchen gegenwärtig viele Gemüther erfüllt sind, auch geeignet sein werden, den
vorliegenden Nothständen gründlich abzuhelfen, das ist eine Frage,
über welche die Ansichten noch sehr getheilt sind. Mindestens so
wichtig scheint uns zu sein, daß namentlich die Landwirthe sich
künftig wissentschaftlich so weit ausbilden, daß sie Art und Qualität des Saatgutes, welches sie für ihre Wirthschaft nothwendig
haben, selbstständig zu untersuchen und beurtheilen verstehen.

Das vorliegende Buch legt zwar das Hauptgewicht auf die
landwirthschaftlichen Sämereien, trotzdem finden auch die wichtigsten Samen der Forstwirthschaft gebührende Berücksichtigung. Der
physiologische Theil bietet offenbar allen Bodenproduktionszweigen
ein gleich hohes Interesse. Wenn wir an dem Werke überhaupt
einen Tadel auszusprechen haben, so ist es der, daß es uns für
die Bedürfnisse des Gärtners, Land- und Forstwirthes zu umfang-
reich erscheint. Für Lehrer der Land- und Forstwirthschaft, für
Botaniker und Pflanzenphysiologen ist natürlich eine möglichst eingehende Mittheilung des reichen Untersuchungsmaterials, der
Analysen u. s. w. nur erwünscht. Der im Dienste der Praxis
stehende Gärtner, Land- und Forstwirth dagegen findet nur selten
Zeit und Muße, dickleibige Bücher, welche unter den vielen Stoffen,
die er zu bewältigen hat, nur einen behandeln, so eingehend zu
studiren. Für diese Klasse von Lesern, auf welche es auch der
Verfasser vorzüglich abgesehen hat, wäre eine gedrängtere Darstellung entschieden werthvoller gewesen.

Das Buch ist jedenfalls mit großem Fleiße, mit sorgfältiger
Benutzung und Angabe der Quellen, mit vieler Sachkenntniß, in
guter systematischer Anordnung des Stoffes klar und packend geschrieben, und darf als eine hervorragende Leistung auf dem Gebiete der neuesten einschlägigen Literatur mit voller Überzeugung
empfohlen werden. Zeichnungen, Papier und Druck sind vorzüglich. **B.**

№. 27.

Die Waldverderber und ihre Feinde. Ein Handbuch
für Forstmänner, Landwirthe, Gärtner und alle
mit Waldbäumen Beschäftigte, von Dr. J. T. C. Raße=
burg. Siebente Auflage von Dr. J. F. Judeich.
Mit 10 nach der Natur colorirten und schwarzen
Kupfertafeln, 40 Abbildungen in Holzschnitt, 3
Insectenkalendern und 1 entomologischen Vade=
mecum. Berlin, Nicolaische Verlags=Buchhandlung.
1876. Preis 15 Mark.

Die vorliegenden „Waldverderber" haben wohl unter allen
Raßeburg'schen Schriften die größte Anerkennung und deßhalb auch
die größte Verbreitung gefunden. Es dürfte kaum ein jüngerer
Forstmann zu finden sein, der nicht im Besiße irgend einer der
älteren Auflagen dieses Buches wäre. Deßhalb bedarf es auch keiner
eingehenden Besprechung dieses alten Bekannten mehr, sondern es
genügt den Leser darauf aufmerksam zu machen, daß, nach dem Tode
des verdienstvollen Raßeburg, es Dr. Judeich übernommen hat,
die Waldverderber neu zu bearbeiten und dem forstlichen Publikum
in 7. Auflage vorzulegen.

Die Verlagsbuchhandlung hat in dem neuen Herausgeber
jedenfalls eine glückliche Wahl getroffen, denn Judeich ist nicht
nur ein tüchtiger Entomologe, sondern auch ein erfahrener Forst=
mann, so daß das Buch in seiner gegenwärtigen Gestalt auch an
Brauchbarkeit für den ausübenden Forstmann gewonnen hat. Die
Eintheilung des Stoffes hat Judeich im Ganzen beibehalten, da=
gegen fand er es für zweckmäßig, die alte Raßeburg'sche Nomen=
klatur aufzugeben und die in der Entomologie übliche und für
Jedermann verständlichere einzuführen. Wo es nöthig schien, hat
jedoch Judeich auch noch die Raßeburg'schen Bezeichnungen bei=
gesetzt, was namentlich älteren Forstwirthen, welche an die neuen
Bezeichnungen weniger gewohnt sind, willkommen sein wird.

Einer Empfehlung der Raßeburg'schen Waldverderber bedarf
es nicht, wir sind vielmehr überzeugt, daß sich das Buch gerade in
seiner gegenwärtigen Bearbeitung noch lange Zeit in der deutschen
Forstliteratur einen ehrenwerthen Plaß bewahren wird.   B.

№ 28.

Forſtliche Mittheilungen. Herausgegeben vom K. Bayr. Miniſterial = Forſtbureau. V. Band. 1. Heft (der ganzen Reihe 17. Heft). München 1876. In Commiſſion bei Joſ. A. Finſterlin.

Das vorliegende Heft legt wieder Zeugniß dafür ab, wie ſehr es den Spitzen der K. Bayer. Staatsforſtbehörden darum zu thun iſt, daß in der Wirthſchaft gemachte Wahrnehmungen und Erfahrungen, vorkommende Änderungen, geſetzliche Beſtimmungen, Erkenntniſſe des oberſten Gerichtshofes u. ſ. w. möglichſt unter den Forſtbeamten des In= und Auslandes verbreitet und nicht in den Regiſtraturen begraben werden. Wenn man bedenkt, wie viel wirthſchaftlich und wiſſentſchaftlich verwerthbares Material, welches in Form von Berichten, Gutachten u. ſ. w. zur Kenntniß der Central=Forſtbehörden gelangt, von dieſen in einzelnen Staaten aber nicht immer benützt, ſondern vielfach ad acta geſchrieben wird, ſo iſt dieſes gewiß zu bedauern und man freut ſich dann um ſo mehr, daß Bayern in dieſer Beziehung bis jetzt immer mit gutem Beiſpiele voranging. Auch in Bezug auf die Verbreitung der wichtigſten Forſtliteratur unter dem Lokalforſtperſonal auf Staatskoſten leiſtet Bayern vielleicht mehr als jeder andere deutſche Staat. Es ſollen ſich eben, wenigſtens am Sitze der einzelnen Forſtämter, als Inventarſtücke nicht nur Dienſtſiegel und Aktenſchränke, ſondern neben dieſen auch Bücherſchränke befinden, aus welchen ſich Lokalforſtbeamten oft ſchneller und beſſeren Rath als aus den Akten holen können. Was ſpeciell die „forſtlichen Mittheilungen“ anlangt, ſo werden dieſelben dem ganzen Forſtperſonal unentgeltlich zugeſtellt.

Wir müſſen uns darauf beſchränken unſere Leſer auf den reichen Inhalt des jüngſt erſchienenen Heftes aufmerkſam zu machen. Daſſelbe enthält:

I. Geſetzliche Beſtimmungen, Verordnungen, prinzipielle Erlaſſe des Staatsminiſteriums, ſowie Erkenntniſſe des oberſten Gerichtshofes.

II. Abhandlungen aus den Blättern für adminiſtrative Praxis. (Fragen aus der Forſtpolizei, Kompetenz zur Genehmigung

Lightning Source UK Ltd.
Milton Keynes UK
UKHW021342240119

336090UK00005B/460/P